Der Autor hat in jahrelanger Forschungsarbeit eine Methode der Psychotherapie entwickelt, die gleichermaßen durch Verständlichkeit, leichte Anwendbarkeit und schnelle, gründliche Wirksamkeit besticht. Der Autor nennt seine Methode, die inzwischen weithin Anerkennung gefunden hat, Differenzierungsanalyse, weil der Klient im Laufe der Behandlung sein problematisches Verhalten zu differenzieren, in seinen Bestandteilen zu unterscheiden lernt. Diese Differenzierung erlaubt es, positive Verhaltensanteile von den eigentlichen Störungen zu trennen, und sie liefert dem Patienten und seiner Umwelt Anhaltspunkte für einen besseren Umgang mit den jeweiligen Problemen. Der Autor setzt eine Vielfalt von therapeutischen Möglichkeiten ein, so die Psychoanalyse, die Verhaltenstherapie, die Familientherapie, das Psychodrama oder auch die Hypoanalyse. Mit der Positiven Psychotherapie lassen sich Patienten aus allen sozialen Schichten behandeln, denn sie setzt keine besonderen sprachlichen Fähigkeiten voraus, und sie ist darüber hinaus auch transkulturell anwendbar, da sie die jeweiligen kulturellen Einstellungen und Werthaltungen mit berücksichtigt.

Prof. h. c., Dr. med. Nossrat Peseschkian, Facharzt für Neurologie und Psychiatrie, Psychotherapeut, wurde 1933 im Iran geboren. Nach dem Medizinstudium in Freiburg, Mainz und Frankfurt am Main 1960 Staatsexamen, dann Facharztausbildung und anschließend psychotherapeutische Ausbildung in der Bundesrepublik, in der Schweiz und in den Vereinigten Staaten. Seit 1969 führt er eine psychotherapeutische Praxis in Wiesbaden. Der Autor ist Begründer der Positiven Psychotherapie. Er ist Dozent an der Akademie für ärztliche Fort- und Weiterbildung der Landesärztekammer Hessen. 1997 erhielt er den Richard-Merten-Preis. – Im Fischer Taschenbuch Verlag sind erschienen: ›Psychotherapie des Alltagslebens‹ (Bd. 1855); ›Der Kaufmann und der Papagei‹ (Bd. 3300); ›Positive Familientherapie‹ (Bd. 6761); ›Auf der Suche nach Sinn‹ (Bd. 6770); ›33 und eine Form der Partnerschaft‹ (Bd. 6792), ›Psychosomatik und Positive Psychotherapie‹ (Bd. 11713), (mit Udo Boessmann) ›Angst und Depression im Alltag‹ (Bd. 13302), ›Das Geheimnis des Samenkorns. Positive Streßbewältigung‹ (Bd. 14569), ›Der nackte Kaiser oder: Wie man die Seele der Kinder und Jugendlichen versteht und heilt‹ (Bd. 15477); ›Die Treppe zum Glück‹ (mit Raymond Battegay; Bd. 17112); ›Das Alter ist das einzige Mittel für ein langes Leben‹ (Bd. 18239) sowie ›Lexikon der Positiven Psychotherapie‹ (mit Anas Aziz; Bd. 18325).
Siehe auch: ›Nossrat Peseschkian. Morgenland – Abendland. Positive Psychotherapie im Dialog der Kulturen‹ (Bd. 15861; hrsg. von Thomas Kornbichler unter Mitarbeit von Manije Peseschkian).

Unsere Adressen im Internet: www.fischerverlage.de oder
www.hochschule.fischerverlage.de

Nossrat Peseschkian

Positive Psychotherapie

Theorie und Praxis

Fischer
Taschenbuch
Verlag

8. Auflage: April 2010

Ungekürzte Ausgabe
Veröffentlicht im Fischer Taschenbuch Verlag,
einem Unternehmen der S. Fischer Verlag GmbH,
Frankfurt am Main, August 1985

Satz: Georg Wagner, Nördlingen
Druck und Bindung: CPI – Clausen & Bosse, Leck
Printed in Germany
ISBN 978-3-596-26783-5

Inhalt

Vorwort zur Taschenbuchausgabe

Alte Gewohnheiten sollte man nicht auf einmal aus dem Fenster werfen, sondern sie wie einen netten Gast bis zur Haustür begleiten.

Orientalische Weisheit

Seit Erscheinen des Buches hat sich mein psychotherapeutischer Ansatz weiterentwickelt; er hat sich als Methode in der Psychotherapie bewährt und wurde auf einer Reihe von nationalen und internationalen Kongressen und Zeitschriften dargestellt. Psychologische Untersuchungen zur Positiven Psychotherapie (Fragebogen, semantisches Differential, etc.), soweit sie schon ausgewertet sind, bestätigen meine theoretischen und praktisch verifizierten Überlegungen. Eine positive Motivation war für mich die Reaktion von Fachleuten, Fachzeitschriften und Lesern auf meine Bücher.

Der Begriff des Positiven in der Positiven Psychotherapie soll bedeuten, daß die Therapie nicht primär darauf gerichtet ist, eine bestehende Störung zu beseitigen, sondern zunächst versucht die vorliegenden Fähigkeiten und Selbsthilfepotentiale zu mobilisieren. Positiv bedeutet, entsprechend seiner ursprünglichen Bedeutung (»positum«) das »Tatsächliche«, das »Vorgegebene«. Tatsächlich und vorgegeben sind nicht notwendigerweise Konflikte und Störungen, sondern Fähigkeiten, die jeder Mensch mitbringt.

Man nimmt an, daß etwa 50 Prozent aller Krankheiten innerhalb des vorärztlichen Raumes verbleiben; so kommen also nur 50 Prozent der Krankheiten überhaupt in den ärztlichen Bereich, sei es in den klinischen, sei es in den außerklinischen. Beratung und Behandlung erhalten viele Patienten im sogenannten Laiensystem, wie es die Medizinsoziologen nennen, also durch Nachbarn, Bekannte, Verwandte, sogenannte Laien, aber auch durch Apotheker, Lehrer, Schwestern, Pfleger, Kosmetikerinnen usw.

In diesem Buch sind die hauptsächlichsten psychischen und psychosomatischen Störungen dargestellt. Dazu werden Grundmodelle einer psychotherapeutischen Behandlung dieser Störungen eingeführt. Im Sinne der Positiven Psychotherapie beschränkt sich die Behandlung nicht nur auf das unmittelbare Arzt-Patient-Verhältnis, sondern bezieht Strategien der Selbsthilfe und präventive Maßnahmen der Erziehung mit ein. Ziel ist es, auch den nicht psychotherapeutisch ausgebildeten Arzt mit praktikablen

Vorgehensweisen vertraut zu machen und dem Laien eine differenzierte Betrachtung der vorurteilsbeladenen psychischen Erkrankungen zu ermöglichen. Zu jeder der behandelten Themengruppen wird als Verständnishilfe eine orientalische Geschichte mit kritischer Interpretation hinzugefügt.

Anhand einer Vielzahl von verschiedenen Methoden, Fällen und Beispielen wird die Positive Psychotherapie als eine neue Form der Psychotherapie dargestellt. Vor allem soll die Kontinuität von Krankheit–Kultur–Familie–Erziehung und Psychotherapie aufgezeigt werden.

Die Positive Psychotherapie begreift sich nicht als losgelöste Behandlungsform, sondern stellt sich in einen engen Zusammenhang mit der auf die Bezugsperson zentrierten Erziehung, der auf den Patienten zentrierten Selbsthilfe und der auf den Therapeut zentrierten Psychotherapie. Es sollen neue Möglichkeiten der Psychotherapie aufgezeigt werden, die nicht nur ökonomisch begründet sind, sondern eine tiefgreifende Wirksamkeit besitzen und zudem in enger Beziehung zu anderen psychotherapeutischen Methoden stehen. Die bekannten therapeutischen Richtungen der Psychoanalyse, der Individualpsychologie, Verhaltenstherapie, Logotherapie, Transaktionsanalyse, Analytischen Psychologie und Gruppenpsychotherapie werden diskutiert und der Positiven Psychotherapie gegenübergestellt.

Ausgehend von einem Modell der Ätiologie psychischer und psychosomatischer Erkrankungen, wird ein praktikables Modell des psychotherapeutischen Vorgehens entwickelt: die fünfstufige Behandlungsstrategie der Positiven Psychotherapie, wobei Modifikationen dieser Strategie für den Bereich der Selbsthilfe aufgezeigt werden.

Weiterhin sollen die dynamischen Zusammenhänge von Partnerschaft, Beruf und Religion anhand von Beispielen und Fällen erläutert werden, ferner Leistungsnormen sowie das Verhältnis zur eigenen Zukunft und zum Sinn des Lebens. Vorgestellt werden Einstellungen und Erwartungen in den Bereichen »Vertrauen«, »Hoffnung« und »Glaube«. Die Mutter-Kind- sowie die Vater-Mutter-Kind-Beziehung werden in ihrer Bedeutung für die Entwicklung von Fähigkeiten dargestellt. Dem individuellen Verhältnis zur näheren und ferneren Zukunft werden die Institutionen gegenübergestellt, die für sich beanspruchen, allgemein gültige Sinngehalte zu vermitteln. Damit wird die Bedeutung der Kirchen und Religionen unter dem Aspekt der Dimension der Zeit angesprochen.

Kollegen und Patienten danke ich für Erkenntnisse, die sie mir im Verlaufe meiner psychiatrischen und psychotherapeutischen Tätigkeit vermittelt haben. Leser, die sich für eine systematische Darstellung der Positiven Psychotherapie im Rahmen der Familientherapie und Selbsthilfe interessieren, möchte ich auf meine Bücher »Positive Familientherapie«, »Psychotherapie des Alltagslebens«, »Der Kaufmann und der Papagei« und »Auf der Suche nach Sinn; Psychotherapie der kleinen Schritte« hinweisen.

Im Frühjahr 1985 Nossrat Peseschkian

Vorwort

Die Vereinigung von orientalischen mit europäischen Gesichtspunkten zu einer wirksamen Psychotherapie, wie sie durch den Autor beschrieben wird, ist sehr begrüßenswert. Besonders die Parabeln zeigen in ansprechender Symbolik die Weisheit des Orients auf, in der psychologische Erkenntnisse in scheinbar einfachster Form dargeboten werden. Der Autor versteht es, seine Herkunft in die Psychotherapie einzubringen. Wenn auch die Kategorien seines psychologischen Systems, wie beispielsweise die Grundfähigkeiten und die Aktualfähigkeiten, sicher nur eine von vielen möglichen theoretischen Konzeptionen darstellen, müssen wir aus dem Geschilderten schließen, daß damit wirksam behandelt werden kann. Allerdings wird ein solches Kategoriensystem, eine solche Metapsychologie, mehr dem Therapeuten zu dessen Klarheit und Klärung helfen als dem Patienten. Für den Kranken, der den Psychotherapeuten um seine Hilfe nachsucht, ist es letztlich nur wesentlich, ob der Arzt oder Psychologe ihm gegenüber offen ist, ihn bedingungslos annimmt, wie immer auch er geartet sein möge.
Die »differenzierungsanalytische« Psychotherapie *Peseschkians* und die durchschimmernde persönliche Haltung des Autors vermitteln dem Leser den Eindruck, daß ein berufener Psychotherapeut mit einer besonderen Motivation, den ihn Aufsuchenden bei ihrer Konfliktlösung ärztlich beizustehen, am Werke ist. Besonders verdienstvoll ist es, daß der fremdsprachig, im Iran, Aufgewachsene, seine Gedanken so eindrücklich in deutscher Sprache zur Darstellung bringen kann. Ich wünsche dem Autor mit diesem Buch einen vollen Erfolg.

Basel, im Januar 1977

Prof. Dr. med. Raymond Battegay
Psychiatrische Universitätspoliklinik Basel

Gibst du jemandem einen Fisch,
nährt er sich nur einmal.
Lehrst du ihn aber das Fischen,
nährt er sich für immer.

Orientalische Weisheit

Dieses Buch
ist meinen Eltern gewidmet

Einführung

1. Was ist positive Psychotherapie?

Die Situation des Kranken – und nicht nur des psychisch Kranken – gleicht in vieler Hinsicht der eines Menschen, der über längere Zeit hinweg nur auf einem Bein steht. Nach einiger Zeit verkrampfen sich die Muskeln, das belastete Bein beginnt zu schmerzen. Er ist kaum mehr in der Lage, das Gleichgewicht zu halten. Doch nicht nur das Bein schmerzt, die gesamte Muskulatur beginnt sich in dieser ungewohnten Haltung zu verspannen und zu verkrampfen. Der Leidensdruck wird unerträglich, der Mensch schreit um Hilfe.

In dieser Situation treffen ihn verschiedene Helfer an.

Während er weiter auf dem einen Bein stehenbleibt, beginnt ein Helfer das belastete und verkrampfte Bein zu massieren. Ein anderer nimmt sich die verkrampfte Nackenpartie vor und walkt sie nach allen Regeln der Kunst durch. Ein dritter Helfer sieht, daß der Mensch sein Gleichgewicht zu verlieren droht, und bietet ihm seinen Arm als Stütze an. Von den Umstehenden kommt der Rat, der Mensch solle vielleicht die beiden Hände zu Hilfe nehmen, damit ihm das Stehen nicht mehr so schwerfalle. Ein weiser alter Mann schlägt vor, er solle daran denken, wie gut er es eigentlich hat, wenn er sich mit Menschen vergleicht, die überhaupt keine Beine besitzen. Beschwörend redet einer auf ihn ein, er solle sich vorstellen, er sei nur eine Feder, und je intensiver er sich darauf konzentriere, um so mehr würden seine Leiden nachlassen. Ein abgeklärter Alter setzt wohlmeinend hinzu: »Kommt Zeit, kommt Rat.« Schließlich geht ein Zuschauer auf den Leidenden zu und fragt ihn: »Warum stehst du auf einem Bein? Mach doch das andere gerade und stelle dich darauf. Du hast doch ein zweites Bein.«

Genau dies ist positive Psychotherapie.

Unsere heutige Situation in der Psychotherapie erfordert die Entwicklung von Methoden, die ebenso ökonomisch wie wirksam sind. Dabei geht es nicht nur darum, der bereits unübersehbaren Vielfalt von Theorien, Methoden, Konzepten und Verfahren weitere hinzuzufügen, sondern es geht um eine grundsätzliche Erweiterung:

Während viele der bestehenden psychotherapeutischen Verfahren von den Störungen und Krankheiten ausgehen, erfordert die vorbeugende, präventive Medizin und Psychotherapie eine andere Vorgehensweise, bei der statt von den Störungen zunächst von den Entwicklungsmöglichkeiten und Fähigkeiten des Menschen ausgegangen wird. Werden diese Fähigkeiten in ihrer Entwicklung gehemmt, vernachlässigt oder nur einseitig ausgeformt, entstehen, verdeckt oder offen, Konfliktbereitschaften.

2. Das o. B.-Prinzip

Die traditionelle Psychotherapie bezieht ihr Menschenbild aus der Psychopathologie. Ihr Gegenstand sind daher Krankheiten. Ziel einer Behandlung ist, diese Krankheiten zu beseitigen, in ähnlicher Weise, wie man in der Chirurgie ein krankes Organ entfernt. Insofern steht die Psychotherapie in guter Tradition. Man beschäftigt sich mit Depressionen, Zwangsneurosen, Schizophrenie, Hysterie, Angst, Aggressionen, Verhaltensauffälligkeiten und psychosomatischen Erkrankungen wie Asthma, Kopfschmerzen, Herzschmerzen, Magenbeschwerden, Unterleibsschmerzen etc.

Dies hat zunächst seine Richtigkeit! Ein Patient sucht den Therapeuten in den wenigsten Fällen nur deshalb auf, weil er seine Gesundheit bestätigt haben möchte, sondern weil Funktionen und Organe gestört sind und er diese Störungen behoben haben möchte. Von diesem praktischen Ansatz her entwickelte die Medizin das ohne-Befund-Prinzip (o. B.), nach dem alles das gesund ist, was nicht krank ist, und umgekehrt.

Die Psychotherapie, die diesem Prinzip folgt, verwendet dabei ein Erkenntnismodell, das sich bereits in der orientalischen und griechischen Philosophie findet. Gemeint ist das nonische Prinzip. Es beruht darauf, einen Begriff dadurch zu definieren, daß man sagt, was er nicht ist; man beschreibt durch negative Eigenschaften, verneint und setzt das Positive voraus. Diese Vorgehensweise hat Geschichte: Man berichtet, daß Sokrates einen berühmten Dichter bat, über die Schönheit zu sprechen. Dieser sprach jedoch zum Erstaunen seiner Zuhörerschaft nicht über die Schönheit, sondern über ihr Gegenteil, die Häßlichkeit. Auf Sokrates' Frage, warum er gerade so die Schönheit preise, ohne von ihr zu reden, antwortete der Dichter: »Ich habe beschrieben, was häßlich ist. Was nicht häßlich ist, ist die Schönheit.«

In den Zehn Geboten des Alten Testaments findet sich gleichfalls dieses Prinzip: Du sollst nicht stehlen; Du sollst nicht ehebrechen; Du sollst nicht töten, usw. Selbst die alltäglichen Beschreibungen und Aufforderungen halten sich an das nonische Vorgehen. Es wird seltener gesagt, was man und wie man es machen soll. Häufiger bekommt man zu hören, was man nicht machen soll.

Die Psychoanalyse ging anfangs von dem gleichen Prinzip bei ihrer wissenschaftlichen Methodik aus. S. Freud formulierte: »Erst wenn man das Krankhafte studiert, lernt man das Normale verstehen.«
Damit steht S. Freud in einer langen Tradition. Bereits der Philosoph Lichtenberg formulierte: »Das Gefühl der Gesundheit erwirbt man erst durch Krankheit.« Erst durch die Konfrontation mit dem, was nicht sein sollte oder uns wenig wünschenswert erscheint, erkennen wir demnach den erwünschten Zustand und lernen ihn schätzen. Man setzt stillschweigend voraus, daß man erst Schaden erleiden müsse, bevor man klug wird: einen Herzinfarkt erleiden, bevor man sich um seine Gesundheit kümmert; eine Scheidung durchmachen, bevor man sich über den Wert der Ehe im klaren wird; oder Störungen des Erlebens und Verhaltens erleiden, bevor man sich mit sich selbst, seinen eigenen Nöten und Bedürfnissen beschäftigt.
Die menschliche Persönlichkeit wird auf diese Weise über den Umweg der Erkenntnis von Störungen erfaßt. Man versucht durch Begriffe wie relative Widerstandsfähigkeit gegen Regression, relative Freiheit von Verdrängungen, geringe Neigung zur Ambivalenz usw., den konfliktarmen Menschen zu definieren. Als Folge davon wird die Krankheit, nicht der Patient behandelt. Die Vorstellung von Krankheit schob sich wie eine Wolke vor den Patienten; der Therapeut nimmt nur die Krankheit wahr. Der Patient selbst lernt zunächst: *Anspruch auf den Therapeuten habe ich nur durch meine Krankheit.* Die Störung gerät damit noch schärfer in seinen Blick.
Der erhobene krankhafte Befund ähnelt Scheuklappen, die verhindern sollen, mehr als den gestörten Bereich wahrzunehmen. Auf diese Weise werden die therapeutischen Möglichkeiten eingeschränkt.

3. Wer ist Patient?

Allgemein hegt man die Vorstellung, daß der Patient die Krankheit verkörpert, während der Arzt oder Therapeut die Institution der Gesundheit darstellt. Man verkennt dabei sowohl die Rolle des Patienten als auch die des Arztes. Der Patient hat beides in sich, die Fähigkeit zur Krankheit und zur Gesundheit. Der Therapeut dagegen besitzt eine die Krankheit und Gesundheit des Patienten regulierende Funktion. Er kann auf die Krankheitsbereitschaft einwirken, aber auch die Fähigkeit zur Gesundheit mobilisieren und stabilisieren. Diese Aufgabe ist das vorrangige Ziel einer vorbeugenden Medizin und Psychohygiene. Außer der Frage nach der Technik des therapeutischen Vorgehens wird dabei die inhaltliche Frage wichtig, nach welchen Kriterien der bestehende Konflikt beschrieben und durchgearbeitet wird.
Dieser Frage geht die positive Psychotherapie nach; sie möchte das

klassische Mißverständnis, im Patienten nur den Träger von Symptomen zu sehen, vermeiden und hat in der Differenzierungsanalyse eine umfassende Darstellung gefunden.

4. Ziele der Differenzierungsanalyse

Die Differenzierungsanalyse ist eine neue Form der Psychotherapie, die mehrere grundsätzliche Ziele verfolgt:

Die Differenzierungsanalyse hat universalen Charakter. Sie geht nicht nur auf einzelne, zufällige Aspekte der Konfliktentstehung ein, sondern versucht den Patienten möglichst umfassend zu begreifen. Damit soll vor allem dem theoretischen Vorurteil entgegengewirkt werden, nach dem der Therapeut im Patienten lediglich das wiederfindet, was er durch seine Theorie in ihn investiert hat. Im Sinne dieses Konzeptes enthält die Differenzierungsanalyse eine Vielzahl von Verfahren, Techniken und methodischen Hilfsmitteln, die den vielfältigen Erscheinungsformen von Störungen und der Einzigartigkeit der Patienten Rechnung tragen sollen.

Die Begriffe der Differenzierungsanalyse, vor allem die Aktualfähigkeiten als Beschreibungskategorien menschlichen Verhaltens und Erlebens sind weder schicht- noch kulturspezifisch. Sie stellen eine Kommunikationsbasis dar, mit deren Hilfe die auftretenden Sprachbarrieren überwunden werden können. Die Differenzierungsanalyse ist folglich nicht nur eine Psychotherapie der Mittelschicht, sondern eignet sich auch für die Probleme und Schwierigkeiten des Patienten aus der Unterschicht, die bislang weitgehend von der Psychotherapie ausgeschlossen war. Mit ihr besteht die Möglichkeit, daß sich der Therapeut auch dem Arbeiter gegenüber verständlich ausdrücken und der Patient seinerseits das Gefühl haben kann, daß er und seine Probleme vom Therapeuten verstanden werden. So könnte die Differenzierungsanalyse dazu beitragen, die Chancengleichheit wenigstens in der Psychotherapie zu fördern.

Indem die positive Psychotherapie sich mit elementaren menschlichen Fähigkeiten beschäftigt, ist sie in der Lage, Menschen aller Sprachen und sozialen Schichten anzusprechen und transkulturelle Probleme wirksam zu verarbeiten. Dieser Ansatz setzt eine Antwort auf die beiden Grundfragen voraus:

Wodurch unterscheiden sich die Menschen?

Was haben alle Menschen gemeinsam?

Therapeutisch bietet die Differenzierungsanalyse eine wirksame fünfstufige Kurztherapie, die ihren Schwerpunkt darauf legt, die dem Patienten innewohnenden therapeutischen Fähigkeiten zu aktivieren. Mit anderen Worten: *Der Patient ist nicht nur der Erdulder seiner Krankheit, sondern wird selbst als Therapeut eingesetzt.*

Das Konzept der Differenzierungsanalyse legt für die Situation der Psychiatrie und die sehr im argen liegende Versorgung psychisch kranker Patienten folgende Umstrukturierung nahe: Die zum Teil nur als Bewahranstalten fungierenden psychiatrischen Krankenhäuser sollten in Beratungsstellen, Therapiezentren und Tageskliniken umgewandelt werden, in denen die Angehörigen der Patienten auf ihre therapeutische Funktion und die Patienten selber auf ihre Mitarbeit vorbereitet werden.

Die positive Psychotherapie, die auf der Differenzierungsanalyse beruht, versucht nicht, alles mit einem positiven Vorzeichen zu versehen, sondern setzt eine Differenzierung des kritischen Verhaltens voraus. Sie erst erlaubt es, konfliktarme oder positive Verhaltensanteile von dem eigentlichen Symptom zu trennen, und liefert dem Patienten und seiner Umgebung die Basis dafür, mit seinen Problemen besser umgehen zu können.

Die Differenzierungsanalyse versteht sich nicht nur als eine Theorie unter vielen anderen. Wesentliche Schwierigkeit vieler Patienten ist weniger mangelnde Motivation, einen Psychotherapeuten aufzusuchen, sondern Unsicherheit darüber, welcher Psychotherapeut für welche Art der Störungen zuständig ist. Diese Frage kann nur von einem umfassenderen System aus beantwortet werden, das die Vielzahl der bestehenden psychotherapeutischen Orientierungen zusammenfassen und nach ihren Schwerpunkten gewichten kann. Ein solches System stellen wir mit der Differenzierungsanalyse vor, die nicht nur psychotherapeutische Methode, sondern auch Metatheorie ist.

Von ihrer Entstehung und ihrem Wesen her ist die Differenzierungsanalyse eher Praxis als Theorie. Es ging mir vor allem darum, den Patienten in seiner subjektiven und objektiven Not zu verstehen, ohne seine Einzigartigkeit aus den Augen zu verlieren. Die Differenzierungsanalyse erfüllt diesen Anspruch dadurch, daß sie nicht auf eine einzelne Technik schwört, sondern prinzipiell eine Vielzahl verschiedener psychotherapeutischer Techniken (z. B. Einzelbehandlung, Gruppentherapie, Familientherapie, Entspannungsmethoden, lerntheoretische Ansätze, psychoanalytische Vorgehensweisen etc.) heranzieht. Nicht der Patient muß sich an eine zufällig vorgegebene Methodik anpassen, sondern umgekehrt: die Methodik wird entsprechend den sich wandelnden psychotherapeutischen Bedürfnissen des Patienten ausgewählt. Die technische Flexibilität gestattet, alle psychischen und im weiteren Sinn psychosomatischen Krankheiten und Störungen zu behandeln.

Das Buch gilt daher weniger der Darstellung einer perfekten Theorie, sondern soll statt dessen ein praktikables und den menschlichen Bedürfnissen und Fähigkeiten angemessenes therapeutisches System aufzeigen.

Ein Anliegen meines Buches war es, die Weisheiten und intuitiven Gedanken des Orients mit den neuen psychotherapeutischen Erkenntnissen des Okzidents zu vereinen. Nicht nur die unter dem psychotherapeutischen Aspekt wichtigen Ansätze der großen Religionen, sondern auch die Weisheiten orientalischer und westlicher Philosophen und Wissenschaftler werden im Licht der positiven Psychotherapie betrachtet. Wir wollten dabei nicht nur den Intellekt ansprechen, sondern auch die Fähigkeiten zur Intuition und Phantasie, zur Emotion und sinnlichen Wahrnehmung und das Vermögen, aus den Erfahrungen der Tradition zu lernen.

Um die orientalischen Geschichten aus dem Text herauszuheben, sind sie in einer besonderen Schrift gesetzt. Die Falldarstellungen erscheinen demgegenüber im Kleindruck.

Ich selbst gehöre der Bahái-Religion an. Gewisse Grundprinzipien dieser Religion (begründet 1844) haben mich motiviert und in vielen Bereichen zu weiterführenden Fragestellungen angeregt.

5. Für wen ist das Buch geeignet?

Ein wesentliches Anliegen dieses Buches ist, die Probleme und Wege der differenzierungsanalytischen Psychotherapie und ihre Anregungen für die psychosomatische Medizin und Psychohygiene systematisch und zusammenfassend darzustellen, und zwar so, daß sie gleichermaßen für den Laien verständlich und lebensnah sowie für den Fachmann informativ und praxisbezogen sind. Die positive Psychotherapie eignet sich für alle, die in irgendeiner Weise am Gesundheitswesen beteiligt sind: Psychotherapeuten, Ärzte, Psychiater, Psychologen, Pflegepersonal und Gesundheitsbehörden. Darüber hinaus richtet sich das Buch an die davon Betroffenen: Lehrer, Juristen, Sozialarbeiter, Heimerzieher, Eltern, Studenten, Jugendliche und alle diejenigen, die vor den Problemen der zwischenmenschlichen Beziehungen nicht die Augen verschließen und bereit sind, Anregungen und Orientierungshilfen zu nützen.

6. Wie wirksam ist die Differenzierungsanalyse?

Die differenzierungsanalytische Psychotherapie ist fokal orientiert. Das heißt, wir richten unser Augenmerk vor allem auf die Fähigkeiten des Patienten und versuchen, die bestehenden Reintegrationstendenzen der körperlich-seelisch-geistigen Einheit »Mensch« zu mobilisieren. Dies geschieht in einem mehrstufigen Behandlungsplan. Erfahrungen wurden mit dieser Methodik bei partnerschaftlichen Konflikten, Erziehungsproblemen, Depressionen, Phobien, Sexualstörungen, Schizophrenien sowie psychosomatischen Beschwerden, wie Magen-Darm-Beschwerden, Herz- und Kreislaufbeschwerden, rheumatischen Beschwerden und Asthma, gesammelt.

Der Behandlungserfolg zeigte, daß in der Regel schon nach einer kurzen Zeit (nach 6 bis 10 Sitzungen) entweder eine erhebliche Besserung der

Beschwerden oder eine Heilung erfolgte. Kontrolluntersuchungen nach einem Jahr zeigten in der Mehrzahl der Fälle einen dauerhaften Therapieerfolg.
Besonders günstige Erfolge zeigten sich bei neurotischen und psychosomatischen Störungen. Damit erwies sich die differenzierungsanalytische Psychotherapie im Vergleich zu den üblichen anderen Therapieformen als eine günstige Alternative.

7. Wie zukunftsträchtig ist die Differenzierungsanalyse?

Je mehr man erkennt, daß sich die psychischen und psychosomatischen Störungen inhaltlich auf die Aktualfähigkeiten, also auf psychosozial relevante Normen beziehen, um so mehr gerät auch die Differenzierungsanalyse ins Bewußtsein von Wissenschaft und Öffentlichkeit.
Wenn wir diese Überlegungen auf den gesamten Bereich der sozialen Beziehungen übertragen, zu denen auch die Beziehungen von Gruppen, Völkern, Nationen und Kulturkreisen zueinander gehören, ließe sich im Sinne der positiven Psychotherapie mit viel Mut eine Gesellschaftstheorie entwickeln, die neben den ökonomischen Bedingungen die Interaktionsschwierigkeiten, aber auch die Fähigkeiten des Menschen in den Vordergrund rückt.
Die Differenzierungsanalyse wird in der psychotherapeutischen Erfahrungsgruppe Wiesbaden (PEW) gelehrt, die durch die Akademie für ärztliche Forbildung der Landesärztekammer Hessen anerkannt ist. Den Mitgliedern der PEW – Ärzte, Diplom-Psychologen, Pädagogen und Theologen – danke ich für ihre Anregungen und ihre Berichte über ihre Erfahrungen, die sie mit der differenzierungsanalytischen Vorgehensweise gemacht haben. Ich hoffe, daß sich diese kreative Diskussion in Zukunft noch ausweiten wird.
Während mein Buch *Psychotherapie des Alltagslebens* (erschienen als Fischer Taschenbuch Nr. 1855) mehr die Probleme der Erziehung und Selbsthilfe in den Vordergrund rückt, geht die *Positive Psychotherapie* vorrangig auf psychotherapeutische Fragestellungen ein, so daß letztlich das eine Buch das andere ergänzt.

Danksagung

Ohne die Mitarbeit und Aufgeschlossenheit der Patienten, die bereitwillig ihre Zusage zur Veröffentlichung ihrer Falldarstellung gaben, wäre das vorliegende Buch in dieser Art nie zustande gekommen. Mit wenigen Ausnahmen entstammen die Falldarstellungen meiner eigenen psychotherapeutischen Arbeit in Einzel- und Gruppenpsychotherapie. Natürlich wurden die Namen und Daten verändert, um die Anonymität zu wahren. Im Sinne der Originalität wurden die mündlichen und schriftlichen Berichte zumeist wörtlich wiedergegeben. Die Falldarstellungen sind nicht Selbstzweck, sie dienen vielmehr einem besseren Verständnis der Theorie und Praxis der Differenzierungsanalyse.

Eine positive Anregung war für mich die Reaktion der Fachleute und Leser auf das Buch *Psychotherapie des Alltagslebens,* das zunächst durch die großzügige und verständnisvolle Unterstützung von Herrn Stroh im Medical Tribune Verlag unter dem Titel *Schatten auf der Sonnenuhr: Erziehung – Selbsthilfe – Psychotherapie* erschienen war.

Vor allem möchte ich hier einige derjenigen nennen, die mich motiviert und zu einer Weiterentwicklung der Theorie angeregt haben: Prof. Dr. R. Battegay (Basel), Frau Prof. Dr. L. Süllwold (Frankfurt/M.), Prof. Dr. med. G. Thomalske (Frankfurt/M.), Prof. Dr. W. Kretschmer (Tübingen), Prof. Dr. med. M. Broglie (Wiesbaden), Prof. Dr. D. von Heymann (Freiburg/Br.), Dr. med. D. Ruhe (Haifa), Prof. Dr. med. S. Goeppert (Freiburg/Br.), Prof. Dr. Benesch (Mainz), Dr. med. W. Cyran (Wiesbaden), Dr. med. Rheindorf (Frankfurt/M.), Dr. med. von Braunmühl (Frankfurt/M.), Prof. Dr. med. Theopold (Frankfurt/M.), Dipl.-Psych. E. Blumenthal (Immenstadt), Dr. rer. pol. E. Schmidt (Leinfelden), Dr. med. H. Karl (Wiesbaden), Dipl.-Volkswirt P. A. Mühlschlegel (Jugenheim), Frau G. Höhn, Lehrerin (Wiesbaden), Frau Ch. Kretschmer, Lehrerin an der Montessori-Schule (München), E. Kocian, medizinischer Journalist (München), H. Mohl, Moderator des Gesundheitsmagazins im ZDF, Frau Dr. Schulz-Bäsken (Wiesbaden), Dr. U. Schäfer, Oberstaatsanwalt (Heidelberg) und allen denjeingen, die mich durch Diskussion, Vorschläge und Fragestellungen darin unterstützt haben, die differenzierungsanalytische Psychotherapie weiterzuentwickeln.

Meinem Mitarbeiter Herrn. Dipl.-Psychologen H. Deidenbach bin ich für seine kritischen Anregungen und seine Hinweise zur Verhaltenstherapie sehr verbunden. Mein besonderer Dank gilt dem S. Fischer Verlag, vor allem dem Lektor des Buches, Willi Köhler, der mich ständig ermutigt und viel zur Entstehung dieses Buches beigetragen hat.

Meinen Sekretärinnen Frau Krieger und Frau Kremer danke ich für ihre beispielhafte Geduld, Sorgfalt und Zuverlässigkeit.

Es ist mir eine Freude, meine Dankbarkeit meinem Mitarbeiter Herrn Dipl.-Psychologen Dieter Schön zum Ausdruck zu bringen, nicht nur für die vorbereitende Arbeit an dem Manuskript des Buches, sondern auch für die Hilfe, die er mir in unserer Zusammenarbeit war.
Meine Frau Manije und meine Söhne Hamid und Nawid haben mich selber und mein Buch in vielfältiger Weise unterstützt, ihre Zeit nach mir gerichtet und mir Impulse gegeben, die im vorliegenden Buch Gestalt gewonnen haben.

Wiesbaden
Januar 1977 Nossrat Peseschkian

Erstes Kapitel: Einstieg in die positive Psychotherapie

1. Der Irrgarten Psychotherapie

Die Schaulustigen und der Elefant

Man hatte einen Elefanten zur Ausstellung bei Nacht in einen dunklen Raum gebracht. Die Menschen strömten in Scharen herbei. Da es dunkel war, konnten die Besucher den Elefanten nicht sehen, und so versuchten sie, seine Gestalt durch Betasten zu erfassen. Da der Elefant groß war, konnte jeder Besucher nur einen Teil des Tieres greifen und es nach seinem Tastbefund beschreiben. Einer der Besucher, der ein Bein des Elefanten erwischt hatte, erklärte, daß der Elefant wie eine starke Säule sei; ein zweiter, der die Stoßzähne berührte, beschrieb den Elefanten als spitzen Gegenstand; ein dritter, der das Ohr des Tieres ergriff, meinte, er sei einem Fächer nicht unähnlich; der vierte, der über den Rücken des Elefanten strich, behauptete, daß der Elefant so gerade und flach sei wie eine Liege (nach Mowlana, persischer Dichter).

Die heutige Situation in der Psychotherapie, Erziehung und Psychohygiene ähnelt in vieler Hinsicht dieser Szene: Jeder der Besucher sieht richtig, doch sieht nicht jeder alles. So wünschen sich manche Eltern ein braves, andere ein fleißiges und aufgewecktes, wieder andere ein anlehnungsbedürftiges Kind. Die Bevorzugung ausgewählter Einzelheiten setzt sich in der Partnerschaft fort. Die eine Frau wählt ihren Partner danach aus, ob er erfolgreich ist; eine andere wünscht sich einen zärtlichen, höflichen Mann. Der eine Mann erträumt sich eine ordentliche, hausmütterliche Frau, ein anderer eine geschäftstüchtige, selbständige. Sie alle versuchen, sich ihren Partner vorzustellen und ihn zu begreifen, doch tun sie es nur von einzelnen Aspekten her. Man begreift häufig einen Menschen nur als Träger weniger Eigenschaften, statt ihn als Persönlichkeit zu sehen.
Auf die Psychotherapie übertragen, heißt das: Eine Schule sieht den Menschen als Triebwesen, eine andere als Reflexbündel, die nächste

begreift ihn als Träger sozialer Interaktionen, wiederum andere sehen ihn als Folge seiner genetischen Ausstattung, seiner Tradition, seiner Intuition, seiner Vernunft und seines Willens oder seines Unbewußten. Das Ergebnis dieser verschiedenen Aspekte ist ein Pluralismus von psychotherapeutischen und psychohygienischen Theorien, die zum Teil ohne Kommunikationsmöglichkeit nebeneinander bestehen.
Dieser Pluralismus findet sich auch in der Behandlung. Der eine behandelt vorwiegend medikamentös, der andere geht verhaltenstherapeutisch vor. Wieder ein anderer legt die psychoanalytische Theorie zugrunde, der nächste ist tiefenpsychologisch orientiert, sieht Träume als zentrales therapeutisches Medium oder bedient sich der Techniken der Hypnotherapie.
Eine Reihe von Psychotherapeuten legen den Schwerpunkt auf die Einzelbehandlung, favorisieren diese Methode und vermuten in jeder Abkehr von diesem Grundsatz einen Verstoß gegen die von ihnen anerkannten Regeln der Psychotherapie. Andere gehen gruppentherapeutisch vor.
Der eine behandelt Kinder, ein anderer behandelt die Eltern. Einige spezialisieren sich auf bestimmte Krankheitsbilder. Sie therapieren Angst, sind Spezialisten für Kommunikationsstörungen oder sehen ihr Wirkungsfeld bei Eheschwierigkeiten. Junge, attraktive Patienten mit einer hohen Intelligenz werden mit Vorliebe behandelt, in gleicher Weise solche Menschen, die gelernt haben, ihr Erleben sprachlich gut zu formulieren.
Einzelne Krankheiten und Störungen gelten als therapiefähig, andere als therapeutisch nicht ansprechbar. Die Entscheidung darüber fällt nicht etwa einhellig und ist auch nicht durch das Krankheitsbild bedingt, sondern scheint zu einem wesentlichen Teil von der theoretischen Orientierung des jeweiligen Psychotherapeuten abzuhängen. So sehen manche Therapeuten die Zwangsneurosen als prognostisch ungünstig, andere geben den Süchtigen keine Chance mehr oder finden keine Ansatzmöglichkeiten bei Sexualstörungen. Um die Schizophrenie und die anderen sogenannten ›endogenen Psychosen‹ macht man gerne einen großen Bogen.
Diese psychotherapeutische Spezialisierung läßt die Psychotherapie für viele Patienten zu einem Lotteriespiel werden: Wie anders als durch Zufall kann ein Patient, der selber den Charakter seiner psychischen und psychosomatischen Störung noch nicht durchschaut hat, zu dem geeigneten Psychotherapeuten kommen, dessen Methoden und deren Wirkungsspezifität er wiederum nicht kennt?
Psychotherapie wird hier zu einem Privileg, das denjenigen zuteil wird, die als geeignete Patienten gerade die Störungen aufweisen, für welche

sich ein Psychotherapeut zuständig hält. Zwischen den verschiedenen Ansätzen und theoretischen Systemen bestehen oft hohe Barrieren mangelnden gegenseitigen Verständnisses und weitreichender Vorurteile, welche die Übersetzung einer Theorie in eine andere und damit eine koordinierte Aufgabenverteilung auszuschließen scheinen. Es verwundert nicht, daß auch viele Therapeuten diesem Einheitsverlust ratlos gegenüber stehen.

»Ich weiß nicht, an wen ich mich wenden soll?«
Eine Patientin litt über Jahre hinweg unter Ängsten, Magenbeschwerden, Schulter-Arm-Beschwerden, Kopfschmerzen, Depressionen und Allergien. Sie klagte: »Ich bin innerlich sehr stark gehetzt und zittrig, wie über einen überdehnten Bogen gespannt. Ich bemühe mich um Ruhe und Gelassenheit, aber es gelingt mir nicht. Ich bin reizbar, leicht zur Trauer geneigt und auch sehr aufgewühlt. Kleine Begebenheiten werfen mich völlig um. Ärger verkrafte ich nur sehr schlecht, vor allem im Geschäft. Im September traten starke Rückenschmerzen auf. Die hatte ich schon früher gehabt, aber nicht so schlimm. Die Massage half nur vorübergehend. Die Schmerzen behinderten mich sehr, da ich den ganzen Tag stehen oder laufen muß. Sie strahlten bis zum Unterleib aus. Beim Orthopäden stellte sich nur eine allgemein durch Hohlkreuz und leichte Rückgratkrümmung verursachte Fehlhaltung heraus, nichts Besonderes. Beim Frauenarzt konnte ebenfalls keine besondere Ursache festgestellt werden. Ich fühlte mich verbraucht, überanstrengt und erschöpft. Als die Schmerzen wieder stärker wurden, entschloß ich mich, eine Badekur zu machen. Die Massage strengte mich sehr an und war äußerst schmerzhaft. Vor den Thermalbädern hatte ich Angst. In der vierten Woche hatte ich Angst vor dem Heimfahren. Der Arzt stellte wieder keine organische Krankheit fest, riet zur Gymnastik und gab Beruhigungsmittel und schlug autogenes Training vor ... Ich ging zum Heilpraktiker, der mit mir eine Irisdiagnose vornahm. Meinem Hausarzt wagte ich gar nicht, davon zu erzählen. Anfangs fühlte ich mich wirklich erleichert. Doch dann begannen wieder meine Beschwerden. Ich ließ mich zu einem Nervenarzt überweisen. Nach den neurologischen Untersuchungen konnte kein krankhafter Befund festgestellt werden. Gegen meine Angst bekam ich beruhigende und angstlösende Medikamente. Die halfen mir wirklich. Ich war heilfroh. Aber sobald die Medikamente abgesetzt wurden, begann die alte Geschichte von vorne. Ich kann jetzt trotz Schlafmittel und Beruhigungstabletten nicht schlafen. Ich fühle mich vollkommen unglücklich. Jetzt kommt noch hinzu, daß ich vielleicht sogar meine Arbeitsstelle verliere. Ich weiß wirklich nicht, an wen ich mich wenden soll. Ich bin krank. Das weiß ich, aber ich weiß nicht, wer für meine Krankheit zuständig ist. Jetzt bin ich hier, in der Psychotherapie. Ich weiß aber nicht, ob ich hier richtig bin.« (Auszug aus dem psychotherapeutischen Erstinterview bei einer 36jährigen Patientin.)

Oft steht selbst der überweisende Arzt vor dem Problem, zu welchem Fachmann im Umfeld der Psychotherapie er einen Patienten einer bestimmten Altersgruppe mit einem bestimmten Krankheitsbild überweisen soll. Um wieviel schwieriger muß dann dem Patienten die Auswahl fallen. Mitunter hilft hier der bloße Zufall, ob oder zu welchem Therapeuten er schließlich kommt. Die Psychotherapie ist arbeitsteilig aufgegliedert in eine Reihe von Berufsgruppen. Diese Aufgliederung birgt Chancen und Gefahren, zumal es nicht gleichgültig ist, zu welcher Art von Therapeut ein Patient gelangt. Die einzelnen Berufsgruppen halten sich meist an

unterschiedliche weltanschauliche und theoretische Ansätze und verwenden verschiedene therapeutische Methoden.
An wen soll man sich wenden? An den Neurologen, den Psychiater, den Psychotherapeuten, den Psychoanalytiker, den Diplom-Psychologen, den Verhaltenstherapeuten, den Psychagogen? Um etwas Licht in diesen Wirrwarr zu bringen, wollen wir die wichtigsten Fachrichtungen innerhalb der Psychotherapie erläutern.

Der Neurologe: Eine andere Bezeichnung für Neurologe ist Nervenarzt. Er beschäftigt sich mit den Störungen, Verletzungen, Ausfällen und Erkrankungen des Nervensystems und einzelner Nerven. Als Krankheitsbilder finden sich hier: Lähmungen, Sensibilitätsausfälle, Hirntumoren, Verletzungen des Zentralnervensystems und der peripheren Nerven und Erkrankungen wie Ischias und Neuralgien. Die Therapie erfolgt zumeist durch Medikamente, Bestrahlungen, elektrotherapeutische Anwendungen und physiotherapeutische Maßnahmen.
Der Psychiater: Der Psychiater ist ebenso wie der Neurologe Arzt. Er hat sich auf die Geistes- und Gemütskrankheiten spezialisiert und beschäftigt sich vor allem mit den sogenannten Schizophrenien, »endogenen« Depressionen, Psychopathien und dem psychischen Erscheinungsbild von neurologischen Störungen. Dies ist auch der Grund dafür, daß in der Bundesrepublik der Psychiater in der Regel auch als Neurologe ausgebildet ist. Im Patientenkreis des Psychiaters finden sich Patienten mit Wahnvorstellungen, Halluzinationen, Depressionen und Ängsten. Seine Behandlung ist weitgehend medikamentös. Hinzu kommen das psychiatrische Gespräch und in den verschiedenen Fällen das autogene Training.
Der Psychotherapeut: Der Psychotherapeut ist spezialisiert auf Störungen, die seelische Ursachen haben. Diese Störungen beruhen zumeist auf unbewußten Konflikten und Erlebnissen. Wichtig erscheint, daß mögliche organische Ursachen oder Symptome vor der psychotherapeutischen Behandlung abgeklärt werden. Der Psychotherapeut ist in der Regel Arzt und Psychiater oder Diplom-Psychologe mit zusätzlicher Ausbildung. Zu ihm kommen Patienten mit psychischen und psychosomatischen Störungen. Psychische Störungen sind Ängste, Depressionen, Zwänge, Verhaltensauffälligkeiten, Kontaktstörungen, Sexualstörungen, Hemmungen usw. Psychosomatische Störungen, also körperlich-seelische Störungen, äußern sich in Magenbeschwerden, Herz- und Kreislaufbeschwerden, Asthma, Kopfschmerzen, Schlafstörungen, rheumatischen Beschwerden, gynäkologischen Beschwerden, Allergien, Verdauungsstörungen usw. Die Methoden der Psychotherapie bestehen zumeist darin, unbewußte Konflikte aufzudecken, wiederzubeleben und durchzuarbeiten oder mit Hilfe des Gesprächs Konfliktlösungen herbeizuführen.

Der Psychoanalytiker: Innerhalb der Psychotherapie gibt es eine Anzahl von verschiedenen Methoden: Die Psychoanalyse nach S. Freud; die Tiefenpsychologie nach C. G. Jung; die Individualpsychologie nach A. Adler; die Logotherapie nach V. Frankl usw. Der Psychoanalytiker ist ein Psychotherapeut, der sich auf die Psychoanalyse nach S. Freud spezialisiert hat. In einer besonderen Ausbildung werden Kontroll- und Lehranalysen durchgeführt. Dadurch wird der Psychoanalytiker in den Stand versetzt, auch die Prozesse, die zwischen ihm und dem Patienten ablaufen, zu kontrollieren. Er stellt das Unbewußte in den Mittelpunkt der Therapie und betont die Bedeutung frühkindlicher Erlebnisse und der Sexualität. Seine Methode beruht auf freier Assoziation und Deutungen der meist spontanen Äußerungen des Patienten. Die Dauer der psychoanalytischen Therapie beträgt durchschnittlich zwischen einem und vier Jahren.

Der Diplom-Psychologe: Der Diplom-Psychologe hat die Wissenschaft des Erlebens und Verhaltens des Menschen unter besonderer Berücksichtigung der ›normalen‹ psychischen Entwicklung studiert. Zudem kennt er die wesentlichen Störungen im seelischen Bereich und ist Test-Spezialist. Seine Testuntersuchungen geben weitgehend objektiven Aufschluß über die Persönlichkeitsstruktur eines Menschen, bestimmte Fähigkeiten, Leistungen und Störungen. Manche Psychologen sind als klinische Psychologen ausgebildet, sie führen zumeist im Rahmen einer Krankenanstalt Psychotherapie oder testdiagnostische Untersuchungen durch oder sind privat niedergelassen. Die Tätigkeit des Diplom-Psychologen reicht von der Arbeits-, Betriebs- und Marktpsychologie über die Verkehrspsychologie, die pädagogische und diagnostische Psychologie bis hin zur klinischen Psychologie. Eine enge Zusammenarbeit zwischen Arzt und Diplom-Psychologen erscheint gerade hinsichtlich der Psychotherapie empfehlenswert.

Der Verhaltenstherapeut: Er ist in der Regel entweder Mediziner oder Diplom-Psychologe und versucht nach den Prinzipien der Lerntheorie, Verhaltensstörungen zu behandeln. Für ihn steht das Symptom im Vordergrund, das als eigentliche Störung gilt. Ein Patient, der unter Ängsten leidet, wird systematisch auf diese Ängste hin behandelt. Die Frage nach der Entstehung dieser Ängste ist demgegenüber sekundär. Der Verhaltenstherapeut geht davon aus, daß die von ihm behandelten Störungen, Verhaltensauffälligkeiten, Ängste, Stottern, Bettnässen, Tics usw. nach bestimmten Regelhaftigkeiten gelernt und entsprechend durch Anwendung der Lerntheorien therapiert werden können.

Der Psychagoge: Der Psychagoge hat eine Spezialausbildung in der Behandlung von Kindern und Jugendlichen. Sein psychotherapeutisches Konzept ist tiefenpsychologisch oder psychoanalytisch orientiert. Im Vordergrund stehen spieltherapeutische Behandlungsformen, zu denen gelegentlich Deutungen des Verhaltens der Kinder hinzukommen. Weiterhin werden gesprächstherapeutische Verfahren verwendet. Auch hier ist eine Zusammenarbeit mit einem Facharzt wünschenswert.

Angesichts dieser Vielzahl von Fachrichtungen innerhalb der Psychotherapie, die zum Teil ihre spezifischen und in besonderen Fällen indizierten Behandlungsmethoden anwenden, ist es mitunter höchst unwahrscheinlich, daß ein Patient mit seinem Beschwerdebild auch wirklich an die kompetente Stelle gelangt. Im Durchschnitt dauert es bis zu sechs Jahren, ehe ein Patient mit psychischen und psychosomatischen Beschwerden dann schließlich einen zuständigen Psychotherapeuten gefunden hat. Dies gilt nicht nur für den Einzelfall.

Fazit: Nach dem Bericht zur Lage der Psychiatrie in der Bundesrepublik (1975) hat etwa jeder dritte Bundesbürger bereits einmal in seinem Leben eine psychische Krankheit durchgemacht oder leidet noch daran. In der Bundesrepublik sind oder waren demnach rund 20 Millionen Menschen betroffen. 42 Millionen Menschen suchen jährlich einen praktischen Arzt auf, davon allein vier bis acht Millionen wegen psychisch bedingter Beschwerden. Eine Million bedürfen dringend einer psychiatrischen bzw. psychotherapeutischen Behandlung. 600 000 Menschen suchen jährlich einen niedergelassenen Nervenarzt oder Psychotherapeuten auf; 200 000 Patienten werden im Jahr in Nervenkliniken aufgenommen. Wie viele Patienten oder potentielle Patienten auf der Suche nach der zuständigen Instanz in einer Sackgasse des medizinisch-psychologisch-psychiatrisch-psychotherapeutischen Labyrinths steckenbleiben und auf Behandlung bei einem für ihr Problem zuständigen Fachmann verzichten müssen, geht aus den genannten Zahlen nicht hervor. Nicht unbedingt günstig wirkt sich die mangelnde Beliebtheit psychischer Erkrankungen im Gesundheitswesen aus. Auf die Frage, ob sie lieber einen Patienten mit eindeutig körperlich bedingten Beschwerden oder lieber einen Patienten mit einer vorwiegend emotional und seelisch bedingten Krankheit behandeln wollten, entschied sich die überwiegende Mehrzahl der befragten Ärzte und Medizinstudenten für die rein körperlich verursachten Erkrankungen (R. Depner, 1974).

Dabei ist nach meinen Erfahrungen nicht das Desinteresse das leitende Motiv, sondern die Unsicherheit, die generell gegenüber den psychischen Beschwerden und psychotherapeutischen Methoden zu bestehen scheint.

2. Gesundheit – Krankheit

Der Hakim weiß alles

Ein Mann lag schwer krank danieder und es schien, als sei sein Tod nicht fern. Seine Frau holte in ihrer Angst einen Hakim, den Arzt des Dorfes. Der Hakim klopfte und horchte über eine halbe Stunde lang an dem Kranken herum, fühlte den Puls, legte seinen Kopf auf die Brust des Patienten, drehte ihn in die Bauch- und Seitenlage und wieder zurück, hob die Beine des Kranken an und dann den Oberkörper, öffnete dessen Augen, schaute in seinen Mund und sagte dann ganz überzeugt und sicher: „Liebe Frau, ich muß ihnen leider die traurige Mitteilung machen, ihr Mann ist seit zwei Tagen tot.« In diesem Augenblick hob der Schwerkranke erschreckt seinen Kopf und wimmerte ängstlich: »Nein, meine Liebste, ich lebe noch!« Energisch schlug da die Frau mit der Faust auf den Kopf des Kranken und rief zornig: »Sei du still! Der Hakim, der Arzt, ist Fachmann, und der muß es ja wissen« (persische Geschichte).

Ein bißchen schwanger gibt es nicht

Bei meiner psychotherapeutischen Tätigkeit begegne ich häufig einem besonderen Mißverständnis. Wenn jemand körperliche Beschwerden, wie Fieber und Kopfschmerzen, Magen- und Herzbeschwerden hat, wird ihm mehr Rücksicht zuteil als einem Gesunden. Auch wenn er nicht gänzlich von gesellschaftlichen Leistungsanforderungen entbunden wird, so gewährt man ihm doch Nachlässe. Benimmt sich jemand aber in unseren Augen ›komisch‹, anders, als wir es sonst gewöhnt sind, und vernachlässigt womöglich noch die ›einfachsten Regeln des Anstandes‹, sind die Toleranzgrenzen bald erreicht. Ein Mensch, der sich plötzlich aus seiner Umwelt zurückzieht, für andere unverständliche Ängste entwikkelt, sein Zimmer total verwüstet, übermäßig Alkohol trinkt oder in seinen Leistungen nachläßt, wird meist nicht als krank angesehen. Statt dessen sagt man, er sei ein Spinner, ein komischer Kauz, ein Faulenzer, ein gemeingefährliches Subjekt, und gibt ihm den Rat: Nimm dich zusammen! Beinahe regelmäßig versucht man, zu solchen Menschen einen möglichst großen Abstand herzustellen. Psychiatrische Krankenhäuser sind, sofern möglich, aus der Lebensgemeinschaft einer Stadt ausgegliedert. Zusammen mit guter Luft und schöner Umgebung wird soziale Isolation angeboten. Man kommt mit den unangenehmen, bedrohlich wirkenden Erscheinungsbildern psychischer Erkrankungen nicht mehr in Berührung und hat obendrein noch ein gutes Gewissen. Dabei gilt diese Haltung nicht nur Extremfällen, sondern auch Normabweichun-

gen und Auffälligkeiten im täglichen Leben. Nur zu gern möchte man einen Menschen, der sich entgegen unseren Erwartungen und Wertvorstellungen verhält, gleich ins Irrenhaus eingewiesen, zumindest aber aus der sozialen Gemeinschaft entfernt wissen. Beispiele dafür findet man in Familien, Wohngemeinschaften, in der Schule, im Betrieb.
Ablehnung gegenüber sozial Auffälligen und psychisch Kranken ist nicht nur unter medizinischen Laien verbreitet; man findet sie auch beim Pflegepersonal und bei Ärzten.
Der Unterschied zwischen körperlichen und seelischen Erkrankungen hat tiefere Wurzeln. In der Medizin herrschen klare Verhältnisse: Entweder erhält man einen Befund, oder man erhält keinen; entweder ist man krank, oder man ist gesund. Entweder können wir mit einem Röntgenbild eine Tuberkulose feststellen oder nicht. Entweder hat ein Patient Zucker oder nicht. Entweder ist eine Frau schwanger oder nicht, denn ein ›bißchen schwanger‹ gibt es nicht. In der Psychologie und Psychotherapie sieht dies etwas anders aus. Wir haben hier nicht die Entscheidung entweder-oder, sondern eine Vielzahl von graduellen Abstufungen, die von gesund bis krank reichen. Jeder von uns hat seine Vorzüge und Schwächen, so daß man ohne weiteres mit einem bekannten Schweizer Psychiater sagen kann: »Jeder hat sein Neurösli.« Mit anderen Worten, jeder von uns hat seine eigenen Probleme und Konflikte. Wenn dem einzelnen diese Konflikte in einer besonders schwierigen Situation über den Kopf wachsen, kann es geschehen, daß sie Krankheitscharakter annehmen.
Fazit: Dadurch, daß vornehmlich den körperlichen Krankheiten Krankheitswert zugebilligt wird, ergeben sich klare Folgen: Fühlt man sich nicht wohl, liegt es nahe, in erster Linie einen Arzt aufzusuchen. An einen Psychotherapeuten denkt man, selbst bei eindeutigen psychischen Störungen, nur selten.
In der Psychotherapie können wir dagegen keine absolute Trennung zwischen Gesundheit und Krankheit vornehmen. Gesundheit und Krankheit bestimmen sich hier weitaus weniger aufgrund objektiver Befunde als vielmehr aufgrund subjektiven Befindens.

3. Neurose und Neurotiker

Untrügliches Zeichen für Dummheit

Ein Faghih, ein Lehrer in früheren Tagen, las bei einer Unterrichtsvorbereitung in einem klugen Buch, das sieben Weise geschrieben hatten, den Satz: »Kleiner Kopf und langer Bart sind ein untrügliches Zeichen für Dummheit.« Voll Interesse nahm er einen Spiegel und betrachtete sich lange Zeit: »Ich habe einen langen weißen Bart«, sprach er vor sich hin. Angestrengt starrte er weiter in den Spiegel: »Gott bewahre mich, mein Kopf ist auch nicht gerade groß. Wenn ich das Wort der Weisen morgen vor meinen Schülern lese, wie stehe ich dann vor ihnen da?« Das unglückliche Zusammentreffen der Merkmale der Dummheit in seiner Person ließ ihn so schnell handeln wie denken: »Von kurzem Bart und kleinem Kopf als Zeichen für Dummheit steht nichts in dem Buch.« Keine Schere war zur Hand, kein scharfes Messer, um den Bart zu kürzen. So griff der Faghih in seinem Eifer nach einem Leuchter, um die verräterische Länge des Bartes zu stutzen. Wie eine Stichflamme fuhr das Feuer an seinem Bart hoch. Bevor er die Flamme löschen konnte, war sein Bart versengt, die Haut seines Gesichtes vom Feuer verbrannt und schwarz vor Ruß. Da er sich ohne Bart und mit Brandwunden im Gesicht vor anderen Menschen – erst recht vor seinen Schülern – nicht zeigen konnte, hatte er genügend Zeit zum Nachdenken. Neben den verhängnisvollen Satz »Kleiner Kopf und langer Bart sind ein untrügliches Zeichen für Dummheit« schrieb er in gestochenen Schriftzeichen: »Diese Behauptung hat sich in der Praxis als wahr erwiesen.« (persische Geschichte).

In der Umgangssprache wird die Krankheitsbezeichnung nicht selten zum Schimpfwort: »Er ist ja nur ein Neurotiker.« »So wie der sich verhält, kann er nur ein Schizophrener sein.« »Mit solchen Psychopathen möchte ich nichts zu tun haben.« Damit geschieht stillschweigend etwas, was für den Betroffenen weitreichende Folgen haben kann. Ein vermeintliches Krankheitsbild wird generalisiert und ein Gleichheitszeichen zwischen Symptom und Persönlichkeit gesetzt. Man verwechselt »eine Krankheit haben« oder »krank sein« mit »ein Kranker sein«, »sich neurotisch verhalten« mit »ein Neurotiker sein.«

»Nur ein Lump«

Eine verheiratete Frau verbreitete bei ihren Freundinnen und Verwandten: »Mein Mann ist ein Lump, mit ihm möchte ich nichts mehr zu tun haben.« Sie zog sich sexuell von ihm zurück und reichte schließlich die Scheidung ein. Bei einer Feier hatte der Ehemann, Wange an Wange, mit der Frau eines Freundes der Familie getanzt. Für seine Frau war dies Grund genug, zwölf relativ glückliche Ehejahre zu annulieren und in ihrem Mann nur einen Lumpen zu sehen.

Doch nicht nur Symptome und Eigenschaften werden verallgemeinert. Gerade im Bereich vorwissenschaftlicher Menschenkenntnis häufen sich Mißverständnisse, vor denen auch Psychologie, Psychiatrie und Psychotherapie nicht geschützt sind. Es handelt sich um die Neigung, Beziehungen zwischen Sachverhalten herzustellen, ohne daß die Wirklichkeit solcher Beziehungen überprüft worden wäre. Ein großes Kinn gilt als Zeichen für Energie; eine gewölbte Stirn als Zeichen für Intelligenz; eine Sprechhemmung als Zeichen geistiger Zurückgebliebenheit; auseinanderstehende Zähne als Zeichen für Geschäftstüchtigkeit; zarte Hände als Zeichen für Sinnlichkeit.

Fazit: Auf die psychiatrische Diagnostik übertragen, gewinnt die orientalische Geschichte vom untrüglichen Zeichen für Dummheit eine neue Bedeutung: Morgendliche Unlust, Verstopfung und Schlaflosigkeit sind nicht immer die Primärsymptome einer »endogenen« Depression. Ebensowenig können wir von außergewöhnlichen Gedanken und Vorstellungen auf einen ›Wahn‹ schließen. ›Stimmen hören‹ muß nicht immer auf Schizophrenie hindeuten. Kritische Diagnostik ist mehr als nur die Anwendung von Faustregeln. Dies gilt besonders für Psychiatrie, Psychologie und Psychotherapie, denn von ihrer Diagnose hängt die weitere Behandlung des Patienten und damit sein Schicksal ab. Auch wenn eine Störung nachhaltig auf die Persönlichkeit einwirkt, so reduziert sie den Menschen nicht auf das Symptom. Es gibt Menschen mit neurotischen Symptomen, doch den Neurotiker gibt es nicht.

4. Liegen Sie hier richtig?

Nicht alles auf einmal

Der Mullah, ein Prediger, kam in einen Saal, um eine Rede zu halten. Der Saal war leer bis auf einen jungen Stallmeister, der in der ersten Reihe saß. Der Mullah fragte den Stallmeister: »Es ist niemand außer dir da. Soll ich deiner Meinung nach sprechen oder nicht?«.Dieser antwortete: »Herr, ich bin ein einfacher Mann, davon verstehe ich nichts. Aber wenn ich in einen Stall komme und sehe, daß alle Pferde weggelaufen sind und nur ein einziges dageblieben ist, werde ich es trotzdem füttern.« Der Mullah nahm sich das zu Herzen und begann seine Predigt. Er sprach über zwei Stunden lang. Danach fühlte er sich sehr erleichtert und glücklich und wollte durch den Zuhörer bestätigt wissen, wie gut seine Rede war. Er fragte: »Wie hat dir meine Predigt gefallen?« Der Stallmeister antwortete: »Ich habe bereits gesagt, daß ich ein einfacher Mann bin und von so etwas nicht viel verstehe.

Aber wenn ich in einen Stall komme und sehe, daß alle Pferde außer einem weggelaufen sind, werde ich es trotzdem füttern. Ich würde ihm aber nicht das ganze Futter geben.« (persische Geschichte).

Die Behandlung psychisch Kranker stellt in der Geschichte der Menschheit ein besonderes und, wie ich meine, sehr trauriges Kapitel dar. Bei aller Unsicherheit, die auf diesem Gebiet herrscht, finden sich doch immer wieder Hinweise dafür, daß das Verhältnis zu psychisch Auffälligen – diesen Begriff im gegebenen Zusammenhang mit aller Vorsicht gebraucht – von weltanschaulichen Orientierungen und damit vom Menschenbild einer Gesellschaft und ihrer Zeit abhängt. Die Kulturpsychologie hat nachgewiesen, daß es überall dort, wo man die Zeitdimension nicht berücksichtigt, zu Fixierungen und unangemessenen Versuchen der Realitätsbewältigung kommt – in Politik, Wissenschaft und Religion. Als Beispiel hierfür mag zunächst die Wissenschaft dienen. Obwohl sie gemeinhin zu neuen Erkenntnissen führt, finden wir gerade hier nicht selten dogmatische Fixierungen, die sich gegen neue, zeitgemäße Erkenntnisse wenden. Einige geschichtliche Begebenheiten können davon Zeugnis ablegen:

Giordano Bruno wurde im Jahre 1600 n. Chr. als Ketzer verbrannt, weil er u. a. lehrte, daß die Erde sich um die Sonne drehe. Einige Jahre später mußte *Galilei* seiner Erkenntnis vom neuen Weltbild abschwören.
Columbus wurde von den Gelehrten seiner Zeit verlacht und verspottet, die dogmatisch feststellten, daß, wenn es Schiffen gelingen sollte, bis zu unseren Antipoden auf der anderen Seite der Erdkugel zu fahren, es ihnen unmöglich sei, wieder zurückzukehren.
Galvani, Schrittmacher der Wissenschaft von der Elektrizität, wurde von seinen gelehrten Kollegen verlacht und ›Froschtanzlehrer‹ genannt. *Harvey,* der den Kreislauf des Blutes entdeckte, wurde von seinen Berufsgenossen lächerlich gemacht und seines Lehrstuhls enthoben. Als Ignatius *Semmelweis* als Ursache des Kindbettfiebers die mangelnde Hygiene entdeckte und entsprechende Konsequenzen für die Geburtshilfe forderte, wurde er von seinen Kollegen angefeindet. Nach der Einführung schärferer Hygienemaßnahmen sank die Sterblichkeitsquote der Mütter erheblich. Als *Stephenson* seine Lokomotive erfand, versuchten bekannte europäische Mathematiker seiner Zeit jahrelang zu beweisen, daß seine Maschine auf glatten Schienen niemals eine Last ziehen könne, da die Räder durchdrehen würden, ohne den Zug vorwärts zu bewegen.
Darwin wurde wegen seiner Theorie der Entstehung der Arten angefeindet (Esslemont, 1963). *Mesmer,* der den Magnetismus untersuchte und dessen Bedeutung für die Hypnose hervorhob, wurde als Scharlatan

verfolgt. Ähnlich erging es dem französischen Apotheker *Coué,* als er die Autosuggestion erneut zu einem Thema der Wissenschaft machte. Als *Freud,* der Begründer der psychoanalytischen Bewegung, der Wiener Gesellschaft der Ärzte einen Fall von männlicher Hysterie vortrug, wurde er derart abgelehnt, daß er die Ärztegesellschaft niemals wieder besuchte.

Die historische Betrachtung des Krankheitsbegriffs weist uns darauf hin, daß die heute gültigen Einstellungen zu Krankheiten und psychisch erkrankten Menschen nicht so selbstverständlich und damit notwendig sind, wie es uns auf den ersten Blick erscheinen will. Da sich die Behandlungsformen bei psychischen Störungen nicht nur im Laufe der Geschichte geändert haben, sondern sich überdies in verschiedenen geographischen und gesellschaftlichen Gruppen typische Behandlungsweisen erhalten haben, bietet es sich an, das Verhältnis zu psychisch Erkrankten an Hand von Modellen aufzuzeigen. Nach Durchsicht der medizinhistorischen und medizinsoziologischen Literatur haben wir folgende Modelle zusammengestellt: das Vergötterungsmodell, das Dämonenmodell, das Sündermodell, das Stigmamodell, das genetische Modell, das Willensmodell, das medizinische Modell und das Umweltmodell.

Das Vergötterungsmodell: Im klassischen Griechenland, aber auch in einzelnen Indianerkulturen, sah man den psychisch Kranken als göttliches Medium an; er wurde vergöttert. Das auffällige Verhalten, die Verwirrtheitszustände, wie wir sie beispielsweise bei schizophrenen Zustandsbildern oder epileptischen Erkrankungen antreffen, wurden als Ausdruck eines unbegreifbaren göttlichen Einflusses gesehen. Gott oder ein Gott habe, so etwa ist die damit verbundene Vorstellungswelt zu interpretieren, den Kranken zu seinem Sprachrohr, vielleicht sogar zu seinem Werkzeug gemacht. Dies erklärt die herausragende Rolle psychisch Kranker; sie standen in der Nähe der Priesterschaft und anderer religiöser Institutionen. Ihre Anwesenheit wurde vom übrigen Stamm als Segen aufgefaßt. Eine Therapie, eine Veränderung des Zustandsbildes, war im Sinne dieses Modells nicht denkbar. Das Vergötterungsmodell findet sich ohne primär religiöse Motivation auch heute noch im Umgang mit Kranken. Recht auffällig zeigt es sich bei den einzelnen Formen der Familienneurosen, in denen ein Familienmitglied zum Symptomträger für die gesamte familiäre Problematik wird. Der kranke Mitmensch bekommt eine besondere Rolle zugewiesen, die der Vergötterung ähnelt: Er wird zu etwas Besonderem, zur Schlüsselfigur der Familiengruppe.

Das Dämonenmodell: Es besagt allgemein, daß der Kranke von bösen Geistern, Dämonen oder Teufeln besessen ist. Die unheimlichen Kräfte treiben im Kranken ihr Unwesen und bringen ihn dazu, bizarre, unver-

ständliche und bedrohliche Verhaltensweisen zu entwickeln. Plausibel erschien diese Auffassung, weil nach diesem Weltbild überall gute oder böse Geister ihr segensreiches oder unheilbringendes Treiben vollbringen. Diese Anschauung legte eine Therapie nahe: Den unangepaßten Individuen wurde der Teufel ausgetrieben. Als Mittel der Teufelsaustreibung galten Beschwörungen und Gebete. Um den Teufel zum Verlassen des menschlichen Körpers zu bewegen, wurden verschiedene Mittel entwickelt, ihn auszutreiben oder herauszulocken. Auch wenn die Menschen dem offensichtlich immer etwas ratlos gegenüberstanden, wurde der Leib als der Aufenthaltsort des Teufels angesehen, was die Anwendung von Klistieren und kalten Einläufen geradezu heraufbeschwor. Auch widerliche Gerüche und mißtönende Musik sollten den Teufel austreiben helfen. Gewaltsamere Formen der Teufelsaustreibung, die über Prügel, Fesselungen bis hin zur systematischen Folter reichten, galten ebenfalls als probates Mittel.
Körperliche Schläge zur Teufelsaustreibung haben sich allem Anschein nach bis in die heutige Zeit erhalten. Ort der Teufelsaustreibung heute ist u. a. die Ehe, Partnerschaft und Erziehung. Diese Parallele scheint nicht unberechtigt, denn ebenso hilflos wie frühere Gesellschaften gegenüber den psychischen Erkrankungen sind viele Eltern und Erzieher gegenüber den als dämonisch und bedrohlich erlebten Verhaltensauffälligkeiten ihrer Kinder. Es hat den Anschein, als wehrten sie sich, wenn sie ihre Kinder prügeln, gegen etwas Panikerregendes, dessen sie nicht anders Herr werden können. Vieles spricht dafür, daß die Schocktherapien der Psychiatrie, wie der Elektroschock, die über Jahre hinweg in Mode waren, mit Vorstellungen verknüpft waren, die dem Umfeld des Dämonenmodells entstammten.
Das Söndermodell: Ihm liegt die Auffassung eines strafenden gerechten Gottes zugrunde, der die göttliche Ordnung menschlichen Zusammenlebens aufrechterhält. Die auf dieser Anschauung beruhenden Gesetze regeln das zwischenmenschliche Verhalten und stellen allgemeingültige psychosoziale Normen dar. Ein Gesetzeskatalog wie die Zehn Gebote beispielsweise fordert: Enthaltsamkeit von Aggressionen (Höflichkeit), Ehrlichkeit, Gehorsam, Treue, Glauben usw. Andere göttliche Gesetzestexte enthalten Reinlichkeitsvorschriften oder Anweisungen für das geschäftliche Verhalten (Sparsamkeit, Genügsamkeit, Zuverlässigkeit). Auch das Verhältnis zur Zukunft wird ziemlich detailliert festgelegt (Vertrauen, Hoffnung usw.). Ein solches Modell fördert kulturspezifische Verhaltensaggressionen. So hört man im Orient oft: »Ich bete, daß Gott dir für diese Betrügereien (Unehrlichkeit) eine Krankheit schickt, die kein Arzt heilen kann.« Nach anderen Auffassungen werden Kinder für die Sünden ihrer Väter bis ins dritte Glied bestraft. Schließlich hat das

Sündermodell unmittelbare Auswirkungen auf die Ansichten über therapeutische Möglichkeiten: Weil man Gottes Willen nicht zuwiderhandeln möchte, verzichtet man auf therapeutische Eingriffe. Den Kranken, vor allem den psychisch Auffälligen, wird allenfalls Barmherzigkeit zuteil.

Das Stigmamodell: In der Zeit des frühen Christentums hatte man zu den Kranken eine mitleidsvolle Einstellung: Sie galten als vom Leid Geschlagene, als stigmatisiert und trugen mit ihrem Leiden die Dornenkrone Christi. Dabei mag es sich um eine Identifikation handeln. Die Krankheit ist nichts Verabscheuenswürdiges, sondern bedeutet eine Art Gnade. Auch hier ist das Leiden Gottes Wille. Der Kranke wird im Gegensatz zum Sünder- und Dämonenmodell nicht gequält, sondern mitleidsvoll toleriert: »Es ist der Sinn des Lebens, das Leid zu ertragen. Das einzige gültige Glück ist, das schicksalhafte Leid zu erdulden. Ich will dieser Aufgabe nicht entfliehen« (48jährige Witwe).

Das genetische Modell: Dem genetischen Modell liegt die Erfahrung zugrunde, daß die Menschen einer neuen Generation ähnliche oder gar gleiche Merkmale tragen wie die Menschen der Elterngeneration. Früher erklärte man die Phänomene der Vererbung mit dem sogenannten Erbgut. Heute gelten Chromosome und Gene als Träger von Erbmerkmalen. Der Sachverhalt der Vererbung körperlicher Merkmale in einer gewissen Variationsbreite wird auch auf den psychischen Bereich übertragen. Man unterstellt, daß auch der Charakter und Eigenschaften wie Ordnung, Zuverlässigkeit, Mangel an Offenheit und Ehrlichkeit, Benehmen, Geduld, aber auch Intelligenz usw. vererbt werden. Auch wenn die wissenschaftliche Vererbungstheorie einzelne Zusammenhänge im psychischen Bereich nahelegt, bleibt das verallgemeinerte genetische Modell fragwürdig. Die Aussage: »Er lügt wie gedruckt, das hat er von seinem Vater geerbt«, ist mehr als eine bloße Feststellung über bestimmte moralische Qualitäten, hier der Ehrlichkeit eines Menschen. Vielmehr geht in eine solche Aussage die Vorstellung ein, dieses Verhalten sei letztlich notwendig und unveränderlich. Vererbung wird hier gleichgesetzt mit vorgegebenem Schicksal, dem keiner ausweichen kann. Das heißt zweierlei: Die Rolle, die ein Mensch in einer Gruppe spielen kann, wird festgelegt durch das Urteil über sein vermeintlich genetisch mitgebrachtes Verhalten. Verhaltensänderungen sind kaum möglich, da das geerbte Verhalten doch immer durchbrechen müsse. Somit wird dem Erzieher gleich eine Entschuldigung für pädagogisches Versagen geliefert: Mit diesem Erbmaterial konnte er halt nichts Besseres anfangen! Die Therapiemöglichkeiten sind von diesem Modell her bis heute äußerst eingeschränkt; bevorzugt werden im allgemeinen vorwiegend körperliche Behandlungsformen.

Das Willensmodell: Dieses Modell hat seine Wurzeln in der europäischen

Aufklärung. Der Mensch wird zum Maß der Dinge. Er besitzt Freiheit, selbst zu entscheiden und diese Entscheidung kraft seines Willens in die Wirklichkeit umzusetzen. Psychologisch führt diese Auffassung zu ähnlichen Vorstellungen: Der Mensch sei frei, aus eigener Kraft sein Schicksal zu bestimmen, und er müßte sogar in der Lage sein, sich selbst an seinen eigenen Haaren aus dem Sumpf zu ziehen, in dem er gerade steckt. Diese gesellschaftlich als liberal zu bezeichnende Haltung schreibt dem Willen des einzelnen die absolute Macht zu, auch die Macht, sich frei zu fühlen, frei zu denken und als freier Mensch zu handeln. Darauf beruht auch die Tellerwäscher-Millionär-Ideologie, nach der es dem Ärmsten möglich ist, alles nur Wünschbare zu erreichen, wenn er bloß einen genügend starken Willen und eine hinreichend klare Zielvorstellung besitzt. Äußere Leistungsziele werden in den Vordergrund gerückt. Innere Ziele, das Gefühlsleben und Emotionalität werden Mittel zum Zweck. Psychische Konflikte haben demnach eine Realität zweiter Ordnung; wenn man nur will, so heißt es, kann man alle Probleme lösen. Flucht in Leistung und Arbeit dient der Aufrechterhaltung des Selbstkonzeptes: Man ist stark, nicht mehr schwach und abhängig, und muß sich diese Stärke vor allem dann beweisen, wenn sie innerlich von Zweifeln angenagt ist. Probleme mit Kindern oder Eheschwierigkeiten werden nach draußen verlegt, in den Beruf und in Aktivitäten, die jenseits der konfliktbelasteten Sphäre liegen: »Wie kann ich als erfolgreicher Mann überhaupt Probleme in der Ehe haben? Wenn ich mit Angestellten umgehen kann, warum soll es mir im Umgang mit meiner Frau und meinen Kindern nicht gelingen« (38jähriger Geschäftsführer). Der Psychotherapeut wird für überflüssig gehalten, schließlich braucht man sich nur zusammenzureißen, und schon lösen sich die Probleme. Damit kann zwar der Heilungswille der Patienten angeregt werden, die Ich-Funktionen können eine gewisse Stabilität erhalten; sehr viele Patienten werden aber angesichts eines solchen Anspruchs hoffnungslos überfordert. Beispiel dafür ist der Depressive, der sich niedergeschlagen und antriebsarm fühlt. Der Rat, er solle sich zusammennehmen, sich nicht so hängenlassen, trifft bei ihm gerade die wundeste Stelle, da er sich selbst im Kampf um seine Aktivität aufzureiben scheint. Ich habe des öfteren erlebt, daß depressive Patienten nach solchen Ratschlägen durch wohlmeinende Bekannte eine tiefe innere Krise durchzustehen hatten.

Das medizinische Modell: Das medizinische Modell geht davon aus, daß eine Beziehung zwischen (inneren) Ursachen und (äußeren) Symptomen bestehen muß. Dagegen wendet die Verhaltenstherapie ein, eine derartige Zweiteilung in Symptom und ihm zugrunde liegende Ursache sei für psychische Erkrankungen nicht notwendig; die Heilung des Symptoms bedeute bereits die Heilung der Erkrankung. Unsere Kritik zielt in eine andere Richtung: Aus der Beziehung zwischen Symptom und Ursache entsteht leicht ein Kurzschluß. Man bleibt bei – womöglich inneren, körperlichen – Ursachen stehen und läßt weiterführende Krankheitsbedingungen unberücksichtigt. Zu diesen ›weiterführenden‹ Krankheitsbedingungen gehören u. a. psychosoziale Faktoren, Eßgewohnheiten oder Einstellungen zum Alkohol, zur körperlichen Bewegung, zu Nikotin, zu Gesundheit und Krankheit generell. Beruflicher Ärger, familiäre Auseinandersetzungen, ständiger Streß, Mißerfolgserlebnisse, Hoffnungslosigkeit und das Gefühl der Sinnlosigkeit müssen als ätiologische, den Krankheitsverlauf beeinflussende und den Leidensdruck modifizierende Faktoren angesehen werden. Mit anderen Worten: Es erscheint problematisch, mit der Diagnose eines Magengeschwüres den diagnostischen Prozeß zu beenden, wenn auf der Hand liegt, daß diese Magenbeschwerden infolge eines verstärkten inneren Leistungszwangs und äußerer Leistungsanforderungen entstanden sind. Konsequenz des reinen medizinischen Modells ist die Beschränkung der Diagnose auf innere Ursachen, mit denen körperliche Ursachen gemeint sind. Faktoren außerhalb dieser Ursache-Symptom-Beziehung werden als nicht zur Medizin gehörig und nach dem liberalen, dem genetischen oder dem Umweltmodell als Privatsache des Patienten angesehen. Für die Krankheitsbehandlung sind Ärzte und besonders geschultes Personal zuständig. Die Probleme und Verhaltensschwierigkeiten im Vorfeld der Krankheit bleiben ausgeklammert. Man kümmert sich in der Regel nur um Patienten, die bereits einen hinreichenden Grad an Erkrankung erreicht haben, und begnügt sich damit, jemandem zu helfen, der bereits in den Brunnen gefallen ist. Erst in jüngster Zeit werden Überlegungen zur präventiven Medizin, Psychohygiene, ärztlichen Vorsorge und Selbsthilfe angestellt, die über das engere medizinische Modell hinausgehen.

Das Umweltmodell: Es berücksichtigt die Bedeutung von Umweltfaktoren vor dem Hintergrund einleuchtender und wissenschaftlich überprüfbarer Erfahrungen. Jedes Verhalten steht in Zusammenhang mit der Umwelt. Reines Verhalten in einem sozialen Vakuum gibt es nicht; und selbst dieses imaginäre Vakuum wäre eine bestimmte Qualität von Umwelt. Die einfachsten Suchbewegungen, wenn wir Hunger haben, sind auf eine äußere Umgebung gerichtet, in der wir Nahrung vermuten. Ja selbst das Gefühl des Hungers setzt trotz seines physiologischen Charakters voraus, daß die Umwelt über eine gewisse Zeit hinweg dem Organismus die Nahrung versagt hat. Wie der Sachverhalt der Vererbung über Chromosomen und Gene als Erbträger zu der Auffassung führte, daß das menschliche Verhalten insgesamt einer Veranlagung entspringe, wird aus der Erfahrung, daß jede unserer Handlungen in Bezug zur Umwelt steht, der Schluß gezogen, die Umwelt sei ›an allem schuld‹. Der Mensch wird

als Produkt seiner Umgebung aufgefaßt. Als verantwortlich für die Störungen gelten zum Teil die Eltern: »Solange du bei deinen Eltern lebst, bist du von ihnen abhängig.« »Wenn du dich aus deiner Abhängigkeit von den Eltern befreist, wird es dir besser gehen.« »Mir kann keiner helfen, mich haben meine Eltern verkorkst.«
Der andere ›Sündenbock‹ ist die Gesellschaft. Gerade in der politischen Diskussion wird dieses Thema zum hochbrisanten Sprengstoff: »Macht kaputt, was euch kaputtmacht!« Gemeint sind gesellschaftliche Verhältnisse, die als Ungerechtigkeiten erlebt werden. Unter diesem Gesichtspunkt wird das Ziel der Psychotherapie in Frage gestellt: Was nützt es, so heißt es, wenn der Mensch bestehenden sozialen Ungerechtigkeiten angepaßt wird, wenn aber die sozialen Bedingungen nicht vorher geändert werden? Die Therapie des einzelnen wird problematisiert: »In einer abnormen Gesellschaft ist es normal, abnorm zu sein.« Psychotherapie aber hat es von ihrer Fragestellung her zunächst mit dem einzelnen und dessen Konflikten zu tun, die zwar soziale Faktoren reflektieren, sich aber nicht auf sie reduzieren lassen.
Fazit: Der Mensch wurde immer behandelt; gewandelt haben sich lediglich die Behandlungsformen und -inhalte. Die Prinzipien der Psychotherapie hängen vom Menschenbild ab, das in einer bestimmten Zeit Gültigkeit besitzt. Je nach den Möglichkeiten in einer Zeit, je nach den Problemen und Vorbildmustern verändern sich auch die Möglichkeiten der Psychotherapie. Wir haben die Wahl, das eine oder andere Modell vorzuziehen. Jede dieser Alternativen hat ihre besonderen Konsequenzen. Sie sind zumeist in irgendeiner Weise kulturell und situativ abhängig und bestimmen so die Konflikte und Verarbeitungsmöglichkeiten. Die Rollenerwartungen an den Therapeuten verändern sich mit den Bedürfnissen und Nöten der Umwelt. Die neue Zeit hat Bedingungen geschaffen, welche die Entwicklung jedes Menschen beeinflussen, auch wenn wir die Augen davor verschließen wollen.

5. Karikaturen der Psychotherapie

Das vollkommene Kamel

Vier Gelehrte zogen vor Jahren mit einer Karawane durch die Wüste Kawir. Am Abend saßen sie an einem großen Feuer zusammen und sprachen über ihre Erlebnisse. Voller Lob waren sie alle über die Kamele, deren Genügsamkeit sie erstaunte, deren Kraft sie bewunderten und deren bescheidene

Geduld für sie fast unverständlich war. »Wir alle sind Meister der Feder«, sprach der eine. »Laßt uns zum Lobe und zu Ehren des Kamels etwas über dieses Tier schreiben oder zeichnen.« Mit diesen Worten nahm er eine Pergamentrolle und begab sich in ein durch Öllampen erleuchtetes Zelt. Nach wenigen Minuten kam er heraus und zeigte sein Werk seinen drei Freunden. Er hatte ein Kamel gezeichnet, wie es sich gerade aus seiner Ruhelage erhob. Das Kamel war so gut getroffen, daß man fast denken konnte, es lebe. Der nächste ging in das Zelt und kam bald wieder heraus. Er brachte eine kurze sachliche Darstellung über den Nutzen, den Kamele für eine Karawane brächten. Der dritte schrieb ein bezauberndes Gedicht, in dem er die Langmut des Kamels mit der eines Weibes verglich. Da begab sich schließlich der vierte in das Zelt und verbot den anderen, ihn zu stören. Nach einigen Stunden, das Feuer war längst herabgebrannt und die Gefährten schliefen, hörte man immer noch das Kratzen der Feder und monotonen Gesang aus dem schwach erleuchteten Zelt. Am nächsten Tag warteten die drei genauso vergeblich wie am zweiten und am dritten Tag auf ihren Gefährten. Wie die Felswand sich hinter Aladin geschlossen hatte, so verbarg das Zelt den vierten Gelehrten. Endlich am fünften Tag lüftete sich der Zelteingang, und der Fleißigste aller Fleißigen trat heraus – übernächtigt, mit tiefen, schwarz geränderten Augen und eingefallenen Wangen. Das Kinn war von Bartstoppeln umrahmt. Mit müden Schritten und einem Gesichtsausdruck, als hätte er grüne Zitronen gegessen, kam er auf die anderen zu. Überdrüssig warf er ihnen ein Bündel Pergamentrollen auf den Teppich. Auf der Außenseite der ersten Rolle stand groß und breit »Das vollkommene Kamel oder: Wie ein Kamel sein sollte . . .« (orientalische Geschichte).

Abgesehen von der Tätigkeit professioneller Psychotherapeuten, finden wir auch in allen übrigen Formen zwischenmenschlicher Beziehungen psychotherapieähnliche Momente. Als psychotherapieähnlich bezeichnen wir jede gegenseitige Beeinflussung, die darauf hinausläuft, das Verhalten des Partners zu ändern, in erwünschte Richtungen zu lenken oder ihn vor unangenehmen Folgen zu bewahren. Da in der Regel die psychischen Störungen nicht ihren Ursprung in der professionellen Psychotherapie haben, sondern sich in den zwischenmenschlichen Beziehungen entwikkeln, scheint es uns notwendig, die Aufmerksamkeit auf die pathogenen und therapeutischen Faktoren zu lenken, die im sozialen Zusammenleben wirksam sind. Dieser Aspekt gewinnt vor allem hinsichtlich der präventiven Psychotherapie und Psychohygiene an Bedeutung. Die Kapazität der Institution ›Psychotherapie‹ ist viel zu gering, als daß man leichtfertig auf die Berücksichtigung psychotherapeutischer Kapazitäten verzichten könnte, die außerhalb der Institution stehen. Aus der Vielzahl der Erscheinungsformen einer nichtprofessionellen Psychotherapie haben wir folgende Bereiche ausgewählt: die ›Volkspsychotherapie‹, die ›juristische Psychotherapie‹, die ›volkswirtschaftliche Psychotherapie‹, die ›astrologische Psychotherapie‹, die ›medizinische Psychotherapie‹ und die ›wissenschaftliche Psychotherapie‹. Daß wir diese Bilder als Karikaturen vorstellen, weist nur zu deutlich darauf hin, daß sie zuwenig Beachtung in dem traditionellen Gesundheitsbetrieb gefunden haben. Vielleicht gelingt es uns, auf noch ungenützte, aber psychohygienisch äußerst wertvolle Kapazitäten hinzuweisen, die unter dem Aspekt der Psychotherapie für den Menschen nutzbar gemacht werden können.

Volkspsychotherapie: »Nehmen Sie sich zusammen.«
Die Volkspsychotherapie ist, will man es streng nehmen, eine ›Wissenschaft‹ für sich, die eine unermeßliche Anzahl verschiedener ›Psychotherapiesysteme‹ enthält. Zu ihr gehören Spruchweisheiten, intuitive Gedanken, Fabeln, Geschichten, literarisch oder künstlerisch verarbeitete Modelle des Konfliktlösungsverhaltens. Sprüche und Weisheiten fungieren als Lebenshilfe, auch als Motto, das mancher Konfliktverarbeitung voransteht: »Paß dich in die Welt hinein, denn dein Kopf ist viel zu klein, daß die Welt paßt sich hinein!« Dieser Spruch hilft, mit Unverdaulichem fertig zu werden, wird aber in den wenigsten Fällen von dem Betroffenen selber verarbeitet. Die in einer Gesellschaft als richtig anerkannten Normen und Werte werden gleichfalls in Spruchweisheiten gekleidet; sie erscheinen in Fabeln, werden mit Hilfe abschreckender Beispiele um so dringlicher nahegelegt oder in ein weniger strenges Licht gerückt:
»Steter Erfolg ist nur für Feiglinge notwendig« *(Hilty)*.
»Man kann es auf zweierlei Art zu etwas bringen: durch eigenes Können oder durch die Dummheit der anderen« *(La Bruyère)*.
Diese Erscheinungsformen der Volkspychotherapie greifen auf eine Tradition zurück, in der die Psychotherapie noch nicht Institution, sondern allgemeine Lebenshilfe war. Sie beziehen sich meist auf einen als gültig anerkannten Wertmaßstab und sollen die Abweichungen eines Menschen von diesem Leitbild korrigieren oder ihn mit diesem wieder versöhnen. In vergleichbarer Weise wirken Geschichten, Märchen, Fabeln, bildhafte Vergleiche, Aphorismen, Lebensphilosophien, Romane und Mythologien.
Als moralische – und in diesem Sinn sicherlich psychosoziotherapeutische – Institution ist auch die Kunst zu sehen. Als darstellende Kunst versucht sie, im kulinarischen Theater durch die Identifikation mit den Helden kathartische Effekte zu erzielen; nach einem anderen Konzept wird das Theater gezielt und didaktisch als Instrument gesellschaftlicher Aufklärung eingesetzt. Populärer als das Theater ist der Film, in dem teils Modellsituationen vorgespielt, teils Vorbilder nahegelegt, Aggressionen

angesprochen oder durch komische Darstellungen Entlastungen erzielt werden. Dem gefühlsmäßigen Erleben steht die Musik sehr nahe, die über besänftigende, belebende, beunruhigende und in bestimmten Formen kontaktanregende Wirkungen verfügt.
Im Rahmen der Volkspsychotherapie werden auch Ratschläge erteilt, meist Übertragungen eigener Wünsche, entnommen dem Schatz eigener Erfahrungen:

»Du brauchst bloß von zu Hause auszuziehen, dann geht es dir besser«, »Dein Problem wirst du erst dann los, wenn du dich von deiner Frau trennst«, »Du wirst sehen, deine Beschwerden hören auf, wenn du einen anderen Beruf ergreifst«, »Nimm dich zusammen!«, »Du bist doch meine vernünftige Tochter« (Appell an die Vernunft mit dem Ziel, Gehorsam zu erzwingen), »Du simulierst und bildest dir deine Krankheiten bloß ein. Gib dir doch ein bißchen Mühe«, »Was sagen die Leute«, »Ich versichere dir, bald wird es wieder besser. Kommt Zeit, kommt Rat«, »Wenn du einen Partner hast, werden sich deine Probleme wie von selbst lösen«, »Du sollst nicht grübeln, arbeite lieber«, »Du siehst es falsch, das ist kein Problem«, »Ihr werdet sehen, wenn ihr Kinder habt, lösen sich eure Probleme von ganz allein.«

Die therapeutischen Elemente innerhalb der zwischenmenschlichen Beziehungen äußern sich häufig in kaum wahrnehmbaren Verhaltensweisen. Man hört einem anderen zu, der Kummer hat, gibt ihm Rat, wie man es versteht, legt dem Niedergeschlagenen den Arm auf die Schulter, versucht ihn aufzumuntern. Gezielt werden Redewendungen eingesetzt, deren therapeutisches Konzept zumeist nicht bewußt ist:

Nimm's leicht; take it easy; sorge dich nicht, lebe; sei nicht so sentimental; Kopf hoch; laß dich nicht unterkriegen; mach dir nicht so viel Kummer; was soll's; Lachen ist besser als Weinen; viel Glück; ich halte dir die Daumen etc.

Nicht selten trifft man Menschen, meist fanatische Anhänger einzelner religiöser Gruppen, die in der Religion das einzige und ausschließliche Heilmittel sehen: »Wozu Medikamente und Psychotherapie, ich bete doch. Was trotz meines Gebetes geschieht, ist Gottes Wille.« Sie berufen sich auf die mit gutem Grund hoch angesetzte therapeutische Funktion des Glaubens, des Gebetes und der Meditation und vergessen, daß diese nur ein Flügel ist, der das Schicksal des Menschen trägt. Der andere Flügel ist die Erkenntnisfähigkeit, das aktive Handeln des Menschen und die Wissenschaft, als die sich Psychotherapie zu einem wesentlichen Teil begreift.
Fazit: So richtig die Ratschläge im Einzelfall sein mögen, sie sind vertan, wenn sie dem Falschen gegeben werden. Mit dem wachsenden Einfluß der Fachpsychotherapie gewinnt auch laienhaft ausgeübte Volkspsychotherapie an Bedeutung: Viele, vor allem junge Leute sind in der Lage, freier über ihre Probleme zu sprechen, und tun dies auch in Gruppen mit Gleichgesinnten. Selbst wenn diese Kommunikationsform häufig in einer Art Treibhaus gegenseitiger Paralyse endet, weist sie doch darauf hin,

daß ein noch ungenütztes Potential in dieser, aber auch in anderen Formen der Volkspsychotherapie liegt.

Juristische Psychotherapie: »Einmal muß die Entscheidung fallen.«

Ein unschuldig zum Tode Verurteilter bat den Richter, seinen Fall doch noch einmal zu prüfen. »Ich schwöre bei Gott, daß ich unschuldig bin. Mein mißgünstiger Nachbar hat mir den Mord, für den ich meinen Kopf lassen soll, in die Schuhe geschoben.« Der Richter besänftigte: »Aber mein Guter, sage mir doch, was kann ich denn jetzt für dich tun?« »Wieso fragen Sie mich?« antwortete der Verurteilte. »Bringen Sie meinen Nachbarn vor Gericht, fragen Sie ihn, und forschen Sie nach den Hintergründen der Tat.« Der Richter dachte längere Zeit nach und sprach schließlich so gütig, als hätte er eine Karaffe Balsam getrunken: »Mein Guter, was du gesagt hast, ist klug und verdient Anerkennung. Ich nehme mir deine Worte zu Herzen und mache dir folgenden Vorschlag: Wir tun erst einmal unsere Pflicht und richten dich hin. Dann werden wir, und das verspreche ich dir, deinen Nachbarn vor Gericht holen und die Angelegenheit aufs genaueste prüfen.« Freundlich blickte er den Verurteilten an, befahl dem Gerichtsdiener, ihn hinrichten zu lassen, und rief laut: »Der nächste Fall bitte!« (persische Geschichte).

Zuständige Instanz für menschliche Konflikte ist traditionell nicht die Psychotherapie, sondern die Rechtswissenschaft. Streitigkeiten, Gesetzesübertretungen und Verletzungen konventionell anerkannter Normen werden, von der Autorität des Staats geschützt, im Dschungel der Paragraphen ausgetragen. Damit ergibt sich fast zwangsläufig eine Überschneidung mit den Kompetenzen der Psychotherapie, allerdings bei verschiedener Zielsetzung.
Das deutlichste Beispiel für Überlagerungen von Rechtsprechung und Psychotherapie – sieht man von den dringlichen Fragen des Strafvollzuges ab – ist zweifellos das Gebiet der Ehescheidungen: Ehepartner, die Schwierigkeiten miteinander haben und glauben, daß diese Schwierigkeiten irreparabel seien, betrachten den Psychotherapeuten kaum als zuständigen Fachmann. Das ist für sie vielmehr der Jurist, der die bereits getroffene subjektive Entscheidung in geltendes Recht umsetzt. Dieser bemüht sich dann auf seine Art, mit den Problemen der Eheleute fertig zu werden.

»Von wegen immer abwarten«
Ein 44jähriger Versicherungsangestellter, der sich wegen psychosomatischer Störungen in psychotherapeutischer Behandlung befand, hatte eine Scheidungsklage einreichen lassen. Im Verlauf der Psychotherapie, in der auch die Eheprobleme des Patienten angesprochen wurden, bat er seinen Anwalt, die Scheidungsklage vorläufig zurückzunehmen. Der Rechtsanwalt konterte: »Die Ärzte haben immer gut reden, von wegen

immer abwarten. Wie lange soll man warten? Einmal muß die Entscheidung fallen, und schließlich sind wir erwachsen genug, selbst Entscheidungen zu treffen.«

Der Psychotherapeut ist weder Anwalt noch Richter. Ihn interessiert auch nicht die Schuldfrage. Während die Gerichtsbarkeit konventionell anerkannte Normen als Gesetze vertritt, verzichtet die Psychotherapie weitgehend auf absolute Wertmaßstäbe. Der Tatbestand der Unterschlagung und des Eigentumsdeliktes beispielsweise wird aufgelöst in bestimmte, im Verlauf der Lebensgeschichte gelernte Verhaltensweisen und Bewertungen gegenüber Ehrlichkeit, Sparsamkeit, Leistung und dem Erfolg, die schließlich die strafbare Handlung hervorbrachten. Der Tatbestand des Mordes oder Totschlages erhält ebenfalls seine psychologische Bedeutung vor dem Hintergrund des Tatmotivs: Der Mord aus Eifersucht kann so vor dem Hintergrund einer verstärkten Bewertung von Treue und Ehre verständlich werden. Andere ›Verbrechen‹ entstehen sogar aus dem betonten Bedürfnis nach einer – wenngleich subjektiven – Gerechtigkeit. Den gesellschaftlich anerkannten Normen stehen dabei die Individual- und Gruppennormen gegenüber und geraten im ungünstigen Fall mit ihnen in Konflikt.

Fazit: Die Psychotherapie versucht, die einzigartige Situation eines Menschen zu sehen, seine Symptome und deren Beweggründe. An die Stelle von Strafe tritt der Versuch, dem Patienten die konfliktträchtigen Inhalte bewußt und damit verfügbar zu machen.

In Frage steht, ob nicht der gemeinsame Gegenstand von Rechtsprechung und Psychotherapie – psychosoziale Normen und zwischenmenschliche Konflikte – eine intensivere Zusammenarbeit der beiden Disziplinen nahelegt.

Volkswirtschaftliche Psychotherapie: »Erst das Brot, dann die Moral«

Der Patient, der die psychotherapeutische Praxis aufsucht, ist nicht nur ein ›psychisches‹ Wesen. Er kommt in die Psychotherapie mit Problemen und Schwierigkeiten aus dem Alltagsleben. Hier spielen die finanziellen und ökonomischen Schwierigkeiten eine besondere Rolle, sei es, daß jemand viel Geld hat und sein Besitz und die damit verbundenen Verpflichtungen ihn drücken, sei es, daß er zuwenig besitzt und seine finanziellen Mängel ihn in Schwierigkeiten bringen. Die Psychotherapie erscheint dabei aus zwei Gründen untauglich: Der Psychotherapeut hat weder ein Diplom für Steuerrecht noch für soziale Gerechtigkeit und wird kaum selber etwas investieren. Mehr noch, er fordert sogar Geld.

Der Ansatz der Psychotherapie liegt in der Tat primär dort, wo Schwierigkeiten zu konflikthaften Erlebnisverarbeitungen führen und wo aufgrund dieser Erlebnisverarbeitungen die Handlungsfreiheit eines Menschen erheblich eingeschränkt ist. Das gilt für den Geschäftsmann, der wegen eines Konkurses auch einen Bilanzschlußstrich unter sein Leben ziehen möchte, ebenso wie für den Arbeiter und Angestellten, dem nach Verlust des Arbeitsplatzes das Leben sinnlos erscheint. Ein Großteil der finanziellen und wirtschaftlichen Probleme hat tatsächlich seine Ursachen im außerwirtschaftlichen Bereich. Sie beruhen auf Vorweg-Entscheidungen und Bewertungen, die letztlich auf erlerntes normatives Verhalten zurückgehen:

»Die ungewisse Zukunft«
»Ich muß doch so viel arbeiten; ich muß doch für die Zukunft meiner Kinder sorgen« (58jähriger Geschäftsmann, der einen 30jährigen Sohn und eine 28jährige Tochter hat).

Würde man solchen Patienten nur ökonomisch unter die Arme greifen, nähme man ihnen vorübergehend sicherlich einige Sorgen ab; es wäre jedoch in vielen Fällen bloß Therapie des Symptoms.
Fazit: Entgegen diesen Überlegungen wird die Wirtschaft gerade im Bereich der Politik zum Allheilmittel hochstilisiert. Die finanziellen Aufwendungen werden als Ausrede benutzt, man habe doch alles Menschenmögliche getan. Dies bezieht sich ebenso auf die Versorgung im Rahmen der Psychiatrie und Psychotherapie und auf den Einsatz von Sozialhilfe wie auf die Wirtschaftshilfe. Finanzielles ›Know-how‹ ersetzt psychohygienische Maßnahmen lediglich bei Geldwechselautomaten.

Astrologische Psychotherapie: »Die Sterne stehen ungünstig.«
Im vorärztlichen Bereich hat sich eine Lebenshilfe breitgemacht, die über eine lange Tradition und über eine nicht absehbare Zukunft verfügt. Gemeint ist die Astrologie, die Kunst, aus den Sternen menschliches Schicksal vorauszusagen. Die Anwendungsbereiche dieser Richtung sind vielfältig. Sie reichen vom individuellen Horoskop über die Eheberatung, in der mitgeteilt wird, daß Schütze und Skorpion nicht zusammenpassen, bis hin zum Verhältnis zum eigenen Schicksal, für das die Sterne verantwortlich seien. Die Funktion der Astrologie ist tatsächlich die einer Lebenshilfe. Drückende Verantwortlichkeiten werden auf die Gestirne abgewälzt, welche diese allerdings leichter tragen können. Daneben ist Astrologie Gesellschaftsspiel. Formen der sozialen Beziehungen, Ereignisse aus der Vergangenheit oder Charakterzüge werden gedreht und gewendet, bis sie in die Prognose hineinpassen. Übrig bleibt das wohlige Gefühl, Erkenntnisse über sich selbst gesammelt zu haben und in der großen Weltenordnung, der auch die Sterne gehorchen, einen festen Platz einzunehmen.
Astrologie wird auf subtile Weise auch als Vehikel benützt, Lebensweisheiten oder Konfliktlösungsmöglichkeiten und auch eigene Interessen an den Mann zu bringen. Hilfe und Gefahr liegen nahe beieinander:

Eine junge Frau wehrte sich bis zum letzten Augenblick gegen die notwendig gewordene Operation eines Blinddarmdurchbruchs. Immer wieder erklärte sie, daß man noch abwarten sollte. Die Sterne für eine Operation stünden denkbar ungünstig. Hätte der Chirurg sich damit zufriedengegeben und auf eine Operation verzichtet, hätten die Sterne freilich für das Überleben noch schlechter gestanden.

So kann es geschehen, daß sich die Astrologie, aber auch die mit ihr verwandten spiritistischen Richtungen der möglichen fachgerechten Therapie in den Weg stellen und dem Therapeuten erst dann einzugreifen erlauben, wenn es bereits zu spät ist.

Fazit: Der Gang der Sterne wird zum Objekt der Andacht, der Gang der Dinge wird lediglich zur Folge. Ein Eingreifen in das eigene Schicksal erscheint von diesem Gesichtspunkt her als wahnwitzig. Saadi, der bekannte persische Dichter, der etwa 1200 n. Chr. lebte, beschreibt das Problem der Astrologie in einer Parabel:

Ein Astrologe kam nach Hause und sah einen fremden Mann auf dem Diwan neben seiner Frau sitzen. Er regte sich auf, schimpfte und machte einen Skandal. Ein weiser Mann, der mit dem Fall vertraut war, sagte: »Was weißt du, welches Schicksal sich oben am Himmel zusammenbraut, wenn du noch nicht einmal weißt, was sich in deinem Hause zuträgt?«

Medizinische Psychotherapie: »Schimpfen ist der Stuhlgang der Seele.« Ein Abkömmling intuitiver Volkspsychotherapie ist die medizinische Psychotherapie. Damit ist nicht die von einem Arzt durchgeführte Psychotherapie gemeint, sondern die volkspsychotherapeutischen Elemente, die zu jeder ärztlichen Behandlung gehören. Trotz der fundamentalen Bedeutung gerade für das Arzt-Patient-Verhältnis überläßt man es im allgemeinen dem Fingerspitzengefühl, der guten Nase und der Erfahrung des medizinischen Praktikers, wie er den psychotherapeutischen Anteil seines Berufes meistert. Daß hier Projektionen, Identifizierungen, Verallgemeinerungen und Gemeinplätze ins Kraut schießen, ist kaum verwunderlich.

Ein Facharzt für innere Medizin, der sich schon seit seiner Kindheit einen Hund gewünscht hatte, empfahl einem nervösen, zu Depressionen neigenden Patienten, sich einen Hund anzuschaffen. Ein Hund sei das beste Mittel, sich abzulenken.

Nicht der Patient identifiziert sich hier mit dem Therapeuten, sondern der Arzt übernimmt selbst, zumindest vorübergehend, die Patientenrolle und schlägt als Medizin vor, was ihm aufgrund seines Erfahrungsschatzes oder seiner Wunschvorstellungen als günstig erscheint. Dieser Quasi-Psychotherapie liegt in jedem Fall der gute Wille zugrunde, dem Patienten zu helfen. Zugleich aber ist sie Ausdruck der Hilflosigkeit des Arztes, der gerade für solche Probleme keine geeigneten Medikamente oder Methoden besitzt. Dabei kommt es zwangsläufig zu Kuriositäten.

»Sitzen und abwarten«
Einem Patienten, der unter Angstanfällen litt, riet ein Psychiater, nachdem sich kein krankhafter Befund ergeben hatte: »Wenn Sie spüren, daß ein Angstanfall kommt, setzen Sie sich am besten auf einen Stuhl und warten, bis die Angst vorbei ist.« Der Patient hatte Ängste entwickelt, nachdem sein Vater bei einem Autounfall ums Leben gekommen war.

»Ich fühlte mich beschissen«
Ein fachlich hochqualifizierter Kardiologe gab einem Patienten beim Abschied nahezu regelmäßig einen Rat, den er nach eigenen Worten selbst seit Jahren beherzige: »Ich hatte vor Jahren einen Patienten, der sich bei Ärger dadurch half, daß er an Götz von Berlichingen dachte. Sie werden es kaum glauben, aber auch mir hilft dieser Ausspruch. Er ist so etwas wie ein Motto. Vielleicht hilft er Ihnen auch.« Der Patient half sich mit dem »Leck mich am Arsch«. Vor seiner Frau, die selbst eine Reihe psychosomatischer Störungen entwickelt hatte und die sich stets über derartige »Unhöflichkeiten« ärgerte, entschuldigte er sich damit: »Schimpfen ist der Stuhlgang der Seele.« Im Laufe der Behandlung meinte die Ehefrau, nachdem sie ihre Hemmungen vor derartigen Reizworten überwunden hatte: »Jedesmal wenn mein Mann so etwas sagte, fühlte ich mich beschissen.«

Andere gern gegebene Ratschläge lauten: »Entwickeln Sie eine Portion gesunden Egoismus«, »Setzen Sie sich mit ihrem Willen doch endlich durch«, »Lernen Sie zu verzeihen«.
Doch verfügt der Mediziner nicht nur über derartig urwüchsige volkspsychotherapeutische Möglichkeiten. Er greift vielmehr – in zunehmendem Maß – zur ›pharmazeutischen Psychotherapie‹, die ihm mithin den Schluß nahelegt: »Wir haben doch Medikamente, wozu eine psychotherapeutische Behandlung.« In der Tat ist das Medikament eine große Hilfe und die Einfachheit seiner Anwendung geradezu bestechend: man schluckt die Pille oder Tablette und ist nach kurzer Zeit schmerzfrei und wird nicht mehr von Depressionen und Ängsten gequält. Zwar schaffen sie eine vorübergehende Erleichterung, können jedoch zumeist nicht verhindern, daß die Beschwerden bei der nächsten Gelegenheit wieder auftreten. Die zweifelsfreie Hilfe, die sie bieten, wird dann zur Gefahr, wenn durch sie eine mögliche Psychotherapie und damit eine ursächliche Behandlung vereitelt wird.
Fazit: Genau wie verschiedene Patienten auf ein Medikament unterschiedlich reagieren, kann es auch keinen allgemein verbindlichen Ratschlag geben, der für alle Menschen, ungeachtet ihrer individuellen Besonderheiten, Gültigkeit besäße.

Wissenschaftliche Psychotherapie: »Dann hat er mir was von Omnibus- oder Omnipotenzgefühlen vorgefaselt!«
Ein auf die Spitze getriebenes Mißverständnis ist die ›wissenschaftliche Psychotherapie‹. Damit sollen nicht jene diffamiert werden, die sich um die wissenschaftlichen Grundlagen und die experimentelle Weiterent-

wicklung der Psychotherapie bemühen. Wir meinen damit vielmehr eine Karikatur, die leider noch nicht verzerrt genug ist, als daß sie nicht doch Platz in der psychotherapeutischen Wirklichkeit fände. Die wissenschaftliche Psychotherapie, die wir meinen, hat sich vom Patienten losgesagt und lebt selbstgenügsam in einem Elfenbeinturm. Die Probleme, mit denen sie sich beschäftigt, werden vornehmlich durch die immanenten Fragestellungen der Theorie diktiert. Welche Probleme und Schwierigkeiten ein Patient aus Fleisch und Blut hat, kümmert sie meistens wenig. Wenn auch eine Trennung von Forschung und angewandter Wissenschaft unumgänglich ist, so ist sie in der Psychotherapie jedoch dann fragwürdig, wenn die Theorie ins Zentrum der Aufmerksamkeit gerückt wird, der Patient aber irgendwo draußen schwebt.

Psychotherapie mit theoretischem Defizit, wie wir sie in den Varianten der Volkspsychotherapie kennengelernt haben, bleibt blinde Praxis. Theorie ohne Praxis dagegen ist Philosophie, und dieser hängen viele Psychotherapeuten an. Mit dem Schwert des Glaubens kämpfen sie für die wahre psychotherapeutische Lehre und für die jungfräuliche Reinheit ihres Körpers. Manchmal will es scheinen, als suche diese wissenschaftliche Psychotherapie im Gegensatz zur Volkspsychotherapie ihre Berechtigung durch die Schwerverständlichkeit ihrer Aussagen, die dem Eingeweihten vorbehalten bleiben. Damit unterstützt sie die Bedürfnisse derer, die Psychotherapie als Religionsersatz anbeten. Es besteht in manchen Fällen eine unüberbrückbare Kluft zwischen dem Therapeuten, der Wissenschaft anbieten will, und dem Patienten, der Behandlung erwartet:

»Omnibus-Omnipotenzgefühle«

»Ich habe von meinen Beschwerden erzählt. Dann wollte er was von meinen Eltern wissen, weil ich ein bißchen jähzornig bin und so. Da hat er mir was vom Über-Ich erzählt und einem Ideal, das ich mir selbst setze. Als er mich gefragt hat, ob ich die Erziehung als repressiv empfinde, habe ich das noch kapiert. Später hatte ich keine richtige Lust mehr, und plötzlich hieß es, ich verhalte mich regressiv. Ich bin fast ausgeflippt. Wir kamen dann noch auf die Mühle zu sprechen (gemeint ist ein schweres Motorrad), ich habe ihm da was von PS vorgeschwärmt, aber da ist er nicht mitgestiegen. Dafür hat er mir was von Omnibus- oder Omnipotenzgefühlen vorgefaselt!« (18jähriger Schüler, Drogenmißbrauch, Generationsproblematik)

Nicht nur die analytisch orientierte Psychotherapie, der dieses Beispiel entnommen wurde, hat mit dem Problem ihrer eigenen wissenschaftlichen Verselbständigung gegenüber dem Patienten zu kämpfen. Auch Verhaltenstherapeuten und Tiefenpsychologen berichten von vergleichbaren Schwierigkeiten. Ein Verhaltenstherapeut klagte:

»Sie werden systematisch desensibilisiert«

»Vor kurzem kam eine Patientin zu mir, die mich wirklich an allem zweifeln ließ. Entweder stimmte etwas bei mir nicht oder bei ihr. Symptomatisch lagen vorwiegend Phobien und Depressionen vor. Ich habe versucht, mit der Patientin ausführlich darüber zu sprechen. Um es vorwegzunehmen, es wurde nichts daraus. Sie verstand die einfachsten lerntheoretischen Prinzipien nicht: konditionierter und unkonditionierter Reiz, konditionierte und unkonditionierte Reaktion, respondentes Verhalten, Reizgeneralisierung und neurotisches Paradoxon. Ich habe zu ihr geredet wie zu einem kranken Pferd. Diese vollkommen klaren Zusammenhänge hat sie einfach nicht kapiert. Und als ich schließlich mit der Behandlung beginnen wollte und ihr sagte, daß wir jetzt eine systematische Desensibilisierung durchführen wollten, fing sie, vollkommen unverständlich, an zu weinen.«

»Wer hat Komplexe?«

Ein Patient, der von der Psychotherapie nichts mehr wissen wollte, erklärte in größter Empörung: »Komplexe! Ich soll Komplexe haben, der spinnt doch, der hat doch selber Komplexe. Mit seinen Minderwertigkeiten soll er mir bloß bleiben!«

Der wissenschaftliche Anspruch scheint auch jenes Bild einer Therapie zu produzieren, dem wir den Namen ›psychologische Psychotherapie‹ gegeben haben, ein Bild, das sich wie folgt skizzieren läßt: ein riesengroßer, hochdifferenzierter diagnostischer Kopf mit einem relativ winzigen therapeutischen Schwanz.

»Ich brauche noch mehr Zeit«

»Ich bin zum Psychologen gegangen, weil ich mit meinem zweiten Sohn Schwierigkeiten hatte. Schulprobleme, totale Unordnung zu Hause, Bockigkeit, und seit einiger Zeit schrie er in der Nacht. Ich konnte mir das nicht erklären. Der Psychologe, dem ich das alles erzählt habe, hat mir geduldig zugehört. Ich hatte so richtig Gelegenheit, über meine Probleme zu sprechen, und habe das auch ausgenutzt. Dann bestellte er meinen Sohn zur Testuntersuchung. Dann haben wir einen neuen Termin für eine Beratung ausgemacht. Der Psychologe sagte mir, daß der Junge überdurchschnittlich intelligent sei. Dann sprach er von verborgenen Aggressionen, Rivalität gegenüber dem Vater und dem Bruder, davon, daß ich den Jungen inkonsequent erziehe, mal weich, mal hart, und daß ich dem Liebesbedürfnis des Kindes mehr Rechnung tragen soll, von wegen streicheln oder mal umarmen. Ich wollte den Psychologen dazu noch was fragen, aber die Zeit war schon fortgeschritten, und er gab mir die Hand und sagte: ›Sie wissen jetzt, worauf es ankommt.‹ Ich glaube, ich brauche noch mehr Zeit, um das alles zu kapieren« (34jährige Hausfrau, die wegen Erziehungsschwierigkeiten mit ihrem jüngsten Sohn die psychotherapeutische Beratung aufsuchte).

Fazit: Vorrangige Aufgabe der Psychotherapie ist es, dem Menschen zu helfen. Aus ihr erst ergibt sich die Forderung nach einer plausiblen, in sich geschlossenen und überprüfbaren Theorie – nicht umgekehrt.

6. Positive Psychotherapie

Schatten auf der Sonnenuhr

Im Orient wollte einst ein König seinen Untertanen eine Freude bereiten und brachte ihnen, die keine Uhr kannten, von einer Reise eine Sonnenuhr mit. Sein Geschenk veränderte das Leben der Menschen im Reich. Sie begannen, die Tageszeiten zu unterscheiden und ihre Zeit einzuteilen. Sie wurden pünktlicher, ordentlicher, zuverlässiger und fleißiger und brachten es zu großem Reichtum und Wohlstand. Als der König starb, überlegten sich die Untertanen, wie sie die Verdienste des Verstorbenen würdigen könnten. Und weil die Sonnenuhr das Symbol für die Gnade des Königs und die Ursache des Erfolges der Bürger war, beschlossen sie, um die Sonnenuhr einen prachtvollen Tempel mit goldenem Kuppeldach zu bauen. Doch als der Tempel vollendet war und sich die Kuppel über der Sonnenuhr wölbte, erreichten die Sonnenstrahlen die Uhr nicht mehr. Der Schatten, der den Bürgern die Zeit gezeigt hatte, war verschwunden, der gemeinsame Orientierungspunkt, die Sonnenuhr, verdeckt. Der eine Bürger war nicht mehr pünktlich, der andere nicht mehr zuverlässig, der dritte nicht mehr fleißig. Jeder ging seinen Weg. Das Königreich zerfiel.

Die Fabel um Sonne, Sonnenuhr und verdunkelnden Prunkpalast läßt sich recht gut auf die Erziehungssituation und die Psychotherapie übertragen. Jeder Mensch verfügt über eine Anzahl von Fähigkeiten, die er im Laufe seiner Reifung und seiner Konfrontation mit der Umwelt entwickelt. Entwicklungspsychologisch gestaltet sich dies in folgender Weise: Eltern als die zunächst wichtigsten Personen der Umwelt, aber auch alle anderen Bezugspersonen der Erziehungssituation, können die Fähigkeiten eines Kindes, die es zu seinem Lebensbeginn weich, zart, unentwikkelt und formbar besitzt, unterstützen oder hemmen, und gerade das letztere geschieht häufig, wie in unserer Fabel. Um aus dem Kind einen Menschen nach seinem Bild zu formen, stellt der Erzieher bestimmte sozial erwünschte Eigenschaften in den Vordergrund. Sie erscheinen in manchen Fällen hochstilisiert und zu perfekter Einseitigkeit gebracht. In diesem Zusammenhang werden einige der Fähigkeiten des Kindes zwar entwickelt und differenziert, oft sogar überstrapaziert, andere Fähigkeiten werden dagegen unterdrückt und geraten in ihren Schatten, ebenso wie das Wunderwerk der Sonnenuhr im prachtvollen Tempel.

Wir alle sind von Konflikten und Problemen in unterschiedlichem Maß betroffen. Es besteht daher ein Bedürfnis nach neuen Aspekten und Methoden, die ebenso wirksam wie praktikabel sind. Während viele der bestehenden psychotherapeutischen Verfahren von den Störungen und

Krankheiten ausgehen, erfordert die vorbeugende, präventive Medizin und Psychotherapie eine andere Vorgehensweise, bei der statt von den Störungen zunächst von den Entwicklungsmöglichkeiten und Fähigkeiten des Menschen ausgegangen wird. Werden diese Fähigkeiten in ihrer Entwicklung gehemmt, vernachlässigt oder nur einseitig ausgeformt, entstehen, verdeckt oder offen, Konfliktbereitschaften:

»Von Kind auf bin ich auf Leistung gedrillt worden ... Der Beruf macht mir sogar Spaß, aber ich habe keine Beziehung zu anderen Menschen. Mit meinen Kindern kann ich auch nicht viel anfangen. Freizeit ist für mich eine Qual ...« (42 jähriger Rechtsanwalt mit Depressionen)

Fazit: Unterdrückte und einseitig aufgeblähte Fähigkeiten sind mögliche Quellen von Konflikten und Störungen im innerseelischen und zwischenmenschlichen Bereich. Sie können sich in Ängsten, Aggressionen, Verhaltensauffälligkeiten, Depressionen und dem, was man als psychosomatische Störung bezeichnet, äußern. Da die Konflikte im Laufe der Entwicklung eines Menschen in der Auseinandersetzung mit seiner Umwelt entstehen, sind sie nicht notwendiges und unausweichliches Schicksal, sondern stellen sich als Probleme und Aufgaben dar, die wir zu lösen versuchen. Damit wird ein wesentlicher Unterschied deutlich: traditionelle Psychiatrie und Psychotherapie haben als Ausgangspunkt Störungen, Konflikte und Krankheiten. Demgemäß wird das Behandlungsziel gesteckt: Krankheiten heilen und Störungen beseitigen. Übersehen wird hier, daß nicht Störungen primär sind, sondern Fähigkeiten, die von diesen Störungen mittelbar oder unmittelbar betroffen sind.

Zweites Kapitel: Einführung in die Differenzierungsanalyse

Der Papagei und der Zuckersack

Ein Kaufmann hatte in Indien einen wunderschönen Papagei erworben. Er liebte das Tier und verbrachte seine ganze Freizeit mit ihm. Mal nahm er den Papagei auf die Schulter, mal auf den Kopf, und immer belohnte er ihn mit einem Zuckerstückchen. Der Zucker wurde für den Papagei der Inbegriff der Liebe seines Herrn. Eines Abends waren der Kaufmann und sein Papagei allein im Hause. Der Kaufmann sagte: »Mein Liebster, es ist spät, und ich bin müde. Da heute abend niemand außer uns im Haus ist, ist es nicht ratsam, daß wir beide schlafen. Wir sind hier nicht sicher, also achte auf das Haus, als wärest du ein Wachmann.«

Der Papagei war ganz Ohr und stellte sich vom Kopf bis zur Schwanzfeder auf seine Aufgabe ein. Bald darauf fiel der Kaufmann in wohligen Schlaf, und das Haus lag in tiefer Ruhe. Plötzlich schlug ein Wurfhaken über die Mauer, und an einem Seil zog sich behend ein Einbrecher hoch. Auf leisen Sohlen drang er ins Haus ein. Alles, was er sah, packte er in Säcke und Beutel, außer dem Zuckersack, der seinen Blicken entging. Schließlich blieb nur das leere Haus mit dem gefiederten Wachtmeister, der aufmerksam das Treiben beobachtet hatte, dem Zuckersack und dem schlafenden Kaufmann übrig.

Am nächsten Morgen, als der Kaufmann aufwachte, sah er um sich herum gähnende Leere. Kein Teppich bedeckte mehr den Boden oder die Wände. Vergeblich suchte er in den leeren Räumen. »All mein Hab und Gut hat sich aufgelöst wie Rauch im Wind. Das Haus ist leer wie mein Handteller. Wo sind die Seidenteppiche?« stöhnte der Kaufmann. »Sei beruhigt«, antwortete der Papagei, »der Zuckersack ist noch da!« »Wo sind die Juwelen?« »Reg dich nicht auf, der Zuckersack ist noch da.« »Wo sind die Kostbarkeiten, an denen sich meine Seele erfreute?« »Sei still, der Zuckersack ist noch da.« »Wer war in der Nacht in unserem Haus?« fragte verzweifelt der Kaufmann. »Ein Mann kam, aber es dauerte nicht sehr lange, dann ging er wieder seines Weges«, erwiderte der Papagei. »Glaube mir«, beteuerte er, »nicht ein Zuckerkörnchen ist abhanden gekommen. Alles, was du mir gesagt hast, habe ich beherzigt. Die ganze Nacht habe ich den Zuckersack nicht aus den

Augen gelassen. Für uns ist doch der Zucker das Wertvollste, mein Herr! Wie soll ich wissen, was für dich wertvoll ist!« (nach P. Etessami, persische Dichterin).

Entwicklung der Differenzierungsanalyse

Eine wichtige Motivation für meinen differenzierungsanalytischen Ansatz mag gewesen sein, daß ich mich in einer transkulturellen Situation befinde. Als Perser (Iraner) lebe ich seit 1954 in Europa. In dieser Situation wurde ich darauf aufmerksam, daß viele Verhaltensweisen, Gewohnheiten und Einstellungen in den verschiedenen Kulturkreisen häufig unterschiedlich bewertet werden. Höflichkeit im Iran beispielsweise stellt sich anders dar als in Deutschland. Dies bedeutet nicht, daß der Deutsche oder der Iraner deswegen unhöflicher wäre, sondern lediglich, daß beide Kulturkreise eigene Vorstellungen von Höflichkeit haben. In ähnlicher Weise besteht auch für die anderen gängigen psychosozialen Normen eine kulturabhängige Relativität. Das Ausländerproblem, gleichgültig von welchem nationalen Bezug her gesehen, erhält damit eine neue Bedeutung: Der Ausländer ist nicht nur derjenige, der nicht zur eigenen Gruppe gehört, also ›Eindringling‹ ist, er bringt vielmehr auch Eigenschaften, Einstellungen und Verhaltensweisen mit, die sich nicht in allen Punkten mit den Wertvorstellungen der Gastgebergruppe decken. Dies zeigt sich bereits an kleinen Gewohnheiten, die jeweils für selbstverständlich gehalten werden.
In Deutschland gilt das Motto: Was auf den Tisch kommt, wird gegessen. Der Höflichkeitsrest, den man früher zurückgehen ließ, gilt als unpassend, unzeitgemäß. Als höflich wird es hier von vielen angesehen, wenn man der Hausfrau, womöglich der Küche, stillschweigend dadurch ein Kompliment macht, daß man nichts zurücklassen möchte.

»Ich wollte nicht unhöflich sein«
Eine deutsche Frau, die im Iran zu Besuch war, wurde krank. Sie litt unter Verdauungsstörungen und klagte: »Ich kann kein Essen mehr sehen. Seit einer Woche bin ich hier. Fast jeden Tag war ich bei einer anderen Familie zu Gast. Meine Gastgeber waren sehr lieb und verwöhnten mich, wo sie nur konnten. Nur das mit dem Essen habe ich nicht verkraftet. Wenn ich meinen Teller leergegessen hatte – das Essen schmeckte immer ausgezeichnet –, wurde mir sofort wieder nachgegeben. Um nicht unhöflich zu sein, habe ich auch das noch aufgegessen. Aber dann wurde mir wieder aufgegeben. Dies ging so lange, bis mir fast schlecht wurde und ich aus reiner Selbsterhaltung keine Rücksicht mehr auf meine Gastgeber nehmen konnte und das Essen einfach stehenließ. Ich hatte dabei aber ein schlechtes Gewissen, weil die Leute so nett und freundlich waren.«

Die Besucherin hätte kein schlechtes Gewissen zu haben brauchen, wenn ihr bekannt gewesen wäre, daß das, was sie zum Schluß getan hatte, nämlich einen Teil des Essens stehenzulassen, im Iran beste Sitte ist.
Derartige Erlebnisse lenkten meine Aufmerksamkeit auf die Bedeutung psychosozialer Normen für die Sozialisation und die Entstehung zwischenmenschlicher und innerseelischer Konflikte. Dabei fand ich, ausgehend von der Psychotherapie, sowohl bei orientalischen als auch bei europäischen und amerikanischen Patienten im Zusammenhang mit den bestehenden Symptomen Konflikte, die auf eine Reihe immer wiederkehrender Verhaltensweisen zurückgehen. Ich versuchte daher, diese Verhaltensnormen zu sichten und einen Überblick über derartige Phänomene zu erhalten. Eng zusammengehörende Begriffe wurden zusammengefaßt und schließlich ein Inventar erstellt, mit dessen Hilfe sich die inhaltlichen Komponenten der zentralen Konfliktbereiche beschreiben lassen. Was sich auf dem erzieherischen und psychotherapeutischen Sektor als Konfliktpotential und Entwicklungsdimension darstellte, fand sich im Bereich der Moral und der Religion im normativen Sinn als Tugend wieder.
Aus den psychotherapeutisch relevanten Verhaltens- und Einstellungsnormen entwickelte sich das Differenzierungsanalytische Inventar (DAI) als relativ umfassendes Kategoriensystem. Die darin enthaltenen Verhaltensnormen nannte ich *Aktualfähigkeiten*, ein Begriff, den ich deshalb für notwendig halte, weil diese Normen als Fähigkeiten in der Entwicklung des Menschen vorgegeben sind; sie sind Entwicklungsdimensionen, deren Ausprägung durch günstige oder hemmende Umwelteinflüsse gefördert oder unterdrückt wird. *Aktual*fähigkeiten deshalb, weil sie im täglichen Leben auf die verschiedenste Weise fortwährend aktuell angesprochen werden. Mir stellten sich im Zusammenhang mit den psychosozialen Normen folgende Fragen:
Wodurch kommt es zu Konflikten? Wie lassen sich diese Konflikte angemessen beschreiben? Was steht hinter den Symptomen der psychischen und psychosomatischen Störungen und den Einschränkungen in den zwischenmenschlichen Beziehungen, und wie können diese Störungen angemessen behandelt werden?
Was heißt Differenzierungsanalyse? Die Differenzierungsanalyse ist eine neue Form der Psychotherapie. Sie hat eine kurze Geschichte, doch eine lange Vergangenheit. Intensiv beschäftige ich mich mit diesem Konzept seit 1968. Dennoch reichen die Wurzeln der Differenzierungsanalyse weiter zurück bis hin zu den Schulen der klassischen Psychotherapie, ja sogar bis hin zu den überlieferten Vorstellungen und Anschauungen des Orients und Okzidents.
Was bedeutet nun Differenzierungsanalyse? Bleiben wir beim Wort.

Differenzierung heißt Unterscheidung und ist eine menschliche Fähigkeit, die sich sowohl körperlich als auch psychisch und sozial gestaltet. Der Mensch entwickelt sich, indem er sich zunächst körperlich differenziert. Auch in der Zeit nach der Geburt vollzieht sich eine weitere körperliche Differenzierung. Es eröffnet sich jedoch in auffälliger Weise eine zusätzliche Entwicklungsdimension. Sie bezieht sich auf das Erleben, die Erlebnisverarbeitung und das Verhalten. Einerseits kommen hier, durchaus im körperlichen Sinne, Organe oder Koordinationseinrichtungen wie das Nervensystem zur Funktionsreife. Andererseits entwickeln sich die damit vorgegebenen Fähigkeiten in einer fortwährenden Wechselwirkung mit der Umwelt. Konnte in der vorgeburtlichen Zeit die soziale Umwelt als zweitrangig gegenüber einem biologisch-körperlichen Milieu gelten, geraten jetzt die sozialen Beziehungen in den Vordergrund. Entsprechend nimmt auch die psychische und psychosoziale Differenzierung ihren hervorragenden Platz ein. Neben der bereits angedeuteten körperlichen Reifung bestehen zwei grundsätzliche Differenzierungsmöglichkeiten im psychosozialen Bereich: die emotionale Differenzierung und die Differenzierung des Wahrnehmens, Wissens und der Leistungsfähigkeit.

Das Kind lernt, was angenehm und unangenehm ist, und lernt damit, auch die Eigenschaften und Kennzeichen seiner Umwelt zu unterscheiden:

Wenn ein kleines Kind zum Beispiel lernt, was ein Tisch ist, muß es verschiedene Eigenschaften seiner Umwelt unterscheiden. Eine Hilfe bietet ihm, was es wiedererkennen kann. So treffen Eigenschaften in bestimmter Weise immer wieder zusammen: vier Beine und darüber eine Platte. Alle Gegenstände, welche diese Charakteristik aufweisen, mögen sie in der Puppenstube stehen oder im Zimmer, werden als Tisch erkannt. Hat ein Kind in dieser Weise differenziert und wieder integriert, kann es Tische, die es zuvor noch nie gesehen hat, von allem anderen unterscheiden, was nicht Tisch ist. Diese Unterscheidung gelingt schließlich auch dann, wenn diese ›Nicht-Tischgegenstände‹ Eigenschaften des Tisches aufweisen, zum Beispiel Beine haben und eine Platte wie der Stuhl, nur aus einer Platte bestehen oder Beine haben, die jedoch Ständer, Leitern und ähnliche Gegenstände sind. Dieses Vorgehen reduziert die auf einen Menschen einstürzende Komplexität der Umgebung, und so kann er besser mit ihr umgehen. Nahezu jedes begriffliche Lernen basiert auf Unterscheidung/Differenzierung und Integration. So lernt ein Kind Schritt für Schritt, was der Tisch, was der Ofen ist, wann man den Ofen anfassen kann und wann nicht.

Es liegt nahe anzunehmen, daß die Erlebnisqualitäten aus dieser Zeit einen Bezugsrahmen für die Erlebnisse späterer Zeit darstellen: Das Kind lernt, sein soziales Verhalten zu differenzieren, also was es tun kann und was nicht. Der Schwerpunkt der Erziehung liegt gerade auf diesem Aspekt. Die Kommunikation zwischen Eltern und ihrem Kind beschränkt sich über große Teile hinweg auf Informationen wie:

Laß das; das ist schmutzig; sei still; faß das nicht an; es ist noch nicht Zeit zum Essen; du bist alt genug, daß du nicht mehr in die Hose machst; ich hätte von dir mehr erwartet; geh zum Vater; bleib, bis ich komme; komm nicht zu spät nach Hause; diese ungezogenen Freunde möchte ich hier nicht mehr sehen; das hast du gut gemacht; was habe ich für ein kluges und braves Kind; wenn du mir hilfst, gehen wir zusammen in die Stadt; räum das auf; wasch dir die Hände vor dem Essen; die Ärmchen gehören nicht auf den Tisch; mit vollem Munde spricht man nicht; gib nicht so viel Geld aus; usw.

Man kann sich gut vorstellen, daß diese Aufforderungen, Belobigungen, Mahnungen und Beschimpfungen die Szenen einer Erziehung bestimmen. Das Kind erfährt, was wünschenswert ist, und auch, was man tun kann und tun muß, um die Zuwendung der Bezugspersonen zu erlangen. Dieser Differenzierungsprozeß, der die Sozialisation kennzeichnet, hat während des ganzen Lebens Bedeutung und wird unter gewissen Bedingungen zur Voraussetzung von Konflikten.
Differenzierung wird aber auch unter einem anderen Gesichtspunkt bedeutsam. Dann nämlich, wenn es zu Problemen und Konflikten gekommen ist und bisher für selbstverständlich gehaltene Einstellungen und Verhaltensweisen in Frage gestellt werden. Hier spielten zu einem wesentlichen Teil die in der Vergangenheit gelernten Unterscheidungen eine Rolle, die vielleicht für die Situation nicht ausreichen.
Es kann also zu einem Konflikt kommen, wenn die gelernten Unterscheidungen den Anforderungen der Gegenwart oder der Zukunft nicht mehr genügen wollen:

Ein junger Student, dem bisher von der Mutter das Zimmer aufgeräumt wurde, dessen Finanzangelegenheiten von ihr erledigt wurden und der nicht gelernt hatte, für seine täglichen Belange zu sorgen, geriet in Schwierigkeiten, als er plötzlich eine eigene Wohnung hatte, von seiner Umgebung aber verlangte, daß sie sich genauso verhalten müsse, wie es früher die Mutter getan hatte.

Jede unserer Handlungen beinhaltet unterschiedliche Grade der Differenzierung, die von einer äußerst feinen Gliederung bis hin zur Generalisierung reichen kann:

Wenn wir einen Scheck ausfüllen, um ein sehr einfaches Beispiel zu wählen, haben wir es bereits mit einer gewissen Differenzierung des Handlungsablaufes und Gliederung der Situation zu tun: Zunächst einmal muß ich mein Scheckheft dabei haben und einen Kugelschreiber. Wenn ich nicht weiß, wohin ich ihn gelegt habe, brauche ich erst Zeit, um ihn zu suchen. Ich muß in der Lage sein, auszurechnen, wieviel Geld ich abheben möchte und wie auf dem Formular die Eintragungen gemacht werden müssen. Hinzu kommt, daß ich lesbar schreibe, meine Kontonummer kenne, die richtige Bank noch zu den Geschäftszeiten aufgesucht habe. Ich muß den Scheck im Scheckheft eintragen, und schließlich ist es ganz nützlich zu wissen, ob er gedeckt ist. Eine Reihe von Funktionen laufen ab, die zum Teil wie die Glieder einer Kette ineinandergreifen. Bereits die Störung einer einzigen dieser Funktionen kann den gesamten Handlungsablauf stören und zu Konsequenzen führen, die ihren Ursachen unangemessen erscheinen. Finanzielle Nachteile, eine längere Zeit ohne Geld auskommen müssen, verzweifelt nach dem

Scheckheft suchen, durch Unachtsamkeit beim Ausfüllen einen Blankoscheck geben, wegen nicht eingetragener Ausgaben beunruhigt werden und endlich wegen Scheckbetruges einsitzen.

Fazit: Allen diesen Funktionen liegt die Fähigkeit zur Differenzierung zugrunde. Ihren Grad der Differenzierung erhielten sie durch Lernerfahrungen. Der therapeutische Eingriff, gleichgültig welche Methode im einzelnen angewandt wird, ist letztlich der Versuch, dem Betroffenen eine verfeinerte, situationsangemessene Unterscheidung zu ermöglichen, die es ihm gestattet, sich den Anforderungen einer Situation im Rahmen seiner Zielvorstellungen angemessen zu verhalten. Nicht zuletzt darauf weist der Begriff ›Differenzierungsanalyse‹.

Wie ist die Differenzierungsanalyse entstanden? Während in der Regel in der psychotherapeutischen, psychologischen und pädagogischen Literatur die funktionellen und dynamischen Zusammenhänge Berücksichtigung finden, ergab sich für uns die Aufgabe, systematisch und kritisch auf die Inhalte der Erziehung, der zwischenmenschlichen und innerseelischen Konflikte einzugehen. Mit anderen Worten: man hat sich daran gewöhnt, danach zu fragen, *wie* etwas geschieht, welche Funktionen und Zusammenhänge damit zu tun haben. *Was* geschieht, welche Inhalte es bestimmen, erschien bislang nur am Rande und dann eher als willkürlich ausgewähltes Beispiel.
In dem oben angeführten Fall hätte nach der traditionellen tiefenpsychologischen Beschreibung der Student eine starke Mutter-Sohn-Bindung, die in ihm eine passive Erwartungshaltung entstehen ließ. Damit ist, wenn auch zunächst oberflächlich, eine dynamische Struktur beschrieben. Dennoch können wir diese Situation nicht hinreichend verstehen, wenn wir nicht wissen, daß diese Erwartungshaltung inhaltlich auf die Verhaltensbereiche der ›Ordnung‹, ›Sparsamkeit‹ und ›Zuverlässigkeit‹ gerichtet war. Erst dadurch, daß wir sowohl den *Konfliktprozeß* – hier die Auswirkungen der Mutter-Sohn-Bindung und die passive Erwartungshaltung – als auch den *Konfliktinhalt* beschreiben, können wir eine zwischenmenschliche oder innerseelische Konfliktsituation und ihre Voraussetzungen erfassen. Die auffällige Zurückhaltung gegenüber dem inhaltlichen Aspekt scheint verständlich, denn es bestehen zu viele Möglichkeiten, mit denen eine psychische Funktion ausgefüllt werden kann. Für die Nachahmung, die Identifikation oder die Generalisierung erscheint es nebensächlich, was nachgeahmt wird. In der Tat ist dies für eine beschreibende Theorie wirklich nebensächlich. Nicht aber für den Patienten. Wenn für ihn vielleicht die ›Pünktlichkeit‹ die höchste innere Bewertung erfährt, dann ist es für ihn von Wichtigkeit, daß er gerade in *diesem* Bereich von seiner Frau und seinen Kollegen ständig frustriert und

entmutigt wird. Eine vergleichbare Provokation gegenüber der ›Sparsamkeit‹ würde vielleicht bei ihm ihren Effekt verfehlen, da für ihn allem Anschein nach dieser Bereich kein großes Problem darstellt.
Somit können wir nicht sagen: Dieser Mensch ist frustrationsintolerant, also unfähig, Enttäuschungen, Belastungen und Versagungen zu ertragen. Um seine spezielle Problematik zu umschreiben, müßten wir zumindest diagnostisch in folgender Weise differenzieren: Dieser Mensch ist intolerant gegenüber Abweichungen von seiner Vorstellung und gegenüber bestimmten Personen hinsichtlich der Pünktlichkeit.
Die im psychologischen Sinn durchaus auffällige Vernachlässigung des inhaltlichen Aspekts hat darüber hinaus noch weitere Gründe, von denen sich einer als besonders schwerwiegend erweist. Wenn man nur von Funktionen spricht und damit eine faszinierend reine, fast mathematisch anmutende, formale Darstellung erreicht, kann man es sich erlauben, geschichtslos für die Ewigkeit zu schreiben. Denn die Formen und Strukturen ändern sich weniger als die Inhalte, und gerade dadurch gewinnen diese an Virulenz.
Damit aber haftet diesen Inhalten ein weiterer ›Schönheitsfehler‹ an. Soweit sie Normen sind, stehen sie im Umfeld von Ethik und Moral. Das macht sie verdächtig. Die Aktualfähigkeiten hingegen sind Verhaltensmuster, die in jeder Gesellschaft auftreten; aber nicht sie selber, sondern ihre relativen Ausprägungen charakterisieren eine Gesellschaft. Insofern beschreiben wir in vielen Beispielen Verhaltensnormen, die in einer Industriegesellschaft erwünscht sind. Jeder von uns kann sich ausmalen, wie sich Unpünktlichkeit, Unehrlichkeit, Unordnung oder mangelnde Zuverlässigkeit in der Arbeitswelt auswirken. Nicht die Aktualfähigkeiten sind dabei die Konfliktursachen, sondern die gesellschaftlich und lebensgeschichtlich bedingte Einseitigkeit, mit der sie vom Individuum gefordert werden. Was in der Industriegesellschaft als richtig gilt, braucht deswegen für sich genommen noch nicht richtig zu sein. Allerdings hat sich die Neigung breitgemacht, Begriffe wie Sauberkeit, Ordnung, Pünktlichkeit, Höflichkeit, Ehrlichkeit usw. in Bausch und Bogen als bürgerlich oder repressiv abzustempeln. So traut man sich mitunter kaum noch, diese Begriffe in den Mund zu nehmen, oder kann sie kaum hören, ohne gleich Abwehrmaßnahmen zu ergreifen. Dennoch sind diese Normen und entsprechenden Verhaltensbereitschaften vorhanden: Jeder verwendet sie und lebt mit ihnen. Statt sie zu verdrängen, wäre es unsere Aufgabe, sich mit ihrer Entwicklung, ihren Bedingungen, Bedeutungen und Auswirkungen zu beschäftigen.
Fazit: Während in der psychotherapeutischen und pädagogischen Literatur für gewöhnlich nur die funktionellen und dynamischen Zusammenhänge berücksichtigt werden, gehen wir systematisch und kritisch auf die

Inhalte der Erziehung, der zwischenmenschlichen Konflikte und damit der Psychotherapie ein. Neben dieser praktisch orientierten Entstehungsgeschichte ist noch ein weiteres Motiv zu nennen. In der psychotherapeutischen Praxis mußte ich immer wieder bemerken, daß die einzelnen psychotherapeutischen Richtungen unter einer gewissen Einseitigkeit leiden. So werden in diesen Schulen bestimmte Begriffe gebraucht, die seelische Vorgänge bezeichnen. Was aber zu kurz kommt, sind die inhaltlichen Komponenten dieser Vorgänge. Es ist nicht nur wichtig, welche psychodynamischen Vorgänge bestanden, sondern auch welche Inhalte diesen Vorgängen ihre charakteristische Ausprägung verleihen. Wenn S. Freud das Wort Über-Ich gebraucht, um ein Beispiel zu nennen, so frage ich: Auf welche inhaltlichen, psychisch und sozial relevanten Kategorien bezieht es sich; wodurch wird das Über-Ich ausgefüllt? Wenn Alfred Adler von Selbstwertproblematik und Minderwertigkeitsgefühlen spricht, frage ich: Auf welche Bereiche des Verhaltens bezieht sich dieses Gefühl? In anderen psychotherapeutischen Theorien finden sich ähnliche Zusammenhänge. Die Frage nach den inhaltlichen Ursachen und Bedingungen von Störungen brachte mich unmittelbar auf die Aktualfähigkeiten, auf deren Grundlage wir das Differenzierungsanalytische Inventar entwickelt haben. Als weitere Motivation lag unseren Bemühungen das Bedürfnis und die Notwendigkeit zugrunde, eine konfliktzentrierte Psychotherapie zu entwerfen, die ein Optimum an Ökonomie und Wirksamkeit erreicht.

Die Aktualfähigkeiten

Spielformen der Aktualfähigkeiten

Wir haben uns daran gewöhnt, zwischenmenschliche Konflikte für etwas Selbstverständliches zu nehmen, um das wir uns nur dann kümmern, wenn es ein bestimmtes Maß überschritten hat. Was unter diesem Maß liegt, gehört halt dazu, so meinen wir. Mit dieser Auffassung berücksichtigen wir nur die Spitze des Eisberges, die es, um bei dem Bild zu bleiben, gar nicht geben würde, wenn nicht noch soviel Eis unter Wasser triebe. Auf unsere Konflikte übertragen: Was uns kränkt, worüber wir uns ärgern, was Schuldgefühle, Angst, Aggressionen in uns auslöst, entsteht erst durch eine Reihe scheinbar kleinerer Konflikte, die wir zunächst kaum wahrnehmen. Doch sie sind es, die uns auf den großen, den zerstörerischen, kränkenden Konflikt vorbereiten, der unser Erleben und Verhalten beispielsweise bei einer Neurose beeinträchtigt.

Damit wir in die Lage versetzt werden, derartige Konflikte zu identifizieren, wollen wir eine Auswahl oft recht willkürlich zusammengetragener »kleiner« Problemsituationen darstellen. Mit ihnen schlagen wir uns jeden Tag herum, vom Aufstehen bis zum Einschlafen. Mit ihnen haben wir ständig zu tun, seit wir geboren wurden.

Aktualfähigkeiten in Familie und Erziehung

Beobachtungen alltäglicher Auseinandersetzungen zwischen Eltern und Kind, zwischen Kindern untereinander sowie zwischen Kind und Schule zeigen eine Fülle von Situationen und Inhalten:
»Steh endlich auf, sonst kommst du zu spät. Das einzige Mal, daß du pünktlich warst, war bei deiner Geburt« (Pünktlichkeit, Gehorsam).
»Wenn mein Sohn helfen soll, weist er darauf hin, daß man ›bitte‹ zu sagen nicht vergessen soll, während er mitunter lauthals ruft: He, Vater, . . .!« (Höflichkeit).
»Die Körperreinigung ist nach wie vor eine Qual. Sein Bauch ist mit einem Hautausschlag bedeckt, da er sich nicht wäscht« (Sauberkeit).
»In seinem Zimmer ist immer Ordnung. Er stopft aber alles Überflüssige in den Schrank. Sehr gern zieht er hübsche, neue Sachen an und erzählt bei jeder Gelegenheit, was er sich gern kaufen möchte. Allerdings läuft er oft umher mit heraushängendem Hemd, was ihn nicht stört, auch nicht, wenn er weggeht« (Ordnung, Sparsamkeit, Höflichkeit).
»Erzähle mir nicht, daß du so lange in der Schule warst, das glaube ich dir nicht« (Ehrlichkeit, Fleiß/Leistung).
»Du hast wieder die Hälfte von dem vergessen, was ich dir aufgetragen habe« (Zuverlässigkeit).
»Hast du wieder die Kinder eingeladen, ohne mich zu fragen?« (Gehorsam, Kontakt).
»Deine Schwester hat ihr Zimmer vorbildlich aufgeräumt« (Ordnung, Vorbild).
»Dein Freund ist ein sympathischer Junge. Immer wenn er hereinkommt, vergißt er nicht, guten Tag zu sagen« (Höflichkeit, Vorbild).
»Deine Freundin macht einen guten Eindruck. Sie sieht sauber und gepflegt aus« (Sauberkeit, Vorbild).
»Was sollen die Leute von uns denken, wenn du so herumläufst?« (Sauberkeit, Kontakt, Höflichkeit).
»Du hast dich wieder davor gedrückt, in die Kirche zu gehen« (Gehorsam, Glaube).
»Unser Lehrer hat uns schon viermal versprochen, die Arbeit zurückzugeben. Jedesmal hat er eine andere Ausrede. Wenn der meint, das sei ein

gutes Vorbild, dann hat er sich gehörig getäuscht.« (12jähriger Schüler. Beteiligte Aktualfähigkeiten: Ehrlichkeit, Zuverlässigkeit, Höflichkeit, Vorbild, Vertrauen, Geduld.)

Aktualfähigkeiten in den zwischenmenschlichen Beziehungen

Sprachliche Äußerungen, Klagen, Berichte und Erzählungen sagen mitunter mehr, als ihre Oberflächenstruktur enthält. Hier finden sich die Aktualfähigkeiten wieder. Wir setzen sie regelmäßig und häufig ein und handeln nach ihren für uns gültigen Geboten, nur sind wir uns ihrer meist nicht bewußt. Die folgenden Aussagen sind besonders auffällige »Perlen« unter unzählig vielen gleichartigen Aussagen in den zwischenmenschlichen und transkulturellen Beziehungen:
»Es hat gar keinen Sinn, bei dieser Firma etwas zu kaufen. Ich bin ganz enttäuscht. Der Kundendienst klappt nicht. Die versprechen, daß sie kommen, aber man kann ewig auf sie warten« (Pünktlichkeit, Zuverlässigkeit, Vertrauen).
»In dieses Restaurant gehe ich nicht mehr. Ich habe mich so geärgert. Fast eine Stunde hat es gedauert, bis das Essen endlich kam, und als es kam, war es kalt. Dafür waren die Eßbestecke dreckig. Der Höhepunkt war, als ich die Rechnung dafür gesehen habe« (Zeit, Pünktlichkeit, Geduld, Sauberkeit, Sparsamkeit).
»Als ich merkte, daß es zu spät geworden ist, habe ich mich ins Auto gesetzt und das Gaspedal voll durchgetreten. Da muß doch gerade so ein blöder Radarwagen auf der Lauer liegen und ein paar Erinnerungsphotos von mir schießen. Was hatte ich für einen Zorn auf die Bullen. Das habe ich denen auch gesagt, als sie mich angehalten haben. Mein Rechtsanwalt meint jetzt, ich hätte das nicht tun sollen« (Pünktlichkeit, Zeit, Gehorsam, Höflichkeit, Sparsamkeit).
»Guck mal an, was für ein komischer Kerl! Seit vier Tagen hat er dasselbe Hemd an. Es würde mich gar nicht wundern, wenn er sich auch nicht waschen würde. Er ist ein komischer Kauz. Wie er sich schon benimmt. Es wäre mir richtig peinlich, wenn er sich zu uns an den Tisch setzen würde« (Sauberkeit, Höflichkeit, Prestige, Vertrauen).
»Er ist mit seinem Beruf verheiratet. Für sich und seine Familie hat er wohl kaum Zeit. Die braucht er jetzt, um sich im Sanatorium wieder hochpäppeln zu lassen« (Fleiß/Leistung, Zeit).
»Dahin fahre ich nicht mehr. Die Leute dort klauen wie die Raben, die Straßen sind dreckig wie ein Misthaufen. Ich habe Männer gesehen, die stellten sich zum Urinieren einfach an eine Hauswand, und direkt nebenan wurden Weintrauben verkauft. Die spucken einfach auf die Straße.

Vom Verkehr brauche ich gar nicht zu reden. Bei einer solchen Unordnung würde unsere Polizei den Kopf verlieren. Ich sage euch nur eins: bloß nicht in die Hände der Behörden fallen. Dort geht es nur vorwärts, wenn man mit einigen Geldscheinen schmiert. Neben dem Elend könnt ihr dort wahre Paläste sehen« (Ehrlichkeit, Sauberkeit, Höflichkeit, Ordnung, Gerechtigkeit, Vertrauen, Geduld).

»Alles ist im Eimer. Wir wollten im Urlaub ins Ausland fahren. Mein Mann hat aber vergessen, seinen Reisepaß zu verlängern. Jetzt stehen wir an der Grenze und können nicht rüber« (Pünktlichkeit, Ordnung, Hoffnung).

»Auf die Leute kann ich verzichten. Erst versprechen sie über Monate uns einzuladen, dann laden sie uns zum Abendessen ein. Was gibt es? Ein bißchen Wurst, Käse und Tee. Das können sie sich an den Hut stecken. Ich habe bald gesagt, daß es mir nicht so gut geht, und dann sind wir auch bald gegangen« (Pünktlichkeit, Sparsamkeit, Kontakt, Zeit, Höflichkeit, Ehrlichkeit).

»Benehmen ist für ihn Glücksache: Wenn er Suppe ißt, schlürft er. Während des Essens geht er mit seinem Besteck in die Schüsseln, und hinterher stochert er mit den Fingernägeln in den Zähnen herum« (Höflichkeit, Kontakt, Sauberkeit).

»Hast du gelesen, was passiert ist? Da hat doch ein Mann seine Frau umgebracht, weil sie fremdgegangen ist« (Ehrlichkeit, Treue, Vertrauen, Hoffnung).

»Wodurch die Beamten ihr Geld verdienen, möchte ich gerne wissen. Neulich habe ich auf einem Amt gewartet. Eigentlich wollte ich eine kleine Auskunft. Aber der Beamte telefonierte mindestens eine Viertelstunde privat, und ich konnte dabeisitzen. Es ist eine Schande, was mit unseren Steuergeldern gemacht wird« (Ehrlichkeit, Höflichkeit, Sparsamkeit, Geduld, Zeit).

»Meine Frau hat mich ruiniert. Nach unserer Trennung rennt sie doch tatsächlich zum Finanzamt und erzählt denen, was ich nicht versteuert habe. Jetzt habe ich den Rechnungsprüfer im Haus und kann damit rechnen, noch eine ganz gehörige Strafe zu zahlen. So ein Miststück!« (Ehrlichkeit, Sparsamkeit, Gerechtigkeit, Vertrauen, Hoffnung).

Aktualfähigkeiten im Berufsleben

Aktualfähigkeiten spielen in unserem Berufsleben eine hervorragende Rolle. Unsere heutige Zivilisation basiert auf typischen Erscheinungsformen der Aktualfähigkeiten, die ihre Funktionsfähigkeit garantieren: »Die in unserer Bestellung genannten Liefertermine müssen genau eingehalten werden. Wir behalten uns das Recht vor, die Bestellung zurückzunehmen, wenn die Lieferung nicht bis zum 1. März erfolgt. Für alle Verluste, die uns bei einer eventuellen Lieferverzögerung entstehen, müssen wir Sie verantwortlich machen« (Pünktlichkeit, Genauigkeit, Sparsamkeit, Leistung).

»Da Ihre Preise zu hoch sind, können wir Ihr Angebot nicht berücksichtigen« (Sparsamkeit, Leistung).

»Gott sei Dank! Endlich habe ich eine gute Sekretärin. Die Schreibarbeiten werden sauber und ordentlich erledigt. Der Schreibtisch sieht tipptopp aus. Sie ist sehr zuverlässig und kann sehr gut mit den Besuchern umgehen. Wenn sie etwas ordnet, brauche ich nichts mehr zu sagen. Die Akten sind richtig abgeheftet, und nicht wie bei ihren Vorgängerinnen, bei denen guckte immer ein Teil der Akten an der Seite oben oder unten heraus« (Sauberkeit, Ordnung, Zuverlässigkeit, Höflichkeit, Kontakt, Genauigkeit, Vertrauen).

»Der Unfall hat sich dadurch ereignet, daß sich die Lauffläche des Reifens gelöst hat« (Zuverlässigkeit, Genauigkeit, Pünktlichkeit, Sparsamkeit, Zeit, Vertrauen).

»Ich wäre Ihnen zu Dank verpflichtet, wenn Sie mir über die Familie S. Auskunft erteilen würden. Die Familie möchte in die erste Etage meines Zweifamilienhauses einziehen und gab Sie als Referenz an. Ich wäre Ihnen dankbar, wenn Sie mir mitteilen könnten, ob es sich um ruhige Mieter handelt, von denen pünktliche Mietzahlungen erwartet werden können« (Höflichkeit, Vertrauen, Sparsamkeit, Pünktlichkeit).

»In dieser Firma kann ich einfach nicht länger bleiben. Erstens ist die Bezahlung saumäßig. Zweitens ist das Betriebsklima nicht auszuhalten, und drittens kann man das mit mir nicht machen. Wer sich beim Chef lieb Kind macht, kann auch damit rechnen, befördert zu werden. Wehe dem aber, der irgendwas dagegen sagt. An meinen Kollegen stört mich vor allem, daß sie allem Anschein nach nichts lieber tun, als über andere, die nicht anwesend sind, herzuziehen. Der Betriebsausflug vom letzten Jahr ist heute noch Thema Nummer eins. Man weiß ganz genau, wer betrunken war, wer mit wem geflirtet hat, und tuschelt, wer mit wem hinterher ins Bett gegangen ist« (Sparsamkeit, Höflichkeit, Gerechtigkeit, Ehrlichkeit, Treue, Sexualität).

Aktualfähigkeiten in der Therapie

Jede therapeutische Handlung bezieht sich inhaltlich auf die Aktualfähigkeiten. Sei es, daß ein Chirurg über fünf Minuten hinweg sorgfältig seine Hände wäscht, sei es, daß der Arzt so viel Ordnung im Medikamentenschrank hält, daß er die gewünschten Präparate herausgreifen kann, ohne sich erst durch Medikamentenberge durchwühlen zu müssen. Dazu zählt die rechtzeitige Beantwortung der Arztbriefe, die Bereitschaft, sich für Patienten Zeit zu nehmen und auch gegenüber einem schwerfälligen Patienten Geduld aufzubringen. Andererseits bringen Patienten ihre Verhaltensmuster und ihre Wertmaßstäbe in die ärztliche Praxis ein, einmal als Teil der Arzt-Patient-Beziehung, zum anderen als inhaltliche Aspekte und Verhaltensanteile ihrer Symptomatik. Die Aktualfähigkeiten erhalten hier selber Symptomcharakter und sind der Bereich, in dem sich das krankhafte Geschehen abspielt.

»Mein Arzt hat mich schief angeguckt, als er gesehen hat, wie schmutzig meine Armbinde war. Er ist überhaupt so ein Pedant. Wenn man nur zwei Minuten zu spät kommt, macht er gleich ein Theater« (Sauberkeit, Pünktlichkeit, Höflichkeit, Vorbild, Geduld).
»Ich gehe nicht mehr zu dem Arzt, obwohl er bestimmt eine Kapazität ist. Man muß stundenlang warten, bis man drankommt, und dann dauert die Behandlung nur vier Minuten« (Pünktlichkeit, Zeit, Vertrauen, Zuverlässigkeit).
»Warum sind Sie nicht früher in die Behandlung gekommen? Wenn Sie rechtzeitig gekommen wären, hätten wir uns eine Operation ersparen können« (Zeit, Pünktlichkeit, Hoffnung).
Aus einem Behandlungsbericht: »Der Student machte einen verwahrlosten Eindruck. Er kam unpünktlich zum Erstinterview, erschien ungepflegt und distanzlos (. . .) Als Beschwerden nennt der Patient vor allem Konzentrationsschwäche, Lernschwierigkeiten und partnerschaftliche Konflikte (. . .) Aufgrund der bestehenden emotionalen Widerstände und der äußerst konfliktbesetzten Übertragungssituation scheint mir die Durchführung einer analytischen Behandlung fragwürdig.« Der Therapeut zeigt allem Anschein nach abweichende Verhaltensmuster und Erwartungen, die eine intensive Gegenübertragung entstehen ließen. (Beteiligte Aktualfähigkeiten: Ordnung, Pünktlichkeit, Sauberkeit, Kontakt, Fleiß/Leistung, Vertrauen).
»Auch stellte sich bei der Patientin in steigendem Maße ein Reinlichkeits- und Waschzwang ein« (Sauberkeit).
»Ihr war Ordentlichkeit das Wesentlichste im Leben. Die Mutter sei sehr energisch, gewissenhaft auf Ordnung bedacht gewesen« (Ordnung, Gewissenhaftigkeit).
»Bereits in den ersten 20 Sitzungen zeigte sich, daß der Patient durch die strenge, fordernde Mutter schon als Kleinkind auf eine pedantische Ordnung gedrillt wurde« (Ordnung).
»Während sie sich als sehr streng behandelt und damit überfordert fühlte, sah sie, daß die Eltern bei ihrer Schwester keine so strengen Maßstäbe gebrauchten« (Fleiß/Leistung, Gehorsam, Gerechtigkeit).
»Die Patientin fühlte sich danach immer hintangestellt. Sie erzählte dann einen Traum, in dem ihr früherer Freund vorkam und eine andere Frau ihr gegenüber vorzog« (Gerechtigkeit).
»Erst als er erkennen gelernt hatte, wie sehr er in der Identifikation mit seinen Eltern, die ihn im Grunde nie geliebt, sondern nur dressiert hatten, seine Triebhaftigkeit vollends verdrängt hatte, gelang es ihm allmählich aufzuleben« (Sexualität, Gehorsam, Fleiß/Leistung).
»Die Patientin pflegte überhaupt keinen Kontakt zu jemandem außerhalb der Familie« (Kontakt).

»Ein 26jähriger Sohn eines tüchtigen, strebsamen Akademikers und einer ängstlichen, weichen, überbehütenden, traditionsbewußten Mutter, der 1952 in unsere Klinik eintrat, klagte darüber, daß er bedrückt, depressiv sei und jegliche Beziehung zu den Mitmenschen und zu Gott verloren habe« (Kontakt, Glaube, Fleiß/Leistung, Tradition).

»... Schleichender Verlauf mit allgemeiner Versandung und Fehlen jeglicher Selbstgestaltung. Der Beginn der Krankheit (meist Spätpubertät) zeigt sich häufig nur im sozialen Versagen, als sogenannter »Knick in der Lebenslinie.« (In dieser Beschreibung der Schizophrenia simplex nach Spoerri wird allgemein eine Minussymptomatik der Aktualfähigkeiten beschrieben).

Fazit: Ein wesentliches Element der Differenzierungsanalyse sind die Aktualfähigkeiten. Die Aktualfähigkeiten sind wirksame Faktoren im individuellen Erleben und zwischenmenschlichen Zusammenleben. Als solche zeigen sie bei jedem von uns ihre Wirkung. Wir führen also nicht irgendwelche Modebegriffe ein, sondern weisen auf psychosozial wirksame Faktoren hin. Obwohl die Aktualfähigkeiten vorhanden waren und sind, wurden sie bisher noch nicht systematisch als psychosoziale Größen berücksichtigt.

Differenzierungsanalytische Theorie

Kann angesichts der unterschiedlichen Erziehungssituationen, der verschiedenen ökonomischen Bedingungen, der Unzahl von Lebensgeschichten, der Individualität des einzelnen, der Besonderheit seiner Bedürfnisse, kann angesichts all dieser Faktoren überhaupt eine Regel für Erziehung und Psychotherapie aufgestellt werden? Auch gibt es eine Unzahl von Interessen, Gemeinschaften, Nationen, Rassen und Völkern dieser Welt, die sich durch unterschiedliche Gebräuche, Geschmacksrichtungen, Temperamente und Moralauffassung unterscheiden, wie die Gedanken, Ansichten und Meinungen der Einzelmenschen. Muß dann nicht eine Erziehung und Umerziehung (Psychotherapie), die für alle Gültigkeit besitzen will, zu einem Leisten werden, über den alle geschlagen werden? Auf der anderen Seite ist die Vielfalt der gesellschaftlichen und individuellen Bedingungen Anstoß für soziale Konflikte unerhörten Ausmaßes. Hier stellen sich die grundsätzlichen Fragen:

1. Wodurch unterscheiden sich Menschen voneinander?

2. Was haben alle Menschen gemeinsam?

Der Mensch ist, wenn er geboren wird, kein unbeschriebenes Blatt, sondern, um bei diesem Bild zu bleiben, ein noch unlesbares oder ungelesenes Blatt. Seine Fähigkeiten – Grundlage der Entwicklung des Menschen – bedürfen der Reifung und der fördernden Hilfe der Umwelt. Doch besitzt der Begriff der Fähigkeiten eine eigene Problematik. Man

bemerkt sie nicht, wenn sie sich nicht in Leistungen äußern – wie man die schwarze Ameise, die in einer dunklen Nacht auf einem schwarzen Stein sitzt, nicht sieht. Sie ist aber vorhanden und kann jederzeit ins Gesichtsfeld krabbeln, wenn die entsprechenden Bedingungen geschaffen sind. Jeder Mensch besitzt solche Fähigkeiten: Ob sie im Verlauf seiner Entwicklung zur Ausprägung kommen, hängt von den fördernden oder hemmenden Bedingungen des Körpers, der Umwelt und der Zeit ab. Im Verhältnis zu den Trieben sind Fähigkeiten plastischer und stärker auf die Resonanz der Umwelt angewiesen. In diesem Sinn entspricht der gesellschaftlichen, konventionellen Form der Ordnung die Fähigkeit des Menschen, in irgendeiner Weise Ordnung zu schaffen. Ohne die Fähigkeit zur Ordnung ist Ordnung undenkbar.
Wenn wir von der Untersuchung der zwischenmenschlichen Konflikte ausgehen, die Wertmaßstäbe der Selbst- und Fremdbeurteilung betrachten, die Kriterien der Erziehung und Psychotherapie untersuchen und die Bedingungen, die zu den bekannten psychischen und psychosomatischen Störungen führen, erforschen, so sehen wir hinter diesen Störungen – gewissermaßen als Tiefenstruktur – mangelnde Unterscheidung hinsichtlich eigener und fremder Verhaltensmuster. In der Darstellung psychischer und psychosomatischer Störungen wird dies durch Begriffe wie Überforderung, Überarbeitung oder Belastungen umschrieben. Mit der Aussage, daß hinter Störungen Belastungen stehen, ist allerdings noch nicht gesagt, welcher Art diese Belastungen sind. Zumeist möchte man in ihnen nur berufliche Überforderungen sehen. Tatsächlich jedoch besteht ein ganzes Spektrum von Einstellungen und Verhaltensmustern, die zu Konfliktpotentialen geworden sind, also für psychische und psychosomatische Störungen prädestinieren. Diese Einstellungs- und Verhaltensmuster lassen sich durch ein Inventar psychosozialer Normen beschreiben, die sich dadurch auszeichnen, daß sie gleichermaßen als Entwicklungsdimensionen und Konfliktpotentiale wirksam werden.
Zu nennen sind: *Pünktlichkeit, Sauberkeit, Ordnung, Gehorsam, Höflichkeit, Ehrlichkeit, Treue, Gerechtigkeit, Fleiß/Leistung, Sparsamkeit, Zuverlässigkeit, Genauigkeit, Gewissenhaftigkeit* sowie *Liebe, Vorbild, Geduld, Zeit, Kontakt, Sexualität, Vertrauen, Zutrauen, Hoffnung, Glaube, Zweifel, Gewißheit, Einheit.* Diese Verhaltensweisen bezeichnen wir als Aktualfähigkeiten.

Aktualfähigkeiten

Inhaltlich lassen sich diese psychologisch realen Normen in zwei grundsätzliche Kategorien einteilen, die wir als *sekundäre* und *primäre Fähigkeiten* bezeichnen.

Die *sekundären Fähigkeiten* sind Ausdruck der Erkenntnisfähigkeit und beruhen auf Wissensvermittlung. In ihnen spiegeln sich die Leistungsnormen der sozialen Gruppe des Individuums wider. Zu ihnen gehören: *Pünktlichkeit, Sauberkeit, Ordnung, Gehorsam, Höflichkeit, Ehrlichkeit, Treue, Gerechtigkeit, Fleiß/Leistung, Sparsamkeit, Zuverlässigkeit, Genauigkeit, Gewissenhaftigkeit.*

In alltäglichen Beschreibungen und Wertungen und in der gegenseitigen Partnerbeurteilung spielen die sekundären Fähigkeiten eine entscheidende Rolle. Wer einen anderen Menschen nett und sympathisch findet, der begründet seine Einstellung damit:

»Er ist anständig und ordentlich, man kann sich auf ihn verlassen.«

Umgekehrt urteilt man abwertend: »Er ist mir unsympathisch, weil er schlampig, unpünktlich, ungerecht, unhöflich und geizig ist und zuwenig Fleiß zeigt.«

Ebenso geläufig sind auch die Folgen von entsprechenden Erlebnissen auf Stimmung und körperliches Befinden. So können beispielsweise Pedanterie, Unordnung, ritualisierte Sauberkeit, Unsauberkeit, übertriebene Pünktlichkeitsforderung, Unpünktlichkeit, zwanghafte Gewissenhaftigkeit oder Unzuverlässigkeit außer zu sozialen Konflikten auch zu psychischen und psychosomatischen Verarbeitungen – wie Ängsten, Aggressionen und Nachahmungen – mit ihren Folgen führen: im psychischen Bereich, in den Atemwegen, im Herz- und Kreislaufsystem, im Gastrointestinalbereich, im Bewegungsapparat, im Nervensystem, im Urogenitalbereich und im Hautbereich.

»Wenn ich schon an die Ungerechtigkeit meines Chefs denke, fange ich an zu zittern, und es wird mir schlecht. Hinterher habe ich dann Kopfschmerzen und Magenbeschwerden« (28jährige Angestellte mit psychosomatischen Störungen).

Die große affektive Resonanz bei Störungen der sekundären Fähigkeiten ist nur auf der Basis der emotionalen Beziehungen zu verstehen. Ausdruck hierfür sind die primären Fähigkeiten.

Die *primären Fähigkeiten* betreffen die Liebesfähigkeit. Sie haben es mit dem vorwiegend emotionalen Bereich zu tun und entwickeln sich, ebenso wie die sekundären Fähigkeiten, vornehmlich in zwischenmenschlichen Beziehungen, wobei das Verhältnis zu den Bezugspersonen, vor allem zu Mutter und Vater, eine erhebliche Rolle spielt. Die primären Fähigkeiten umfassen Kategorien wie *Liebe* (Emotionalität), *Vorbild, Geduld, Zeit, Kontakt, Sexualität, Vertrauen, Zutrauen, Hoffnung, Glaube, Zweifel, Gewißheit, Einheit.*

Wenn wir von primären Fähigkeiten sprechen, so nicht, weil diese wichtiger wären als die sekundären. Vielmehr soll der Begriff »primär« anzeigen, daß diese Fähigkeiten den ich-nahen, emotionalen Bereich betref-

fen. Sie bilden das Basisphänom, auf das sich die sekundären Fäh-
beziehen:

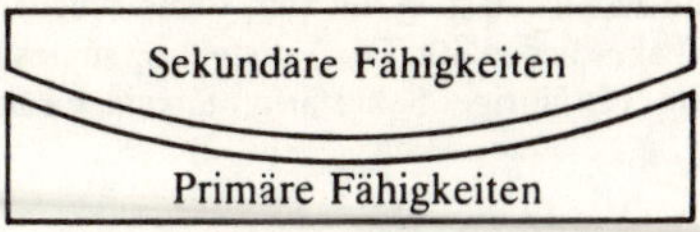

Inhaltlich orientieren sich die primären Fähigkeiten an Erfahrungen, welche hinsichtlich der sekundären Fähigkeiten gemacht wurden.

»Ich habe kein Vertrauen mehr zu meinem Mann, weil er immer unzuverlässig und unpünktlich ist . . .«

Auf der Grundlage der primären Fähigkeiten erfahren die sekundären ihre emotionale Resonanz. Erst durch den relativen Mangel an Geduld beispielsweise können wir uns über Unpünktlichkeit ärgern. Das Ärgern selber ist wiederum Ausdruck der Emotionalität. Beispielhaft dafür ist die Aussage einer 35jährigen Patientin:

»Ich bin niedergeschlagen und deprimiert. Ich habe Angst und schlafe nächtelang überhaupt nicht. Ich kann mich nicht konzentrieren. Das ganze Leben kotzt mich an. Irgendwie wollte ich dem unerträglichen Spannungsfeld entfliehen . . . Begonnen haben die Beschwerden vor etwa fünf Monaten, als ich erfuhr, daß mein Mann fremdgegangen ist.«

»Wenn ich erfahre, daß in der Schule eine Rechenarbeit geschrieben wird, verspüre ich innere Unruhe, so lange, bis meine Tochter Renate (neun Jahre) mit der Zensur nach Hause kommt. Ist die Arbeit gut ausgefallen, löst sich die Unruhe auf. Kommt ein schlechtes Ergebnis heraus, empfinde ich richtige Herzschmerzen« (32jährige Mutter von drei Kindern, Herzbeschwerden und Kreislaufstörungen).

Die Verhaltensnormen ›Fleiß‹ und ›Erfolg‹ sind Inhalte, welche für die Mutter eine Rolle spielen. Die besondere Betonung von Fleiß und Erfolg allein jedoch ist kein hinreichender Grund für die offenkundig extreme Reaktion dieser Mutter. Hier kommt hinzu, daß andere Fähigkeiten, ›Vertrauen‹ und ›Geduld‹, beeinträchtigt sind. Der Mangel an Vertrauen gegenüber dem Kind muß jedoch nicht aus der Mutter-Kind-Beziehung hervorgegangen sein. Er basiert eher auf den Erfahrungen mit der eigenen Erziehung und dem eigenen Erleben der Mutter. Diese Erfahrungen wurden auf das Kind übertragen und führen zu einem offenen Konflikt zwischen Mutter, Kind, Vater und Schule.
Jede Aktualfähigkeit kann sich in einer breiten Stimmungsskala äußern, welche die emotionale Wertigkeit der Aktualfähigkeiten kennzeichnet.

Eine Mutter, die den Wert der Ordnung hoch ansetzte, sagte in einer verzweifelten Stimmung: »Mir wäre es lieber, wenn meine 17jährige Tochter, die seit ein paar Wochen ihr eigenes Zimmer mit einer Freundin hat, schwanger wäre, als daß ich eine derartige Unordnung sehen muß. Das Zimmer sieht wie ein Schweinestall aus.«

d primäre Fähigkeiten besitzen zudem die Funktion einer
chutzes oder aber eines Vorwandes:

n Mann nicht; ich mag mit ihm sexuell nicht verkehren, weil er sich
cht und alles liegenläßt. Die Vorstellung seines Körpergeruchs läßt alle
rgehen« (24jährige Sekretärin, Sexualstörungen und Kreislaufbe-

Das Inventar der sekundären und primären Fähigkeiten (Aktualfähigkeiten)

Sekundäre Fähigkeiten	Primäre Fähigkeiten
Pünktlichkeit	Liebe (Emotionalität)
Sauberkeit	Vorbild
Ordnung	Geduld
Gehorsam	Zeit
Höflichkeit	Kontakt
Ehrlichkeit/Offenheit	Sexualität
Treue	Vertrauen
Gerechtigkeit	Zutrauen
Fleiß/Leistung	Hoffnung
Sparsamkeit	Glaube/Religion
Zuverlässigkeit	Zweifel
Genauigkeit	Gewißheit
Gewissenhaftigkeit	Einheit

Die Liste der Aktualfähigkeiten läßt sich weiter fortführen, jedoch umfassen die 13 sekundären und 13 primären Fähigkeiten (Aktualfähigkeiten) die in den zwischenmenschlichen Beziehungen am häufigsten wiederkehrenden Verhaltensbereiche. Weiterhin können andere Verhaltensbereiche als Abstufungen und Kombinationen der oben beschriebenen Fähigkeiten aufgefaßt werden. *Wahrhaftigkeit und Redlichkeit beispielsweise rechnen wir zur Ehrlichkeit, Prestige und Erfolg zum Fleiß, Ehrlichkeit in der partnerschaftlichen Beziehung gilt als Treue, in der sozialen Kommunikation als Offenheit und Aufrichtigkeit.*

Einige der Begriffe werden im üblichen Sprachgebrauch seltener unter die »Fähigkeiten« im engeren Sinn gerechnet: *Vorbild, Zweifel, Gewißheit* und *Einheit.* Teils sind sie psychische Vorgänge, in denen sich spezifische Fähigkeiten manifestieren, teils erscheinen sie als die Ergebnisse dieser Vorgänge. Als derart typische Erscheinungsformen können sie in die Gruppe der Fähigkeiten einbezogen werden. Es handelt sich bei diesen Fähigkeiten nicht um »reine, isolierte Faktoren«; sie stehen vielmehr in einem engeren inneren Zusammenhang zueinander.

Die Aktualfähigkeiten sind Sozialisationsnormen, die im Laufe der Lebensgeschichte entwickelt und erlernt werden. Dabei erhalten sie ihre individuelle Bedeutung, die wie ein Bedeutungshof das konventionelle

Verständnis der Aktualfähigkeiten umgibt. Obwohl jeder weiß, w beispielsweise ›Ordnung‹ ist, versteht letztlich jeder unter diesem Begrift etwas anderes in unterschiedlichen Nuancierungen und auf andere Situationen bezogen: pedantische oder romantische Ordnung. Dagegen finden sich immer wieder strukturelle Gemeinsamkeiten, vor allem hinsichtlich der psychologischen Bedeutung. ›Höflichkeit‹ kann beispielsweise verstanden werden als Aggressionshemmung und Unterdrückung der eigenen Wünsche zugunsten der Wünsche anderer. Sie wird so zum sozialen Instrument, mit dem die Zuwendung und Anerkennung der anderen gesichert und »die freundlichen Blicke« erhalten werden sollen. ›Ehrlichkeit‹ dagegen fungiert in diesem Sinn als Durchsetzung der eigenen Wünsche, zu denen man ›ehrlich‹ steht.
Die psychologische Bedeutung der Aktualfähigkeiten wird durch die Lebensgeschichte eines Menschen modifiziert und erhält hier ihre spezifische Bedeutung. Während für eine Bezugsperson Fleiß/Leistung von besonderer Bedeutung ist, hält die andere Ordnung, Pünktlichkeit, Höflichkeit, Ehrlichkeit, Sparsamkeit, Gerechtigkeit usw. für besonders wichtig. Die Aktualfähigkeiten sind jedoch nicht nur psychische Größen, die auf das Individuum beschränkt wären. Vielmehr greifen sie sowohl in den psychosomatischen als auch in den sozialen Bereich hinein. Sozialpsychologisch gesehen, sind sie die Spielregeln einer Gesellschaft wie auch die Spielregeln des zwischenmenschlichen Verhaltens.
Der dargestellte Ansatz legte es nahe, Patienten auf ihre Konfliktbereitschaften hinsichtlich der Aktualfähigkeiten zu befragen. Wir fragen beispielsweise bei Depressionen nicht bloß nach der depressiven Symptomatik oder nach *a priori* festgelegten Schlüsselkonflikten, sondern nach den damit gegebenenfalls korrespondierenden konflikthaft besetzten Verhaltensbereichen. Wir thematisieren beispielsweise nicht primär die Angst, sondern eine Reihe von Bedingungen, die angstauslösend wirken. Nehmen wir an, daß eine Patientin immer dann Ängste entwickelt, wenn sie auf ihren Ehemann abends warten muß. In einem solchen Fall zentriert sich die Angst inhaltlich um die psychosoziale Norm ›Pünktlichkeit‹. Liegt es dann nicht nahe, gerade diesen Bereich aufzuarbeiten?
Fazit: Die Aktualfähigkeiten stellen die inhaltlichen Bezüge der psychodynamischen Vorgänge und der psychotherapeutischen Modellvorstellungen dar. In diesem Sinn beschränkt sich die Differenzierungsanalyse nicht auf allgemeine Feststellungen, wie autoritäres Elternhaus, starke Elternbindung, Tyrannei, Vergötterung, harte, weiche oder Doppelbindungserziehung. Sie spricht nicht nur von Selbstwertkonflikten, Minderwertigkeitsgefühlen, Phobien, Depressionen oder einem weitgehend unbestimmten Über-Ich. Sie gibt vielmehr die konkreten Inhalte (Aktualfähigkeiten) der innerseelischen und zwischenmenschlichen Vorgänge an.

…ferenzierungsanalytische Inventar (DAI, Kurzform)

…gkeiten	Patient	Partner	Spontanaussagen
…eit			
Sauberkeit			
Ordnung			
Gehorsam			
Höflichkeit			
Ehrlichkeit/Offenheit			
Treue			
Gerechtigkeit			
Fleiß/Leistung			
Sparsamkeit			
Zuverlässigkeit/Genauigkeit			
Liebe			
Geduld			
Zeit			
Vertrauen/Hoffnung			
Kontakt			
Sex/Sexualität			
Glaube/Religion			

HINWEIS: + positiv ausgeprägt
− negativ ausgeprägt

Ist das Inventar der Aktualfähigkeiten vollständig?

Die Zusammenstellung der Aktualfähigkeiten in ihrer jetzigen Form entstand über acht Jahre hinweg, Schritt für Schritt. Zunächst war mir die psychotherapeutische Bedeutung von Höflichkeit und Ehrlichkeit aufgefallen. Nachdem ich für diese beiden psychosozialen Normen sensibilisiert worden war, konnte ich in meinem eigenen Verhalten, in dem, was ich in meiner Familie, im Umgang mit Mitmenschen und Patienten erlebte, immer wieder Normen feststellen, die psychosozial bedeutsam sind. Da gab es einmal die Bereiche, die als Tugenden Erziehungsziel und Entwicklungsdimensionen waren, andererseits aber immer wieder im Zusammenhang mit Störungen, Ärgernissen, Klagen, Schwierigkeiten und Krankheiten zu finden waren. Obwohl alle diese psychosozialen

Normen eng zusammengehören, enthalten sie zwei unterschiedliche Aspekte: Die eine Gruppe, die ich später als primäre Fähigkeiten zusammengefaßt habe, bezieht sich vor allem auf die Emotionalität und das Gefühlsleben, die andere Gruppe von Aktualfähigkeiten, die sekundären Fähigkeiten, haben es mit psychosozialen Leistungen und Differenzierungen hinsichtlich der Erkenntnisfähigkeit zu tun. Diese zwei Kategorien boten eine Leitlinie für die Ergänzung des Inventars der Aktualfähigkeiten. Dieses wurde immer wieder durch die Erfahrung in der Praxis kontrolliert, auf Ergänzungsmöglichkeiten untersucht und daraufhin, ob mit Hilfe der Aktualfähigkeiten, die zu beobachtenden Konflikte hinreichend beschrieben werden können.

Diese Untersuchungen, die nicht nur von mir ausgingen und zu deren Ergänzungen meine Mitarbeiter und Kollegen der Psychotherapeutischen Erfahrungsgruppe Wiesbaden (PEW) – Psychotherapeuten, Psychiater, Psychologen und Lehrer – beigetragen haben, stützen sich auf rund 50 000 psychotherapeutische Sitzungen, ungerechnet die unsystematischen Beobachtungen im Alltagsleben, die oft um so anregender waren. Um die Gefahr zu vermeiden, daß das DAI lediglich psychosoziale Normen wiedergibt, die in einer bestimmten Gesellschaft Bedeutung besitzen, nicht aber bei anderen, legten wir besonderen Wert auf das transkulturelle Vorgehen. In diesem Sinne berücksichtigen wir Menschen vor allem aus Mitteleuropa, aber auch aus Nord- und Südeuropa, aus Nordamerika und aus verschiedenen Regionen des Orients (Iran, Türkei, Arabien).

Eine Stichprobe für den fernöstlichen Kulturkreis boten fünfzehn japanische Patienten, die in der Bundesrepublik Deutschland arbeiteten und mit deutschen Ehepartnern verheiratet waren. Überhaupt erwies sich die transkulturelle Partnerschaft als eine der wichtigsten Fundgruben, da sie die Konflikte hinsichtlich der Aktualfähigkeiten häufig in erstaunlicher Klarheit zeigte. Mit dem vorliegenden Differenzierungsanalytischen Inventar konnten, bezogen auf die untersuchten Bevölkerungsgruppen, die konfliktbeteiligten Faktoren gut erfaßt werden – dies durch die Kombination einzelner Aktualfähigkeiten oder direkt über sie.

Dennoch sind Anpassungen des Differenzierungsanalytischen Inventars möglich. In meinem ersten Buch »Schatten auf der Sonnenuhr: Erziehung – Selbsthilfe – Psychotherapie«, das sich zu einem großen Teil auf erzieherische Probleme bezieht, glaubten wir, ohne eine eigenständige Aktualfähigkeit ›Treue‹ auskommen zu können, und definierten sie als Ehrlichkeit in der Partnerschaft. Die Untersuchungen von Erwachsenenkonflikten ergaben aber, daß viel weniger Schwierigkeiten auf die ›Ehrlichkeit‹ als auf die ›Treue‹ im engeren Sinne zurückgingen. Aus diesen Gründen ergänzten wir das Inventar durch die Aktualfähigkeit ›Treue‹,

die eine Fähigkeit im besten Sinne ist. So ist es durchaus denkbar, daß es sich als nützlich erweist, der besonderen Betonung bestimmter psychosozialer Normen in einer Gesellschaft dadurch Rechnung zu tragen, daß man sie nicht nur mit Hilfe der anderen Aktualfähigkeiten inhaltlich bestimmt, sondern, sofern sie sich als Fähigkeiten erweisen, in das DAI aufnimmt. Beispiele hierfür können gegebenenfalls die Begriffe ›Ehre‹, ›Mut‹, ›Verantwortung‹ etc. sein. Allerdings sind solche Maßnahmen lediglich zusätzliche Hilfen, die man aus praktischen Erwägungen einbeziehen kann. Um bei diesem Beispiel zu bleiben, würden wir uns nicht auf den Begriff ›Ehre‹ beschränken, sondern uns fragen, worauf sich Ehre bezieht: auf Ehrlichkeit, Höflichkeit, Leistung, Sparsamkeit, Glaube/Religion etc.
Für das psychotherapeutische und pädagogische Vorgehen hat es sich als günstig und hinreichend erwiesen, die Aktualfähigkeiten zu einem Differenzierungsanalytischen Inventar (DAI, Kurzform) zusammenzufassen, das die wesentlichen Konflikt- und Entwicklungsbereiche erfaßt (vgl. Abb. auf S. 70).
Fazit: Bei dieser Betrachtungsweise werden die ergänzenden Begriffe als Symptome und Abstufungen sowie Mischungen der einzelnen Aktualfähigkeiten berücksichtigt.

Aktiv-Passiv-Dimensionen der Aktualfähigkeiten

Die Aktualfähigkeiten sind in vieler Hinsicht komplex. Ihre Funktionsebenen sind die Gesellschaft, wie auch das Gruppengeschehen, die individuelle psychische Erlebnissphäre und die psychosomatische Verarbeitung. Die Aktualfähigkeiten weisen jedoch in sich selbst zusätzlich eine Differenzierung auf.
Wir können eine Aktualfähigkeit einmal als Erwartung ansehen: Wir erwarten, daß man sich pünktlich, höflich, ordentlich, sauber, ehrlich, gerecht, sparsam usw. verhält. Hier beschreibt die Aktualfähigkeit eine passive Dimension:

»Wenn ich nach Hause komme, erwarte ich von meiner Frau, daß das Essen rechtzeitig fertig ist, und die Wohnung so weit in Ordnung ist, daß ich mich in ihr wohl fühlen kann.«

Umgekehrt umfassen die Aktualfähigkeiten bestimmte Handlungsweisen und Verhaltensmuster. In diesem Sinne verhalte ich mich pünktlich, ordentlich, höflich usw. Damit wird die aktive Dimension der Aktualfähigkeiten charakterisiert:

»Ich habe mir öfters vorgenommen, die Sachen so liegen zu lassen, wie sie mein Mann hingeschmissen hat. Aber wenn ich dann die Unordnung sehe, kribbelt es mir in den

Fingern. Ich kann es einfach nicht lassen, dann selber für Ordnung zu sorgen« (37jährige Hausfrau, Angstzustände, Herzbeschwerden).

Die Unterscheidung von aktiver und passiver Dimension besitzt diagnostische Bedeutung. Einmal, weil Aktivität oder Passivität Hinweise auf Reaktionstypen geben können; zum anderen im Hinblick auf das Verständnis der Patientenaussagen. Wenn ein Patient eine Antwort auf die Frage: Wer von Ihnen legt mehr Wert auf Ordnung? usw. gibt, bleibt zunächst noch offen, in welcher Weise er auf diese oder jene Aktualfähigkeit Wert legt. Erwartet er nur Treue von seiner Ehefrau, oder ist er sogar selber bereit, sich treu zu verhalten? Erwartet er von anderen Pünktlichkeit? Wie verhält er sich aber selber?
Die Aktiv-Passiv-Dimension ist eine von mehreren Dimensionen, die in den Aktualfähigkeiten enthalten sind. Zu denken ist dabei auch an Flexibilität-Fixierung, welche die Fähigkeit und Bereitschaft umfaßt, sich hinsichtlich der Bewertung einzelner Aktualfähigkeiten umzustellen oder starr an ihnen festzuhalten. Inhaltlich weist vor allem die Aktualfähigkeit ›Zeit‹ auf diese Dimension hin. Es bleibt einer Faktorenanalyse vorbehalten, die Aktualfähigkeiten auf derartige Dimensionen hin zu kontrollieren sowie auch daraufhin, welche Aktualfähigkeiten in bezug auf eine Dimension besonders hoch geladen sind. Entsprechende Untersuchungen werden durchgeführt.
Psychosoziale Normen lassen sich systematisch als Aktualfähigkeiten erfassen; sie bestimmen zu einem wesentlichen Teil die Entwicklung jedes Menschen und sind die Inhalte der Sozialisation. Die Aktualfähigkeiten wirken in allen Kulturen. Nur ihre relativen Ausprägungen unterscheiden sich kulturell. Die sekundären und primären Fähigkeiten sind nicht nur Begriffe oder zufällige Zeiterscheinungen, sie treten vielmehr als Regeln, Normen und Einstellungen und Verhaltensweisen in das Leben und Erleben jedes Menschen, unabhängig von Rasse, Klasse, Alter, Geschlecht, Typologie und Krankheit. Sie werden als spezifisch menschliche Fähigkeiten im Verlauf der Sozialisation ausgeprägt, erworben, ins Selbstkonzept eingegliedert und zum Teil stark affektiv besetzt.
Die Aktualfähigkeiten werden nur zu einem geringen Teil als Regeln gelernt, wie Kochrezepte aus einem Kochbuch. Den weitaus größeren Teil eignen wir uns wie zufällig aus unseren Erfahrungen und dem modellhaften Verhalten anderer an:

Ein Vater nimmt seinen Sohn zu einer Autofahrt mit. Er hat es sehr eilig. Weil er einen dringenden Termin wahrnehmen muß, fährt er schneller, als es die Polizei erlaubt, überfährt bei Gelb die Kreuzung, schimpft über die Blödheit der anderen Verkehrsteilnehmer und parkt seinen Wagen in der letzten Minute schließlich im Halteverbot.

Seinem jungen Beifahrer werden folgende Zusammenhänge und Lernerfahrungen nahegelegt:

Wenn ich es eilig habe (Pünktlichkeit), muß ich schnell fahren (Zeit), brauche mich weniger genau an den Verkehrsregeln zu orientieren (Gehorsam), dann bin ich sogar im Recht, über andere zu schimpfen, wenn sie nicht Rücksicht auf mich nehmen (Höflichkeit), und ich kann es mir sogar erlauben, allgemeine Ordnungsvorschriften zu übertreten (Ordnung).

Der Zusammenhang dieser Verhaltenskette mit der Pünktlichkeit kann sich auflösen. Übrig bleiben dann Verhaltensweisen, die man als asozial, hysterisch oder psychopathisch bezeichnet. Hier ist die Regelbildung im Sinne der Ausbildung und Differenzierung gesellschaftlicher Normen durch andere Lernerfahrungen gestört: Unabhängig von einer Situation, die einem ein solches Verhalten nahelegt, fährt man nun bei Gelb oder Rot über die Ampel, schimpft über die anderen oder meint, daß sich alle nach einem richten müssen, nicht aber umgekehrt. Eine andere Verallgemeinerung wäre auch möglich: Wenn ich in Eile bin, ist alles erlaubt, oder noch allgemeiner: Mir ist alles erlaubt. Sieht man von dieser pathologischen Entwicklung ab, ergibt sich eine Situation, der wir bei nahezu jedem Menschen begegnen können: Der Junge, der mit seinem Vater Auto gefahren ist und dabei bestimmte Zusammenhänge gelernt hat, steht damit den Forderungen der Gesellschaft gegenüber. An diese kann er sich durch einen Umlernprozeß, der häufig schwieriger ist, als etwas Neues zu lernen, wieder anpassen. Andererseits kann er in Konflikt mit dem eigenen Verhaltens- und Wertsystem geraten, das ihm beispielsweise offene Aggressionen verbietet und Höflichkeit, Ordnung und Gehorsam vorschreibt. Der neurotisch kranke Mensch ist gerade dadurch gekennzeichnet, daß bei ihm dieser innere Widerspruch symptomatisch wird.
Fazit: *Fragen Sie sich selber:* Wie reagieren Sie, wenn Ihr Partner nicht rechtzeitig zu einem vereinbarten Termin kommt? Wenn er nicht das tut, was Sie für richtig und wichtig halten? Was tun Sie, wenn einer Ihrer Mitmenschen Sie anlügt? Wenn einer um sich eine unerträgliche Duftwolke verbreitet oder Sie mit einem Menschen ein längeres Gespräch führen müssen, der grausam aus dem Mund riecht? Was empfinden Sie, wenn Sie ungerecht behandelt und andere Ihnen gegenüber bevorzugt werden? Wie fühlen Sie sich, wenn Sie merken, daß ein anderer Sie betrogen hat, daß Ihr Partner fremdgeht? Was empfinden Sie, wenn Sie vor einer Prüfung stehen? . . .
Wenn Sie diese Fragen nicht nur überlesen, sondern sich mit den in ihnen enthaltenen Situationen innerlich beschäftigen, werden Sie bei einzelnen dieser Fragen, die alle Aktualfähigkeiten enthalten, feststellen können, daß Emotionen und Affekte durch sie angesprochen werden.

Aktualfähigkeiten und Einheit

In der Einheit, als welche wir den Menschen begreifen, sind die Faktoren Körper, Umwelt (ihr entsprechen Umgebungsfaktoren, der psychosoziale Bereich, die Seele und das Erleben) und Zeit (Inbegriff des Bewußtseins und des menschlichen Geistes) beteiligt. Die Aktualfähigkeiten bilden sich in enger Beziehung zu diesen drei Dimensionen heraus. Zugleich beeinflussen sie Einstellungen zu diesen Bereichen.

Aktualfähigkeiten und Körper. In der Körper-Dimension erfassen wir die biologischen, dem Leben zugrunde liegenden Faktoren. Hierzu gehören Stoffwechselvorgänge, Reflexe, Vererbung, körperliche Reifung, Funktion von Körperorganen, Funktionsfähigkeit der Sinne und die vitalen Bedürfnisse. Durch die Art und Weise der Befriedigung vitaler Bedürfnisse werden einzelne Aktualfähigkeiten entwickelt oder in ihrer Entwicklung blockiert. In diesem Sinne wird beispielsweise die Entwicklung der Pünktlichkeit im Zusammenhang mit dem vitalen Wach-, Schlaf- und Hunger-Rhythmus gesehen. Die Sauberkeit wird mit der frühkindlichen Reinlichkeitserziehung in Verbindung gebracht. Je nach der Art, wie eine Bezugsperson auf die individuellen Bedürfnisse und körperlichen Besonderheiten eines Kindes reagiert, werden sich Konsequenzen für das spätere Selbstbild und die Persönlichkeit des Menschen ergeben. Somit nehmen die Aktualfähigkeiten Einfluß auf die Entwicklung eines Menschen. Sie können ebenso Einfluß auf die Befindlichkeit nehmen.

Erlebnisse und Konflikte hinsichtlich der Aktualfähigkeiten bewirken im psychosomatischen Bereich Änderungen der Grundstimmung, Stimmungswandlungen, Gefühle der Angst, Aggression und Depression. Weitere Folgen sind in vielen Fällen psychosomatisch bedingte organische Krankheiten. Unordnung und Unpünktlichkeit eines Menschen können »auf die Galle und den Magen schlagen« (Peseschkian, 1973). Gegenüber den an sich selbst oder anderen wahrgenommenen körperlichen Eigenschaften entwickeln sich oft tief im Gefühlsleben verwurzelte Einstellungen: Ein Kind wird von anderen wegen seiner roten Haare abgelehnt; eine Mutter liebt ihr Baby besonders wegen dessen Babyspeck; ein Pubertierender findet seine langen Gliedmaßen abscheulich; ein Liebhaber hingegen bewundert die langen Beine seiner Angebeteten. Körperliche Mißbildungen, Verstümmelungen, Hautkrankheiten etc. erhalten dabei ästhetischen Charakter und damit erhebliche emotionale Resonanz. Vor dem Hintergrund der erlernten Einstellung zur Sauberkeit beispielsweise wirken solche körperlichen Erscheinungsformen auf den einen oder anderen ekelerregend und abstoßend.

Aktualfähigkeiten und Umwelt. Die Dimension der Umwelt ist an das Verhältnis eines Menschen zu seinem sozialen Umfeld gebunden. Die

Aktualfähigkeiten beeinflussen unsere Erwartungen gegenüber dem Verhalten anderer sowie das Verhalten selbst – mittelbar oder unmittelbar – in Form von Regeln: »Gewissenhafte, zuverlässige, ordentliche und vertrauenswürdige Angestellte für eine interessante Tätigkeit gesucht.«
Jeder innere und äußere Konflikt kann in diesem Sinne mit den Begriffen der Aktualfähigkeiten beschrieben werden. Mit ihren Wirkungen werden wir im persönlichen und kollektiven Bereich tagtäglich konfrontiert. Wenn eine Ehe zustande kommt oder geschieden wird, wenn eine Freundschaft in die Brüche geht, wenn jemandem gekündigt wird, wenn das Verhältnis der Gruppen und Völker zueinander zum Konfliktpotential wird. Über den Einfluß der Tradition werden einzelne Muster von Aktualfähigkeiten zum spezifischen Kennzeichen einer Gruppe, das u. a. wesentlichen Einfluß auf den Gruppenzusammenhalt und das Verhältnis zu anderen Gruppen ausübt (Peseschkian, 1970, 1971). Dabei können einzelne Aktualfähigkeiten, wie Sauberkeit, Pünktlichkeit und Höflichkeit usw., zu Erkennungsmarken der Gruppenzugehörigkeit werden; die jeweilige Gruppenzugehörigkeit bestimmt sich nicht nur durch äußerliche Abzeichen. Vielmehr machen sich unterschiedliche Gruppennormen, Aktualfähigkeiten, bemerkbar, die darüber hinaus auch den Sinn und Zweck der äußeren Abzeichen bestimmen. Der In-Group- oder Out-Group-Konflikt erscheint damit unter einem neuen Aspekt:
»Wer die Kartoffeln mit dem Messer schneidet, gehört nicht in unsere Kreise.«
»Wer nicht sauber genug ist und Körpergeruch hat, hat bei uns nichts zu suchen.«
»Ich habe es von Kind auf gelernt, pünktlich zu sein, und erwarte es auch von anderen. Wer nicht pünktlich ist, mit dem möchte ich nichts zu schaffen haben.«
Aktualfähigkeiten und Zeit. Störungen in der Entwicklung eines Menschen, die sich auf den Bereich des Körpers und den der Umwelt beziehen, sind Störungen in der Dimension der Zeit:
»Ich habe kein Vertrauen zu den Menschen, weil mich einmal ein Mensch im Stich gelassen hat.« »Wie kann ich zu meinem Kind noch Vertrauen haben, nachdem es einmal gelogen hat.«
Die inhaltlichen Aspekte der Aktualfähigkeiten werden aufgrund von Fixierungen zu Konfliktpotentialen. Werden Vergangenheit, Gegenwart und Zukunft miteinander verwechselt oder isoliert betrachtet, können die Aktualfähigkeiten nicht zeit-, situations- und realitätsgemäß differenziert werden. Das eigene und das fremde Verhalten erscheinen aufgrund von Mißverständnissen verzerrt. Fixierungen bedeuten in diesem Zusammenhang Verabsolutierung eines irgendwann erworbenen Verhaltensmaßstabes und das Gegenteil von Verständnis und Bemühung um Verständnis.

Ein Beispiel soll das Verhältnis von Fixierungen und ihrem Gegenteil, der Flexibilität und Wandlungsfähigkeit, veranschaulichen:

»Ich bin ein ganz neuer Mensch geworden: Ich habe jetzt nicht mehr so oft Streit mit meinem Mann. Früher habe ich mich über seine Unordnung und Unsauberkeit dauernd aufgeregt. Heute bin ich in der Lage, mit ihm zu argumentieren. Ich versuche, meinen Mann zu verstehen. Wenn er sich nicht wäscht, beispielsweise, dann sage ich ihm, daß er es tun soll. Ich mache kein großes Theater mehr daraus« (26jährige Patientin, die früher unter Kopfschmerzen und Sexualstörungen litt).

Fazit: Die Aktualfähigkeiten sind keine abstrakten Wesenheiten. Sie treten vielmehr im Verhalten über die Entwicklungsdimensionen von Körper, Umwelt und Zeit in Erscheinung. (Vgl. auch Anhang: Statistische Untersuchungen zur Differenzierungsanalyse.)

Aktualfähigkeiten und ihre Maskierungen. Nicht immer sind die Aktualfähigkeiten auf den ersten Blick gleich zu identifizieren. Sie sind sogar häufig maskiert und in eine andere Form gebracht, als wir sie vom Inventar her kennen. Und trotzdem können wir die hinter diesen Maskierungen verborgenen Aktualfähigkeiten recht gut unterscheiden. In einem solchen Fall sprechen wir von Synonymen. Als Beispiel kann die Aktualfähigkeit ›Ordnung‹ gelten.

Anstelle von ›Ordnung‹ oder ›Unordnung‹ findet sich eine Vielfalt von Begriffen, die sich alle, auch wenn sie aus den verschiedensten Lebensbereichen stammen, in irgendeiner Weise auf Ordnung beziehen. Wir sprechen von:

Ordnen, Ordner, Einordnen, ordentlich, übersichtlich, bürokratisch, pedantisch, systematisch, aufräumen, einrichten, einteilen, entwirren, gliedern, gruppieren, sortieren, Anordnung, Einteilung, Entwirrung, Regelung, Schema F, Schablone, Geordnetheit, Planmäßigkeit, System, blindlings, durcheinander, kreuz und quer, unterst zu oberst, wie Kraut und Rüben, wie die ersten Menschen, durcheinander, drunter und drüber gehen, umherwerfen, verdrehen, verhaspeln, verlegen, verschlampen, verwirren, chaotisch, turbulent, unübersichtlich, verworren, wirr, fahrig, flatterhaft, schlampig, Chaos, Durcheinander, Konfusion, Kuddelmuddel, Mischmasch, Sauhaufen, Saustall, Tohuwabohu, Wirrwarr.

Die Synonyme von ›Ordnung–Unordnung‹ besitzen praktisch orientierte Anwendungsbereiche in der Erziehung, in der Partnerschaft, im Beruf und in der beruflichen Organisation, in der Werbung, im Volksmund, in der Literatur und nicht zuletzt in den Schilderungen und Klagen der Patienten in der Psychotherapie. Unterschieden werden damit nicht nur die Qualitäten der Aktualfähigkeit ›Ordnung‹, sondern auch die Situationen, gewissermaßen die topographischen Beziehungen, in denen sie auftreten. So wird zum Beispiel aus »außen hui, innen pfui« die Aussage: »Im Beruf ist er sehr ordentlich, zu Hause aber schlampig.«

Für alle Aktualfähigkeiten gibt es ferner eine Vielfalt von Ausdrücken, die sich auf verschiedene Situationen beziehen, verschiedene Grade der Höflichkeit beinhalten und sich sogar in ihrem Gebrauch von Region zu Region unterscheiden. Viele dieser Synonyme und Umschreibungen beziehen sich nicht nur eindeutig auf eine einzige Aktualfähigkeit. Sie umfassen mitunter gleich mehrere Aktualfähigkeiten. Die Aussage »Er ist primitiv« kann in diesem Sinn mehrerlei bedeuten: »Er ist unhöflich, er ist unordentlich, er ist unsauber, er ist unehrlich etc.« Welche Aktualfähigkeiten im Vordergrund stehen, hängt sowohl von der Sprachkonvention ab, als auch von der Situation des jeweiligen Menschen. Für den Therapeuten, aber auch für jeden anderen, stellt sich die Aufgabe, die betreffenden Konfliktinhalte herauszukristallisieren und ihre situative und lebensgeschichtliche Bedeutung zu interpretieren. Diese Interpretation unterliegt wieder den eigenen Bewertungsmustern, über die ein Therapeut oder ein analysierender Partner verfügt.
Die situative Information »Ein Patient kommt zu spät in die psychotherapeutische Sitzung« bezieht sich, rein oberflächlich betrachtet, auf ›Pünktlichkeit‹. Man könnte zunächst auf eine Minussymptomatik hinsichtlich ›Pünktlichkeit‹ schließen. Diese Aussage enthält bereits eine Interpretation, die sofort anders ausfiele, würden andere Gesichtspunkte berücksichtigt. Derselbe Patient hat nämlich beispielsweise Besuch bekommen. Er, der sonst sehr kontaktarm ist, dem vom Therapeuten sozialer Kontakt sogar angeraten wurde und der sich nicht traut, sich gegenüber seinem Besuch durchzusetzen (ehrlich zu sein), ist genau aus dem Grunde zu spät gekommen. Die Unpünktlichkeit erhält damit eine andere Bedeutung. Möglich ist auch, daß der Patient Widerstände gegenüber der Psychotherapie entwickelt und sein Zuspätkommen als Waffe benützt, um den Therapeuten zu strafen bzw. sich vor der vielleicht als gefährdend erlebten psychotherapeutischen Situation so lange wie möglich zu bewahren. Damit hat eine einzige Verhaltensweise, die mit Hilfe der Aktualfähigkeiten beschrieben werden kann, eine mehrdeutige Funktion.
Fazit: Die psychosozialen Normen treten in einer Vielzahl von Erscheinungsformen auf, die mit unterschiedlicher Präzision auf die Aktualfähigkeiten hinweisen:
Unspezifische Aussagen, die sich auf alle Aktualfähigkeiten beziehen können: »Ich bin fix und fertig«, »Es hat alles keinen Sinn«, »Ich bin so glücklich.«
Komplexbildungen, die mehrere Aktualfähigkeiten ausgesprochen und unausgesprochen beinhalten: »Schweinerei« (spricht unmittelbar Sauberkeit an, kann aber auch die Unordnung, Unzuverlässigkeit, Untreue, Unpünktlichkeit etc. meinen); »Der ist primitiv«; »Ich bin ein Versager« (als Bereiche des Versagens können sich Leistung wie auch Sexualität etc.

erweisen); »Er ist ein Idiot« (diese Aussage bezieht sich zunächst auf die intellektuelle Leistungsfähigkeit. Im weiteren kann sie aber auch andere Aktualfähigkeiten beinhalten).
Spezifische Aussagen, die sich direkt auf Aktualfähigkeiten richten: »Es macht mich fertig, wenn er mich immer warten läßt«, »Seine Unordnung bringt mich auf die Palme«, »Als ich erfuhr, daß er fremdgegangen ist, war bei mir der Ofen aus«.
Symptomaussagen, die auf Aktualfähigkeiten hindeuten: »Ich habe Magen- und Darmbeschwerden. Nachts kann ich nicht schlafen. Ich habe das, seitdem ich einen verantwortungsvollen Posten in unserem Betrieb übernommen habe.«
Situative Informationen, bei denen die Aktualfähigkeiten nicht ausgesprochen werden, bei denen aber in den Verhaltenskategorien der Aktualfähigkeiten gehandelt und gewertet wird: Das Kind nimmt sich beim Sonntagskaffee das größte Stück Kuchen (Höflichkeit). Die Mutter sieht es strafend an. Der Ehemann kommt später als verabredet nach Hause (Pünktlichkeit). Die Frau verliert darüber kein Wort, im Bett zieht sie sich aber vor seinen Zärtlichkeiten zurück und täuscht Kopfschmerzen vor (Sexualität, Ehrlichkeit).

Aktualfähigkeiten in der Aussagenanalyse. Ein Großteil der zwischenmenschlichen Beziehungen vollzieht sich in sprachlicher Form. Informationen werden ausgetauscht, der soziale Partner über Nöte, Bedürfnisse oder Erlebnisse unterrichtet. Sehen wir von den besonderen Eigenschaften der Partner in einer Interaktion ab, können wir auf sie das Bild von Sender und Empfänger anwenden. Sender und Empfänger sind durch ein Medium verbunden, das Informationen übermitteln kann. Nur ist der Sender nicht nur Sender, der Empfänger nicht nur Empfänger. Was ich sage, was ich tue oder was ich sonst noch als Zeichen und Signale von mir gebe, wird bei meinem Partner eine Reaktion hervorrufen, auf die ich selber wieder reagiere: Ich winke (komm doch her), mein Partner schüttelt den Kopf (nein). Ich gehe zu ihm hin und frage, warum. Er gibt mir zur Antwort, daß der Weg in seine Richtung weitergeht.
Jeder Schritt dieser verbalen und nonverbalen Kommunikation ist in bezug auf die jeweilige Kommunikation sinnvoll und hat die Herstellung einer zielgerechteren Beziehung zur Folge. Hinter einer Vielzahl derartiger Prozesse verbirgt sich eine Struktur, in die bestimmte Inhalte eingegangen sind. Nehmen wir eine einfache Aussage, wie wir sie täglich hören können:

Kontaktadresse	Inhalt	Symptom
»Warum hast du nicht angerufen,	daß du später kommst?« (Pünktlichkeit)	»Ich war sehr beunruhigt.«

Diese Aussage ist Teil eines komplexeren Interaktionsprozesses. Irgend jemand hat auf einen anderen gewartet, weil beide sich vielleicht zu einem bestimmten Zeitpunkt verabredet hatten. Dieser Jemand kommt zu spät. Das Zuspätkommen führt bei dem Wartenden zu einer inneren Unruhe, die nur dann verständlich wird, wenn wir wissen, wieviel Wert er auf seinen Partner und wieviel Wert er auf Pünktlichkeit legt. Nicht angesprochen, gewissermaßen als Schattenbild, erscheint hier der zu spät gekommene Partner, der vielleicht verhindert war und das Zuspätkommen als unangenehm empfindet, vielleicht aber den Termin vergessen hat oder dem pünktlichen Erscheinen nicht den gleichen Wert beimißt. Nun wollen wir uns der Aussage von oben etwas näher zuwenden. Der erste Teil dieser Aussage

Kontaktadresse	Inhalt	Symptom
»Warum hast du nicht angerufen,		

hat die Hinwendung zu einem Partner zum Inhalt. Es wird gerichteter Kontakt aufgenommen. In Form von Mahnungen, Drohungen, Lob, Ausrufen und dergleichen mehr, die durch Ausdrucksverhalten – Nuancierungen der Stimme, des Blickes, der Mimik und Gestik – modifiziert sind, wird der Partner angesprochen.

Der zweite Teil der Aussage bezieht sich auf den Inhalt. Hier treten bestimmte psychosoziale Normen direkt oder indirekt auf. Der Partner wird darüber informiert, worum es eigentlich geht.

Kontaktadresse	Inhalt	Symptom
	daß du später kommst?«	

Inhaltlich geht es hier um Aktualfähigkeiten, die in ihren verschiedensten Synonymen erscheinen. Statt der Aussage oben hätte es heißen können, »daß du unpünktlich bist«, »daß du mich so lange warten läßt«, »daß du nicht den vereinbarten Termin einhalten kannst«.

Der dritte Teil der Aussage gibt Aufschluß über die Folgen, die das Verhalten hat. Wir nennen diesen Teil daher das Symptom.

Kontaktadresse	Inhalt	Symptom
		»Ich war sehr beunruhigt.«

Das Symptom kann sich in vielfältiger Weise äußern. Es kann ein psychisches Symptom sein wie in unserem Beispiel. Aber auch ein psychosomatisches Symptom. Doch auch andere Folgen sind möglich: für den Sprecher »Ich war sehr beunruhigt«; für den Partner »Das nächste Mal kommst du nicht mehr so glimpflich davon«; für eine dritte Person »Jetzt macht sich bestimmt unser Gastgeber Gedanken«; oder für Gruppen »Kein Wunder, daß wir von unseren Freunden nicht mehr eingeladen werden«. Die Art und Weise, in der das ›Symptom‹ auftritt, ermöglicht diagnostische Einblicke, denn hier werden typische Reaktionsweisen und Formen der Konfliktverarbeitung deutlich.

Eine Aussage, die Kontaktadresse, Inhalt und Symptom umfaßt, kann in diesem Sinn als vollständige Aussage aufgefaßt werden. In der lebensnahen Kommunikation finden sich derartige Aussagen jedoch auch unvollständig und verstümmelt, erfüllen jedoch auch so eine psychosoziale Funktion.

In den unvollständigen Aussagen sind einzelne Aussagenteile weggelassen oder werden unausgesprochen bzw. maskiert mitgeteilt. Diese nonverbale Kommunikation beinhaltet alle Formen des sozialen Kontaktes, die nicht über das Medium der Sprache verlaufen. Dazu zählen wir mimischen Ausdruck, pantomimische Bewegungen, aber auch körperliche Aktionen wie Schläge oder Streicheln. Eine Zwischenstellung zwischen verbal und nonverbal nehmen Ausrufe ein, die eine Vielzahl von Bedeutungen umfassen und ihren Sinn erst durch den situativen Kontext bzw. durch ihre Betonung erhalten. Der Ausruf ›oh‹ besitzt eine andere Bedeutung, wenn der Betreffende etwas Angenehmes erlebt hat, als wenn er das ›oh‹ im Sinne des Ausdrucks einer Enttäuschung verwendet.

Es gibt verschiedene Möglichkeiten, wie Teile der Aussage ausgespart werden können. Wir werden uns in unseren Beispielen auf einige typische Fälle beschränken.

Die Kontaktadresse kann fehlen

Kontaktadresse	Inhalt	Symptom
	»Deine Schlampigkeit stinkt zum Himmel« (Ordnung).	»Du wirst schon sehen, wie weit du damit kommst, du Unglücksrabe.«

Die Kontaktadresse wird von den anderen Aussagenteilen übernommen. Direkt und ohne den Versuch, eine Verbindung aufzubauen, wird der Partner mit dem Inhalt konfrontiert. Der Kontakt ist entweder vorausgegangen, erfolgt durch Blickkontakt oder dadurch, daß der Sprecher auf den Partner direkt zugeht, oder wird als gegeben vorausgesetzt.

Der Inhalt ist ausgespart. Man sagt nicht, worum es eigentlich geht, und setzt voraus, daß der Partner aufgrund der Situation und seiner Intelligenz wissen muß, worum es geht.

Kontaktadresse	Inhalt	Symptom
»Gut, daß du kommst.«		»Ich habe heute große Lust, mit dir auszugehen.«

Um diese Aussage der Ehefrau zu verstehen, benötigen wir die Hintergrundinformation, daß der Ehemann sehr teuere Karten für ein Gastspiel gekauft hat und die Ehefrau sich durch die Großzügigkeit geschmeichelt fühlt (Sparsamkeit).

Das Fehlen des Inhaltes kann zur Ursache von Kurzschlüssen werden, wenn nämlich der eine Partner die Situation anders versteht als der andere. Der Ehemann bezieht vielleicht die freundliche Zuwendung seiner Frau auf einen beruflichen Erfolg, von dem er ihr jedoch nichts mitgeteilt hat. Diese unterschiedlichen inhaltlichen Bezüge können in der Partnerschaft, in der Erziehung wie auch in der Psychotherapie Konfliktursachen bilden. Dies geschieht zum einen, weil Sender und Empfänger verschiedene Inhalte meinen, zum anderen, weil beide den gleichen Inhalt – die gleiche Aktualfähigkeit – anders verstehen. *Das Symptom wird ausgespart.* Man nimmt Kontakt mit dem Partner auf, sagt deutlich, um was es sich handelt, und verzichtet auf die Darstellung der Folgen.

Kontaktadresse	Inhalt	Symptom
»Du hast es leicht, so zu sprechen.«	»Du nimmst dir sowieso wenig Zeit für mich und die Kinder. Für dich sind wir nur Nebensächlichkeiten« (Zeit, Gerechtigkeit).	

Diese Frau spricht nicht über die Folgen, zeigt sie aber, indem sie sich mit Kopfschmerzen zurückzieht. Wenn das ›Symptom‹ ausgespart ist, kann es als psychische oder psychosomatische Störung präsentiert werden. Die Folgen können aber auch mit dem Mantel der Verschwiegenheit zugedeckt werden und sich zu einem späteren Zeitpunkt äußern, wenn sie sich in der Zwischenzeit nicht erledigt haben sollten.

Kontaktadresse	Inhalt	Symptom
»Das geht nicht mehr so weiter.«	»Du hast schon immer mit anderen Frauen herumpoussiert« (Treue, Ehrlichkeit).	»Nie habe ich etwas gesagt. Jetzt aber ist das Maß voll. Ich kann mit dir nicht mehr leben.«

Das Verschweigen der Folgen hat im weitesten Sinn mit Höflichkeit und Bescheidenheit bzw. mit Ehrlichkeit und Offenheit zu tun. Mit der Darstellung der Folgen versucht man die in der Aussage liegende Forderung hervorzuheben. So kann es, wie in dem letzten Beispiel, dazu kommen, daß der Partner über die Symptome längere Zeit nicht aufgeklärt wird und plötzlich vor schwerwiegenden Konsequenzen steht, die ihm vor dem Hintergrund seiner bisherigen Erfahrungen unverständlich sind.

Kontaktadresse, Inhalt und Symptom werden ausgespart. Man sagt nichts, ärgert sich, gibt keinen Aufschluß, worüber, und behält schließlich auch das Symptom für sich. Andererseits sagt man nichts, freut sich, gibt dem Partner aber keinen Hinweis, worüber, und läßt ihn nicht an der Freude teilnehmen. Beide Formen können in den verschiedensten Spielarten auftreten.

Kontaktadresse	Inhalt	Symptom
(!)	(!)	(!)
(?)	(?)	(?)

Entweder setzt man vom Partner voraus, daß er so viel Einfühlungsvermögen besitzt, daß er ohne Hinweis am Ärger oder der Freude teilnehmen kann (Höflichkeit/Ehrlichkeit). Oder man hat resigniert, weil man die Erfahrung machen mußte, daß sich niemand für seine Freude und seinen Ärger interessiert, niemand den Appell versteht oder Anteil nimmt. Schließlich mißtraut man dem Partner und verzichtet darauf, ihm diese Informationen mitzuteilen, aus der Befürchtung heraus, er werde sie mißbrauchen (Vertrauen/Ehrlichkeit).

Dies sind die Formen des sprachlichen Rückzuges. Die gesamte Aussage kann jedoch auch in einer einzelnen Geste, in einem mimischen Ausdruck, in einem Ausruf zusammengefaßt sein. ›Ach‹, kann bedeuten:

Kontaktadresse	Inhalt	Symptom
»Daß mir so etwas wieder passieren muß.«	»Ich habe meinen Schlüssel verloren« (Ordnung).	»Bald verliere ich noch meinen Kopf.«

In gleicher Weise kann ein Kopfschütteln, ein Augenaufschlag, ein Schulterhängenlassen oder zorniges Aufstampfen als Aussage im oben beschriebenen Sinn verstanden werden.

Im Rahmen der zwischenmenschlichen Konflikte und Psychotherapie erhält die Aussagenanalyse praktische Bedeutung. Ein 21jähriger Student war wegen eines Verkehrsunfalls eingeliefert worden. Nachdem er sich einigermaßen erholt hatte, berichtete er, wie es zu dem Unfall gekommen war:

»Ich war auf einer Party bei Freunden. Auch meine Freundin war da; ich habe sie extra von zu Hause abgeholt. 'ne Zeitlang ging alles gut, und dann hat sie ein anderer zum Tanzen aufgefordert. So ein langsamer Blues mit Anfassen und so weiter. Ich konnte das nicht sehen. Als sie dann noch bei diesem Typ geblieben ist und mit ihm quatschte, bin ich durchgedreht. Genauso wie schon früher ein paarmal. Damals habe ich mich auch ins Auto gesetzt und habe voll durchgetreten. Ich bin dann durch die Umgebung gerast. Wenn ich dann zurückkam, ging es mir besser, und keiner hat mir meine Eifersucht angesehen. Ich hatte sogar vor den anderen erklärt: Ich habe es gar nicht nötig, eifersüchtig zu sein. Dieses Mal hat es mich erwischt.«

Der Verunglückte hatte keinen ›Kontakt‹ gesucht, als er sich über seine Freundin ärgerte. Er zog sich vielmehr zurück und verleugnete seine Eifersucht sowie sein inneres Bedürfnis nach Zuwendung und Treue. Selbst die Folgen für sich selber konnte er nicht offen eingestehen (Ehrlichkeit). Erst der Unfall ermöglichte als ›zufälliges‹ Symptom den Zugang zum Konflikt und dessen Inhalten. In diesem Fall spricht sehr viel dafür, daß der Unfall als Symptom ein verschlüsselter Appell an die Freundin war.

Fazit: Die Aktualfähigkeiten realisieren sich in einer Vielzahl von Erscheinungsformen, teils als Maskierungen, teils als Synonyme und zum Teil als Inhalte der zwischenmenschlichen Kommunikation. Die Formen dieser Maskierungen besitzen ihrerseits Symptomwert und geben uns vor dem Hintergrund psychosozialer Konflikte oder manifester psychischer und psychosomatischer Störungen diagnostisch und therapeutisch verwertbare Hinweise.

Relativität der Aktualfähigkeiten und Konflikte

Die Aktualfähigkeiten sind bei jedem Menschen in einem individuellen Muster organisiert. Jeder Mensch verfügt über die Fähigkeit, seine ›Zeit‹ einzuteilen. Welche Bewertung diese Zeiteinteilung jedoch gewinnt, hängt wesentlich von dem jeweiligen kulturellen Bezugsfeld ab. Eine hochorganisierte Industriegesellschaft ist auf ›Pünktlichkeit‹ ihrer Mitglieder angewiesen. Eine bäuerliche Gesellschaft dagegen wird die ›Zeit‹ weniger scharf einteilen und statt der ›Pünktlichkeit‹ der ›Geduld‹ einen höheren Wert beimessen. Dies ergibt sich schon aus ihrer Situation, denn sie muß warten und sich beispielsweise den Rhythmen der Natur anpassen. Keine dieser Auffassungen, ganz gleich, wie man die Zeit einteilt, ist aus sich heraus die bessere. Jede besitzt aber ihre eigene Konfliktanfälligkeit innerhalb ihres eigenen Systems:
Überbetonung der ›Pünktlichkeit‹ im Zusammenhang mit den Streßphänomenen der Industriegesellschaft bzw. großzügig strukturierte Zeiteinteilung im Zusammenhang mit dem Fatalismus orientalischer Bevölkerungsgruppen. Die Aktualfähigkeiten sind dabei einerseits Verhaltens-

stile, die eine derartige Konsistenz erlangen können, daß einzelne Ausprägungen von Aktualfähigkeiten zu unverwechselbaren Persönlichkeitseigenschaften werden. Andererseits stellen sie für den einzelnen, aber auch für gesellschaftliche Institutionen, ›Handlungstheorien‹ dar. Sie begründen, warum man sich so verhalten soll und nicht anders, und geben weiterhin an, in welcher Situation welche Haltung angebracht ist. Die mit den einzelnen Aktualfähigkeiten verknüpften Werthaltungen sind als solche Handlungstheorien anzusehen. Sie beziehen sich dabei entweder nur auf eine begrenzte Gruppe von Objekten und Situationen (Ordnung auf dem Schreibtisch; Pünktlichkeit bei einer bestimmten Verabredung) oder sind auf eine übergeordnete Klasse von Objekten gerichtet (Ordnung, Zuverlässigkeit im Beruf). Häufig sind diese individuellen Einstellungen zu einem Wertsystem organisiert. Zum Beispiel: eine Person, die Genauigkeit positiv bewertet, bewertet auch ordentliches und pünktliches Verhalten positiv und zeigt gegenüber Unkorrektheit und mangelnder Ehrlichkeit ein ablehnendes Verhalten. Die Bewertung der Aktualfähigkeiten kann jedoch auch divergieren. So kann beispielsweise ein Mensch sehr auf Genauigkeit achten, braucht jedoch nicht notwendigerweise die Pünktlichkeit in gleichem Maße zu betonen. Die Aktualfähigkeiten sind somit Wertsysteme, an denen das eigene und fremde Verhalten gemessen wird.

Von den Gruppennormen und gesellschaftlichen Gesetzen her stellt sich die Forderung nach allgemein gültigen und für jeden verbindlichen Regeln. Inhaltlich sind diese Regeln im wesentlichen über die Aktualfähigkeiten bestimmt und werden von einem konventionellen Wertsystem dieser Aktualfähigkeiten abgedeckt. Ausdrücklich und in Gesetzestexten formuliert werden einzelne Aktualfähigkeiten zu verbindlichen Vorschriften, welche das zwischenmenschliche Zusammenleben und die bestehenden Pflichten und Freiheiten regulieren. Dies reicht von den Gesetzbüchern über die Konventionen des geschäftlichen Lebens bis hin zu den Vorschriften, wie sich ein Mensch in der Rolle, die er gerade einnimmt, verhalten soll oder nicht. Daneben bestehen unausgesprochene Normen und Wertvorstellungen, die als Selbstverständlichkeiten mit dem größten Nachdruck vertreten werden. Dabei scheint so etwas zu bestehen wie eine Übereinkunft darüber, was ›sich schickt‹. Diese Konvention erhält Gesetzescharakter und wird für universell gültig genommen. Solche Beobachtungen können wir vor allem bei traditionell gewachsenen Gruppen und auch bei einzelnen machen. Hier gewinnen ausgewählte Aktualfähigkeiten oder bestimmte Ausprägungsmuster dieser psychosozialen Normen einen Absolutheitsanspruch. Man tut, als gäbe es nichts anderes als die Ordnung, Sauberkeit, Ehrlichkeit und Pünktlichkeit, die man selber vertritt, und keine andere.

Diese Tendenz, wenigstens vorübergehend zu verabsolutieren, ist nicht die Ausnahme, sondern die Regel, weil die Aktualfähigkeiten emotional verankert sind und in die Bestätigungsmechanismen des psychischen Geschehens eingehen. Darüber hinaus dienen diese Wertsysteme als Schutz und Verteidigung, da erst sie Verhalten rechtfertigen. Das Prinzip der Treue, um nur ein Beispiel zu nennen, liefert die ›Rechtfertigung‹, einem Partner und sich selber das Leben zur Hölle zu machen, weil dieser vielleicht nur ein einziges Mal diesem Prinzip zuwidergehandelt hat. Umgekehrt bieten liberale Einstellungen zur Partnerschaft Ausreden, Rationalisierungen und verstandesmäßige Begründungen für Untreue einem Partner gegenüber.

So weit die Rechtfertigungsfunktion der Aktualfähigkeiten! Da sie eine starke emotionale Resonanz erhalten, können sie Befriedigungen verschaffen, die darauf beruhen, daß man bei Nachbarn, Freunden und Bekannten die gleichen Werte anerkannt sieht, die man selber favorisiert. Auf diese Weise findet man die äußere Bestätigung dafür, daß man eigentlich recht hat. Man befindet sich mit seinem Wertsystem, das einem sagt, was richtig und was falsch ist, sozusagen in guter Gesellschaft und fühlt sich durch sie bestätigt. Umgekehrt erwächst aus abweichenden Einstellungen eine fundamentale Bedrohung, wenn sie sich auf Aktualfähigkeiten beziehen, die für das Selbstbild bedeutsam sind. Sehen wir uns mit einem Menschen konfrontiert, der sich anders verhält als wir und sogar die für uns gültigen Verbindlichkeiten nicht anerkennt, so liegt darin nicht nur ein situativer Konflikt. Durch diese Verhaltens- und Einstellungsabweichungen wird vielmehr das eigene Wertsystem, das eigene Konzept in Frage gestellt. Denn die gesamten Verstärkungs-, Belohnungs- und Bestrafungsschemata, die sich an diesem Wertsystem orientieren, verlieren plötzlich ihre Bedeutung. Damit wird einem gewissermaßen der Boden unter den Füßen weggezogen.

Angesichts dieses Geschehens wird deutlich, wie sehr schon vom sozialpsychologischen Aspekt her die Aktualfähigkeiten als potentielle Konfliktfaktoren auftreten können. Die Ehefrau, die gegenüber ihrem Mann die Ordnung verteidigt, ist nicht nur die Hüterin eines formalen Prinzips. Indem sie die Ordnung verteidigt, verteidigt sie sich selber. Es mag hier um ihre Rolle als Hausfrau gehen, in der sie, aus ihrer Spezialisierung auf Ordnung und Sauberkeit heraus, eine Selbstwertbestätigung findet und die Unordnung des Ehemannes (seine Socken liegen im Schlafzimmer teils unter dem Bett, teils unter dem Schrank) als Mißachtung (Unhöflichkeit) und als Herabwürdigung der für sie selber zentralen Werte erlebt. Häufig ist es sogar der Fall, daß gerade diejenigen am stärksten ihre Rolle, ihre Funktionen und Position gegen fremde Einflüsse verteidigen, die überhaupt nicht damit zufrieden sind.

Insofern sind die Aktualfähigkeiten Rollenstabilisatoren bzw. Faktoren der Rollenunsicherheit. Es entsteht auch hier eine Tendenz zur Verabsolutierung der vertretenen Werte, die psychologisch, sozialpsychologisch und psychotherapeutisch erklärbar ist. Sie ist ein wesentlicher Faktor bei der Entstehung seelischer und zwischenmenschlicher Konflikte, die vor allem dadurch verfestigen, daß die Flexibilität und das Anpassungsvermögen nicht hinreichend gewährleistet sind und daß Wertmaßstäbe mit unerschütterlicher Überzeugung aufrechterhalten werden, auch wenn sie einer Korrektur bedürfen. Diese Fixierung und Verabsolutierung kann sich auf einzelne Aktualfähigkeiten oder auf ganze Strukturen derartiger Wertsysteme beziehen. Sie sind Ansprüche gegenüber anderen oder Regeln für das eigene Verhalten; sie werden gegen eventuelle Angriffe heftig verteidigt. Doch eine Uniformität der Aktualfähigkeiten ist schlechthin unmöglich. Nicht nur steht jeder in einem persönlichen, unverwechselbaren Erziehungskreis, es wird auch jeder aufgrund unterschiedlicher Rollenanforderungen und situativer Erfordernisse eine gewisse Flexibilität aufbringen müssen. Damit wird den Veränderungen in der Zeit Rechnung getragen.

Fixierungen, also das Ignorieren der Zeit und der Situation, führen zu den bekannten Störungen. Nicht jeder muß die Ordnung eines Buchhalters, die Pünktlichkeit eines Maurers, die Genauigkeit eines Schneiders und die Sauberkeit eines Chirurgen besitzen. Losgelöst von der Situation und dem Zeitpunkt, zu dem sie ihre volle Berechtigung haben, werden diese Fähigkeiten zur Karikatur, mehr noch, zum Konfliktpotential. Ein Chirurg wäscht sich mehrmals vor und nach der Operation jeweils über drei bis fünf Minuten die Hände. Vollzieht er das gleiche Ritual zu Hause und verlangt es auch von seiner Familie, wird die in der einen Situation begründete und notwendige Handlung in der anderen zur Farce. Sie ist funktionslos, das Kind widersetzt sich, die Frau ärgert sich, das Familienleben ist gestört.

Deutlicher noch als im Zusammentreffen der Bewertungsmuster unterschiedlicher Erziehungskreise wird die Relativität der Aktualfähigkeiten in der *transkulturellen Situation,* in der im Extremfall nur ein Minimum an Gemeinsamkeiten gegenüber maximalen Unterschieden besteht. Als Beispiel dafür mag die unterschiedliche Einstellung zu bestimmten Reinlichkeitsritualen gelten. Im Orient ist es üblich, nach dem Stuhlgang den After zu waschen. Man benutzt dazu in der Regel eine langschnablige Wasserkanne aus Messing (Aftabée) und die linke Hand.

Die europäische Gewohnheit, Toilettenpapier zu benutzen, wird von vielen Orientalen mit Mißtrauen bedacht und gilt als schlechthin unsauber, während umgekehrt die orientalische Methode auf den Europäer merkwürdig, unhygienisch, ja sogar ekelerregend wirkt. Hinter diesen

kulturspezifischen Reinlichkeitsritualen stehen jeweils eigene, über die Tradition vermittelte Konzepte. Tradition umfaßt hier sowohl die Überlieferung spezieller Erziehungspraktiken als auch Bewertungen, die dem jeweiligen religiösen Konzept entstammen.
Die sekundären und primären Fähigkeiten können ihre volle Wirkung nur dann entfalten, wenn sie miteinander in Einklang stehen. Erfahrungen zeigen, daß Verschiebungen im Bereich der sekundären und primären Fähigkeiten zu einer Einengung und Einschränkung des Wertgesichtsfeldes führen. Das bedeutet, der Mensch überbetont eine Fähigkeit, die er augenblicklich vertritt. Er ist von ihrem Wert so überzeugt, daß er blind für andere Werte und Fähigkeiten wird.

»Für mich zählt nur ein Mensch, der sich gut benimmt. Es kann jemand noch so erfolgreich sein, wenn er nicht die entsprechende Höflichkeit zeigt, ist er bei mir unten durch« (53jährige Patientin mit Kopfschmerzen und Kreislaufbeschwerden).

Die im Zusammenhang mit den Aktualfähigkeiten dargestellten Störungen können sich aufgrund typischer Dissonanzen entwickeln:
innerhalb der sekundären Fähigkeiten (man kann fleißig sein, aber nicht ordentlich);
innerhalb der primären Fähigkeiten (man kann zu anderen Vertrauen haben, aber nicht zu sich selbst);
in der Beziehung zwischen primären und sekundären Fähigkeiten (man kann ordentlich sein, aber nicht geduldig).

Fazit: Das Aufeinandertreffen verschiedener Bewertungsmuster von Aktualfähigkeiten in zwischenmenschlichen Beziehungen und, häufig deutlicher, in transkulturellen Problematiken erfordert das Verständnis der den Konflikten zugrunde liegenden Konzepte. Dem steht die Neigung entgegen, aufgrund der eigenen Sozialisation einzelne Aktualfähigkeiten zu verabsolutieren. Notwendig ist die Bereitschaft, in den sozialen Beziehungen die Relavitität der Bewertung von Aktualfähigkeiten zu erkennen. Nicht nur in der Interaktion, dem Aufeinandertreffen von Mustern der Aktualfähigkeiten, sondern auch in den Aktualfähigkeiten selber sind Konfliktpotentiale angelegt: Die einseitige Überbetonung einzelner Aktualfähigkeiten zuungunsten anderer kann vor dem Hintergrund eines kulturellen oder gruppenspezifischen Wertsystems zu Konflikten führen. Von diesem Aspekt aus können zum Beispiel kindliche Verhaltensstörungen, Erziehungsschwierigkeiten, Generationsprobleme, Konflikte in der Beziehung zwischen Eltern und Kind, Störungen in der Partnerschaft, berufliche Auseinandersetzungen, neurotische Auffälligkeiten und psychosomatische Störungen als Reaktionsweisen auf Konflikte zwischen sekundären und primären Fähigkeiten und damit als Folge mangelnder Differenzierung interpretiert werden.

Mikrotraumen

Normalerweise erwartet man, daß jemand, der unter psychischen Störungen leidet, etwas Schreckliches, Grauenvolles, Erschütterndes erlebt haben muß. Kann man dieses Erleben nicht nachweisen, neigen nicht nur Laien, sondern auch Ärzte dazu, den Betroffenen für einen eingebildeten Kranken, einen Simulanten, Psychopathen oder einen Geisteskranken zu halten.

Die Differenzierungsanalyse dagegen weist auf einen Sachverhalt hin, der wohl am besten an einem Beispiel aus der Neurologie verdeutlicht werden kann: Es ist bekannt, daß ein K.o.-Schlag für einen Boxer mitunter weniger gefährlich ist als eine Reihe von Kopftreffern, die Mikrotraumen erzeugen.

Auf die psychische Entwicklung übertragen, modellieren die Mikrotraumen oder positiv gewendet, die Mikroerfahrungen, unsere Gewohnheiten. So schreibt Pawlow: »Es ist offensichtlich, daß unsere Erziehung, unser Lernen, jegliche Disziplin und unsere vielen Gewohnheiten lange Reihen von bedingten Reflexen sind.« (1953, S. 33)

Solche ›Kopftreffer‹, also Mikrotraumen, werden in der Erziehung und in der partnerschaftlichen Beziehung, aber auch im Beruf fortwährend gelandet. Im psychologischen Sinn sind einseitige Lernerfahrungen, die sich immer wiederholen, Mikrotraumen. So beispielsweise die permanent gestellte Forderung der Eltern nach Ordnung, Sauberkeit, Höflichkeit usw., aber auch die einseitige Betonung intellektueller oder körperlicher Leistungen oder die verstärkte Bindung an eine Bezugsperson usw. Auch wenn diese Forderungen notwendige Komponenten der Erziehung sein mögen, können sie verletzenden Charakter haben, vor allem, wenn sie mit dem Selbstwertgefühl, der kindlichen Angst, der Drohung, dem Liebesentzug oder der körperlichen Bestrafung gekoppelt sind.

»Wenn ich mein Zimmer nicht aufgeräumt hatte, hieß es: ›Ich habe dich nicht mehr lieb!‹ Das jagte mir panische Angst ein. Heute bin ich mehr als pedantisch und gerate dadurch oft in Konflikt mit meinem Mann und den Kindern« (39jährige Frau, chronische Verstopfung und Schlafstörungen).

Hier werden durch solche Mikrotraumen ›empfindliche‹ oder ›schwache‹ Stellen hervorgerufen, die zu Konfliktpotentialen werden. Oft erkennt der Partner sogar mehr oder weniger bewußt diese schwachen Stellen und benutzt sie als Zielscheibe seiner Aggressionen. So kann es durch einen aktuellen äußeren Konflikt, mitunter durch einen scheinbar nichtigen Anlaß, zu einem ›Knacks‹ gerade im Bereich der Persönlichkeit kommen, der durch die beschriebenen Mikrotraumen darauf besonders anfällig ist.

Affektpsychose?
»Ich habe starke Depressionen und Angstzustände. Seit drei Jahren werde ich medikamentös behandelt. Sechs Wochen war ich in der psychiatrischen Klinik. Meine Konzentration leidet sehr. Mit meinem Freund verstehe ich mich nicht gut. Er macht Sachen, die mich verrückt machen; er macht Sachen, die stehen in keinem Roman ... (Frage des Therapeuten: Was meinen Sie damit?) Können Sie sich vorstellen, statt von unten auf die Zahnpastatube zu drücken, drückt er in der Mitte ..., seinen Rasierpinsel läßt er so stehen, wie er ihn gebraucht hat, und ich muß ihn saubermachen. Wenn er auf der Toilette war, sind regelmäßig Urintropfen auf der Klobrille. Wenn er einen Durchfall hat, und alles kann nicht runter gespült werden, läßt er den Rest einfach liegen. Die Toilettenbürste gebraucht er nie. Ich ekle mich davor, mich macht das fertig. Ich muß daran denken, wenn ich ihn bloß sehe. Was total irrsinnig ist: Ob das Klo sauber ist, darum kümmert er sich nicht. Aber es genügt ihm nicht, wenn das Waschbecken bloß ausgewaschen ist, nein, er muß es sogar trocken und blank reiben. Ich habe mir manchmal gedacht, warum soll ich das machen, mach's doch selbst. Aber wenn ich immer wieder diesen verdreckten Rasierpinsel oder die verschmutzte Toilette sehe, werde ich ganz unruhig, ich muß es dann schließlich saubermachen« (32jährige Krankenschwester, Klinische Diagnose: Affektpsychose).

Die sogenannten Kleinigkeiten oder Lappalien potenzieren sich unter gewissen Bedingungen, bis sie schließlich dramatische Ausmaße annehmen. Wir können dies so ausdrücken: ›Kleinigkeiten‹ pflanzen sich durch ›Zellteilung‹ fort und geraten schließlich außer Kontrolle. Sie sammeln sich so lange an, bis der bislang unterschwellige Konflikt akut wird. Ebenso wie das Wasser nicht sofort kocht, entstehen Konflikte und psychosoziale und psychosomatische Störungen nicht aus heiterem Himmel, sondern haben ihre eigene Geschichte. Sprachlich wird diese Geschichte in verschiedener Form umschrieben:

»Seit Jahren rege ich mich schon darüber auf und leide darunter.« »Ich habe mich in der Zwischenzeit damit abgefunden.« »Es ist immer dasselbe.« »Ich kann es bald nicht mehr aushalten.« »Tausendmal habe ich es ihm gesagt.« »Es hat alles keinen Zweck mehr.« »Ich kann tun, was ich will, er ändert sich doch nicht.« »Das geht schon seit Jahren so.« »Immer habe ich die Last auf mich genommen.« »Ich konnte nie nein sagen.«

Alle diese Aussagen weisen auf sensible Bereiche hin und lassen erkennen, daß ein oder mehrere soziale Partner diese Bereiche fortwährend im Sinne von Mikrotraumen reizen. Für viele der Betroffenen sind im Gegensatz zu ihren Partnern die Konfliktauslöser bereits keine Kleinigkeiten mehr:

»Wenn ich mit meinem Mann über meine Probleme sprechen möchte, hört er nicht richtig zu und sagt dann, das sind doch alles Kleinigkeiten. Für mich sind das keine Kleinigkeiten. Mich ärgert diese Gleichgültigkeit sehr« (33jährige Lehrerin; Kopfschmerzen, partnerschaftliche Konflikte, Sexualstörungen).

Ein grundlegendes Problem der ›Mikrotraumen‹ sind ihre scheinbare Geringfügigkeit und die stillschweigende Annahme, daß dererlei doch nicht solche Ausmaße annehmen könne. Weil man ›Mikrotraumen‹ nicht

als hinreichende Konfliktursachen anerkennen möchte, sucht man ständig hinter ihnen andere Konflikte, die irgendwie ›tiefer‹ reichen sollen. Zu diesem Zweck werden relativ komplizierte theoretische Zusammenhänge bemüht, ohne allerdings die Möglichkeiten der vermeintlichen Oberfläche voll ausgeschöpft zu haben. Es lassen sich hier Zusammenhänge und Entwicklungsketten beobachten, in denen sich ein Umschlag von sich ansammelnden ›Kleinigkeiten‹ in eine völlig andere Qualität vollzieht, nämlich in psychosoziale und psychosomatische Konflikte.
Selbst die sogenannten ›Makrotraumen‹, die großen verletzenden Ereignisse, beruhen auf Einstellungen und Erwartungen, die wiederum durch ›Mikrotraumen‹ geformt sind und so die Tragfähigkeit eines Menschen hinsichtlich bestimmter Bereiche geschwächt haben. So hängen die Möglichkeiten, wie man den Tod eines Angehörigen verarbeiten kann, wesentlich von den Erlebnissen ab, die man mit diesem Angehörigen gemacht hat, sowie von der erworbenen Einstellung zum Tod.
Fazit: Mikrotraumen haben eine potenzierende Wirkung. Es vollzieht sich ein Umschlag von Quantität (Ansammlung verletzender Ereignisse) in Qualität (psychosoziale und psychosomatische Verarbeitung). Die Mikrotraumen prägen das, was die typische Persönlichkeit ausmacht, im Sinne des steten Tropfens, der den Stein höhlt. Mikrotraumen werden im Bereich der Aktualfähigkeiten zugefügt. Ihre Erkenntnis ist eine wesentliche Voraussetzung präventiver Psychotherapie.

Der gerechte Preis

Als der König Anowschirwan mit seinem Gefolge durchs Land zog, geriet er in eine einsame Berggegend, in der nicht einmal die armseligen Hütten der Schafhirten standen. Der Koch des Königs lamentierte: »Erhabener Sultan! Ich bin dazu da, deinen Gaumen zu erfreuen. Nun findet sich im Küchenzelt auch nicht das kleinste Körnchen Salz, ohne das jede Speise abscheulich und fad schmeckt. Erhabener Sultan, was soll ich tun?« Anowschirwan erwiderte: »Gehe zurück in das nächste Dorf. Dort findest du einen Händler, der auch Salz feilbietet. Achte darauf, daß du den richtigen Preis zahlst, nicht über das Übliche hinaus.« »Erhabener Sultan«, antwortete der Koch, »in deinen Truhen liegt mehr Gold als irgendwo sonst in der Welt. Was würde es dir ausmachen, wenn ich ein bißchen teurer einkaufe. Die Kleinigkeit macht es doch nicht.« Der König blickte ernst: »Gerade die Kleinigkeiten sind es, aus denen sich die Ungerechtigkeiten der Welt entwickeln. Kleinigkeiten sind wie Tropfen, die schließlich doch einen ganzen See füllen. Die großen Ungerechtigkeiten der Welt haben als Kleinigkeiten begonnen. Geh also und kaufe das Salz zum üblichen Preis« (persische Geschichte).

Selektive Konfliktanfälligkeit

Das Herz ist aufgrund der Steuerungsmechanismen im vegetativen Nervensystem ein sehr feines Meßinstrument für seelische Spannungen. Die Reaktionsbereitschaft des Herzens gegenüber Angst und emotionaler Spannung ist allgemein bekannt. So berichtet im Jahre 1200 n. Chr. der persische Dichter Mowlana davon, daß der Arzt Avicena mit Hilfe der Pulsfrequenz psychischen Störungen mit Erfolg nachspürte. Wir (vgl. Peseschkian, 1975) versuchten festzustellen, ob typische Veränderungen des Herzrhythmus mit der suggestiven Induktion konfliktbesetzter Aktualfähigkeiten einhergehen. Untersucht wurden fünf Paare von Versuchspersonen, bei denen jeweils die eine Versuchsperson gerade jene Aktualfähigkeit konflikthaft besetzt hatte, die bei der anderen Versuchsperson konfliktarm war. Die Vorgehensweise soll an einem Versuchspersonenpaar dargestellt werden:

Bei einer Versuchsperson, einem 42jährigen Angestellten, zählte ›Pünktlichkeit‹ zu den kritischen Bereichen. Das Warten auf andere war verbunden mit innerer Unruhe; vor Beginn der psychotherapeutischen Behandlung waren paroxysmale Tachykardien (anfallsartige Steigerungen der Herzfrequenz) meist im Anschluß an Situationen aufgetreten, die mit ›Pünktlichkeit‹ zu tun hatten. Zentrale Bezugsperson für den Konflikt war die Mutter des Patienten.
Im anderen Fall, einer 32jährigen Hausfrau, war ›Ordnung‹ der kritische Bereich. Unordnung wurde als innere Bedrohung erlebt. Vor Beginn der psychotherapeutischen Behandlung waren paroxysmale Tachykardien und Extrasystolen (Reizbildungsstörungen am Herzen) aufgetreten.

In beiden Fällen wurden unter vergleichbaren Bedingungen ›Pünktlichkeits- und Ordnungssituationen‹ induziert. Die Reaktionen wurden durch ein Elektrokardiogramm (EKG) registriert. Bei dem 42jährigen Angestellten, bei dem die ›Pünktlichkeit‹ konfliktbesetzt war, wurde eine konfliktbesetzte ›Pünktlichkeitssituation‹ vorgegeben.

Experiment
»Durch meine Worte entsteht ein Bild vor Ihren Augen. Sie sind zu Hause und sitzen in Ihrem Wohnzimmer. Sie fühlen sich wohl. Es wird Mittag. Ihre Mutter hat versprochen, um 13 Uhr im Hauptbahnhof in Wiesbaden anzukommen. Ihre Frau ist zum Bahnhof gefahren, um Ihre Mutter abzuholen. Es wird 13.30 Uhr. Ihre Mutter ist immer noch nicht da. Wie oft haben Sie es schon erlebt, daß Ihre Mutter Sie warten ließ? Ihre Frau kommt ohne Ihre Mutter zurück. Ihre Mutter ist auch dieses Mal nicht pünktlich angekommen. Sie sitzen da und warten. Das Essen wird kalt. Sie warten auf Ihre Mutter. Ihre Frau wird ungeduldig. Ihre Mutter kommt wieder nicht rechtzeitig. Sie warten. Dieses Bild sehen Sie deutlich vor Augen. Das Bild der Unpünktlichkeit und des Wartens wird immer deutlicher. Das Bild steht jetzt klar vor Ihren Augen.«

Außerdem wurde ihm in gleicher Weise und gleich strukturiert eine ›Ordnungssituation‹ veranschaulicht, in der die selben Personen beteiligt waren wie in der Pünktlichkeitssituation. Die beiden Instruktionen unterschieden sich somit lediglich durch die beteiligten Inhalte. Bei der 32jährigen Hausfrau, welche die ›Ordnung‹ konflikthaft besetzt hatte, wurde folgende Ordnungssituation induziert.

Experiment

»Durch meine Worte entsteht ein Bild vor Ihren Augen. Sie sind zu Hause und sitzen in Ihrem Wohnzimmer. Sie fühlen sich wohl. Ihre Tochter kommt ins Zimmer. Sie läßt ihre Schultasche einfach auf den Boden fallen. Ihre Tochter schält sich eine Orange und läßt die Schalen und das verschmierte Obstmesser einfach auf dem Tisch liegen. Ihre Tochter geht aus dem Zimmer. Sie sehen das Durcheinander, das Ihre Tochter angerichtet hat; auf dem Sofa liegt noch ein Buch von ihr. Die Orangenschalen liegen verstreut über den ganzen Tisch. Die Schultasche liegt noch immer mitten auf dem Boden. Dieses Bild sehen Sie deutlich vor Augen. Das Bild steht jetzt klar vor Ihren Augen.«

Auch hier wurde in gleicher Weise eine parallel konstruierte ›Pünktlichkeitssituation‹ induziert, wie es zuvor mit der ›Ordnungssituation‹ geschehen war. Vergleichswerte stellten das Ruhe-EKG und eine nach J. H. Schultz (1970) induzierte Entspannungssituation dar:

Versuchsperson 1 (m)	Frequenz min.	Versuchsperson 2 (f)	Frequenz min.
Ruhe-EKG	57	Ruhe-EKG	65
Entspannung	65	Entspannung	70
Ordnungssituation (konfliktarm)	62	Ordnungssituation (kritisch)	78
Entspannung	56	Entspannung	58
Pünktlichkeitssituation (kritisch)	67	Pünktlichkeitssituation (konfliktarm)	63

Herzfrequenz in Abhängigkeit von kritischen Einstellungsbereichen

Es zeigte sich eine deutliche, jedoch im Normbereich verbleibende Erhöhung der Herzschlagfrequenz gerade in Situationen, die für den einzelnen Patienten bereits vorher kritisch waren.

Weiterhin wird deutlich, daß die Versuchspersonen nicht auf alle Konfliktbereiche gleich reagieren. Was für eine Versuchsperson konflikthaft war, ließ die andere Versuchsperson völlig kalt. So zeigten nahezu alle Versuchspersonen in den nicht konflikthaft besetzten Verhaltensbereichen eine Pulsfrequenz, die in der Nähe der Entspannungssituation lag. Eine ›Ordnungssituation‹, die bei der 32jährigen Hausfrau zu einer nachweisbaren Erregung führte, konnte den 42jährigen Angestellten nicht aus der Reserve locken, ebensowenig wie sich die Hausfrau durch eine ›Pünktlichkeitssituation‹ irritieren ließ, aber allein bei der Vorstellung einer analogen ›Ordnungssituation‹ »an die Decke ging«.

Fazit: Auch hier finden sich Hinweise auf den Ursprung und die Bedeutung von Mißverständnissen in der zwischenmenschlichen Beziehung, da die Aktualfähigkeiten sowohl von der verstandesgemäßen Bewertung als auch der emotionalen und körperlichen Beurteilung her von jedem unterschiedlich beantwortet werden.

Die Bedeutung der Aktualfähigkeiten

Der Versuch, den Menschen nicht nur negativ von seinen Störungen her, sondern auch positiv, also unter dem Aspekt seiner Fähigkeiten, zu sehen, ist alt und findet sich schon bei Platon, der die dem Menschen innewohnenden Fähigkeiten durch vier Tugenden beschreibt: Gerechtigkeit, Einsicht, Kühnheit und Weisheit. Orientalische Philosophen sprechen in ähnlicher Weise von den Tugenden Liebe, Gerechtigkeit, Macht und Weisheit. Die neuere Psychotherapie berücksichtigt ebenfalls verschiedene Bereiche, in denen sich menschliche Eigenschaften und Fähigkeiten entwickeln können.

In der psychotherapeutischen und medizinischen Literatur finden sich besonders bei Verhaltensstörungen, psychosomatischen Störungen, Neurosen und Psychosen genügend Hinweise auf einzelne Aktualfähigkeiten: Nach S. Freud (1942) sind Ordentlichkeit, Sparsamkeit und Eigensinn Dressurprodukte aus der Phase der Sauberkeitserziehung. C. G. Jung (1940), F. Künkel (1962) und V. Frankl (1959) betonen die Bedeutung des Glaubens. E. Fromm (1971) spricht von Hoffnung. A. Mitscherlich (1967) stellt die Leistungsanforderung und Leistungsmotivation heraus. R. Dreikurs (1970) bringt Erfolg, Prestige und Genauigkeit in Verbindung mit Erziehungsproblemen. G. Bach und H. Deutsch (1962) weisen auf die Bedeutung einer offenen Beziehung (Ehrlichkeit) in der Partnerschaft hin. E. H. Erikson (1971) formuliert eine Stufenfolge von Tugenden, welche nach den einzelnen Entwicklungsstadien des Menschen und der Reifung psychischer Funktionen aufgebaut sind. Er nennt Hoffnung, Willen, Zielstrebigkeit und Tüchtigkeit, die in der Kindheit entwickelt werden, Treue als Tugend der Jugend und Liebe, Fürsorge und Weisheit als zentrale Tugenden des Erwachsenenlebens. In früheren Werken (1966) stellte er ein epigenetisches Diagramm auf, bei dem einzelne Fähigkeiten verschiedenen Entwicklungsphasen zugeordnet sind:

I	II	III	IV	V	VI	VII	VIII
Oralsensorisch	Muskulär anal	Lokomotorisch genital	Latenz	Pubertät und Adoleszenz	Frühes Erwachsenenalter	Erwachsenenalter	Reife
Urvertrauen gegen Mißtrauen	Autonomie gegen Scham und Zweifel	Initiative gegen Schuldgefühle	Leistung gegen Minderwertigkeitsgefühle	Identität gegen Rollenkonfusion	Intimität gegen Isolierung	Zeugende Fähigkeiten gegen Stagnation	Ich-Integrität gegen Verzweiflung

Epigenetisches Diagramm; verändert nach E. H. Erikson (1966)

H. E. Richter (1976) spricht indirekt die Aktualfähigkeiten an, wenn er formuliert: »Man glaubt oft, bestimmte Anschauungen und Prinzipien endgültig assimiliert zu haben – und verkennt vielleicht, daß man ihrer nur so lange sicher sein kann, als man damit zugleich die Normen der augenblicklichen Umwelt trifft, auf deren schützende Anerkennung man angewiesen ist.«

R. Battegay (1971) betont die Relevanz von Kontakt und Höflichkeit: »Wir lieben nicht einen Menschen an sich, sondern seine Art, sich zu der ihn umgebenden Welt und den Wertbereichen einzustellen, seine Art der Pflege von Beziehungen.« Anna Freud streicht die Über-Ich-Qualitäten wie Ehrlichkeit, Gerechtigkeit etc. heraus. Sie schreibt: »(. . .) finden wir in der analytischen Literatur den Zwangscharakter beschrieben, in dem manifeste Eigenschaften und Neigungen, wie Ordentlichkeit, Reinlichkeit, Sparsamkeit, Zögern, Sammeln etc., ihre Herkunft aus den verdrängten Regungen der analen Phase verraten. Es ist nicht einzusehen, warum dieser frühen Erfahrung nicht viele andere ähnlicher Art folgen sollten und warum die psychische Oberfläche auf diese Art nicht fortschreitend durchsichtig werden sollte« (A. Freud, 1965, S. 25).

Die psychodiagnostischen Verfahren, wie sie Tests, Fragebogen und projektive Methoden darstellen, beziehen sich ebenfalls inhaltlich auf die Aktualfähigkeiten. Sie sprechen sie teilweise am Rande an, als Inhalte der zu untersuchenden Wesenszüge, zum Teil stellen sie selbst einzelne Aktualfähigkeiten als diagnostisch relevante Faktoren in den Vordergrund. So die Lügenfragen, die einen Probanden auf seine Ehrlichkeit und damit seine Aussagen auf ihre Verwertbarkeit prüfen sollen (z. B.: Ich sage nicht immer die Wahrheit). Andere Fragen betreffen beispielsweise den ›Kontakt‹ (Ich habe nur wenige gute Bekannte), die Höflichkeit (Es fällt mir schwer, meinen Bekannten gegenüber eine abweichende Ansicht zu vertreten) und Gewissenhaftigkeit (Ich neige zu großer Gewissenhaftigkeit). Diese Beispiele für Items stammen aus dem Freiburger Persönlichkeitsinventar (FPI). Die Schilderungen zu den projektiven Tests, insbesondere zum thematischen Apperzeptionstest nach Murray, bei dem zu mehrdeutigen Bildern Geschichten erzählt werden sollen, enthalten ebenfalls Aktualfähigkeiten, die jedoch zumeist unsystematisch bei der Interpretation Beachtung finden.

Tafel V: Das Bild sagt mir gar nicht viel. Die sieht aus wie eine Frau von 40, die in das Zimmer der kranken Mutter sieht, ob alles in Ordnung ist (Kontakt, Ordnung). Die Frau ist etwas ungeduldig, weil die Mutter schon öfters am Tag geklopft hat. Sie zeigt ihre Ungeduld aber nicht (Geduld, Höflichkeit, Ehrlichkeit).

Die Leistungs- und Intelligenztests zielen auf einzelne sekundäre Fähigkeiten (Gewissenhaftigkeit, Genauigkeit, Fleiß/Leistung) und gehen auf diese Aktualfähigkeiten hochdifferenziert ein. Im Hinblick auf spezielle Fragestellungen, wie z. B. der zu erwartenden beruflichen Leistungsfähigkeit, werden dabei hochdifferenziert einzelne Aktualfähigkeiten angesprochen, wobei allerdings diese Differenzierung mit einer einseitigen Betrachtungsweise erkauft ist. Der wesentliche Unterschied zwischen solchen Tests und dem Differenzierungsanalytischen Inventar ist, daß das DAI versucht, die relevanten Konfliktbereiche der Gesamtpersönlichkeit unter dem psychotherapeutischen und psychohygienischen Gesichtspunkt abzugreifen, während die speziellen Tests nur einzelne Bereiche der Aktualfähigkeiten erfassen, insoweit sie für spezielle Fragestellungen erforderlich sind.

Es gibt kaum ein Buch über Psychotherapie, psychosomatische Medizin, Sozialpsychologie, Psychiatrie und Pädagogik, in dem nicht unausgesprochen oder ausgesprochen in irgendeiner Weise Bezug auf Aktualfähigkeiten genommen wird. Die jeweils angesprochenen Aktualfähigkeiten stehen teils im direkten theoretischen Bezug, teils werden sie spontan und ohne explizite theoretische Würdigung verwendet. In der folgenden statistischen Darstellung wurde die Anzahl der Nennungen von Aktualfähigkeiten in den Sachverzeichnissen von 14 aktuellen psychotherapeutischen, psychiatrischen, sozialpsychologischen und pädagogischen Büchern wiedergegeben.

Selbst wenn dieser Betrachtungsweise ein relativ geringer Informationswert beizumessen ist – die Berücksichtigung in den Sachverzeichnissen entspricht nicht in allen Fällen der tatsächlichen Auftretenshäufigkeit in den Büchern –, liefert uns diese Tabelle doch eine Reihe von Hinweisen. Jeder dieser Autoren verwendet eine mehr oder minder große Vielfalt von Aktualfähigkeiten. Besonders häufig (10 Nennungen und mehr) werden genannt: Fleiß/Leistung (Psychiatrie: Schulte/Tölle; Pädagogik: Clauser); Liebe (Gruppentherapeutisch orientierte Psychoanalyse: Ba-

Aktualfähigkeiten	Drei-kurs	Ammon	Loch	Schulte/ Tölle	Richter	Cre-merius	Balint	Bach-mann	Clauser	Mann	Wolpe	Meyer
Pünktlichkeit						x						
Sauberkeit		xx							xxx			
Ordnung	x			x								
Gehorsam	x			x	x	x		x	xx	xx		
Höflichkeit	x					x	x		xx			
Ehrlichkeit			x	x	x			x	x			x
Treue												
Gerechtigkeit									x			
Fleiß/Leistung	x	xx	xx	xxxx	xx	x	xx	x	xxxx	xx		
Sparsamkeit						x			x	x		
Zuverlässigkeit										xx		
Genauigkeit									x			
Gewissenhaftigkeit						x	xxxx	x	xxxx			
Liebe		x	xx	x	x	x	xx	x	xxx			x
Vorbild		xx	xxxx	x	xxx							x
Geduld	x				x	x						
Zeit	x		x			xx	xxx	xxx	xxxx	xxxx	x	x
Kontakt	x	xxxx	xxx	xx	x	xxxx	xx	xxx	xxxx		xxxx	xx
Sexualität		xxxx	xxxx	xxxx	xxxx	xx			xx			x
Vertrauen	x		x		x							
Zutrauen	x		x					x				x
Hoffnung									x			
Glaube				xx		x			x			
Zweifel			x									
Gewißheit												
Einheit			x									

lint; Pädagogik: Clauser); Vorbild (Psychoanalyse: Loch); Kontakt (Psychoanalyse: Ammon; Balint; Pädagogik: Clauser; Sozialpsychologie: Mann); Sexualität (Psychoanalyse: Ammon, Loch, Richter, Cremerius; Psychiatrie: Schulte/Tölle; Pädagogik: Clauser; Verhaltenstherapie: Wolpe). (x) bedeutet 1–3 Nennungen, (xx) 4–6 Nennungen, (xxx) 7–9 Nennungen, (xxxx) 10 Nennungen und mehr.

Diese Darstellung läßt zwei grundlegende Überlegungen zu: (a) Bestimmte Aktualfähigkeiten werden gegenüber anderen bevorzugt genannt; (b) die Nennung der Aktualfähigkeiten hängt offensichtlich außer von der thematischen Orientierung auch von der theoretischen Orientierung der Autoren ab.

Der systematische Zusammenhang dieser inhaltlichen Komponenten wird jedoch kaum herausgearbeitet. In diesem Zusammenhang wird ein Problem sichtbar, das über das bloße Bemühen um Vollständigkeit hinausreicht. Die willkürliche Auswahl einzelner Eigenschaften und Verhaltenskategorien spiegelt ziemlich unmittelbar die normativen Vorstellungen einer Gesellschaft, einer Gruppe, des Individuums und des theoretischen Bezugsrahmens wider. Mit anderen Worten: Die in einer Gruppe gängigen Vorurteile werden von dem beschreibenden Instrument aufgenommen. Diese Einseitigkeit kann dadurch vermindert werden, daß die Beschreibung der menschlichen Fähigkeiten nicht nur von den in einer einzigen Kultur gültigen Normen ausgeht, sondern eine Vielzahl unterschiedlicher kultureller und gruppenspezifischer Systeme einbezieht.

Fazit: In der medizinischen, psychologischen, pädagogischen und psychotherapeutischen Literatur kommt man immer wieder auf die Aktualfähigkeiten als Einheiten des Verhaltens zurück, jedoch bleiben diese Aktualfähigkeiten isoliert. Erst in der Differenzierungsanalyse werden die Aktualfähigkeiten als umfassende Verhaltenskategorien und Kategorien der Einstellung systematisch berücksichtigt.

Funktionen der Aktualfähigkeiten

Die Aktualfähigkeiten haben eine Vielzahl von Funktionen; sie reichen von juristischen, soziologischen, theologischen, psychologischen bis hin zu medizinischen, psychiatrischen und psychotherapeutischen Zuständigkeitsbereichen. Die folgende Aufzählung bietet daher nur einige, wenngleich wesentliche Bedeutungsinhalte und kann im Gefolge weiterer Fragestellungen noch ergänzt werden.

Die Aktualfähigkeiten sind als *Fähigkeiten* und *Entwicklungsmöglichkeiten* angelegt. Ihre Differenzierung und Ausprägung erhalten sie durch die Umwelt. Störungen innerhalb der Aktualfähigkeiten sind somit nicht angeboren, sondern erworben. Die Tradition bestimmter Bewertungen von Aktualfähigkeiten beispielsweise innerhalb einer Familie erweckt den Eindruck, als würden diese Verhaltensweisen vererbt. Es kommt also leicht zur Verwechslung von angeboren und erworben.

Die Aktualfähigkeiten sind *Kategorien der Beschreibung.* Einstellungen und Verhaltensweisen können unter dem Aspekt zwischenmenschlicher und innerseelischer Konflikte hinreichend in den Begriffen der Aktualfähigkeiten beschrieben werden.

Die Aktualfähigkeiten sind *hypothetische Konstrukte* auf einem mittleren Abstraktionsniveau. Sie sind nicht unmittelbar zu beobachten, sondern lassen sich aus dem konkreten, situativen Verhalten ableiten. Sie tragen dem Sachverhalt Rechnung, daß Verhalten nicht nur aus einer Ansammlung einzelner Verhaltensweisen besteht, sondern Regeln beinhaltet, die verhaltenssteuernd wirken. Gerade diese Regeln sollen unter dem Gesichtspunkt ihrer psychosozialen Bedeutung durch die Aktualfähigkeiten beschrieben werden. Von Konstrukten höheren Abstraktionsniveaus (z. B. Über-Ich, Unbewußtes) unterscheiden sich die Aktualfähigkeiten vor allem dadurch, daß sie empirisch kontrollierbar sind.

Bei der Entstehung von Konflikten und Krankheiten können die Aktualfähigkeiten *Ursachen* und *Auslöser* sein. Als Ursachen bewirken sie direkt eine Änderung des Verhaltens, des vegetativ funktionellen Zustandes etc. Als Auslöser setzen sie einen psychophysiologischen Prozeß in Gang, der weitgehend unabhängig von äußeren Einwirkungen abläuft. Beispiele dafür stellen die psychosomatischen Zusammenhänge dar, wo eine dauerhafte Belastung im Bereich Fleiß/Leistung oder Sparsamkeit die Entstehung eines Magengeschwürs auslöst.

Die Aktualfähigkeiten sind *soziale und gesellschaftliche Normen,* die in Gesetzen niedergelegt sind oder als Konventionen das Verhalten von Menschen in ihrer sozialen Gruppe regeln. Als solche werden sie von Religion, Weltanschauungen und gesetzgebenden Instanzen normativ als verbindlich festgelegt. Ihre Einhaltung wird durch entsprechende Sanktionen gewährleistet. In der Differenzierungsanalyse werden die Aktualfähigkeiten nicht normativ gesehen, sondern unter dem Aspekt der kritischen Analyse. Es geht also nicht darum, irgendwelche Normen zu zementieren, sondern darum, sie auf ihre aktuelle Bedeutung im Erleben und Zusammenleben hin zu befragen.

Die Aktualfähigkeiten sind *Sozialisationsvariablen.* Sie sind bei allen Menschen und allen Kulturen vorhanden. Lediglich die relative Ausprägung der Aktualfähigkeiten unterscheidet sie transkulturell, gruppenspezifisch und individuell voneinander. Sie sind die Inhalte der Erziehung und werden entsprechend den Bedürfnissen einer Gesellschaft deren Mitgliedern vermittelt. Die Industriegesellschaft beispielsweise basiert auf einem charakteristischen Muster von Pünktlichkeit, Genauigkeit, Ordnung, Fleiß und Zuverlässigkeit, dem andererseits eine gewisse Vernachlässigung des Bereichs primärer Fähigkeiten entspricht. Diesen Sachverhalt drücken andere Begriffssysteme durch den Terminus des Triebverzichts aus.

Aktualfähigkeiten als *Rollenstabilisatoren.* Jede soziale Rolle ist durch ein eigenes Muster von Aktualfähigkeiten gekennzeichnet. Da jeder Mensch verschiedene Rollen einnehmen kann, verfügt er außer über persönlichkeitsabhängige auch über eine Anzahl rollenabhängiger Einstellungs- und Verhaltensmuster. Meist greifen diese beiden Bereiche ineinander über und sind eng miteinander verzahnt. Als Kennzeichen einer Rolle, die für einen selbst subjektiv wertvoll ist bzw. ein relativ hohes gesellschaftliches Prestige besitzt, werden einzelne Aktualfähigkeiten energisch verteidigt.

Aktualfähigkeiten als *Gruppenmerkmale.* Ähnlich wie die Studenten renommierter Schulen und Universitäten Anstecknadeln und Pullover mit dem jeweiligen Universitätsabzeichen tragen, trägt man gruppenspezifische Ausprägungen von Aktualfähigkeiten zur Schau bzw. filtert das Verhalten anderer durch entsprechende, für eine Gruppe charakteristische Wertmaßstäbe, nach dem Motto: Wer sich so verhält, ist einer von uns, wer sich anders verhält, kann nicht zu uns gehören. Die Aktualfähigkeiten werden somit zu Merkmalen von In-group und Out-group.

Die Aktualfähigkeiten sind *ich-nah* und sind sofort verständlich. Sie sind gewissermaßen Reizwörter, die einerseits ganz persönliche Assoziationen hervorrufen, andererseits aber relativ gut kommunizierbar sind. Der Begriff der Aktualfähigkeiten ist primär nicht schichtgebunden. So kann sich der Therapeut auch gegenüber Angehörigen anderer sozialer Schichten verständlich ausdrücken, und der Patient kann seinerseits das Gefühl haben, daß er und seine Probleme vom Therapeuten verstanden werden. Somit könnte die Differenzierungsanalyse dazu beitragen, die Chancengleichheit wenigstens in der Psychotherapie zu fördern.

Die Aktualfähigkeiten können im Erleben zur *Ersatzreligion* werden. Verabsolutiert, werden sie aus dem Zusammenhang ihres funktionellen Gleichgewichts genommen und in den Mittelpunkt des Welt- und Menschenbildes gerückt:

Ordnung ist das halbe Leben; ich bin nur dann etwas, wenn ich Erfolg habe; Mensch und Tier unterscheiden sich durch Organisation und Erfolg; wer unzuverlässig ist, gilt bei mir nichts; ich kann in dem Beruf nicht mehr bleiben, mein Kollege ist so rüpelhaft; ich habe mein Abitur nicht gemacht, weil ich die Ungerechtigkeiten meines Lehrers nicht ertragen konnte.

Mittel und Ziel werden hier verwechselt. Einzelne Aktualfähigkeiten können zum Sinn des Lebens erhoben werden. Hoffnung und Vertrauen basieren dabei auf einzelnen ausgewählten Aktualfähigkeiten. Werden diese enttäuscht, geht damit der Sinn des Lebens verloren; Vertrauen und Hoffnung schlagen in Mißtrauen und Verzweiflung um: »Ich sehe keinen Sinn im Leben mehr, nachdem mich mein Mann so hintergangen hat« (Treue, Hoffnung, Vertrauen).

Die Aktualfähigkeiten dienen in verschiedenen Situationen als *Maskierung*. In bestimmten Fällen erscheint es als nützlich, einzelne Aktualfähigkeiten vorzutäuschen, um ein Ziel zu erreichen. Das Vortäuschen geschieht nicht immer bewußt. Als Beispiel hierfür mögen die Höflichkeit und Zärtlichkeit eines Verlobten gelten, der sich nach der Heirat in einen selbstgefälligen, fordernden Pascha verwandelt.

Die Aktualfähigkeiten können als *Waffe* und Schutz dienen. Die affektive Resonanz der Aktualfähigkeiten macht sie zu einer einzigartigen Waffe:

Weil du mich mit deiner Unordnung ärgerst, brauche ich zu dir nicht höflich zu sein; weil du mich mit deiner Ungeduld strapaziert, werde ich dich warten lassen; weil du faul und ungehorsam bist, verlangen wir von dir, daß du den Korridor reinigst; weil du so wenig Zeit für mich hast, kann ich nicht zärtlich zu dir sein.

In einer solchen Situation merkt man nicht, daß man sich dem anderen gegenüber als im klassischen Sinne sadistisch verhält. Man zieht aus der Bestrafung und den Leiden des anderen Lustgewinn. Die Spitze der Waffe ›Aktualfähigkeiten‹ kann auch gegen sich selbst gerichtet werden und zu lust- oder unlustvollen Erlebnissen führen:

Aus Höflichkeit sage ich einem unverhofft gekommenen Besucher nicht, daß ich gleich eine wichtige Verabredung habe; aus mangelnder Ehrlichkeit lasse ich einen wertvollen Termin verstreichen und ärgere mich über meinen Besuch und mich selbst.

Andere entwickeln ein bewundernswertes Talent, chronisch zu spät zu kommen oder Termine zu verpassen und damit Strafe auf sich zu ziehen.

Aktualfähigkeiten sind *Inhalte von Einstellungen.* Dabei umfassen sie sowohl Komponenten der Wahrnehmung und des Denkens als auch der Emotionalität und des Verhaltens. Es bietet sich daher an, für den

Erwerb und die Ausprägungsveränderung von Aktualfähigkeiten ähnliche Modelle zu benützen, wie sie für die Entwicklung und die Veränderung von Einstellungen sowie als Theorien zur Interaktion und Kommunikation Gültigkeit haben. Als derartige Theorien kommen in Frage: Die Theorie der affektiv-kognitiven Konsistenz (Rosenberg, 1960), die Theorie der kognitiven Dissonanz (Festinger, 1957), die funktionale Einstellungstheorie (Katz und Stotland, 1959) oder die Austauschtheorie (Thibaut und Kelley, 1959).

Die Aktualfähigkeiten sind *psychodynamisch wirksam.* Sie stehen im Zusammenhang mit psychoanalytischen Kategorien wie dem Über-Ich und dem Ich-Ideal, ticfenpsychologischen Kategorien wie dem Selbstwertgefühl, Minderwertigkeitsgefühl und dem ›erwünschten‹ und ›unerwünschten‹ Verhalten der Verhaltenstherapie.

Die Aktualfähigkeiten geben uns zusätzliche *differentialdiagnostische Hinweise* und eröffnen auf der Grundlage der Erkenntnis des inhaltlichen Konfliktbereiches neue Möglichkeiten der Erziehung, der Selbsthilfe, der Psychohygiene und der konfliktzentrierten Psychotherapie.

Die einzelnen Aktualfähigkeiten, ihre Definition, Aspekte ihrer Entwicklung, Synonyme, Störungen und Verhaltensregulative finden sich im Anhang. Im Hinblick auf das praktische Vorgehen versuchten wir unter dem Motto »Wie fragt man danach?« die einzelnen Aktualfähigkeiten durch Schlüsselfragen zu operationalisieren.

Drittes Kapitel: Grundfähigkeiten

Was haben alle Menschen gemeinsam?

Der Sonnenrufer

Auf dem Hühnerhof erkrankte der Hahn so schwer, daß man nicht damit rechnen konnte, daß er am nächsten Morgen krähen werde. Die Hennen machten sich daraufhin große Sorgen und fürchteten, daß die Sonne an diesem Morgen nicht aufgehe, wenn das Krähen ihres Herrn und Meisters sie nicht rufe. Die Hennen meinten nämlich, daß die Sonne nur aufgehe, weil der Hahn krähe. Der nächste Morgen heilte sie von ihrem Aberglauben. Zwar blieb der Hahn krank, zu heiser, um krähen zu können, doch die Sonne schien; nichts hatte ihren Gang beeinflußt (persische Geschichte).

So wie ein Samenkorn eine Fülle von Fähigkeiten besitzt, die durch die Umwelt, z. B. den Boden, den Regen, den Gärtner usw., entfaltet werden, so entwickelt auch der Mensch seine Fähigkeiten in enger Beziehung zu seiner Umwelt. Dem Konzept der Differenzierungsanalyse liegt die Auffassung zugrunde, daß jeder Mensch ohne Ausnahme zwei *Grundfähigkeiten* besitzt, die *Erkenntnisfähigkeit* und die *Liebesfähigkeit* (Emotionalität). Diese beiden Grundfähigkeiten stehen als zusammenfassende Kategorien hinter den primären und sekundären Fähigkeiten. Sie sind jedoch nicht nur formal die höhere Abstraktionsstufe der Aktualfähigkeiten, sie stellen vielmehr die Gesamtheit der menschlichen Fähigkeiten in einem noch undifferenzierten Stadium dar, »(. . .) wie die Flamme in der Kerze verborgen ist und die Strahlen des Lichtes nur als Möglichkeiten in der Lampe vorhanden sind« (Baháúlláh).
Aus den Grundfähigkeiten differenzieren sich im Verlaufe der individuellen Lebensgeschichte die Ausprägungen der Aktualfähigkeiten, die wir dann als persönliche und unverwechselbare Eigenschaften ansehen. Trotz erfolgter Differenzierung in Aktualfähigkeiten haben wir eine in ihrem Ausmaß nicht abschätzbare Menge von Entwicklungsmöglichkeiten, die in den Grundfähigkeiten ruhen.

Die Aktualfähigkeiten hängen von den geschichtlichen, sozialen und individuellen Bedingungen ab. Erkenntnis- und Liebesfähigkeit gehören dagegen zum Wesen eines jeden Menschen. Dies bedeutet nichts anderes als: *Der Mensch ist seinem Wesen nach gut.* Das gilt unabhängig von der Rasse, der ein Mensch angehört, ob er also schwarz, gelb, rot oder weiß ist, unabhängig von der sozialen Klasse, der er aufgrund der ökonomischen Verhältnisse angehört, und den psychologischen Typen, denen er zugerechnet wird, ob er intelligent, extravertiert, introvertiert, schizothym, zyklothym oder straffällig ist. *Nicht nur der Gesunde hat Grundfähigkeiten, sondern auch der Kranke, dessen körperliche, seelische und geistige Funktionen gestört sind.* Dies gilt selbst für Geistes- und Gemütskranke, deren Persönlichkeit stark eingeschränkt ist. Bei ihnen verhält es sich ähnlich wie bei aphasisch Sprachgestörten, die wohl fähig sind, eine Sprache zu verstehen und sprachlich zu denken, bei denen jedoch die notwendigen Werkzeugfunktionen gestört sind und die deshalb ihre Sprachfähigkeit nicht nach außen hin realisieren können.
Auf Geisteskranke läßt sich dieses Bild gut übertragen. Autistische Personen, die auf nahezu jeden sozialen Kontakt verzichten und abgeschlossen nur in sich leben, besitzen die Liebes- und Erkenntnisfähigkeit ebenso wie der katatone, starre und ausdruckslose Schizophrene oder der sogenannte gemütlose Psychopath.

Störungen haben mit den Grundfähigkeiten nichts zu tun

Es gibt keine schlechten Menschen: Wenn wir jemanden nicht ausstehen können, kann dies darauf beruhen, daß er anders aussieht, als wir es uns gewünscht haben, daß er eine andere Hautfarbe, einen anderen Gesichtsausdruck und bestimmte körperliche Eigenschaften hat, die wir nicht akzeptieren wollen. Wenn wir jemanden verabscheuen, uns von ihm distanzieren und uns über ihn ärgern, so kann das darauf beruhen, daß er nicht unsere Meinung vertritt, uns nicht höflich genug ist, uns warten läßt, unzuverlässig ist und an uns Verhaltensanforderungen stellt, die uns unbequem und ungewohnt sind. Wenn wir einen Menschen nicht mögen, so kann es daran liegen, daß er uns einmal enttäuschte, andere mit ihm schlechte Erfahrungen machten und wir ihm unser Vertrauen entzogen haben. Den Häßlichen jedoch können wir nicht hassen, weil er häßlich ist, den Unhöflichen nicht, weil er unhöflich ist, und den Unzuverlässigen nicht wegen seiner Unzuverlässigkeit. Manche, die in unseren Augen häßlich sind, erscheinen in den Augen anderer Menschen schön. Manche, die uns unhöflich erscheinen, haben eine Höflichkeit, wie wir sie verstehen, noch nicht gelernt. Manche, denen wir das Vertrauen entzogen haben, verdienen unser Vertrauen in anderen Bereichen und zu einer anderen Zeit. Auch die erreichte Zivilisation hat nichts mit dem Wesen des Menschen zu tun. *Unsere Vorfahren kannten keine Kleider, benutzten die Hände statt des Eßgeschirrs, kannten kein Wasserklosett, besuchten weder Schulen noch Universitäten und waren doch Menschen und trotz aller geschichtlichen Unterschiede uns gleichwertig, genauso wie Menschen aus unserer Zeit, die auf einem anderen Entwicklungsniveau stehen und andere Normen vertreten.* Auch wir haben beispielsweise erst die Sauberkeit und Pünktlichkeit gelernt, die wir jetzt vertreten und zusammen damit die Konfliktanfälligkeiten, die sie mitbringen.

Aufgrund verschiedener Bedingungen, seien es körperliche Schädigungen bzw. prägende Umweltbedingungen, kann ein Mensch nicht den geeigneten Zugang zu seinen Fähigkeiten finden. Sicher mag es Fälle geben, bei denen die Werkzeugfunktion, die Liebes- und Erkenntnisfähigkeit zum Ausdruck bringt, so blockiert ist, daß trotz aufwendigster Behandlungen eine Behebung der Beschwerden nicht erreicht werden kann. Jedoch ist es weder logisch noch zulässig, aus der Störung der Werkzeugfunktion und der scheinbar aussichtslosen Prognose zu schließen, daß die Grundfähigkeiten überhaupt nicht vorhanden seien. Die Aussichtslosigkeit ist nicht nur Funktion der Störung, sondern zugleich der historisch bedingten Heilmittel, die man zur Verfügung hat. Eine Entscheidung im Sinne des diagnostischen Urteils erfordert daher nicht selten den Mut des Therapeuten, das Podest des ›Objektiven‹ zu verlassen und zu gestehen: *Ich kann ihm noch nicht helfen, statt zu sagen: Es ist ihm nicht zu helfen.*

Wir verlassen damit die Ebene des unmittelbar Beobachtbaren und begeben uns auf die Ebene der Konstrukte, die zwar selber nicht beobachtbar, jedoch erschließbar sind. Wenn wir das Licht einer Glühlampe sehen, sehen wir nur dieses, jedoch nicht seine Ursache, den elektrischen Strom. Ihn können wir erst über seine Wirkungen erschließen.

Fazit: In diesem Sinn verstehen wir Erkenntnis- und Liebesfähigkeit als jedem Menschen ohne Ausnahme eignende psychische Dispositionen, die ihrer Aktualisierung und Differenzierung bedürfen. Alle anderen Fähigkeiten können aus diesen beiden Grundfähigkeiten abgeleitet oder als Ausdruck verschiedener Kombinationen der Grundfähigkeiten verstanden und auf vielfältige Lebenslagen angewandt werden. Beide Grundfähigkeiten stehen in funktionalem Zusammenhang. Die angemessene Entwicklung einer Fähigkeit unterstützt und erleichtert die Entwicklung der anderen.

Jeder Mensch verfügt über Grundfähigkeiten, die ihm eine große Bandbreite von Möglichkeiten eröffnen. Je nach den Bedingungen seines Körpers, seiner Umwelt und der Zeit, in der er lebt, werden sich diese Grundfähigkeiten differenzieren und zu einer unverwechselbaren Struktur von Wesenszügen führen.

Grundfähigkeiten in der Literatur

Das Prinzip der Grundfähigkeiten findet sich in der Literatur in vielfacher Gestalt. Alle humanwissenschaftlichen Konzepte beinhalten direkt oder indirekt Basisgrößen oder Grundfähigkeiten, aus denen sich das Verhalten oder das Empfinden ableiten läßt. Bei einigen Richtungen sind dies die Triebe, bei anderen die Lernfähigkeit, bei wieder anderen emotionale Größen wie der ›endothyme Grund‹. Dabei korrespondiert die Art und die Wertung der jeweiligen »Grundfähigkeiten« mit dem ihnen zugrunde liegenden Menschenbild.

S. Freud, der als vorrangige »Grundfähigkeiten« den Sexual- und Aggressionstrieb sieht, formuliert sein Menschenbild in folgender Weise: »Die bisherige Entwicklung des Menschen scheint mir keiner anderen Erklärung zu bedürfen, als die der Tiere« (vgl. Maeder, 1947).

Es mutet dabei wie ein Treppenwitz der Psychologiegeschichte an, daß der Reflexologe *Pawlow* sein Menschenbild ähnlich darstellt: »Nach allem, was ich in den vorangehenden Lektionen angeführt habe, kann man wohl kaum bestreiten, daß die ganz allgemeinen Grundlagen der höheren Nerventätigkeit . . . bei den höheren Tieren und beim Menschen dieselben sind« (1953, S. 329).

Diese Feststellungen sind nicht nur die wertneutralen Feststellungen oder die unverbindlichen Meinungen von Wissenschaftlern. Sie gründen, streng betrachtet, nicht auf Tatsachen, sondern auf einem der mechanistischen Epoche entstammenden Menschenbild. Die Frage, ob für die Menschen die gleichen Gesetzmäßigkeiten gelten wie für das Tier, hat weniger theoretische, philosophische als vielmehr erhebliche praktische Bedeutung. Es wird hier die Frage angeschnitten, als was der Mensch zu betrachten ist, wie er infolgedessen behandelt werden kann und muß und welche Möglichkeiten der Entwicklung ihm zugestanden oder abgesprochen werden. Das Menschenbild beinhaltet somit erhebliche Konsequenzen für die Erziehung, für das Verhältnis zum Menschen allgemein, für das Verhältnis der Menschen untereinander und für die Psychotherapie.

Die beiden Grundfähigkeiten der Differenzierungsanalyse lassen sich aus dem Verhalten des Menschen, weitgehend erfaßbar in den Begriffen der Aktualfähigkeiten, erschließen. Das beobachtbare Verhalten gilt dabei als Anzeichen (Guilford, 1965) für universelle Dispositionen oder Wesenszüge (Allport, 1949).

W. Stern (1923) spricht hier von »dauernden potentiellen Ursächlichkeiten«, die in ihrer Aktualisierung und Differenzierung der »Konvergenz mit der Welt« bedürfen. *D. C. Jordan* und *D. T. Streets* (1967) formulieren in ihrem auf der Grundlage der Bahá'í-Religion entwickelten Anisa-Modell: »Erkenntnis und Liebe sind (. . .) die grundlegenden Fähigkei-

ten, aus denen alle Fähigkeiten heraus differenziert werden.« Sie ordnen den zwei Grundkräften Denken und Lieben, ausgehend von ihrer pädagogischen Konzeption, folgende Wachstumskategorien zu: psychomotorische Entwicklung, Entwicklung der Wahrnehmung, kognitive Entwicklung, affektive und emotionale Entwicklung, moralische Entwicklung, Entwicklung des Willens, Entwicklung der Kreativität und des ästhetischen Gespürs, geistige Entwicklung und Entwicklung der Sprache. Die Autoren formulieren, ausgehend von diesen Unterscheidungen, ein umfassendes pädagogisches Programm, das Anisa-Modell.
Bereits die klassische Psychologie verwendet die grundsätzliche Unterscheidung von Kognition – die Wahrnehmung und das Denken betreffend – und Emotion – das Gefühl und die affektive Resonanz betreffend. Zusammen mit dem Verhalten gelten Kognition und Emotion in der Sozialpsychologie als die wesentlichen Aspekte der Einstellung. In der Psychologiegeschichte findet sich diese Dreiteilung in der Triade: Denken, Fühlen, Wollen wieder. Eine Reihe von Theorien differenzieren zwar nicht Erkenntnis- und Liebesfähigkeit, sondern verwenden ein Konzept, das dem der Grundfähigkeit in vieler Hinsicht ähnelt. *A. P. Weil* (1976) spricht in diesem Sinne von einem »psychischen Urkern«, *Charlotte Bühler* (1969) von einem »seelischen Kern«, der von Geburt an vorhanden sei. *H. Ey* (1948) unterscheidet analog dem Verhältnis von Grund- und Aktualfähigkeiten zwischen der »Flugbahn der Persönlichkeit« und dem »oberen Bewußtseinsfeld«, beläßt allerdings diese Begriffe im Allgemeinen und bezieht sie auf die pathologische Störung. Ähnlich sieht *Weitbracht* den »Untergrund« als einen der Momente, die Neurosen bedingen. *S. Freud* geht in seiner Theorie auf einen Grunddualismus zurück, dessen einen Anteil er in den dynamischen Bereich der Persönlichkeit verlegt, dessen anderen er in den auf das Individuum zukommenden Sachzwängen und gesellschaftlichen Forderungen sieht. Er unterscheidet zwischen Lustprinzip und Realitätsprinzip. Wenn *E. H. Erikson* (1971a) von einer Stufenfolge der Grundtugenden *(basic virtues)* spricht und sie als »innewohnende Kraft« oder »aktive Qualität« begreift, stehen diese Tugenden als bestimmte menschliche Qualitäten von Stärke inhaltlich den Aktualfähigkeiten näher als den Grundfähigkeiten in unserem Sinn.

1. Was ist Erkenntnisfähigkeit?

Erkenntnisfähigkeit bedeutet: die Fähigkeit zu lernen und zu lehren. Jeder Mensch versucht, Zusammenhänge in der Wirklichkeit zu erkennen. Er fragt, warum ein Apfel zu Boden fällt, warum ein Baum wächst, warum die Sonne scheint, warum ein Auto fährt, warum es Krankheiten und Leid gibt. Er interessiert sich dafür, was er eigentlich ist, woher er gekommen ist, wohin er gehen wird. Dies sind nicht nur die Fragen der Philosophie, sondern Fragen, die einem grundlegenden menschlichen Bedürfnis entsprechen. Die Eigenart des Menschen, solche Fragen zu stellen und Antworten darauf zu suchen, ist Ausdruck der Erkenntnisfähigkeit. Erzieherisch ist sie auf die Wissensvermittlung angewiesen.
Die Erkenntnisfähigkeit gliedert sich in die einander ergänzenden Fähigkeiten, zu lernen und zu lehren, d. h. die Fähigkeiten, Erfahrungen zu sammeln und sie weiterzugeben. Das Mißverhältnis von Lernen und Lehren liefert eine besondere Konfliktquelle: Wenn wir ein kompliziertes technisches Werkzeug bedienen wollen, müssen wir diese Bedienung erst einmal lernen. Wenn wir dieses Gerät an andere weitergeben, sind wir eigentlich verpflichtet, sie zu unterrichten, sie zu lehren. Tun wir das nicht, brauchen wir uns nicht zu wundern, wenn die anderen das kostbare Gerät durch unsachgemäße Bedienung zerstören. Das Mißverhältnis von Lernen und Lehren führt zu einem Mißverhältnis, das in der Erziehung, Partnerschaft und in der Generationenbeziehung breiten Raum einnimmt. *Aus der Erkenntnisfähigkeit entwickeln sich die sekundären Fähigkeiten, wie Pünktlichkeit, Ordnung, Sauberkeit, Höflichkeit, Ehrlichkeit, Sparsamkeit usw.*

Medien der Erkenntnisfähigkeit

Fragen wir uns, welche Medien uns für die Entwicklung der Erkenntnisfähigkeit zur Verfügung stehen. Wir unterscheiden vier Medien des Erkennens. Sie sind in jedem Menschen grundgelegt als Fähigkeiten, deren Art und Grad der Entfaltung umweltbedingt sind:

1. Die Sinne
2. Der Verstand
3. Die Tradition
4. Die Intuition

Die Funktion aller vier Medien wird – mehr oder weniger – vom »Unbewußten« mitgesteuert.

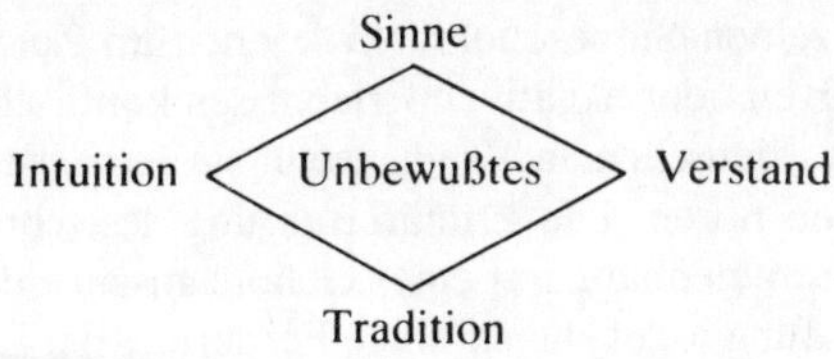

Modellfunktionen bei der Entwicklung der vier Medien der Erkenntnisfähigkeit

Die Medien der Erkenntnisfähigkeit sind Kriterien oder Maßstäbe der Urteilsbildung, die zusammen erst die Erfahrungsmöglichkeiten des Menschen ausschöpfen. Sie haben sich im Laufe der Entwicklung differenziert und bestimmen, in welcher Weise ein Mensch sich selber und seine Umwelt wahrnimmt. Damit ist nicht zuletzt die Frage der Wirklichkeit angesprochen. Je nachdem, über welche Erkenntnismittel ein Individuum verfügt, wird es auch seine Umwelt sehen. Die Medien sind ihrerseits Fähigkeiten, die durch den Einfluß der Umgebung unterstützt, gehemmt bzw. einseitig entwickelt werden können. Dies geschieht in einem dynamischen Austausch mit den Aktualfähigkeiten, die Kriterien und Bewertungsansätze liefern. Umgekehrt nimmt die Sozialisation der Erkenntnismittel wiederum Einfluß auf die Bevorzugung einzelner Muster von Aktualfähigkeiten.

1. Mittel der Sinne: Jeder Mensch erfährt sich und seine Umwelt zunächst unmittelbar durch seine Sinne. Er tastet, er sieht, er hört, er riecht, er schmeckt usw. Ebenso besitzt er Sinne, die Informationen über den Zustand des Körpers und der einzelnen Organe vermitteln. Wenngleich nur durch die Sinne der Wahrnehmenden Kontakt zur Umwelt möglich ist, müssen wir berücksichtigen, daß die Sinne keine absoluten Mittel sind, sondern teilweise erstaunlich ungenau funktionieren und verblüffend anfällig gegenüber Täuschungen sind. Durch seine Sinne nimmt das Kind zu Beginn seiner Entwicklung Kontakt zu seiner Umwelt auf. Die gesamten Aktivitäten werden durch die Sinne kontrolliert. So kann beispielsweise der Schlaf- und Fütterungsrhythmus bedeutsam für die Entwicklung der Pünktlichkeit sein.
Die durch die Sinne aufgenommenen Informationen laufen durch die Zensur der individuellen, erworbenen Wertmaßstäbe und werden von hier aus beurteilt. Ein schmutziges Aussehen ist an sich kein Anlaß zur Aufregung. Erst dadurch, daß man am eigenen Leib erfahren mußte, daß Schmutz etwas Schlechtes ist und Schmutzigsein verabscheuenswürdig, reagieren wir auf den Anblick eines verdreckten Menschen mit Ekelreak-

tionen. Die einzelnen Sinnesqualitäten können im Zusammenhang mit derartigen positiven oder negativen Erlebnissen konflikthaft besetzt werden. So geraten Menschen in Panik, wenn sie jemanden laut sprechen oder gar schreien hören. Die Primärerfahrung des schreienden Vaters, vielleicht im Zusammenhang mit einer Gehorsamsanforderung oder körperlichen Bestrafung, oder die ständige Forderung der Eltern, sich ruhig zu verhalten, machen den akustischen Eindruck des Lärms subjektiv unerträglich. Von derartigen Affektionen sind auch die übrigen Sinnesqualitäten betroffen. So fällt es auf, daß einzelne Menschen Gerüche unterschiedlicher Herkunft gut ertragen können, andere bei speziellen Geruchseindrücken, meist Körpergerüchen, ein starkes, sogar körperlich empfundenes Unwohlsein verspüren. Auf diese Weise können einzelne Sinnesqualitäten zum Ort geringerer Widerstandskraft werden und sich in ihrer Bedeutung verselbständigen:
»Ich höre dauernd Stimmen, die mir sagen, was für ein Schwein ich bin. Die sagen mir Unanständigkeiten, die ich gemacht haben soll« (28jährige schizophrene Patientin). Hier wird deutlich, daß wir unter den Mitteln der Sinne nicht nur das eigentliche Sinnesorgan und die zum Zentralnervensystem leitenden Bahnen verstehen, sondern auch die zentralnervöse Verarbeitung und die durch den Reiz ausgelösten Reaktionen (Muskeltätigkeit, Sekretionsvorgänge, Organfunktionen). Das Zentralnervensystem fungiert dabei als Speicher von Erfahrungen und als Verarbeitungssystem, wobei die Lernerfahrungen wieder Einfluß auf die zentralen Verarbeitungsmöglichkeiten nehmen.
Die Mittel der Sinne entwickeln sich in einer Vielzahl von Tätigkeiten und sozialen Angeboten, die zugleich den charakteristischen Zusammenhang für die spätere Bewertung der Sinnesmittel bieten. Dabei spielen die Fütterung, das Essen, der Schlaf, das Spiel mit dem Körper, mit Gegenständen, Tieren eine Rolle, ebenso wie die eigene Motorik, die Bewegung und Bemächtigung. Auch die Tätigkeiten der Selbstdarstellung und Gestaltung, die aktive und passive künstlerische Betätigung üben einen prägenden Einfluß auf die Mittel der Sinne aus, die ihre Bedeutung im Zusammenhang mit den jeweiligen beteiligten Aktualfähigkeiten erhalten. In der Erziehungssituation, in der die Mittel der Sinne auf Kosten der anderen Medien in den Vordergrund gerückt werden, zeichnen sich deutliche Konsequenzen für die körperlich-seelische Entwicklung ab. Einzelne Sinnesqualitäten oder körperliche Merkmale und Betätigungen werden zum Zentrum von Wunsch- und Zielvorstellungen.

»Iß mal erst etwas!«

»Bei uns galt, wer dick ist, ist auch gesund. Meine Mutter hat mir als Einzelkind das Essen vorne und hinten reingesteckt. Wenn ich einmal Probleme hatte, hieß es bloß: ›Iß mal erst etwas‹. (. . .) Ich habe eigentlich immer sehr viel Schlaf gebraucht. Ich war um 7 Uhr immer kaputt, ich mußte schlafen, wenn andere munter wurden und nicht ins Bett zu kriegen waren. (...) Wir haben als Kinder immer gerne sexuelle Spiele gemacht, und diese Neugier, die war extrem. Die Eltern haben uns da alle im Stich gelassen, meine Mutter ganz besonders. Wir sind in den Wald gegangen und haben dauernd Doktor gespielt und Nachlaufen. Auch mal was Vernünftiges. Sonst war mit dem Spielen wenig drin. Wir waren ja so arm. Bei uns durfte nichts kaputtgemacht werden. Ich habe das sehr respektiert als Kind. Ich habe, glaube ich, nie in meinem Leben etwas kaputtgemacht. Es ging so weit, daß ich kaum mit meinen Buntstiften gemalt habe, aus Angst, die würden sich abnutzen, und ich hätte keine mehr. (...)« (Mittel der Sinne, bezogen auf die Aktualfähigkeiten: Gehorsam, Höflichkeit, Ehrlichkeit, Pünktlichkeit, Zeit, Sexualität, Fleiß, Leistung und Sparsamkeit).

Dieser Bericht stammt von einer 24jährigen Patientin, Betty, Studentin der Pädagogik, ledig, eine fünfjährige Tochter, die aufgrund von Depressionen, Übererregbarkeit, Konzentrationsstörungen und Schlafstörungen in psychotherapeutische Behandlung kam. *In den folgenden Abschnitten werden wir immer wieder auf die Äußerungen von Betty zurückgreifen.*
Synonyme und Beispiele: Tastsinn (Druck, Jucken, Kitzel, streicheln, berühren etc.); Geruchssinn (beschnuppern, riechen, schmecken etc.); Geschmackssinn (kosten, schmecken, munden, anwidern, ekelerregend, unappetitlich, widerlich, aromatisch, köstlich, wohlschmeckend); Geschmacksqualitäten (süß, sauer, bitter, salzig etc.); Gesichtssinn (sehen, bemerken, entdecken, sich an einem Anblick erfreuen, ein Bild als abschreckend empfinden etc.); Gehör (harmonisch, disharmonisch, laut, leise, kreischend, monoton, Lärm, Musik, Sprache etc.); Gleichgewichtssinn (schwanken, Schwindel, Drehgefühl etc.)
Spezielle Fragen: Wer hat sich körperlich mehr mit Ihnen beschäftigt, Ihr Vater oder Ihre Mutter? Wer hat Sie gestreichelt? Wurde auf das Essen großen Wert gelegt? Wie war das Schlafengehen geregelt? Wurden regelmäßige Essenszeiten eingehalten? Wie haben Ihre Eltern reagiert, wenn Sie mit Ihrem eigenen Körper gespielt haben (z. B. Daumenlutschen, Onanie etc.)? Wurden Sie körperlich bestraft? Wurde bei Ihnen in der Familie oder bei Ihren Freunden Wert gelegt auf körperliche Leistungen wie Sport (oder auf körperliches Aussehen)? Wie hat man sich Ihnen gegenüber verhalten, wenn Sie körperlich krank waren (wurde Ihr Kranksein ignoriert, wurden Sie gepflegt, gehegt und in den Mittelpunkt gestellt)? Wurden auf körperliche Erkrankungen hin gleich Medikamente gegeben? Versuchte man so lange wie möglich mit Hausmitteln auszukommen? War es erstrebenswert auch bei Krankheiten so lange wie möglich auf den Beinen zu bleiben? Mußten Sie sich sofort ins Bett legen? Wer hat Sie gepflegt, wenn Sie krank waren?
Fazit: Diese Fragen werden gezielt eingesetzt. Bei einem Patienten mit Schlafstörungen beispielsweise kann man auf das Ritual des Schlafengehens eingehen und im weiteren Sinn die Aktualfähigkeiten ›Zeit‹ und

›Pünktlichkeit‹ ansprechen. Auch Themen wie Selbstbefriedigung vor dem Einschlafen, Ausmaß des Abendessens und körperliche Betätigung gehören zu diesem Themenkreis.

2. Mittel des Verstandes: Der *Verstand* (Vernunft) beruht auf den Prozessen des Denkens. Damit sind im allgemeinsten Sinn die Funktionen gemeint, die mit dem Lösen von Problemen zu tun haben und damit der Realitätsprüfung dienen. Der Verstand fungiert als aktiver Vermittler zwischen den inneren Bedürfnissen und Motiven und der dinglichen und sozialen Umwelt. Er wird hier über die Sprache zum Träger zwischenmenschlicher Beziehungen. Denken als Probehandeln (S. Freud) hilft dabei, die Folgen einer Handlung abzuschätzen und mit der eigenen Risikobereitschaft zu vergleichen. Gerade hier wird die Beziehung zu den Aktualfähigkeiten deutlich. Man entscheidet beispielsweise, wann, wo und wem gegenüber man höflich sein soll, wann, wo und wem gegenüber Ehrlichkeit angezeigt ist. Oder: Welche Ordnung an welchem Ort und zu welcher Zeit angemessen ist.

»Mein Mann nimmt es zu Hause mit der Ordnung überhaupt nicht ernst. Er läßt seine Sachen herumliegen, wo er sie gerade fallen gelassen hat. Was ich aber an ihm bewundere, ist, daß er im Beruf der akkurateste und ordentlichste Mensch ist und sich kaum einen Fehler wegen Schlamperei zuschulden kommen läßt« (55jährige Frau eines Wissenschaftlers).

Für die Aktualfähigkeiten Fleiß/Leistung sind Denken und Verstand zentrale Funktionen, denn erst sie ermöglichen es, Probleme zu lösen und die Leistung zu optimieren.
Vernunft im Sinne der sozialen Intelligenz ist jene Instanz, welche die gelernten Verhaltensmuster und Inhalte auf ihren zeitgemäßen Charakter hin befragen kann. Der Verstand bietet jedoch nicht den absoluten Maßstab, den sich manche von ihm erhoffen. Selbst wenn alle Menschen ihren Verstand walten ließen, kämen sie nicht notwendigerweise zu den gleichen Ergebnissen. Andere Menschen besitzen andere Voraussetzungen und eigene Motive, die ihnen als Bezugssystem ihres Verstandes dienen. Erst wenn tatsächlich ein Konsens über die Bezugssysteme besteht, können verbindliche Aussagen gemacht werden. Allerdings geht ein solcher Konsens in der Regel über die rationale Erwägung hinaus. Auf die Psychotherapie übertragen, heißt dies, daß die Aussagen eines Verhaltenstherapeuten oder eines Psychoanalytikers nicht deshalb unzutreffend sein müssen, weil sie einander zu widersprechen scheinen, sondern daß sie Gültigkeit innerhalb eines bestimmten Bezugssystems bei bestimmten Ansprüchen besitzen und daß die Widersprüche dann aufgelöst werden könnten, wenn man sich auf ein gemeinsames Bezugssystem und übereinstimmende Ansprüche einigte.

Doch der Verstand ist auch von der Dimension der Zeit abhängig, welche von ihm ständig Wandlung und Anpassung an die sich ändernden Bedingungen fordert.
Wird die Vernunft als das wesentliche oder sogar ausschließliche Kriterium der Erkenntnis aufgefaßt, kommt es zu ähnlich typischen Haltungen. Dann zeigt sich entweder eine Neigung zu sinnesfeindlicher Askese oder zur Skepsis gegenüber Intuition, Tradition und Phantasie. Durch Training können die Leistungsmotivationen und das logisch-abstrakte Denken gefördert werden. Überforderungen können jedoch zu Hemmungen und Kontaktstörungen führen.
Während es bei Bevorzugung der Sinnesfunktionen heißt: »Ich glaube nur, was ich sehe«, heißt es hier: »Ich glaube nur, was ich durch Denken begründen kann.« In diese Kategorie gehören z. B. der einseitige Wissenschaftler, der Managertyp und der chronische Zweifler. Selbst der Verstand, der, so hat es den Anschein, primär den Gesetzen der Logik gehorcht, steht unter dem Einfluß von Aktualfähigkeiten, wie umgekehrt die Bevorzugung oder Vernachlässigung des Mediums ›Verstand‹ eine Präferenz einzelner Aktualfähigkeiten – in einem Fall der sekundären, im anderen der primären – erkennen läßt, wie in der folgenden Aussage von Betty:

»Wenn die Mutti sagt ›ja‹, dann ist's . . .«
»Was meine Mutter wollte, das stimmte immer. Ich mußte immer ja und amen sagen. Manchmal wollte ich meine Mutter wegen etwas fragen, aber ich wußte, wenn ich es nicht verstehe, hilft sie mir auch nicht.« (Mittel des Verstandes bezogen, auf die Aktualfähigkeiten: Gehorsam, Höflichkeit, Ehrlichkeit, Vertrauen, Zutrauen.)

Synonyme und Beispiele: logisch, objektiv, nüchtern, verständlich, lebensklug, weise, argumentieren, diskutieren, kritisieren, auseinandersetzen, folgern, Intellekt, Vernunft, blöd, Dummkopf, kurzsichtig, primitiv, unwissend, schwachsinnig, Brett vor dem Kopf haben, jemanden zur Vernunft bringen, an den Verstand appellieren.
Spezielle Fragen: Mit wem konnten Sie über Ihre Fragen und Probleme sprechen (Vater, Mutter)? Wer von Ihren Eltern hat mit Ihnen gespielt? Haben Sie viel gespielt? Haben sich Ihre Eltern nach Ihrer Ansicht Mühe gegeben, Ihre Fragen zu beantworten? Konnten Sie sich mit Ihren Problemen an Ihre Eltern wenden? Wer hat mit Ihnen Schularbeiten gemacht? Hat man Ihnen erklärt, warum Sie etwas tun oder lassen sollen? Wenn Sie etwas falsch gemacht haben, haben Ihre Eltern Ihnen Ihre Fehler erklärt, oder sind Sie nur ausgeschimpft worden? Hatten Sie das Gefühl, daß Ihre Vorstellungen und Überlegungen von Ihren Eltern und Lehrern anerkannt wurden? Wenn etwas schiefgegangen ist (wie schlechte Noten, zu spät kommen etc.), wie haben sich die Eltern verhalten, konnten Sie ihnen die Wahrheit sagen? Halten Sie die Intelligenz eines Menschen für ein wichtiges Merkmal? Halten Sie

sich selber für intelligent oder nicht? Haben Sie das Gefühl, daß Ihre Partner und Ihre Mitmenschen Ihre Gedankengänge nicht verstehen? Können Sie das sagen, was Sie denken? Kommt es in Ihrem Beruf stark auf das logische Denken an? Haben Sie Entscheidungsschwierigkeiten? Wer hat Ihre Berufswahl am meisten beeinflußt? Haben Ihre Eltern Einfluß auf die Wahl Ihres Ehepartners genommen?

3. Mittel der Tradition: Der Mensch ist ein historisches Wesen. Während das Tier immer wieder von vorn anfangen muß, gewissermaßen eine angeborene Vergangenheit (Instinkte) und eine verkürzte Vergangenheit (eigene Lernerfahrung) besitzt, verfügt der Mensch über ein ganzes historisches Spektrum. Er ist in seiner Gesellschaft mitgeprägt von den kollektiven Erfahrungen und Errungenschaften. Über diesen allgemeinen historischen Rahmen hinaus steht er innerhalb der Geschichte seiner eigenen Gruppe und seiner Familie. Hinzu kommen die Lernerfahrungen, die er selbst im Laufe seiner individuellen Entwicklung macht.

»Liebe auf den ersten Blick!«
»Als ich diesen Mann sah, wußte ich sofort: mit dem muß ich schlafen. Ich habe alle Hebel in Bewegung gesetzt, um das zu erreichen, und ich habe es auch geschafft. Erst im Gespräch mit Ihnen ist mir klargeworden, warum ich mich zu diesem Mann so hingezogen fühlte. Seine Art zu gehen und seine Gestik glichen der meines Schwagers, mit dem ich einige schöne Nächte verbracht habe. (Anmerkung: Dem Ehemann gegenüber war die Patientin seit Jahren frigide.) Aber damit mußte ich Schluß machen: wenn meine Schwester dahintergekommen wäre, nicht auszudenken« (34jährige Hausfrau, drei Kinder).

Mit anderen Worten: Die Reaktion der Patientin wurde – ihr selbst nicht bewußt – durch Informationen aus der individuellen Tradition gesteuert. Kollektive Traditionen werden inhaltlich zu einem Teil durch Mythologien, häufig mit religiöser Thematik, und Märchen übermittelt. Märchen können als dem Kindesalter angemessene Formen der Mythologie angesehen werden. Das Märchen verbindet gleichzeitig symbolische Gestalt und sprachliche Formulierung, Phantasie und Realität. Es bietet somit ein vielseitiges Lernmodell, das zugleich erhöhte affektive Resonanz ermöglicht. Das Märchen kann zum Träger eigener Vorurteilstraditionen mit Auswirkungen auf das menschliche Zusammenleben, auf Wissenschaft, Religion und Politik werden und somit eine Grundlage konflikthaften, irrationalen Handelns bilden.
Tradition und Vernunft hängen dabei in typischer Weise zusammen. Tradition überliefert bewährte Verhaltensmuster, die durch Vernunft den Anfordernissen der Zeit angepaßt oder korrigiert werden. Tradition ist gewissermaßen der rote Faden, an dem sich charakteristische Ausprägungen und Aktualfähigkeiten hindurchziehen.

Sie ist nicht nur Funktion der Überlieferung, also Mechanismus, sondern unterliegt als Vorstellungsobjekt wiederum geschichtlich und lebensgeschichtlich bedingten Bewertungen. Extreme Bewertungen sind die bedingungslose Fixierung an traditionsgebundene Inhalte auf der einen Seite und die kategorische Ablehnung von Tradition auf der anderen. Im sozialen Bereich spiegelt sich die Bindung an die Tradition in der geschlossenen Gesellschaft (Parsons, 1961) wider, während die Relativierung traditioneller Werte auf eine offene Gesellschaft hinweist. Betty beschreibt einzelne Aspekte der Entwicklung ihres Verhältnisses zur Tradition:

»Angst vor Veränderungen«
»Meine Mutter ist sehr stark in der Tradition verhangen. Sie ist im Jahre 1920 stehengeblieben. Das hat in mir Abscheu gegen Traditionen erweckt. Sie akzeptiert nur die Verhaltensweisen von früher, die Moralvorstellungen von früher und sogar die Kleidung von früher. Sie war wütend, als die kurzen Röcke in Mode kamen. Wütend! Also wirklich, sie hat Gift und Galle gespuckt. Ja, diese Schweine, früher haben die Frauen lange Röcke getragen, warum können sie das jetzt nicht auch machen usw. Darüber kann sie sich erhitzen, über solche Sachen.« (Mittel der Tradition, bezogen auf die Aktualfähigkeiten: Zeit, Höflichkeit, Ehrlichkeit, Sexualität, Treue).

Synonyme und Beispiele: festgelegt, sicher, althergebracht, bewährt, verwurzelt, Überlieferung, Stammbuch, Testament, Urkunde, Gepflogenheit, Gewohnheit, Sitte, ungeschriebenes Gesetz, Geschichte, konservativ, fixiert, traditionell, sich gleich bleiben.
Spezielle Fragen: Wer hat Ihnen Geschichten vorgelesen oder erzählt (Vater, Mutter, Großeltern, Tante, Kindergärtnerin)? Halten Sie etwas von Märchen und Geschichten? Interessieren Sie sich für die geschichtlichen Begebenheiten? Halten Sie viel von Tradition? Haben Ihre Eltern auf Tradition Wert gelegt? Halten Sie an traditionellen Vorstellungen fest? Würden Sie am liebsten alle Traditionen über den Haufen werfen? Sind Sie sich unsicher, wie Sie die Tradition bewerten sollen? Haben Sie denselben Beruf wie Ihr Vater (Ihre Mutter) gewählt? Fällt es Ihnen leicht, liebgewonnene Gewohnheiten aufzugeben? Würden Sie sich selber als konservativ bezeichnen? Wie fühlen Sie sich in einer neuen Umgebung? Halten Sie an den familiären Traditionen und familiären Bindungen fest?

4. Mittel der Intuition: Ein weiteres Mittel der Erkenntnis ist, was man in der poetischen Sprache als Stimme des Herzens oder Eingebungen, in der Sprache der Religion als Inspiration, in der Sprache der Psychologie als Intuition oder als intuitives Urteil bezeichnet. Während sich das analytische Denken in mehr oder weniger festgelegten Schritten vollzieht, vollzieht sich das intuitive Denken diskontinuierlich: Die Intuition ist als

Einfall einfach da, ohne daß man sich Rechenschaft über ihre Herkunft geben könnte. Insofern läßt sich das intuitive Denken auf einen latenten, nicht bewußt vollzogenen Denkprozeß zurückführen. Es scheint in engem Zusammenhang mit den psychischen Prozessen des Traumes und der Phantasie zu stehen, die gleichfalls eine Form der Problem- und Konfliktverarbeitung darstellen können.

Ein Patient berichtet, im Traum sei er von seinem Arbeitgeber gerügt worden, weil er ein schmutziges Fenster zu langsam gereinigt habe (zitiert nach R. Battegay, 1971).

Das Kind, das noch nicht in der Lage ist, zwischen Wirklichkeit und Vorstellung zu unterscheiden und klare Kausalbeziehungen herzustellen, erfährt vorbewußte Inhalte spontan als Intuition. Die mit der Intuition eng in Beziehung stehende Phantasie ist einerseits eine Form der Konfliktverarbeitung, zugleich aber ist sie eine Art der Vorstellungsfähigkeit und des schöpferischen, kreativen Denkens, das sich zu einem wesentlichen Teil als intuitives Denken manifestiert.
Die Vorstellung darüber, was angemessen, richtig, gut und wahr sei, taucht im Menschen plötzlich auf. Er vertritt diese Inhalte in voller Überzeugung und hält daran fest, weil ja die Stimme des Herzens nicht lügen kann: »Ich fühle genau, was richtig ist.« Islamische Illuminaten haben die Intuition als Erkenntnismittel systematisch ausgebaut und betrachten sie als Kriterium von Wahrheit.
Zum Teil beziehen sich die intuitiven Vorstellungen auf den Bereich der primären Fähigkeiten. Sie zentriern sich um Geduld, Vertrauen, Hoffnung, Glauben, Gewißheit und Einheit. Aber auch sekundäre Fähigkeiten werden als selbstverständliche Verhaltensregulative durch die Intuition gesteuert: »Erzähle mir nichts, ich weiß doch, wie man sich richtig verhält.« Oder: »Wozu soll ich mich über Kindererziehung informieren, ich weiß doch, wie man das macht.« »Es kann doch gar nicht wahr sein, daß mein Mann mich betrügt. Ich weiß doch ganz genau, in meinem tiefsten Empfinden, daß er mir treu ist.«
Einzelne Aktualfähigkeiten können zu Inhalten der Phantasie werden. So kann die Vorstellung von Glaube, Sexualität oder die von Fleiß/Erfolg das intuitive Denken eines Menschen weitgehend ausfüllen. Dies findet sich bis hin zu bizarren Verzerrungen in Wahnbildern, in denen phantastische Zusammenhänge erlebt und konstruiert werden, die sich in der Regel auf spezielle Bewertungen der Aktualfähigkeiten und auch auf andere Medien beziehen. Unter diesem Aspekt lassen sich klassische psychiatrische Wahnbilder verstehen:

Eifersuchtswahn: Phantasie im Zusammenhang mit Sexualität, Treue, Vertrauen und Mittel der Sinne.

Größenwahn: Phantasie im Zusammenhang mit Religion, Leistung/Erfolg, Prestige, Sparsamkeit, Kontakt und Mittel des Verstandes.
Verfolgungswahn: Phantasie, Gerechtigkeit, Gehorsam (Auflehnung und Unterwerfung gegenüber als allmächtig gedachten Autoritäten) und Mittel des Verstandes.
Die Eigenwilligkeit der wahnhaften Vorstellungsinhalte macht es uns allerdings schwer, den Wahnkranken und das, was er meint, zu verstehen. Als Folge davon verstärkt sich die Isolierung des Kranken und seiner Gedankenwelt. Um so wichtiger ist für das therapeutische Vorgehen eine Identifikation mit der fremden Erlebnis- und Gedankenwelt des Patienten. Sofern eine allgemeine Identifikation Schwierigkeiten bereitet und auch für den Therapeuten etwas Bedrohliches darstellt, erweist sich eine partielle Identifikation mit den jeweils beteiligten Inhalten als günstig. Dieses Vorgehen hat Geschichte und findet sich schon als eine erprobte Technik bei Avicena (980–1037 n. Chr.), dem berühmten persischen Arzt, den man auch als Vater der Medizin bezeichnet und dessen medizinische Werke »Kanon« auch im europäischen Abendland über Jahrhunderte für unübertrefflich gehalten wurden.

Der geheilte Wahn

Als der König Amirnuhe Samani starb, nützten die Gelehrten die Gelegenheit, gegen den ihnen lästigen Avicena zu intrigieren. So blieb Avicena nichts anderes übrig, als die Stadt Gorgan zu verlassen und nach Rey, das zu der Dailamin-Dynastie gehörte, zu ziehen. Rey stand unter der Herrschaft des Königs Madzdeldowleh. Der Herrscher litt unter einer schweren Melancholie und Magersucht. Avicena konnte ihm durch eine recht eigenwillige Methode helfen. Der altpersische Dichter Nizami beschreibt diese Heilung folgendermaßen:
Der Herrscher glaubte, er sei eine Kuh, und hatte völlig vergessen, daß er ein Mensch war. Deshalb brüllte er wie ein Rind und flehte: »Kommt, nehmt mich mit, schlachtet mich und macht von meinem Fleisch Gebrauch.« Er aß nichts und schickte alle ihm gereichten Speisen zurück: »Warum führt ihr mich nicht auf die grüne Wiese, daß ich dort das fressen kann, wie es einer Kuh zukommt?« Da er nicht mehr aß, nahm er ständig ab und war schließlich nur noch ein Gerippe. Da alle Methoden und Medikamente nichts halfen, holte man Avicena zu Rat. Dieser ließ dem König mitteilen, ein Metzger käme, um ihn zu schlachten, sein Fleisch zu teilen und es den Menschen zum Mahl zu geben. Als der Kranke das erfuhr, war er über alle Maßen glücklich und wartete mit Sehnsucht auf seinen Tod. An dem vereinbarten Tag trat Avicena vor den König. Er schwang das Schlachtermesser und schrie mit fürchterlicher Stimme: »Wo ist die Kuh, damit ich sie endlich schlachten kann.« Der König gab ein verzücktes Muhen von sich, damit

der Metzger wisse, wo das Opfer sei. Avicena befahl laut: »Bringt das Schlachtvieh her, fesselt es, damit ich ihm den Kopf vom Rumpf trennen kann.« Doch bevor er zuschlug, prüfte er, wie Metzger es gewöhnlich tun, die Lenden und den Bauch des Schlachtopfers auf Fleisch und Fett und rief laut aus: »Nein, nein, diese Kuh ist noch nicht reif zum Schlachten. Sie ist sehr mager. Nehmt sie mit und gebt ihr zu fressen. Wenn sie das richtige Gewicht hat, komme ich später, um sie zu schlachten.« Der Kranke aß in seiner Hoffnung, bald geschlachtet zu werden, jede Speise, die man ihm brachte. Er nahm zu, sein Befinden besserte sich zusehends, und er genas unter der Pflege Avicenas.

Diese Wahnformen sind Grenzfälle von Aktivitäten der Intuition, die über die unmittelbare Wirklichkeit hinausgreift und all das beinhaltet, was wir als Sinn einer Tätigkeit, Sinn des Lebens, Wunsch, unbestimmbare Zukunft oder Utopie bezeichnen.

Auf die Fähigkeit der Intuition und die sich aus ihr entwickelnden Bedürfnisse sprechen Weltanschauungen und Religionen an, die damit zu Institutionen und zuständigen Trägern für die fernere, einer planvollen Handlung nicht mehr zugänglichen Zukunft werden.

»Wie schön wäre es!«

Die Patientin Betty bemerkte im Zusammenhang von Intuition und Phantasie: »Mir kommt sehr oft, wenn ich was mache, plötzlich ein Einfall, oder ich bin sehr zerstreut. Wenn ich arbeite, kann ich mich manchmal nicht auf den Text konzentrieren, weil mir entweder durch Assoziationen Erinnerungsbilder aufsteigen, oder mir steigt auf: Mensch, damals hättest du doch ganz anders handeln müssen. Früher als Kind wollte ich unbedingt Dometscherin oder Lehrerin werden. Ich habe mir immer ausgemalt, wie toll das ist.« (Mittel der Intuition, bezogen auf die Aktualfähigkeiten: Zeit, Fleiß/Leistung, Vorbild).

Synonyme und Beispiel: Inspiration, plötzliche Eingebung, ahnendes Erkennen, gefühlsmäßig, unwillkürlich, schöpferisch, Fingerspitzengefühl, imaginär, romantisch, träumerisch, unwirklich, utopisch, sich einbilden, vorgaukeln, erfinden, Traumwelt, Illusion, Hirngespinst, Luftschlösser bauen, Fata Morgana, Wolkenkuckucksheim.

Spezielle Fragen: Wem konnten Sie Ihre Einfälle und Phantasien erzählen (Vater, Mutter)? Halten Sie sich jetzt noch für phantasiereich? Hatten Sie als Kind oft Phantasien? Wer von Ihren Eltern war der Phantasiereichere? Können Sie sich mit einem guten Einfall zufriedengeben, auch wenn Sie ihn nicht logisch begründen können? Wurden Ihre Phantasien von Ihren Eltern akzeptiert? Wurden Sie aufgrund Ihrer Geschichten als Lügner bezeichnet? Ist Ihnen die Phantasie lieber als die Wirklichkeit? Beschäftigen Sie sich oft mit dem Gedanken, wie es wäre, wenn Sie eine andere Frau (einen anderen Mann) hätten? Denken Sie öfter daran, wie es wäre, wenn Sie einen anderen Beruf hätten? Spielen Sie in Gedanken manchmal durch, wie es wäre, wenn Sie nicht mehr leben würden? Hängen Sie mit Ihren Gedanken gern der Vergangenheit nach? Malen Sie sich gern aus, wie es irgendwann in der Zukunft sein könnte? Haben Sie mit dem Gedanken an Selbstmord gespielt? Haben Sie einen Selbstmordversuch hinter sich?

5. Das Unbewußte: Nur ein Teil der Motive menschlichen Verhaltens gelangt zum Bewußtsein und wird von ihm kontrolliert. Auf dieser Erkenntnis basiert die Psychoanalyse von S. Freud. Er erforschte das Unbewußte und formulierte eine Theorie des Unbewußten. Besondere Bedeutung innerhalb dieser Theorie kommt dem Sexualleben zu. S. Freud vertrat die Ansicht, hinter jeder Handlung des Menschen stehe die Energie seiner Sexualität. Er entwickelte ein Modell der Psychodynamik, das zur Erklärung für menschliches Verhalten dienen sollte. Grundlage und Ausgangspunkt dieses Modells waren Störungen und Fehlhaltungen. Daran orientiert sich sein Menschenbild und weniger an den jedem Menschen innewohnenden Fähigkeiten. Eine besondere Rolle spielt in diesem Modell die Verdrängung. Sie ist die eigentliche Ursache der psychischen Fehlentwicklung. Verdrängung bedeutet:
Eine Erfahrung, die mit der Vorstellung von Angst und Strafe verknüpft ist, wird gewissermaßen zum Selbstschutz aus dem Bewußtsein abgeschoben und vergessen. Zu diesem Prozeß kommt es, weil die Erinnerung an das Erlebnis stark affektiv getönt und unangenehm ist und die Persönlichkeitsökonomie des Menschen bedrohen könnte. Die Erlebnisinhalte werden also ins Unbewußte verdrängt, bleiben aber dort affektiv besetzt und nehmen eine andere Form an: sie äußern sich, weil sie sich nicht offen zeigen können, maskiert, in Symbolen.
Ziel der psychotherapeutischen Behandlung Freuds war es, die verdrängten Erlebnisse der frühen Kindheit bewußt zu machen und damit eine Heilung des Patienten in die Wege zu leiten. Das Unbewußte im Sinne Freuds ist der Ort der Triebenergie und der verdrängten Inhalte. Bei C. G. Jung ist es der Ort der überindividuellen Inhalte. Diese Versuche einer inhaltlichen Bestimmung des Unbewußten lassen viele Fragen offen und decken nicht alle Bereiche des Unbewußten ab. In der differenzierungsanalytischen Theorie ersetzen die beiden Grundfähigkeiten der Erkenntnis- und Liebesfähigkeit die Libido der Freudschen Theorie. Die Libido ist gewissermaßen als energetischer Anteil in den Grundfähigkeiten angelegt. Daneben besitzt das Unbewußte in der Differenzierungsanalyse folgende zwei Funktionen:
Einmal ist es der Ort der noch nicht entwickelten, undifferenzierten Fähigkeiten und der menschlichen Energie. Im Unbewußten ruht somit alles, was im Menschen angelegt, aber noch nicht entfaltet ist, weil die

Reifungszeit noch nicht gekommen ist. Die Fähigkeiten sind Energiepotentiale, welche nach Verwirklichung streben. Zum anderen ist das Unbewußte der Ort verdrängter und unterdrückter Aktualfähigkeiten und Medien. Die einzelnen Fähigkeiten haben bereits eine Auseinandersetzung mit der Umwelt durchgemacht; sie sind entweder von der jeweiligen Umwelt abgelehnt worden, oder die Umwelt hat keine hinreichenden Bedingungen für ihre Entwicklung geboten, oder andere Aktualfähigkeiten wurden in ihrer Bedeutung so weit herausgehoben, daß für weitere kein Platz zu bestehen schien.
Vor dem Hintergrund der Doppelfunktion des Unbewußten wird verständlich, warum nicht nur Erlebtes zu Störungen und Konflikten führt, sondern auch Nicht-Erlebtes.
Von seinem Wesen her ist das Unbewußte einer direkten Befragung unzugänglich. Es wird vielmehr durch den Therapeuten erschlossen. Der Therapeut versucht, aus den ihm vorliegenden Informationen – Muster der Aktualfähigkeiten und Medien der Liebes- und Erkenntnisfähigkeit – die psychodynamisch wirksamen Zusammenhänge zu erschließen. Die mangelnde Differenzierung blockt einzelne psychodynamische Inhalte gegenüber dem Bewußten ab und entzieht sie seiner Verfügung. Unter dem Aspekt des psychodynamischen Geschehens werden solche Prozesse als Verdrängung, Generalisierung etc. bezeichnet. Diese Aussagen bleiben allgemein und erweisen sich zur Beschreibung des individuellen psychischen Geschehens als unzureichend, sofern ihr inhaltlicher Bezug nicht berücksichtigt wird. In diesem Sinne ist die Durchführung des DAI und das Abtasten der Medien der Liebes- und Erkenntnisfähigkeit bereits Bewußtmachung im therapeutischen Sinn.
Neben der Funktion des Unbewußten wird die Einstellung dem Unbewußten gegenüber diagnostisch und therapeutisch relevant: ob das Unbewußte – weniger in seiner theoretischen als vielmehr in seiner subjektiven Bedeutung – als bedrohlich, beängstigend und erschreckend erlebt wird oder ob es im Erleben positiv als Quelle der Selbsterfahrung, der Bewußtseinserweiterung und der Kreativität realisiert werden kann.
Frau Betty formuliert ihr Verhältnis zum Unbewußten:

»*Wie sollte ich es wissen?*«
»Ich habe einen Fall in meinem Leben, wo mein Verstand ausgesetzt hat. Das war die Verlobung und die Schwangerschaft. Da habe ich Dinge getan, die ich mir heute nicht erklären kann. Ich war richtig blöd, abhängig wie ein Schaf und empfindlich wie ein Kind. Ich bin hinter meinem damaligen Freund hergelaufen. Nachträglich fand ich das schlimm. Ich habe damals Dinge getan, die ich als bewußter Mensch nie tun würde. Heute versuche ich dagegen, sehr reflektiert zu sein. Wenn ich was mache, dann überlege ich es mir ganz genau. So was wie damals, passiert mir nicht mehr«. (Mittel des Unbewußten, bezogen auf die Medien und die Aktualfähigkeiten: Sinne, Verstand, Sexualität, Treue, Vertrauen, Ehrlichkeit, Liebe, Zeit, Zweifel, Gewißheit)

Synonyme und Beispiel: Bewußtsein, unmotiviert, unvorhergesehen, von selbst, spontan, zwangsläufig, impulsiv, irrational, instinktiv, mechanisch, triebhaft, unwillkürlich, absichtslos, bewußtlos, seelische Struktur, Ungewolltes, Verdrängtes, es steckt im Blut, einfach etwas so machen, nichts dafür können, automatisch, sich nichts dabei denken.
Spezielle Fragen: Passiert es öfter, daß Sie sich hinterher ärgern, wenn Sie etwas getan haben (Situationen)? Wenn jemand Sie enttäuscht, ziehen Sie sich dann ganz und gar von ihm zurück (Situationen)? Passiert es Ihnen manchmal, daß Sie bei sich Eigenschaften finden, die Sie von Ihrem Partner oder von Ihren Eltern kennen? Machen Sie die Probleme und Schwierigkeiten Ihres Partners zu Ihren eigenen Problemen? Kommt es vor, daß Sie Ihren Ärger auf die Kinder oder einen unbeteiligten Partner übertragen (Situation und Inhalt)? Wie fühlen Sie sich, wenn Sie von Unfällen, Katastrophen oder Todesfällen hören? Träumen Sie häufig, wenn ja, wovon, und wie fühlen Sie sich dabei? Geschieht es öfter, daß Sie etwas vergessen oder etwas sagen, was Sie eigentlich nicht wollten? Passiert es Ihnen häufig, daß Sie denselben Fehler immer wieder machen (Situationen und Inhalte)? Können Sie sich gut konzentrieren, oder haben Sie damit Schwierigkeiten (Situationen)? Meinen Sie, daß Unbewußtes Einfluß auf Ihr Verhalten und Erleben nimmt (Situationen)?

Die Bedeutung der Erkenntnisfähigkeit

Obwohl in jeder Erkenntnis alle vier Erkenntniskriterien beschlossen sind, werden sie unterschiedlich bewertet und mit unterschiedlichen Erkenntniswerten belegt. So stellt sich manche Wissenschaft dar, als halte sie sich lediglich an traditionelle Fragestellungen und an den Verstand. Was für bestimmte Formen philosophischen Denkens zutrifft, findet sich, allerdings in anderem Gewand, auch in der Medizin. Bei ihr stehen die Mittel der Sinne unzweifelhaft im Vordergrund. Das Schlachtfeld der Soziologen ist die gesellschaftliche Tradition, während sich die Empiristen vornehmlich auf die durch die Sinne vermittelte Erfahrung berufen. Als Spielwiese der Intuition und der Sinne gilt die Kunst, die von Einfällen lebt, auch von verstandesmäßiger Kontrolle losgelösten Einfällen. All dies spiegelt sich auch in der Psychotherapie wider.
Die Medien der Erkenntnisfähigkeit sind keine reine Funktion der Kognition. In sie gehen erhebliche emotionale Anteile ein, vor allem, was die Hauptbereiche menschlicher Konflikte, Partnerschaft, Erziehung, Arbeitswelt und den Bereich Religion/Weltanschauung angeht. Doch die Medien sind ebenso der Relativität unterworfen wie die Aktualfähigkei-

ten. Die unterschiedliche Bewertung einzelner Medien und ihrer besonderen Inhalte ist also Quelle möglicher Mißverständnisse:

»Warum muß ich meinen Mann bedienen?«
Eine 48jährige Frau, die wegen ehelicher Probleme die Psychotherapie aufgesucht hatte, klagte einmal: »Wenn mein Mann nur das kleinste Wehwehchen hat, pinselt er rum und tut so, als müßte er gleich sterben. Alle müssen ihn dann bedienen. Als ich vor kurzem eine schwere Gallenkolik hatte, arbeitete ich trotzdem weiter und habe versucht, den Schmerz zu verbeißen. Ich kann es nicht ausstehen, wenn sich jemand so gehenläßt.« (Mittel der Sinne, bezogen auf die Aktualfähigkeiten: Gerechtigkeit, Höflichkeit, Ehrlichkeit.)

»Was sagen die Leute!«
Einer anderen typischen Klage begegnet man häufig: »Mein Mann ist ein ausgezeichneter Wissenschaftler. Alle sind von seiner Arbeit begeistert. Wenn er nur über seine Arbeit spricht, muß man irgendwie fasziniert zuhören. Sosehr er aber auf seinen Geist achtet, so wenig nimmt er Rücksicht auf sein Aussehen und seine Gesundheit. Wenn er einmal in seinem kreativen Prozeß drin ist, arbeitet er Nächte hindurch, ißt kaum mehr etwas und trinkt literweise Kaffee, um sich munter zu halten. Meist endet das mit einer Magenschleimhautentzündung. Ich sehe dann bloß sein schmerzverzerrtes Gesicht, und wie er sich den Magen hält. Aber klagen habe ich ihn noch nie gehört. Seine Kleidung und sein Aussehen sind für ihn dann bloß Nebensächlichkeiten. Unrasiert sieht er aus wie ein Räuber, nicht aber wie ein Wissenschaftler. Ich finde das sehr, sehr peinlich, wenn ihn andere Leute so sehen. Schließlich fällt seine Verwahrlosung auch auf mich zurück, und ich kann mir denken, was die Leute hinter unserem Rücken sagen.« (48jährige Ehefrau eines Naturwissenschaftlers. Mittel der Sinne und des Verstandes, bezogen auf die Aktualfähigkeiten: Sauberkeit, Ordnung, Höflichkeit.)

Diese Beispiele lassen unterschiedliche Bewertungen der Mittel der Sinne und des Verstandes erkennen und stellen damit typische Konfliktsituationen dar, die aufgrund von Diskrepanzen innerhalb der Medien der Erkenntnisfähigkeit entstanden sind.

2. Was ist Liebesfähigkeit?

Liebesfähigkeit bedeutet: die Fähigkeit zu lieben und geliebt zu werden. Die Entwicklung der Erkenntnisfähigkeit korreliert mit Erfolg und Mißerfolg, die jemand erlebt. Wenn ein Kind in der Schule schlechte Leistungen zeigt, wird ihm bald der Spaß an der Schule vergehen. Es wird versuchen, alle Aufgaben, die mit Mißerfolg zusammenhängen, zu meiden. Diese Mißerfolge in der Leistung sind auch den Eltern nicht gleichgültig. Umgekehrt kann durch positive Leistungen die ganze Atmosphäre angenehm aufgelockert werden. Dies bezieht sich nicht nur auf die Leistungen im engeren Sinne, sondern auch auf die sekundären Fähigkeiten. Einstellungen und Reaktionen zu den verschiedenen Bereichen der Erkenntnisfähigkeit gehören zu der Emotionalität des Menschen, der

Sphäre seines Gefühls, die man als emotionale Beziehung, als Ausdruck der Liebesfähigkeit bezeichnen kann. Dabei sind zwei Komponenten von Bedeutung: Die Fähigkeit, aktiv emotionale Beziehungen aufzunehmen (zu lieben), und die Fähigkeit, emotionale Zuwendungen zu akzeptieren und zu ertragen (geliebt zu werden). Die Liebesfähigkeit ist nicht gleichgültig gegenüber dem, worauf sie sich richtet: Wenn wir etwas lernen, erwerben, schaffen, hängt der Zweck und der Sinn dieser Tätigkeit davon ab, für was und wen dies geschieht: für uns selber? Für unseren Partner und unsere Angehörigen, für unsere Interessengruppen, Staaten? Nationalitäten? Für die Menschheit? Für die unmittelbare und ferne Zukunft? Oder gegen sie?

Die Liebesfähigkeit führt in ihrer weiteren Entwicklung zu den primären Fähigkeiten wie Liebe, Vorbild, Geduld, Zeit, Kontakt, Sexualität, Vertrauen, Zutrauen, Hoffnung, Glaube, Zweifel, Gewißheit und Einheit.

Liebe, eine emotionale Beziehung, ist durch ein wechselseitiges Verhältnis von Geben und Nehmen gekennzeichnet. In der frühesten Form tritt sie in der Beziehung zwischen Mutter und Kind (primäre Zwei-Menschen-Beziehung) auf. Das Kind ist angewiesen auf die Befriedigung seiner vitalen Bedürfnisse durch eine Bezugsperson, gewöhnlich die Mutter. Es braucht während der Kindheit die emotionale Zuwendung der Mutter, die als *Vorbild* dient und *Geduld* und *Zeit* aufbringt. Auf dieser elementaren Stufe entwickelt das Kind ein grundlegendes Vertrauen oder, sofern mangelnde Bedürfnisbefriedigung vitale Ängste in den Vordergrund rückte, die habituelle Einstellung des Mißtrauens. Das *Nehmen* besitzt für das Kind ganz natürlich den Vorrang vor dem *Geben.* Die Mutter, in der weiteren Entwicklung auch andere Bezugspersonen wie Vater, Geschwister, Großeltern, Verwandte, das soziale Umfeld, unterstützen die in dem Kind als Fähigkeit vorhandene Liebe oder unterdrükken sie, so daß es später scheint, als sei zuwenig von dieser Fähigkeit vorhanden, oder es zur Umkehrung der positiven emotionalen Beziehungen in Mißtrauen, Neid und Haß, Aggressionen und Ängste kommt.

Medien der Liebesfähigkeit

Wir unterscheiden vier Medien der Liebesfähigkeit. Sie charakterisieren typische Grundbeziehungen, die jeder Mensch in irgendeiner Form eingeht. Diese Grundbeziehungen sind: die Beziehung zum Ich, zum Du, zum Wir und zum Ur-Wir. Auf die Entwicklung jeder dieser Beziehungen nimmt eine charakteristische Vorbild-Dimension Einfluß. Vorbild-Dimension für die Beziehung zum Ich ist das Verhältnis der Eltern und Geschwister zu einem selbst; für das Du die Beziehung der Eltern untereinander, für das Wir die Beziehung der Eltern zur Umwelt und für das Ur-Wir die Beziehung der Eltern zur Religion/Weltanschauung. Die Eltern bzw. Geschwister sind in der Kleinfamilie für das Kind die primären Bezugspersonen und stellen damit Prototypen für Formen der sozialen Beziehungen bereit.

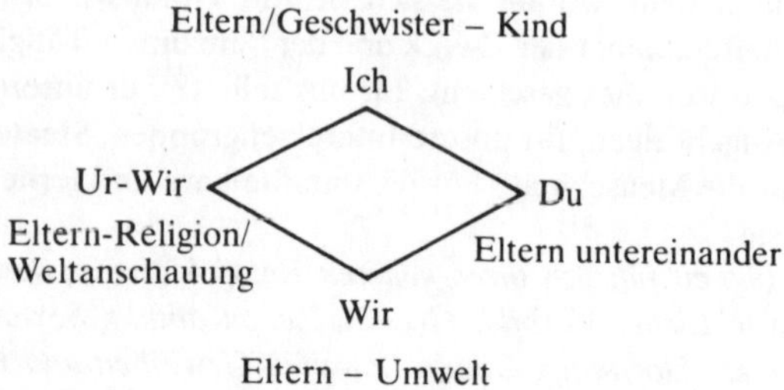

Modellfunktionen bei der Entwicklung der vier Medien der Liebesfähigkeit

Diese Unterscheidungen werfen ein neues Licht auf die Qualitäten der sozialen Beziehungen eines Menschen. Sie werden in der Regel unter dem Begriff ›Kontakt‹ zusammengefaßt. Mit Kontaktmangel wird angedeutet, daß eine bestimmte Art von Kontakt, zumeist die zum Du und Wir, beeinträchtigt ist. Man spricht in diesem Fall von einer Minussymptomatik, läßt aber offen, welche Formen des Kontaktes gemeint sind und auf welche Aktualfähigkeiten sie sich beziehen. So können Aktualfähigkeiten wie ein Filter sozialen Beziehungen vorgeschaltet sein: Man verzichtet darauf, Gäste einzuladen, weil man durch sie in seiner Ordnung gestört wird und Gäste Geld kosten, also das eigene Sparsamkeitskonzept berühren. Ebenso kann die Beziehung zum Ich durch Mißerfolge (Fleiß/Leistung) bei mangelnder Unterstützung aus dem Bereich der primären Fähigkeiten blockiert sein. Das Verhältnis zum Du kann über Konflikte, die den Bereich Sexualität, Treue, Vertrauen betreffen, empfindlich gestört werden, genau wie sich enttäuschte Erwartungen hinsichtlich Ehrlichkeit, Gerechtigkeit und Hoffnung vor das Verhältnis zum Ur-Wir stellen können.

Beziehung zum Ich (Eltern – Geschwister – Kind)

Für die Beziehung zum ›Ich‹, also für das Selbstbild, den Selbstwert und das Selbstvertrauen, ist das Verhältnis der Eltern bzw. primärer Bezugspersonen zu dem Kind und seinen Geschwistern von zentraler Bedeutung. Das Kind lernt hier, eine Beziehung zu sich selbst aufzunehmen, die besonders davon abhängt, wie seine Wünsche und Bedürfnisse befriedigt werden. Zur Entscheidung steht die grundsätzliche Frage: Werde ich akzeptiert, oder werde ich zurückgewiesen? Die Antwort auf diese Frage ergibt sich unmittelbar aus der Bezugsperson-Kind-Beziehung und mittelbar aus dem Vergleich mit der Behandlung etwa der Geschwister. Damit wird eine Primärerfahrung gemacht, die gewissermaßen Bezugssystem für spätere Entwicklungen werden kann. Es ist anzunehmen, daß diese Primärerfahrungen Einfluß auf die späteren Techniken der Selbstwertbestätigung nehmen: Werde ich aufgrund meiner Persönlichkeit oder aufgrund meiner Leistungen akzeptiert? Hier können sich traditionelle Stereotypen der Beziehung zum Ich vorschalten. Beispiel dafür ist die unterschiedliche Bewertung von Mann und Frau, die einem Jungen oder Mädchen nur ausgewählte Formen der Selbsterfahrung zugänglich macht.

Betty erzählte: »Einer meiner ersten Wünsche, an die ich mich überhaupt erinnern kann, ist, daß ich eigentlich ein Junge sein wollte. Wenigstens hat meine Mutter dauernd in der Richtung auf mich eingewirkt. Sie hatte schon zwei Töchter, und da wäre ich wohl sicher besser ein Junge geworden. (. . .) Ich hatte immer das Gefühl, eigentlich auf mich selbst angewiesen zu sein. Meine Mutter sagte mir zwar immer, wenn ich ein Problem hätte, könnte ich zu ihr kommen. Aber wenn irgendwas war, dann war keine Zeit da. Wenn ich dann mal wieder mit irgend etwas nicht fertig wurde, und das war oft der Fall, flüchtete ich mich in meine Träume. Da war alles wunderbar einfach, da gab es keine Probleme, da hatte ich eine Mutter, mit der man über alles reden konnte, und einen Vater, der einem zuhörte, mich verstand und mit mir spielte . . . Meine zweitälteste Schwester war der Buhmann der Familie. Sie kümmerte sich kaum um das, was meine Mutter sagte, und ließ sich regelmäßig alles nachräumen. Sie wurde mir daher immer als abschreckendes Beispiel vor Augen gehalten. Aber insgeheim habe ich sie immer bewundert, wie selbstverständlich sie sich durchsetzen konnte, während ich zu allem ja und amen sagte und mich nur im geheimen zu ärgern traute.« (Beziehung zum Ich, bezogen auf die Aktualfähigkeiten: Gerechtigkeit, Zeit, Vertrauen, Geduld, Gehorsam, Ordnung, Vorbild, Höflichkeit, Ehrlichkeit.)

Synonyme und Beispiel: Identität, Selbstzufriedenheit, Egoismus, Ichhaftigkeit, Selbstwertproblematik, Selbstkonzept, Selbstachtung, Bescheidenheit, an sich denken, mangelndes Selbstbewußtsein; ich bin ein Versager; ich weiß, was ich will; erst einmal ich, dann die anderen; ich habe nur zu mir Vertrauen; nur der Esel nennt sich zuerst; ich brauche immer jemanden, der mir hilft; ich kann allein sein.

Spezielle Fragen: Neben den Eltern spielen häufig die Großeltern als Bezugspersonen für die Modellierung des Selbstwertgefühls eine hervorragende Rolle. Viele Patienten können auf die Frage: »Zu wem haben Sie eine stärkere Bindung, zum Vater oder zur Mutter?« nicht ohne weiteres antworten. Das Wort ›Bindung‹ allein ist für den, der seine individuelle Vergangenheit daraufhin überprüfen soll, zu unspezifisch. Günstiger ist es, die Ausdrucksformen dieser Bindung zu erfragen.

Gefragt wird nach der ›Geduld‹ (Wer von den Eltern war geduldiger, wer hat sich leichter aufgeregt?), nach der ›Zeit‹, die eine Bezugsperson für den Patienten aufbrachte (Wer hat mehr Zeit für Sie gehabt, Ihr Vater oder Ihre Mutter?), und nach dem ›Vorbild‹ (Wen haben Sie für sich zum Vorbild genommen? Wessen Verhaltensweisen und Einstellungen entdecken Sie bei sich wieder?).

Beziehung zum Du (Eltern untereinander)

Für die Beziehung eines Menschen zum ›Du‹ dient als bevorzugtes Modell das Vorbild der Eltern, also die Beziehung der Eltern zueinander. Über dieses Vorbild der Eltern werden die in einer Partnerschaft möglichen Verhaltensweisen nahegebracht. Vor allem werden dadurch Verhaltensformen der Zärtlichkeit vorgeprägt. Das Kind lernt, was an Verhaltensweisen der Zärtlichkeit möglich, was wünschenswert und schließlich was erwünscht ist. Besonders begünstigt wird die Nachahmung dieses Vorbildes durch die enge emotionale Beziehung, in der Eltern und Kind zueinander stehen. In der Regel identifiziert sich das Kind mit einem der beiden Elternteile. Das braucht aber nicht immer der gleichgeschlechtliche Elternteil zu sein. Im Hinblick auf spätere Partnerschaften hat es so einen Ausgangspunkt, der dem eines seiner Elternteile ähnelt. Zugleich geben die Eltern typische Konfliktlösungsmechanismen, aber auch Konfliktdispositionen an das Kind weiter.
Inbegriff der partnerschaftlichen Verbundenheit der Eltern ist deren Treue zueinander. Treue und Ehrlichkeit in der Eltern-Beziehung vermitteln sich aufgrund emotionaler Verknüpfungen in der Familie an die Kinder weiter. Einseitige Fixierungen an einen Partner oder mangelndes Vermögen, sich an einen Partner zu binden, gehen nicht selten auf dieses Vorbild der Eltern zurück. Neben der realen, unmittelbar erfahrenen Atmosphäre, die in der Ehe der Eltern herrscht, entfaltet die Einstellung der Eltern zueinander besondere Wirkung im Sinne des Vorbildes, vor allem wenn das Kind von einem Elternteil in Abwesenheit des anderen ins Vertrauen gezogen wird und ihm dabei bestimmte Bewertungen vermittelt werden.
Das Du, zu dem sich ein personaler Bezug herstellt, braucht nicht unbedingt ein menschlicher Partner zu sein. In das Du können eine Reihe anderer Objekte einbezogen werden: Tiere, Pflanzen, Dinge und abstrakte Vorstellungsinhalte, die gewissermaßen einen Partnerersatz bilden oder eine dem Du-Partner vergleichbare Funktion einnehmen. Beispiel hierfür sind das Haustier, das für viele der einzige Vertraute ist, Pflanzen, Gegenstände und abstrakte Vorstellungsinhalte, die zu imagi-

nären oder realen Partnern vermenschlicht werden und die Rolle eines zentralen Bezugsobjektes übernehmen. Unter diesem Aspekt läßt sich die psychologische Bedeutung von Puppen (Kinder des Kindes), Schnuller (Mutter- und Brustersatz) und Waffen (Autorität, die Schutz gewährt und Macht verleiht; Gewehr als »Braut des Soldaten«) verstehen.

Über die Phantasie stellen sich imaginäre Du-Partner ein, die von der bildhaft ausgemalten Vorstellung eines Sexualpartners bis hin zu Wertvorstellungen und Inhalten reichen, die auf diese Weise zu imaginären Autoritäten werden.

Zur Entwicklung ihrer Beziehung zum Du nahm Betty in folgender Weise Stellung:

»Immer noch höre ich ihre Stimme!«

»Am Samstagabend kam mein Vater häufig betrunken nach Hause und machte Terror. Während er dann in seinem Rausch längst schnarchte, kam meine Mutter zu mir und weinte sich aus, von wegen sie würde sich am liebsten von diesem Unmenschen scheiden lassen, wenn nur nicht die Kinder da wären, wenn sie genügend Geld hätte und wenn sie einen Beruf gelernt hätte. Ich höre immer noch die Stimme meiner Mutter: Kind, lern was, daß du später selbständig bist (...) Ich habe später einen ganz gehörigen Ehrgeiz entwickelt. Obwohl es für mich nicht einfach war, habe ich auf dem Abendgymnasium mein Abitur gemacht und habe jetzt begonnen zu studieren (...) Ich habe eine Reihe guter Freunde, aber wenn die mir zu nahe auf den Hals rücken, bekomme ich es irgendwie mit der Angst zu tun. Ich möchte einfach meine Freiheit nicht verlieren.« (Beziehung zum Du, bezogen auf die Aktualfähigkeiten: Höflichkeit, Ehrlichkeit, Vertrauen, Sparsamkeit, Fleiß/Leistung, Zeit, Vorbild, Kontakt und Zweifel.)

Synonyme und Beispiel: Partnerschaft, Mitgefühl, Liebe, Kontakt, Altruismus, Nächstenliebe, Dyade, Zuwendung, Rivalität, Eifersucht, mein Mann kann sich besser durchsetzen, ich lebe nur noch für ihn, meine Mutter war sehr besorgt um mich, ich vermisse ihn, ich möchte einen Partner nie verlieren.

Spezielle Fragen: Haben die Eltern sich gut verstanden? Ist ein Partner fremdgegangen? Haben die Eltern gegenüber den Kindern zusammengehalten? War es eine Vernunftehe oder eine Liebesehe? In welcher Art und Weise wurden die Probleme ausgetragen? (Eltern schrien sich an, Vater prügelte die Mutter, Mutter strafte den Vater durch Nichtbeachtung, Konflikte wurden überspielt: »Wir haben keine Probleme.«)

Fazit: Als Modelle der partnerschaftlichen Beziehungen können diese Informationen Hinweise auf die Spielformen des partnerschaftlichen Verhaltens und deren Einschränkungen geben.

Beziehung zum Wir (Eltern – Umwelt)

Die Beziehung eines Menschen zum ›Wir‹ wird weitgehend durch das Verhältnis seiner Eltern zur sozialen Umgebung vorgeprägt. Mit der Sozialisation werden neben Leistungsnormen auch charakteristische Einstellungen gegenüber sozialem Verhalten übernommen. Die Einstellungen und Erwartungen beziehen sich auf soziale Bezüge außerhalb der primären Familie. Sie umfassen das Verhältnis zu Verwandten, Kollegen, zu sozialen Bezugsgruppen, Interessengemeinschaften, Landsleuten und auch das Verhältnis zur Menschheit insgesamt. Man entwickelt hier weniger ein Verhältnis zu einem personalen Du als vielmehr Beziehungen zu sozialen Gruppen. Als soziales Wesen ist der Mensch auf die Gruppe angelegt, die ihm eine Reihe wesentlicher Sicherungen bietet, die jedoch auch als bedrohlich erlebt werden kann, denn durch die Konfrontation mit anderen kann auch die eigene Wertvorstellung in Frage gestellt werden. Für einige ist dies Anlaß genug, nur dort Kontakte zu suchen, wo sie mit Zustimmung rechnen können und wo die gleichen Muster der Aktualfähigkeiten und Medien vorherrschen.
Eine Gruppe fordert von ihren Mitgliedern Anerkennung bestimmter, für die Gruppe konventioneller Normen und damit in bestimmten Fällen Triebverzicht. Träger von sozialen Gruppen, die das ›Wir‹ ausmachen, sind Institutionen, also gesellschaftliche Einrichtungen wie Vereine, berufliche Verbände, Kirchen, sportliche Veranstaltungen, politische Parteien, aber auch psychotherapeutische Gruppen, allgemein solche Einrichtungen, die es einem Menschen ermöglichen, von einem ›Wir‹ zu sprechen.
Als Hintergrund für ihr eigenes Verhältnis zu Mitmenschen und zu Gruppen berichtet Betty:

»Seine Ruhe war ihm wichtiger.«
»Mein Vater hatte eigentlich nur Kontakt mit seinen Geschäftskunden. Anderweitigen geselligen Kontakt pflegte er kaum. Meine Mutter wollte eigentlich öfter mal ausgehen, weil aber mein Vater seine Ruhe haben wollte, unterblieb das. Verwandte kamen selten. Ich hatte häufig das Gefühl, daß sich meine Eltern für die Schwierigkeiten anderer Menschen kaum interessierten. Geselligkeiten waren in unserem Hause schon deshalb unmöglich, weil das meinen Vater zuviel gekostet hätte (. . .) Ich selber habe den Wunsch, von anderen und in einer Gruppe anerkannt zu werden. Aber wenn es darum geht, zu irgendwelchen Veranstaltungen zu gehen, in denen man nicht gerade anonym einer unter Tausenden ist, kann ich einfach nicht über meinen Schatten springen. Wenn ich irgendwo mal was sagen soll, springt mir das Herz richtig zum Hals heraus.« (Bezug zum Wir, bezogen auf die Aktualfähigkeiten: Kontakt, Fleiß/Leistung, Gehorsam, Sparsamkeit, Ehrlichkeit, Zutrauen.)

Synonyme und Beispiel: Kontakt, Gruppe, Familiensinn, Solidarität, Mitmenschen, Masse, Menge, Interessengemeinschaft, Wir-Gefühl, Klassenbewußtsein, Mitsprache, Familie, Sippe, Nation, Volk, Gesellschaft, Staat, Menschheit, Angst vor der Gruppe, Flucht in die Geselligkeit, Clique, peer-group (Gruppe der Gleichaltrigen), Gruppenmensch, Geselligkeit, Kontaktarmut, Isolation, Autismus, Hemmungen.

Spezielle Fragen: Wer von den Eltern war kontaktfreudiger? Wer wollte Gäste zu Hause haben? Hält der Patient seine Familie für kontaktfreudig? Wurde man selbst in den sozialen Kontakt der Eltern einbezogen (Wenn Erwachsene reden, hast du zu schweigen)? War das Kind Repräsentationsobjekt der elterlichen Geselligkeit (Wenn die Gäste kommen, benimm dich anständig, nicht, daß du etwas anfaßt)? Wurde die Geselligkeit als Forum für die Leistungen der Kinder verwandt (Du spielst uns allen etwas auf der Geige vor)? Aus welchen Gründen wurden Kontakte aufgenommen oder blockiert? (Gäste nur aus Geschäftsinteresse oder wegen verwandtschaftlicher Verpflichtungen: Gäste ohne jede Auswahl; nur Berufskollegen bzw. Einschränkung des Kontaktes wegen Ordnung, Sauberkeit, Sparsamkeit: »Gäste machen nur Unordnung, erzählen überall herum, wie es bei uns aussieht, Einladungen kommen uns zu teuer.«) Greifen Sie lieber zu einem Buch, oder sind Sie lieber mit Menschen zusammen? Waren Ihre Eltern gesellschaftlich oder politisch engagiert? Wie steht es mit Ihrem Engagement? Wofür würden Sie sich einsetzen? Gehörten Ihre Eltern Vereinen, Interessengruppen oder Arbeitsgemeinschaften an? Sind Sie für kollektive Aktivitäten zu haben? Fühlen Sie sich manchmal selbst unter Leuten einsam?

Fazit: Soziale Kontakte, die über die Zweierbeziehung hinausgehen, sowie das Verhältnis zu sozialen Bestätigungen lassen sich aus diesen Hintergrundinformationen hypothetisch erschließen.

Beziehung zum Ur-Wir (Eltern – Religion/Weltanschauung)

Die Beziehung eines Menschen zum Ur-Wir hängt zunächst von dem Verhältnis ab, das seine Eltern gegenüber Religion und Weltanschauung haben. Vor dem Hintergrund eines religiös-weltanschaulichen Bezugssystems erhält die Sinnfrage ihre Antwort. Damit bezieht sich das Ur-Wir nicht nur auf die formale Zugehörigkeit zu einer religiösen oder weltanschaulichen Gruppierung, sondern ist Fundament für die später gestellte Sinnfrage. Selbst wenn die Religion abgelehnt wird, bleibt das Ur-Wir Basis für andere Orientierungssysteme, die Sinngehalte liefern sollen. Als solche Systeme haben wir die Gesellschaft, häufiger noch eine bestimmte Gesellschaftsform, eine bestimmte Lebensweise, die Familie, ein gewähltes Vorbild oder das Leistungs- oder Lustprinzip. Diese Vorstellungsinhalte können zum Idol oder zur Ersatzreligion werden. Mehr noch als die überlieferten Inhalte scheinen Überzeugung und Konsequenz auszumachen, mit denen die Eltern diese Inhalte vertreten. Kinder entwickeln ein recht erstaunliches Gefühl dafür, wie ernst es die Eltern mit der Religion oder Weltanschauung meinen und ob die damit verbundenen Aufgaben mit vollem Einsatz der Persönlichkeit oder nur pro forma erfüllt werden. Von Bedeutung ist auch, ob die Eltern hinsichtlich Religion und Weltanschauung untereinander einig sind oder mit ihrer Uneinigkeit das Kind auf Zweifel hin programmieren. Nicht nur das Verhältnis der Eltern zur Religion ist in diesem Zusammenhang bedeutsam, sondern auch die Erlebniszusammenhänge, welche die Eltern hinsichtlich der Religion herstellen. Ein Vater, der von seinen Kindern strikte Einhaltung äußerer Normen der Religion fordert, wie Kirchgang, Gebet, Fasten usw., der sich selber zugleich ungerecht und unehrlich verhält, bietet den Kindern ein Dissonanzerlebnis, aus dem seine Einstellung zur Religion zum Konfliktherd wird.

Mumifiziertes Festhalten an religiösen Normen, revoltierende Ablehnung aller religiöser Inhalte – mit Neigung zur Ersatzreligion – oder das ambivalente, unsichere Annäherungs-Vermeidungsverhalten dessen, der sich nicht mit religiös-weltanschaulichen Inhalten identifizieren kann, haben im Elternhaus ihre Grundlage. Da die Eltern für das Kind, zumindest in den ersten Lebensjahren, gottähnliche Funktionen annehmen, also allmächtig, allwissend und unangreifbar sind, wird nicht selten die Art und Weise, in der man als Kind Vater oder Mutter erlebt hat, auf die Erwartungen übertragen, die man gegenüber Gott oder gegenüber der unbekannten Zukunft hegt. So kann ein ungerechter Vater den Grundstein zur Vorstellung von einem ungerechten Gott oder einer ungerechten Welt legen oder auch die Zukunft als verbaut, unsinnig und hoffnungslos erscheinen lassen.

»Wer glaubt, wird selig«

»Meine Eltern sind beide evangelisch. Aber zur Kirche sind beide nicht gegangen. Höchstens einmal zu Weihnachten oder zu Ostern und zu meiner Konfirmation. Aber Mutter betete jeden Abend mit uns und auch für sich. Allerdings waren sie entsetzt als ich meinen Mann kennenlernte, der freireligiös war. Eine Ehe ohne Kirche oder eine Hochzeit ohne Trauung gab es für sie nicht. Auch meine Tante schätzte die Menschen nach ihrem Glauben ein. Hatte jemand einen guten Glauben, war er anerkannt, hatte er keinen oder war er Katholik, war er falsch und unberechenbar. Jede andere Religion lehnte sie strikt ab.« (Beziehung zum Ur-Wir, bezogen auf die Aktualfähigkeiten: Glaube/Religion, Zeit, Kontakt, Gehorsam, Höflichkeit, Ehrlichkeit).

Synonyme und Beispiele: Religion, Weltanschauung, Ideologie, Idol, Idolatrie (Götzendienerei), Ur-Wesen, Unbekanntes, Unerkennbares, Schöpfer, Gott, Propheten, Offenbarer, Glaube, Übergang, Kirche, Ziel, Sinn, Sinn des Lebens, Zukunft, Hoffnung, Zweifel, Gewißheit, Atheismus, Materialismus, Humanität, Fanatismus, Glaubenskrise, Sünde, religiöser Wahn, Glaubenskrieg, Tod, Leben nach dem Tod, Meditation, Gebet.

Spezielle Fragen: Wer von Ihren Eltern war religiös? Hatten Ihre Eltern ein pessimistisches oder optimistisches Verhältnis zur Zukunft? Was war das Lebensziel Ihrer Eltern; was ist Ihr Ziel? Blicken Sie hoffnungsvoll in die Zukunft? Welcher Religion haben die Eltern angehört? Waren sie hinsichtlich ihrer religiösen und weltanschaulichen Vorstellung einig? Wurde die Weltanschauung des einen Elternteils von dem anderen abgelehnt? Wurden die religiösen und weltanschaulichen Vorstellungen der Eltern von den anderen sozialen Bezugsgruppen anerkannt (Verwandte, Schule, Nachbarn, Kollegen, staatliche Institutionen)? Wurden religiöse und weltanschauliche Abweichungen tolerant behandelt? Wurden stereotype Auffassungen gegenüber anderen weltanschaulichen und religiösen Gruppierungen entwickelt? Beten Sie, oder benutzen Sie irgendeine Form der Meditation? Wer von Ihren Eltern hat gebetet und mit Ihnen gebetet? Wer hat sich mit Fragen wie Leben nach dem Tode, dem Sinn des Seins oder dem Wesen Gottes beschäftigt? Welche Bedeutung haben diese Fragen für Sie? Interessieren Sie sich vorwiegend für religiöse, politische oder wissenschaftliche Probleme?

Fazit: Glaube, Religion und Weltanschauung, die als allgemeines Bezugssystem (Grundkonzept) für Einstellungen und Handlungsweisen gelten können, nehmen Einfluß auf die Ausprägung der Aktualfähigkeiten. So können in diesem Zusammenhang auch die religiös-weltanschaulichen Einstellungen als Hintergrundinformationen erfaßt werden über: das Verhältnis zur Sexualität (sexuelle Gebote und Verbote, Riten des Sexualverhaltens), Erziehung (Rollen der Eltern, autoritäre Erziehung, antiautoritäre Tendenzen, Bevorzugung des Sohnes oder der Tochter), Beruf (Eingrenzung der beruflichen Möglichkeiten, Motivation, die hinter dem Beruf steht, z. B. Beruf als Dienst an der Menschheit, Beruf als Selbstverwirklichung, Beruf als Lebensziel, Beruf als gesellschaftliche Aufgabe, Beruf als Belastung und Ablenkung von den wahren Aufgaben), Partnerschaft (Gleichberechtigung in der Beziehung von Mann und Frau; weltanschauliche Bewertung der Partnerschaft als Mittel der Kinderzeugung, als Keimzelle der Gesellschaft, als Lustbündnis, als verbindliche Vorschrift), sozialer Kontakt (vorgeschriebene soziale Beziehungen, z. B. im indischen Kastenwesen oder im Verhältnis der sozialen Gruppierungen, Schichten und Klassen zueinander; weltanschaulich-religiös vorgeschriebene Kontaktsituationen; z. B. gemeinschaftliches Gebet, gemeinschaftliche Feste, gemeinsames Singen, Meditieren oder Arbeiten; die Forderung nach sozialer Askese).

Bedeutung der Liebesfähigkeit

Wir alle stehen in einem Spannungsfeld von Beziehungen und Zusammenhängen, das durch die vier Medien der Liebesfähigkeit umschrieben wird. Diese Beziehungen gehören zu unserer Wirklichkeit; sie werden aber, abhängig von unseren Erfahrungen, unterschiedlich bedeutungsvoll erlebt. Der Individualist, der sich mit eigenen Belangen und einem dinglichen ›Du‹ beschäftigt, der auf ein persönliches ›Du‹ oder ein ›Wir‹ verzichten möchte, hat dennoch eine charakteristische Beziehung zu diesen Bereichen, die beispielsweise durch Mißtrauen bestimmt ist. Genauso wie es Muster der Aktualfähigkeiten gibt, in denen die Aktualfähigkeiten unter bestimmten Bewertungen verteilt sind, gibt es auch Muster von Medien der Liebesfähigkeit. Ein Dieb, der sich am Eigentum anderer vergreift, ist unter diesem Aspekt in seinen Beziehungen nicht grundsätzlich gestört. Vielmehr weist er charakteristische Merkmale auf, die ihn zu seinem den gesellschaftlichen Spielregeln widersprechenden Verhalten veranlassen. Er kann durchaus ein betontes Verhältnis sowohl zum ›Ich‹ als auch zu einem bestimmten ›Du‹, einem ausgewählten ›Wir‹, ja sogar zum ›Ur-Wir‹ haben. Ausgespart ist in diesem Verhältnis das ›Du‹ des Opfers bzw. das gesellschaftliche ›Wir‹, das den Diebstahl mißbilligt und mit Strafe belegt.
So kann ein Medium der Liebesfähigkeit, selbst eine Form der Beziehung, zum Rivalen der anderen werden: aus Ich-Bezogenheit den Partner vernachlässigen; angesichts der eigenen Familie die anderen Menschen vergessen; unter dem Eindruck von Verpflichtungen und gesellschaftlichen Engagements die Familie und sich selbst vernachlässigen; durch starke Betonung des ›Ur-Wir‹ die aktuellen Nöte der anderen Bereiche übersehen oder, in Anspruch genommen durch diese Nöte, das Verhältnis zum ›Ur-Wir‹ vernachlässigen. Die Betonung bestimmter Beziehungen kann somit Symptomcharakter annehmen, da sich aus ihrer Grundlage bei entsprechenden äußeren Einflüssen und Veränderungen Störungen entwickeln können:

»Verlust der Lebensaufgabe«
Eine 52jährige Hausfrau litt unter starken Depressionen, Angstzuständen, und wußte, wie sie immer wieder betonte, mit ihrem Leben nichts mehr anzufangen: »Ich habe das Gefühl, daß alles sinnlos und leer ist. Ich bin vollkommen ausgebrannt.« Im Gespräch ergab sich, daß die Patientin bisher zweimal ernsthaft versucht hatte, sich das Leben zu nehmen. Als ich etwas tiefer forschte, stellte sich folgendes heraus:
Die Frau hatte drei Kinder, die sie nach dem Tode ihres Mannes vor zwanzig Jahren allein aufgezogen hatte. Wie sie mir erklärte, hatte sie den Kindern zuliebe darauf verzichtet, wieder zu heiraten. Im Laufe der Zeit waren alle drei aus dem Elternhaus herausgewachsen und hatten an anderen Orten eine eigene Familie gegründet. Nun hatte die Patientin ihre Lebensaufgabe, die Kinder, »verloren« und konnte keinen

geeigneten Ersatz finden. In dieser Situation empfand sich die Patientin als überflüssig, ihr Leben als sinnlos und die Welt als ungerecht. In den Begriffen der Medien der Liebesfähigkeit: Hauptbeziehung der Patientin war die Beziehung zum ›Du‹ der Kinder und zum ›Wir‹ der eigenen Familie. Nur über diese beiden Instanzen erfuhr sie eine Bestätigung des Ich, das sie ebenso hintansetzte wie soziale Aktivitäten und weiterreichende Interessen.
Dieses charakteristische Muster der Medien der Liebesfähigkeit wurde unter den besonderen äußeren Bedingungen – die Kinder verließen ihre Mutter – zu einem offenen Konflikt.

Willst Du das Land in Ordnung bringen, so mußt Du zuerst die Provinzen in Ordnung bringen, willst Du die Provinzen in Ordnung bringen, so mußt Du zuerst die Städte in Ordnung bringen. Willst Du die Städte in Ordnung bringen, so mußt Du zuerst die Familie in Ordnung bringen. Willst Du die Familie in Ordnung bringen, so mußt Du zuerst Dich selbst in Ordnung bringen (orientalische Weisheit).

Integration von Erkenntnis- und Liebesfähigkeit

Die Medien der Erkenntnis- und Liebesfähigkeit bilden ein intensives Interaktionsgefüge. Strenggenommen läßt sich nicht von einem einzelnen isolierten Medium sprechen.

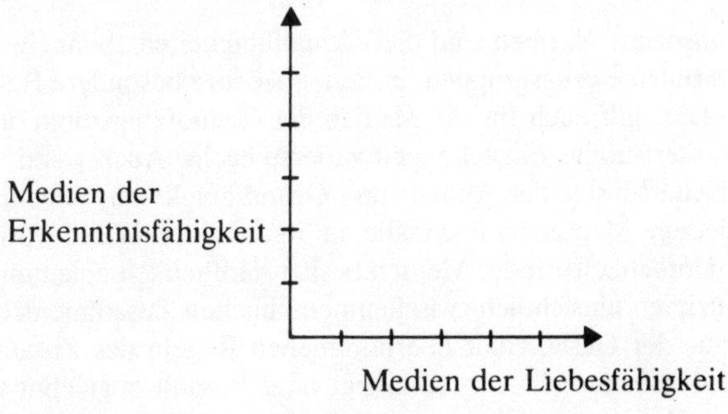

Als Manifestationen von Grundfähigkeiten bilden die Medien die Grundstruktur, auf der sich die aktuellen Eigenschaften und individuellen Besonderheiten aufbauen, die wir mit Hilfe der Aktualfähigkeiten beschreiben. Die Art und Weise, wie sich die Medien der Erkenntnis- und Liebesfähigkeit entwickeln, gibt vor, welche Strukturen von Aktualfähigkeiten realisierbar sind. Durch die Medien der Grundfähigkeiten wird nicht nur die Entwicklung eines Menschen festgelegt, selbst das aktuelle Verhalten spiegelt den Einfluß der Medien und die Bedeutung ihrer subjektiven Bewertung wider.

Das Verhalten eines Menschen wird demnach von einer Vielzahl von Faktoren bestimmt, die zusätzlich in engem funktionalem Zusammenhang zueinander stehen. Beschreibungen, die ein eindeutiges Wenn-dann-Verhältnis erkennen lassen, können diese Komplexität nur dann hinreichend genau wiedergeben, wenn einer der Faktoren ein eindeutiges, offen erkennbares Übergewicht besitzt. Beschreibungen wie: »sexuell gestört«, »beruflich überfordert«, »falsch erzogen«, »religiös fixiert«, »bindungsunfähig«, »unter Streß stehend«, »kontaktarm« usw. sind solche Sonderfälle.

Fazit: Wie sollte uns aber bewußt sein, daß auch diese scheinbar klaren Fälle sich aus einer komplexen Entscheidungssituation heraus gebildet haben, die von einer individuellen Struktur von Medien der Grundfähigkeiten und Aktualfähigkeiten geprägt ist! Diese Struktur ist das Konzept eines Menschen, das eine konfliktrelevante Auswahl seiner Bewertungen, Einstellungen und Verhaltensdispositionen umfaßt. Dieser Sachverhalt kann sowohl in der Erziehung als auch für die therapeutische Diagnostik und das therapeutische Vorgehen von Wichtigkeit sein.

Grundfähigkeiten und Aktualfähigkeiten als Inhalte der transkulturellen Problematik

Als psychosoziale Normen sind die Aktualfähigkeiten abhängig von den soziokulturellen Bezugsgruppen, in denen sie ihre besondere Bedeutung erhalten. Dies gilt auch für die Medien der Grundfähigkeiten, in denen sich charakteristische Einstellungen widerspiegeln. Auch wenn sich unterschiedliche Muster der Aktual- und Grundfähigkeiten zeigen, so sind sie bei jedem Menschen doch alle in irgendeiner Weise vorhanden. Beispiel ›Höflichkeit‹: Jeder Mensch besitzt ›Höflichkeit‹; sie umfaßt alle seine Prinzipien hinsichtlich zwischenmenschlichen Zusammenlebens sowie die aus der Gesellschaft übernommenen Regeln des Zusammenlebens, die gegebenenfalls vernachlässigt oder bewußt abgelehnt werden. In gleicher Weise unterscheiden sich die Bewertungen von Medien der Grundfähigkeiten. Im orientalischen Kulturbereich wird die Intuition als Erkenntnismedium bevorzugt, während im europäischen Abendland die Neigung besteht, dem Verstand größeres Gewicht beizumessen. Analog dazu wird im europäischen Raum das Verhältnis zum ›Ich‹ und ›Du‹, im Orient das Verhältnis zum ›Wir‹ und ›Ur-Wir‹ betont. Damit können, ausgehend von einem psychosozial bedingten Wertsystem, die Aktual- und Grundfähigkeiten in ihrer Ausprägung als positive Größen oder Minussymptomatik ermittelt werden. Allerdings ist zu berücksichtigen, daß zur Bewertung von Aktualfähigkeiten und Medien stets das Verhält-

Das Differenzierungsanalytische Inventar (DAI)
Aktualfähigkeiten-Grundfähigkeiten

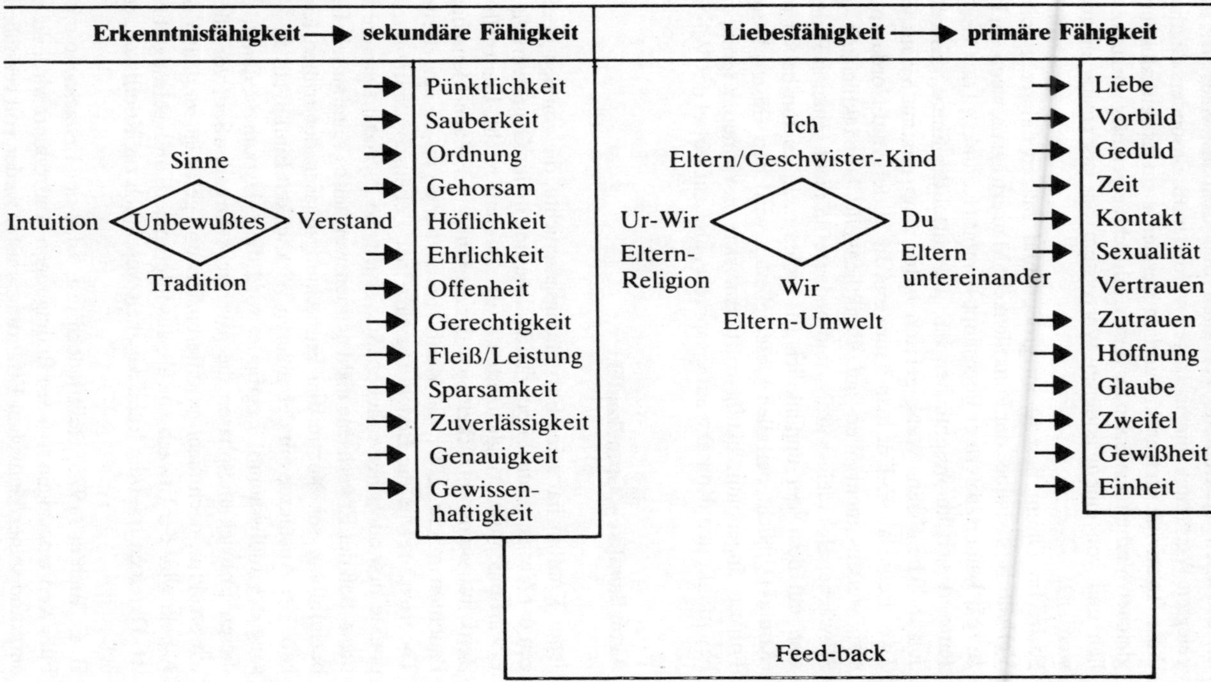

nis zwischen beurteiltem Verhalten und dem als Maßstab zugrunde gelegten Wertsystem hinzugezogen werden muß. Besonders deutlich wird diese Relativität im transkulturellen Vergleich. Im Extremfall können die gleichen Verhaltensweisen als falsch, schlecht, eigenartig und unverständlich und von einem anderen Wertsystem her als positiv eingeordnet werden.

Fazit: Im Orient besteht im großen und ganzen ein recht tolerantes Verhältnis gegenüber der Pünktlichkeit. Man erträgt es, wenn ein Partner zu spät kommt, sofern er überhaupt kommt (Kontakt). Die Geselligkeit zentriert sich im wesentlichen auf die Mittel der Sinne, das gute und ausführliche Essen. Wenn gefeiert wird, dann nur mit vielen Gästen. Zwei Leute allein lädt man kaum ein. In Mittel- und Nordeuropa legt man weitaus mehr Wert auf ›Pünktlichkeit‹. Unpünktlichkeit gilt als Schwäche, als tadelnswürdig, und bedeutet in nicht seltenen Fällen, daß man mit dem, der unpünktlich ist, nichts mehr zu tun haben möchte (Kontakt). Nicht bei allen Geselligkeiten wird den Gästen Essen und Trinken angeboten; häufig trifft man sich in kleineren Gruppen und beschränkt den ›Kontakt‹ auf Gespräche, also auf Mittel des Verstandes.

Aktualkonflikt – Grundkonflikt

Jeder Konflikt hat seine Entstehungsgeschichte, die von den Bedingungen der Vergangenheit über die Realisierung in der Gegenwart bis hin zu Erwartungen und Möglichkeiten in der Zukunft reicht. Innerhalb dieses Zeitkontinuums entwickelt sich der Konflikt, der einen Menschen zum Patienten macht. Über die Konfliktentstehung gibt es eine Reihe von Theorien, welche die Bedeutung einzelner Lebensabschnitte oder Zeitpunkte besonders hervorheben. So vertritt die Psychoanalyse die Hypothese, daß der Erwachsene nicht nennenswert durch seine soziale Umwelt beeinflußbar sei. Nur in den Entwicklungsphasen der frühen Kindheit habe der Austausch mit der äußeren Wirklichkeit Einfluß auf die Verfassung des Individuums. Begründet wird diese Hypothese damit, daß in diesen Entwicklungsphasen die psychische Organisation, vor allem die Ich-Struktur, noch nicht ausdifferenziert und gefestigt sei. Unter diesem Aspekt wird der Erwachsene als ›ausdifferenziert‹ und ›gefestigt‹ betrachtet. Dennoch trägt die frühe Kindheit wesentlich zur Konfliktentstehung bei.

H. E. Richter (1976) stellt jedoch fest, »daß der Erwachsene mit einer Fülle von neuartigen sozialen Bedingungen konfrontiert wird, die er rein aufgrund seiner kindlichen Erfahrungsmuster weder voll verstehen noch praktisch bewältigen kann. Er muß neue Antworten auf Fragestellungen finden, die z. B. seine privaten Partnerbeziehungen, seine Eingliederung in die Arbeitswelt und seine Teilnahme an politischen Vorgängen betreffen. Gelingen ihm solche neuen Antworten, wird er sich an diesen und durch diese im Ganzen verändern. Und solche Veränderungen setzen den Entwicklungsprozeß der Kindheits- und Jugendphase fort«.

Analysiert man psychosoziale Konflikte im Hinblick auf ihre Entwicklung in der Lebensgeschichte des Menschen, lassen sich formal zwei Konfliktbereiche unterscheiden, die beide auf die Ausprägung und Art der Konfliktsituation Einfluß haben: der Aktual- und der Grundkonflikt.

Der Aktualkonflikt: Er kennzeichnet die Konfliktsituation, die durch aktuelle Probleme, wie berufliche Überforderung, Ehezwistigkeiten, Schwierigkeiten mit den Kindern oder Eltern, und Probleme in den zwischenmenschlichen Beziehungen unmittelbar bedingt ist. Inhaltlich spielt sich die aktuelle Konfliktsituation in den Verhaltenskategorien der Aktualfähigkeiten und Medien der Erkenntnis- und Liebesfähigkeit ab und ist durch sie zu beschreiben. Diese Inhalte, die im subjektiven Wertsystem und dem Verhaltenskonzept begründet liegen, führen in Konfrontationen zu Konflikten, sobald ihre Auswirkungen die subjektive und situative Tragfähigkeit eines Menschen überschreiten: Ein Kind kommt von der Schule nach Hause, nimmt seine Schulmappe und wirft sie mit Schwung in die Ecke des Korridors. Die Mutter hat dies von der Küche aus gesehen und beginnt, sich fürchterlich darüber zu ärgern. Muß sich die Mutter wirklich ärgern? Ihr Ärger gründet in der Einstellung, Ordnung sei von außerordentlicher Wichtigkeit. Die Bedingungen für die Einstellung finden sich in dem, was wir als Grundkonflikt bezeichnen.

Der Grundkonflikt: Die aktuelle Konfliktsituation kommt nicht zufällig wie ein Blitz aus heiterem Himmel. Sie entwickelt sich teilweise sehr langsam und erreicht schließlich einen Schwellenwert, an dem eine sonst weniger problematische Konfliktsituation in eine psychische oder psychosomatische Störung umschlägt. Um dies verständlich zu machen: Es verhält sich bei der Entwicklung seelischer Störungen ähnlich wie beim Wasser, das langsam erhitzt wird und schließlich, wenn eine gewisse Temperatur erreicht ist, zu kochen beginnt. Aus diesem Grunde wird über den Aktualkonflikt hinaus die Frage nach der Entwicklung der inneren und äußeren Konfliktsituation gestellt und die Kindheit und das Erziehungsmilieu eines Menschen in den Mittelpunkt der psychotherapeutischen Fragestellung gerückt. Wir gelangen hier in Bereiche, in denen wir zu tun haben mit relativ konstanten, also gleichbleibenden Eigenschaften und Einstellungen, die als Persönlichkeitszüge bezeichnet werden.

Die Konfliktsituation, die sich auf dieser Ebene der Analyse zeigt, wird als Grundkonflikt bezeichnet. In den Grundkonflikt gehen Bewertungen und Gewichtungen sowie das Maß der individuellen Entwicklung hinsichtlich der Medien von Erkenntnisfähigkeit und der Liebesfähigkeit mit ein. Sie sind ebenso grundkonflikthafte Voraussetzungen wie das im Laufe der Lebensgeschichte erworbene Muster an Aktualfähigkeiten. Der Grundkonflikt braucht kein einmaliges Ereignis zu sein, wie etwa der Tod einer Bezugsperson. Vielmehr fließen in das, was wir als Grundkonflikt zusammenfassen, alle unsere Erlebnisse ein, die wir bezüglich der Aktualfähigkeiten und Medien der Grundfähigkeiten gemacht haben und die an der Ausprägung der aktuellen Konfliktsituation beteiligt sind. Den Grundkonflikt nur auf die Vergangenheit einzuschränken, hieße, ihn einseitig zu betrachten.

Was als grundkonflikthafte Belastung unsere gegenwärtige Wirklichkeitsbewältigung beeinträchtigt, beschneidet uns nicht nur in unseren gegenwärtigen Entscheidungen und Reaktionsmöglichkeiten, sondern nimmt auch Einfluß auf unsere Zukunft, zum einen direkt, indem sich aus dem Grundkonflikt Motive entwickeln, die uns für die Zukunft Ziele vorgeben und diese zukünftigen Möglichkeiten grundkonflikthaft belasten, und zum anderen wird die eigene Einstellung zur Zukunft, das, was wir als unsere Möglichkeiten, Fähigkeiten und Ziele ansehen, durch unsere Lebenserfahrung, den Grundkonflikt, in gewisser Hinsicht ausgerichtet. Es bilden sich Zielbeschränkungen heraus, Einseitigkeiten, die im tieferen Sinn Zeichen von Neurose sind. Solche Einseitigkeiten lassen sich durch Aktualfähigkeiten und Medien der Grundfähigkeiten (vgl. dort) beschreiben.

In der Psychotherapie, letztlich auch in jeder partnerschaftlichen Situation, können wir andere Menschen nicht nur in der Ausformung annehmen, wie sie einmal waren und wie sie gegenwärtig sind; wir müssen in ihnen zugleich das sehen, was sie werden können, und ihnen solche Entwicklungsmöglichkeiten zugestehen. Damit akzeptieren wir den anderen Menschen nicht nur in seiner geschichtlich gewachsenen Gestalt, sondern bejahen zugleich seine unbekannten Fähigkeiten und Möglichkeiten. Warum ist die Mutter unseres Beispiels der Ansicht, das In-die-Ecke-Werfen des Ranzens wiege so schwer, daß sie sich darüber ärgern muß? Die Antwort auf diese Frage dürfte in der Lernvergangenheit der Mutter zu suchen sein.

Folgende Situationen sind denkbar: Die Mutter wurde als Kind wegen ihrer Unordnung ausgeschimpft und bestraft. Oder: Die Aufgaben der Ordnung wurden ihr in der Kindheit abgenommen, und sie erwartet nun, daß die anderen für die Ordnung sorgen etc. Das Beispiel, das sich auf Pünktlichkeit, Ehrlichkeit, Höflichkeit, Fleiß usw. ausdehnen läßt, impliziert bestimmte Einstellungen zu sozialen Bezügen (Medien der Liebesfähigkeit) und den Medien der Erkenntnisfähigkeit. Die Mutter bewertet

die Unordnung so hoch, daß ihr das Verhalten ihres Kindes sofort ins Auge springt. Sie kann es einfach nicht ignorieren (Sinne). Sie hat es vielleicht nicht gelernt, sich rational mit einer derartigen Konfliktsituation auseinanderzusetzen (Vernunft), und reagiert eher spontan und impulsiv (Intuition).
Bei einer Analyse der Familiensituation stellte sich heraus, daß die Mutter gewissermaßen das Verhalten ihrer eigenen Mutter imitiert (Tradition) und sich ohne bewußte Kontrolle mit ihr identifiziert hatte. Die emotionale Beteiligung rührte in diesem Fall vielleicht daher, daß sich die Mutter für ihr Kind und den Haushalt aufopferte und ihre eigenen Interessen und Bedürfnisse vernachlässigte (Ich). Dabei wurde das Verhalten des Kindes als Undankbarkeit und Ungerechtigkeit erlebt. Die Konzentrierung ihrer Zuwendung auf das Kind lag zum Teil darin begründet, daß ihr Ehemann nur wenig Zeit für seine Familie aufbrachte (Du) und daß die Mutter kaum eigene Kontakte zu anderen Menschen hatte (Wir). Die Hoffnung der Mutter richtete sich nun auf das Kind. Dabei hielt sie sich an die übernommenen Normen und Vorstellungen von Ordnung und Gehorsam, die als Voraussetzungen für einen ›anständigen Menschen‹ tief in ihr verwurzelt waren (Ur-Wir).
Fazit: Neben seiner Bedeutung für die Entstehung von Konflikten wird die Einbeziehung des Grundkonfliktes zu einem Faktor im Therapeut-Patient-Verhältnis. Sie ist eine Antwort auf die Erwartungen des Patienten gegenüber der Psychotherapie, den noch offenen Rest früherer Erlebnisse und die in ihnen noch enthaltene »Gestaltschließungstendenz« und wird zu einem Faktor der Verbundenheit in der Psychotherapie.

Verbundenheit – Differenzierung – Ablösung

Das Geschehen des Aktual- und Grundkonfliktes wird inhaltlich durch die Aktualfähigkeiten und Medien der Grundfähigkeiten erfaßt. Dabei findet sich in jedem Teil des Grundkonfliktes, in der Charakterstitik des Aktualkonfliktes, aber auch in der Einstellung und Erwartung der Zukunft gegenüber, eine dynamische Struktur, die wir als Grundprinzipien sowohl der Entwicklung als auch der Konflikte bezeichnen können. In der individuellen Entwicklung sowie in der partnerschaftlichen Situation durchläuft jeder Mensch fortwährend verschiedene Stadien, die durch folgende drei Prinzipien charakterisiert sind.

1. Das Prinzip der Entwicklung

Das Prinzip der Entwicklung meint, daß alle menschlichen Fähigkeiten einer fortwährenden Wandlung unterliegen und sich im Zusammenhang

mit dem Lebensalter eines Menschen oder der Entwicklungsgeschichte einer Kultur entfalten. Dieses Prinzip wird dann zu einem Mißverständnis, wenn Verzerrungen in der Dimension der Zeit zu einer Über- oder Unterforderung führen. In den zwischenmenschlichen Beziehungen entspricht dem Prinzip der Entwicklung das *Stadium der Verbundenheit.* Entwicklungsgeschichtlich bedeutet dies: Das Kind ist zunächst auf seine Eltern angewiesen. Es benötigt deren Zuwendung, die sich in Vorbild, Geduld und Zeit realisiert. Die Eltern fühlen sich ihrerseits durch Liebe, Hoffnung, Glaube und Verantwortung dem Kind verbunden.
In diesem Stadium nimmt das Kind eine vorwiegend passive Haltung ein. Bei der Befriedigung seiner körperlich-seelischen Bedürfnisse (Mittel der Sinne) ist es auf seine Bezugspersonen, vor allem auf die Mutter, angewiesen. Diese befriedigt die Bedürfnisse des Kindes und lenkt seine ersten, tastenden Erkenntnisfunktionen, entsprechend bestimmten erlernten und für richtig gehaltenen Verhaltensmustern. Das geschieht durch den Fütterungsrhythmus, die Techniken der Reinlichkeitserziehung sowie durch die Art und Intensität der emotionalen Zuwendung. Mit anderen Worten: Das Kind trifft mit seinen noch undifferenzierten Fähigkeiten und einer primär passiven Haltung auf bestimmte Ausprägungen und Muster der Aktualfähigkeiten, auf die es seinerseits nun zu reagieren hat. In Konfrontation mit ihnen erlernt es seine ersten gesteuerten aktiven Verhaltensweisen.
Die gleiche Struktur, die sich bereits hier in der frühen Kindheit abzeichnet, findet sich in den zwischenmenschlichen Beziehungen, im Erleben und in den subjektiven Erwartungen durch das ganze Leben hindurch.

Stadium der Verbundenheit: Sich hilflos fühlen, auf die Zuwendung eines Partners rechnen, Liebe und Geborgenheit erhoffen, von dem Partner erwarten, daß er sich Zeit für uns nimmt, uns akzeptiert, bereit ist, uns zuzuhören, Geduld für uns aufbringt, uns Zeit läßt, Vertrauen zu uns hat und sich seinerseits vertrauenswürdig verhält etc.

Selbst wenn diese Äußerungsformen der Verbundenheit den charakteristischen Verhaltensweisen der frühen Kindheit eng verwandt sind, so ist »Verbundenheit« keine schlechthin infantile Haltung. In jedem Altersabschnitt und in jeder sozialen Situation spielt Verbundenheit eine Rolle, die jedoch durch Rollenerwartungen, altersspezifische Erwartungen modifiziert wird. Selbst der alte Mensch, der im Sterbezimmer liegt, benötigt »Verbundenheit«. Verbundenheit ist damit nicht nur eine stetige Wiederholung kindlicher Abhängigkeiten, sondern besitzt in jeder Situation ihren eigenen, spezifischen Charakter, in den allerdings Erfahrungen und Prägungen aus früheren Entwicklungsphasen einfließen können. Verbun-

denheit kann durchaus den Charakter eines vorherrschenden Persönlichkeitsmerkmals erhalten. Wir sprechen dann von dem »naiv-primären Typ« bzw. von der passiven Erwartungshaltung, bei der vor allem die primären Fähigkeiten betont werden.
Fazit: In der Interaktion, der Beziehung zwischen zwei oder mehreren Menschen, tritt Verbundenheit situativ auf und ist hier in einer Vielzahl von Formen wiederzufinden. Die Kontaktadresse der Aussagenanalyse weist ebenso auf Verbundenheit hin wie die Höflichkeit dem Partner gegenüber oder ganz allgemein die Erwartung, daß sich der Partner mit uns beschäftigt oder uns zuhört. Wir saugen nicht nur Verbundenheit in uns auf, sondern geben sie im Zusammenhang der partnerschaftlichen Beziehungen an unseren Partner weiter: Wir verhalten uns so, um zu lieben, und so, um geliebt zu werden.

2. Das Prinzip der Unterscheidung

Unterscheidung ist eine Grundfunktion, die sich auf die Aktualfähigkeiten konzentriert. Erst durch die Unterscheidung lernt man zwischen Triebbedürfnissen und Erfordernissen der Umwelt vermitteln. Allgemein formuliert: Wir lernen, indem wir zu unterscheiden lernen.
In der Stufe der Unterscheidung ist man ebenso wie in der Stufe der Verbundenheit auf eine Bezugsperson oder Autorität verwiesen.

Stufe der Unterscheidung: Eltern bringen einem Kind bei, wann es Zeit ist, zu essen, wann es schlafengehen kann, daß es vor dem Essen die Hände waschen muß, wem es guten Tag sagen, wie intensiv es sich mit einer Aufgabe beschäftigen soll, wie man mit Geld umgeht, wann und wie man Fragen stellt und wie man sprachlich formulieren lernt, wo die Grenzen zwischen Phantasie und Wirlichkeit liegen und welche Interessen und Formen der sozialen Bezüge, auch psychisch gesehen, lohnenswert sind.

In späteren Lebensabschnitten wird die Funktion der Differenzierung, die man mit den Begriffen Warnung, Unterscheidung, Information, Regeln, Wissen etc. umschreiben kann, von den Eltern an andere Institutionen und Autoritäten abgegeben. Dazu zählen Kindergarten, pädagogisch-kirchliche Institutionen, Schule, Lehre, Gruppe der Gleichaltrigen, Situation im Beruf; außerdem werden Differenzierungen über die Informationsmedien Zeitung, Radio, Fernsehen vermittelt. Jeder soziale Kontakt, in dem man mit anderen Verhaltensnormen und Regeln konfrontiert wird, kann im Sinne der Differenzierung wirken.
In der sozialen Interaktion rückt das Stadium der Unterscheidung in den Vordergrund. Wir lernen nicht nur, unsere Umgebung durch Versuch

und Irrtum zu unterscheiden, vielmehr sind wir zu einem erheblichen Teil auf Informationen aus der sozialen Umgebung angewiesen. Wenn wir Ratschläge geben, auf einen anderen einwirken wollen oder beabsichtigen, seine Einstellungen und sein Verhalten zu ändern, befinden wir uns im Stadium der Unterscheidung. Es wird somit zum Inbegriff der sozialen Anforderungen und der Anpassung an die jeweiligen Bedingungen der Umgebung.

Unterscheidung, soziales Lernen, ist nicht nur etwas, was dem Individuum übergestülpt wird und es in seiner Individualität brutal vergewaltigt. Sähe man nur diesen Aspekt, ignorierte man das Bedürfnis jedes Menschen nach Unterscheidung, das nicht ausschließlich ein sekundäres, durch die Umwelt untergeschobenes Bedürfnis sein kann. Wir alle haben das Bedürfnis nach Unterscheidung. Dieses Bedürfnis macht sich in jeder Entwicklungsstufe bemerkbar.

Nicht nur das kleine Kind, das dauernd fragt und lernt, und nicht nur der Schüler und Student, sondern jeder von uns lernt zu jeder Zeit seines Lebens, selbst dann, wenn wir vielleicht gar nicht lernen wollen. Unterscheidung ist auch ein wesentlicher Teil der Kommunikation. In der Aussagenanalyse sprachen wir vom »Inhalt«. Konkret finden sich in jeder sprachlichen und nichtsprachlichen Kommunikation Hinweise auf Unterscheidung, sei es, daß sie den eigenen Bedürfniszustand betreffen, sei es, daß sie als Appelle an den Partner gerichtet sind oder sachlich Informationen vermitteln.

Setzt sich Unterscheidung als Persönlichkeitsmerkmal fest, kann sich ein Reaktionstyp entwickeln, den wir als »sekundären Typ« bezeichnen, dem es weniger auf die Verbundenheit ankommt, als vielmehr darauf, möglichst auffallende Leistungen zu erzielen.

Fazit: Unterscheidung bedeutet nicht nur, daß man an Unterscheidungen in sich hineinfrißt, was an Informationen, Regeln für wohlanständiges Verhalten und Inhalten des Wissens hineingeht, sondern auch, daß wir die gelernten Inhalte weitergeben, uns mitteilen und über sie soziale Bezüge herstellen – die Fähigkeit, zu lernen und zu lehren.

3. Das Prinzip der Einheit

Bezogen auf die Entwicklung des Menschen, innerhalb deren in jeder Entwicklungsphase eine spezifische Einheit erreicht werden kann, bedeutet Einheit letztlich die Realisierung und Integration von Fähigkeiten zu einer individuellen Persönlichkeit. Damit ist eine gewisse Autonomie verbunden, die an Bedeutung bis zum Erwachsenenalter zunimmt. Während dem Menschen in den frühen Phasen seiner Entwicklung wiederholt gesagt wird: »Wasch deine Hände; mach Ordnung; sei fleißig; benimm dich anständig . . .!«, benötigt er mit zunehmender Reife weniger Informationen von außen. Er bestimmt sich jetzt selbst und entscheidet für sich und andere. Das bedeutet zugleich, daß er sich von den engeren Bezugspersonen ablöst und die Informationen, die er braucht, selbständig sucht und selbständig Verantwortung trägt. Wir können von einem *Stadium der Ablösung* sprechen, das die reifende und reife Persönlichkeit kennzeichnet. Jede »Handlungseinheit« beinhaltet *Ablösung,* wie auch *Verbundenheit* und *Differenzierung.*

Stufe der Ablösung: Ablösung geschieht, wenn die Mutter die Fütterung beendet und das Kind die Nacht hindurch allein läßt, wenn es lernt, sich von Bezugspersonen zu verabschieden, wenn es bei der zunächst passiven Fütterung selber die Flasche in die Hand nimmt, wenn es sich von einem Spielzeug abwendet und sich einem anderen Gegenstand zuwendet, der sein Interesse gefunden hat. Die motorischen Aktivitäten des Laufens befreien das Kind von seinem passiven Angewiesensein auf seine Bezugsperson. Es lernt, sich selbst zu waschen, allein in die Schule zu gehen, seine eigenen Freunde zu suchen. Der junge Mensch löst sich von der Beeinflussung durch die Eltern, indem er seine Informationen selbst sucht, Bücher liest, andere Informationsquellen zu Hilfe nimmt, die ihn oft in Gegensatz zu seinen Eltern und Lehrern bringen. Er wählt seinen Beruf und seinen Partner, seine Bezugsgruppe, trennt sich von Partnern. Schließlich erfolgt Ablösung durch den Tod anderer, den man erlebt, und den eigenen Tod.

Die Freiheit, die in der Ablösung mitenthalten ist, ist nicht absolut. Immer bleiben Autoritäten und Bezugspersonen bzw. die von ihnen vertretenen Aktualfähigkeiten und Medien in der Phantasie vorhanden. Nur sind sie nicht mehr äußere Autorität, deren unmittelbarer Machtanspruch unseren Gehorsam fordert, sondern sie sind als Autorität verinnerlicht und nehmen Einfluß auf unsere Werthaltungen, auch wenn sie nicht mehr anwesend sind. Viele Menschen schwanken zwischen Ablösung und Verbundenheit, möchten selbständig sein, können jedoch diese Selbständigkeit nicht ertragen oder wünschen sich die Zuneigung eines Partners, der sie jedoch in dem Wunsch nach Freiheit wieder entfliehen. Wir sprechen hier von dem Doppel-Bindungs-Typ.
Mit Ablösung ist nicht gemeint, daß man sich von einem Objekt oder einer Person abwendet. Sie bedeutet zugleich die Zuwendung zu einem anderen Objekt, zu einer anderen Person. Ein Jugendlicher, der sich von seinem Elternhaus ablöst, tritt mit dieser Ablösung nicht etwa in einen luftleeren Raum, der keinerlei soziale Bezüge mehr enthielte. Sondern die ursprüngliche Verbundenheit (hier mit den Eltern) wird ersetzt durch eine neue Verbundenheit mit neuen Bezugspersonen und Partnern.

Fazit: Diese Aufeinanderfolge von Ablösung und Verbundenheit ermöglicht es, Kontakt mit anderen Personen und damit anderen Verhaltensmustern herzustellen. Dies bedeutet: sein eigenes Wertgesichtsfeld erweitern und neue Unterscheidungen erwerben, vielleicht aber auch alte Unterscheidungen umwerten.

Interaktionsanalyse

Die Stadien der partnerschaftlichen Interaktion – Verbundenheit, Unterscheidung und Ablösung – bieten uns einen konkreten Einstieg in aktuelle zwischenmenschliche Konflikte. Sie finden sich einerseits in der Entwicklung eines Menschen wieder bzw. kennzeichnen das augenblickliche Bedürfnis eines Partners, andererseits manifestieren sie sich als Einstellungen, Wünsche und Erwartungen der jeweiligen Bezugsperson. Wir sprechen dann von Erwartungsstadien. Treffen, wie letztlich in der Interaktion, die möglichen Interaktionsstadien des Partners und die Erwartungsstadien der Bezugsperson aufeinander, erhalten wir charakteristische Konfliktsituationen:

Erwartungsstadien der Bezugsperson

Ablösung	Unterscheidung	Verbundenheit	
A	B	C	Verbundenheit
D	E	F	Unterscheidung
G	H	I	Ablösung

Interaktionsstadien des Partners

Modell der Stadien einer Interaktion

Zur Analyse eines Konfliktes ist zunächst festzustellen, in welchem Stadium der Interaktion sich der Partner befindet. Man stellt sich folgende Fragen, die das Stadium der Verbundenheit kennzeichnen:
»Hat mein Partner (gerade jetzt) das Bedürfnis, mit mir zusammen zu sein?« »Benötigt er meine Zuwendung?« »Hat er eine intensive emotionale Beziehung zu mir entwickelt?«

Interaktion besteht nicht nur als emotionale Beziehung. Der Partner braucht in gewissen Abständen Informationen und Warnungen. Folgende Fragen weisen auf das Stadium der Warnung/Differenzierung hin: »Fehlen meinem Partner Informationen?« »Benötigt er meinen Rat?« »Braucht er meine Meinung als Entscheidungshilfe?«
Das Stadium der Ablösung des Partners schließlich ist gleichbedeutend mit der Abschwächung, Änderung oder Auflösung emotionaler Beziehungen. Von Ablösung sprechen wir, wenn jemand das Elternhaus verläßt, um selbständig zu leben, wenn er eigene Vorstellungen durchzusetzen versucht, wenn er eigene Entscheidungen treffen möchte. Wir fragen hier:
»Möchte mein Partner für sich, auch ohne meine Entscheidungshilfe, eine Entscheidung treffen?« »Schränkt mein Rat seine persönliche Freiheit ein?« »Beansprucht er für sich Unabhängigkeit?«
Jedes dieser Stadien trifft auf ein Erwartungsstadium der Bezugsperson. Man fragt sich selbst:
»Erwarte ich, daß mein Partner bei mir bleibt, mir hilft, sich mir gegenüber emotional verbunden fühlt und Dankbarkeit zeigt?« (Verbundenheit). »Habe ich das Bedürfnis, meinem Partner Rat zu geben, ihn in seinen Entscheidungen zu beeinflussen oder ihn zu warnen?« (Warnung/Unterscheidung). »Erwarte ich von meinem Partner Selbständigkeit? Möchte ich die Verantwortung für ihn nicht mehr übernehmen? Halte ich es für richtig, ihn sich selbst zu überlassen?« (Ablösung).
Trifft das Erwartungsstadium der Verbundenheit der Bezugsperson auf das Bedürfnis nach Verbundenheit beim Partner, stimmt das Bedürfnis nach Warnung mit der gegebenen Information und Warnung überein und erfolgt von beiden Seiten der Partner gleichermaßen eine Ablösung, so liegen weitgehend konfliktarme Situationen vor. Konflikthaft werden sie, wenn die Bezugsperson und ihr Partner bezüglich der Stadien bzw. ihrer Bedeutungen nicht übereinstimmen bzw. unter den jeweiligen Stadien etwas Verschiedenes verstehen. Nach unserem Modell bestehen neun dieser Konfliktmöglichkeiten.
A: Das Bedürfnis nach Verbundenheit beim Partner trifft auf die Erwartung und das Bedürfnis nach Ablösung bei der Bezugsperson.
Situation: Das vierjährige Mädchen möchte mit dem Vater zusammen spielen, auf seinem Schoß sitzen und sich streicheln lassen. Der Vater zieht sich zurück mit der Begründung, er habe keine Zeit und das Kind dürfe nicht verwöhnt werden.
Typische Störungen: Vernachlässigungssyndrom, verbunden mit Angst vor dem Alleinsein und Trennungsängste; verstärkte emotionelle Abhängigkeit; Ungeduld oder Geduld vor Angst.
B: Auf das Bedürfnis nach Verbundenheit beim Partner trifft die Mei-

nung der Bezugsperson, sie müsse Informationen geben und Warnungen aussprechen.
Situation: Die 28jährige berufstätige Frau hat sich den ganzen Tag darauf gefreut, am Abend zu ihrem Mann zärtlich zu sein. Als der Ehemann nach Hause kommt, beschwert er sich: »Ich sehe, die Arbeit in der Küche ist noch nicht gemacht, und die Sachen von den Kindern liegen noch auf dem Boden herum. Ich frage mich manchmal, wozu man heiratet.«
Typische Störungen: Überforderung; Vertrauensbruch; Stimmungsschwankungen; Aggressionen; Balance zwischen Liebe und Haß; Angst vor Enttäuschungen; Hemmungen vor einem erdrückenden Vorbild.
C: Ein Partner wünscht sich Verbundenheit. Die Bezugsperson gibt ihm jedoch eine andere Verbundenheit als die, die er erwartet.
Situation: Ein 18jähriger Schüler ist zu einer Abendgesellschaft, die seine Eltern veranstalten, eingeladen. Er fühlt sich unter den vielen fremden Erwachsenen unsicher und sucht Unterstützung und Sicherheit durch die Nähe seiner Mutter. Diese erklärt den Gästen: »Was habe ich für einen großen Sohn« und küßt ihn ab. Der Jugendliche sagt später: »Ich hätte in den Erdboden versinken können.«
Typische Störungen: forcierte Ablösung; Vertrauensbruch; Generationskrise; Aggression; affektive Ablehnung; das Gefühl, unverstanden zu sein.
D: Der Partner hat das Bedürfnis nach Informationen, Warnungen und verbalen Anweisungen. Die Bezugsperson jedoch fordert von ihm Selbständigkeit, freie Entscheidung und gibt ihm keine Unterstützung.
Situation: Ein 17jähriger Jugendlicher hat eine neue Freundin, die ihm zwar sehr gefällt, die jedoch etwas unzuverlässig ist. Er möchte von seiner Mutter Rat. Die Mutter antwortet ihm: »Du hast mich bisher auch nicht gefragt und bist dir immer sehr selbständig vorgekommen. Gehe doch zu deinem Vater. Ich bin sowieso da überfragt.«
Typische Störungen: Vertrauenskrise; Überempfindlichkeit; Unsicherheitsgefühl; Ratlosigkeit und Überkompensation.
E: Der Partner möchte Unterscheidungen, Informationen, erhält sie aber von der Bezugsperson nicht in der gewünschten Weise oder in einer für ihn unangenehmen Form.
Situation: Eine 53jährige Hausfrau beklagt sich: »Am letzten Freitag ging unsere Waschmaschine nach sechs Jahren kaputt. Ich wollte von meinem Mann wissen, was ich machen soll. Statt mir klare Antwort zu geben, wirft er mir stundenlang vor, ich müßte sorgfältiger mit der Maschine umgehen, ich hätte als Frau keine Ahnung von Technik und sei auch schuld, daß die Maschine kaputt sei. So schnell frage ich ihn nicht mehr.«
Typische Störungen: versteckte und offene Aggressionen; Rückzug; Vermeidungshaltung; Blockierung der Kommunikation; Enttäuschungen.

F: Beim Partner besteht das Bedürfnis nach Information, Warnung und Entscheidungshilfe. Die Bezugsperson möchte dagegen durch Zuwendung und Zärtlichkeit das Stadium der Verbundenheit aufrechterhalten.
Situation: Ein 35jähriger Angestellter hat berufliche Probleme. Er möchte wissen, ob er eine Umschulung mitmachen soll. Seine Mutter kommt zu Besuch und sagt: »Du hast sowieso zuviel zu tun und siehst richtig schlecht aus. Komm ein paar Tage zu uns, dann werden wir dich wieder einmal richtig rausfüttern.«
Typische Störungen: Aggressionshemmungen; Entscheidungsschwäche; ambivalente Haltung gegenüber der Liebe; Riesenerwartungen gegenüber sich und dem Vorbild; Konflikt in der Familiensituation.
G: Die Bezugsperson beantwortet den Wunsch des Partners nach Ablösung durch eine andere Form der Ablösung.
Situation: Die 17jährige Tochter eines Arztes möchte von zu Hause ausziehen, möchte aber weiterhin aus dieser Distanz einen guten Kontakt mit den Eltern aufrechterhalten. Die Mutter reagiert: »Ich verstehe nicht, wie sie so undankbar sein kann, wo ich ihr doch alles gegeben habe. Wenn sie auszieht, will ich einfach nichts mehr mit ihr zu tun haben. Ich könnte das nicht ertragen.«
Typische Störungen: Übertreibung; Untertreibung; Alles-oder-Nichts-Reaktion; Generationskonflikte, Trennungsängste; offene und versteckte Aggressionen; Schuldgefühle; affektive Ablehnung der Bezugsperson; Gefühl, bedrängt zu werden; Mißtrauen; Isolation; Feindschaft; abnorme Trauerreaktion; Ehekonflikte; Entlastungsdepression.
H: Der Partner möchte sich verselbständigen. Die Bezugsperson erkennt diese erwünschte oder erreichte Selbständigkeit nicht an, sondern versucht, den Partner durch eigene Vorschläge und Ratschläge zu steuern.
Situation: Eine 38jährige Frau, die gerade geheiratet hat, wird von ihrer Mutter besucht. Diese schaut sich skeptisch in der Wohnung um und beginnt: »In den Ecken liegt ganz schön der Staub. Es war gut, daß ich gekommen bin. Da kann dir deine alte Mutter einmal zeigen, was Ordnung ist. Dein Mann wird ja behaupten, ich hätte dir nicht beigebracht, wie man einen Haushalt führt.«
Typische Störungen: Aggression-Aggressionshemmung; Schuldgefühle; Haß; Schweigen aus Trotz; affektive Ablehnung des Vorbildes; nicht mehr zuhören wollen; Entscheidungsschwäche; Blockierung der Handlungsfähigkeit und Unzufriedenheit.
I: Beim Partner besteht das Bedürfnis nach Selbständigkeit und Ablösung. Die Bezugsperson setzt diesem Bedürfnis ihre eigene Erwartung der Verbundenheit entgegen.
Situation: Die 18jährige Tochter möchte studieren. Sie bekommt einen Studienplatz zugewiesen, der 300 Kilometer von ihrem Heimatort ent-

fernt ist. Der Vater nimmt dazu Stellung: »Es kommt nicht in Frage. Wir wissen doch, was da alles passieren kann. Du versumpfst doch dort. Außerdem ist doch die ganze Studiererei Quatsch, erlern hier einen anständigen Beruf, und bleib bei uns.«
Typische Störungen: Unterforderung; Abhängigkeit; Egoismus; Schuldgefühl; versteckte oder offene Aggression; Balance zwischen Liebe und Haß; Mißtrauen; Entscheidungsschwäche.
Fazit: Diese neun Interaktionsformen können als Orientierung dienen, wenn man versucht, auftretende Konflikte zwischen sich und dem Partner zu analysieren. Man kann mit ihrer Hilfe momentane Probleme recht gut erfassen und die eigene Einstellung als beteiligte Komponente miteinbeziehen. Im folgenden soll gezeigt werden, wie man unter Berücksichtigung einer derartigen Orientierungshilfe systematisch und konstruktiv in einer Selbsthilfe vorgehen kann.

Anwendung der Interaktionsstadien

Wenn wir die Interaktionsstadien bisher als Konfliktquellen behandelt haben, haben wir lediglich eine Erscheinung herausgegriffen. Eine soziale Beziehung ohne Verbundenheit, Unterscheidung und Ablösung ist schlechthin undenkbar. Sieht man von der Beschreibung eher bedauerlicher Zustände und Verzerrungen der zwischenmenschlichen Beziehungen ab, gewinnen die Stadien der Interaktion therapeutische Bedeutung: Fixierungen an die Verbundenheit, wie sie in einseitigen Eltern-Kind-Beziehungen oder eifersüchtig verteidigten partnerschaftlichen Beziehungen bestehen, einseitige Unterscheidungen, die lediglich der Aufrechterhaltung von Abhängigkeitsverhältnissen dienen oder jeder intensiveren emotionalen Grundlage entbehren, und Ablösungen, die abrupt und ohne Vorbereitung geschehen, sind über die Stadien der Interaktion der Selbsthilfe und Therapie zugänglich. Einige Beispiele für Therapie und Selbsthilfemaßnahmen, die gewissermaßen Hilfestellungen sein können, haben wir zusammengefaßt.

Anregungen zur Stufe der Verbundenheit

Wenn Verbundenheitsprobleme auftreten, in Formen der Mutter-Sohn-Bindung, Vater-Tochter-Bindung, Anklammerungswünsche an den Partner, muß nicht die Verbundenheit behandelt werden, sondern die Fähigkeit zur Ablösung, die hier zum Teil noch gelernt werden muß.
Solidarität ist gut. Wenn sie jedoch dazu benutzt wird, den Angreifer von

außen, ein anderes Familienmitglied, Lehrer, Nachbarn, andere Mitmenschen und Gruppen, herabzusetzen, unterstützt sie in einseitiger Weise eine ichbezogene Verbundenheit: die anderen sind schlecht; der einzig wahre Freund bin ich. Im Extremfall resultiert daraus der Rückzug aus den sozialen Beziehungen, wobei die Bezugsperson als der einzig übriggebliebene Stützpunkt verwandt wird. Die Probleme aus Schule, Partnerschaft, Ehe, Beruf, Krankheit und Tod schlagen um so intensiver auf die Bezugsperson zurück, die mit ihren gutgemeinten Akzentuierungen der Verbundenheit die Entwicklung der Ablösung verhindert hat: *Sprich positiv über die anderen.*

Wenn möglich, geht die Mutter bzw. die jeweilige feste Bezugsperson mindestens die ersten eineinhalb Lebensjahre des Kindes nicht arbeiten.

Das Kind hat es nicht nur nötig, daß man es liebt, sondern auch, daß man ihm gegenüber diese Liebe ausdrückt. Das Kind, aber nicht nur es, erfährt seine Umwelt durch seinen Körper und seine Sinne; Zärtlichkeit, gestreichelt und umarmt werden, nimmt nachhaltigen Einfluß auf das Lebensgefühl. Das Kind benötigt ein angenehmes emotionales Klima in der Familie. Aus diesen Gründen sollten Streitigkeiten konstruktiv verarbeitet und nicht vor dem Kind ausgetragen werden.

Das Kind ist nicht Objekt, sondern in jeder Stufe seiner Entwicklung ein Partner der Bezugsperson. Der Erzieher ist nicht Besitzer, lediglich Verwalter. Das Kind muß nicht nur richtig essen, sondern hat auch andere Sinne und Bedürfnisse, die zeitgemäß befriedigt werden müssen (singen, spielen, sprechen, Märchen erzählen, Bewegung, Sport).

Auch der Erwachsene braucht Verbundenheit, Zuwendung, Zärtlichkeit und Partner, die sich Zeit für ihn nehmen: Vergiß nicht deinen Partner, wenn Kinder oder Besuch da sind.

Verbundenheit bedeutet nicht nur, miteinander ins Bett gehen, sondern sich Zeit nehmen, gemeinsame Aktivitäten durchführen, gemeinsam planen und etwas miteinander erleben.

Zur Verbundenheit gehört auch das Vorbild, das man gegenüber seinem kindlichen oder erwachsenen Partner darstellt.

Auf dieser Stufe steht weniger das Wort im Vordergrund, vielmehr das Vorbild; man kann nicht nur Verbundenheit gegenüber einzelnen Du-Partnern entwickeln, sondern auch gegenüber Gruppen (Wir) und übergeordneten Prinzipien (Ur-Wir); Mittel, mit ihnen in Beziehung zu treten, sind Gebete und Meditationen.

In Erziehung, Partnerschaft und ärztlicher Praxis wird immer wieder die Forderung gestellt, man müsse sich – ganz im Sinne der Verbundenheit – mit seinem Gegenüber identifizieren. Im Hintergrund steht der Anspruch, man solle sich voll und ganz in den Partner hineindenken, hineinfühlen, hineinversetzen. So wünschenswert dies auch sein mag, so sehr kann es den einen oder anderen überfordern: Man wird mit den Eigenschaften des Partners, in den man sich hineinversetzen möchte, nicht ohne weiteres fertig, gerät in innere Konflikte und Spannungen und wehrt diese schließlich dadurch ab, daß man den Partner emotional ablehnt. Mit anderen Worten: aus der Forderung nach totaler Identifikation wird leicht das Gegenteil, eine stark affektiv besetzte Ablehnung. Dagegen fällt es uns wesentlich leichter, wenn wir uns lediglich mit einzelnen Persönlichkeitsbereichen des Partners identifizieren und diese einfühlende Identifikation schrittweise ergänzen. Wir sprechen hier von partieller und fraktionierter Identifikation. Den Grundstock dafür liefert die Systematik des DAI.

Anregungen zur Stufe der Unterscheidung

Je mehr man sich in das System der Aktualfähigkeiten, der Medien der Grundfähigkeiten und der Mißverständnisse hineindenkt, um so mehr ist man in der Lage, Situationen zu unterscheiden, Konflikte einzukreisen und sie damit angemessen zu beantworten.

Die Fragen des Kindes beantworten, mit dem Partner über Erlebnisse und Probleme sprechen, sagen, was man denkt (Ehrlichkeit) und zwar so, daß er es versteht und es ihn nicht verletzt (Höflichkeit).

Anordnungen, Befehle, Anregungen und Wünsche dem Partner akzeptabel ausdrücken (Kontaktadresse), sie ihm gegenüber begründen (Inhalt) und auf Folgen hinweisen (Symptom).

Nicht nur über das sprechen, was geschehen ist, sondern auch über das, was man tun kann, tun möchte und was einen selbst und den Partner in der Zukunft erwartet (Vergangenheit – Gegenwart – Zukunft).

Sich darüber klarwerden, warum man etwas tut, wie man ein Verhalten bewertet und welche Bereiche inhaltlich davon betroffen sind (Aktualfähigkeiten). Es reicht nicht, wenn man lediglich in einzelnen Bereichen Fähigkeiten entwickelt hat und die anderen wenig beachtet. Es reicht nicht, wenn man nur hofft, sonst aber unpünktlich, ungenau, untreu oder verschwendungssüchtig ist. Unterscheide auch die anderen Aktualfähigkeiten in dir selbst und in deinem Partner.

Dein Vorbild gegenüber deinem Partner legt ihm einzelne Bewertungen und Muster von Unterscheidungen nahe. Es ist gut, sich manchmal daran zu erinnern: nicht nur sagen, wenn man Ordnung möchte, selbst ordentlich sein; nicht nur Geduld fordern, sondern selbst Geduld üben.

Vorstufe der Unterscheidung ist das Spiel, der spielerische Umgang mit Gegenständen und die Übung im kleinen. Ein Kind, das nie ein tieferes Wasser gesehen hat, kann kaum gleich schwimmen; Ein Kind, das nie

Taschengeld zur eigenen Verfügung hatte, wird nur schwer mit Geld umgehen können. Das Mittel, Unterscheidung zu lehren, ist die Erklärung: warum etwas so ist, wie es funktioniert und was man damit erreichen kann.
Lerne unterscheiden zwischen Wesen und Eigenschaft: wenn jemand etwas falsch macht, ist er nicht deswegen schlecht, sondern hat einzelne Erwartungen enttäuscht oder Regeln verletzt. Sag ihm genau, welche Situationen und Aktualfähigkeiten du meinst. Er kann leichter einzelne Aktualfähigkeiten ändern als sich selbst.
Selbst wenn Störungen und Konflikte aufgetreten sind, kann Unterscheidung helfen: Störungen und Konflikte sind nicht prinzipiell negativ, sondern können auch positive Folgen haben. Wenn ein Kind ungehorsam ist, zeigt sich darin bereits die Fähigkeit, sich durchzusetzen. Es geht nicht nur darum, Störungen zu beseitigen, sondern die günstigen Entwicklungsmöglichkeiten zu erkennen, auf Störungen hinzuweisen, sie zu nutzen.

Anregungen zur Stufe der Ablösung

Mit jeder Handlung, die wir durchführen, jeder Aktualfähigkeit, die wir entwickeln, entwickeln wir auch Selbständigkeit, die uns zur Ablösung befähigt. Ablösung bedeutet, daß man selbständig Beziehungen aufnimmt, sich von einem Partner löst und sich einem anderen oder demselben wieder neu zuwendet. Die Fähigkeit zur Ablösung ist hier gleichbedeutend mit der persönlichen Freiheit.
Wenn man dem Partner höflich und ehrlich etwas gesagt und es ihm genügend begründet hat, braucht er noch Zeit, sich zu entscheiden. Die Entscheidung kann man ihm nicht abnehmen. Er trifft sie selbst, heute, morgen, vielleicht in fernerer Zukunft.
Nicht jeder kann sich zu einem bestimmten Zeitpunkt ablösen; der eine braucht mehr Verbundenheit, der andere mehr Unterscheidung (Einzigartigkeit).
Ein Mensch, der nur seinen Partner oder seine Eltern kennt, hat eine geringe Chance, sich von ihnen abzulösen. Manchmal geschieht dies erst bei deren Tod. Die Fähigkeit zur Ablösung kann trainiert werden wie jede andere Fähigkeit.
Ist die Fähigkeit zur Ablösung nur mangelhaft differenziert, kann es passieren, daß der Versuch zur Ablösung sofort durch die Verbundenheit oder Unterscheidung der Bezugspersonen erstickt wird. Andererseits erfolgt hier die Ablösung manchmal explosiv und ist gleichbedeutend mit der Vernichtung einer Beziehung.
Wenn sich ein Mensch von einem Partner, einer Gruppe ablöst, ist dies

nicht notwendig verbunden mit einer Vernichtung der Beziehung, sondern bedeutet eine Umstrukturierung, Umwertung und Weiterentwicklung der Beziehung. Wenn jemand sich ablöst, braucht auch er nicht nur die Bereitschaft zur Ablösung durch die Bezugsperson, sondern eine angemessene Verbundenheit und Unterscheidung.

Schrittweise Ablösung: Das Kind manchmal allein lassen; es selbständig Aufgaben bewältigen lassen; ihm zugestehen, daß es andere besucht und selbst Besuch empfängt; ihm Verbundenheit gewähren, daß es Selbstvertrauen gewinnt; ihm Unterscheidungen geben, daß es selbständig handeln kann und sich auch von der sozialen Nabelschnur der Eltern lösen kann, dem Kind Aufgaben stellen (Einkaufen schicken; es selbst seine Ordnung nach seinem Konzept machen lassen); als Vorbild selbst akzeptable Formen der Ablösung zeigen: Die Eltern gehen weg und lassen das Kind in einer angstfreien Situation allein; die Kinder übernachten gelegentlich bei Bekannten; die Eltern bleiben gelegentlich über Nacht weg; man unternimmt auch etwas unabhängig von dem Partner, dem man das gleiche Recht zugesteht.

Keine Partnerschaft, keine soziale Beziehung dauert ewig. Man kann sich räumlich, sozial und psychisch trennen. Wir müssen uns auch – dies ist in unser Leben einprogrammiert – physisch trennen durch den Tod. Auch der Tod ist eine Form der Ablösung und bedarf einer Vorbereitung, genau wie jede andere Form der Ablösung und jede andere Fähigkeit.

Fazit: Mit Hilfe der drei Stadien der Interaktion »Verbundenheit – Unterscheidung – Ablösung« können wir eine Reihe menschlicher Konflikte besser verstehen. Da die Stadien ihre erste individuelle Bedeutung bereits in der frühen Kindheit erhalten und sich in ähnlicher Form durch das Leben hinziehen, haben sie große Resonanz im Gefühlsleben. Ihre inhaltliche Bedeutung erhalten sie jedoch erst, wenn man weiß, welche Verhaltensbereiche (Aktualfähigkeiten), welche Erkenntnisbereiche (Medien der Erkenntnisfähigkeit) betroffen sind. Zweck der Analyse der Interaktionsstadien ist es vor allem, wie selbstverständlich ablaufende Prozesse durchsichtiger zu machen und sich immer weiter aufschaukelnde Teufelskreise, die Mißverständnissen folgen, aufzubrechen. So läßt sich die Analyse der Interaktionsstadien in der Erziehung, in der Selbsthilfe und in der Psychotherapie anwenden.

Differenzierungsanalyse und Krankheitsentstehung

Die Differenzierungsanalyse widmet sich der Psychologie des Alltagslebens. Das Alltägliche ist nicht das weniger Wichtige. Gerade die sich fast monoton wiederholenden Ereignisse beeinflussen nachhaltig, wie wir uns selbst und unsere Umwelt erleben und wie wir auf sie reagieren können. Vielen erscheint müßig, sich um das zu kümmern, was noch einigermaßen gut funktioniert. Mit dieser Einstellung, die auch in der Medizin und Psychotherapie vorherrscht, verhält man sich weniger vernünftig als der Autofahrer, der wenigstens von Zeit zu Zeit nach dem Ölstand schaut. Nach der Gesamtkonzeption der Therapie des Menschen baut man sozusagen von Zeit zu Zeit lieber den defekten Motor aus. Konflikte und Störungen treten nicht aus dem Nichts hervor, sie sind vielmehr Antworten des Fähigkeitspotentials des Menschen auf besondere fördernde oder hemmende Einflüsse der Umwelt. Gesundheit und Krankheit lassen sich nicht in Schwarz und Weiß malen, da beide Zustandsformen letztlich Antworten auf Entwicklungsmöglichkeiten und Fähigkeiten darstellen. Krankheit als Konflikt bedeutet daher Gelegenheit, sich mit dem auseinanderzusetzen, was sich unter der Oberfläche an Konfliktpotentialen angesammelt hat.
Der Mensch ist ein komplexes Wesen, das man nicht einfach durch lineare Funktionen beschreiben kann. Eine Therapie, welche die Konflikte bei allen Menschen auf gleiche Bereiche zurückführt (Sexualität, Beruf, Religion etc.), die nur bestimmte Funktionen als Ursachen von Konflikten begreift, muß notwendigerweise an den Bedürfnissen der Menschen vorbeigehen. Für einige mögen sie zutreffen, für andere sind sie wie ein falsches Medikament, sind sie Gift. Wir versuchten daher, mit der Differenzierungsanalyse ein Modell zu entwerfen, das die körperlich-seelisch-soziale Komplexität der Persönlichkeit zwar nicht in allen Details, doch in ihren wesentlichen Grundzügen erfaßt. Von diesem Modell ausgehend, können wir die im Einzelfall wirksamen Konfliktbereiche herausarbeiten und gezielt zum Gegenstand der Therapie einsetzen.
Auf der Basis dieses Konzepts kann jede Krankheit auf die Inhalte der Differenzierungsanalytischen Theorie zurückgeführt werden. *Die Differenzierungsanalyse, die positive Psychotherapie ist somit nicht nur Therapie einzelner Krankheitsbilder, sondern bietet potentiell ein therapeutisches Grundkonzept für alle Krankheiten an.* Die Differenzierungsanalyse bietet Modelle zur Beschreibung und zur Erklärung psychosomatischer Störungen und ihrer Zusammenhänge. So können die Hintergrundinformationen zum Verständnis der Situation eines Menschen im Zusammenhang mit einem Magengeschwür oder dem Ausbruch einer Lungentuberkulose mit Hilfe der Aktualfähigkeiten und der Medien der Grundfähig-

keiten beschrieben werden, ohne daß ursächliche Zusammenhänge vorausgesetzt werden. Zum anderen lassen sich Beziehungen und Zusammenhänge zwischen den psychosomatischen Störungen und den Aktual- und Grundfähigkeiten aufzeigen.
In der Entstehung psychosomatischer Krankheiten lassen sich gehäuft Hinweise auf Konfliktbereitschaften erkennen, welche die zwischenmenschliche Beziehung des Patienten betreffen. Diese Problematik stellt sich in ihren Grundzügen als Spannung dar zwischen den eigenen Werthaltungen, eigenen Verhaltensweisen, denen der sozialen Partner und den Normen der Gesellschaft. So finden sich beispielsweise im Zusammenhang mit vegetativen Fehlsteuerungen, wie Reizmagen, Magen- und Zwölffingerdarmgeschwür, Begriffe wie ausgeprägter Ehrgeiz, Prestige, überhöhte Rollenforderungen. Bei funktionellen Atemstörungen, Asthma und Dickdarmentzündung zeigen sich typische Verhaltensbereitschaften, wie betonte Höflichkeit, Gewissenhaftigkeit, Pedanterie, soziale Distanz, Kontaktarmut, Mißtrauen und Angst vor Niederlagen. Bei Patienten mit funktionellen Herzbeschwerden erkennen wir mit auffälliger Häufigkeit ein überhöhtes Anspruchsniveau bei verdeckten Schwäche- und Unzulänglichkeitsgefühlen. Patienten mit Gallenblasenbeschwerden zeigen häufig eine auffällige Friedfertigkeit, Gefälligkeit, Bescheidenheit, Gebefreudigkeit und Bereitschaft, sich für andere zu verausgaben, was Beck (1968) als soziale Helferhaltung charakterisiert. Spiegelberg (1965) beschreibt im Zusammenhang mit Dickdarmgeschwüren (Colitis ulcerosa) ein eigentümliches Bild adynamisch depressiver Prägung mit Passivität, Selbstaufgabe und Hoffnungslosigkeit. Für funktionelle Störungen werden Überbeanspruchungen nervöser und psychischer Art verantwortlich gemacht. Angst, Versagungen und Ärger, abhängig von Umweltfaktoren, aber auch von Temperament und Persönlichkeitsstruktur des Patienten, spielen dabei eine große Rolle. Die nervöse Überbeanspruchung ist zumeist subjektiver Art, d. h. man findet hier nur selten Patienten, die außergewöhnlichen beruflichen oder andersartigen Verpflichtungen unterworfen sind. Häufiger sind es Probleme im Familienkreis, Ärgernisse im Beruf oder einfach Angst vor den trivialen Dingen des täglichen Lebens, die sich bei diesen Patienten äußern in: Klagen über Trockenheit im Mund, Globusgefühl, Schluckbeschwerden, Appetitlosigkeit, Blähungen, Luftschlucken, Übelkeit, Erbrechen, Druckgefühle, krampfartigen Schmerzen im Oberbauch, Durchfall, Verstopfung, Aufstoßen, Sodbrennen, Widerwillen gegen Nahrungsaufnahme, vermehrtem Speichelfluß, Völlegefühl oder Gewichtsverlust (vgl. auch Seemann und Herschl, 1970).
Die Differenzierungsanalyse besitzt vier Modelle zur Beschreibung und Erklärung psychosomatischer Erkrankungen und psychischer Störungen.

1. Beschreibungsmodell: Mit Hilfe der Aktualfähigkeiten und der Medien der Grundfähigkeiten können der Hintergrund einer psychosomatischen Störung und deren psychosoziale Auswirkungen beschrieben werden, ohne daß notwendigerweise ein ursächlicher Zusammenhang vorausgesetzt wird. Die berufliche Situation eines Magengeschwür-Patienten wird nicht nur allgemein als berufliche Überforderung oder Streß beschrieben, sondern durch die Ausprägungen der Aktualfähigkeiten und Medien der Grundfähigkeiten und die entsprechenden Einstellungen, z. B. Betonung von Fleiß/Leistung, Sparsamkeit, Ehrlichkeit und mangelndes Vertrauen. Die obigen Beschreibungen erfassen unter diesem Aspekt die Symptome der Aktualfähigkeiten, auf die sie zurückzuführen sind. Die Spielformen der Aktualfähigkeiten finden sich nahezu exemplarisch in den drei Lebensbereichen *Sexualität* (Partnerschaft), *Beruf* (Fleiß/Leistung) und *Religion* (Weltanschauungen).

Sexualität, Beruf und Religion besitzen dreifache Funktion: Sie sind Dimensionen der Entwicklung und erscheinen in diesem Sinne auch im Inventar der Aktualfähigkeiten. Darüber hinaus können alle drei Bereiche zu Bedingungen und Ursachen von Störungen werden und weiterhin Austragungsort dieser Störungen sein. Dabei besteht keine eindeutige Zuordnung, daß der, der unter sexuellen und partnerschaftlichen Problemen leidet, diese auch wirklich in der Sexualität oder Partnerschaft austrägt, ebensowenig wie berufliche oder religiöse Schwierigkeiten sich symptomatisch in genau ihren Ursprungsgebieten äußern. Vielmehr stehen diese Bereiche, ebenso wie der körperliche, psychische und soziale Bereich, miteinander innerhalb des Gesamtsystems Mensch in funktionalen Beziehungen. Es können hier im Sinne eines Ausgleichsprozesses, der gewissermaßen die Persönlichkeitsökonomie gewährleisten soll, Umgewichtungen, Verschiebungen und Überkreuzbeziehungen stattfinden, die allerdings Aussagen darüber erschweren, was eigentlich primär oder sekundär ist. In allen drei Bereichen sind die Aktualfähigkeiten vertreten, die übergreifende Kategorien darstellen und sich sowohl auf den sexuellen als auch auf den beruflichen und religiös-weltanschaulichen Bereich beziehen können. Der scheinbare Widerspruch löst sich damit durch die Einbeziehung der Aktualfähigkeiten als übergreifende Prinzipien auf.

»Sie hält mich für einen Versager!«

»Meine Sexualität ist überhaupt vollkommen durcheinander. Bevor es überhaupt zu einer geschlechtlichen Vereinigung mit meiner Frau kommen kann, geht die Geschichte schon vorher los. Mir ist das so unangenehm. Meine Frau hält mich für einen Versager. Dabei kann ich berufliche Erfolge vorweisen, wie kaum ein Mann in meinem Alter. Ohne mich zu loben, bin ich ein Organisationstalent und kann gut mit den Leuten umgehen. Ich bin von früh morgens um 7 bis abends um 10 Uhr auf den Beinen, um alles zu organisieren und zu kontrollieren. Und in dem bißchen Zeit, das ich für mich und meine Frau habe, erweise ich mich als sexueller Blindgänger. Das war doch früher nicht so ...« (44jähriger Leiter eines pharmazeutischen Industriebetriebes).

Hier erwies sich die Betonung von Fleiß/Leistung, der Erfolgszwang als durchgängiges Prinzip, das sowohl den partnerschaftlich-sexuellen als auch den beruflichen Bereich betraf. In dem folgenden Beispiel sind Sexualität, Treue und Pünktlichkeit die Leitthemen, die zu einem beruflichen Konflikt führten, der Depressionen und Schlafstörungen als symptomatische Beschwerden auslöste:

»Ich bin nutzlos!«
»Ich bin ein vollkommen nutzloser Mensch. Ich erlebe das jeden Tag im Büro. Meine Kollegen und mein Chef gucken mich schief an. Jetzt ist mir sogar mit Kündigung gedroht worden. Ich möchte am liebsten den Beruf wechseln oder noch besser Schlaftabletten nehmen (...) Ich komme regelmäßig zu spät. Nie gelingt es mir, pünktlich aufzustehen. Allein in der letzten Woche bin ich mehr als dreimal zu spät gekommen (...) Jeden Abend nach Geschäftsschluß warte ich darauf, daß mein Freund kommt. Er kommt manchmal gleich nach Feierabend, manchmal erst um Mitternacht, und in der letzten Zeit kommt er immer häufiger gar nicht. Ich warte dann die ganze Zeit und kann kaum vor drei Uhr nachts einschlafen. Wenn er da ist, dauert es eigentlich ebenso lange. Wir haben doch so wenig Zeit für uns.« (27jährige Sekretärin, Depressionen).

Zwischen Partnerschaft, Religion und Beruf bestehen ähnliche Zusammenhänge. Dies veranschaulicht folgender Fall: Eine 26jährige Patientin, die unter Herzbeschwerden, Angstzuständen, Schlaflosigkeit und Magenbeschwerden litt, schildert ihre Situation:

»Sinnlosigkeit wegen Untreue«
»Ich kann es unmöglich mit meinem Mann länger aushalten. Er ist mir abgrundtief widerlich; ich kann es kaum beschreiben. Ich kann es überhaupt nicht verstehen, daß ich einen solchen Menschen heiraten konnte. Ich bin dahintergekommen, daß er vor unserer Ehe schon andere Frauen hatte. Ich finde das unerträglich. Woher soll ich wissen, daß er jetzt hinter meinem Rücken nicht noch eine Freundin hat. Wenn ich ihn im Betrieb anrufe, ist er oft nicht da. Wenn ich nur wüßte, was er in der Zeit macht. Er besitzt sogar die Frechheit zu sagen, meine Anrufe würden nur stören und ihn und mich vor den Kollegen lächerlich machen. Lächerlich hat er sich gemacht, als er zu den Huren ging.«

Die Eltern der Patientin gehörten zu einer religiösen Gemeinschaft, in der Ehrlichkeit und Treue wesentliche Gebote waren und Untreue mit Ehrverlust und Schande, gerade für den Partner, gleichgesetzt wurde. Von diesem religiösen Konzept aus entstanden partnerschaftliche Probleme, die sich bis auf die berufliche Situation des Ehemannes auswirkten.

2. Das Mikrotraumen-Modell: Die Ansammlung verletzender Erfahrungen, vor allem hinsichtlich der Aktualfähigkeiten und der Medien der Grundfähigkeiten, führt dazu, daß einzelne Persönlichkeitsbereiche für Konflikte sensibilisiert werden. Das fortwährende Ansprechen dieser empfindlichen Zonen (z. B. Unpünktlichkeit bei einem Partner, für den

Pünktlichkeit sehr wichtig ist) führt zu Spannungszuständen, die sich über das vegetative Nervensystem, das Hormonsystem und das Organsystem verselbständigen können. Der Einfluß spezifischer Reize auf besonders sensibilisierte Persönlichkeitszonen wurde im Zusammenhang mit der Herzfunktion nachgewiesen (Peseschkian, 1975). Dabei gehen wir nicht von einem generellen Streß aus, sondern schlüsseln die Streß-Situation in ihre Besonderheiten auf. Daher sprechen wir nicht allgemein von Streß oder einem streßempfindlichen Menschen, sondern unterscheiden, welche Aktualfähigkeiten besonders streßempfindlich bzw. widerstandsfähig gegen Streß sind. Der Streß ist damit abhängig von den im Verlauf der Lebensgeschichte erlernten psychosozialen Normen, die als Einstellungen, Erwartungen und Verhaltensstile mit dem emotionellen Leben korrespondieren. Ein Patient, der wegen der fortgesetzten Unordnung seiner Familienmitglieder in dauerhafte emotionale Erregung gerät und Streßreaktionen zeigt, kann in bezug auf Pünktlichkeit, Sparsamkeit, Treue und Höflichkeit erstaunlich streßtolerant sein (Beobachtungen in der eigenen Praxis).

3. Das Konfliktmodell: Voraussetzung für die Entstehung von Störungen, seien sie psychosomatisch, psychoreaktiv oder psychotisch, ist der Konflikt zwischen einander widersprechenden Einstellungen, Erwartungen, Werthaltungen und Verhaltensweisen. Allgemein spricht man in der Psychotherapie von Konflikten zwischen Wunsch und Angst, Annäherung und Vermeidung, Haß und Liebe, Wollen und Können etc. Die Psychoanalyse beschreibt diesen Zusammenhang mit dem Begriff der Ambivalenz; die Verhaltenstherapie spricht von einander widerstreitenden Lernerfahrungen. Damit wird zwar auf eine Polarität und die damit verbundenen Spannungen hingewiesen, nicht aber auf deren Inhalte, von denen aus die Spannungen erst plausibel werden. Die gelernten psychosozialen Normen, sprich: die Aktualfähigkeiten, werden auf der Grundlage der Erziehung, der Lernerfahrungen und deren innerer Verarbeitung zu Kriterien des Selbstwertgefühls, des Selbstkonzepts und zu Auslösern emotionaler Reaktionen. Treffen einander widersprechende Aktualfähigkeiten aufeinander, kann es zu Konflikten kommen, etwa zwischen innen und außen (jemand erwartet bei großer emotionaler Beteiligung Treue, erfährt bei seinem Partner Kontakt und Untreue).

Der Konflikt kann auch zwischen zwei inneren Werthaltungen ausgetragen werden, wobei die auslösende Konfliktsituation von außen her einwirkt. Der Alkoholiker, der nach einer Entziehungskur genau weiß, daß Alkohol für ihn schädlich, wenn nicht gar tödlich ist, trinkt dennoch mit, nachdem ihn seine Saufkumpanen dazu animiert haben. Er steht in einem Konflikt zwischen Ehrlichkeit (in diesem Fall die Fähigkeit, aus eigenem rationalem Interesse »nein« zu sagen) und Höflichkeit (nachgeben gegenüber den Freunden, die einen nichtalkoholischen Außenseiter nicht dulden wollen).

Es kann sich außerdem ein Konflikt zwischen verschiedenen Werthaltungen ergeben, der im Innern ausgetragen wird und der, wie es scheint, keinen unmittelbaren äußeren Anlaß hat. Ein Psychotiker zog sich beispielsweise von allen seinen gewohnten sozialen Bezügen zurück, mit der Begründung, alle wollten nur sein Geld. Hier stehen Kontakt und Sparsamkeit gegenüber.

Die psychosomatischen Reaktionen lassen sich einerseits unter dem Gesichtspunkt der Mikrotraumen verstehen, zum anderen aufgrund der psychisch-funktionellen Überlastung, welche diese Konflikte für den Patienten darstellen.

4. Das Risikomodell: Die Aktualfähigkeiten und die Medien der Grundfähigkeiten brauchen nicht als unmittelbare Ursachen oder Auslöser somatischer Erkrankungen wirksam zu werden. Störungen können ebensogut mittelbar über den psychosozialen, gesellschaftlichen und ökologischen Hintergrund eintreten.

»Was hat Muskelschwund mit Gerechtigkeit zu tun?«

In eine nordindische Klinik wurde ein achtjähriger Junge wegen Muskelschwunds eingeliefert. Er sah wie ein Skelett aus, lediglich der Bauch wölbte sich wie ein Ballon nach vorn. Um das Überleben zu sichern, mußte das Kind durch eine Magensonde künstlich ernährt werden. Vom medizinischen Modell her gesehen, handelte es sich hier eindeutig um eine Hungererkrankung mit typischen Mangelerscheinungen. Es bestand ein Mangel an Eiweißen, Kohlehydraten, Vitaminen und Aufbaustoffen. Damit ist diese Krankheit jedoch nicht hinreichend begründet, zu ihrem Verständnis gehören die psychosozialen Aspekte: Die Eltern lebten in einer wenig industrialisierten Gegend, in einer Stadt, in der über Dreiviertel aller Menschen monatlich umgerechnet mit 40 Mark auskommen müssen. Die Entfaltungsmöglichkeiten waren erheblich durch religiöse Vorschriften vorbestimmt. Ferner spielen Fragen der sozialen Gerechtigkeit, wie beispielsweise die Verteilung des Eigentums, die sozialen Institutionen sowie die Korruption in staatlichen Ämtern eine Rolle. Die Kinderzahl galt als Ausdruck sexueller Leistungsfähigkeit und Fruchtbarkeit. Hinzu kam, daß die Kinder der Familie fast ausschließlich aus Büchsen ernährt wurden, die durch internationale Hilfsaktionen irgendwie in diese Gegend gelangt waren. Alle diese Faktoren waren in irgendeiner Form an der Krankheitsentstehung beteiligt. In ihnen zeigen sich die Aktualfähigkeiten: Gerechtigkeit, Sexualität, Fleiß/Leistung (einmal auf die Religion und Sexualität, zum anderen auf den Beruf bezogen), Glaube/Religion, Hoffnung, Ehrlichkeit und veränderte Konzepte gegenüber der Ernährung (Mittel des Verstandes, Mittel der Sinne).

Diese sozialen und psychosozialen Faktoren bilden den Hintergrund einer körperlichen Erkrankung, deren Verlauf und Symptomatik allerdings nicht gesellschaftlichen und psychosozialen, sondern körperlichen Regeln folgt. Sie können auch Auslöser verdeckter oder offener zwischenmenschlicher und gesellschaftlicher Konflikte werden und zu Aggressionen, Arbeitsniederlegungen, Kriminalität, Gruppenhaß, Krieg,

Aufständen, Alkohol- und Drogenmißbrauch, Generationskonflikten und Signalverbrechen (wie Flugzeugentführung, Kidnapping, Mord an hochgestellten Persönlichkeiten) führen. So unterschiedlich die ideologischen Überzeugungen sein mögen, so werden auch diese Konflikte vor dem Hintergrund der Aktualfähigkeiten ausgetragen; sie beziehen sich auf bestimmte Vorstellungen von Gerechtigkeit, Treue, Ehrlichkeit, Leistung, Sexualität, Sparsamkeit, Ordnung, Gehorsam etc.
Bei Menschen in Industriestaaten äußert sich dieser somato-psychosoziale Zusammenhang am prägnantesten in den berühmten Todsünden der Zivilisation, den Risikofaktoren. Folgende fünf Faktoren sind bei der Entstehung und Entwicklung psychischer und psychosomatischer Erkrankungen, vor allem der sogenannten Zivilisationskrankheiten, beteiligt.

1. Rauchen;
2. Alkohol, Rauschmittel und Drogen;
3. Übergewicht;
4. Bewegungsmangel;
5. Emotioneller Streß (Angst und innere Spannungen).

Rauchen: 70 Prozent der Patienten mit Herzerkrankungen rauchen mehr als 30 Zigaretten täglich. Jährlich werden etwa zehn Milliarden Mark für Tabakwaren ausgegeben. Lungenerkrankungen wie Krebs und asthmatische Beschwerden werden zu einem Großteil auf Rauchen zurückgeführt. Psychosoziale Ursachen sind: Unsicherheit, Bedürfnis nach Prestige, Angst vor Versagen, der Wunsch, Leistungsbereitschaft aufrechtzuerhalten, Nachahmungsbedürfnis, Gewohnheit, Konformismus (sich wie die anderen oder wie bestimmte Vorbilder verhalten).
Alkohol und Drogen: 20 Milliarden Mark werden jährlich für alkoholische Getränke ausgegeben. Folgen sind: Leberschäden, Stoffwechselerkrankungen, aber auch neurologische und psychiatrische Störungen. Psychosoziale Ursachen: Nachahmung, Konformismus (was sagen die Leute, wenn man sich anders verhält als sie), Hemmungen, familiäre und berufliche Probleme.
Über- und Unterernährung: 55 Prozent aller Schüler sind übergewichtig. Bei 53 Prozent der Patienten mit Herzerkrankungen spielt fettreiche Nahrung eine Rolle. Die Belastung, die das Übergewicht auf das Herz und den Kreislauf ausübt, ist unübersehbar. Psychosoziale Ursachen: Eßtradition (schön sein heißt, dick sein; viel Essen ist Maß für Gesundheit), innere Spannung, Kummer, Probleme mit den Eltern, Verlust eines Angehörigen, Langeweile, Essen als Ersatzhandlung, besondere Bewertung des Eß- und Geschmackserlebnisses (Mittel der Sinne).
Bewegungsmangel: 90 Prozent der Fernseher sitzen während der Winter-

monate drei bis vier Stunden an Wochenenden und Feiertagen vor dem Gerät; die gleichen Nachrichten und Sportreportagen schaut man sich drei- bis viermal an. Sport treibt selbst nur der geringste Teil. Folgen der Bewegungsarmut für das Skelett, den Muskelapparat und die inneren Organe sind bekannt. Psychosoziale Ursachen: Kontaktarmut, Einseitigkeit, passive Beziehung gegenüber dem eigenen Körper, mangelnde Motivation für körperliche Leistungen, Überbewertung intellektueller Leistungen und der Phantasietätigkeit gegenüber den körperlichen Leistungen, mangelnder äußerer Anreiz, mangelnde Gelegenheit für körperliche Betätigung durch berufliche Überforderung, kultur- und religionsabhängige Einschränkungen (körperliche Bewegung gilt prinzipiell oder für bestimmte Altersgruppen als unwürdig), mangelnde Information über geeignete Bewegungs- und Betätigungsmöglichkeiten (Gymnastik für bettlägerige und ältere Menschen, Ausgleichs- und Hochleistungssport, besondere Trainingsprogramme, z. B. Intervall-Training).
Emotioneller Streß (Angst, innere Unruhe): 90 Prozent aller Herzkranken litten vor ihrer Erkrankung unter Überforderung und emotionellem Streß. Emotioneller Streß im hier gemeinten Sinne sind alle innerseelischen und zwischenmenschlichen Konflikte, bei denen ein unterschwelliges Mißverhältnis zwischen Belastung besteht und Belastbarkeit, beide beschreibbar in Begriffen der Aktualfähigkeiten.

Fazit: Die Aktualfähigkeiten bilden, wie leicht einzusehen ist, den Hintergrund für Risikofaktoren, die ohne individuelle und kulturbezogene Ausprägung der Aktualfähigkeiten und Medien der Grundfähigkeiten nicht als krankheitsbegünstigende Faktoren in Erscheinung getreten wären.

Viertes Kapitel: Reaktionstypen – Konzepte – Mißverständnisse

1. Drei Reaktionstypen

Die Last der Ungewißheit

Ein sorgengeplagter Vater jammerte bei einem Hakim: »Mein jüngster Sohn hat mich alt gemacht. Kummer plagt mein Haupt. Mein ältester Sohn ist die Stütze meines Lebens. Ein jedes Wort, das seinen Mund verläßt, ist ein Wort der Wahrheit. Er lügt nie. Meinem zweiten Sohn ist Wahrheit so fern, wie uns der Berg Damawand. Ein jedes Wort, das er spricht, ist Lüge. Ich habe mich damit abgefunden, denn ich weiß immer, woran ich bin. Aber mein jüngster Sohn: Er hat keinen festen Boden unter seinen Füßen. Er lügt, und er spricht die Wahrheit. Jedes Wort aus seinem Munde kann Lüge oder auch Wahrheit sein, ohne daß ich sie zu unterscheiden wüßte. Bei den anderen weiß ich, woran ich bin. Dieses Wissen verläßt mich bei meinem Jüngsten« (persische Geschichte).

Die Entstehungsbedingungen des Grundkonfliktes sollen im folgenden unter einem typologischen Aspekt dargestellt werden. Typen sind ihrem Wesen nach abstrakte Zusammenfassungen gemeinsamer Merkmale. Die Wirklichkeit ist bunter. Hier finden sich weniger reine Formen, als vielmehr Mischformen in ihren unterschiedlichsten Abstufungen und Schattierungen. Ein wesentlicher Unterschied der im folgenden dargestellten typischen Haltungen und Verhaltensweisen zu den meisten gängigen Typologien besteht darin, daß wir den Reaktionstyp dynamisch von seinen Entstehungsbedingungen her begreifen. Konstitution und Veranlagung spielen eine zweitrangige Rolle. Dies bedeutet weiter: Jede Erziehungsform, jede typologische Zuordnung ist nicht notwendiges Schicksal, sondern kann sich im Laufe der Zeit ändern.
In der Differenzierungsanalyse können wir drei Formen einseitiger Orientierung hinsichtlich der Aktualfähigkeiten und der Medien der Grundfähigkeiten unterscheiden: 1. Der naiv-primäre Typ; 2. Der sekundäre Typ; 3. Der Doppelbindungstyp.

1. Der naiv-primäre Typ

Darunter verstehen wir eine einseitige, undifferenzierte (naive) Überbetonung der primären Fähigkeiten und eine Unterforderung im sekundären Bereich. Im Vordergrund stehen Sinneserleben, sensorische Befriedigung, Intuition, auf sensorische Qualitäten gerichtete Phantasie und Tradition, vor allem die Familientradition, die als der Garant von Verbundenheit und Geborgenheit erlebt wird. Die emotionalen Beziehungen sind vor allem auf das Ich, das Du (den Partner) und die Familie gerichtet. Die Bedürfnisstruktur des naiv-primären Typs ist durch Verbundenheit gekennzeichnet, die als Spiegel jener Verbundenheit erscheint, die in seiner Erziehungssituation vorherrschte und von seinen Bezugspersonen an ihn herangetragen wurde. Mittel, diese Verbundenheit zu bewahren, ist oft eine übergroße ›Höflichkeit‹, die anderen vertrauenerweckend, mitunter aber schmeichlerisch und unangenehm erscheint.
Folgender Entwicklungsverlauf ist typisch: Die Eltern, vor allem die Mutter, in sehr vielen Fällen auch die Großeltern, zeigen sich überbesorgt. Dem Kind werden alle Schwierigkeiten – auch die, an denen es sein Selbstbewußtsein entwickeln könnte – aus dem Weg geräumt. Als unangenehm bewertete Leistungsanforderungen im Sinne der sekundären Fähigkeiten werden soweit wie möglich gemieden.

»Meine Mutter hat mir alles weggeräumt . . .« (28jährige Patientin, Angstzustände, Einschlafstörungen und Eheschwierigkeiten).

Die Triebwünsche werden befriedigt, bevor sie sich überhaupt wirklich bemerkbar gemacht haben. Das Kind wird von der Mutter gefüttert, geführt und kontrolliert, ohne daß es zu offenen Bedürfnisäußerungen kommen kann. Es darf nicht überfordert werden. Es soll sich nicht zu sehr anstrengen. »Liebling, du kannst das doch nicht, laß mich es machen.« Eventuelle Bedürfnisäußerungen werden sofort gedämpft. In solchen Familiensituationen wird in der Tat kaum ein lautes Wort gesprochen.
Auf der Seite der Bezugspersonen findet sich häufig folgendes Bild: Der Schutz, den sie dem Partner bieten möchte, ist nicht bloß Selbstzweck. Außer der Tatsache, daß sich hinter der überbeschützenden Haltung zumeist Aggressionen verbergen, die in Angst umschlagen, weil sie nicht sein dürfen, ist der Schutz inhaltlich auf ganz bestimmte Verhaltensweisen bezogen: »Ich räume ihm alle Gefahren aus dem Weg, damit er sich dankbar erweist.« »Ich umgebe ihn mit Vorsichtsmaßregeln, damit er gehorsam unter meiner Kontrolle bleibt.«
Durch diese Erziehungssituation wird eine *Erwartungshaltung* aufgebaut. Das Kind wird abhängig und optimistisch; es lernt: Ich werde geliebt und

gehöre in die Welt. Dieses Vertrauen erhält selbstgefällige und egozentrische Züge: »Wer mich nicht so nimmt, wie ich bin, den kann ich nicht brauchen.« Das Vollbringen von besonderen Leistungen erscheint mithin als überflüssig. Das Kind erwartet, daß seine Umwelt ähnlich reagiert wie seine engere Familie. Ist das nicht der Fall, sieht es sich in seinem Optimismus getäuscht und entwickelt über einen erlebten Vertrauensbruch und das Gefühl, ungerecht behandelt worden zu sein, einen ›sekundären‹ Pessimismus. Es entstehen charakteristische Reaktionsformen, die sich in folgende Worte kleiden lassen:
Ich kann es nicht allein.
Die anderen müssen mir helfen.
Wenn ich keine Hilfe bekomme, dann ist alles vorbei.
In der für diesen Reaktionstyp kennzeichnenden Erziehungssituation dominiert Liebe vor Gerechtigkeit. Als Erziehungsmittel dienen Androhung von Liebesentzug, Belohnungen und Dankbarkeit. Dabei sind folgende Ausprägungsformen zu beobachten, denen allen eine Überbetonung der primären Fähigkeiten zugrunde liegt:

Der wehleidige Typ: Jede Schwierigkeit, mit der er es zu tun hat, jede Krise, Krankheit, jeder Konflikt wird von ihm als Katastrophe angesehen. Er lebt im Leid und kennt – wie es den Anschein hat – nicht den Unterschied zwischen Leid und der Anstrengung, deren es bedarf, mit dem Leid fertig zu werden. Der folgende Fall demonstriert diese Situation:

In dem therapeutischen Gespräch mit einer 16jährigen Patientin, die in einer stark emotionalen Abhängigkeit zu ihrer Mutter stand, kam es in der 5. Sitzung zu einer typischen Selbstdarstellung. Um eine gewisse Selbständigkeit zu erzielen, wurden konfliktbesetzte Inhalte hinsichtlich ihrer Mutter-Bindung bearbeitet. Es entwickelte sich folgender Dialog:

Patientin: »Es geht mir schlechter, seit ich bei Ihnen bin. Ich fühle mich unruhiger und nervös.«

Therapeut: »Dieser Zustand ist verständlich. Um Ihnen das anschaulich zu machen, stellen wir uns eine alte, abbruchreife Villa vor. Um ein neues Haus bauen zu können, muß erst das alte abgerissen werden. Das ist mit Staub, Schmutz und Lärm verbunden. So ähnlich verhält es sich mit unseren alten Einstellungen und Haltungen.«

Patientin: »Ja, ich verstehe, aber kann man das alte Haus nicht stehen lassen und das neue daneben bauen?«

Therapeut: »Sie haben aber nur ein begrenztes Grundstück zur Verfügung.«

Der anspruchsvolle Erwartungstyp: Er erwartet, daß seine Partner sich so verhalten, wie er es sich vorgestellt hat. Dabei formuliert er keineswegs immer seine Wünsche, reagiert aber ›sauer‹, wenn sie ihm nicht gleich von den Augen abgelesen werden: »Da muß man doch selbst drauf kommen . . .« Von besonderer Bedeutung ist in diesem Zusammenhang der Typ, der Sexualstörungen entwickelt, weil er unbewußt in einem Abhängigkeitsverhältnis gegenüber seinen Eltern steht und in der Ehe das Mutterbild auf die Ehefrau bzw. das Vaterbild auf den Ehemann projiziert. Mit bestürzender Regelmäßigkeit müssen diese Menschen erfahren, daß kein Partner auf die Dauer diesen ›kindlichen‹ Erwartungen entsprechen kann.

»Wenn ich es bloß wüßte!«
»Schon seit Wochen spricht meine Frau nicht mehr mit mir. Erst jetzt habe ich herausbekommen, warum: Ihre Eltern waren damals zu Gast. Sie macht mir nun den Vorwurf, ich hätte mich nicht genügend um ihre Eltern gekümmert. Als ich fragte, warum hast du mir das nicht damals gesagt, war sie der Meinung, daß ich von selbst hätte darauf kommen müssen« (38jähriger Geschäftsmann, verheiratet seit neun Jahren).

Der bescheidene Typ: Zu ihm gehören Menschen, die dazu neigen, ihre Forderungen gegenüber der Umwelt für sich zu behalten. Sie »gewöhnen« sich ihre Wünsche ab, um in der Abhängigkeitssituation, welche ihnen Geborgenheit bietet, bleiben zu können. Sie entsprechen dem Heimchen-Typ. Umgekehrt können sie, wenn Forderungen an sie gestellt werden, nicht ›nein‹ sagen. Sie sind »Jasager«, in ihrem treuen Glauben meist ein guter Gefolgsmann. Zugrunde liegt hier die Angst, die Sympathie und Zuneigung der anderen zu verlieren. Der Wunsch, es den anderen recht zu machen, dominiert. Sie überfordern sich zumeist und stellen ihre eigenen (berechtigten) Ansprüche zurück (Ehrlichkeit – Höflichkeit). Aggressionen gegen die Umwelt werden aus dem gleichen Motiv verdrängt und kommen als Vorwürfe und (aggressives) Aufopferungsverhalten zum Vorschein. Sie binden ihre Partner beispielsweise durch Geschenke oder betontes Entgegenkommen und versuchen dadurch, über deren Dankbarkeit ihre eigenen unausgesprochenen Bedürfnisse zu befriedigen.

»Jasager!«
»Wenn mein Chef wieder mit einem großen Paket Arbeit kommt und fragt, ob ich das noch zusätzlich machen könnte, sage ich Trottel bestimmt ja. Hinterher könnte ich mich darüber schwarz ärgern und bekomme barbarische Magenbeschwerden« (42jähriger Angestellter, wegen psychosomatischer Beschwerden in psychotherapeutischer Behandlung).

Der Typ des Störenfrieds: Er zeigt ein kindliches Verhalten und versucht, seinen Willen gegenüber der übermächtigen Erwachsenenwelt mit Hilfe von Trotz durchzusetzen. Es kommt dabei zu heftigen Machtkämpfen, bei denen oft zu raffinierten Mitteln gegriffen wird, wie es das Kind tut, das vor einem Eisgeschäft seinen Wunsch nach einem Eis dadurch durchzusetzen versucht, daß es sich schreiend und strampelnd auf den Boden wirft. Problematisch wird dieses Verhalten, wenn es sich bei Erwachsenen zeigt. Manche Menschen wollen wie in der Kindheit alle

Wünsche erfüllt haben und versuchen daher, das Gewünschte zu erzwingen. Mittel dazu sind offene Rebellion oder heimliche Versuche, das Gewünschte »hintenherum« zu erhalten.

»Was soll ich tun?«
»Wenn mein Mann in einer Gesellschaft nicht die erste Geige spielen kann, wird er unausstehlich. Er meckert dann an allem rum und benimmt sich so, daß alle aufmerksam werden. Ich finde das schrecklich« (48jährige Hausfrau mit Depressionen).

Sexueller Erwartungstyp: Er hat sich in seiner traditionsgebundenen Haltung mit Gruppen-Normen und religiösen Normen so weit identifiziert, daß er diese Normen nicht in Frage stellen kann. Auch wenn Sexualität für ihn ein Problem darstellt, wird er doch äußern: »Darüber spricht man nicht; das ist etwas, was jeder Mensch mit sich selbst austragen muß; wir müssen uns damit abfinden.« Sexualität duldet er allenfalls als notwendiges Übel; in der Heirat zollt er der Tradition den Tribut; der Beischlaf dient als Erfüllung der Pflicht zur Fortpflanzung. Sein Motto der Ehe lautet: Treue bis zum Tod. Sexuelle Betätigungen, die den offiziell zugelassenen Rahmen überschreiten, wie Masturbation, werden soweit als möglich unterdrückt und allenfalls mit Schuldgefühlen besetzt.
Als Störungen treten Angst vor der sexuellen Betätigung oder anschließende Schuldgefühle auf. Frigidität und Impotenz nehmen einen großen Raum ein.
Außer dieser Einstellung gegenüber der Sexualität, die als typisch naiv-primär anzusehen ist, findet sich eine Reihe von Verhaltensweisen und Einstellungen, in denen die passive Erwartungshaltung vorherrscht. So wird in der Karikatur »Liebe als Fesseln« der Geschlechtsverkehr dazu benutzt, den Partner an sich zu binden. Diese Haltung ist nicht selten mit dem Wunsch nach Schwangerschaft verbunden: »Wenn ich ein Kind von ihm habe, ist er mir verpflichtet.« Auch eine verstärkte Traditionsbindung kann das Verhältnis zur Sexualität bestimmen (›Liebe als Generationspflicht‹). Man meint, ab einem bestimmten Alter verheiratet sein und ein Kind haben zu müssen. Oft stehen die Eltern als treibende Kraft dahinter. Sie möchten, daß ihre Kinder eine gute Partie machen und wollen die Enkelkinder verwöhnen. Hier findet man Hochzeiten, zu denen mehrere hundert Personen geladen werden. Hochzeit wird zum Liebensziel. »Liebe als Höflichkeit und Dankbarkeit« gehört ebenfalls in den naiv-primären Rahmen. Liebe wird zu einer Gegengabe, zu der sich jemand verpflichtet fühlt. Sie erhält gewissermaßen Tauschwert. Familiensituationen mit starken emotionalen Beziehungen, die in der Familienstruktur oder dem überbeschützenden Verhalten einer Bezugsperson wurzeln, können verpflichtende Wirkung ausüben. So wird aus der

Partnerwahl, die an sich ein Akt der Loslösung aus dem primären Familienverband sein sollte, ein Akt der Unterwerfung unter die Wünsche der Bezugsperson. Bei der »Liebe als Ergänzung« wählt man einen Partner, der gerade die Eigenschaften besitzt, die man selbst nicht besitzt: »Ich selbst bin ein sehr ruhiger Typ. Schon immer habe ich meinen Mann bewundert, wie selbstverständlich er sich gegenüber anderen behauptet und wie beliebt er ist.« Um einzelne Defizite in der Fähigkeitsausstattung auszugleichen, wählt man sich einen Partner, der eben diesen Ausgleich verspricht. Die wohl für den naiv-primären Typ charakteristischste Karikatur der Liebe ist die »Liebe als Wunschtraum«. Wo die Wirklichkeit die Erwartung enttäuscht, wo Angst vor Erfüllung des Wunsches nach Liebe entsteht, wird häufig Phantasie zum Liebesersatz. Die Begegnung mit dem Partner wird in den Wunschtraum verlegt: »Dieser Mann hat genau meine Wellenlänge. Das Tierische, Körperliche ist ihm ebenso fremd wie mir. Wir beschäftigen uns mit den höchsten Fragen von Kunst, Musik, Literatur und Religion. Ich fühle mich so verstanden von ihm.«
Naiv-religiöse Beziehung: Die Beziehung zum Ur-Wir ist gestört. Mit großer Regelmäßigkeit überträgt der »primäre Typ« die ambivalente Abhängigkeitssituation auf die Religion. Es bestehen zum Teil naive religiöse Vorstellungen, die denen eines Kindes gleichen und mit starken Anklammerungstendenzen verbunden sind. Es läßt sich eine starke unreflektierte Identifikation mit der Religion – das heißt in diesem Fall: mit der kirchlichen Institution und den religiösen Bräuchen – erkennen. Die naive Vorstellung fordert einen Gott, der – ohne Zutun des Menschen – wie einstmals der Vater dem Kind gegenüber die Gebete erhört und Wünsche erfüllt. Gehen die Wünsche nicht in Erfüllung, schlägt das blinde Vertrauen oft in unbedingte Ablehnung um. Sie wollen später von Religion nichts wissen.

»Mein Gott ist ungerecht«
»Als Kind hatte ich großes Vertrauen in Gott und glaubte, daß er allmächtig ist und daß er Wunder vollbringen kann. Darum flehte ich ihn jeden Abend in meinem Gebet an, mir zu helfen. Da ich rothaarig bin – meine Schwester ebenfalls –, waren wir oft dem Gespött der Schulkinder und auch der Erwachsenen ausgesetzt. Ich kam mir vor wie ein Verbrecher und hatte doch keinem Menschen etwas Böses getan – im Gegenteil, ich war immer hilfsbereit, freundlich, höflich. Ich betete also, Gott möge mir und meiner Schwester eine andere Haarfarbe schenken. Ich verstand nicht, warum die Menschen mich verspotteten und warum sie mich nicht mochten. Als mir Gott in meiner großen kindlichen Not nicht half, mußte ich glauben, daß auch er mich nicht liebt. Ich zog mich allmählich von ihm zurück und wollte ihm nicht weiter zur Last fallen« (56jährige Sekretärin mit Hemmungen, Depressionen und psychosomatischen Störungen).

Fazit: Nach den bisherigen Erfahrungen neigen alle Spielarten des naiv-primären Reaktionstypus zur depressiven Neurosenstruktur. Bei ihnen ist

die Geduld als Zeichen der Liebesfähigkeit zu stark (im Sinne einer Aggressionshemmung) oder zu gering (im Sinne einer impulsiven Aggressivität) entwickelt. Die vorwiegende Reaktion ist die *Flucht in die Einsamkeit* und in Gruppen, welche Solidarität und Geborgenheit bieten. Man möchte Anforderungen und Spannungen dadurch ausweichen, daß man sich in sein »Schneckenhäuschen« bzw. in einen Lebensbereich, den man beherrscht, zurückzieht und eine eigene Welt als Gegengewicht zur Wirklichkeit aufbaut:
Die passive Selbstmanipulation, die ihre auffälligste Ausprägungsform in der Drogenabhängigkeit findet, kann als typisch für die Flucht in die Einsamkeit gelten. In ihr finden Ängste und Hemmungen ihren Ausdruck. Im psychischen Bereich zeigen sich vorwiegend folgende Störungen: Ängste, Depressionen, Hemmungen, Angstträume, Antriebslosigkeit, Lustlosigkeit, grundloses Weinen, Traurigkeit, nichts anfangen können, innere Unruhe, Tagesschwankungen der Stimmung, Lärmempfindlichkeit, Reizbarkeit. Im psychosomatischen Bereich, also bei körperlichen Störungen, die auf seelische Bedingungen zurückgehen, zeigt der naiv-primäre Typ eine Tendenz zu somatisieren. Vorwiegend durch seine Sinne und den Körper lebend, verarbeitet er Konflikte mit Vorliebe in diesem Bereich. Auseinandersetzungen schlagen sich sofort körperlich nieder. So kommt es zu Beschwerden wie Abgeschlagenheit, Dickdarmentzündung, Asthma, Kopfschmerzen, Sexualstörungen, verschiedene Allergien, erhöhte Ermüdbarkeit, Beklemmungsgefühle, Schweißausbrüche, Appetitlosigkeit, Erschöpfungsgefühl, Schwindelgefühl, Erbrechen, Übelkeit und Schlafsucht.

Der wehleidige Typ	Der anspruchsvolle Typ	Der bescheidene Typ	Der Typ des Störenfrieds	Der sexuelle Erwartungstyp	Naiv-religiöse Beziehung

Formen des naiv-primären Reaktionstypus

2. Der sekundäre Typ

Die sekundären Fähigkeiten stehen im Vordergrund. Die Mittel, die Wirklichkeit zu erfahren, reduzieren sich auf den Verstand, dem selbst die Sinne und die Intuition untergeordnet werden. Dafür gewinnt die Tradition an Gewicht, selbst wenn sie nur als Leitlinie oder Maßstab dient. Entsprechend der Leistungsorientierung des sekundären Typs werden alle jene sozialen Bezüge bevorzugt, die eine Bestätigung der Leistungsfähigkeit ermöglichen. Es scheint, als würde der sekundäre Typ

ständig im Interaktionsstadium der Unterscheidung, Differenzierung und Warnung festhalten. Er vertritt ›Ehrlichkeit‹, auch wenn sie anderen weh tut. Als Kind kann er sich nur durch besondere Leistungen Zuwendung, Aufmerksamkeit und Liebe der Eltern und der Umwelt erwerben. Er lernt, daß alles von solchen Leistungen abhängt. Seine Triebwünsche werden von den Eltern als Erziehungsmittel eingesetzt. Die Bezugspersonen versuchen, das Kind so früh wie möglich mit sozialen Anforderungen, wie Pünktlichkeit, Sauberkeit, Gehorsam, Ordnung, Sparsamkeit usw., vertraut zu machen. Der Erziehungsstil ist zeitlich durchorganisiert und zielt auf den Gehorsam des Kindes ab. »Wenn du nicht machst, was ich dir sage, wird aus dir nichts.« »Nimm dir ein Beispiel daran, zu was ich es gebracht habe.«
Um das Kind, wie sie sagen, nicht zu verwöhnen, gehen die Eltern recht sparsam mit Zärtlichkeiten und emotionalen Zuwendungen um. Positive Erlebnisse sind nahezu immer mit erreichten Leistungen verbunden. »Solange ich Erfolg habe, bin ich etwas wert.« »Man kann sich auf nichts verlassen, nur auf die eigene Leistung.« An die Stelle des Vertrauens zu sich selbst tritt häufig das isolierte Zutrauen zu einzelnen bisher immer wieder bestätigten und immer wieder zu bestätigenden Aktualfähigkeiten. Menschen, die überwiegend durch die sekundären Fähigkeiten motiviert sind, reagieren typischerweise folgendermaßen:
Ich kann alles allein.
Ich brauche keine Hilfe von anderen.
Laß andere für dich arbeiten.
In einer solchen Erziehungssituation steht Gerechtigkeit statt Liebe im Vordergrund. Als Erziehungsmittel dienen Mahnungen, Drohungen, Liebesentzug und körperliche Bestrafung. Es zeigen sich auch hier typische Haltungen und überdauernde Einstellungen:

Der Erfolgs- und Prestigetyp: Die einseitige Betonung der sekundären Fähigkeiten führt zu einer überstarken Bereitschaft zur Übernahme sozialer Rollen unter dem Motto: »Hast du was, dann bist du was!« Der Erfolg gilt als einziger Maßstab des persönlichen Wertes; kein anderer Wert als der des Erfolges und des Prestiges scheint akzeptierbar. Der besagte Typ fühlt sich bei Erfolgen den anderen haushoch überlegen, bei Niederlagen ist sein Selbstwert gefährdet. Er reagiert, besonders körperlich, mit Schlafstörungen, Kopfschmerzen, innerer Unruhe, Schweißausbrüchen und Magenbeschwerden.

»Der Erfolgszwang«

Herr B., 36 Jahre, verheiratet, zwei Kinder, kam wegen immer wiederkehrender Magengeschwüre mit Blutungen in die psychotherapeutische Behandlung. Die Analyse zeigte, daß eine sehr starke Identifikation mit dem Vater, der Richter war, vorlag.

Diese Identifikation wurde dadurch verstärkt, daß die Eltern geschieden waren und der Patient von seinem 9. Lebensjahr an bis zu seinem 21. Lebensjahr bei seinem Vater wohnte. Dieser legte besonderen Wert auf: Ordnung, Disziplin, Korrektheit, Gewissenhaftigkeit und vor allem auf Ehrlichkeit. Bei Beginn des Studiums traten Schwierigkeiten auf, die sich in der Angst vor Niederlagen und in einem »Erfolgszwang« äußerten. Da der Patient diese Werte verinnerlicht hatte, entwickelte er zwar eine gewisse äußere Sicherheit, blieb jedoch innerlich labil und unsicher, da er erfahren mußte, daß seine tatsächlichen Leistungen den Leistungsansprüchen nicht genügen konnten. Dies wurde aktualisiert, als der Patient eine berufliche Verantwortung übernahm, die er sich seit Jahren erträumt hatte, der er sich jedoch subjektiv nicht gewachsen fühlte. Die Folge war eine innere Konfliktsituation, die psychosomatisch mit der oben beschriebenen Symptomatik in Erscheinung trat.

Der Objekttyp: Der Objekttyp verwechselt Objekt und Subjekt. Er verhält sich den Menschen gegenüber so, als hätte er es mit Dingen zu tun, die man gebrauchen muß. Nur der Erfolg ist dabei wichtig, der Mensch als Mensch zählt erst in zweiter Linie. Der persönliche Wert eines Menschen gilt diesem Typ wenig; was zählt, ist sein Gegenwert. Er ist Rechner, dem es ziemlich gleich ist, womit er rechnet, mit Dingen, Produkten oder mit Menschen. Er ist somit die beste Karikatur des Politikers, dessen Charakter und Moral in der Politik allein deshalb nicht verderben können, weil er längst keine mehr zu verlieren hat. Sein sachliches Denken wird zwar gern anerkannt, jedoch ist er ein Mensch, mit dem man nur schwer warm wird und der nach außen hin Widerstand gegen gefühlsmäßiges Engagement zeigt.

»Von wegen Betriebsklima«
»Wozu dieser ganze neumodische Quatsch im Betrieb, von wegen Betriebsklima, innerbetriebliche Kontakte usw. Es kommt schließlich nur darauf an, daß die Arbeit ordentlich, pünktlich und exakt erfolgt. Meiner Ansicht nach gehört eine solche Verweichlichung nicht in den Betrieb. Wenn man sich nur zusammennimmt, geht alles« (57jähriger Abteilungsleiter).

Der Perfektionist: Extreme Überbetonung von Zuverlässigkeit, Ordnung, Pünktlichkeit, Gewissenhaftigkeit und Fehlerlosigkeit führt zum Perfektionismus. Er basiert letztlich auf der bewußten und unbewußten Angst, nur ja nichts falsch zu machen und Frustrationen zu vermeiden. Der Haltung zugrunde liegt die infantile Situation, in der Niederlagen und der damit verbundene Liebes- und Zuwendungsentzug nicht ertragen werden können. Das Bestreben nach Vollkommenheit oder – in der sozialen Situation, im Konkurrenzkampf – das unbedingte Bedürfnis, den erreichten Status zu verteidigen und immer mehr zu erreichen, bilden bei den *erfolgsorientierten* Perfektionisten das Hauptmotiv. Entsteht im Netz der Beschäftigung das Loch der Freizeit, taucht häufig abrupt die Frage nach dem Sinn oder Unsinn der Arbeit und des Lebens auf.
Der *ängstliche* Perfektionist beschäftigt sich vorwiegend mit Kleinkram,

den er mit größter Sorgfalt und zwanghafter Akkuratesse erledigt. Er erwartet für seine Anstrengungen die Anerkennung seiner Umgebung, die er aber auf die Dauer nicht erhält. Auf der Suche nach Anerkennung widmet er sich immer mehr zweitrangigen Arbeiten und verliert die Übersicht über die ihm tatsächlich gestellten Anforderungen. Er hält im beruflichen Bereich die Lage des Bleistiftes auf dem Schreibtisch für wichtiger als die sachliche Beratung mit Kollegen. Die Beziehung zu Mitarbeitern ist durch ein weiteres Moment belastet. Während der erfolgsorientierte Perfektionist zum offenen Konkurrenzkampf neigt, sucht der ängstliche seine Position durch Neid und Mißgunst zu verteidigen. Ein solcher Mißgünstling wird allmählich zur Karikatur. Er kommt eher als seine Kollegen an den Arbeitsplatz, tut so, als sei er mit seiner Arbeit beschäftigt, registriert aber genauer als eine Stechuhr die Pünktlichkeit seiner Kollegen. Wer zu spät kommt, den meldet er dem Chef oder den anderen Kollegen. Das Tragische an seiner Rolle ist, daß er durch diese Tätigkeit nicht etwa Ansehen und Freunde gewinnt, sondern auf die Dauer Mißtrauen und Ablehnung. Am Abend ist sein Pulver verschossen; er fühlt sich müde, leer und unzufrieden und wundert sich, daß er nicht weiterkommt. Vor der Tatsache, daß er seine Energie zumeist im Leerlauf verschwendet, verschließt er jedoch gemeinhin die Augen. Die Auswirkungen auf Familie, Ehefrau und Kinder sind beträchtlich. Der verselbständigte, auf einzelne Aktualfähigkeiten oder Medien eingeschränkte Perfektionismus kommt der Zwangsymptomatik nahe.

Der sexuelle Leistungstyp: Das Leistungsprinzip äußert sich auch im sexuellen Bereich. Die sexuelle Erfahrung wird zum Maßstab des Selbstwertes. Es gilt nur der, der möglichst viel sexuelle Erfahrungen sammelt, ohne Rücksicht auf die Qualität der sexuellen Erfahrungen (Liebe). Die Beziehung zum Partner kann in gleicher Weise, wie wir es eben beschrieben haben, der »Objektivierung« unterworfen sein. Geliebt wird dann nicht der Mensch, der Träger von Eigenschaften, sondern die von ihm losgelösten Eigenschaften und Eigenarten. Zu diesem Typ gehören meist Menschen, die mit den Normen der Tradition gebrochen haben. Im Gegensatz zum Schweiger halten sie es für wichtig, über das Thema Sexualität so häufig und intensiv wie möglich zu sprechen, sexuelle Erfahrungen zu sammeln und bei jeder gegebenen Möglichkeit Offenheit auf sexuellem Gebiet zu demonstrieren. Zu ihren Schlagwörtern gehören: »Sex gehört zur menschlichen Natur.« »Sex macht Spaß, und alles, was Spaß macht, ist erlaubt.« Der Partner fungiert dabei als Objekt der sexuellen Betätigung im Sinne des persischen Sprichwortes: »Jede Blume duftet anders.« Nicht selten stellen sich trotz (oder gerade wegen) der demonstrierten Freizügigkeit sexuelle Störungen ein, wie Angst vor sexu-

ellem Versagen, vor partnerschaftlichen Bindungen, unkontrollierte Partnerwahl und damit verbunden, seelische und körperliche Überforderungen. Ehebruch, Gruppensex sind bloßes Gesellschaftsspiel.
Liebe wird zur Entspannungsübung, in die nicht nur die sexuellen Spannungen, sondern auch solche münden, die aus dem Leistungszwang in der Arbeitswelt resultieren. Im Sinne der Karikatur »Liebe als Leistung« glaubt man, das Leistungsstreben der Gesellschaft auch auf Sex und Sexualität übertragen zu sollen. Der Geschlechtsverkehr wird zum Leistungssport: »Wenn der Mann oder die Frau keinen Orgasmus bekommen hat, war die ganze Sache nichts wert.« Doch nicht nur der abstrakte Leistungsmaßstab, auch Rivalitäten können als Motivation der Sexualität zugrunde liegen. Liebe wird zum Machtkampf, was besonders dadurch unterstützt wird, daß die meisten sexuellen Aktivitäten eng mit dem Selbstwertgefühl gekoppelt sind. Beim sekundären Typ ist Liebe relativ häufig anderen Überlegungen untergeordnet und wird zur »Liebe als Geschäftsinteresse«. Man heiratet eine Frau, weil man von ihr im Geschäft, in der Praxis oder im Beruf Auftrieb erwartet, weil sie steuerliche Vorteile bringt, weil sie durch ihr Aussehen und ihr Benehmen für den Betrieb einen Gewinn bedeutet.

»Geschlechtsverkehr als logische Konsequenz«
»Mein Mann ist sehr erfolgreich. Er erwartet, daß ich seine Wünsche so erfülle, wie er es sich vorstellt. Auf meine Gefühle nimmt er keine Rücksicht. Ich möchte mehr Zärtlichkeit, aber er geht gleich zur Geschäftsordnung, sprich: zum Geschlechtsverkehr über« (29jährige Ehefrau, Depressionen, Sexualstörungen).

Der Religion und dem Glauben bringt der sekundär Orientierte zwei ihm eigentümliche Einstellungen entgegen:

Der intellektuelle Zweifler: Sind die sekundären Tugenden in der Erziehungssituation überbetont und stark entwickelt worden, kommen für den Fall, daß die Eltern selber aufgrund ihrer eigenen Erfahrungen enttäuscht waren und in religiösen Dingen ein Klima der Ablehnung, Gleichgültigkeit oder Ambivalenz erzeugten, die religiösen Fähigkeiten nicht zur Entfaltung. Solche Menschen überbewerten die Macht ihrer eigenen Vernunft und ihrer eigenen Leistungen. Ihr Antrieb ist ihr Wille – ihr Gott sind sie selbst. Auch wenn sie dies nicht offen ausdrücken, steht dieser Gedanke hinter ihren Haltungen, Einstellungen und Handlungen. Der Kritik an der Religion liegt die mangelnde Unterscheidung zwischen Institution und Religion zugrunde. Sie lasten die Fehler der Institution, z. B. der Kirche, dem Glauben und der Religion an.

»Ohne mich!«
Religion ist eine Sache für alte Omas und Leute, die in unserer Zeit nichts zu suchen haben. Wer sich am Strohhalm der Religion festhält, ersäuft trotzdem. Mit dem

religiösen Glauben ist es so, als wenn man einen Kopfsprung in einen Swimming-pool macht und nicht weiß, ob eigentlich Wasser drin ist. Wer sich seinen Schädel lädieren will, kann dies tun, ich nicht. Wir machen uns Himmel und Hölle auf Erden selber, und Gott hat keinen anderen Platz als in den wirren Gehirnen religiöser Fanatiker. Religion verschleiert die tatsächlichen sozialen Zustände und hält die Menschen ab, zu tun, was nötig ist« (28jähriger Soziologiestudent).

Der bigott Abergläubige: Die frühere Situation des bigott Abergläubigen war durch autoritären Druck zu religiösem Verhalten gekennzeichnet. Er lebte in einem Elternhaus, in dem eine strenge, religiös-dogmatische Einstellung herrschte, identifiziert sich mit den ihm angebotenen religiösen Verhaltensmustern und entwickelte ihnen gegenüber ein ambivalentes Abhängigkeitsverhältnis. In ungünstigen Fällen kommt es dabei zu einem Festhalten an Glaubensformalitäten. Es läßt sich von einer abergläubigen Fixierung sprechen, verbunden mit einem Hang zur Unbedingtheit. Vor diesem Hintergrund hat sich ein großer Teil der kirchlichen Streitigkeiten um des »Propheten Bart« abgespielt, welche die Ursache für religiöse Auseinandersetzungen im kollektiven Rahmen waren. Um sich vor tatsächlichen oder gedachten Angriffen zu schützen, werden Rationalisierungen gebildet, die zumeist formalen Charakter haben, aber von den »Gläubigen« als wahrer Glaubensinhalt fanatisch verteidigt werden. Rationalisierungen in diesem Sinne sind ein starres Festhalten an Dogmen wie dem folgenden: »Moses hat auf dem Berg Sinai direkt mit Gott gesprochen«; »Jesus hat Wasser in Wein verwandelt«; »Brot und Wein sind Fleisch und Blut«; »Brot und Wein bedeuten Fleisch und Blut«; »Mohammed hat den Mond geteilt«; oder »Mohammed ist der Letzte der Propheten«, etc. Solche Beispiele für eine Verwechslung zwischen Symbol und Wesen, Aussageform und gemeintem Inhalt finden sich genauso bei Buddhisten, Hindus, Zarathustra-Anhängern usw. Auch hier liegt eine Unterscheidungsschwäche vor, deren Bedeutung unter dem Aspekt der Geschichtlichkeit, der »Zeit«, verständlich wird.

»Das Beten im Bett«

»Während meiner ganzen Kindheit bis zu meiner Heirat litt ich unter entsetzlicher Gespensterangst. Abend für Abend lag ich angstbebend und schweißgebadet im Bett, weil in unserer Kirche viele Erlebnisse vom Erscheinen Verstorbener erzählt werden. Ich hatte Heulkrämpfe vor Angst, wenn ich ins Bett mußte. Während der Pubertät litt ich unter entsetzlichen Zweifeln und Zwängen. Dies alles war verbunden mit fürchterlichen Schuldgefühlen. Ich kam aus dem Beten nicht heraus« (43jährige Hausfrau, Depressionen, Phobien).

Im Verlauf der Entwicklung mit ihren umweltbedingten Krisen kann sich ein grundsätzlicher Wandel der Einstellung gegenüber der Religion vollziehen. Dieser Wandel kann abrupt eintreten und teilweise mit verstärkten sozialen Auseinandersetzungen in der Familie einhergehen: Das Kind befindet sich in einer Situation, in der es – gemäß seiner Entwicklungsstufe – die ihm vorgegebenen religiösen Inhalte vorbehaltlos übernimmt. Typischerweise werden die religiösen Inhalte und Werte von außen her aufgezwungen und mit dem Druck elterlicher Autorität versehen. In der Zeit um die Pubertät setzt eine Phase der Kritik und des Zweifels ein, die mit der Verselbständigung der eigenen Persönlichkeit und der Loslösung von der Familie einhergeht, zu der das Kind in einem stark affektbesetzten Abhängigkeitsverhältnis stand. Das Elternhaus bietet in solchen Fällen zumeist keinen ausreichenden Rückhalt, als daß den auftretenden Problemen und Schwierigkeiten entgegengewirkt werden könnte. Diese Krise ist jedoch nicht als negativ zu bewerten. Sie bietet dem jungen Menschen die Chance, sich aus der abergläubigen Fixierung zu lösen und sich in selbständiger Suche, vor allem wenn die Umwelt günstige Identifikationsmöglichkeiten bietet, mit religiösen und weltanschaulichen Werten zu befassen. Andererseits ist gerade ein solcher Mensch in der Gefahr, den bigotten Aberglauben seiner Eltern gegen einen neuen aus dem Angebot seiner Umwelt einzutauschen. Er sucht Zuflucht in Ersatzreligionen, wie Vereinen, Ideologien, Idolen und falschverstandenem Joga und Dogmen.

Im Umfeld des sekundären Typs ist die zwanghafte und schizoide Neurosenstruktur angesiedelt. Das Bild des zwanghaften Typus deckt sich in vieler Hinsicht mit dem des ängstlichen Perfektionisten. Er ist schwer beweglich, in seinen Äußerungen gehemmt, unflexibel und zähflüssig. Die schizoide Neurosenstruktur dagegen steht in der Nähe des Objekttyps, der sachlichen Beziehungen gegenüber emotionaler Beteiligung den Vorrang einräumt. Charakteristisch für den sekundären Typ ist *Flucht in die Aktivität,* eine Flucht nach vorn. Dabei entwickelt sich oft eine Neigung zur Ausschließlichkeit, die als typisches Kennzeichen der Flucht anzusehen ist. Der Bereich, der Erfolg gebracht hat, rückt in den Mittelpunkt der Aufmerksamkeit.

Andere Aktivität wird mitunter vernachlässigt und in ihrer Bedeutung herabgesetzt: Die »Leseratte« hat überhaupt kein Verständnis für sportliche Betätigungen und betrachtet sie als Zeitverschwendung. Der »Sportbegeisterte« unterschätzt die Bedeutung des Fleißes in der Schule. Auf die Aktualfähigkeiten übertragen, heißt das, daß sich Einseitigkeiten zugunsten der sekundären Fähigkeiten herausbilden, wobei die primären Fähigkeiten vernachlässigt werden. »Ordnung ist das halbe Leben; die ganze Gefühlsduselei ist Quatsch.« Flucht in die Aktivität hat immer den Charakter einer Offensive. Konflikte werden nach außen getragen, Aggressionen nach außen gerichtet. Hier begegnen uns der laute, aktive Trotzige, der Störenfried, der Bessermacher, der Spielverderber und der Streber. Bei starken inneren Spannungen wird die Aggression offen geäußert, als Angriff gegen Menschen und Dinge, als aktive Fremdmanipulation. Leistung ist Mittel und Waffe, um vielseitige Zuwendung und Selbstbestätigung auch auf dem sexuellen Sektor zu erhalten.

Der sekundäre Typ neigt zu folgenden psychischen Beschwerden: Zwangsimpulse, Zwangsgedanken, Zwangshandlungen, Versagensfurcht, Konzentrationsstörungen, rasch versiegende bis fehlende Aufmerksamkeit, sich angespannt fühlen, alles unerträglich finden, sich nicht ausstehen können, Langeweile, sich an seiner eigenen Pedanterie stören, sich ungerecht verhalten, unhöfliches Verhalten, Aggressionen, Kontaktstörungen, innere Unruhe, Grübeln, Energielosigkeit, Antriebsüberschuß, nicht anfangen können, Beginn unsinniger Vorhaben, wie aufgezogen sein, Haftenbleiben seelischer Elemente. Vegetative und somatische Störungen sind: Herzklopfen, Herzschmerzen, Erschöpfungsgefühl, Appetitlosigkeit, Mundtrockenheit, Magenbeschwerden, Einschlafstörungen, Kopfschmerzen, Bluthochdruck, Sexualstörungen (z. B. vorzeitiger Samenerguß und Orgasmusschwäche).

Erfolgstyp	Objekttyp	Perfektionist
Sexueller Leistungstyp	Intellektueller Zweifler	Bigotter Typ

Formen des sekundären Reaktionstyps

3. Doppelbindungstyp

Primäre und sekundäre Fähigkeiten werden unterschiedlich betont. Die Art, wie dieser Typ Beziehungen zu seiner Wirklichkeit aufnimmt, ist fließend. Fixierungen sind weniger dauerhaft und wechseln mit anderen Fixierungen ab. Dieser Dynamik entspricht ein Zustand innerer Spannung, der für manche unerträglich wird. Sie fluktuieren zwischen Verbundenheit und Ablösung. Infantile Erwartungshaltung und der Wunsch nach Freiheit lösen einander ab und induzieren zunehmend Schuldgefühle. Dem entspricht ein stetes Wechselspiel von Bedürfnissen, wie nach Ehrlichkeit als Durchsetzung eigener Interessen und Höflichkeit als Aggressionshemmung.

Die Bezugspersonen sind sich meistens ihrer Aufgabe nicht sicher oder sind untereinander nicht einig. Die Mutter sagt: »Ich hoffe, du weißt, was zu tun ist. Ich sage dir nicht, wie du das machen sollst, sonst könnte es sein, daß du mir später Vorwürfe machst.« Die Haltung der Eltern ist durch Ambivalenz gekennzeichnet: einerseits versuchen sie, dem Kind zu helfen, im Sinne des naiven Typs, zugleich ziehen sie sich zurück, wie wir es an dem sekundär orientierten Typ gesehen haben:

»Mutti, was ist mir dir los?«
Mutti, du willst, daß ich draußen spiele. Wenn meine Schuhe und Kleider ein bißchen schmutzig geworden sind, schimpfst du. Und kaum hast du mich ausgeschimpft, gibst du mir Schokolade. Ich weiß nicht, was mit dir los ist ... (9jähriges Mädchen mit Konzentrationsschwierigkeiten und Waschzwang).

Die Triebwünsche eines Kindes werden nicht konsequent behandelt. Es bestehen unterschiedliche Meinungen und Haltungen seitens der Bezugspersonen. So ist beispielsweise der Vater anderer Ansicht als die Mutter, die Eltern anderer Ansicht als die Großeltern oder eine Bezugsperson ist in sich selber unsicher. Das Kind lernt, diese doppelsinnige Situation auszunutzen. Es orientiert sich an der Person, die ihm momentane Vorteile verschafft, und versteht es, die Bezugspersonen gegeneinander auszuspielen. Daraus entwickelt sich eine unsichere Haltung, bei der ein Mensch je nach den sozialen Umständen einmal zu dieser, einmal zu jener Gruppe oder Meinung neigt. Ihm fällt es schwer, eindeutig Stellung zu nehmen oder sich zu entscheiden. Diese Entscheidungsschwäche macht sich in emotionaler Überbelastung bemerkbar, die seelische oder körperliche Folgen haben kann. Charakteristische Äußerungen dieses Typs sind:
Ich kann alles allein, hilf mir doch.
Ich will, aber ich will nicht.
Wenn du mir hilfst, ist es mir unangenehm, wenn du
es läßt, ist es mir auch nicht recht.
Die Erziehung pendelt zwischen Gerechtigkeit und Liebe. Die Erziehungsmittel wechseln sich ab, oft unbeschadet der Tatsache, daß sie sich im Erleben des Kindes widersprechen. Am häufigsten läßt sich eine Doppelbindung bezüglich der primären und sekundären Fähigkeiten beobachten.

Der unsichere Typ (Hamlet-Typ): Die fehlende eindeutige Orientierung an der Haltung der Eltern spiegelt sich bei den Kindern in unentschlossener Einstellung und Unsicherheit wider. Solche Menschen gelangen später vor lauter Reflexion nicht zur Aktion, d. h., die Entscheidungsfähigkeit ist stark reduziert. »Ich weiß nicht, was richtig und was falsch ist.« Ihre Stimmung ist starken Schwankungen unterworfen. Sie gleicht der, die von Goethe als die des Verliebten beschrieben wird: »Himmelhoch jauchzend, zu Tode betrübt ...« Sie fühlen sich heute »high« und morgen »down«.

Kenne ich meine Frau überhaupt?«
»Meine Frau versteht es, mir wochenlang auf der Seele herumzuknien, bloß um ein Kleid, das ihr gefällt, zu bekommen. Wenn sie mich dann schließlich weich bekommen hat und sich das Kleid gekauft hat, muß ich mir wiederum wochenlang anhören, ob es

wirklich richtig war, gerade dieses Kleid in dieser Farbe zu kaufen, ob es nicht besser gewesen wäre, in ein anderes Geschäft zu gehen, ob es vielleicht nicht noch preiswertere Kleider gegeben hätte usw. Ich kann das nicht mehr hören. Wenn aber das Kleid in der Zwischenzeit verkauft wurde, dann bin ich sicher, daß sie mir die nächste Zeit erzählt, ich hätte ihr den Traum ihres Lebens vorenthalten und so weiter und so weiter« (46jähriger Steuerberater).

Der Entlastungstyp: Ist bei der Doppelbindung der Leistungsanteil relativ stark, kommt es zu einer besonderen Form der Depression, die in der deutschen Literatur als Entlastungsneurose bezeichnet wird. Jemand, der mit großer Anstrengung ein Ziel erstrebt und endlich erreicht hat, fällt in emotionale »Leere« und Unzufriedenheit zurück. Da er die unbewußte Motivation nicht kennt, flüchtet er in immer neue Aufgaben. Seine berufliche Entwicklung zeigt – als Äquivalent zu dem psychischen Konflikt – dauernde Berufswechsel auch dann, wenn offene Unzufriedenheit gegenüber der Arbeit fehlt. Dieses Verhalten basiert auf einer bipolaren Identifikation, bei der ein Pol die gesellschaftlichen Leistungsnormen, der andere hingegen unbewußte und verdrängte Zweifel an diesen Leistungsnormen repräsentiert.

»Weiß meine Frau, wie sie ist?«
»Meine Frau verhält sich manchmal für mich vollkommen unverständlich. Über Tage hinweg ist sie in depressiver Stimmung, liegt im Bett und trinkt Alkohol. Dann auf einmal dreht sie sich um 180 Grad herum und fuhrwerkt wie der Putzteufel im Haus herum. Alle müssen dann springen, wie sie will, und wenn es nicht nach ihrem Kopf geht, schimpft sie wie ein Rohrspatz. Diese Anfälle dauern nicht lange. Dann ist sie erschöpft, legt sich ins Bett und trinkt wieder Alkohol. Ich weiß nicht, ob es schlimmer ist, wenn sie säuft oder wenn sie mit ihrem Ordnungsfimmel uns das Leben zur Hölle macht« (50jähriger Unternehmer).

Der Fähnchentyp: Was wir unter Doppelbindungstyp verstehen, umschreibt der Volksmund für den Bereich des gesellschaftlichen Verhaltens als »Fähnchen im Winde«. Nach außen hin imponieren sie oft als Pragmatiker, die genau wissen, was sie wollen. Oft genug verbirgt sich dahinter jedoch ein Gefühl der Unsicherheit. Eigene Meinung oder Zivilcourage sind nur in Ansätzen vorhanden. Man überlegt es sich schnell anders. Ändern sich äußere Machtverhältnisse, ändert sich der Fähnchentyp mit. Er hat jedoch genügend innere Reserven, um bei einem neuerlichen Machtwechsel wiederum seine Meinung zu ändern und dies plausibel zu begründen. Bei aktiven Politikern äußert sich die Struktur des Doppelbindungstyps in der Weise, daß einerseits der Friedenswille betont, andererseits durch Waffenlieferungen etc. alles getan wird, um diesen Frieden wieder zu gefährden. Ein Land wird zerstört, um es durch großzügige Wirtschaftshilfe wiederaufzubauen und den Schaden wiedergutzumachen. Die Grundstruktur des Fähnchentyps realisiert sich in vielerlei Gestalt:

»Wer nicht hören will, muß fühlen«

»Ich habe es mit ihm in Güte versucht. Ich habe ihn mehrfach freundlich angeschrieben, aber er reagierte nicht. Dann ist mir der Geduldsfaden gerissen, und ich habe ihm mit dem Anwalt gedroht. Prompt kam seine Antwort, und er war bereit, seine Schulden zu begleichen. Als ob das nicht vorher schon möglich gewesen wäre« (38jähriger Geschäftsmann).

Der sexuelle Entlastungstyp: Er zeigt nicht selten eine Einstellung, die wir als Doppelmoral bezeichnen. Wir haben es mit zwei Gruppen zu tun: Man trägt den Typ des Schweigers, des strengen Moralisten zur Schau, aber wo man sich seiner gesellschaftlichen Rolle nicht mehr verpflichtet fühlt, tut man, was man will. Während dieser Typ zu Hause den moralischen und sittenstrengen Ehemann spielt, besucht er abends in aller Heimlichkeit Prostituierte. Während er die Onanie offen verurteilt, masturbiert er vor pornographischen Bildern; während er sich sexuell bedürfnisfrei gibt, bevorzugt er bestimmte Perversionen. Vor anderen erklärt man, Sexualität sei kein Problem, man habe den nötigen Abstand dazu; zu Hause wird in der Phantasie herbeigesehnt, was man zuvor abgelehnt hatte. Die Ehefrau, die von ihrem Mann absolute Treue verlangt und sich ihm gegenüber womöglich frigide gibt, hat ihren Hausfreund. Gesellschaftliche Normen werden nach außen hin betont anerkannt, und gleichzeitig findet die Sexualität im Doppelleben oder im Bereich der Phantasie ein Ventil.

Oder man simuliert den Offenen. Man spricht über alles und tut so, als gäbe es für einen selber fast keine Grenzen. Trotz dieser vorgespielten Haltung ist dieser Typ innerlich stark von Hemmungen und Schuldgefühlen belastet, die es ihm unmöglich machen, Sexualität tatsächlich frei zu erleben. Gegenüber Freunden und Bekannten wird angegeben: »Gestern abend habe ich ein Mädchen kennengelernt, und zwei Stunden später habe ich sie schon aufs Kreuz gelegt.« »Die Frau dort drüben scheint dir ganz gut zu gefallen, mit der habe ich auch schon was gehabt, das heißt, sie wollte, aber ich hatte es nicht nötig.« In Wirklichkeit entbehren diese Aussagen jeder Grundlage. Bei Frauen findet sich ähnliches: Sie flirten eindeutig, und wenn ein Mann darauf eingeht, wird er abgewiesen. Harmlose Gespräche werden vor Freundinnen zum Heiratsversprechen oder zur wilden Liebesnacht phantasievoll aufgebauscht. Auch in solchen Fällen liegt eine Anpassung an gesellschaftliche Normen vor, nämlich an Leistungsanforderungen, die auch für den Bereich der Sexualität gelten. Man gibt vor, man sei völlig offen, will aber lediglich eigene Hemmungen und Ängste verbergen. Man bagatellisiert sexuelle Probleme:

»Ich werde damit fertig«

»Ich verstehe gar nicht, warum ihr euch so viel Gedanken über die Sexualität macht. Das Problem ist doch gar nicht so groß. Ich werde jedenfalls ganz gut mit meiner Sexualität fertig« (42jähriger Akademiker).

Verschwiegen wird dabei, daß man vor Jahren unter den Problemen, die man jetzt herunterspielt, schwer zu leiden hatte. Wenn auch einzelne die Verdrängung der Sexualität mit viel Mühe tatsächlich erreicht haben, den meisten ist das jedenfalls nicht gelungen. Auch aggressive Einstellungen kommen zum Vorschein: »Der ganze Sex ist Schweinerei! An eurer Stelle würde ich mich schämen. Zu unserer Zeit gab es solche Schweinereien nicht.«
Oft bestehen sexuelle Probleme, die jedoch nicht als solche wahrgenommen werden, sondern auf den Beruf und die Mitmenschen verschoben werden. Charakteristisch sind Entscheidungsunfähigkeit oder -verzögerung:
»Wenn ich meine Ausbildung beendet habe . . ., wenn ich eine gesicherte Position habe . . ., wenn ich mehr Geld habe . . ., wenn das Haus fertig ist, dann können wir leichter Entscheidungen treffen.«
Ist man verheiratet, wünscht man sich, doch lieber ledig geblieben zu sein, und trauert seiner verlorenen Freiheit nach. Wir beobachten kuriose Fälle, in denen zwei Menschen heiraten, feststellen, daß sie nicht verheiratet zusammenleben können, sich scheiden lassen, feststellen, daß sie geschieden nicht leben können, und schließlich geschieden wie in einer Ehe zusammenleben.
Doppelbindungs-Karikaturen der Liebe: »Liebe als Konformität«; man meint, man müsse genauso handeln wie die anderen, und übernimmt die bestehenden Gruppennormen, paßt sich an, ohne den individuellen Bedürfnissen Rechnung zu tragen. Bei der »Liebe als Befreiung« entsteht ein Teufelskreis: um der Bevormundung durch die Eltern zu entgehen, wird kurzfristig eine Partnerschaft gesucht. Sexuelle Beziehungen werden zur Bestätigung der Loslösung und häufig aus Trotz eingegangen. Besonders kennzeichnend für die Doppelbindung ist die »Liebe als Nivellierung«, bei der die Sexualität als Mittel benutzt wird, sich selbst und anderen zu beweisen, daß der Partner gar nicht überlegen ist. »Bei uns kann keiner dem anderen etwas vormachen. Auch mein Mann ist kein Genie.«
»Liebe als Notlösung« ergibt sich aus der Erfahrung, daß zwischen Wunsch und Erfüllung nicht zuletzt bei der Partnerwahl eine Kluft besteht. Auch wenn man sich letztlich mit dem »Spatz in der Hand« zufriedengibt, bleiben Ressentiments, die dem Prestigewert des Partners gelten. Die Unerreichbarkeit des Ideals wird zur Quelle innerer Unruhe. Bei der »Liebe als Doktorspiel« wird die intime Partnerschaft in nicht seltenen Fällen zum Schlachtfeld wechselseitiger Selbst- und Fremdanalyse. Der Partner wird in Konfliktsituationen gedrängt, in denen er so reagieren muß, daß er in das Schußfeld des anderen gerät. Ähnlich wie jene Ehefrau, die ihrem Mann zwei Krawatten kauft, und als dieser, um

ihr eine Freude zu machen, eine davon trägt, empört reagiert: »Gefällt dir etwa die andere Krawatte nicht?«
Was nach außen hin als Liebe imponiert, enthüllt sich bei näherem Hinsehen mitunter als Mitleid. Die Angst, ein Partner könnte sich etwas antun, die Vorstellung, daß er einsam ist, daß man ihn ungerecht behandelt hat, daß man einem armen Menschen ein großes Glück schenken kann, führen dazu, daß man sich selbst in einer großzügigen Gebärde schenkt. Liebe wird hier zur Karitativanstalt. Aus diesem Grunde schlief eine 28jährige Frau mit ihrem körperbehinderten Bruder, »damit er auch etwas vom Leben hat«.

»Das Glück, zwei Frauen zu haben«
»Meine Frau läuft einen Tag herum, als wäre sie eine Schauspielerin, angemalt und total extravagant. Anderentags paßt sie besser zu Gammlern als zu mir; da trägt sie ausgewaschene Blue jeans und läuft barfuß. Ich habe das Gefühl, als hätte ich zwei Frauen geheiratet. Allerdings mag ich eine ebensowenig wie die andere. Irgendwas dazwischen wäre gerade richtig« (35jähriger Angestellter).

Der Indifferenztyp: Dieser Typ zeigt gegenüber religiösen Inhalten häufig eine ambivalente Abneigung. Einerseits steht er der Religion kritisch gegenüber, kann sie aber andererseits nicht aufgeben. Erlebniseinbrüche, wie Verlust eines nahestehenden Verwandten oder Unfälle, aktivieren den bisher verborgenen Konflikt und führen zu typischen Rationalisierungen. Aussagen wie »Warum läßt Gott überhaupt das Böse zu?«, oder »Warum kommt es, wenn es einen Gott gibt, in der Welt zu Kriegen?« charakterisieren diese Haltung. Einerseits besteht der Wunsch, überkommene oder verbesserungsbedürftige religiöse und weltanschauliche Inhalte zu ändern, und man setzt sich dafür auch ein, kann aber andererseits sich nicht von den gelernten Traditionen trennen. Zu diesem Typ gehören im wesentlichen die unverbindlichen Interessenten, die gegenüber Neuerungen in der Religion zwar aufgeschlossen sind, denen es aber an Konsequenz fehlt: Haben sie sich für eine Richtung entschieden, so sind sie trotzdem weiterhin labil. Sie ändern ihre Einstellung weniger aufgrund sachlicher Notwendigkeiten als vielmehr aufgrund der Autorität ihrer sozialen Umgebung. So braucht nur jemand zu sagen: »Wie konnten Sie es Ihren Eltern antun, Ihre urprüngliche Religion zu verlassen«, um ihre Meinung ins Wanken zu bringen. Der Typ zeigt Schwächen in der Unterscheidung zwischen dem Wesentlichen und dem Unwesentlichen einer Religion bzw. der Gemeinde oder der Gemeindemitglieder.
Fazit: Der Doppelbindungstyp entspricht in großen Zügen der hysterischen Neurosenstruktur. Davon betroffene Menschen leben mittelpunktlos, haben keinen festen Halt und wenig innere Orientierung. Sie lassen sich von außen her durch plötzliche Angebote und neue Möglichkeiten

lenken und erscheinen sich selbst und ihrer Umgebung gegenüber als unberechenbar. Eine charakteristische Fluchtreaktion des Doppelbindungstyps ist die *Flucht in die Krankheit.* Sie basiert zumeist auf Lernerfahrungen, bei denen das Nachahmen beteiligt ist. Die Selbstnachahmung wird nach folgendem Muster erlernt: Das Kind hat eine Erkältung und wird von der Mutter oder einer anderen Bezugsperson besonders intensiv gepflegt und bemuttert. Das Kind, das sich zuvor unter Umständen aufgrund der Berufstätigkeit der Bezugsperson, Geschwisterrivalität oder weil die Mutter auf Ordnung und Gehorsam Wert legte, unterdrückt fühlte, macht jetzt die Erfahrung: Wenn man krank ist, hören die Schikanen auf, man hat seine Ruhe, man wird darüber hinaus zum Mittelpunkt und erhält die Zuwendung, die man sich schon lange wünscht. Diese Lernerfahrung wird dann herangezogen, wenn schwierige Situationen zu bewältigen sind: Die Mutter schimpft, man hat Angst vor einer Prüfung, unangenehme Besuche müssen empfangen werden, oder man muß Personen besuchen, denen man lieber nicht begegnen würde. Dann bleibt als erfolgversprechender Ausweg die Flucht in die Krankheit im Sinne eines Krankheitsgewinns. Zur Fremdnachahmung kommt es etwa, wenn ein Kind die Erfahrung macht, daß die Mutter, wenn es in der Familie Ärger gibt, sich wegen Kopfschmerzen und Migräne zurückzieht und deswegen vom Vater in Ruhe gelassen und sogar gepflegt wird. Die Kinder haben für Ordnung und Sauberkeit zu Hause zu sorgen, da »die Mutter krank ist«. Diese Erfahrung wird zum Lernmodell. Es entwickelt sich folgende, zum wesentlichen Teil unbewußte Assoziation: »Wenn Schwierigkeiten auf mich zukommen, Probleme von mir nicht gelöst werden können, unangenehme Dinge bevorstehen, dann werde ich krank (wie die Mutter) und kann damit rechnen, daß ich Zuwendung von außen erhalte.« Im Laufe der Entwicklung verselbständigt sich dieses Reaktionsmuster, so daß man schließlich keinen Zugang zu den Ursachen und Mechanismen mehr hat. Der Patient geht von Arzt zu Arzt, wird mit Medikamenten behandelt, zur Kur geschickt usw., ohne daß wesentliche Besserungen eintreten. Der Erwachsene kultiviert weiterhin die Erfahrungen, die er zum Zwecke des Krankheitsgewinns einsetzen kann. Nicht nur der Patient, auch seine Mitmenschen verhalten sich mit Vorliebe nach dem Muster der Doppelbindung:

»Die anderen und ich«

Ein Patient mit Magendurchbruch beklagte sich: »Jetzt wo es mir schlecht geht, bemühen sich alle um mich, meine Frau, meine Kollegen und wer weiß ich noch. Als ich sehr im Streß war und nicht mehr aus noch ein wußte, da haben alle auf mir herumgehackt« (47jähriger Geschäftsmann).

Der Doppelbindungstyp nimmt den gesamten Raum zwischen den Extremen des naiv-primären und des sekundären Typs ein. Seine Symptomatik erscheint sehr komplex und schillernd; psychische und psychosomatische Störungen überlagern sich gegenseitig, so daß man sogar von einer Doppelbindung der Symptomatik sprechen könnte. Psychische Beschwerden sind: Unentschlossenheit; sich nicht ausstehen können; sich ungerecht verhalten; Reizbarkeit; mit sich nicht zurechtkommen; überhöhte Stimmungslage, abwechselnd mit Depressionen; sich gehemmt fühlen; Tagesschwankungen in der Stimmung; fehlende bis wechselnde Aufmerksamkeit; Tausende Dinge auf einmal tun; Dinge sagen oder tun, die man später bereut; ziellos hin und her fahren. *Vegetative und psychosomatische Beschwerden sind:* Beklemmungsgefühle, Atemnot; Gefühl, der Herzschlag setzt aus; verstärktes Herzklopfen; kribblige Gefühle in Armen und Beinen; Erschöpfungsgefühle, abwechselnd mit Überaktivität; auffällige Affektschwankungen, Verdauungsstörungen, Schwindelgefühle, unregelmäßige Periode; rheumatische Beschwerden.

Hamlet-Typ	Entlastungstyp	Fähnchen-Typ
Sexueller Entlastungstyp	Indifferenz-Typ	

Formen des Doppelbindungstyps

2. Konzepte und Mythologien

Ist eine Flasche halb voll oder halb leer?

Die Einstellungen zu den Aktualfähigkeiten und den Medien der Liebes- und Erkenntnisfähigkeit sind Konzepte, die hinter dem Verhalten eines Menschen stehen. Konfliktsituationen in der Partnerschaft lassen sich demnach als Konflikte zwischen voneinander abweichenden Bewertungsmustern beschreiben. Diese Bewertungsmuster sind als Einstellungen und Verhaltensmuster relativ stabil. Insofern sie sich unmittelbar auf ein Verhalten beziehen, bezeichnen wir sie als *Aktualkonzepte.*

»Außen hui – innen pfui!«

Aktualfähigkeiten	Ich	Partner
Ordnung	»Ich bin der Meinung, eine Wohnung soll so aussehen, daß sie zeigt, daß Leute darin wohnen« (39jährige Hausfrau, Eheschwierigkeiten, Depressionen).	»Mein Mann ist der Auffassung, daß die Wohnung aussehen muß wie in einem Katalog.«

In diesem Fall bestehen abweichende Auffassungen über Ordnung; sie führten zu Konflikten im häuslichen Bereich und zu fortwährenden Auseinandersetzungen.

»Mein Mann riecht nicht gut«

Aktualfähigkeiten	Ich	Partner
Sauberkeit	»Wasser ist mein Element. Wenn ich mich am Tag nicht mehrere Male waschen kann, fühle ich mich unwohl« (51jährige Frau eines Akademikers).	»Mein Mann kennt kein Wasser und wäscht sich sehr ungern. Er geht oft mit Dreck und Speck ins Bett.«

Beide Partner haben in Fragen der Sauberkeit ihr eigenes Konzept, das sie jeweils für selbstverständlich, richtig und sachlich begründbar halten.
Sauberkeit für die Frau: Hygiene, Abwehr von Krankheiten. Erfrischung.
Sauberkeit für den Ehemann: weniger wichtig, zeitraubend, »Ein bißchen Dreck schadet nichts«, »Viel Waschen schadet der Haut«.
Die unterschiedlichen Auffassungen über Sauberkeit richten sich auch auf die einzelnen Formen des Sauberkeitsverhaltens:

»Duschen oder Baden?«

Aktualfähigkeiten	Ich	Partner
Sauberkeit	»Man muß sich doch warm baden, damit sich der Schmutz vom Körper löst: Man kann nur mit warmem Wasser und Seife richtig sauber werden.«	»Ich finde das Baden in der Badewanne ausgesprochen eklig. Da liegt man doch in seinem eigenen Dreck. Mir ist die kalte Dusche lieber. Meine Mutter hat immer gesagt: Kalte Dusche macht widerstandsfähig« (58jähriger Akademiker).

An diesem Beispiel wird deutlich, daß der Ehemann bezüglich Sauberkeit keine reine Minussymptomatik aufweist, also nicht unsauber ist, sondern sehr präzise Auffassungen zur Sauberkeit vertritt. Diese kann er auch durch plausible Argumente ebenso belegen, wie seine Frau ihr Sauberkeitskonzept argumentativ begründen kann. Jeder ruft den Verstand als Zeugen für seine Auffassung an und meint, über die einzig richtigen Argumente zu verfügen, was das Mißverständnis noch vertieft.

Wenn eine Frau klagt: »Mein Mann ist unordentlich«, besagt das sowohl etwas über den Mann, als auch über die Frau, die diese Meinung äußert. Das Konzept, das hinter dieser Klage steht, kann sich auf die Erwartung beschränken; »Wenn er doch ein bißchen ordentlicher wäre, wäre ich schon zufrieden.« Es kann jedoch auch allgemeiner sein und etwa so lauten: »Ordnung ist das halbe Leben.« Dieser Satz gibt in zusammengeballter Form ein *Grundkonzept* wieder, das weite Verhaltensbereiche abdeckt und das persönliche Gesamtsystem umfaßt. In diesem Fall wird der Satz »Ordnung ist das halbe Leben« zu einem Konzept, welches das Verhalten eines Menschen bestimmt, sowie seine Erwartungen, die er sich selbst und anderen gegenüber hegt. Wir könnten diesen Prozeß als Generalisierung beschreiben.

Doch die mit einem solchen Konzept verbundene Generalisierung reicht viel weiter. Sie umfaßt nicht nur den einzelnen verallgemeinernden Gedanken, sondern eine Vielzahl von derartigen Verallgemeinerungen, die alle ihre gemeinsame Wurzel im Grundkonzept haben. Mit anderen Worten, jemand, dessen Grundkonzept sich durch die Aussage »Ordnung ist das halbe Leben« beschreiben läßt, wird sich in vieler Hinsicht von einem anderen unterscheiden, dessen Konzept sich auf die Frage reduziert: »Was sagen die Leute?« Jemand, der das optimistische Motto »Nimm's leicht« vertritt, hat andere Möglichkeiten der Konfliktverarbeitung als einer, der auf Erfolge oder Mißerfolge resignierend mit dem Satz »Was soll's?« reagiert. Das Grundkonzept beschreibt somit die bevorzugten Formen, mit denen jemand auf Konflikte reagiert, und bestimmt zu einem weiten Teil seine Möglichkeiten, Konflikte zu verarbeiten.

Das Grundkonzept stellt somit ein umfassendes Bezugssystem dar, in dessen Rahmen wir unsere Erlebnisse bewerten. Meist bestehen mehrere Grundkonzepte nebeneinander, die sich auch durchaus widersprechen können. Das einfachste Beispiel dafür bieten die Stimmungsschwankungen, bei denen sich nicht die von außen kommenden Informationen ändern, sondern die Bewertungen und Bezugssysteme, denen wir diese Informationen zuordnen. Aus dem Konzept »Ich bin der Größte« wird das Konzept »Ich bin ein Versager« und umgekehrt. Ein Erfolgserlebnis wird vor diesem Hintergrund unterschiedlich bewertet. Der eine wird das Erlebnis seinen Fähigkeiten zurechnen und in ihm einen außergewöhnlichen Erfolg erblicken; das pessimistische Konzept führt unter Umständen zu dem Schluß: »So wichtig war das nun auch wieder nicht, und wer weiß, ob es überhaupt so gut ist.«

Das Grundkonzept spiegelt in verdichteter Form den Grundkonflikt wider: die individuelle Lernvergangenheit und die übernommenen Traditionen. Es beruht damit nicht auf einem freiwilligen Entschluß, sondern entstammt einer Entwicklung, die wir als ›kollektive oder individuelle

Mythologie‹ bezeichnen wollen. Mythologien sind zum einen die zugrunde liegenden Konzepte, die Kristallisationen von Einstellungen, zum anderen sind sie Konzepte, die sich vom Individuum losgelöst und in der Kommunikation und Tradition soziale Wirklichkeiten erlangt haben. Solche Mythologien kommen in einer Vielzahl von Erscheinungsformen vor: als Stichworte (Höflichkeit), Sprichwörter (Leben und leben lassen), Dichtungen (Der Starke ist am mächtigsten allein), sprachliche Bilder (Jede dunkle Nacht hat ein helles Ende), Philosophien und Geschichten, Metaphern, Parabeln, Fabeln, Paradigmen und Lehrstücke. Aber auch erlebte Modellsituationen können die Rolle von Konzepten übernehmen. Die Äußerung »Wie mein Vater« beinhaltet eine Vielzahl von Situationen, die als nachahmenswerte oder abschreckende Modelle zum Konzept wurden. Die Musik ist gleichfalls Träger von Konzepten. Der Musikstil erhält dabei psychosoziale Bedeutung und wird zum Kennzeichen unterschiedlicher Standpunkte. In diesem Sinne würde klassische Musik und Marschmusik strukturell zu einem Erwachsenen- oder Elternkonzept gehören, Beat-, Soul- und Folk-Music zum Jugendkonzept. Auch kollektive, z. B. ethnische und nationale Konzepte können ihren Ausdruck in bestimmten Arten von Musik wie z. B. der Folklore finden. Musik spricht über ihre eigene Tradition die Sinne und die Intuition und damit die Emotion an und hat eine Vielzahl von Wirkungen auf die Gefühlssphäre und die Stimmung: sie kann aufreizend, aggressionserzeugend, das Gefühl der Solidarität vermittelnd, anheimelnd, sentimental, ausgleichend, entspannend, beruhigend und einschläfernd wirken. Allerdings hängt die Wirkung der Musik zu einem wesentlichen Teil von den gelernten Bezugsqualitäten der Einstellung und damit vom Konzept ab:

»Jedem das Seine«

»Ich hätte größte Lust, zu Hause auszuziehen. Mein Alter wird immer unerträglicher. Ich habe auf meiner Stereoanlage dufte Musik draufgehabt und auf volle Pulle gestellt, um das richtig zu genießen. Mein Glück dauerte aber nicht lange. Da kam mein Vater rein und machte zuerst auf Vernünftig. Die laute Beatmusik sei so schrecklich eintönig, würde Streßerscheinungen hervorrufen, zu Hörschäden führen und überhaupt die Jugend zu Aggressionen verführen und so'n Quatsch. Ich sollte mir statt dessen Mozart anhören oder so richtige gefühlsduselige Walzermusik. Ich habe ihm ganz klar gesagt, daß das nichts für mich ist und ich diese beschissene Musik nicht ausstehen kann. Damit war der häusliche Frieden aus« (17jähriger Schüler, Generationsproblematik).

Dem individuellen mythologischen Anspruch kommt somit die kollektive Mythologie zu Hilfe: sie hat bereits das formuliert, was man selber als richtig oder falsch gelernt hat, wozu einem aber mitunter die Worte fehlen: »Ich habe mich innerlich gefreut, als ich gelesen habe: Junge Leute leiden weniger unter eigenen Fehlern als unter der Weisheit der Alten. Was da der alte Vauvenargue gesagt hat, spricht mir aus der Seele.«

Das Grundkonzept, das hier das Verhältnis der Generationen und ihre Einstellungen zueinander betrifft, verdichtet sich in der historischen Aussage, die in einem Satz das zusammenfaßt, was man selber meint und was der Motor des eigenen Verhaltens ist. Wir alle verfügen über solche Mythologien, das heißt über nicht bewußt kontrollierte Konzepte und umfassendere Bezugssysteme, die unsere Möglichkeiten festlegen. Nicht nur die Patienten oder Therapeuten haben Konzepte. Jede therapeutische Institution, jede psychotherapeutische Theorie und Lehrmeinung geht von bestimmten Voraussetzungen aus, die den Konzepten entsprechen. In allgemeiner Form sind Theorien abhängig von Weltanschauungen, Menschenbildern und Ideologien.

Doch das große Raster der Ideologien differenziert mitunter zuwenig. Auch in kleineren theoretischen Einheiten finden sich Konzepte, die ein bestimmtes Verständnis einer Situation oder eines Befundes nahelegen. Vor diesem Hintergrund sind beispielsweise die Interpretationsvorschriften zu sehen, nach denen in den verschiedenen psychotherapeutischen Richtungen Verhalten erklärt wird. Konzeptfreie Psychotherapie gibt es nicht. Die Prämissen können nicht stillschweigend hingenommen werden, wenn Psychotherapie nicht in die gefährliche Nähe der Manipulation rücken soll. Was unter den Bezeichnungen Einstellungswandel, Flexibilität, Fixierung, Einseitigkeit, Generalisierung usw. verstanden wird, betrifft letztlich die individuelle Mythologie und das theoretische Konzept. Einseitig verwandt und verabsolutiert, wird es zum Konfliktherd, der immer wieder neue Konflikte hervorbringt. Psychotherapie muß sich daher mit diesen Mythologien befassen, wenn sie sich, in ihrer eigenen Mythologie befangen, nicht darauf beschränken will, lediglich die immer neu auftretenden Symptome zu behandeln. Der Kurzschluß, zu dem diese Überlegung verleiten könnte, nämlich totale Entmythologisierung zu fordern, ist seinerseits Ausdruck von Befangenheit. Jedes Verhalten und jede Einstellung steht im Rahmen irgendeines Grundkonzeptes. Die Frage stellt sich also anders: Wann und unter welchen Bedingungen wird das Grundkonzept zu einem Konfliktherd?

Ein 56jähriger Patient war wegen starker Angstzustände in die psychotherapeutische Behandlung gekommen. Nachts schreckte er auf, träumte, der Boden unter seinen Füßen wanke, Spalten und Risse wie beim Erdbeben täten sich auf, und er selbst kralle sich mit aller Macht am Boden fest, um nicht in eine dieser abgrundtiefen Spalten zu stürzen.

Man könnte sich daranmachen, diese Angstzustände konventionell zu behandeln; auch könnte man deutende Verfahren heranziehen, mit deren Hilfe sich dieser Traum analysieren läßt. Konkreter Hintergrund der Angst war die Vorstellung, daß alles, was der Patient erworben hatte, was er selber als seine Existenzgrundlage bezeichnete, durch gesellschaftspolitische Veränderungen in Frage gestellt werden könnte und daß er damit seine Existenzgrundlage verlieren würde. Seine Mythologie lautete: »Hast du was, dann bist du was.« Dieses Grundkonzept – sekundärer Typ, Selbstwertkriterien Erfolg/Fleiß/Leistung/Sparsamkeit – war so lange von Vorteil, wie die Wirtschaft einen Aufwärtstrend zeigte. In dem Augenblick, in dem die Entwicklung nicht mehr mit dem persönlichen Wertkonzept übereinstimmte, kam es zur Angstsymptomatik.

Wie sieht nun eine Behandlung aus, die das Grundkonzept, die individuelle und kollektive Mythologie berücksichtigt? Das Grundkonzept jedes Menschen dürfte im Prinzip nicht falsch sein. Der Pessimismus mag genauso berechtigt sein wie der Optimismus, eine zynische Haltung kann ebenso begründet sein wie eine betont gleichgültige. Was zu Konflikten führt, ist die Einseitigkeit und Ausschließlichkeit, mit der die individuelle Mythologie durchgesetzt wird. Unter diesem Aspekt kann auch das Konzept »Alles ist relativ« eine eindeutig verabsolutierende Mythologie werden (Doppelbindungstyp).

Aufgabe der Psychotherapie ist nicht, ein einzig gültiges Konzept zu verbreiten. Das therapeutische Konzept: »Ich bin o. k., du bist o. k.« erfüllt – sieht man von dem etwas differenzierteren Hintergrund der Transaktionsanalyse ab – alle Voraussetzungen einer psychotherapeutischen Mythologie. Was ist nämlich, wenn ich mich selber ganz o. k. fühle, mein Partner aber Eigenschaften und Verhaltensweisen zeigt, die ich beim besten Willen nicht o. k. finden kann? In diesem Augenblick stehe ich mit dem Konzept »Ich bin o. k., du bist o. k.« auf verlorenem Posten.

Die Psychotherapie kann mit gutem Gewissen lediglich eines anstreben, nämlich das Konzept des Patienten, die individuelle Mythologie, differenzieren und alternative Konzepte aufzeigen. Die Frage, was richtig oder falsch ist, wird zurückgestellt hinter die Frage, was zu welchen Folgen führt und welche Voraussetzungen eine Mythologie bedingen. Aufschluß über die individuelle Mythologie gibt die Antwort auf die Frage, an welche kollektive Mythologie man sich hält und mit welcher Weltanschauung, welchen Philosophen, welchen Religionsstiftern, welcher Ideologie, welchem Schriftsteller oder welchem wissenschaftlichen Ansatz man sich wenigstens teilweise identifiziert? Diese Frage ist auch von therapeutischer Bedeutung, denn das bevorzugte Grundkonzept ist nicht unveränderlich. Vielmehr bedarf es fortwährender Bestätigung, sei es, daß man auf Erfahrungen angewiesen ist, die das Konzept absichern, sei es, daß man sich an andere Konzepte anlehnt, die das eigene um so glaubhafter erscheinen lassen.

In der psychotherapeutischen Praxis beobachten wir tatsächlich eine auffällige Beziehung zwischen einzelnen Autoren und Persönlichkeitsstörungen. So konnte ich bei einer Reihe von Patienten, die eine tiefe

Identifikationskrise erlebten, feststellen, daß ihre Lieblingsschriftsteller Nietzsche und Hermann Hesse waren. Vertreten waren in dieser Gruppe Patienten mit Generationsproblematik, Alkoholkranke, depressive und schizophrene Patienten. Konzepte begleiten einen Menschen sein Leben lang. Verflochten mit seiner Lebensgeschichte, werden sie zu charakteristischen Merkmalen, anhand derer ein Psychogramm skizziert werden kann.

»Jeder ist allein«

Eine 36jährige Akademikerin kam wegen Depressionen, Herzbeschwerden und Ängsten, die sich vor allem auf das Alleinsein bezogen, in die psychotherapeutische Behandlung. Neben diesen subjektiven Beschwerden beklagte sich die Patientin immer wieder, daß ihr Mann sie nicht verstehe. Es zeigte sich, daß eine Vielzahl von Konzepten an der Erlebniswelt der Patientin beteiligt war, die im Verlauf ihrer Lerngeschichte ein charakteristisches Selbstverständnis begründen: »Geschichten wurden nach meiner Erinnerung nicht vorgelesen. Abendgebete waren kindlich naive Gebete. Sprichworte von Vaters Seite: ›Hast du denn gar keinen Stolz?‹ ›Mit ein bißchen Gottvertrauen . . .‹ Mutter: ›Lieber ein kleines, stilles Glück, als ein großes, umwerfendes.‹

Schulzeit: Heidi Spyri hat Gedichte geschrieben, die von einem Mädchen handeln, das sich in einer Höhe geborgen fühlte. Pubertät: Sammlung von Zitaten berühmter Männer, die ich aber heute alle vergessen habe. Romane aller Arten. Gedichte: etwas von ergreifender Art: ›Seltsam, im Nebel zu wandern! Leben ist Einsamsein. Kein Mensch kennt den anderen. Jeder ist allein‹ (Hesse).

›Was dem Herzen sich verwehrte, laß es schwinden, unbewegt‹ (Bergengruen). ›Das Ideal und das Leben‹ (Schiller). ›Zwischen Sinnenglück und Seelenfrieden bleibt dem Menschen nur die bange Wahl.‹ Mit meinem Mann gibt es auch eine Reihe von Schwierigkeiten. Während ich seinen Interessen in Psychologie und Soziologie nachkommen kann, geht mir leider jedes Verständnis für seine Liebe zur Philosophie ab. Er liebt Kierkegaard, Bloch, früher auch Marx. Er hat eine Vorliebe für Statistik, die mich manchmal rasend macht. Ich würde viel lieber mit ihm tanzen. Das aber mag er wiederum nicht so gerne.«

Diese Form der Selbstdarstellung gibt zwar kein exaktes Abbild biographischer Daten, beschreibt aber doch wichtige Empfindungsqualitäten und Aspekte, die einerseits einer bestimmten psychischen Entwicklung entsprungen sind, andererseits aber diese Entwicklung (in Form der Grundkonzepte der Eltern) einleiteten und (als eigene Einstellungs- und Verhaltenskonzepte) verstärkten.

Die therapeutische Möglichkeit bei der Behandlung des Grundkonzeptes besteht in dessen Differenzierung. Dies kann dadurch geschehen, daß mit dem Patienten die Hintergründe seiner Mythologie analysiert werden; die Mythologie wird damit von der individuellen Geschichte des Patienten her relativiert, wird inhaltlich spezifiziert: *Es wird gefragt, ob man das Konzept für das Verhältnis zu sich selber, zum Partner, im Verhältnis zur Erziehung, als Hilfe im Beruf und in den zwischenmenschlichen Beziehungen oder zur Beantwortung der Frage nach der Zukunft benötigt.* Damit

wird der konfliktbesetzte Bereich eingegrenzt und der Grad der Generalisierung festgestellt. Die psychosozialen Normen, auf die sich das Konzept richtet, werden aufgedeckt. So verstanden, können alle Aktualfähigkeiten zu Mythologien werden, wobei die mythologisierende Überbetonung einzelner Bereiche dazu führt, daß andere Fähigkeiten unterdrückt werden. Diese individuelle Mythologie basiert des weiteren darauf, daß einzelne Medien der Erkenntnisfähigkeit in den Vordergrund rücken. »Essen und Trinken hält Leib und Seele zusammen« (häufig zu finden bei Menschen mit ausgeprägten Eßgewohnheiten). »Sprich nur das aus, was du begründen kannst« (die Ratio, der Verstand fungiert hier nicht selten als Verdrängung einer nicht bewältigten Emotionalität). »Was deine Eltern dir gegeben haben, das kannst du durch Dankbarkeit vergelten.« »Was über Jahrhunderte hinweg Gültigkeit besaß, kann nicht falsch sein« (die Betonung liegt auf traditionellen Faktoren). »Mein Gefühl sagt mir, was richtig und was falsch ist« (Intuition). Nach den Grundkonzepten werden die Medien der Erkenntnisfähigkeit in unterschiedlicher Weise bewertet. Doch den Betroffenen ist meistens nicht bewußt, daß eine derartige Einseitigkeit vorliegt.
Zum Vergleich von Mythologien können entsprechende andere Mythologien herangezogen werden. Der Vorgang ist ähnlich wie beim Wiegen: um einen Gegenstand zu wiegen, legt man einen anderen in die zweite Waagschale. Die Mythologie muß ernst genommen werden, das heißt, auch der Therapeut muß sich mit ihr auseinandersetzen. Worauf es in der Psychotherapie vor allem ankommt, sind Denkanstöße, weniger aber fertige Gedankengänge. Solche Denkanstöße verhelfen zu *Gegenkonzepten,* die es dem Patient erst ermöglichen, die eigene Mythologie zu ergänzen.
Ein Patient, der sich mit tiefen Depressionen quälte, fand in seinen Erfolgen keinen Sinn mehr. Nichts genügte seinen Ansprüchen. Mit allem war er unzufrieden. In diesem Zustand der generalisierten Unzufriedenheit konfrontierte ich ihn mit einer orientalischen Erzählung:

»Halb voll und halb leer«
»Stellen sie sich eine Flasche vor, die zur Hälfte gefüllt ist. Diese Flasche kann unterschiedlich gesehen werden. Der Optimist sagt: ›Die Flasche ist halb voll.‹ Der Pessimist sagt: ›Die Flasche ist halb leer.‹«
Dem Patienten wurde auf diese Weise mitgeteilt, daß er, selber Pessimist, seine Situation anders sehen kann, als er gewohnt ist. Er erhält eine Verhaltensalternative zur Auswahl, und zwar so, daß er sich mit ihr identifizieren kann, sich aber nicht verletzt fühlen muß. Mit dem Alternativkonzept erhält er die Möglichkeit, zunächst versuchsweise seine Einstellung zu relativieren.

Eine andere Patientin klagte: »Ich war bereits zwei Jahre in analytischer Behandlung. Mir ist nicht mehr zu helfen. Ich bin vollkommen verkorkst.« Man hätte mit dieser Patientin die Hintergründe ihrer Aussage, deren Widersprüchlichkeit zur Tatsache, daß sie dennoch in die Psychotherapie gekommen war, durcharbeiten können. Damit hätte man sich notwendigerweise mit den Störungen beschäftigen müssen, eine Beschäftigung, der die Patientin bereits seit Jahren nachgegangen war. Ein solches Verfahren hätte allerdings das Grundkonzept der Patientin weiter verstärkt, denn zuerst hätte sie ihre Mythologie als rationalisierenden Selbstbetrug einsehen müssen. Statt einer solchen Analyse erklärte ich der Patientin ihre Situation etwa folgenderweise:

»Stellen sie sich bitte die Sonne vor. Wenn die Sonne nicht mehr scheint, woran liegt es dann? Die Sonne scheint immer. Sie ist lediglich von Zeit zu Zeit durch Wolken verdeckt.«

Diese Geschichte leistete etwas Ähnliches wie die bereits beschriebene Aufarbeitung: Sie weist auf den Widerspruch hin, in dem sich die Patientin befindet, und auf die Halbwahrheit ihrer Aussage: »Depressionen sind nur Wolken.« Die Patientin reagierte spontan: »Könnte es also so sein, daß meine Depressionen nur Wolken sind, die das Verhältnis, das ich zu mir habe, überschatten?«

Mit dieser Frage stellte die Patientin ein neues Konzept ihrer Erkrankung auf, das die therapeutische Arbeit erleichterte.

»Wie oft darf ich noch sterben?«

Eine 55jährige Hausfrau hatte nach dem Tod des Ehemannes eine ausgeprägte Todesangst entwickelt. Immer dann, wenn sie allein abends in ihrer Wohnung war, überkam sie das Gefühl, sie müsse sterben: »Ich kann einfach nicht mehr, ich habe eine solche Angst vor dem Sterben.« Ich gab ihr zu bedenken, daß sie schon viele Male gestorben sei. Die Patientin war konsterniert: »Was meinen sie damit?« »Der Feige stirbt schon vielmals, ehe er stirbt. Die Tapferen kosten einmal nur den Tod« (Shakespeare). An dem Wort »feig« schluckte die Patientin etwas herum und meinte: »Eigentlich bin ich mir bisher immer recht tapfer vorgekommen, aber trotzdem stimmt das mit dem öfter Sterben. Die Angst, die ich dabei ausstehe, kann beim echten Tod nicht schlimmer sein.«

Durch dieses Gespräch war der Weg geebnet zur Unterscheidung zwischen dem Tod als notwendigem Schicksal und der Einstellung zum Tode, die eigentlich für die Angst verantwortlich war.

Gerade psychotherapeutische Gruppen zeigen oft eine fast unglaubliche Vielfalt von Konzepten, die vielleicht eine wesentliche Voraussetzung der therapeutischen Wirksamkeit der Gruppen ist. In einer Frauengruppe ging es den Teilnehmerinnen um Erziehungsprobleme. Diese Probleme waren ihre eigenen Schwierigkeiten, die sie im Umgang mit ihren Kindern hatten. Dabei entstand eine sehr dynamische spannungsgeladene Atmosphäre. Eine Teilnehmerin, Frau N., erzählte ein Erlebnis, das sie in großen Zorn und Schuldgefühle gestürzt hatte:

»Mein Sohn trägt sein Herz auf der Zunge«

Frau N.: » . . . Das ist doch alles schön und gut. Aber ich kann nichts dafür, manchmal platzt mir der Kragen, und dann könnte ich meinen Sohn fast tot schlagen. (Die Gruppe wurde unruhig.) Erzählt mir doch nichts, euch ist es auch so gegangen.«

Frau F.: »Worum hat es sich denn eigentlich gehandelt?«

Frau N.: »Eigentlich erzähle ich das nicht so gern. Das bringt mich so in Erregung. Aber sei's drum. Mein Mann und ich, wir hatten uns vor ein paar Tagen gestritten. Es ging darum, daß meine Schwiegermutter zu Besuch kommen sollte. Gerd hat das alles mitbekommen und prompt der Schwiegermutter erzählt. Die Stimmung war mehr als eisig. Kaum war meine Schwiegermutter weggewesen, habe ich Gerd einige Ohrfeigen gegeben und ihn angeschrien: Mensch, bist du verrückt geworden? Bist du auf den Kopf gefallen? Das geht doch die anderen nichts an . . .!«
Frau B.: »Der arme Junge. Schließlich bist du doch selbst daran schuld, warum streitet ihr euch vor dem Kind. Ich hätte nichts gesagt. Ich hätte mich vielmehr an der Nase gezogen, weil ich selbst daran schuld gewesen wäre.«
Frau F.: »Jetzt spiel doch nicht den Märtyrer. Kindern kann man doch nicht alles durchgehen lassen. Du weißt doch ganz genau, wieviel Schwierigkeiten N. mit ihrer Schwiegermutter hat.«
Frau H. (hatte sich bisher zurückgehalten): »Betrachtet das doch etwas sachlicher. Ich hätte den Jungen gefragt, wie kommst du dazu, das den anderen Leuten zu sagen?«

Die Gruppe behandelte dieses Thema mit größtem Engagement. Aus den verschiedenen Meinungen kristallisierte sich ein Gegenkonzept heraus, das die Zustimmung aller Gruppenmitglieder fand: *»Was zu Hause gekocht wird, wird zu Hause gegessen.«* Diese Aussage wäre nach übereinstimmender Ansicht der Gruppe, der sich auch Frau N. anschloß, dem Jungen eher verständlich gewesen. Es hätte als Gegenkonzept gegenüber seinem eigenen Konzept: »Man muß immer ehrlich sein« und »Omi freut sich, wenn ich zu ihr ehrlich bin und zu ihr Vertrauen habe« eine weitere Differenzierung seines sozialen Verhaltens erleichtert. Schimpfen oder Prügel haben zwar auch dieses Gegenkonzept (das Konzept der Mutter) zum Inhalt, doch sie sind für das Kind nicht immer verständlich; es weiß nicht, worauf sie sich beziehen. Umgekehrt kann sich der Hinweis auf Gerds Ehrlichkeit und Höflichkeit zum Gegenkonzept für die Mutter entwickeln.

»Konzept meines Lebens«

Situation	Konzept	Gegenkonzept
»Omi, Mutti und Vati haben sich wegen dir ganz schön gestritten. Mutti hat gesagt, du sollst bleiben, wo du bist, ich bin aber froh, daß du da bist« (11jähriger Schüler).	»Mensch, bist du verrückt geworden? Bist du auf den Kopf gefallen? Das geht doch die anderen gar nichts an!« »Ich hätte nichts gesagt. Ich hätte mich selbst an der Nase gezogen, weil ich selbst daran schuld gewesen wäre.« »Man kann doch nicht alles durchgehen lassen.« »Wie kamst du dazu, das vor den anderen Leuten zu fragen?«	Für den Jungen: »Was zu Hause gekocht wird, wird zu Hause gegessen.« Für die Mutter: Ehrlichkeit – Höflichkeit. Soll man Ehrlichkeit bestrafen? Was mit der Schwiegermutter zu tun hat, soll man mit der Schwiegermutter selbst bereden.

Fazit: Es kann nicht das Ziel sein, ein bereits fixiertes Konzept mit Hilfe der Autorität des Therapeuten durch ein ebenso fixiertes Gegenkonzept zu ersetzen. Therapeutische Konzepte besitzen hypothetischen Charakter. Der Patient kann sie probeweise annehmen und situationsgemäß einsetzen. Indem wir die Frage nach dem Konzept stellen, rücken wir die sonst unbewußten, selbstverständlichen, stereotypen Bezugssysteme ins Licht, über die ein Mensch seine Wirklichkeit wahrnimmt.
Das Bewußtmachen der Aktualfähigkeiten und Grundkonzepte befreit von Zwängen und psychosozialen Pressionen und entschärft Ängste und Aggressionen. Der Therapeut und die gesamte therapeutische Situation vertreten ihrerseits gegenüber dem Patienten ein Konzept – z. B. Heilung gegen Krankheit – und werden somit selbst zur Mythologie. Die therapeutische Situation wird, gleichgültig, ob man Verhalten deutet oder Verhalten formt, zum Inbegriff des Gegenkonzepts, mit dem sich der Patient auseinandersetzen muß.

Orientalische Geschichten als Medien in der Psychotherapie

Der lange Weg

In der persischen Mystik wird von einem Wanderer erzählt, der mühselig auf einer scheinbar endlos langen Straße entlangzog. Er war über und über mit Lasten behangen. Ein schwerer Sandsack hing an seinem Rücken, um seinen Körper war ein dicker Wasserschlauch geschlungen. In der rechten Hand schleppte er einen unförmigen Stein, in der linken einen Geröllbrocken. Um seinen Hals baumelte an einem ausgefransten Strick ein alter Mühlstein. Rostige Ketten, an denen er schwere Gewichte durch den staubigen Sand schleifte, wanden sich um seine Fußgelenke. Auf dem Kopf balancierte der Mann einen halbfaulen Kürbis. Bei jedem Schritt, den er machte, klirrten die Ketten. Ächzend und stöhnend bewegte er sich Schritt für Schritt vorwärts, beklagte sein hartes Schicksal und die Müdigkeit, die ihn quälte.
Auf seinem Wege begegnete ihm in der glühenden Mittagshitze ein Bauer. Der fragte ihn: »Oh, müder Wanderer, warum belastest du dich mit diesen Felsbrocken?« – »Zu dumm«, antwortete der Wanderer, »aber ich hatte sie bisher noch nicht bemerkt.« Darauf warf er die Brocken weit weg und fühlte sich viel leichter. Wiederum kam ihm nach einer langen Wegstrecke ein Bauer entgegen, der sich erkundigte: »Sag, müder Wanderer, warum plagst du dich mit dem halbfaulen Kürbis auf dem Kopf und schleppst an Ketten so schwere Eisengewichte hinter dir her?« Es antwortete der Wanderer: »Ich bin sehr froh, daß du mich darauf aufmerksam machst; ich habe nicht gewußt, was ich mir damit antue.« Er schüttelte die Ketten ab und zer-

schmetterte den Kürbis im Straßengraben. Wieder fühlte er sich leichter. Doch je weiter er ging, um so mehr begann er wieder zu leiden. Ein Bauer, der vom Feld kam, betrachtete den Wanderer erstaunt: »Oh, guter Mann, du trägst Sand im Rucksack, doch was du da in weiter Ferne siehst, ist mehr Sand, als du jemals tragen könntest. Und wie groß ist dein Wasserschlauch – als wolltest du die Wüste Kawir durchwandern. Dabei fließt neben dir ein klarer Fluß, der deinen Weg noch weit begleiten wird!« »Dank dir, Bauer, jetzt merke ich, was ich mit mir herumgeschleppt habe.« Mit diesen Worten riß der Wanderer den Wasserschlauch auf, dessen brackiges Wasser auf dem Weg versickerte, und füllte mit dem Sand aus dem Rucksack ein Schlagloch. Sinnend stand er da und schaute in die untergehende Sonne. Die letzten Sonnenstrahlen schickten ihm die Erleuchtung: Er blickte an sich herab, sah den schweren Mühlstein an seinem Hals und merkte plötzlich, daß der Stein es war, der ihn so gebückt gehen ließ. Er band ihn los und warf ihn, so weit er konnte, in den Fluß. Frei von seinen Lasten, wanderte er durch die Abendkühle, eine Herberge zu finden.

In den letzten Jahren habe ich eine Vielzahl orientalischer (meist persischer) Mythologien und Fabeln zusammengetragen, die therapeutisch eingesetzt werden können. Diese Mythologien wurden unter dem Gesichtspunkt ausgesucht, daß sie auf psychosoziale Konflikte und Mißverständnisse hinweisen und psychologisch relevant sind. Die Orientierung an den orientalischen Geschichten ist nicht prinzipieller Natur. Orientalische und okzidentale Mythologien und Weisheiten haben in vieler Hinsicht gemeinsame Wurzeln und haben sich erst im geschichtlich-politischen Spannungsfeld getrennt.
In orientalischen Ländern haben derartige Geschichten schon seit langem die Bedeutung einer Lebenshilfe, die sich mit der des Zeitvertreibs paart. Geschichtenerzähler und Derwische waren meist diejenigen, welche die Geschichten unters Volk brachten und damit ein wesentliches Bedürfnis nach Information, Identifikation und Lebenshilfe erfüllen halfen. Die Erzählungen hatten zum Teil religiösen Inhalt und entstammten dem Koran, andere bezogen sich direkt auf das zwischenmenschliche Zusammenleben und konnten von den Zuhörern auf sich selbst übertragen werden oder Gegenstand des Amüsements sein. Man traf sich in Kaffeehäusern, eigens dafür bestimmten Sälen oder im Kreis der Großfamilie, hier vor allem am Donnerstagabend, da im Orient Freitag Feiertag ist. Einige Erzählungen wurden gesprochen, andere wurden gesungen oder dramatisch dargestellt und beanspruchten damit das Mitgefühl der Zuhörer, die oft spontan mitlachten oder mitweinten. Dies war meines Wissens die einzige öffentliche Veranstaltung bei der Männer und Frauen – diese allerdings tiefverschleiert – gemeinsam teilnehmen konnten.

Wenn wir Geschichten nicht bloß als Unterhaltung verstehen wollen oder als Mittel der Erziehung – im negativen Sinn als Mittel der Manipulation –, müssen wir uns ernsthaft fragen, welche Inhalte in diesen Geschichten vermittelt werden sollen und warum gerade auf diese Inhalte Wert gelegt wird. Dies bedeutet nichts anderes, als daß spezifische Verhaltensnormen zum Gegenstand der psychologischen Untersuchung werden. Ursprünglich waren Geschichten Instrumente der Pädagogik und Volkspsychotherapie, die zum wesentlichen Teil in den Zuständigkeitsbereich der Religionen fielen. Dabei wurden einerseits bestimmte erwünschte psychosoziale Normen vermittelt (Beispiel Struwwelpeter), zum anderen wurde auf Mißverständnisse hingewiesen und diese in überzeichneter Form offengelegt. So problematisch diese normativen Funktionen sein mögen, so können Mythologien doch eine wichtige Aufgabe erfüllen: sie bilden gesellschaftliche Wirklichkeit oder einige ihrer Aspekte ab und können somit diese gesellschaftliche Wirklichkeit verfremden helfen. Die bloße ungebrochene Vermittlung psychosozialer Normen kann nicht Funktion von Geschichten innerhalb der Differenzierungsanalyse sein, vielmehr sollen sie dazu beitragen, vor allem altgewohnte Situationen mit neuen Augen zu sehen. Sie können einen quasi-experimentellen Standortwechsel herbeiführen, der dabei hilft, das wiederzuerkennen, wofür man aufgrund erlebter und nicht erlebter Einseitigkeiten blind geworden ist.

Viele Menschen fühlen sich überfordert, wenn sie auf abstrakte Weise mit psychotherapeutischen Inhalten konfrontiert werden. Da Psychotherapie sich nicht nur zwischen Fachleuten abspielt, sondern eine Brücke zu Nicht-Fachleuten – den Patienten – darstellen soll, besteht für sie im besonderen Maße das Gebot, verständlich zu sein. Eine Verständnishilfe ist das Paradigma, das Beispiel, das sprachliche Bild. Es stellt in irgendeiner Form innerseelische, zwischenmenschliche oder allein gesellschaftliche Konflikte dar und bietet Lösungsmöglichkeiten an. Losgelöst von der unmittelbaren Erfahrungswelt, verhilft das mythologische Paradigma – gezielt eingesetzt – den Patienten zu einem distanzierten Verhältnis den eigenen Konflikten gegenüber. Die Geschichte wird somit zu einem Spiegel, der nicht nur reflektiert, sondern seinerseits reflektiert werden kann.

Der Mensch denkt nicht nur in abstrakten und theoretischen Begriffen. Das Verständnis eigener Probleme wird eher durch anschauliches, bildhaftes Denken und die Phantasie gefördert. Dabei wird eine psychische Funktion angeregt, der sonst nur wenig Wert beigemessen wird, die Intuition. Der Patient kann sich im Gespräch mit dem Therapeuten oder in der therapeutischen Gruppensituation mit den Inhalten der Lehrgeschichten identifizieren; er kann Projektionen, aber auch Abwehrreaktionen entwickeln. Diese Reaktionen werden ihrerseits zum Gegenstand der therapeutischen Arbeit. Nach meinen Erfahrungen sind Geschichten und Fabeln günstige Verständnishilfen. Ihre bildhafte Aussage erleichtert die Identifikation und läßt die dargestellten Inhalte ich-näher erscheinen.

Eine 42jährige Patientin, Mutter von drei Kindern, die wegen schwerer Depressionen die psychotherapeutische Behandlung aufgesucht hatte, assoziierte zu der Geschichte »Auf dem Weg« ihre eigene Problematik, schrieb sie nieder und brachte diese Aufzeichnung in die nächste psychotherapeutische Sitzung:

»Befreiung: Schritt für Schritt«

Der auf der scheinbar endlos langen Straße entlangziehende Wanderer war ich, über und über mit Lasten behangen: In einem schweren Sandsack hingen mir meine falsche Ichhaftigkeit, meine im Trüben schwimmende Selbstwertproblematik und meine hervorragend getarnte Lieblosigkeit vom Rücken. Voll von unbefriedigter Sexualerwartung und unrealisierbarer sonstiger Bedürfnisse, geschickt vermischt mit schlangenhafter Passivität, war ein dicker, praller Wasserschlauch um meinen Körper geschlungen. In der rechten Hand schleppte ich den unförmigen Stein der Unehrlichkeit und in der linken Hand den Geröllbrocken der Unhöflichkeit, fein säuberlich getrennt und schön auf Abstand voneinander, damit sich erst gar nicht die Gefahr einer Vereinigung dieser beiden Aspekte anbahnen konnte. Um meinen Hals baumelte an einem ausgefransten Strick ein alter Mühlstein, als Symbol für die gewaltige Einengung, mit der ich die mich umgebenden Menschen in ihrer Freiheit gewaltsam einzuschränken mir die erdenklichste Mühe gab. Rostige, schwergewichtige Ketten an meinen Füßen veranschaulichten meine Gier nach Geld und Erfolg. Der obendrein noch auf meinem Kopf balancierende, halbfaule Kürbis stellte meine gepflegten Verkrampfungen, die fleißig einem gesunden Kreislauf entgegenarbeiteten und folglich zielsicher Verzweiflung und Depression ansteuerten, würdig zur Schau. Wahrlich ächzend und stöhnend bewegte ich mich Schritt für Schritt vorwärts (oder rückwärts), wohltuend eingehüllt in die Watte meines krankhaften Selbstmitleids und schön geschaukelt von meinen wohlgenährten Neurosen, mein Schicksal und meine Müdigkeit beklagend ...

In Anbetracht der schweren Depressionen, in denen sich die Patientin zu diesem Zeitpunkt befand, war ihre Selbstdarstellung, die sich an die Geschichte anlehnte, erstaunlich differenziert. Diese dem uniformen depressiven Zustandbild entgegenlaufende Schilderung und Differenzierung der Selbstdarstellung wurde zur Grundlage der weiteren Behandlung, die in relativ kurzer Zeit abgeschlossen werden konnte.

Eine besondere Bedeutung haben die Geschichten für die Gruppensituation, in der sie zunächst ein gemeinsames Engagement hervorrufen. Die Geschichten führen in einer Reihe von Fällen zu einem sichtbaren Aha-Erlebnis: Interaktionsmechanismen, die bisher unbewußt abliefen, geraten über das Paradigma ins Bewußtsein. Patienten sprechen in der Regel gut auf diese Geschichten an. In diesem Zusammenhang möchte ich ein Experiment anführen, das ich für besonders aufschlußreich halte: In einer psychiatrischen Klinik leitete ich eine gemischte psychotherapeutische Gruppe, an der Patienten mit schizophrenen, depressiven und neurotischen Störungen sowie Suchtkranke teilnahmen. Wir gingen von thematisch orientierten mythologischen Geschichten aus, die sich als optimaler Einstieg erwiesen. Selbst Patienten, die schwerer zugänglich waren, konnten erstaunlich gut mitarbeiten. Dieses Experiment wurde in einer Klinik durchgeführt, in der ansonsten relativ wenige psychotherapeutische Maßnahmen durchgeführt wurden und analytische Vorgehensweisen insofern problematisch erschienen, als nicht sichergestellt werden konnte, daß Reaktionen auf Versagungserlebnisse in der Gruppe aufgefangen werden konnten.

Geschichten als Gegenkonzepte

Patienten verkaufen ihre Grundkonzepte, ihre individuellen Mythologien recht teuer. Schließlich helfen sie ihnen, mit den bestehenden Konflikten recht und schlecht fertig zu werden. Wie ein Nichtschwimmer Angst hat, den Rettungsring loszulassen, um sich in ein Boot hineinheben zu lassen, hat der Patient Angst davor, seine bisher verwendeten Selbsthilfeeinrichtungen aufzugeben, obwohl sie ihn in den Teufelskreis von Konflikten hineinmanövriert haben. Dies gilt vor allem dann, wenn der Patient sich nicht sicher ist, ob ihm der Therapeut tatsächlich etwas Gleichwertiges oder gar etwas Besseres bieten kann. Es entwickeln sich Widerstände und Abwehrmechanismen, welche die therapeutische Arbeit einerseits behindern können, andererseits aber einen günstigen Einstieg in die Therapie bieten, wenn sie deutlich genug erkannt werden.

Widerstände können sich in vielfältiger Form äußern. So kann der Patient sein Schweigen dazu benutzen, unangenehme Themen zu umgehen. Er kann über etwas anderes sprechen als das, worauf es ankommt; er kann dem Therapeuten etwas vortäuschen, um ihn auf eine falsche Fährte zu locken. Mit einer Vielzahl anderer Verhaltensweisen kann er sich gegen die Psychotherapie und ihren äußeren Rahmen zur Wehr setzen: zu spät kommen, psychotherapeutische Sitzungen ausfallen lassen, die Psychotherapie in Frage stellen mit dem Vorwand, sie sei zu teuer, sie beanspruche zu viel Zeit etc. Der Patient widersetzt sich den Regeln des psychotherapeutischen Vorgehens und verteidigt seinen Verhaltensstil, sosehr er auch mit Konflikten verknüpft sein mag. Es ist auch sein gutes Recht, sich gegen den Eingriff der Psychotherapie zu wehren. Selbst wenn er die Psychotherapie als eine für sich geeignete Methode ansieht, wird er doch mit so viel Fremdem und Beängstigendem in sich selber konfrontiert, daß er mitunter auf eine Selbstverteidigung nicht verzichten kann, mit der er gleichzeitig sein neurotisches Konzept schützt.

Die Widerstände des Patienten sind mithin Mißverständnisse gegenüber

dem Therapeuten und der psychotherapeutischen Situation. So treten hier erneut Kommunikationsstörungen auf, die bereits zuvor in irgendeiner Form am Konflikt beteiligt waren. Die Psychotherapie wird durch die vom Patienten in sie hereingetragenen Widerstände zu einer Modellsituation für das Konfliktverhalten von Patient und Therapeut.
Solche Verhaltensweisen und Einstellungen beschränken sich nicht auf die Situation der Psychotherapie; sie haben ihre Voraussetzung in den Einstellungen, erworbenen Verhaltensstilen und erlernten Mechanismen der Konfliktverarbeitung. Inhaltlich liegen ihnen die Aktualfähigkeiten und Medien der Grundfähigkeiten zugrunde, die auf diese Weise in die Psychotherapie hereingetragen werden. Mit anderen Worten, der Patient liefert mit seinem Verhalten in der Psychotherapie und seinen Einstellungen ihr gegenüber Verhaltensstichproben, die therapeutisch genutzt werden können. In diesem Sinn sind Widerstände gegen die Psychotherapie sogar wünschenswert. Einen Patienten wegen hartnäckiger Widerstände von der Psychotherapie auszuschließen bedeutet letztlich, ihn wegen seiner Krankheit abzulehnen.
Emotionale Widerstände und Abwehrmechanismen sind nicht nur eine Charakteristik der Persönlichkeitsökonomie, sondern zum wesentlichen Teil sekundär entstanden aus der Art der Therapeut–Patient-Beziehung. Wir können eine für die gesamte psychotherapeutische Behandlung ausreichende positive Motivation nicht voraussetzen, sondern müssen sie ständig und stetig unterstützen und fördern, statt den Patienten zu verschrecken. Für den Therapeuten schmeichelhafter, aber darum nicht weniger problematisch sind Widerstände, die darauf hinauslaufen, den Therapeuten zu idealisieren, ihn gewissermaßen zum allmächtigen Gott, gütigen Helfer und Heiler zu machen, und die den Patienten dazu bringen, auf soziale Bezüge außerhalb der psychotherapeutischen Situation gänzlich zu verzichten. Solche Widerstände lassen sich theoretisch gut durcharbeiten. Allerdings ist diese Arbeit für den Patienten nicht gerade einfach. Der *Frontalangriff* auf Mißverständnisse, Widerstände und Abwehrmechanismen provoziert eine ebenso frontale Verteidigung, es sei denn, der Patient hat sich den Regeln der Therapie bereits so weit unterworfen, daß er auf Verteidigung verzichtet. In solchen Fällen zeigt sich hinter dem scheinbaren Gehorsam nicht selten eine »Gummiwand«. Der Patient steckt ein, erfreut den Therapeuten sogar durch seine Dankbarkeit, kontert aber im ungeeigneten Augenblick damit, daß er sich zwar verstanden fühle, die Therapie aber nicht die Fortschritte mache, die er sich davon versprochen habe. Die Therapie, sofern sie nicht inhaltlich orientiert ist, wird leicht zum Schattenkampf –: intellektuell geprägt, ohne emotionale Beteiligung.

Sparsamkeit als Widerstand

Ein 42jähriger Patient begann, sich in der psychotherapeutischen Behandlung immer defensiver zu verhalten. Er ließ Sitzungen ausfallen, kam aber dennoch aufgrund der Beschwerden, die ihn plagten. Es waren dies Angstzustände und Depressionen. Bereits im Differenzierungsanalytischen Inventar war aufgefallen, daß er sehr sparsam im Umgang mit Geld war, auf Dienstleistungen verzichtete, wenn sie etwas kosteten, und keine Gäste einlud, weil »das doch viel zu teuer ist und nichts bringt«. Auf seinen Widerstand gegen die Psychotherapie angesprochen, kamen allgemeine Erklärungen wie: »Ich hatte so viel zu tun, ich habe meinen Termin vergessen« etc.
In dem Augenblick, als die Sparsamkeit angesprochen wurde, schien der Bann gebrochen. Er sprudelte: »Mir stinkt das schon lange. Für die Psychotherapie bezahle ich weitaus mehr als für meinen Hausarzt. Seit acht Jahren bin ich bei ihm in Behandlung. Ich kann es mir nicht leisten, soviel Geld für die Psychotherapie zu zahlen . . .« Der Patient tat etwas, was für eine Psychotherapie sehr wichtig ist, er sprach über das, was ihn störte.
Seine Argumente erschienen auf den ersten Blick als so schwerwiegend, daß man hätte in Erwägung ziehen können, die Behandlung abzubrechen. Auf der anderen Seite war die finanzielle Frage nicht der Kern der Argumentation. Der Patient verfügte über genügend Geld; andernfalls hätten Möglichkeiten bestanden, Zahlungserleichterung zu verschaffen. Seine Kritik erschien selber als Symptom, das sowohl die Psychotherapie als auch den Konflikt betraf; seine Bewertung der Sparsamkeit und des Geldausgebens stellte einen Grundkonflikt dar, der zu existentieller Unsicherheit und sozialer Isolation geführt hatte. Es kam nun darauf an, den geäußerten Widerstand, der sich auf die Aktualfähigkeit Sparsamkeit bezog, aufzufangen. Dieser Widerstand wurde zunächst die aktuelle Thematik der Sitzung. Der Patient wiederholte stereotyp seine Kritik und erschien zunächst zu keinem Fortkommen bereit. Seine Normen hinsichtlich der Sparsamkeit hielten ihn so gefangen, daß er nicht mehr in der Lage war, sich über sie Gedanken zu machen. Aus dieser Sackgasse kam der Patient mit Hilfe einer persischen Geschichte heraus, die ihm eine vorübergehende Identifikation ermöglichte, ihm aber noch genügend Distanz ließ, im Rahmen dieser Geschichte über seine Situation nachzudenken.

Teure Sparsamkeit

Ein Mann stand wegen einer Bestechung vor dem Richter. Alles sprach für seine Schuld, und so blieb dem Richter nur mehr, das Urteil zu sprechen. Der Richter war ein verständiger Mann. Er bot dem Angeklagten drei Möglichkeiten, aus denen er seine Strafe wählen konnte. Der Angeklagte sollte entweder hundert Tuman (iranische Währung) zahlen oder fünfzig Stockhiebe erhalten oder aber fünf Kilo Zwiebeln essen. »Das wird doch nicht so schwer sein«, dachte der Verurteilte und biß schon in die erste Zwiebel. Nachdem er gerade dreiviertel Pfund Zwiebeln roh verspeist hatte, schüttelte ihn der Abscheu schon beim Anblick dieser Früchte des Feldes. Die Augen liefen ihm über, und ganze Tränenbäche stürzten seine Wangen herunter. »Hohes Gericht«, heulte er, »erlaßt mir die Zwiebeln, ich will doch lieber die Schläge auf mich nehmen.« In Gedanken glaubte er listig sein Geld sparen zu können, war er doch wegen seines Geizes überall bekannt.

Der Gerichtsdiener entkleidete ihn und legte ihn über die Bank. Schon der Anblick des kräftigen Gerichtsdieners und der biegsamen Rute ließ den Verurteilten zittern. Bei jedem Schlag auf den Rücken schrie er lauter, bis er beim zehnten Schlag endlich jammerte: »Hoher Ghazi, habe Erbarmen mit mir, erlaß mir die Schläge.« Der Richter schüttelte den Kopf. Darauf bettelte der Angeklagte, der sich eigentlich die Schläge und das Geld ersparen wollte und schließlich alle drei Strafen zu kosten bekam: »Laß mich lieber die hundert Tuman bezahlen.«

Der Patient schwieg eine Weile und überlegte angestrengt: »Ich glaube, die Geschichte trifft tatsächlich auf mich zu. Was habe ich alles in der Zwischenzeit für meine Gesundheit ausgegeben: Kuren, spezielle Medikamente, Gesundheitsbücher usw. Jetzt habe ich die Psychotherapie begonnen und habe tatsächlich Vertrauen und das Gefühl, daß Sie mich verstehen und die Psychotherapie mir hilft. Jetzt will ich auf einmal an der Psychotherapie sparen. Da fällt mir ein, daß ich schon öfter mal wegen meiner verdammten Sparsamkeit auf reale Möglichkeiten verzichtet habe und hinterher noch draufzahlen mußte.« Von hier aus war der konstruktive Einstieg in die konfliktbesetzte Aktualfähigkeit ›Sparsamkeit‹ möglich.

Zeit als Widerstand

Wie sich Widerstände auf die ›Sparsamkeit‹ beziehen können, so auch darauf, daß der Patient plötzlich keine Zeit mehr für die Psychotherapie hat. Dieser Widerstand kann darauf beruhen, daß der Patient in seinem Zeitplan tatsächlich wenig Möglichkeiten für die Psychotherapie sieht und daß er die Psychotherapie im Vergleich zu anderen Interessen als zweitrangig betrachtet. Man könnte von daher auf mangelnde Motivation schließen, doch dieser Schluß erweist sich mitunter als Kurzschluß. Der Patient nimmt mit seiner Entscheidung eine Bewertung vor, die bestimmte Voraussetzungen hat und also erst einmal untersucht werden muß. Der Tagesplan könnte Gewißheit darüber geben, ob der Patient tatsächlich Zeit hat oder nicht und warum er anderen Interessen den Vorrang gibt. Mangelnde Zeit mag Abwehr der Psychotherapie sein und eine Rationalisierung für sich selbst und den Psychotherapeuten darstellen. Man empfindet die Psychotherapie als derart gefährdend, daß man sich am liebsten mit ihr nicht weiter einlassen möchte. Auch dieses Motiv hat seine Hintergründe, die dem Patienten meistens nicht zugänglich sind. Er trägt den Zeitmangel wie einen Schutzwall vor sich her.

»Ich habe keine Zeit«
Ein Patient, der unter starken Herzbeschwerden, vegetativ funktionellen Störungen und Angstzuständen litt, gab nach dem Erstinterview vor, er hätte keine Zeit für die Psychotherapie. Ein weiteres Aufschieben der Behandlung hätte mit großer Wahrscheinlichkeit zu einer Verschlimmerung der Beschwerden geführt. Selbst diese Argu-

mentation vermochte den Patienten nicht zu überzeugen. Ihm war die Aktualfähigkeit ›Zeit‹ in seiner Situation wichtiger als die Fortführung der Behandlung. Als Hintergrundinformation erschien auffällig, daß der Patient sich trotz seiner scheinbaren Zeitnot relativ viel Zeit nehmen mußte, wenn seine Beschwerden auftraten. Er lag dann bis zu mehreren Tagen im Bett. Als Konzept stand dem leistungsorientierten Patienten vor Augen: »Zeit ist für mich Geld.« Diesem Konzept hielt ich *die Aussage Lichtenbergs gegenüber: »Die Leute, die niemals Zeit haben, tun am wenigsten.«*
Eine Spruchweisheit trat hier an die Stelle der sonst verwandten orientalischen Geschichten. Der Patient verstand dieses ergänzende Konzept sofort. Der Widerstand war gebrochen. Während er zuvor konsequent alle Kommunikationsbemühungen abgelehnt hatte, begann er selber, seine Problematik, die sich um die Aktualfähigkeiten ›Leistung und Zeit‹ zentralisierte, anzusprechen. Die Therapie wurde fortgesetzt und konnte innerhalb kurzer Zeit erfolgreich abgeschlossen werden.

Patient – Geschichte – Therapeut

Den Bedürfnissen des Patienten entspricht eher als die verbalintellektuelle Analyse in vielen Fällen das sprachliche Bild, die Geschichte und das sprachliche Symbol, die dem Patienten eine vorübergehende Identifikation erlauben. Die Atmosphäre ist dabei nicht trocken, abstrakt, mit großem Gefälle zwischen Therapeut und Patient, sondern im Prinzip eher aufgelockert, freundlich und partnerschaftlich. Mit der Geschichte deutet nicht der Therapeut im Sinne einer vorgegebenen Theorie, sondern bietet dem Patienten ein ergänzendes Konzept oder Gegenkonzept an, das er annehmen oder ablehnen kann. Die Identifikation ist nicht von vornherein festgelegt; der Patient kann die Geschichte vielmehr auf seine Weise verstehen und sich auf seine persönliche Weise in ihr spiegeln. Die Konfrontation Therapeut–Patient wird dadurch aufgelockert, daß zwischen diese beiden Fronten das *Medium der Geschichte (Mediatorfunktion)* tritt. Es wird nicht über den Patienten gesprochen, sondern über den Helden der Geschichte. So kommt ein Dreierprozeß in Gang: Patient–Geschichte–Therapeut. Die Geschichte erhält die Funktion eines Filters, der für den Patienten einen Schutz darstellt, und zwar einen genügend großen Schutz, so daß er sich wenigstens vorübergehend seiner eigenen neurotischen Schutzmechanismen entledigen kann. Mit seinen Aussagen und Deutungen zur Geschichte liefert er Informationen, die ihm ohne den Mittler der Geschichte sehr schwergefallen wären und in einer traditionellen Behandlung sehr viel Zeit und Geduld gekostet hätten. Der Therapeut vermittelt die im Kontext der Geschichte notwendigen Informationen und Verständnishilfen.
Dieses Vorgehen besitzt eine große Bandbreite und beschränkt sich nicht auf eine einzige Deutung des Therapeuten. Die Geschichte als Medium wird dort zu einem wichtigen Instrument, wo die beteiligten Konflikte zu

stark sind, als daß sie therapeutisch direkt angegangen werden könnten. Das gilt vor allem für empfindliche Patienten und solche, die es gelernt haben, ihre Probleme für sich zu behalten und auch dann zu schweigen, wenn eine Aussprache nötig wäre. Diese ›unergiebigen‹ Patienten benötigen Hilfe, um ihre Probleme verbalisieren zu können. Solche Hilfe bieten die Geschichten: hinter ihrem bildhaften Geschehen kann der Patient, der es gelernt hat, über seine Schwierigkeiten zu schweigen, sich äußern.

Das Medium der Geschichte spricht die bildhafte Vorstellung des Patienten an, ermöglicht Visualisierung und dosierte emotionale Beteiligung. Visualisierte Inhalte können besser behalten und in anderen Situationen leichter aktualisiert werden. Mit anderen Worten, der Patient hat die Geschichte nicht nur in der therapeutischen Situation präsent, sondern auch in außertherapeutischen Situationen, sei es, daß ähnlich gelagerte Situationen eine Assoziation zu der Geschichte hervorrufen, sei es, daß das Bedürfnis besteht, die in der Geschichte aufgeworfenen Fragen zu durchdenken. Bei veränderten Bedingungen kann der Patient die Geschichte unterschiedlich interpretieren, und so erweitert er das ursprüngliche Verständnis der Geschichte und aktualisiert weitere Konzepte, die seine eigene Mythologie differenzieren helfen. Die Geschichte hat somit *Depotwirkung*, d. h., sie wirkt nach und nach und macht den Patienten unabhängiger vom Therapeuten.

»Mein Kind muß das erreichen, was ich nicht erreicht habe«
Eine 38jährige Mutter von drei Kindern war mit ihrem ältesten Jungen in die Psychotherapie gekommen. Anlaß waren die schlechten Schulleistungen des Jungen (12 Jahre alt). Bereits im Erstinterview zeigte sich die Mutter auffällig ehrgeizig, während der Junge zu resignieren schien. Die Mutter selbst wollte, wie sie nebenher äußerte, ursprünglich Abitur machen und studieren. Ihre Eltern seien aber dagegen gewesen. Jetzt wolle sie ihren Kindern die Chancen geben, die sie selber nicht hatte nützen können. Alles deutete darauf hin, daß die Mutter ihre eigene Leistungsmotivation auf den Sohn übertrug und ihn dabei überforderte. Da keine Pychotherapie, sondern lediglich eine Beratung vorgesehen war, erzählte ich der Patientin die folgende Geschichte, die im gegebenen Zusammenhang auf den Mechanismus von Projektion und Identifikation hinwies, ohne daß in der Mutter Schuldgefühle erweckt wurden:

Kaufmann und Papagei

Ein orientalischer Kaufmann besaß einen Papagei. Eines Tages stieß der Vogel eine Ölflasche um. Der Kaufmann geriet in Zorn und schlug den Papagei mit einem Prügel auf den Hinterkopf. Seit dieser Zeit konnte der Papagei, der sich vorher sehr intelligent gezeigt hatte, nicht mehr sprechen. Er verlor die Federn auf dem Schädel und wurde bald ein Kahlkopf. Eines Tages, als er auf dem Regal im Geschäft seines Herrn saß, betrat ein glatzköpfiger Kunde den Laden. Sein Anblick versetzte den Papagei in höchste Erregung. Flügelschlagend sprang er umher, krächzte und fand schließlich zur Überraschung aller die Worte: »Hast du auch die Ölflasche heruntergeworfen und einen Schlag auf den Hinterkopf bekommen, so daß du auch keine Haare mehr hast?« (nach J. Rumi).

Die Geschichten erfüllen eine *Modellfunktion.* Sie geben Konfliktsituationen wieder und legen Lösungsmöglichkeiten nahe bzw. weisen auf die Konsequenzen einzelner Lösungsmöglichkeiten hin. Sie fördern damit ein Lernen am Modell. Dieses Modell ist nicht starr und vorgegeben. Welche Aspekte des Modells ein Patient realisieren kann, hängt von seinen Bedürfnissen und Möglichkeiten ab.
Das Medium der Geschichte vermittelt nicht nur zwischen Therapeut und Patient, sondern kann auch das Verhältnis zu Bezugspersonen deutlich machen. Auf diese Weise wird die therapeutische Funktion der Geschichte weitergegeben, und ohne daß gleich die Treibhausatmosphäre seelischer Entblößung und Laienanalyse entsteht, können Mitteilungen und Appelle kommuniziert werden, die dem anderen verständlich sind. Auch können Rückversicherungen zwischengeschaltet werden. Erzählt man anderen eine Geschichte, welche die eigene Problemsituation widerspiegelt, kann man aufgrund der Reaktionen feststellen, wie sehr auch die anderen von diesem Problem berührt sind. Die Geschichte testet damit gewissermaßen die Vertrauenswürdigkeit und Kompetenz der Partner. Der gewöhnlich hinter psychologischen Begriffen versteckte, aber mitunter gnadenlose Machtkampf der Laienanalyse wird so vermieden. Man kann sich entlasten, ohne sich bloßzustellen.
Die *Filterfunktion* der Geschichten ist besonders wichtig für Partnerschaft und Erziehung. Dabei können dem Partner in schonender Form Mitteilungen gemacht werden, auf die er erfahrungsgemäß aggressiv reagieren würde; auf der anderen Seite hat man selber die Möglichkeit, sich in einer anderen Kommunikationsform als in der üblichen zu äußern. Die Kommunikation kann freier gestaltet werden.
Diese Funktionen haben einen geschichtlichen Hintergrund: Einem König konnte man nicht ohne weiteres die Wahrheit sagen (Ehrlichkeit), sondern es mußten Formen gefunden werden, die dem empfindlichen Herrscher die Wahrheit schmackhaft machten (Höflichkeit). Solche Formen waren die Geschichten. Auf die partnerschaftliche Situation übertragen: Viele unserer Partner, und mit Sicherheit jeder Patient, sind zumindest ebenso empfindlich wie jene alten feudalistischen Herrscher. Unsere Partner können Ehrlichkeit durch Liebesentzug, Rache (Gerechtigkeit) oder dadurch vergelten, daß sie sich so getroffen zeigen, daß wir bereuen, ihnen ehrlich und offen die Meinung gesagt zu haben. Als Hilfe bieten

sich die Mythologien an: Sie treffen das, was man treffen will, lassen aber noch so viel Freiheitsraum, daß man über sie und damit über sich selber lächeln kann. Ihre Relevanz besteht vor allem darin, daß sie ein Erkenntnismedium ansprechen, das bei Erwachsenen und häufig schon bei Kindern nicht anerkannt wird und ein Kümmerdasein fristet: die Intuition. In der modernen Industriegesellschaft gilt sie als nebensächlich und wird, sofern sie überhaupt anerkannt wird, dem Verstand untergeordnet. Eben diese Fähigkeit sprechen die Geschichten an. Sie fördern das spielerische, ungezwungene Vorstellen und Phantasieren, das durch die Realität nicht unmittelbar kontrolliert wird, sondern eher durch die Phantasiewirklichkeit der Geschichte. Mit der Intuition wird einerseits eine Fähigkeit angeregt, die bei vielen ein Schattendasein führt, andererseits aber wird mit ihr auf die Phantasie eingegangen, über die manche Patienten die Kontrolle verloren haben:

»Heute so – morgen so«

Mit einer 64jährigen Patientin, die wegen einer abnormen Trauerreaktion die Psychotherapie aufgesucht hatte, wurde nach der vorhergehenden fünfstufigen Behandlung eine Zielerweiterung angesetzt. Bis zum Tod ihrer Mutter hatte sie nur für diese gelebt und in den letzten Jahren das Haus nur für Einkäufe und gemeinsame Spaziergänge mit der Mutter verlassen. Nach dem Tod ihrer Mutter kam ihr das Leben leer und sinnlos vor. Im Verlaufe der Behandlung betonte sie immer wieder, wie gern sie eigentlich gereist sei und daß sie darauf wegen ihrer Mutter verzichtet hätte. Mit der Zielerweiterung begann die Patientin, ihren Reisewunsch zu konkretisieren. Sie unterbrach die Behandlung und berichtete mehrere Wochen später, daß sie in dieser Zeit fünf Reisen unternommen hätte und weitere Reisen geplant seien. Es setzte eine Flucht in die Aktivität ein. Doch das unvermittelte Ansprechen dieser Fluchtreaktion hätte die Patientin entmutigt, die sichtbar stolz auf ihre erreichte Selbständigkeit war. Ich erzählte ihr die Geschichte von der *»Übertreibung«*:

Der Mullah, der Prediger, ging mit seiner Frau vor der Stadt spazieren. Es war Frühjahr, und in seiner verliebten Laune drückte er seine Frau ganz fest an sich, tätschelte zärtlich ihr fettes Hinterteil und zwickte sie in die Lende. Die Frau wurde rot, da sie bemerkte, wie sich die anderen Spaziergänger nach ihnen umdrehten. Als der Mullah begann, seine Frau zu kitzeln, wurde sie zornig und schrie ihn an: »Faß mich doch nicht dauernd an, laß mich doch in Ruhe!« »Ist schon gut«, sagte der Mullah, ihr Ehemann, »ich gehe schon.« Eiligen Schrittes entfernte er sich, und als er schließlich über fünf Meilen weit gegangen war, sandte er einen Boten zu seiner Frau mit folgender Botschaft: »Ich bin jetzt fünf Meilen von dir weg. Also eigentlich weit genug, daß ich dich nicht mehr anfassen kann. Sage mir, ob es reicht, sonst gehe ich noch weiter!« (persische Geschichte).

Fazit: Die mythologischen Geschichten können als ein therapeutisches Vehikel dienen, um problematische Einstellungen und Verhaltensbereiche zu reflektieren, Assoziationen anzuregen und ein Gespräch über Konfliktbereiche zu provozieren, die sonst durch Abwehrmechanismen von der Verbalisierung ausgeschlossen blieben. Die Geschichten sind pädagogische Hilfen in der Psychotherapie, mitunter sogar für den Therapeuten selber.

Geschichten, Mythologien, Parabeln, Gegen- und Ergänzungskonzepte sind nicht die Therapie selbst, sondern Katalysatoren der Therapie: sie helfen den therapeutischen Verlauf zu kontrollieren und, richtig angewandt, ihn zu beschleunigen. Die Mythologien und Konzepte dienen zunächst der Kontaktadresse und eignen sich für Situationen, in denen beispielsweise durch Widerstände der Kontakt gefährdet ist. Im weiteren können in ihnen Inhalte bildhaft verständlich gemacht werden, und zwar vorerst auf der Ebene von Intuition, Phantasie und Tradition. Diese inhaltliche Orientierung hilft neben anderem auch das tiefere Abgleiten z. B. in Depression und Resignation zu verhindern, eine Gefahr, die allen Therapieformen droht, bei denen nur die Symptomatik und die Erscheinungsformen in ihrer Umgebung angesprochen und damit verstärkt werden. Die Geschichten und Konzepte beinhalten einen programmatischen Teil mit Depotwirkung: Der Patient kann sie, auch unabhängig von der Anwesenheit des Therapeuten, in sein Gedächtnis zurückrufen und ihre Bedeutung für seine momentane Situation überprüfen.

3. Mißverständnisse

Der Prophet und die langen Löffel

Ein Rechtgläubiger kam zum Propheten Elias. Ihn bewegte die Frage nach Hölle und Himmel, wollte er doch seinen Lebensweg danach gestalten. »Wo ist die Hölle – wo ist der Himmel?« Mit diesen Worten näherte er sich dem Propheten, doch Elias antwortete nicht. Er nahm den Fragesteller bei der Hand und führte ihn durch dunkle Gassen in einen Palast. Durch ein Eisenportal betraten sie einen großen Saal. Dort drängten sich viele Menschen, arme und reiche, in Lumpen gehüllte, mit Edelsteinen geschmückte. In der Mitte des Saales stand auf offenem Feuer ein großer Topf voll brodelnder Suppe, die im Orient Asch heißt. Der Eintopf verbreitete angenehmen Duft im Raum. Um den Topf herum drängten sich hohlwangige und tiefäugige Menschen, von denen jeder versuchte, sich seinen Teil Suppe zu sichern. Der Begleiter des Propheten Elias staunte, denn die Löffel, von denen jeder dieser Menschen einen trug, waren so groß wie sie selbst. Nur

ganz hinten hatte der Stiel des Löffels einen hölzernen Griff. Der übrige Löffel, dessen Inhalt einen Menschen hätte sättigen können, war aus Eisen und durch die Suppe glühend heiß. Gierig stocherten die Hungrigen im Eintopf herum. Jeder wollte seinen Teil, doch keiner bekam ihn. Mit Mühe hoben sie ihren schweren Löffel aus der Suppe, da dieser aber zu lang war, bekam ihn auch der Stärkste nicht in den Mund. Gar zu Vorwitzige verbrannten sich Arme und Gesicht oder schütteten in ihrem gierigen Eifer die Suppe ihren Nachbarn über die Schultern. Schimpfend gingen sie aufeinander los und schlugen sich mit denselben Löffeln, mit deren Hilfe sie ihren Hunger hätten stillen können. Der Prophet Elias faßte seinen Begleiter am Arm und sagte: »Das ist die Hölle!«
Sie verließen den Saal und hörten das höllische Geschrei bald nicht mehr. Nach langer Wanderung durch finstere Gänge traten sie in einen weiteren Saal ein. Auch hier saßen viele Menschen. In der Mitte des Raumes brodelte wieder ein Kessel mit Suppe. Jeder der Anwesenden hatte einen jener riesigen Löffel in der Hand, die Elias und sein Begleiter schon in der Hölle gesehen hatten. Aber die Menschen waren hier wohlgenährt, und man hörte in dem Saal nur ein leises, zufriedenes Summen und das Geräusch der eintauchenden Löffel. Jeweils zwei Menschen hatten sich zusammengetan. Einer tauchte den Löffel ein und fütterte den anderen. Wurde einem der Löffel zu schwer, halfen zwei andere mit ihrem Eßwerkzeug, so daß jeder doch in Ruhe essen konnte. War der eine gesättigt, kam der nächste an die Reihe. Der Prophet Elias sagte zu seinem Begleiter: »Das ist der Himmel!« (orientalische Geschichte).

Diese Geschichte ist, obwohl über einige tausend Jahre vom Volksmund überliefert, aus dem Leben gegriffen. Sie findet sich im Prinzip wieder, wenn wir die Schwierigkeiten in einer Familie sehen, die Auseinandersetzungen zwischen Vater und Mutter, den Streit zwischen den Kindern und die Aggressionen in der Beziehung der Eltern und Kinder; wenn wir den Kampf eines Menschen mit seiner Umgebung betrachten und die Auseinandersetzung zwischen Gruppen und Völkern. Die »Hölle« ist das Nebeneinander- und Gegeneinanderarbeiten; jeder nur für sich und gegen die anderen. Der »Himmel« dagegen beruht auf der Bereitschaft, mit den anderen positiv in Beziehung zu treten. Beide – die Menschen im Himmel wie die in der Hölle – haben die gleichen oder ähnliche Probleme. Ob sie im Himmel oder in der Hölle leben, hängt davon ab, wie sie diese Probleme zu lösen versuchen.
Himmel und Hölle sind in uns. Wir haben die Möglichkeit zu wählen. Wie groß diese Freiheit der Wahl ist, wird zu einem guten Teil bestimmt durch unsere Erfahrungen, dadurch, wie wir gelernt haben, Probleme zu lösen, und durch unsere Bereitschaft, unsere Erfahrung zu nutzen.

Die zwischenmenschlichen Beziehungen und partnerschaftlichen Interaktionen vollziehen sich nicht nur als Austausch objektiver Informationen. Vielmehr schwingen in dem, was wir sagen, Erwartungen, vorhergehende Erfahrungen und Einstellungen mit, die unserer Aussage und unserem Verständnis einen eigenen Akzent geben. Ebenso wie wir den Informationen einen eigenen Bedeutungshof verleihen, erhalten auch die Verhaltensweisen unserer Partner subjektiven Charakter. Das führt dahin, daß wir nicht immer das meinen, was wir sagen, und wir unseren Partner nicht so verstehen, wie er sich verstanden wissen will. Diesen Sachverhalt bezeichnen wir als Mißverständnis. Mißverständnisse maskieren unsere Aussagen, unser Verhalten und unsere Bedürfnisse und werden damit zu Konfliktpotentialen. Sie sind gewissermaßen Windmühlenflügel, gegen die man anrennt und die keineswegs die Dämonen und Riesen sind, gegen die man eigentlich kämpfen wollte.
Die Funktion, auf der Mißverständnisse beruhen, ist die Unterscheidung. Allerdings unterscheiden wir nicht alle in der gleichen Weise. So kommt es, daß die Ansichten zweier Menschen über den gleichen Gegenstand nicht deckungsgleich übereinander passen und jeder Inhalte und Bewertungen mitmeint, die dem Partner nicht unmittelbar zugänglich sind. Diese Mißverständnisse sind bereits bei den einfacheren Sinneseindrücken anzutreffen. Das Quecksilberthermometer zeigt physikalisch Temperatureigenschaften an. Was als warm oder kalt empfunden wird, ist hingegen eine subjektive Empfindung, die zudem gewissen Schwankungen unterliegt. Selbst wenn sich bei allen Menschen die Körpertemperatur und damit die physiologische Bezugsgröße der Temperaturempfindung ähneln, bewerten wir Temperatur oft unterschiedlich, je nachdem welche Einstellungen wir der Wärme oder Kälte gegenüber haben, wie die Wärmeregulation unseres Körpers funktioniert und welche Bezugsgrößen der Temperatur wir gelernt haben.
Was sich hier an einem einfachen Beispiel zeigt, findet sich in allen Bereichen des menschlichen Verhaltens und Erlebens wieder. Wir alle verfügen über eine große Anzahl von Bewertungsschemata, nach denen wir ein Ereignis als gut oder schlecht, angenehm oder unangenehm, positiv oder negativ einordnen. Die soziale Wahrnehmung ist zu einem wesentlichen Teil mit Hilfe derartiger Bewertungen organisiert und gegliedert. Nur stehen wir mit unseren Bewertungen und Maßstäben nicht allein oder können Absolutheitsanspruch für sie erheben. Vielmehr befinden wir uns in einer dauernden psychosozialen Beziehung zu anderen Menschen, zu uns selber und zu unserer ökologischen Umwelt. Jeder von unseren Partnern verfügt dabei über ein eigenes Wertsystem. Unsere Auseinandersetzung mit unserer Umgebung erfordert eine Annäherung unserer Konzepte an die bestehenden physikalischen, biologischen, sozia-

len und transzendentalen Sachverhalte. Bei diesem Aufeinandertreffen erweisen sich einzelne Unterscheidungen als einseitig und damit konfliktträchtig. Indem sie einseitig einzelne Aspekte bevorzugen, gehen sie unter bestimmten Bedingungen an den eigenen Bedürfnissen, an den Bedürfnissen der Partner, an der sozialen Situation oder dem sich stellenden Problem vorbei. Damit werden sie zu Mißverständnissen:

Die möglichen Beispiele dafür sind unermeßlich: Man heiratet, weil man dem Elternhaus entfliehen möchte; man wählt einen Partner, weil er gut aussieht; man wählt einen Beruf, der zwar keinen Spaß macht, der aber viel Geld bringt; man wählt sich die Religion oder Weltanschauung, die den bestehenden infantilen Bedürfnissen entgegenkommt.

In all diesen Beispielen ist eine Art Zeitzünder eingebaut, der dann ausgelöst wird, wenn die Erwartungen enttäuscht werden oder die Bedürfnisse sich ändern. Diese Mißverständnisse sind mehr als die aktuellen Mißverständnisse, wie sie in einer Interaktion auftreten können; sie betreffen den gesamten Lebensplan. Die folgenden Mißverständnisse sollen auf beide Aspekte eingehen, auf die aktuellen Mißverständnisse wie auf die Grundmißverständnisse. Die Werthaltungen, Einstellungen, Erwartungen und Bezugssysteme, die ein Mensch entwickelt, sind sein Konzept, wie er seiner Wirklichkeit gegenübertritt. So einseitig und verzerrt dieses Konzept auch erscheinen mag, man rechnet es unwillkürlich der eigenen Persönlichkeit zu, hält es für schlechthin unveränderlich und schicksalhaft und übersieht dabei, daß ihm ein Mißverständnis zugrunde liegt.

Ein Morphiumsüchtiger, der lange genug dieses Gift zu sich genommen hat, wird im Laufe der Zeit eine derartige Abhängigkeit erlangen, daß er das Morphium für notwendig hält und ohne es nicht auskommen kann. Es ist gewissermaßen Teil seiner Persönlichkeit geworden, von dem er sich nicht ohne weiteres trennen kann. Eine vergleichbare Abhängigkeit besteht bei vielen Patienten gegenüber ihren Wertsystemen. Sie geht sogar so weit, daß manche lieber Leiden auf sich nehmen, das eigene Leben und ihre Umgebung zur Hölle machen, als auf das einseitige, konfliktbesetzte Konzept zu verzichten. Dies zeigt, daß die Mißverständnisse in ihrer Bedeutung weit über die kognitiven Mißverständlichkeiten hinausgehen, die man leicht durch ein: »Ich habe jetzt verstanden« korrigieren könnte.

Neben einem kognitiven Anteil besitzen die Konzepte und die auf ihnen beruhenden Mißverhältnisse eine schwer abschätzbare soziale, emotionale und somatische Beteiligung, durch die das Mißverständnis als Konfliktpotential hochbrisant wird. Diese Phänomene gehen auf die »Mikrotraumen« zurück, die sich im Verlauf der individuellen und kollektiven Lerngeschichte anhäuften und die zu spezifischen sensiblen Stellen in der Persönlichkeit des einzelnen, aber auch im Bewußtsein seiner Gruppe führen. Wenn man will, so besteht entsprechend der Annahme von

Mikrotraumen das Mißverständnis aus einer Ansammlung vieler, oft unterschwelliger Mißverständnisse.
Was wir als Mißverständnisse beschreiben, beruht auf Denkformen, Schematisierungen und Einstellungen, die in weitem Ausmaß unser soziales Verhalten, aber auch das Verhalten zu uns selber beeinflussen. Als Denkformen helfen sie uns zunächst einmal, unsere Wahrnehmungen zu organisieren. Sie bieten uns Maßstäbe, nach denen wir werten und an denen wir uns orientieren können.
Diese Denkformen erfüllen eine psychologisch wichtige Funktion. Sie sollen uns vor unangenehmen Erlebnissen schützen. Dies geschieht dadurch, daß gewissermaßen automatisch Wertungsmechanismen einsetzen, welche gefährdende und unangenehme Erlebnisse herunterspielen und beispielsweise den »Schwarzen Peter« einem anderen zuschieben. Sie dienen so als Abwehrmechanismen.
Nach meiner psychotherapeutischen Erfahrung bestätigt sich immer wieder der Eindruck, daß der Großteil psychischer, psychosozialer und psychosomatischer Störungen auf Mißverständnisse zurückgeht. Dies bedeutet, daß weniger objektive Geschehnisse pathogen wirken als vielmehr ihre subjektiven Bewertungen und die Unterschiede bei sozialen Partnern. Die von uns skizzierten Mißverständnisse sind somit Modellsituationen für psychosoziale Konflikte und konflikthafte Einstellungen. Diese können einmal auf der Seite der Patienten auftreten und die Entwicklung ihrer Störungen begünstigt haben; sie können aber auch in die Therapie eingreifen und als unbewußt mitschwingende Einstellung des Therapeuten oder als psychotherapeutisches Mißverständnis wirksam sein. Ziel der Darstellung von Mißverständnissen ist es daher, für konflikthafte Einstellungen und Erwartungen zu sensibilisieren. Sie finden sich in der Erziehung, also dort, wo Aktualfähigkeiten und Medien der Grundfähigkeiten vermittelt werden, genauso wie in partnerschaftlichen Beziehungen und im Gruppenverhalten. Hier zeigen sie sich als mehr oder weniger feste Einstellungen, die das gegenseitige Verständnis blockieren können.
Mißverständnisse lassen sich durch folgende Fragen lokalisieren:
Wodurch habe ich gelernt zu hassen? Wie kommt es, daß ich gerade diesen Menschen nicht leiden mag? Warum gehe ich gerade bei dieser Eigenschaft meines Mannes die Wände hoch? Warum macht mich meine Frau mit ihrem Verhalten verrückt, während ich es bei einem anderen Menschen durchaus anerkennen kann? Warum bekam ich denn bei meinem Kind einen Wutausbruch? Wie kommt es, daß ich einen Menschen, den ich bis gestern noch haßte, heute akzeptieren kann? Habe ich meinen Partner richtig verstanden? Habe ich mich verständlich ausgedrückt? Warum konnte er mich nicht richtig verstehen? Wie kam es zu dem Mißverständnis? Bricht mir ein Zacken aus der Krone, wenn ich ein

Mißverständnis eingestehe? Wenn sich mein Partner Mühe gibt, mich zu verstehen, werde auch ich in der Lage sein, Zugeständnisse zu machen? Warum sehe ich manche Dinge so, während sie ein anderer ganz anders sieht?
Bei der Suche nach Antworten auf diese Fragen in konkreten Konfliktsituationen stoßen wir zwangsläufig auf Mißverständnisse und damit auf Konfliktpotentiale, welche in den Aktualfähigkeiten begründet liegen. Neben dieser allgemeinen Funktion von Mißverständnissen als Abwehrmechanismen und Störfaktoren in einer Kommunikation läßt sich eine spezielle Funktion beobachten. Bevorzugung einzelner Denkformen von Mißverständnissen führt zu typischem Problemverhalten, das wiederum typische Verarbeitungsformen und Symptome zur Folge haben kann. In diesem Sinn ist bei jedem Mißverständnis eine Reihe von Störungen und Konflikten angelegt, die im Kontext dieses Problemverhaltens beobachtet werden können. Umgekehrt ist an die Möglichkeit von Mißverständnissen zu denken, wenn Konflikte oder Störungen auftreten.

1. Mißverständnis: Erziehungsziel und Erziehungsinhalt

Man könnte erzogene Kinder gebären, wenn die Eltern erzogen wären.
Goethe

»Der Beruf macht mir sogar Spaß, aber ich habe keine Beziehung zu anderen Menschen« (42jähriger Rechtsanwalt).

Erziehung bedeutet, wie bereits der Begriff erkennen läßt, nicht bloß ›Hineinstecken‹ von gutem Benehmen und Wissen in die Persönlichkeit des Kindes. Sie bedeutet vielmehr: die in einem Menschen angelegten Möglichkeiten und Fähigkeiten entsprechend seiner Entwicklung zu unterstützen und zu fördern. Ein Mensch benötigt nicht nur Informationen (Entwicklung der sekundären Fähigkeiten) im Sinne der Ausbildung. Er benötigt auch eine emotionale Basis, um diese Ausbildung bewältigen zu können. In diesem Sinne ist zu unterscheiden zwischen Ausbildung und Bildung, die im Erziehungskonzept von Eltern und pädagogischen Institutionen häufig verwechselt werden. Bewußte Erziehung heißt nicht nur die Erziehungsinhalte kennen, sondern sich des Erziehungszieles bewußt sein: Warum, wozu und wofür erziehe ich mein Kind? Für mich? Für sich? Für die Menschheit?
Störungen und Konflikte: Einseitigkeit; Unterforderung; Überforderung; Verzweiflung; Flucht in die Arbeit; Flucht in die Einsamkeit; Flucht in die Krankheit.
Lerne zu unterscheiden zwischen Bildung und Ausbildung.

2. Mißverständnis: Relativität der Werte

Es besteht ein Unterschied zwischen dem, der seine Geliebte bei sich hat, und dem, der wartend ihr Kommen ersehnt.
Saadi

»Ordnung muß sein«
»Ich habe es gelernt, immer eines nach dem anderen zu machen. Alles muß seine Reihenfolge haben. Erst kommt das Zähneputzen, dann das Waschen, dann rasiere ich mich, ziehe mich ordentlich an, setze mich an den Frühstückstisch, trinke zwei Tassen Kaffee, lese meine Zeitung, und dann gehe ich auf die Toilette. Wenn diese Reihenfolge gestört wird, bin ich ganz durcheinander. Mein Stuhlgang klappt nicht mehr, und der ganze Tag ist für mich verloren« (35jähriger Volkswirt; Zwänge und Ängste).

Wir können die Tendenz beobachten, daß man sich mit dem, was man als Lebenserfahrung erworben hat, nicht zufriedengibt, sondern daß man von den anderen verlangt, sie zu teilen. Damit geht in der Regel eine Verabsolutierung der eigenen Wertvorstellungen einher, für die man Allgemeingültigkeit beansprucht. Die unterschiedlichen Wertmaßstäbe hängen von einer Reihe von Faktoren ab: vom Alter, vom Geschlecht, von persönlichen Erfahrungen, der Ausbildung, der sozialen Schicht, der Familientradition, der sozialen Umgebung, der weltanschaulichen oder religiösen Einstellungen, der politischen Meinung und der situationsabhängigen Stimmung. Dabei gibt es verschiedene Maßstabstypen: Man mißt etwas an seinem Geldwert, an seinem Seltenheitswert, an seinem Gebrauchswert, an seinem Prestigewert, an seinem ideellen Wert oder an seinem Gefühlswert.
Inhaltlich können alle Aktualfähigkeiten und Medien den Charakter von Wertmaßstäben annehmen. Die unterschiedlichen Maßstäbe sind die häufigsten Ursachen für soziale Mißverständnisse und zwischenmenschliche Konflikte. Besonders anfällig für solche Konflikte sind Menschen, die fixe Wertmaßstäbe und Konzepte besitzen und dabei mit Menschen konfrontiert werden, die andere Wertmuster vertreten. Weiterhin entstehen Probleme dort, wo Wertsysteme innerhalb sozialer Beziehungen im Wandel begriffen sind. Wir stehen diesen unterschiedlichen und sich ändernden Bewertungen oft hilflos gegenüber und setzen unsere Ratlosigkeit in nicht seltenen Fällen in Ängste, Aggressionen und Nachahmungen um.
Störungen und Konflikte: Einmischungen; Fixierung; mangelnde Flexibilität; partnerschaftliche Konflikte; Erwartungen; Enttäuschungen; Angst; Aggression; Vereinsamung; Flucht in die Arbeit; Verzweiflung; Denk- und Willenshemmung; Ratlosigkeit; Tobsucht; Schimpfen; das Gefühl, nicht verstanden zu werden.
Lerne zu unterscheiden zwischen absoluten und relativen Werten.

3. Mißverständnis: Dimension der Zeit und Menschenbild

Jedes Zeitalter hat seine eigenen Probleme, jede Seele ihre besondere Sehnsucht.
Baha'u'llah

»Ich komme nicht mehr zurecht«
»Ich halte es hier nicht länger aus. Früher hatte ich auf dem Land gewohnt. Seitdem wir in die Großstadt umgezogen sind, fühle ich mich unglücklich und unzufrieden« (45jähriger Angestellter, früher Kleinbauer, Depressionen). »Ich möchte alles werden, bloß nicht Fachidiot. Wenn ich diese blödsinnigen Spezialisten schon sehe, die nichts anderes im Kopf haben als das, worauf sie dressiert sind« (22jährige Studentin).

Die Anforderungen und Erwartungen, die sich dem Menschen und der Gesellschaft stellen, unterliegen einer ständigen Wandlung. Damit ändern sich auch die Bezugssysteme, Wertmaßstäbe und die jeweils zeitgemäßen Verhaltensnormen. Die Entwicklung der Gesellschaft läßt sich durch folgende strukturelle Änderungen beschreiben: (a) die Zunahme der Bevölkerung, die andere Regeln des Kontaktes und adäquate Formen der sozialen Beziehung erfordert; (b) die Verstädterung, also das Zusammenleben von Menschen in Ballungszentren, die einerseits die sozialen Beziehungen intensiviert, andererseits die Entfaltungsmöglichkeiten einschränkt; (c) die Differenzierung, die auf einer zunehmenden technologischen Entwicklung beruht und die Spezialisierung auf Teilfunktionen verlangt.
Der Wandel der Umwelt bleibt nicht ohne Folgen für die Gesellschaft und die Menschen, die in ihr leben. Die Rollenerwartungen, die an die Menschen gestellt werden und die sie selbst stellen, verändern sich mit den Bedürfnissen, Nöten und strukturellen Besonderheiten der Umgebung. Wollte man einen Menschen heute so behandeln, wie es in der Gesellschaft der Jäger und Sammler üblich war, würde man ihn unabsehbaren Konflikten aussetzen, die aus einer Verschiebung der Dimension der Zeit herrühren.
Störungen und Konflikte: Angst vor Veränderungen; Neigung, einen gewohnten Zustand beizubehalten; mangelnde Flexibilität; Nachahmungstendenzen; Generationskonflikt; Abhängigkeit von der Meinung anderer; Ablehnung und Verdrängung der eigenen und kollektiven Vergangenheit; Fremdbestimmtheit; Flucht in Wunschwelten; Angst vor der Zukunft.
Lerne zu vereinigen Vergangenheit, Gegenwart und Zukunft.

4. Mißverständnis: Entwicklung – Fixierung

Die Milch muß im richtigen Verhältnis gegeben werden. Es ist die Milch, die den Säugling kräftigt, damit er später imstande ist, festere Speisen zu verdauen.
Baha'u'llah

»Überforderung«
»Ich bin immr unterwegs. Ich fahre meine Kinder zum Ballett, zur Gymnastik, zum Schwimmen, zum Reiten, zum Flötenunterricht, zum Schlittschuhlaufen und zum Englischunterricht. Meine Kinder sollen alles haben. Sie sollen nichts vermissen. Es ist mir unverständlich, daß sie sich für alle diese schönen Dinge nicht besonders stark interessieren« (37jährige Hausfrau, Mutter von zwei Kindern; Herzbeschwerden und innere Unruhe).

Im Verlauf der Entwicklung kommen die Fähigkeiten eines Menschen entsprechend seiner Entwicklungsstufe zur Entfaltung, vorausgesetzt, seine Bedürfnisse werden entwicklungsgemäß befriedigt. Erziehung wie Partnerschaft und Psychotherapie stehen vor dem Problem: Entweder gibt man zuwenig, oder man gibt zuviel auf einmal. Was zuviel oder zuwenig ist, mißt sich an dem Stand der Entwicklung. Jeder Mensch benötigt Zeit für seine Entwicklung. Er braucht sie für seine körperliche Reifung, seine seelische Differenzierung und Entfaltung im sozialen Zusammenleben. Umgekehrt fordert man von ihm, daß er selbst den anderen Zeit gewährt. Eine Vielzahl von Störungen in der Erziehung und Partnerschaft können auf unzeitgemäße Rollenübernahme und Rollenerwartung zurückgeführt werden. Überforderung, Unterforderung und Inkonsequenz sind die zentralen Ursachen.
Störungen und Konflikte: Überforderung; Unterforderung; Ungeduld; Schwanken zwischen Wunsch und Angst; überhöhte Erwartungen; Enttäuschungen; Resignation; emotionale Abhängigkeit; Streben nach Selbständigkeit; Ablösungsproblematik.
Lerne dem Partner das zu geben, was er auf seiner Entwicklungsstufe benötigt.

5. Mißverständnis: Identitätskrise und Persönlichkeitsentwicklung

Junge Leute leiden weniger unter eigenen Fehlern als unter der Weisheit der Alten.
Vauvenargues

»Ich weiß nicht, wer ich bin!«
»Ich komme mit mir selbst nicht mehr zurecht. Einserseits muß ich für die Schule schuften. Andererseits möchte ich meine ganze Zeit meiner Freundin schenken. Dann wollen meine Eltern, daß ich weiterhin das brave Baby bleibe. Und schließlich wollen

meine Freunde, daß ich mit ihnen auch 'ne Menge unternehme. Ich weiß nicht, zu wem ich gehöre, was wichtiger ist. Ich weiß nicht mehr, wer ich bin« (15jähriger Schüler; Konzentrationsschwierigkeiten, Arbeitsunlust, Depressionen und Selbstmordgedanken).

In den verschiedenen Abschnitten des menschlichen Lebens wird das Individuum mit einer Vielzahl sich ändernder Probleme konfrontiert. Obwohl die Persönlichkeit eines Menschen als weitgehend konstant erscheint, treten doch Veränderungen ein, die das Selbstverständnis betreffen. Diese Veränderungen können von innen kommen, d. h. aus der körperlichen Entwicklung resultieren. Beispiel dafür ist die Reifung der Keimdrüsen, die einen Menschen vor neue, bisher kaum in dieser Weise gekannte Probleme stellt. Sie können auch von außen kommen, d. h. als Rollenanforderungen, Erwartungen und geforderte Umstellungen.

Der junge Mensch während und kurz nach der Pubertät gilt nicht mehr als Kind und muß sich mit den Rollenanforderungen auseinandersetzen, die an ihn als jungen Mann und junge Frau bzw. als Heranwachsenden gestellt werden. Die Pubertät ist von dieser Identitätskrise in besonderem Maße betroffen, zumal hier Änderungen sowohl vom inneren wie vom äußeren Milieu her erfolgen. Vergleichbare Lebenssituationen, bei denen der Akzent mehr auf veränderten äußeren Umständen liegt, sind die Geburt von Geschwistern, Einschulung, Verlust einer Bezugsperson, veränderte Leistungsanforderungen, Berufswechsel, Arbeitslosigkeit, Partnerschaft und Ehe, Wechseljahre etc.

Für Eltern, Erzieher und andere Bezugspersonen stellt sich die Aufgabe, dem Kind, dem Jugendlichen oder dem Partner in den verschiedenen Abschnitten der Entwicklung die Verarbeitung der Identitätskrise zu erleichtern. Voraussetzung dafür ist das Vertrauen zwischen beiden Parteien.

Störungen und Konflikte: Identitätskrise; Unsicherheit; Entschlußunfähigkeit; ohne eigene Leitlinie; fehlender innerer Kompaß; Angst; Flucht in die Sexualität; in Geselligkeit, in Vereine und Parteien; Enttäuschungen; Schwunglosigkeit; Selbstvorwürfe; Depressionen; Überforderung; Unterforderung.

Lerne zu unterscheiden zwischen Energiemangel und falscher Kanalisierung.

6. Mißverständnis: Mensch – Tier

An diesem Tag werden wir deinen Blick mit Unterscheidung begaben.
Mohammed

»Er ist nun einmal so«
»Mein Mann ist wie ein Tier. Wenn er sexuelle Bedürfnisse hat, muß ich für ihn da sein. Er reagiert sich ab. Zärtlichkeiten kennt er nicht« (38jährige Verkäuferin, innere Unruhe, Angstzustände, Sexualabwehr).

Um den Unterschied von Mensch und Tier zu charakterisieren, ist weniger ein globaler Vergleich als der Vergleich der drei Funktionsbereiche Körper-Umwelt-Zeit geeignet.
Körper: Das Tier lebt durch den Körper. Auch der Mensch lebt durch den Körper, er besitzt aber zugleich die Fähigkeit, ihn zu erleben. Er wird also nicht nur von seinem Körper beeinflußt, sondern kann auch selbst Einfluß auf ihn nehmen. Wenn ein Tier krank ist, ist es ausschließlich auf die Funktionen und Selbstheilungstendenzen des Organismus angewiesen. Der Mensch kann darüber hinaus den Körper bewußt und aktiv beeinflussen.
Umwelt: Während das Tier nach der Geburt instinktmäßig reagiert und kaum anders reagieren kann, ist der Mensch weitaus mehr auf das Lernen von Fertigkeiten und die Entwicklung seiner Fähigkeiten angewiesen. Während dem Tier die Regeln des sozialen Verhaltens quasi angeboren sind, ist die menschliche Gesellschaft darauf angelegt, daß ihre Mitglieder soziale Regeln und Normen lernen und befolgen.
Zeit: Der Mensch unterscheidet sich vom Tier durch das Bewußtsein der Kategorien ›Vergangenheit‹, ›Gegenwart‹ und ›Zukunft‹. Er hat die Chance, sich auf der geschichtlichen Ebene weiterzuentwickeln, indem er auf den Erfahrungen der individuellen und kollektiven Vergangenheit aufbaut (Tradition).
Die Gleichsetzung von Mensch und Tier schreibt dem Menschen ein fast ausschließlich triebgesteuertes und instinktbeschränktes oder dressierbares Verhalten zu. Gesellschaftliche Normen hätten in diesem Sinn den Charakter der Unterdrückung zerstörerischer und die Gesellschaft gefährdender Triebimpulse. Der Mensch zeigt gegenüber dem Tier Unterschiede im Bereich des Körpers (höhere Differenzierung; qualitativ neue Funktionseinheiten des Zentralnervensystems), der Umwelt (Bedeutung der Sozialisation; Erwerb von Fertigkeiten und Ausprägung der Fähigkeiten) und der Zeit (Bewußtsein von Vergangenheit, Gegenwart und Zukunft; die Fähigkeit, kollektive Traditionen zu nutzen). Er braucht also nicht, wie das Tier, dressiert zu werden. Seine Triebe müssen nicht unterdrückt werden. Vielmehr kommt es darauf an, Fähigkeiten zu differenzieren und zu entwickeln.

Störungen und Konflikte: Identitätskrise; Selbstüberschätzung; Mißerfolgsangst; Minderwertigkeitsgefühle; Einheitsverlust; Egoismus; Abhängigkeit von Freunden und Gegenständen; Neigung zu Roheit, Grausamkeit und Tierquälerei; übermäßige Liebe zu Tieren (man geht lieber mit seinem Hund spazieren als mit der eigenen Frau); Unfähigkeit, im Familienkreise Liebe zu erweisen oder zu erwerben; »stahlharte« Persönlichkeiten, die »über Leichen gehen« und in der Durchsetzung ihrer Ziele weder Rücksicht noch Mitleid kennen; Widerstandslosigkeit gegenüber Einflüssen.
Lerne zu unterscheiden: durch den Körper leben und den Körper zu erleben.

7. Mißverständnis: Angeboren – erworben

Die Sünden der Väter werde ich an den Kindern heimsuchen, bis ins dritte und vierte Glied. Altes Testament

»Dank an die Eltern!«
»Mein Arzt sagte, ich hätte ein schwaches Nervenkostüm. Als ich ihn fragte, woher das kommt, meinte er, ich soll mich bei meinen Eltern bedanken« (40jähriger Angestellter, Angstzustände, Kreislaufstörungen).

Die Frage, ob etwas angeboren oder erworben ist, ist für viele Eltern, Erzieher und Ehepartner von lebensnahem Interesse: Das Wort »angeboren« wird unwillkürlich mit einer zwingenden, nicht beeinflußbaren, hoffnungslosen Entwicklung verknüpft; beim Wort »erworben« klingt dagegen mit, daß die Umwelt starken Einfluß ausübt und daß bei Störungen, die als erworben betrachtet werden, Hoffnung auf Änderung besteht. Während die Vorstellung, ein Verhalten sei erworben, die Bezugsperson und den Erzieher vor immer neue Aufgaben stellt, wirkt die Vorstellung, ein Verhalten sei angeboren, wie ein Schlußstrich unter einem Kapitel.
Die Vererbungsideologie dient zur Rationalisierung und Ausrede. Die Bedeutung der wissenschaftlichen Vererbungsforschung wird jedoch durch diese Feststellung nicht im mindesten eingeschränkt. Jedem Menschen ist eine Fülle von Fähigkeiten angeboren. Welche Fähigkeiten aber entwickelt oder nicht entwickelt werden, hängt letztlich von dem fördernden oder hemmenden Einfluß der Umwelt ab. Der Erzieher, der Partner, der Arzt oder der Psychotherapeut kann sich nicht mit der Feststellung, etwas sei angeboren, zufriedengeben. Es kommt vielmehr darauf an, die Chancen, die trotz oder wegen der Störung in einem Bereich bestehen, zu erkennen und zu nutzen.
Störungen und Konflikte: Selbstentfremdung; Überforderung; Unterfor-

derung; Versäumniserlebnisse; Eifersucht; Haß; Neid; Ablehnung; Riesenerwartung; Enttäuschung; pessimistische Lebensauffassung; weltverneinende, skeptische und mißtrauische Persönlichkeiten.
Lerne zu unterscheiden zwischen angeboren und erworben.

8. Mißverständnis: Einzigartigkeit – Gleichheit

Die Arbeit des Erziehers gleicht der eines Gärtners, der verschiedene Pflanzen pflegt. Abdú'l-Bahá

»Familientradition«
»Alle männlichen Familienmitglieder sind Ingenieure geworden. Es ist gar nicht einzusehen, warum unser Jüngster Kunst studieren möchte« (44jähriger Ingenieur, Generationskonflikt).

Das Leistungssystem unserer Zivilisation, angefangen von der Schule bis zum Beruf, beruht auf dem Prinzip der Vergleichbarkeit. An die Stelle von Gerechtigkeit trat vielerorts die Uniformität: in der Kleidung, den Beschäftigungsmöglickeiten, der Wohnkultur, der Freizeitgestaltung und der Partnerwahl. Das ist Anlaß genug, sich darüber Gedanken zu machen. Die tägliche Erfahrung zeigt, daß die Menschen, obwohl sie als Menschen untereinander eine gewisse Ähnlichkeit haben, sich in unzähligen Einzelheiten voneinander unterscheiden. Vergleicht man sich oder seinen Partner mit anderen, reicht es nicht aus, nur von einer einzigen Fähigkeit auszugehen. Vielmehr ist es nötig, die Einzigartigkeit eines Menschen mit ihren Bedingungen in den verschiedenen Bereichen einzubeziehen: Menschen, die man gleich behandelt, behandelt man ungleich.
Störungen und Konflikte: Entscheidungsunfähigkeit; Identitätskrise; Selbstwertverlust; Selbsthaß; Eifersucht; Rivalität; Kontaktstörungen; Mißtrauen; Identifikation; Projektion; Minderwertigkeitsgefühle; Enttäuschungen; Aggressionen; Resignation.
Lerne zu unterscheiden zwischen Einzigartigkeit und Einförmigkeit.

9. Mißverständnis: Das Unbewußte und das Bewußte

Morgens lacht' ich vor Lust; und warum ich nun weine bei des Abends Scheine, ist mir selbst nicht bewußt. Hafis

»Zu Fremden muß man immer nett sein«
»Wie oft habe ich mir vorgenommen, anderen Menschen meine Meinung zu sagen. Aber wenn es darauf ankommt, ziehe ich mich in mein Schneckenhäuschen zurück. Hinterher rege ich mich auf« (32jährige Sachbearbeiterin, Hemmungen, Kopfschmerzen).

Die Funktion des ›Unbewußten‹ läßt sich durch ein einfaches Beispiel verdeutlichen: Wenn wir gegessen haben, wird eine Anzahl von körperlichen Prozessen und Stoffwechselvorgängen in Gang gesetzt. Obwohl sie geschehen, werden sie uns nicht bewußt, es sei denn, eine Störung tritt auf, und Schmerzen und Unbehagen signalisieren diese Störung. Ähnlich verhält es sich mit den zwischenmenschlichen Beziehungen. Wie oft ertappen wir uns dabei, etwas zu tun, was wir nicht beabsichtigt hatten. Obwohl wir beispielsweise eingesehen haben, daß Prügel nicht das geeignete Erziehungsmittel sind und Ungeduld uns nur in Unruhe versetzt, geraten wir oft schon beim anscheinend kleinsten Anlaß außer Fassung und werfen unsere Prinzipien über den Haufen.

Ein Großteil aller seelischen Funktionen und zwischenmenschlichen Beziehungen wird durch Einstellungen und Verhaltensweisen diktiert, deren Ursprünge und Motive nicht bewußt sind. Aus ihnen entwickeln sich neben den unwillkürlichen angemessenen Reaktionen auch Prozesse, die man bewußt nicht beabsichtigt und deren Folgen man nicht gewollt hat. Als Inhalte des Unbewußten spielen die Aktualfähigkeiten eine besondere Rolle. Einseitigkeiten im Muster der Aktualfähigkeiten werden in den meisten Fällen als selbstverständlich hingenommen und geraten somit nicht ins Bewußtsein. Dennoch werden sie mit starken Gefühlen besetzt; sie führen ein Eigenleben, dessen Folgen in den Beziehungen zu anderen Menschen zum Vorschein kommen. Das Paradoxe des Konfliktpotentials »das Unbewußte« ist, daß es zwar eine gewisse Abschirmung sichert, daß sich aber unter diesem Schutzschild Konflikte bis zum offenen Ausbruch steigern können, da der Schutzschild einer Aufarbeitung der Konflikte geradezu im Wege steht.

Störungen und Konflikte: Verdrängungen; Rationalisierung; Täuschungsmanöver; Fehlleistungen; symbolische Träume; innere Widerstände; Überkompensation; Mißverständnisse und soziale Konflikte.

Lerne zu unterscheiden zwischen Bewußtem und Unbewußtem.

10. Mißverständnis: Identifikation – Projektion

Wenn jeder alles von den anderen wüßte, es würde jeder gern und leicht vergeben. Hafis

»Ich habe mich für sie geopfert«

»Ich habe alles für meine Tochter getan, damit sie studieren kann. Jetzt kommt sie mir damit, daß sie Geld verdienen möchte. Ich verstehe das einfach nicht. Mein Wunschtraum war immer, studieren zu können. Es ist mir unverständlich, wie man so leichtfertig auf eine solche Chance verzichten kann« (43jährige Hausfrau, Herzbeschwerden, Asthma, Depressionen).

Wir haben Wünsche und Bedürfnisse. Um einen Wunsch in die Wirklichkeit umzusetzen, verhalten wir uns entsprechend. Das Bedürfnis und den Wunsch nennen wir die Motivation des Verhaltens. Aus der Motivation als treibender Kraft entwickelt sich das Verhalten: Motivation → Verhalten. Wenn wir andere Menschen beobachten und deren Verhalten beobachten, meinen wir, daß ihm die gleiche Motivation zugrunde liegt, die uns in einem ähnlichen Fall bewegt. Wir setzen also eine feste Verknüpfung von Verhalten und Motivation voraus und schließen vom Verhalten auf die Absicht: Motivation ← Verhalten. Diese Methode führt uns zwar zu Schlußfolgerungen über die Ursachen, die den Verhaltensweisen eines anderen Menschen zugrunde liegen können, sie birgt jedoch die Gefahr eines Irrtums in sich: Jeder Ball ist rund, aber nicht alles, was rund ist, ist ein Ball.

Identifikation bedeutet, sich in einen Partner versetzen, um schließlich wie dieser Partner zu denken. Man identifiziert sich zumeist nicht mit der gesamten Bezugsperson, sondern mit bestimmten Eigenschaften. Die Identifikation ist somit eine zentrale Form des Lernens. Wird aber das Identifikationsmodell verabsolutiert und nicht weiterentwickelt, kann es zu Konflikten und Auseinandersetzungen kommen. Voraussetzung dafür, daß wir uns vorstellen können, was ein anderer denkt und fühlt, ist, die Fähigkeit, uns in ihn hineinzuversetzen. Projektion bedeutet die Übertragung bewußter und unbewußter Erwartungen sowie eigener Persönlichkeitsmerkmale auf die Außenwelt und auf die sozialen Partner.

Störungen und Konflikte: Übertriebene Nachahmungstendenzen; überhöhte Erwartungen; Verlangen nach Sicherheit; Identifikationskrise; Ablehnung des Vorbildes; Idealisierung; Vorurteile; Enttäuschungen; Stimmungsschwankungen; Ratlosigkeit; Zweifel; Vorwürfe gegen sich und andere.

Lerne zu unterscheiden zwischen eigenen und fremden Motiven.

11. Mißverständnis: Generalisierung – Differenzierung

Wer allen Menschen mißtraut, pflegt am wenigsten vor sich selbst auf der Hut zu sein. Graff

»Nie mehr!«

»Zu meinem Mann kann ich nie mehr Vertrauen haben. Er ist ein Schuft. Ich bin dahintergekommen, daß er mich betrogen hat. Wer weiß, ob er mich nicht öfter betrogen hat« (38jährige Hausfrau, Sexualstörungen, Depressionen).

Eine seelische Funktion, die uns die Umwelt erst erschließen hilft, besteht in der Fähigkeit, von einem Ereignis auf andere Ereignisse zu schließen und sich in entsprechenden Situationen gleich zu verhalten. Lernen und Umweltbewältigung setzen die Fähigkeit zu generalisieren voraus; ohne sie würden die einzelnen Wahrnehmungen und Erlebnisse in eine Unzahl zusammenhangloser Ereignisse zerfallen. Erst die Generalisierung ermöglicht, Wahrnehmungen zusammenzufassen, Oberbegriffe zu bilden und schließlich abstrakt zu denken. Doch in eben dieser Fähigkeit kann auch der Grundtyp von Mißverständnissen liegen. Der Rückschluß von einem Ereignis auf andere führt möglicherweise auch zu falschen Einschätzungen.

In den Beziehungen zu sich und zu anderen Menschen neigt man verallgemeinernd dazu, von einzelnen Erlebnissen auf Eigenschaften zu schließen, von einer Eigenschaft auf andere Eigenschaften, von Eigenschaften schließlich auf den ganzen Menschen. Typisch für die Verallgemeinerung ist, daß man einen Bereich hervorhebt und für andere Bereiche blind wird. Verallgemeinerung bedeutet Einengung des Wertgesichtsfeldes.

Störungen und Konflikte: Verallgemeinerungen; Vorurteile; Ungerechtigkeit gegen sich und andere; Fixierungen; übertriebene Erwartungen; Überforderung; Enttäuschung, Verzweiflung; Angst; Aggression; soziale Isolierung.

Lerne zu unterscheiden zwischen Teil und Ganzem.

12. Mißverständnis: Urteil – Vorurteil

> *Wenn unser Verstand nicht zwischen Dogmen, Aberglauben und Vorurteilen auf der einen und der Wahrheit auf der anderen Seite unterscheidet, so können wir nicht zum Ziel gelangen.*
>
> Abdú'l-Bahá.

»Schwäche für Schwarzhaarige«

»Ich habe eine Schwäche für schwarzhaarige Männer. Die müssen unwahrscheinlich temperamentvoll sein« (19jährige Arzthelferin).

Ein Vorurteil ist ein unzeitgemäßes Urteil, das zumeist stark mit Gefühlen besetzt ist. Auf Vorurteilen basieren viele zwischenmenschliche Konflikte. Erziehungsprobleme sind oft nicht unausweichliches Schicksal oder das Produkt bösen Willens, sondern Folge des Teufelskreises von Vorurteilen. Vorurteile hinsichtlich des zwischenmenschlichen Verhaltens betreffen die Aktualfähigkeiten und Medien; sie werden gegenüber einzelnen primären und sekundären Fähigkeiten und bestimmten Bewertungen der Medien als Erwartungshaltungen aufgebaut. Das Vorurteil braucht sich nicht unbedingt nur auf negative Eigenschaften zu beziehen. Es können mit gleicher Bestimmtheit positive Verhaltensweisen erwartet werden, ohne daß man sich die Mühe macht, die Berechtigung der Erwartung zu überprüfen. Die Folgen sind Überforderung oder Unterforderung.

Störungen und Konflikte: Ungerechtigkeit; Diskriminierung; Aggressionen; Schuldgefühle; Einseitigkeit; Fanatismus; Rassenhaß; Haß gegen sich selbst; soziales Versagen; Urteilsschwäche; Wahrheitsangst.

Lerne zu unterscheiden zwischen Urteil und Vorurteil.

13. Mißverständnis: Mann und Frau

Es ist klar, daß zukünftige Generationen von den Müttern von heute abhängen.
Abdú'l-Bahá

»Frausein als Strafe«

»Frau zu sein war für mich eine Strafe. Frau: minderwertig, treu, gefühlvoll, dumm, schwach, leidend unter den Eigenschaften des Mannes, abhängig. Mann: gut, untreu, sachlich, intelligent, stark, draufgängerisch, unverletzlich, unabhängig. Daraus folgerte ich für mich: Für mich kommt nur ein männliches Verhalten in Frage . . .« (23jährige Studentin).

Kaum ein Gebiet ist mit stärkeren Emotionen besetzt als das Verhältnis von Mann und Frau. Dabei scheint kaum ein anderes Gebiet mit solchen Vorurteilen belastet. Das Mißverständnis Mann-Frau spielt nicht nur in aktuellen Auseinandersetzungen in Ehe oder Beruf eine Rolle, sondern wirft seine Schatten auch auf die Erziehung.

Der erzieherische Einfluß der sozialen Umwelt wirkt sich nicht nur auf Lebensfähigkeit, soziales Verhalten, Aggressivität und Intelligenz aus; auch das soziale Rollenverhalten, vor allem das Geschlechtsrollenverhalten, ist in seinen wesentlichen Zügen Folge der Erziehung. Rollenverteilungen in der Familie zeigen das Verhältnis von Mann und Frau am offenkundigsten: Der Vater muß arbeiten, die Mutter ist zu Hause. Allein dieses Verhältnis ist ein Modell. Die Kinder lernen: Der Vater ist für die Außenwelt, die Mutter für die innerfamiliären Belange zuständig.

Die Tatsache, daß die Mutter in der Erziehung eine zentrale Funktion hat, nutzt der Mann oft als Vorwand, ihr die erzieherische Aufgabe verantwortlich zu überlassen. Er schiebt ihr damit den »Schwarzen Peter« zu. Wenn in der Erziehung alles gut läuft, fühlt sich der Vater bestätigt, klappt etwas nicht, ist die Mutter daran schuld. Dadurch sind sehr viele Frauen emotional überlastet und entwickeln vor diesem Hintergrund körperliche und seelische Störungen. Als Reaktion darauf suchen viele

Mütter einen Ausweg in der Arbeit. Sie erwarten dort größere Gerechtigkeit.
Wenn Frauen erst die gleichen Vorzüge der Erziehung genießen wie Männer, so wird sich zeigen, daß beide, Mann und Frau, ähnliche Fähigkeiten besitzen und gleichermaßen bildungsfähig sind. Dann wird man auch lernen, Frauen als gleichwertig zu behandeln.
Störungen und Konflikte: Einseitige Rollenverteilungen; »Hausfrauenschicksal«; Überforderung; Unterforderung; Trennungsängste; Kinder als Lebensziel, Ehe als Versicherungsanstalt; Autoritätsgläubigkeit; Hörigkeit; Angst; Aggression; Eheprobleme; Affekthandlungen; Geschlechtsneid; Generationskrise; Unterwerfung; Emanzipationskrise.
Lerne zu unterscheiden zwischen Geschlecht als Folge der Natur und Geschlechtsrolle als Folge der Erziehung.

14. Mißverständnis: Gerechtigkeit – Liebe

Wenn ich mit Menschen- und Engelszungen redete, hätte aber die Liebe nicht, so wäre ich wie ein tönendes Erz oder eine klingende Schelle. 1. Korinther 13, 1

»Wie du mir, so ich dir«
»Du warst frech. Deswegen mußt du früher ins Bett gehen. Wir können dich nicht mitnehmen« (38jährige Mutter). »Egal was mein Mann macht, ich werde immer für ihn da sein. Ich liebe ihn« (47jährige Hausfrau, zweite Ehe).

Nach dem Prinzip der Gerechtigkeit wird eine Leistung gegen eine andere aufgewogen; es ist ein Grundprinzip der Erziehung, in der einzelne aktuelle Fähigkeiten und Leistungen im Vordergrund stehen. Doch Gerechtigkeit bleibt unpersönlich, blind für die Einzigartigkeit eines Menschen. Gerechtigkeit in der partnerschaftlichen Beziehung führt verabsolutiert in einen Teufelskreis, in dem eine Ungerechtigkeit die andere nach sich zieht. Ehe wird hier zur Ehehölle.
Liebe ist Zeichen positiver emotionaler Zuwendung und umfaßt den Menschen als Ganzen. Man hält sich nicht an bestimmte Eigenschaften, Fähigkeiten und Eigenarten, sondern meint den Träger dieser Eigenschaften: »Ich liebe dich, weil du du bist.« Diese Haltung bringt für die partnerschaftliche Beziehung in manchen Fällen Vorteile. Auftretende Schwierigkeiten werden gar nicht erst hochgespielt, offene Konflikte vermieden. In extremen Fällen verliert die Liebe die Kontrolle über die Wirklichkeit und löst sich von den konkreten Bedingungen ab.
Es ist sinnvoll, Forderungen im Sinne der Gerechtigkeit an den Partner zu stellen. Er erwartet diese Forderung sogar. Versagt er aber, ist es nötig, zwischen mangelnder Leistung und ihm selbst zu unterscheiden. Das

heißt: Ich nehme dich so, wie du bist, auch wenn du jetzt in diesem Bereich versagt hast. Ich weiß, daß du aus deinen Fehlern lernen kannst, und ich werde aus meinen Fehlern lernen.
Störungen und Konflikte: Gerechtigkeitsfanatismus; versteckte Aggressionen; Entscheidungsschwäche aus Angst, jemandem Unrecht zu tun; Ungerechtigkeit; überhöhte Erwartungen; »Realitätsblindheit« aus Liebe; Lieblosigkeit; seelische Überlastung; Enttäuschungen; Ehekonflikte; psychosomatische Störungen.
Lerne zu unterscheiden zwischen Liebe und Gerechtigkeit.

15. Mißverständnis: Sex – Sexualität – Liebe

Diese Einzelheiten sind ein wenig unerfreulich. W. James

»Ich suche einen richtigen Mann«
»Meinen ersten Mann habe ich geheiratet, weil er unwahrscheinlich gut aussah. Erst nach einiger Zeit habe ich mitgekriegt, daß er ein Trottel war. Meinen zweiten Mann habe ich vor allem wegen seines Charmes und seines hervorragenden Benehmens geheiratet. Es hat zwei Jahre gedauert, bis mir sein väterliches Gehabe, seine Galanterie, seine Schleimscheißerei auf die Nerven gegangen sind. Jetzt suche ich einen Mann, der mich wirklich versteht« (32jährige Sekretärin, zwei Kinder).

Sex umfaßt den Bereich des Körperlichen. Er orientiert sich an körperlichen Funktionen und Merkmalen. Es ist hier wichtig, genaue und sachliche Informationen über die Funktion des Körpers zeitgemäß zu vermitteln.
Sexualität bezieht sich auf Eigenschaften und Fähigkeiten eines Menschen in geschlechtlich-partnerschaftlichen Beziehungen. In sie gehen die Aktualfähigkeiten ein.
Liebe ist die globale, jedem Menschen eigene Fähigkeit, mit sich und seiner Umwelt emotionale Beziehungen aufzunehmen. Für die Entwicklung der Liebesfähigkeit, der Fähigkeit, zu lieben und geliebt zu werden, spielt das Vorbild der Eltern eine zentrale Rolle. In ihrer Konsequenz führt die Liebesfähigkeit zur Anerkennung der menschlichen Gleichberechtigung und zur Verantwortung.
Sex und Sexualität, für sich allein genommen, machen den Menschen austauschbar. Er ist in diesem Sinne nur Träger von Eigenschaften, die als wertvoll oder wertlos beurteilt werden. Die Einzigartigkeit der Persönlichkeit wird bei einer Überbetonung von Sex und Sexualität vernachlässigt. Die Liebe in Verbindung mit Sex und Sexualität bestätigt die Einzigartigkeit eines Menschen.
Störungen und Konflikte: Überbetonung einzelner körperlicher Merkmale des Partners; Idealisierung einzelner Charaktereigenschaften; Riesen-

erwartungen; naiver Optimismus; emotionale Abhängigkeit; Enttäuschungen; Nörgelei; partnerschaftliche Konflikte; Trennungen; Ehescheidungen; Geschlechtskälte; Sexualabwehr.
Lerne zu unterscheiden zwischen Sex – Sexualität und Liebe.

16. Mißverständnis: Karikaturen der Liebe

Die Liebe besteht zu drei Viertel aus Neugier. Casanova

»Liebe als Ausbildungsstätte«
»Sexuell war ich nicht gerade inaktiv. Ich mußte meinem Mann alles erst mal beibringen. Sie hätten sehen sollen, wie begierig er war. Jetzt weiß er etwa, worum es geht, und hat nichts Besseres zu tun, als mir die Erfahrungen vorzuwerfen, von denen er erst mal profitiert hat« (38jährige Empfangsdame; Ängste, Herzbeschwerden).

Kaum ein Wort hat weitere und vielfältigere Bedeutungen als das Wort Liebe. Sie reicht von Mutterliebe über Tierliebe bis Liebhaberei. Selbst geschlechtliche Liebe hat eine Vielzahl von unterschiedlichen Bedeutungen, die den einzelnen Menschen jeweils als Maßstab und Orientierung dienen. Dem Spektrum der Auffassungen von Liebe entspricht ein Spektrum von Mißverständnissen: Liebe als Neugierkonsum; Liebe als Entspannung; Liebe als sexuelle Erregung; Liebe als Konformität; Liebe als Leistung; Liebe als Rivalität und Machtkampf; Liebe als Fessel; Liebe als Generationspflicht; Liebe als Höflichkeit und Dankbarkeit; Liebe als Selbstwertbestätigung; Liebe als logische Konsequenz; Liebe als Geschäftsinteresse; Liebe als Nivellierung; Liebe als Bestrafung; Liebe als Notlösung; Liebe als Wunschtraum; Liebe um jeden Preis; Liebe unter Mentorenhilfe; Liebe als Doktorspiel; Liebe als Karitativanstalt; Liebe als Ausbildungsstätte.
Störungen und Konflikte: Eifersucht; überhöhte Erwartungen; Angst vor der partnerschaftlichen Bindung; Trennungsängste; Furcht vor der Freiheit; Selbstvorwürfe; Masochismus; Enttäuschungen; Flucht in die Krankheit; Ersatzbefriedigungen; Anklammerungstendenzen; Scheu vor der Verantwortung; Sexualabwehr.
Lerne zu unterscheiden zwischen Liebe und ihren Karikaturen.

17. Mißverständnis: Einheitsverlust und Integration

Betrachte die Welt wie den Menschenkörper, der, wenn auch vollständig und vollkommen erschaffen, aus verschiedenen Gründen von schweren Störungen und Krankheiten befallen ist. Baha'u'llah

». . . dann wurde ich klug«
»Nachdem ich mit einem Herzinfarkt im Krankenhaus war, habe ich endlich gemerkt, daß es gar keinen Sinn hat, daß ich mich beruflich fix und fertig mache« (52jähriger Geschäftsführer).

Aus Disharmonien in den notwendigen Beziehungen zwischen Körper, Umwelt und Zeit entwickeln sich Konflikte und Neurosen. Die Neurose definieren wir als gestörtes Verhältnis zur Wirklichkeit und somit als Einheitsverlust. Der Konflikt wird zur seelischen Dauerbelastung, wobei dem Körper zunächst nichts entzogen, sondern Systemfremdes hinzugefügt wird. Anders geartete Ausprägungen von Aktualfähigkeiten können einen beunruhigen; man ist gezwungen, sich mit »fremden« Eigenarten auseinanderzusetzen.
Der Mensch kann als System (Regelkreis) betrachtet werden, in dem verschiedene Elemente und Komponenten in bestimmter Funktion zueinander stehen. Wenn eine Komponente oder Funktionsbeziehung gestört ist, greift dies auf das ganze System über. Im psychischen Bereich kann sowohl Erlebtes als auch Nichterlebtes zu seelischen und psychosomatischen Störungen führen. Krankheiten und Störungen, als Einheitsverlust verstanden, sind nicht sinnlos, sondern haben ihren Sinn darin, die Einheit der Persönlichkeit wiederherzustellen bzw. sie weiterzuentwickeln.
Störungen und Konflikte: Flucht in die Einsamkeit; Flucht in die Aktivität; Flucht in die Krankheit; Differenzierungsschwäche; einseitige Kriterien für eine partnerschaftliche Beziehung; Verabsolutierung von Vorstellungen und Weltanschauungen; Sektierertum.
Lerne zu unterscheiden zwischen Krise als Gefahr und Krise als Chance.

18. Mißverständnis: Gesundheit und Krankheit

Den Kranken darf man nicht hassen, weil er krank ist. 'Abdú'l-Bahá

»Der eingebildete Kranke«
»Für meine Frau ist nur eine körperliche Krankheit eine echte Krankheit. Da muß das Blut schon literweise fließen oder das Fieber an 42 Grad herankommen. Dann erst glaubt sie einem, daß man nicht simuliert. Wenn ich mich total depressiv fühle und vollkommen niedergeschlagen bin, hält sie mich für einen Schwächling und einen Angeber« (39jähriger Beamter, Depressionen und Selbstmordgedanken).

In unserer Gesellschaft ist es weithin üblich, schon bei relativ geringfügigen körperlichen Symptomen den Arzt aufzusuchen. Wenn ein Kind Magenbeschwerden, Fieber, Infektionen oder Kopfschmerzen hat, gilt es als krank und wird mit besonderer Rücksicht behandelt. Ein Kind, das hingegen schlechte Schulleistungen aufweist, frech und unordentlich ist, unverständlichen Trotz zeigt und sich nicht sauberhält, stößt in erster Linie auf Widerstand und Ablehnung der Eltern. Während die körperliche Krankheit gewissermaßen als exterritoriales Gebiet gilt, auf dem die Forderungen der Sozialisation keine volle Gültigkeit mehr besitzen, fordern Verhaltensstörungen verschärfte Reaktionen heraus. Ganz automatisch werden hier die Erziehungsmittel der Strafe eingesetzt.
Störungen und Konflikte: Überforderung; Unterforderung; Eifersucht; Neid; Ablehnung; Enttäuschung; Mißerfolgserlebnisse; Aggressivität; Beachtung erzwingen; Selbstvorwürfe; Ratlosigkeit; Verzweiflung; Verstimmungen.
Lerne zu unterscheiden zwischen körperlicher und seelischer Krankheit.

19. Mißverständnis: Glaube – Religion – Kirche

Nichts hindert uns, die Weltordnung der Naturwissenschaft und den Gott der Religion zu identifizieren. Max Planck

»Gott – Vater«
»Ich halte nichts mehr von der Religion. Wenn ich die verlogenen Gottesdiener sehe, wird mir übel« (48jähriger Geschäftsmann). »Wenn ich mir Gott vorstelle, sehe ich immer meinen Vater« (32jährige ledige Lehrerin, Sexualstörungen und Hemmungen).

Jeder Mensch hat die Fähigkeit zu glauben. Glaube ist allgemein die Beziehung zum Unbekannten und Unerkennbaren. Glaube umfaßt somit nicht nur religiöse Fragen und Fragen über das Leben nach dem Tode, sondern auch die Fragen des privaten Lebens und der Wissenschaft.
Die Fähigkeit des Menschen zu glauben wird durch die Religion angesprochen. Zu welcher Religion ein Mensch sich bekennt, wird zumeist von den Erziehern und der Erziehungstradition festgelegt. Die Beziehung eines Menschen zur Religion ist zu einem wesentlichen Teil abhängig von den Erfahrungen, die er mit seinen Eltern und seiner sozialen Umgebung macht. Religion ist ein kulturelles Phänomen und eng mit dem Gang der Geschichte verbunden. Kirche ist die Institution der Religion, ein Werkzeug, das sich oft genug verselbständigt hat. Es ist somit zu unterscheiden zwischen Glaube, der zum Wesen des Menschen gehört, Religion und Kirche sowie zwischen erst- und zweitrangiger Religion. Aufgabe der Religion ist es, dem Menschen Werte, Ziele und Sinn zu geben (Sinngebung), während Wissenschaft Erklärungen sucht, logische Gesetzmäßig-

keiten herstellt und neue findet (Sinnfindung). Religion und Wissenschaft sollten, wenn sie dem Menschen nutzen wollen, sich ergänzen und eine Einheit bilden.
Störungen und Konflikte: Religiöser Fanatismus; Aberglaube; Abwehrmanöver; Illusionen; Fixierung; Bigotterie; Angst; Aggressionen; Resignation; Flucht in die Äußerlichkeiten; Flucht in Ersatzreligionen; Selbstüberschätzung; Flucht in die Arbeit; unerschütterliche Überzeugung ohne jede Begründung; Traurigkeit; Gefühl der Verlassenheit; Vernichtungsgefühl; Mißtrauen, Unbeteiligtsein an dem Leben; Wirklichkeitsferne; Lösungen von sozialen Bindungen; Versenkung in das eigene Innenleben; großes Interesse an wirklichkeitsfremden metaphysischen Fragen; Leistungsabfall; Gefühl der inneren Leere und des Abgestorbenseins; Angstgefühle; Befürchtung, geisteskrank zu werden; Depressionen; Reizbarkeit.
Lerne zu unterscheiden zwischen Glauben, Religion und Kirche.

20. Mißverständnis: Bedingtes und bestimmtes Schicksal

Obwohl jeder das Schicksal hat, einmal zu sterben, lege deinen Kopf nicht in das Maul des Löwen. Saadi

»Man stirbt doch sowieso«
»Ich kann einfach auf das Rauchen und ein gutes Gläschen Wein nicht verzichten. Die Antialkoholiker sterben auch« (54jähriger Facharbeiter mit Leberzirrhose und Depressionen).

Bestimmung nennen wir ein unausweichliches Schicksal: Jeder Mensch wird geboren und stirbt, kein Weg führt an diesen Ereignissen vorbei. Bedingtes Schicksal dagegen ist das Schicksal, das seine eigene Geschichte hat, vermeidbar gewesen wäre, einer Änderung zugänglich war oder ist. An einem Beispiel läßt sich das Verhältnis von bedingtem und bestimmtem Schicksal verdeutlichen. Für eine Kerze ist das bestimmte Schicksal, daß ihr Wachs brennt und sich verzehrt; ihr schließliches Verlöschen ist daher eine Bestimmung, die unmöglich geändert oder abgewandelt werden kann. Das bedingte Schicksal aber kann mit folgendem Vorgang verglichen werden: Während die Kerze noch genügend lang ist, kommt ein Windstoß, der sie auslöscht. Hier handelt es sich um bedingtes Schicksal, denn es hätten genügend Möglichkeiten bestanden, das Ausgehen der Kerze zu verhindern.
Das bedingte Schicksal gibt einen Weg vor, den man wählen kann, aber nicht wählen muß. Ereignisse aus der Vergangenheit sind geschehen und nicht mehr rückgängig zu machen. Wichtiger ist die Frage: Was kann ich aus der Vergangenheit lernen, wie kann ich auf die Erfordernisse der

Gegenwart eingehen? Es gibt alternative Wege, die jederzeit zur Wahl freistehen. Dies besagt nichts anderes, als daß das Schicksal eines jeden Menschen zu einem wesentlichen Teil in seiner Hand liegt, und in der Kindheit in der Hand seiner Eltern und Erzieher.

Störungen und Konflikte: Übertriebener Optimismus; verbissene Passivität; Resignation; Angst vor der Niederlage; Angst vor Enttäuschungen; Unzufriedenheit; Lebensangst; Selbstvorwürfe; mangelndes Selbstvertrauen; zwischenmenschliche Konflikte; innerseelische Konflikte; »Versager«.

Lerne zu unterscheiden zwischen bedingtem und bestimmtem Schicksal.

21. Mißverständnis: Tod und Einstellung zum Tod

Der Feige stirbt schon vielmals, ehe er stirbt. Die Tapferen kosten einmal nur den Tod. Shakespeare

»Wenn ich tot wäre . . .«

»Allein die Vorstellung, daß mein Körper, das Fleisch meiner Hand, meine Brüste, mein Bauch stinkend zerfallen könnten, erregt in mir einen Ekel vor mir selber. Obwohl ich weiß, daß ich all das nicht erleben werde, läßt mich der Gedanke nicht los; ich habe eine schreckliche Angst davor« (24jähriges gutaussehendes Mannequin).

In unserem Leben begegnen wir dem Tod nicht nur einmal, sondern viele Male und mit unterschiedlicher Beteiligung.

Einstellung zum Tod anderer Menschen: Die Bedeutung des Todes wird uns zumeist erst dann bewußt, wenn ein Mensch stirbt, den wir kannten und zu dem wir in irgendeiner Weise emotionale Beziehungen hatten; das Erlebnis des Todes eines anderen Menschen wird dann zu einem Erlebniseinbruch. Selbst wenn die stillschweigende Übereinkunft besteht, man sollte über Tote nichts als Gutes sagen, werten wir den Tod eines anderen nach seinen Verdiensten, sprich: nach den Erfahrungen, die wir mit ihm gemacht haben. Wenn man annimmt, daß mit dem Tode frühkindliche Trennungs- oder Verlassenheitsängste aktualisiert werden, wird der emotionale, gefühlshafte Grund von Trauer verständlich.

Einstellung zum eigenen Tod: Die Vorstellung des eigenen Todes stößt an Grenzen. Für den Vorgang des Sterbens sind wir auf die Aussagen Sterbender angewiesen, und der Zustand nach dem Sterben entzieht sich unserem Wissen. Der Tod gehört zu dem bestimmten Schicksal des Menschen. Die Einstellung zu ihm aber ist bei jedem Menschen verschieden. Die Angst vor dem Tode ist sicherlich natürlich, jedoch braucht sie nicht unbedingt in ihrer schwersten Form aufzutreten. Der Tod als relativ unfaßbares Ereignis ist oft nur im entfernteren Sinn Gegenstand der Angst. Die Angst vor dem Tod bezieht sich auf den Körper (die Vorstellung, daß der Tod mit Schmerzen verbunden sei, oder das Erleben der Todessituation selbst wirkt angsterregend), auf die Umwelt (Einstellungen zu einzelnen Aktualfähigkeiten führen dazu, den Tod zu fürchten oder ihn herbeizuwünschen) und auf die Zeit (die Hoffnung und die Vorstellung eines unbekannten »Danach« wirkt angsterregend oder angstreduzierend). Zu unterscheiden ist zwischen Tod und Einstellung zum Tod.

Störungen und Konflikte: Todesangst; Unachtsamkeit; Weltanschauungskrisen; Krankheitsbefürchtungen; Negativismus; Pessimismus; übertriebener Optimismus; existentielle Angst; Überforderung; Unterforderung; Unsicherheit; Flucht in die Zukunft; Beruf als Lebensziel; Triebenthemmung; Askese; Traurigsein; Verstimmungen.

Lerne zu unterscheiden zwischen dem Tod und der Einstellung zum Tod.

Praktische Anwendung der Mißverständnisse

Mißverständnisse sind gewissermaßen Knotenstellen psychosozialer Konflikte. Im therapeutischen Bereich kommt es darauf an, die Einstellungen zu den jeweiligen betroffenen Inhalten von Mißverständnissen zu differenzieren. An Störungen können einzelne oder mehrere Mißverständnisse beteiligt sein. Sie sind das Konzept hinter dem konflikthaften Verhalten oder der gestörten Erlebnisverarbeitung. Bereits das Aufarbeiten dieser Mißverständnisse, das heißt die Erweiterung der Konzepte, besitzt therapeutische Funktion.

›Mißverständnisse‹ sind Orientierungspunkte für den Therapeuten. Indem er Beziehungen zwischen den bestehenden Beschwerden, den Konzepten des Patienten und den Mißverständnissen herstellt, kann er Einstellungsänderungen des Patienten vorbereiten. Darüber hinaus können einzelne zentrale Mißverständnisse über mehrere Sitzungen hinweg zum Thema der Psychotherapie werden.

»Mein Mann ist ein Tyrann!«

Eine 26jährige Lehrerin war wegen Sexualabwehr und Herzbeschwerden in die psychotherapeutische Behandlung gekommen. Da die Konflikte sich hauptsächlich auf den partnerschaftlichen Bereich bezogen, wurde der Ehemann im Rahmen einer Partnertherapie in das therapeutische Vorgehen einbezogen. Zu Beginn einer Sitzung sagte die Patientin mit einem verzweifelten Unterton: »Mein Mann unterdrückt mich.« Der Ehemann hob nur verständnislos die Schulter und schüttelte den Kopf.

Therapeut: »Wie unterdrückt Sie Ihr Ehemann, können Sie das etwas näher beschreiben?«

Patientin: »Er hört mir nie zu. Wenn ich ihm über meine Probleme erzähle, bekomme ich bloß zu hören: ›So wichtig ist das gar nicht.‹ Schon seit meiner Pubertät leide ich

darunter, daß ich eine schrecklich breite Nase habe. Das ist für mich ein echtes Problem. Mein größter Wunsch war es und ist es, die Nase operieren zu lassen. Schließlich verdiene ich doch jetzt mein eigenes Geld. Mein Mann sagt mir dann bloß: ›Du bist doch Lehrerin und keine Schönheitskönigin, also bleib, wie du bist.‹ Ich finde diese Haltung so brutal.«
Ehemann: »Jetzt hört sich doch alles auf. Wenn ich deine Nase so schrecklich gefunden hätte, hätte ich dich niemals geheiratet. Es gibt doch größere Probleme als deine Nase.«

Hier kommt das Mißverständnis ›Relativität der Werte‹ zum Vorschein, das die Beziehung zwischen den Ehepartnern augenscheinlich blockiert.

Patientin: »Das ist nur eines von vielen Dingen. Wir arbeiten beide. Ich muß aber außerdem noch den Haushalt machen, daran, mir zu helfen, denkt mein Mann nicht. Ich halte das für total ungerecht. Wenn ich den ganzen Tag über zu Hause wäre, meinetwegen.«
Ehemann: »Schließlich bist du auch eine Frau. Wenn du allein wärest, müßtest du auch selbst kochen und saubermachen. Davon daß ich die ganzen Gartensachen mache, hast du jetzt nichts erzählt. Also bleibe bei der Wahrheit.«

In diesem Dialog zeigen sich die Mißverständnisse ›Gerechtigkeit-Liebe‹ und ›Mann-Frau‹.

Patientin: »Es kommt noch etwas hinzu. Es fällt mir etwas schwer darüber zu sprechen, aber ich muß es doch sagen. Ich habe Zärtlichkeit sehr gern. Wenn ich da ein bißchen nett zu meinem Mann bin, will er gleich mit mir ins Bett. Zu Hause, wenn wir allein sind, traue ich mich gar nicht mehr zärtlich zu sein.«
Ehemann: »Jetzt weiß ich auch, warum du immer dann zärtlich zu mir bist, wenn andere dabei sind. Aber ich kann dir sagen, mir ist diese Knutscherei vor den anderen äußerst unangenehm.«

An dieser Stelle werden als Mißverständnisse zwei Karikaturen der Liebe sichtbar: ›Liebe als logische Konsequenz‹ und ›Liebe als Leistung.‹

Fazit: Diese Mißverständnisse haben sich gewissermaßen als Sprachbarrieren zwischen die beiden Partner geschoben, jeder besteht auf seinem Konzept. Erst dadurch, daß die Konflikte als Mißverständnisse transparent gemacht wurden, konnten die beiden Ehepartner sich mit den bestehenden Problemen und den ihnen zugrunde liegenden Inhalten beschäftigen, ohne gleich in die alten, ausgefahrenen Bahnen ihrer Konflikte zu geraten.

Fünftes Kapitel: Das Erstinterview in der Differenzierungsanalyse

Der Zauberer

Der Mullah, ein Prediger, wollte für seine Frau Nüsse holen, denn sie hatte ihm versprochen, Fesenjan, ein Gericht, das mit Nüssen zubereitet wird, zu kochen. In der Vorfreude auf seine Lieblingsspeise griff der Mullah tief in den Nußkrug und faßte so viele Nüsse, wie er nur mit der Hand erreichen konnte. Als er versuchte, den Arm aus dem Krug herauszuziehen, gelang es ihm nicht. Sosehr er auch zog und zerrte, der Krug gab seine Hand nicht frei. Er jammerte, stöhnte und fluchte, wie ein Mullah es eigentlich nicht tun sollte, aber nichts half. Auch als seine Frau den Krug nahm und mit der Gewalt ihres Gewichtes daran zog, nützte dies nichts. Die Hand blieb fest in dem Hals des Kruges stecken. Nach vielem vergeblichem Mühen riefen sie ihre Nachbarn zu Hilfe. Alle verfolgten voller Interesse das Schauspiel, das sich ihnen bot. Einer der Nachbarn schaute sich den Schaden an und fragte den Mullah, wie dies Mißgeschick geschehen konnte. Mit weinerlicher Stimme und verzweifeltem Stöhnen berichtete der Mullah über sein Unglück. Der Nachbar sagte: »Ich helfe dir, wenn du genau das tust, was ich dir sage!« »Mit Handkuß mache ich das, was du mir sagst, wenn du mich nur von diesem Ungeheuer von Krug befreist.« »Dann schiebe deinen Arm wieder in den Krug hinein.« Dem Mullah kam dies erstaunlich vor, denn warum sollte er mit dem Arm in den Krug hineinfahren, wo er ihn doch aus ihm heraus haben wollte. Doch er tat, wie ihm geheißen. Der Nachbar fuhr fort: »Öffne jetzt deine Hand, und lasse die Nüsse fallen, die du festhälst.« Dieses Ansinnen erregte den Unwillen des Mullah, wollte er doch gerade die Nüsse für seine Lieblingsspeise herausholen, und jetzt sollte er sie einfach fallen lassen. Wiederwillig folgte er den Anweisungen seines Helfers. Der sagte: »Mach deine Hand ganz schmal und ziehe sie langsam aus dem Krug heraus.« Und siehe, der Mullah tat, wie ihm geheißen. Ohne Schwierigkeiten zog er seine Hand aus dem Krug. Ganz zufrieden war er aber noch nicht. »Meine Hand ist jetzt frei, wo bleiben aber meine Nüsse?« Da nahm der Nachbar den Krug, kippte ihn um und ließ so viele Nüsse herausrollen, wie der Mullah brauchte. Mit größer werdenden Augen und vor Erstaunen geöffnetem Mund sah der Mullah zu und sagte: »Bist du ein Zauberer?« (persische Geschichte).

Psychotherapie und Selbsthilfe

Viele Patienten haben eine Krankheitsgeschichte hinter sich, in der bereits viele Ärzte unterschiedlicher Fachrichtungen als Akteure aufgetreten sind. Beim Psychotherapeuten stellt sich vielleicht heraus, daß die Störungen gar nicht auf dramatischen körperlichen Zusammenhängen beruhen, in die nur mit Hilfe komplizierter Apparaturen, Operationen, Medikamente und Kuren eingegriffen werden kann. Oft bringen einfach erscheinende Prozesse der Bewußtwerdung, der Einstellungsänderung oder des Verhaltenstrainings erstaunliche Effekte hervor. Dieser Situation begegnen die Patienten mit Erstaunen, ja sogar Mißtrauen, einmal weil den beabsichtigten Verhaltensänderungen eine langdauernde Gewöhnung im Wege steht und die Bewußtwerdung vielfachen emotionalen Widerständen ausgesetzt ist, zum anderen weil die Bedürfnisse und Fixierungen des Augenblicks den Patienten derart fesseln, daß ihm der Blick über diese Situation hinaus völlig abwegig erscheint.
Wenn sich herausstellt, daß hinter den Beschwerden unverarbeitete Konflikte liegen und diese Konflikte dem Bewußtsein zugänglich gemacht wurden, dann erleben viele Patienten eine Art ›Aha-Effekt‹, der dem Staunen des Mullahs vergleichbar ist. So kommt es, daß der Therapeut aufgrund seiner Deutungen, Differenzierungen, ja aufgrund seiner Fragen, als Zauberer gesehen wird, der die krankmachenden Faktoren wie Tauben aus dem Zylinder oder, auf unsere Geschichte übertragen, wie Nüsse aus dem Krug holt. Über die Möglichkeiten und erreichbaren Ziele der Psychotherapie bestehen unterschiedliche Auffassungen:
Manche Menschen erwarten, wenn sie Probleme haben oder Krankheiten auf sie zukommen, daß der Arzt ihnen die Schwierigkeiten von den Augen abliest und mit schlafwandlerischer Sicherheit nach der Tablette greift, die alle Übel beseitigt. Doch der Psychotherapie ist es noch nicht gelungen, einen geeigneten »Saft« gegen innere und äußere Probleme und die Wechselfälle des Lebens zu brauen. Auf der anderen Seite gibt es Menschen, denen das Vertrauen zur Medizin im allgemeinen und zur sogenannten Schulmedizin im besonderen ebenso fehlt wie das Zutrauen gegenüber den Leistungen eines Arztes oder Therapeuten. Not macht erfinderisch. So treten die »Do-it-yourself-Mediziner« auf den Plan, die in unnachahmlicher Originalität anderen Ratschläge geben und sich am liebsten den Wurmfortsatz selbst entfernen würden. Sie betrachten die Psychotherapie als überflüssiges, störendes, mysteriöses und verdächtiges Anhängsel der Medizin. Aussagen wie:

»Was nutzt Ihnen die Psychotherapie? Der Therapeut kann Ihnen doch nicht die Mutter lebendig machen«, sind hierfür symptomatisch. Dieses Zitat stammt übrigens von einem fachlich sehr qualifizierten Frauenarzt. Er sagte die Worte zu einer

Patientin, die nach dem Tode ihrer Mutter unter starken Depressionen litt, die später zu Unterleibsbeschwerden und hormonalen Dysfunktionen führten.

Psychotherapie vollzieht sich nicht in einem Elfenbeinturm. Schließlich entstehen die Symptome und Konflikte, deretwegen jemand einen Therapeuten aufsucht, wenigstens in der Regel nicht in der psychotherapeutischen Praxis, sondern im Alltagsleben: Eheprobleme beispielsweise entstehen zunächst in der partnerschaftlichen Beziehung und dort im Verhältnis zu sich selbst und den übrigen sozialen Kontakten. Erst wenn sie zu erheblichen Störungen geführt haben und sich mit psychischer und psychosomatischer Symptomatik verbinden, werden sie Gegenstand der Psychotherapie.

Wenn wir die Vorgeschichte einer Störung zurückverfolgen, finden wir Zusammenhänge bis hin zum ersten Lebenstag und weiter zurück in der Zeit, in der noch eine biologische Einheit von Mutter und Kind bestand. Hier zeigen sich krankmachende Faktoren nicht nur, wie man meinen könnte, in Form von toxischen Stoffwechselprozessen, sondern auch in psychosozialen Vorgängen, wie in der Einstellung der Eltern zum Kind, in ihren Beziehungen zueinander und in den Möglichkeiten, welche die Eltern ihrem Kind zubilligen. So kommt das Kind mit seiner Geburt nicht nur als Träger seiner Entwicklungsmöglichkeiten und Fähigkeiten zur Welt, sondern trifft auf eine durch die Eltern und die Umgebung vorgefertigte Form, welche die Entwicklung seiner Fähigkeiten weitgehend vorherbestimmt. Damit sind Konfliktpotentiale wie auch Konzepte und Schemata der Konfliktlösung vorgegeben, die sich später als brauchbar oder unbrauchbar erweisen.

Wenn die Entstehung von Störungen so weit zurückliegt, müßte eine Psychotherapie, die nicht willkürlich mit einzelnen Störungen operiert, auch die Erziehung und die erzieherisch wirkende Umgebung berücksichtigen. Die Psychotherapie erhält von diesem grundsätzlichen Standpunkt aus die Bedeutung einer Erziehungshilfe bzw. einer Um-Erziehung. Wir können davon ausgehen, daß ein Teil der psychischen Störungen darauf beruht, daß zuviel und noch Unbewältigtes gelernt wurde; ein anderer Teil hat seine Ursachen darin, daß zuwenig gelernt wurde und folglich ein Defizit besteht. Psychotherapie wird somit zur Korrektur der Erziehung. Erziehung verlangt jedoch nicht primär den Psychotherapeuten. Mit ihr müssen sich – wenigstens in unseren Kulturkreisen – die Eltern herumschlagen, die sich auch bei den alltäglich anfallenden Problemen zu helfen wissen müssen.

Selbsthilfe in der Medizin ist nichts Neues. In der Inneren Medizin gibt es Diätvorschriften, Fitnesstrainingsprogramme und Kontrolltabellen. Hier hilft sich der Patient unter Anleitung des Arztes selbst. Diese Hilfe ist inzwischen zu einem wesentlichen Bestandteil der Inneren Medizin wie auch der präventiven Medizin geworden. Ähnlich wie Diätvorschriften bei Zuckerkranken, Leberpatienten und Magenkranken je nach Krankheit und dem spezifischen Befund zusammengestellt werden, können auch für psychosoziale Konflikte Verhaltensprogramme entwickelt werden. Wenn beispielsweise der Ehepartner oder Freund fremdgegangen ist, kann man nicht nur mit dem Schrotgewehr oder dem Schnappmesser »Gerechtigkeit« und »Ehre« wiederherstellen, sondern man kann auch auf andere Weise reagieren. Man kann Alkohol trinken und so den Kummer ersäufen; man kann Drogen nehmen und mit ihrer Hilfe eine bessere Welt suchen; man kann Rache üben und selbst fremdgehen. Man kann aber auch die Chance nutzen und konstruktiv in das Problem eingreifen. Die geeigneten Verhaltensalternativen werden aus dem Repertoire der gelernten Lösungsmöglichkeiten und der Laborküche der eigenen Kreativität ausgewählt.

Wenn das elektrische Licht nicht funktioniert, haben wir mehrere Möglichkeiten: Entweder holen wir sofort einen Fachmann und überlassen ihm die Reparatur, oder wir versuchen uns selbst an dem Schaden. Diese Alternativen sind – wie auch die Psychotherapie – verschiedene Gradabstufungen von Selbsthilfe. In der Tat ist jeder Versuch eines Kranken, Hilfe für sich und seine Nöte zu finden, ein Streben in Richtung Selbstheilung. In diesem Sinne ist das Aufsuchen eines Arztes, das Sprechen über Probleme, demonstrative Zurschaustellung der eigenen Hilflosigkeit, ja sogar das Symptom selber, ein initialer Schritt der Selbsthilfe, zu der im weiteren soziale Hilfsaktionen hinzukommen können. Es wäre wirklich vergebliche Mühe, wenn man versuchen wollte, die Selbsthilfe vollends aus der Therapie zu verbannen. Selbsthilfe hat viele Bedeutungen. Sie reicht vom bloßen Einhalten der vom Arzt verordneten Vorschriften und Anweisungen über bestimmte Formen der Lebensführung (beispielsweise Vermeidung von Risikofaktoren) bis hin zur Beschäftigung mit den eigenen Symptomen, dem Verhältnis zur Krankheit und dem inneren Wunsch nach Gesundheit.

Die psychotherapeutische Sitzung erstreckt sich folglich nicht nur von der Begrüßung durch den Therapeuten bis zur Verabschiedung, sondern auch auf die Zeit vor und nach der Sitzung.

In der Therapie wird eine Vielzahl von Problemen thematisiert. Allerdings werden diese Probleme in der therapeutischen Sitzung nicht abgelegt wie ein zu schwerer Rucksack, sie sind für den Patienten vielmehr ein Thema, mit dem er sich anschließend intensiv und mehr oder weniger bewußt beschäftigt. Assoziationen zu den angesprochenen Themen stellen sich ein, Deutungen werden auf ihre Richtigkeit hin befragt und quasi experimentell überprüft, neugewonnene Einstellungen in Gedanken oder tatsächlich ausprobiert. Insofern ist die therapeutische Sitzung eine Ini-

tialzündung, die eine Kette von therapeutisch wirkenden Verhaltensweisen auslöst. Erfahrungen, die ein Patient mit seinen neuen Informationen und seinen differenzierten Selbstauffassungen gemacht hat, trägt er wieder in die therapeutische Situation hinein und thematisiert sie, modifiziert durch seine momentane Bedürfnisstruktur.
Folglich ist die Selbsthilfe ein integraler Bestandteil der Psychotherapie, auf den man nicht verzichten kann. Sie ist:
1. *Erziehungshilfe:* Eltern sind in der Erziehung über weite Strecken auch die »Psychotherapeuten« ihrer Kinder.
2. *Außertherapeutische Hilfsmaßnahme:* Nur ein geringer Teil der psychisch Kranken gelangt heute zum Fachmann; die anderen werden im vorärztlichen Bereich durch volkspsychotherapeutische Maßnahmen versorgt.
3. *Integraler Bestandteil der Psychotherapie:* Die Wirksamkeit der Psychotherapie erweist sich im Alltagsleben des Patienten; sie ist daher wesentlich auf ihre übergreifende Funktion angewiesen.
4. *Nachsorge nach einem psychotherapeutischen Eingriff:* Nach einem psychotherapeutischen Eingriff geschieht nicht nichts, vielmehr wird die Psychotherapie mit dem Mittel der Selbsthilfe fortgeführt.
5. *Gegenseitige Partnerhilfe und Mentorenschaft:* Partnerschaft beinhaltet eine fortwährende Interaktion von Konzepten, Werthaltungen und Verhaltensweisen; es vollzieht sich eine mehr oder minder starke Einstellungs- und Verhaltensänderung.
6. *Präventive Maßnahmen zur Vorbeugung und Verminderung des Krankheits- und Konfliktrisikos:* Sie können bereits in der Erziehung beginnen, in der das Verhalten geformt wird, und betreffen die lebensbegleitende soziale und ökologische Umwelt; jeder Mensch kann krankmachend oder helfend wirken.
Die praktische Relevanz der Selbsthilfe läßt sich wohl am ehesten mit einem Wort A. Adlers charakterisieren: »Ein Gramm Vorbeugung ist kostbarer als ein Kilogramm Krankenbehandlung.«

Das Erstinterview in der Differenzierungsanalyse

Leichte Heilung

Der Neffe des Herrschers Ghabus-Woschmgir war schwer erkrankt. Alle Ärzte des Landes hatten bereits die Hoffnung aufgegeben. Die Medikamente hatten keine Wirkung. Da die Ärzte nicht weiterkamen, war der Herrscher damit einverstanden, daß Avicena, damals ein junger Mann von sechzehn Jahren, die Behandlung übernahm. Als Avicena den Palast betrat, waren alle über seinen Mut erstaunt, dem Kranken helfen zu wollen, wo doch alle gelehrten Hakim des Landes ihre Ratlosigkeit eingestehen mußten.

Avicena sah den Kranken, einen mageren, blassen jungen Mann, auf dem Lager hingestreckt. Auf ärztliche Fragen gab der Kranke keine Antwort, und die Verwandten berichteten, daß er schon seit einiger Zeit kein Wort mehr sage. Avicena griff an den Puls des Kranken und hielt dessen Hand eine längere Zeit. Schließlich hob er bedächtig den Kopf und sagte: »Dieser junge Mann muß anders behandelt werden. Dazu brauche ich jemanden, der sich in dieser Stadt gut auskennt, der alle Straßen und Gassen kennt, alle Häuser und alle Menschen, die in ihr wohnen.« Alle wunderten sich und fragten: »Was hat die Heilung des Kranken mit den Gassen unserer Stadt zu tun?« Trotz ihres Zweifels gehorchten sie Avicenas Befehl und ließen einen Mann kommen, von dem es hieß, er kenne die Stadt wie seine eigenen Taschen. Ihn bat Avicena: »Nenne mir alle Viertel der Stadt.« Dabei griff er nach dem Puls des Patienten.

Als ein bestimmtes Viertel genannt wurde, fühlte Avicena, daß sich der Puls plötzlich beschleunigte. Daraufhin ließ er alle Straßen dieses Viertels nennen, bis bei einem Straßennamen der Puls des Kranken erneut aufgeregt zu pochen begann. Jetzt verlangte Avicena, daß alle Gassen dieser Straße genannt würden. Der Kundige nannte die Gassen, eine nach der anderen, als plötzlich der Name einer kleinen, wenig bekannten Gasse die Erregung des Kranken sprungartig steigerte. Zufrieden befahl Avicena: »Holt mir einen Mann, der alle Häuser dieser Gasse samt ihren Bewohnern nennen kann.« Ihn wies Avicena an, alle Häuser dieser Gasse aufzuzählen, und der Pulsschlag des Kranken verriet, welches das richtige sei.

Als der Helfer zu den Namen der Hausbewohner kam, nannte er auch den Namen eines Mädchens. Mit einem Schlag begann der Puls des Patienten zu rasen. Avicena bemerkte: »Sehr gut, alles ist klar. Ich kenne jetzt die Krankheit des jungen Mannes, und die Heilung ist leicht.« Er stand auf und sprach zu den Anwesenden, die ihn staunend anstarrten: »Dieser junge Mann leidet unter der ›Liebeskrankheit‹. Seine Beschwerden des Leibes haben darin ihre Wurzel. Er ist verliebt in das Mädchen, dessen Namen ihr hörtet. Geht, holt das Mädchen und werbt es als Braut.«

Der Patient, der mit größter Aufmerksamkeit und Erregung den Worten Avicenas gefolgt war, wurde rot bis über beide Ohren und versteckte sich verschämt unter der Bettdecke. Der Herrscher machte das Mädchen zur Braut seines Neffen, der von dieser Stunde an genas (nach Mowlana).

Das Erstinterview ist die erste Begegnung zwischen Psychotherapeut und Patient. Sie ist zeitlich begrenzt und kann verschiedenen Zwecken dienen: der Erhebung von Daten für Gutachten und wissenschaftliche Zwecke. Sie kann Grundlage für eine nachfolgende Beratung sein, Entscheidungshilfe darüber geben, ob eine Psychotherapie für den Patienten geeignet ist oder nicht oder welche Psychotherapie seinen Bedürfnissen am ehesten entspricht. Schließlich beinhaltet das Erstinterview bereits therapeutische Elemente, die jedoch erst in der folgenden Psychotherapie oder Beratung systematisch weiter verfolgt werden. Dort, wo nur beschränkte Zeit zur Verfügung steht, ist allerdings daran zu denken, von der klassischen Zweiteilung von Diagnose und Therapie Abstand zu gewinnen und therapeutische Elemente auch in das Erstinterview gezielt zu integrieren.
Die Geschichte der Therapie einer Patientin, die wir *Frau Ute S.* nennen wollen, soll die Darstellung des Erstinterviews und der differenzierungsanalytischen Psychotherapie begleiten. Als Quelle dienen Tonbandaufzeichnungen, denen die Patientin dankenswerterweise zugestimmt hat, schriftliche Berichte, Notizen und Niederschriften der Patientin aus der Zeit zwischen den therapeutischen Sitzungen und meine eigenen Notizen.
Entsprechend den drei Stadien der Interaktion teilen wir die Darstellung des Erstinterviews nach ihren Schwerpunkten in die Stadien der *Verbundenheit, Unterscheidung* und *Ablösung.*
Verbundenheit: Der Therapeut nimmt eine vorwiegend passive Haltung ein und hört dem Patienten wohlwollend zu. Durchgeführt wird eine steuernde Analyse, in der der Therapeut gezielt Fragen stellt und dem Patienten Zeit läßt, diese Fragen ausführlich zu beantworten. Abschweifende Patienten können unterbrochen werden, wenn der Therapeut der Ansicht ist, daß seine Fragen im Rahmen des Erstinterviews hinreichend klar beantwortet sind. Dem Patienten wird die Unterbrechung erklärt: »Wenn ich Sie gelegentlich unterbreche, bedeutet dies, daß ich Ihre Antwort auf meine Frage verstanden habe. Später werden wir darauf zurückkommen, sofern es notwendig ist.«
Die erste Frage, die ich in meiner Praxis neuen Patienten stelle, ist: »*Von wem aus kommen Sie bitte zu mir?*« Diese Frage dient der rein sachlichen Orientierung des Therapeuten, sie kann aber auch Hinweise auf die Motivation des Patienten geben.

Frau Ute S. sagte: »Frau Dr. Sch., meine Nervenärztin, hat mich zu Ihnen überwiesen. Seit etwa zwei Jahren bin ich bei ihr in Behandlung. In dieser Zeit bin ich zweimal internistisch untersucht worden, aber die haben alle nichts gefunden.«

Weiter soll diese Frage einen ersten Kontakt herstellen; der Patient rechtfertigt gewissermaßen seine Anwesenheit beim Therapeuten. Ist bereits bekannt, von wem der Patient überwiesen wurde, kann die Feststellung: »Sie kommen von Herrn Kollegen Dr. M. zu mir. Er hat Sie bereits angemeldet«, Grundlage eines Vertrauenstests sein, bei dem der Patient die Vertrauenswürdigkeit der therapeutischen Situation und die Möglichkeiten, den Therapeuten zum Verbündeten zu machen, überprüft: »Schicken Sie bitte meinem Arzt keinen Bericht über meine Probleme.« Oder; »Mein Mann weiß nicht, daß ich zu Ihnen gekommen bin.« Damit werden Informationen geliefert, die für den Psychotherapeuten Symptomcharakter haben und die bereits als konfliktbesetzte Bereiche gelten können. Allerdings kann der Stellenwert innerhalb des Konflikts erst dann beurteilt werden, wenn andere Informationen vorliegen.

Die nächste Frage gilt dem Zweck des Besuches beim Therapeuten: *»Was führt Sie zu mir? Welche Beschwerden haben Sie?«* Bei unergiebigen Patienten, die zum Beispiel durch die neue Situation blockiert sind, nutzt häufig folgende Hilfestellung: »Wir unterscheiden im allgemeinen zwei Formen der Beschwerden. Einmal körperliche Beschwerden wie Kopfschmerzen, Herzbeschwerden, Magen- und Darmbeschwerden. Zum anderen vorwiegend seelische Beschwerden wie Ängste, Depressionen, innere Unruhe und Hemmungen.« Die suggestive Tendenz, die in dieser Frageform enthalten ist, kann dadurch kompensiert werden, daß man sich nicht nur mit der bloßen Nennung einzelner Beschwerdebilder zufriedengibt, sondern nach dem subjektiven Auftreten, nach den beteiligten Situationen und Personen fragt. Obwohl generell suggestive Fragen in der Psychotherapie problematisch sind, erscheint dieses Risiko eher gerechtfertigt als das Frustrationserlebnis, das ein blockierter Patient ohne diese Hilfestellung erfahren dürfte.

Frau Ute S. berichtete: »Ich weiß nicht, wie ich am besten anfangen soll. Ich fühle mich einfach scheußlich, so unausgeglichen, so unruhig, daß ich ganz durcheinander bin (...). Ich leide unter einer starken, undefinierbaren Angst und habe nachts Angstträume. Abends kann ich kaum einschlafen und träume so schlecht, daß ich schweißgebadet aufwache und am ganzen Körper zittere. (...) Das Gefühl der Herzenge, das ich oft habe, ist einfach unerträglich. Ich habe das Gefühl, daß mein Herz sich in einem kleinen Tresor befindet und nicht richtig schlagen kann. Wenn ich mich aufrege, ist mein Magen wie zugeschnürt. Mir ist dann übel, und ich habe richtige Schmerzen. Ich bin so unruhig, daß ich dauernd mit etwas wackeln muß, mit dem Bein und so weiter. Bei jeder Anstrengung fühle ich mich matt, übel, und meine Knie beginnen zu zittern. Wenn ich lautes Geschrei höre, habe ich das Gefühl, verrückt zu werden. Mein Mann hat ja nur Kummer und Ärger mit mir. Was nutzt es ihm, daß ich ihn liebe, wenn ich ihm solche Arbeit und Sorgen mache. Aber er macht mir ja auch manchmal das Leben zur Hölle. (...) Ich habe sehr oft den Wunsch, meinem Leben endlich ein Ende zu machen, um mir und auch meinen Mitmenschen damit etwas Gutes zu tun (...).«

In der Schilderung der eigenen Beschwerden erhält der Patient freien Lauf. Er muß das Gefühl haben können: »Hier kann ich sprechen. Mein Therapeut hört mir zu und versteht mich.« Das Gefühl des Verständnisses wird unter anderem dadurch vermittelt, daß der Therapeut sich dem Patienten zuwendet, sein Verständnis anzeigt oder sich durch umschreibende Fragen des richtigen Verständnisses versichert. Die Patientin sagte unter anderem: »Immer wenn ich allein bin, fühle ich mich so schummerig.« Der Therapeut fragte zurück: »Sie empfinden also so etwas wie innere Unruhe?« Damit war die Patientin nicht einverstanden: »Nein! Ich fühle das richtig körperlich, so als weiche mir alles Blut aus dem Gehirn und als wäre ich kurz vor einer Ohnmacht.« Das Wort »schummerig«, das zunächst vom Therapeuten als innere Unruhe verstanden wurde, ist hier Hinweis auf ein Schwindelgefühl, welches für die Gesamtsymptomatik der Patientin bedeutsam ist. Sollte dies nicht aus den Beschreibungen des Patienten hervorgehen, wird gefragt, wo (zum Beispiel in welchen Körperbereichen), wann (bei welchen Situationen, zu welcher Tageszeit), in welchem Ausmaß und seit welcher Zeit die Beschwerden auftreten. Zur Ergänzung der letzten Frage sind bei dem Patienten Erkundigungen darüber einzuziehen, ob die Beschwerden erst seit jüngster Zeit auftreten oder bereits früher aufgetreten sind. Damit werden auslösende Situationen, Stärke der Beschwerden und Aspekte des Leidensdrucks eingekreist:

Patientin: »In der letzten Zeit habe ich ein starkes inneres Spannungsgefühl . . .« (Patientin schweigt).
Therapeut: »Wo empfanden Sie dieses Gefühl?«
P.: (greift mit beiden Händen in die Herz- und Magengegend) »Hier.«
T.: »Ist dieser Schmerz andauernd?«
P.: »Nein, ich habe ihn nicht immer. Er tritt eigentlich erst abends auf, wenn ich allein in meiner Wohnung bin.«
T.: »Seit wann haben Sie diese Beschwerden?«
P.: »Wenn ich es mir genau überlege, seit etwa zweieinhalb Jahren . . .«
T.: »Wie stark sind die Beschwerden?«
P.: »Manchmal kann ich es einfach nicht aushalten. Am liebsten würde ich Schlaftabletten schlucken, so sehr schafft mich das . . .«

Diese Aussagen enthalten mehrere Hinweise zum Symptombild und dessen Genese. In dieser Darstellung zeigt sich, was ich nahezu durchgehend in allen behandelten Fällen beobachten konnte, daß nämlich so gut wie nie nur einzelne, isolierte Symptome bestehen, sondern daß zumeist komplexe Symptombilder vorliegen, in die eine Vielzahl von Beschwerden und Mißempfindungen eingehen. So fand ich bei einem Patienten, der zunächst wegen Angst in die psychotherapeutische Behandlung kam, depressive Züge, gelegentliche Kopfschmerzen und Schlafstörungen, die neben der Angst den Zustand des Patienten bestimmten. Ich halte es daher für sehr wichtig, auf begleitende Symptome zu achten, zumal nicht unbedingt gesichert ist, daß die vom Patienten genannte Hauptsymptomatik auch wirklich das ursächliche Zentrum für alle anderen bestehenden Störungen ist. Die in diesem Fall ziemlich genaue Darstellung des Krankheitsbeginns kann bei der Erhebung der Anamnese zwanglos aufgegriffen werden. Während die Schilderung der Patientin vorwiegend subjektive Informationen liefert, sollen mit der Erhebung der Anamnese vorwiegend objektive Daten aus der Lebensgeschichte gesammelt werden. In der Anamnese, die nach Herstellung des Kontakts und einer grundlegenden Vertrauensbeziehung erhoben wird, soll die Patientin über ihre Lebensgeschichte exploriert werden (Sozialanamnese).

Therapeut: »Wie alt (bzw. jung) sind Sie?«
Patientin: »32 Jahre alt.«
T.: »Sind Sie verheiratet?«
P.: »Ja, seit zehn Jahren.«
T.: »Haben Sie Kinder (wie viele, Alter der Kinder)?«
P.: »Zwei Kinder, ein Mädchen von sieben Jahren und einen Sohn von fünf Jahren.«
T.: »Was sind Sie von Beruf?«
P.: »Sekretärin, jetzt Hausfrau.«
T.: »Was macht Ihr Partner?«
P.: »Der Ehemann ist Versicherungskaufmann.«
T.: »Leben Ihre Eltern noch? (ggf. Wann starben Ihre Eltern?)«
P.: »Der Vater, ein Bankangestellter, starb vor drei Jahren. Die Mutter ist Rentnerin.«
T.: »Wieviel Geschwister haben Sie (Stellung der Geschwisterreihe)?«
P.: »Eine Schwester, fünf Jahre älter.«
T.: »Religionszugehörigkeit?«
P.: »Aus der Kirche ausgetreten.«

[32 Jahre, verheiratet seit zehn Jahren, zwei Kinder, eine Tochter (7 Jahre) und ein Sohn (5 Jahre), früher Sekretärin, jetzt Hausfrau, Ehemann: Versicherungskaufmann, Vater: Bankangestellter, vor drei Jahren gestorben, Mutter: Rentnerin, eine Schwester (+5)]

Ferner sind die körperliche Entwicklung und die bisherigen Erkrankungen (somatische Anamnese) sowie vorausgegangene psychiatrische und psychotherapeutische Behandlungen von Bedeutung. Die Erhebung der Anamnese verschafft dem Therapeuten Hintergrundinformationen, gewissermaßen ein Gerüst für das Verständnis der Hintergründe der jetzigen Beschwerden. Durch die Anamnese wird das Kontinuum des Interviews zunächst unterbrochen. Sofern diese Unterbrechung nicht gewaltsam geschieht, ermöglicht sie einerseits, Fixierungen an bestimmten Beschwerdebildern zu neutralisieren; sie werden vom Therapeuten zwar bemerkt, jedoch im Rahmen des Erstinterviews nicht kultiviert. Andererseits hilft der Rekurs auf die Lebensgeschichte des Patienten, andere relevante Ereignisse zu assoziieren.

Patientin: »Ich muß sagen, ich war schon immer ein bißchen nervös und aufgeregt. Früher, als ich noch ein kleines Kind war, hat mich mein Vater dann manchmal auf den Arm genommen und getröstet. Überhaupt fehlt mir mein Vater sehr. Vor allem jetzt, wo ich soviel Schwierigkeiten habe. Ich würde mich gern mit ihm aussprechen.«

Das Erstinterview soll ein möglichst umfassendes Bild der beteiligten Konfliktsituationen vermitteln. Ausführlichere Verhaltensstichproben können dann in der Therapie erhoben werden. Die Einseitigkeit, die sich bei einem ungelenkten Interview einstellen kann, wird bei dieser Form des gelenkten Interviews durch ein möglichst gründliches Abtasten aller potentiell beteiligten Konfliktbereiche verhindert. Die Anamnese wird von dem Therapeuten durchgeführt und nicht an andere Personen oder psychotherapeutisches Hilfspersonal delegiert. Die Art und Weise, wie ein Patient auf Fragen der Anamnese antwortet, liefert situative Hinweise, die über den objektiven Gehalt der Lebensdaten hinausgehen und für das Verständnis der Situation des Patienten ebenso wichtig sind wie solche Daten.

Was sich in den Datenangaben nicht findet, jedoch vom Therapeuten als Information verwertet werden kann, ist der gesamte Kontext der Antwort des Patienten. Auf die Frage: »Haben Sie Geschwister?« verzog Frau S. den Mund, als hätte sie in eine saure Zitrone gebissen, machte mit der Hand eine wegwerfende Gebärde, richtete sich aber in ihrem Sessel auf, als wollte sie sich zusammennehmen, und antwortete erst dann: »Ich habe eine ältere Schwester.« Die szenische Information gab dem Therapeuten Aufschluß über das Verhältnis der Patientin zu ihrer Schwester und markiert somit einen möglichen Konfliktbereich, der in einer nachfolgenden Therapie berücksichtigt werden kann. Das szenische Verständnis aber setzt voraus, daß der Therapeut bereit ist, sich in den Patienten hineinzuversetzen und gewissermaßen mit den Ohren seiner Erfahrung zu hören.

Aus dem Zusammenhang von Lebensgeschichte sowie Beginn und Art der Symptomatik läßt sich die Frage nach dem Umfeld stellen, in dem es zur Ausbildung der Symptomatik kam. Eine solche Beziehung ist in nahezu allen Fällen herzustellen.

Therapeut: »Sie sagten, daß Ihre Beschwerden vor etwa zweieinhalb Jahren zugenommen haben. Können Sie mir sagen, was etwa zu dieser Zeit auf Sie zugekommen ist?«
Patientin: »Das war damals, als ich einen Nervenzusammenbruch hatte. Das war an einem Abend. An diesem Abend fing ich an zu weinen, alles erschien mir traurig und furchtbar, das ganze Leben. Als mein Mann spät gegen 12 Uhr nachts nach Hause kam, weinte ich immer noch. Plötzlich weinte ich stärker und fing an zu schreien, immer schriller und schriller, ich konnte nicht mehr aufhören und dachte, jetzt bist du gleich übergeschnappt. Alles veränderte sich grausam. Mein Mann war ein riesiges Untier und meine Tochter, die hinzukam, auch. Mein Mann gab mir eine Ohrfeige, und ich hörte auf zu schreien. Aber der schreckliche Alpdruck blieb. Selbst der Staubsauger flößte mir Angst ein . . .«

Die Patientin berichtete, sie sei schreckhaft und höre alles überlaut. Sie habe außerdem große Furcht, ihre Aufgaben nicht schaffen zu können, und habe das Gefühl, sie müsse ausbrechen oder durchdrehen. Sie berichtete über die Angst, die Kontrolle über sich zu verlieren.

»Ich fühle mich besonders abends nicht wohl in meiner Haut, und obwohl dieses Gefühl sehr oft auftritt, kann ich es nur schlecht beschreiben. Ich bin unruhig und unglücklich und möchte am liebsten fortlaufen. Nachts schlafe ich zwar mit Tabletten, habe aber schreckliche Träume. Es gibt für mich nichts Schlimmeres, als zu warten. Jeden Abend muß ich warten, weil mein Mann nie genau sagen kann, wann er kommt. Es macht mich krank. Jede Sekunde wird zur Ewigkeit, und ich werde so traurig und fühle mich unsagbar einsam.«

Eine Ausnahme stellen schon immer chronische Bilder dar, in denen sich der Patient als »schon immer leidend« erlebt. Hier stellt sich nicht so sehr die Frage nach den Umständen des Beginns der Symptomatik, sondern man sollte statt dessen auf die Schwankungen des Befindens und auf die äußeren Situationen eingehen, die diese Befindensschwankungen begleiten.

Fazit: Zu diesem Zeitpunkt verfügen wir bereits über eine beachtliche Anzahl von Informationen. Wir haben im Durchschnitt etwa 20 Minuten mit dem Patienten gesprochen. Unsere Informationen beziehen sich auf das subjektive Befinden des Patienten, seinen Lebenslauf und Informationen, die sich aus dem Auftreten des Patienten in Interaktion mit den Erwartungen des Therapeuten ergeben haben. Zentrales Thema war die Verbundenheit, d. h. die Herstellung eines vorläufigen Vertrauensverhältnisses, das zumindest den Versuch subjektiver Ehrlichkeit in den weiteren Schritten des Erstinterviews zu unterstützen vermag.

Differenzierung

Leitthema ist von jetzt an die Differenzierung. Differenzierende Elemente fanden wir bereits im ersten Teil des Interviews, in dem differentielle Merkmale der Symptomatik und der Lebensgeschichte erhoben wurden. Im folgenden Abschnitt des Erstinterviews geht es um die psychosozialen Hintergründe der Konflikte. Grundlage bilden die Aktualfähigkeiten und die Medien der Grundfähigkeiten. Die bisherige Selbstdarstellung der Patientin reproduziert im wesentlichen die Art und Weise, wie sie sich und ihre Situation sieht. In diese Sichtweise gehen die Erklärungsmuster, Rationalisierungen und Konzepte ein, die dem Patienten bisher zu seinem Verständnis der Situation verholfen haben. So führte die Patientin ihre Eheschwierigkeiten stereotyp immer wieder darauf zurück: *»Mein Mann und ich passen nicht zusammen. Wir sind ganz andere Typen und* *liegen auf einer anderen Wellenlänge.«* Würde der Therapeut dieses Erklärungsmodell übernehmen, geriete er notwendigerweise in den Teufelskreis der Rationalisierung, in dem sich die Patientin bereits befindet. Der Erklärungsversuch der Patientin gibt vielmehr Aufschluß über ihre Verarbeitungsmechanismen.

Die Differenzierung verfolgt zwei Ziele:

a) das Abgreifen und Einkreisen der Konflikte und Entwicklungsmöglichkeiten;

b) die inhaltliche Bestimmung der geschilderten Konflikte und Symptome.

Die Differenzierung erfolgt in zwei Richtungen: Erfaßt werden der Aktualkonflikt und der Grundkonflikt, und zwar über das Differenzierungsanalytische Inventar (DAI) und die Medien der Grundfähigkeiten. Hier geht es vor allem um die Tragfähigkeit des Patienten hinsichtlich der aktuellen Problematik. Um nicht mit der Tür ins Haus zu fallen und den Patienten nicht unter einen besonderen Leistungsdruck zu stellen, wird die Durchführung des DAI in ein lockeres Gespräch gekleidet:

Therapeut: »Sie haben erwähnt, daß Sie mit Ihrem Mann gewisse Schwierigkeiten haben, daß sie andere Typen sind. Nun wollen wir gemeinsam feststellen, worin Sie und Ihr Mann sich unterscheiden.«

Der Therapeut fragt zwanglos das DAI ab und notiert seine Interpretation der Aussagen der Patienten. Wichtig ist, daß diese Notizen den Kommunikationsfluß nicht unterbrechen. Die Instruktion lautet im Prinzip: *»Wer von Ihnen (z. B. Sie oder Ihr Mann) legt mehr Wert auf Pünktlichkeit (Ordnung usw.)?« »Kommt es im Bereich der Pünktlichkeit (Ordnung usw.) zu Konflikten?«*

Diese »Standardfrage« kann ergänzt oder ersetzt werden durch andere Fragen, die sich auf die jeweiligen Aktualfähigkeiten beziehen, sofern sie als Verständnishilfen für den Patienten und zum Verständnis des bestehenden Konfliktes notwendig sind. Beispiele für solche Fragen finden sich im Anhang »Aktualfähigkeiten« (wie fragt man nach Pünktlichkeit, Ordnung etc.). Der Beginn mit Aktualfähigkeit ›Pünktlichkeit‹ ist nicht obligatorisch. Wenn sich eine Patientin bereits vorher über die Untreue ihres Ehemannes beschwerte, kann die hier angesprochene Aktualfähigkeit ›Ehrlichkeit/Treue‹ als Einstieg in die Durchführung des DAI benutzt werden. Beklagt sich eine Mutter darüber, daß ihr Sohn ein Schulversager sei, läßt sich ebensogut der Verhaltensbereich ›Fleiß/Leistung‹ als Anknüpfungspunkt für das DAI verwenden.

Dieses Vorgehen erfordert eine gewisse Flexibilität des Therapeuten. Sie ist jedoch notwendig, um dem Patienten eine Identifikation mit den gestellten Fragen zu ermöglichen und ihm eine subjektive und damit eine therapeutisch informative Antwort zu erleichtern. Außerdem ist ein

negativer Testeffekt unbedingt zu vermeiden; er gibt dem Patienten das Gefühl, nach Schema F durchgecheckt zu werden. Schließlich soll der Therapeut motiviert werden, sich an den individuellen Bedingungen des Patienten zu orientieren und in erster Linie die Aussagen des Patienten – und nicht die eigenen theoretischen Erwartungen – zu verwenden.
Bewertet werden die Verhaltensbereiche folgendermaßen: (+++) ist die höchste subjektive Bewertung einer Kategorie, (– – –) die niedrigste Bewertung; (+ –) bedeutet Indifferenz gegenüber dem zu beurteilenden Verhaltensbereich; (++) und (+) sowie (– –) und (–) sind Abstufungen in der subjektiven Bewertung. Die erste Spalte enthält die Aktualfähigkeiten, die zweite gibt die Selbstbeurteilung des Patienten hinsichtlich der Aktualfähigkeiten an. Die dritte Spalte enthält die Fremdbeurteilung des Konfliktpartners durch den Patienten. Die vierte Spalte umfaßt Spontanaussagen. Sollte der Patient mit einem Begriff nicht viel anfangen können, kann man ergänzend Synonyme der Aktualfähigkeiten anführen. Das DAI stellt eine praktikable Kurzform des Inventars der Aktualfähigkeiten dar.

Differenzierungsanalytisches Inventar (DAI-Kurzform) einer 32jährigen Patientin mit Depressionen, Ängsten und Ehekonflikten (Frau Ute S.)

Aktualfähigkeiten	Ich	Partner	Spontanaussagen
Pünktlichkeit	+++	– – –	Für meinen Mann ist Pünktlichkeit ein Buch mit sieben Siegeln. Wenn er sagt, er kommt um 17 Uhr, rechne ich schon immer eine Stunde dazu, aber meistens langt das nicht, er kommt erst um 20 oder gar um 22 Uhr. Obwohl ich weiß, daß es so ist und es meistens an seinem Beruf liegt, kann ich mich nicht daran gewöhnen. Ich liege ab 17 Uhr auf der Lauer und kann nichts Rechtes mehr machen und mich nicht mehr konzentrieren. Ich beeile mich den ganzen Tag, um um 17 Uhr auf jeden Fall fertig zu sein, es könnte ja sein, daß er doch kommt.
Sauberkeit	++	+++	Meinen Mann stört oft ein Fusselchen auf dem Boden, obwohl ich selbst auf Sauberkeit achte . . .
Ordnung	+	+++	Mein Mann ist ein Ordnungsfanatiker. Er ist genauso pedantisch wie seine Mutter. Die ist mit nichts in meinem Haushalt zufrieden und pfuscht mir überall dazwischen . . .
Gehorsam	++	+	Ich bin eigentlich immer diejenige, die nachgibt.

Höflichkeit	+++	+	Ich will es eigentlich jedem recht ma Mann ist da nicht so rücksichtsvoll.
Ehrlichkeit	+	+++	Oh, ja, mein Mann versteht es, seine sagen. Und das tut er gänzlich unges ist sehr direkt. Mir fällt es dagegen schwer, zu sagen, welche Laus mir über die Leber gelaufen ist.
Treue	++	+−	Ich glaube, mein Mann ist auch treu.
Gerechtigkeit	++	+−	In seinem Beruf mimt er den Gerechten. Ich finde es ungerecht und unmenschlich, daß er immer seiner Mutter rechtgibt. Auch bei den Kindern stimmt da was nicht. Mit unserem Jüngsten spielt mein Mann. Die Älteste, die eigentlich auch ihren Vater braucht, ignoriert er fast. Wenn ich ihn darauf hinweise, kommt die blöde Ausrede: ›Über die ärgere ich mich bloß, die ist so unordentlich wie du . . .‹
Fleiß/ Leistung	++	++	Das letzte, was ich meinem Mann vorwerfen könnte, ist, daß er faul ist.
Sparsamkeit	+	+	Wir beide legen Wert darauf, vernünftig mit dem Geld umzugehen.
Zuverlässigkeit	++	+−	Wenn mein Mann mir gegenüber so zuverlässig wäre, wie er in seinem Beruf ist, hätten wir bestimmt ein besseres Verhältnis. Unzuverlässigkeit zeigt er darin, daß er bei mir nie pünktlich sein kann . . .
Geduld	−	++	Wenn man von der Pedanterie meines Mannes absieht, besitzt er die Geduld einer Schildkröte. Ich werde manchmal verrückt, wenn ich auf ihn warten muß oder wenn etwas nicht so geht, wie ich es mir vorstelle . . .
Zeit	++	−−	Er hat viel zuwenig Zeit.
Vertrauen/ Hoffnung	−	+	Eigentlich habe ich Vertrauen zu ihm. Aber wenn ich auf ihn warten muß, ist plötzlich alles Vertrauen dahin. Ich habe solche Angst, daß ihm meine Krankheit zuviel wird und er mich allein läßt.
Kontakt	−	−	Wir haben nur recht wenige Freunde oder Bekannte.
Sex/ Sexualität	+−	++	Der Geschlechtsverkehr mit meinem Mann ist für mich meistens unbefriedigend, was er sehr bedauert . . .
Glaube/Religion/Weltanschauung	+	+	Das ist für uns bisher noch kein Problem gewesen.

nfliktpartner: Wer der primäre Konfliktpartner ist, geht in der Regel aus der vorherigen Exploration des Patienten hervor. Allerdings darf das nicht zur Ansicht verführen, als gäbe es nur einen und nur diesen Konfliktpartner. Auch andere Personen und Gruppen können an dem Konflikt beteiligt sein, wie in unserem Beispiel die Schwiegermutter und die Kinder. Sollte es erforderlich werden, können auch die weiteren Konfliktpartner ausdrücklich einbezogen werden. Die Auswahl des Konfliktpartners geschieht gewissermaßen hypothetisch und erfolgt unmittelbar aus den geschilderten Konfliktsituationen und Klagen des Patienten. Implizit setzen wir voraus, daß der Konflikt psychosozialen Charakter hat und sich auf irgendwelche Bezugspersonen bezieht. Diese Auffassung steht der individualistisch orientierten Ansicht gegenüber, daß neurotische Konflikte lediglich in einem Menschen aufgrund seiner Charakterstrukturen entstehen. Das psychosoziale Konfliktmodell scheint an Grenzen zu stoßen, wenn der Patient unverheiratet ist, keinerlei freundschaftliche Beziehungen zu haben scheint und seine Unzufriedenheit sich auf das Gefühl der eigenen Insuffizienz zurückführen läßt. Aber auch hier haben wir es mit einer Partnerschaftssituation zu tun. Der hier beteiligte Konfliktpartner findet sich entweder in den Tätigkeitsbereichen des Patienten (z. B. Chef oder Kollegen) oder in den imaginären Partnern, welche beispielsweise die Eltern zeitlebens darstellen. In einem solchen Fall wird das DAI auf die Konfliktpartner ›Vater‹ bzw. ›Mutter‹ bezogen, auch wenn diese nicht mehr leben sollten.
Auch andere Bezugspersonen der Vergangenheit können herangezogen werden, so bei geschiedenen Patienten frühere Ehepartner; bei Patienten, die eine Bezugsperson durch Tod oder Trennung verloren haben, kann diese Bezugsperson Konfliktpartner sein. In besonderen Fällen kann der Patient als sein eigener Konfliktpartner fungieren. Er vergleicht dann seine Selbstbeurteilung mit dem Wunschbild, das er von sich hat. Das DAI kann auch mit dem Konfliktpartner durchgeführt werden, wobei dann jeder der beiden Beteiligten sich selbst und den anderen darstellt. Dies ermöglicht eine gewisse Objektivierung, zumindest aber eine intersubjektive Betrachtungsweise. Auf diese Weise können Mißverständnisse aufgedeckt werden, die dadurch auftreten, daß ein Partner dem anderen eine Meinung unterstellt, die er jedoch nicht vertritt.
Mit Hilfe des DAI kann neben dem Aktualkonflikt auch der Grundkonflikt dargestellt werden. Wegen der Bedeutung der primären Bezugspersonen (Vater, Mutter, Geschwister) für die Sozialisation wird danach gefragt, welchen Wert die Bezugspersonen im allgemeinen oder bezogen auf konkrete frühere Erlebnisse den einzelnen Aktualfähigkeiten – in den Augen des Patienten – zumaßen.
Frau Ute S. realisierte folgendes auf den Grundkonflikt bezogenes DAI.

Differenzierungsanalytisches Inventar (DAI – Kurzform) von Frau Ute S., bezogen auf den Grundkonflikt

Aktualfähigkeiten	Ich	Mutter	Vater	Spontanaussagen
Pünktlichkeit	+++	+++	+++	Früher als Kind herrschte bei uns immer Pünktlichkeit. Wir aßen zum Beispiel jeden Tag um die gleiche Zeit. Wenn es mal früher oder später war, dann war es außergewöhnlich. Wenn meine Mutter einmal einkaufen ging oder etwas zu erledigen hatte, sagte sie, wann sie zurück sei, und ich konnte mich immer darauf verlassen. Ebenso war es umgekehrt. In der Schule war ich auch immer pünktlich, eher zu früh, niemals zu spät. Ich wache schon immer vor meinem Wecker auf und versuche, immer früh schlafen zu gehen, um morgens nicht zu spät zu kommen. Bei meinen Verabredungen war ich immer zu früh . . .
Sauberkeit	++	+	+	Wir mußten immer sauber angezogen gehen. Zu Hause hatte unsere ganze Familie zusammen ein Handtuch. Ich fand das schon als Kind schrecklich. Heute benutze ich eine ganze Reihe von Handtüchern, am liebsten für jeden Körperteil eines . . .
Ordnung	+	+++	+	Meine Mutter hat einen regelrechten Ordnungsfimmel. Darunter hatte schon mein Vater gelitten. Sie ist so ordentlich, daß es kaum zu fassen ist. Sie wickelt selbst Gegenstände des täglichen Lebens in Seidenpapier und verwahrt sie im Kleiderschrank . . .
Gehorsam	++	++	+++	Oh, ja, da hat mein Vater ganz schön drauf geachtet, und er war immer stolz auf seine brave Tochter.
Höflichkeit	+++	++	++	Beide haben auf Benehmen Wert gelegt, und ich mußte immer einen Knicks machen. Beim Essen durften nur die Eltern sprechen, und überhaupt hieß es, daß wir nur sprechen dürften, wenn wir gefragt werden.
Ehrlichkeit	+	+–	++	Mein Vater fiel immer mit der Tür ins Haus, während meine Mutter mal so und mal so sprach. Nach meinem Gefühl ist

				meine Mutter eine falsche Schlange, und trotzdem machte sie ein riesiges Theater, wenn sie mich einmal beim Schwindeln ertappte . . .
Treue	++	+++	++	Wenn meine Eltern einander untreu gewesen sein sollten, haben wir es nie gemerkt. Meine Mutter hat mir aber immer erzählt, daß die Männer eigentlich nur auf Sex aus wären und daß man sich den richtigen, d. h. treuen Mann aussuchen sollte. Ansonsten betonte sie immer ganz stolz, daß es wohl an der Frau liege, ob der Mann treu sei oder nicht . . .
Gerechtigkeit	++	+++	+++	Meine Eltern waren beide so gerecht, daß es nicht mehr auszuhalten war. Meine Schwester und ich mußten die gleichen Kleider tragen, damit wir sahen, daß niemand bevorzugt wird.
Fleiß/ Leistung	++	++	++	Ich mußte immer in der Küche helfen. Bei meinen Hausaufgaben hat mir aber niemand geholfen. Aber wehe, wenn ich mit einer schlechten Note nach Hause kam. Ich hätte gern die mittlere Reife oder das Abitur gemacht. Aber da war ich bei meinen Eltern gerade recht. Ich höre heute noch: Sieh zu, daß du Geld verdienst, ein Mädchen braucht kein Abitur . . .
Sparsamkeit	+	+++	+++	Vielleicht kam es durch den Krieg. Meine Eltern waren äußerst sparsam. Jeder Pfennig wurde zweimal herumgedreht. Taschengeld gab es nicht. Von daher war ich sogar froh, endlich eigenes Geld zu verdienen, auch wenn ich einen Teil davon als Haushaltsgeld abgeben mußte . . .
Zuverlässigkeit	++	++	++	Ich konnte mich vor allem auf meinen Vater verlassen . . .
Geduld	−	+−	+−	Sie konnten bestimmt geduldig sein. Aber nicht immer. Wenn ich zu spät von der Schule kam, warteten alle drei mit dem Essen auf mich. Mein Vater schaute mich strafend an und klopfte monoton mit dem Löffel gegen den Teller. Das hat mich schrecklich genervt . . .
Zeit	++	−	−	Meine Eltern hatten eigentlich selten für mich Zeit. Jeder kümmerte sich erst um seine Sachen. Meine Mutter um den Haushalt, mein Vater um seinen Beruf und den Fußball. Dabei habe ich mir immer ge-

				wünscht, daß meine Eltern für mich ganz allein sehr viel Zeit gehabt hätten ...
Vertrauen/ Hoffnung	–	+–	+	Wenn ich zu jemandem Vertrauen hatte, dann war es mein Vater.
Kontakt	–	–	++	Mein Vater hatte viele Freunde vom Sport her. Mit denen war er oft in Lokalen zusammen. Nach Hause konnte er sie aber nie bringen. Da war meine Mutter streng dagegen, sie hütete die Wohnung wie eine Schatzkammer. Ich durfte auch keine Kinder mit hoch bringen. Vielleicht ist das daran schuld, daß ich kaum Spielkameraden hatte.
Sex/ Sexualität	+–	+	+	Davon habe ich bei meinen Eltern so gut wie gar nichts miterlebt. Sie waren eigentlich sehr sparsam mit Zärtlichkeiten, wenigstens vor uns. Aufgeklärt haben mich meine Eltern so gut wie gar nicht. Das haben dafür ältere Freundinnen übernommen.
Glaube/ Religion/ Weltanschauung	+	+	+	Meine Eltern sind zwar immer regelmäßig in die Kirche gegangen und ganz früher hat meine Mutter mit mir Gute-Nacht-Gebete gesprochen, aber ansonsten hat man bei uns von Religion wenig gemerkt.

Dieses auf den Grundkonflikt gerichtete DAI gibt die subjektiven Erlebnisse und Eindrücke der Patientin wieder, die um ihre frühere Lebensgeschichte und ihr Erziehungsmilieu kreisen. Damit werden die Aktualfähigkeiten auf ihre jeweilige Geschichte hin befragt. Aus ihr kann die momentane Ausprägung des Aktualfähigkeitenmusters der Patientin abgebildet, verständlich und einfühlbar gemacht werden.

Funktionen des DAI

Das DAI tastet die Konfliktsituation systematisch ab. Es gibt differentialdiagnostische Hinweise. Es dient der Abklärung psychosozialer Anteile der Ätiologie. Es hilft, den psychosozialen Charakter einer Konfliktsituation zu erkennen. Es fungiert als Entscheidungshilfe bei der Wahl der Behandlungsstrategie. Das DAI läßt sich als Grundlage für ein therapeutisches Gespräch – auch in der nicht-psychotherapeutischen Praxis – verwenden. Es kann als Basis für eine konfliktzentrierte Psychotherapie dienen. Es bietet Ansätze für die präventive Medizin, ebenso für die Psychohygiene und Nachsorge. Das DAI kann als Instrument zur Kontrolle des Behandlungserfolges dienen. Dann wird das DAI vergleichend auch am Ende der Behandlung durchgeführt. Die differentielle Erhebung der Konfliktpotentiale ermöglicht es, den Hallo-good-bye-Effekt besser zu kontrollieren, der lediglich darauf beruht, daß der Patient zu Beginn der Behandlung noch ehrlich zu seinen Beschwerden Stellung nimmt, am Ende der Behandlung aus Höflichkeit und um seinem Therapeuten nicht weh zu tun, eine Besserung der Beschwerden vorspielt. Es ist ein exploratives Verfahren, das sowohl im Rahmen der Psychotherapie, der nichtpsychotherapeutischen ärztlichen Praxis, der psychologischen Beratung und der Selbsthilfe Anwendung finden kann. Das DAI kann auch vom beteiligten Konfliktpartner in Selbst- und Fremdbeurteilung durchgeführt werden. Damit werden die Beurteilungen hinsichtlich der gleichen Aktualfähigkeiten auf latente Mißverständnisse untersucht und objektiviert.

Thematisierung der Konfliktpotentiale: Es stellt sich nun die Frage nach dem Einstieg in die Problematik, die nicht theoretisch vorweggenommen, sondern in der Beziehung zwischen Therapeut und Patient abgeklärt wird.

Therapeut: »Wir haben gerade eben gesehen, daß Sie in verschiedenen Bereichen gewisse Probleme mit sich und Ihrem Partner haben. Jetzt wollen wir sehen, welche dieser Probleme Sie für die wichtigsten halten.«

Als Hilfe für den Patienten können die konfliktbesetzten Verhaltensbereiche aufgezählt werden. Der Patient führt eine Schätzung des Konfliktwertes der Aktualfähigkeiten durch. Damit werden keine objektiven und für alle Zeiten gültigen Daten erhoben, sondern die Informationen, die für den Patienten jetzt und hier in seinem Erleben unmittelbar relevant sind. Nach dem differenzierungsanalytischen Inventar konnten folgende Aktualfähigkeiten als konfliktbesetzt gelten: ›*Pünktlichkeit*‹, ›*Ordnung*‹, ›*Höflichkeit*‹, ›*Ehrlichkeit*‹, ›*Zuverlässigkeit*‹, ›*Geduld*‹, ›*Zeit*‹, ›*Vertrauen/Hoffnung*‹ und ›*Sexualität*‹.

Die Patientin vertrat die Auffassung, daß die hauptsächlichen Konfliktbereiche mit ›*Pünktlichkeit*‹, ›*Ordnung*‹ und ›*Sexualität*‹ zu tun hätten. Die Auswahl von drei Aktualfähigkeiten als thematisierte Konfliktpotentiale dient (a) *zur Feststellung der subjektiven Bewertungshierarchie,* (b) *zur Darstellung der derzeit aktuellen Konfliktsphäre,* (c) *als Einstieg in die Problematik des Patienten.*

Die Auswahl von nur drei Aktualfähigkeiten geschieht vorwiegend aus didaktischen Gründen. Würden alle konfliktbesetzten Aktualfähigkeiten zur gleichen Zeit angesprochen, führte dies letztlich zu einer Überforderung des Patienten. Werden nur die thematischen Konfliktpotentiale herausgegriffen, werden aufgrund der Vernetzung der Aktualfähigkeiten untereinander auch die anderen Konfliktpotentiale einbezogen. So erübrigt es sich, ›Zuverlässigkeit‹ und ›Geduld‹ schon hier zu thematisieren, da beide Aktualfähigkeiten sich im vorliegenden Fall nahezu ausschließlich auf ›Pünktlichkeit‹ bezogen. Die thematischen Konfliktpotentiale sind innerhalb des Erstinterviews Anknüpfungspunkte für die eventuell später erfolgende Behandlung.

Grundfähigkeiten und ihre Medien

Das DAI beschäftigt sich mit den in der Erlebnissphäre eines Menschen mehr oder weniger konfliktbesetzten Aktualfähigkeiten. Es vermittelt ein Muster von psychosozialen Normen, welches die individuelle Persönlichkeit, die Einstellungen, Erwartungen und Verhaltensstile im Hinblick auf innere und äußere Konfliktsituationen skizziert.
Zugleich gibt das DAI einen groben Anhalt über die Bewertung des emotionalen Bereiches (Liebesfähigkeit) und des Leistungsbereiches (Erkenntnisfähigkeit). Diese Feststellungen können dadurch vertieft werden, daß die Medien der Liebes- und Erkenntnisfähigkeit abgefragt werden.

Medien der Liebesfähigkeit

Zum Verständnis einer Konfliktsituation ist das Verständnis ihres Hintergrundes und der daran beteiligten Konzepte notwendig. Die Entwicklung der Persönlichkeit wird entscheidend von den primären sozialen Beziehungen eines Menschen geprägt, die also berücksichtigt werden müssen. Als günstig hat es sich erwiesen, den Hintergrund der Bevorzugung bestimmter sozialer Beziehungen und der Ablehnung anderer Bezüge mit Hilfe der Medien der Liebesfähigkeit abzutasten. Die relevanten Informationen beziehen sich auf:
Die Beziehung der Bezugspersonen (Eltern) und der Geschwister (auch der gleichaltrigen Spielkameraden) zum Kind (Ich);
die Beziehung der Eltern untereinander (Du);
die Beziehung der Eltern zur Umwelt (Wir);
die Beziehung der Eltern zur Religion/Weltanschauung (Ur-Wir).
Die Ausführlichkeit, in der die Medien der Liebesfähigkeit erhoben werden, kann individuell schwanken, sollte jedoch im Rahmen des Erstinterviews bleiben. Eine ausführlichere Behandlung der in diesem Zusammenhang auftretenden Probleme ist von einer eventuellen späteren Therapie zu leisten.

Beziehung der Eltern zur Patientin (Frau Ute S.):

Therapeut: »Wer von den Eltern war geduldiger, wer hat sich leichter aufgeregt? Wer hat mehr Zeit für Sie gehabt (Ihr Vater oder Ihre Mutter)? Wen haben Sie sich zum Vorbild genommen?«

Patientin: »Meine Mutter hatte für mich als Kind wenig Zeit und vielleicht auch deswegen kaum Geduld mit mir. Ich hatte irgendwie das Gefühl, daß meine Mutter meine Sorgen und Probleme nicht verstehen würde. Mein Vater war, wenn er sich überhaupt mit mir beschäftigte, geduldiger. Aber das kam selten vor. Meine Mutter liebte mich zwar und meinte, daß ich alles von ihr haben könnte. Daß zur Liebe noch mehr gehört, sah sie nicht ein und bezeichnete mich als undankbar, wenn ich darauf zu sprechen kam. Auch wenn wir alle vielleicht zuwenig von unseren Eltern hatten, kam ich mir jedoch häufig gegenüber meiner älteren Schwester zurückgesetzt vor. Auch heute noch treten eine ganze Menge Spannungen im Verhältnis zu meiner Schwester auf.«

Beziehung der Eltern untereinander:

Therapeut: »Haben die Eltern sich gut verstanden? Ist ein Partner fremdgegangen?«
Patientin: »Soweit ich weiß, waren meine Eltern ehrlich zueinander. Davon, daß mein Vater oder meine Mutter mal fremdgegangen wären ist mir nichts bekannt. Wenn es überhaupt eine Vernunftehe gab, ist es die zwischen meinen Eltern. Mein Gott, waren die vernünftig! An Streit kann ich mich nicht erinnern. Außer der Familie hatten sie auch kaum gemeinsame Interessen, und ich kann mich nicht daran erinnern, daß sie sich einmal ausgiebig über ein Thema unterhalten haben. Über Erziehungsfragen gab es ebenfalls keine Diskussionen. In einem aber waren sie sich einig, daß nämlich zu bestimmten Zeiten gegessen werden mußte und dabei niemand fehlen durfte.«

Beziehung der Eltern zur Umwelt:

Therapeut: »Wer von den Eltern war kontaktfreudiger? Wer wollte Gäste zu Hause haben?«
Patientin: »Meine Mutter lebte zurückgezogen, sie ging nicht einmal gern einkaufen. Sie wollte am liebsten von niemandem gesehen werden. Sie hatte wenig Kontakt zu Nachbarn, keine Freunde, nur ein paar Bekannte. Sie beteiligte sich an nichts, was außerhalb ihrer Wohnung passierte. Sie ging nicht ins Kino und machte um jedes Fest einen großen Bogen. Mein Vater suchte dagegen eher den Kontakt zur Außenwelt. Er hatte einige gleichgesinnte Bekannte durch seine Hobbies. Sonntags ging er allein zu seinen Bekannten. Manchmal nahm er mich oder meine Schwester mit. Meine Mutter wollte nicht mitgehen. Am liebsten hätte sie ihn zu Hause festgebunden. Sie erklärte immer wieder, sie hätte zu Hause genug zu tun. Da war es kein Wunder, daß wir nie Besuch hatten; es kam überhaupt sehr selten jemand zu uns.«

Beziehung der Eltern zur Religion:

Therapeut: »Wer von Ihren Eltern war religiöser?«
Patientin: »Meine Eltern haben immer von mir verlangt, daß ich in die Kirche gehe. Ganz früher hat meine Mutter auch mit mir abends gebetet. Wenn ich es streng betrachte, waren meine Eltern eigentlich nur formal religiös. Es wurde kirchlich geheiratet, man ging sonntags zur Kirche, und zur Beerdigung mußte auch ein Priester her, weil sich das so gehörte.«

Im Modell der Medien der Liebesfähigkeit werden die Bewertungen durch (+) oder (−) gekennzeichnet. (+) drückt ein vorwiegend positives Verhältnis aus, (−) ein vorwiegend spannungsreiches und ablehnendes Verhältnis. Für Fälle, in denen Indifferenz besteht, hat sich die Kennzeichnung (+−) bewährt. Die Beziehung der Eltern zur Patientin wird durch die Einschätzung der Zuwendung bezüglich der Dimensionen ›*Geduld*‹, ›*Zeit*‹ und ›*Vorbild*‹ dargestellt. Folgendes Schema zur Veranschaulichung der Medien der Liebesfähigkeit hat sich bewährt:

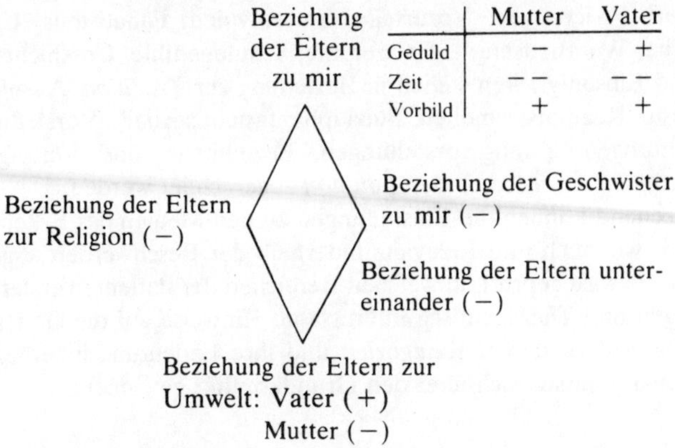

Übersichtsschema der Medien der Liebesfähigkeit (32jährige Patientin)

Medien der Erkenntnisfähigkeit

Die Medien der Erkenntnisfähigkeit beschreiben Werkzeuge, die für die individuell verschiedenen Stile der Beziehung zur Wirklichkeit und der Konfliktverarbeitung kennzeichnend sind. Sie lassen sich in zweierlei Formen berücksichtigen: (a) als Einstellungen zu den jeweiligen Medien, wobei die Bewertung erfragt wird, die sie innerhalb des Selbstkonzeptes des Patienten besitzen:

»Wozu gestreichelt werden und wozu Zärtlichkeiten? Wichtig für mich ist es, daß ich erfolgreich bin und klaren Kopf behalte.« »Ich kann zehnmal sehen und hören, daß dieser Mann verheiratet ist und mich gar nicht liebt. Für mich ist das gleichgültig. Für mich zählt nur die Vorstellung und der Gedanke an seine Liebe.«

(b) Als Gliederungsgesichtspunkte der Symptomatik, die zum Teil als Störungen der Medien der Erkenntnisfähigkeit zu interpretieren sind. So können Schlafstörungen, Appetitlosigkeit, Organbeschwerden, Reizbarkeit, hemmungsloses Essen, Vitalitätsverlust, Sexualabwehr, Ermüdbarkeit, körperlicher Schmerz, Bewegungsarmut, akustische und optische Halluzinationen, hypochondrische Vorstellungen sowie Wahrnehmungsstörungen, Triebstörungen, Affektivitätsstörungen als Symptome im Bereich der *Sinne* verstanden werden. Denkstörungen, Intelligenzstörungen, Konzentrationsschwächen, Gedächtnisschwäche, Entscheidungsschwäche, Neigung zur Rationalisierung, Grübeln, Zwangsgedanken, fehlender Realitätsbezug etc. beziehen sich unter diesem Aspekt auf den

Verstand. Fixierungen, Vorurteile, Stereotypien, Fanatismus, Urteilsschwäche, Wahrheitsangst, Haßgefühle, Schuldgefühle, Geschichtslosigkeit und Einseitigkeiten stehen in Beziehung zur *Tradition.* Ausufernde Phantasie, Realitätsfremdheit, Suizidphantasien, sexuelle Vorstellungen, Befürchtungen, Zwangsvorstellungen, Beziehungs- und Verfolgungswahn können den Medien der *Intuition* zugerechnet werden.

Entsprechend können die Einstellungen zu den Medien der Erkenntnisfähigkeit wie auch ihre Relevanz innerhalb der Beschwerden abgeklärt werden. Es wird geprüft, in welchen Bereichen der Patient in erster Linie Störungen hat. Therapeutisch interessante Hinweise auf die Genese der Einstellungen zu diesen Kategorien und ihre Bedeutung innerhalb der Symptomatik lassen sich über den Grundkonflikt gewinnen:

Mittel der Sinne:

Therapeut: »Wer hat sich körperlich mehr mit Ihnen beschäftigt, Ihr Vater oder Ihre Mutter? Wie ist Ihre Beziehung zu Ihrem Körper? Welche Beziehung hat Ihr Partner zum Körper?«

Die 32jährige Patientin Frau Ute S. antwortete auf diese Orientierungsfragen:

Patientin: »Ich kann mich eigentlich gar nicht daran erinnern, daß mein Vater oder meine Mutter zu mir zärtlich waren. Worauf sie geachtet haben, das war, daß alle genug zu essen hatten. Wenn ich mal nicht essen wollte, gab es gleich Krach. Ich sollte nicht ewig ein so dünner Strich bleiben. Ich erinnere mich gerade daran, als ich einmal zu spät nach Hause kam, mußte ich ins Bett, ohne etwas gegessen zu haben. ... Einmal bin ich von meiner Mutter erwischt worden, als ich untenrum gespielt habe. Meine Mutter schrie gleich los, daß man das nicht machen dürfe und schlug mir auf die Finger. ... Ich habe später dann nur heimlich mit meinen Geschlechtsorganen gespielt. Und selbst da hatte ich immer noch riesige Angst, meine Mutter könnte das sehen. ... Mein Mann fühlt sich erst dann vollkommen, wenn sein Schlips gerade sitzt. Ich habe das Gefühl, er hätte ganz gern etwas mehr Muskeln. Mir wirft er gelegentlich vor, daß mein Busen zu klein wäre ...«

Mittel des Verstandes:

Therapeut: »Mit wem konnten Sie über Ihre Fragen und Probleme sprechen?«

Patientin: »Wenn meine Mutter mal Zeit hatte, konnte ich auch mit ihr über verschiedene Dinge sprechen. Später wurde das zu einem Problem. Wenn die Sprache nur auf Jungen kam oder darauf, daß ich länger von zu Hause wegbleiben wollte, wurde meine Mutter gleich wütend und schrie. Ich habe es dann auch bald aufgegeben, sachlich zu argumentieren, das hatte doch keinen Zweck. ... Schlechte Noten waren zu Hause ein Drama. Wenn ich eine schlechte Note nach Hause brachte, war ich der Dummkopf der Familie. Ich habe deshalb meinen Eltern lieber alles andere erzählt als eine schlechte Note. ... Ich habe mir zwar vorgenommen, meinen Kindern zu erklären, warum etwas verboten ist oder warum sie etwas tun sollen, aber lange bleibe ich da nicht sachlich. Mir platzt ziemlich schnell der Geduldsfaden, und statt zu erklären, schreie ich: Das müßt ihr so machen und damit basta ... Mein Mann kommt sich manchmal vor, als wäre er ein Computer. Er versucht, alles ganz genau zu begründen und nichts zu tun, bevor er weiß, warum er es tut. Er ist der größte Planer, den ich kenne. Am liebsten würde er noch den Geschlechtsverkehr und den Orgasmus planen. Mir gegenüber behauptet er, ich sei eine Frau, und deswegen könne ich nicht logisch denken . . .«

Mittel der Tradition:

Therapeut: »Wer hat Ihnen Geschichten vorgelesen oder erzählt?«
Patientin: »Zum Geschichtenerzählen hatten meine Eltern kaum Zeit. Und ich glaube, sie hatten auch keinen Sinn dafür. Statt dessen habe ich mir selber die abenteuerlichsten Geschichten zusammengebastelt. . . . Meine Eltern haben sich immer gern auf die Tradition berufen. Jedes zweite Wort war: das gab es früher nicht. . . . Wenn Sie so wollen, hatten wir eine eigene Familientradition und die hieß ›Pünktlichkeit‹. Mein Vater erzählte mir immer, wie pünktlich sein Vater gewesen sei. Wenn ich dann an einen solchen Maschinenmenschen denke, wird mir direkt schlecht. Obwohl ich selber doch sehr großen Wert auf ›Pünktlichkeit‹ lege . . . Allgemein hält mein Mann von Tradition nicht sehr viel. Aber seine Mutter hat immer alles besser gemacht. Wenn es bei ihm eine Tradition gibt, dann ist es das, was seine Mutter gemacht hat. Ich glaube, das gilt für ihn mehr als ein Gesetzbuch . . .«

Mittel der Intuition:

Therapeut: »Wem konnten Sie Ihre Einfälle und Phantasien erzählen?«
Patientin: »Am liebsten habe ich mir selber meine Geschichten erzählt. Meine Eltern haben mir nicht zugehört. Aber in meiner Phantasie konnte ich mir vorstellen, daß jeder mir zuhören müßte. Da habe ich die tollsten Geschichten erfunden, in denen ich Prinzessin war. Alles hat sich um mich gedreht. In meiner Phantasie konnte ich mir alle Wünsche erfüllen . . . Auch später war die Phantasie für mich sehr wichtig. Ich habe mir vorgestellt, daß mich ein ganz toller Mann lieben würde und daß ich jeden zum Freund haben könnte, wenn ich nur wollte. Auch heute geht es mir so, daß ich gern träume, z. B. von einem Mann, der mich versteht und der ganz zärtlich zu mir ist und der mich nicht warten läßt . . . Oft habe ich mich manchmal in richtige Wachträume hineingesteigert, und gerade da fing mein Mann, der neben mir lag, an zu schnarchen. In dem Augenblick platzte mein Traum wie eine Seifenblase . . . Mein Mann sagt zu allem, was mit Phantasie zu tun hat und was rechts und links vom geraden Weg des Verstandes liegt, das ist alles Quatsch. Wenn er wüßte, womit ich mich in Gedanken beschäftige, würde er mich entweder nicht verstehen oder mich für einen Phantasten halten . . .«

Das Unbewußte:

Therapeut: »Passiert es oft, daß Sie sich hinterher ärgern, wenn Sie etwas getan haben? Träumen Sie manchmal?«
Patientin: »Oh, ja! Ich kann mich manchmal deswegen selbst nicht mehr ausstehen. Zum Beispiel, wenn ich meine Kinder anschreie, obwohl sie gar nichts Böses getan haben. Hinterher mache ich mir die größten Vorwürfe. Ich meine manchmal, ich bin völlig ungeeignet, Kinder zu erziehen. Ich versuche, mich auch unter Kontrolle zu kriegen, wenn meine Angstanfälle kommen, aber kaum verspätet sich mein Mann, schon sind sie da und ich kann nichts dagegen tun. Da läuft etwas in mir ab, auf das ich mit meinem Willen keinen Einfluß habe. In der letzten Zeit träume ich einfach schrecklich. Ich habe direkt Angst davor, abends einzuschlafen.«

Die Erlebnisbereiche und subjektiven Bewertungen werden für die Patientin und die entsprechenden Bezugspersonen in einem Übersichtsschema zusammengefaßt. Das Unbewußte nimmt dabei eine Sonderstellung ein und wird, qualitativ jeweils auf die Medien, Aktualfähigkeiten, Mißverständnisse und Konzepte bezogen, berücksichtigt.

Personen	Sinne	Vernunft	Tradition	Intuition
Mutter	–	–	+	–
Vater	–	–	+	–
Patientin	+–	+–	+–	+
Ehemann	+–	+	+–	–

Übersichtsschema zu den Medien der Erkenntnisfähigkeit einer 32jährigen Patientin

Die Schätzungen in dem Übersichtsschema repräsentieren nicht objektive Fakten, sondern einen Eindruck, in den verschiedene Elemente eingehen: (a) die Antworten des Patienten auf die jeweiligen Fragen, (b) Aussagen, die der Patient bereits an anderer Stelle zu dem jeweiligen Thema gegeben hat, und (c) der Gesamteindruck des Therapeuten. Die Differenzierung der psychosozialen Normen und der in den Medien impliziten Entwicklungsdimensionen erleichtert es, die individuelle, einzigartige Situation und Persönlichkeit des Patienten zu umschreiben, und verhindert somit Fixierungen an traditionell bevorzugte Konfliktbereiche. Statt des Frontalangriffs auf das vermeintliche Hauptsymptom wird eine differenzierte Behandlungsstrategie verfolgt. Mit anderen Worten: *Nicht der Therapeut bestimmt, ob der soziale Konflikt, die Sexualität, das Selbstwertgefühl oder die Religiosität im Vordergrund steht, sondern die Konfliktsituation des Patienten.*

Das Übersichtsschema der Medien der Erkenntnisfähigkeit läßt verschiedene diagnostische Rückschlüsse zu:

1. *Die Einstellung und Lerngeschichte hinsichtlich der einzelnen Medien werden transparent.*
2. *Das Verhältnis der Medien zueinander gibt Aufschluß über den vorliegenden Reaktions- und Problemlösungstyp.*
3. *Der bevorzugte Problemlösungstyp gibt zudem Hinweise auf besondere Konfliktdispositionen.*

Damit ist zunächst eine Mehrfachdiagnostik möglich:

a) Der Reaktionstypus kann erfaßt werden (naiv-primärer Typ, sekundärer Typ und Doppelbindungstyp). Indikator für den naiv-primären Typ ist eine starke Betonung der Mittel der Sinne, der Intuition und zum Teil auch der Tradition; den sekundären Typ kennzeichnet eine Überbetonung des Verstandes; der Doppelbindungstyp zeigt eine Indifferenzbe-

urteilung in der Mehrzahl der Medien, favorisiert aber mitunter einzelne dieser Medien.
b) Aufgrund der Selbst- und Fremdbeurteilung des Patienten sowie der Selbstbeurteilung des Partners können fundamentale Mißverständnisse – also solche, welche die Voraussetzung der Kommunikation betreffen – festgestellt werden.
c) Daraus ergeben sich die Möglichkeiten des therapeutischen Einstiegs. Dieser kann im individuellen Fall angemessen ›dosiert‹ werden.

Fazit: Die Aktualfähigkeiten und Medien der Grundfähigkeiten brauchen nicht notwendig nacheinander abgefragt zu werden. Da sich der Bedeutungsgehalt einzelner Aktualfähigkeiten mit dem der Medien überschneidet, lassen sich diese im Rahmen des DAI erfassen. Die Medien passen sich organisch in den Zusammenhang der Aktualfähigkeiten ein. Die Medien der Liebesfähigkeit können als Spezifizierung der Aktualfähigkeiten ›Kontakt‹, ›Sexualität‹ und ›Glaube‹ aufgefaßt werden.
Beispiel: Wer von Ihnen ist kontaktfähiger? Können Sie mit sich selbst etwas anfangen? Sind Sie gern mit Ihrem Partner zusammen? Sind Sie gern mit anderen Menschen und Gruppen zusammen? Setzen Sie sich mit Religionen und Weltanschauungen auseinander?
Die Medien der Erkenntnisfähigkeit stehen in der Nähe der sekundären Fähigkeiten. Die Mittel der Sinne und des Verstandes können bei der Aktualfähigkeit Fleiß/Leistung berücksichtigt werden, wobei vor allem der genetische Aspekt – Spiel, Freude an der Betätigung – als Vorstufe der Leistung Beachtung findet. Die Intuition kann dann ebenfalls über das Spiel und die spielerische Betätigung angesprochen werden.
Beispiel: Wer von Ihnen legt mehr Wert auf Fleiß/Leistung? Haben Sie in der Kindheit viel gespielt? Womit haben Sie mit Vorliebe gespielt? Mit Ihrem Körper, mit Puppen, mit technischem Spielzeug, in Phantasiesituationen oder mehr unter dem sportlichen Gesichtspunkt des Vergleichs mit Spielkameraden oder Geschwistern?
Die Aktualfähigkeit, die wohl am ehesten das erfaßt, was man als traditionelle Faktoren bezeichnet, ist die Aktualfähigkeit ›Höflichkeit‹.
Beispiel: Wer von Ihnen legt mehr Wert auf Höflichkeit? Was halten Sie selber von Höflichkeit? Akzeptieren Sie die Inhalte der Tradition?
Wenn der Patient zur Ehrlichkeit/Offenheit, der Artikulation seiner Bedürfnisse und Vorstellungen befragt wird, liegt die Frage nach dem Medium der Intuition und der Phantasie nahe.
Beispiel: Wer von Ihnen legt mehr Wert auf Ehrlichkeit und Offenheit? Stellen Sie sich oft Dinge vor, die Sie am liebsten den anderen nicht sagen? Womit beschäftigen Sie sich in Ihrer Phantasie?
Die hier genannten Fragen sind lediglich Beispiele, die durch die Fragen

zu den Medien und Aktualfähigkeiten ergänzt oder durch sie ersetzt werden können, ebenso wie situative Modifikationen möglich sind. Wenn sich bei der Durchführung des DAI Anknüpfungspunkte für Medien oder andere Aktualfähigkeiten bieten, steht nichts entgegen, sie zu nutzen. Ein solches Vorgehen ist im Hinblick auf das Erstinterview in jedem Fall einem Vorgehen vorzuziehen, bei dem die Fragen starr und mechanisch gebraucht werden und störende Wiederholungen stattfinden. Wenn beispielsweise der Patient im Zusammenhang mit dem Thema ›Sexualität‹ auch die Religion und Weltanschauung anspricht, kann dies ohne weiteres als Einstieg in die Themen ›Religion‹ und ›Ur-Wir‹ verwendet werden. Vorteil dieses Vorgehens ist die nahtlose, nicht durch die getrennte Anwendung einzelner Verfahren unterbrochene Situation des Erstinterviews. Die erfaßten Daten werden vom Therapeuten zusammengefaßt und bewertet. Es entsteht auf diese Weise ein umfassendes Bild der Konfliktsituation des Patienten, in die eine Vielzahl unterschiedlicher Informationen eingegangen sind. Das Verfahren soll im Hinblick auf die Datenvielfalt, die auch situative Faktoren enthält, und die therapeutisch wichtige Kontaktadresse gar nicht als objektiver Test aufgefaßt werden. Ein aus der Differenzierungsanalyse abgeleitetes standardisiertes Verfahren würde einen anderen Stellenwert erhalten.

Ablösung/Integration

Im dritten Abschnitt faßt der Therapeut für sich die Befunde und bisher stillschweigend gestellten hypothetischen Diagnosen zu einer einheitlichen Diagnose zusammen (Integration). Diese Diagnose besitzt in erster Linie nicht eine Etikettfunktion, sondern dient als Entscheidung über die weiteren Maßnahmen und die nach dem Erstinterview angezeigten individuellen Modifikationen. Mit dieser Diagnose ist das Erstinterview jedoch noch nicht abgeschlossen. Vielmehr setzt ein weiterer Prozeß ein, der über das Ende der Sitzung hinausreicht. Der Patient löst sich vom Therapeuten ab und umgekehrt. Diese Ablösung geschieht nicht erst am Ende einer langen Behandlung, sondern bereits am Ende des Erstinterviews. Das Kontinuum zwischen dieser Sitzung und der psychotherapiefreien Zeit ist nicht, wie viele meinen, ein therapeutisches Vakuum, sondern eher ein noch unbeackerter, aber sehr fruchtbarer Boden, der in vielfältiger Weise auch in die therapeutische Intention des Erstinterviews einbezogen werden kann. Der diagnostische Entscheidungsprozeß des Psychotherapeuten bildet die Grundlage für den Abschnitt der Integration-Ablösung. Folgende mögliche Vorgehensweisen als Konsequenz der Entscheidungsdiagnostik bieten sich an:

Eine Therapie erscheint angeraten und wird als günstige Prozedur ins Auge gefaßt.
Die Voraussetzung für eine Psychotherapie erscheint aus verschiedenen Gründen (Einstellung des Patienten, seine momentane äußere Situation, mangelnde Motivation seiner Umgebung) zur Zeit noch ungünstig.
Die psychotherapeutische Behandlung folgt nicht dem Erstinterview, sondern wird auf unbestimmte Zeit verschoben. Anstelle der Psychotherapie kann allerdings unter geeigneten Bedingungen eine medikamentöse Therapie oder die Eigenaktivität des Patienten im Rahmen einer freien Selbsthilfe einsetzen. Diese kann mit Hilfe eines geeigneten Buches oder Verhaltensprogramms wirksam unterstützt werden.
Die Frage muß entschieden werden, ob der Therapeut selbst in der Lage ist, die Psychotherapie durchzuführen, oder ob es angeraten ist, den Patienten zu einem anderen Psychotherapeuten zu delegieren. Gründe dafür können sein: die Überlastung des untersuchenden Therapeuten, eine eventuelle Abneigung des Patienten gegenüber dem untersuchenden Therapeuten, die eine weitere Behandlung erschweren würde, und eine eventuelle Abneigung und Unsicherheit des Therapeuten gegenüber dem Patienten, die ebenfalls eine zusätzliche Erschwernis für beide Seiten bedeuten könnte.
Weiterhin ist es interessant, Aufschlüsse darüber zu gewinnen, welches Ziel der Patient mit der Psychotherapie verfolgt. Der reine Heilungswille ist häufig nicht der einzige treibende Motor. Es spielt hier hinein, ob der Patient im Therapeuten einen Verbündeten sucht, im Kampf gegen den Ehepartner, gegen die Versicherung, oder von ihm lediglich die Bestätigung haben möchte, daß ihm doch nicht zu helfen sei; oder man möchte sich und dem Partner beweisen, daß man selbst der Gesunde, der andere aber der psychisch Kranke oder Labile – damit der Schuldige – ist. Schließlich ist die Möglichkeit in Betracht zu ziehen, daß sich der Therapeut für das Symptombild des Patienten nicht spezialisiert hat und sich nicht kompetent genug fühlt bzw. nicht über die Methoden verfügt, deren der Patient in seiner besonderen Situation bedarf.
Eine stationäre Behandlung in einer psychotherapeutischen oder psychosomatischen Klinik ist dann geboten, wenn der Patient stark suizidgefährdet ist. Eine Überweisung in eine Klinik ist auch dann in Erwägung zu ziehen, wenn die alltägliche Umgebung des Patienten für diesen eine schwerwiegende Belastung darstellt, der er aufgrund seiner verminderten Belastbarkeit nicht mehr gewachsen ist.
Eine Frage, die sehr viel Fingerspitzengefühl des Therapeuten erfordert, ist die nach der Dringlichkeit der Psychotherapie. Im allgemeinen wäre es günstig, wenn die Behandlung nicht zu lange hingeschoben werden müßte. Jedoch ist bei dem momentanen Mißverhältnis von Therapeuten

und Patienten mit langen Wartezeiten zu rechnen. Allerdings sollte der Zwang, Wartezeiten einzuführen, nicht zum allgemeinen Prinzip erhoben werden. So kann man bei einem suizidgefährdeten Patienten nicht so lange mit dem Therapiebeginn warten, bis er ein Fall der Notfallmedizin oder Pathologie geworden ist. Auch partnerschaftliche Probleme sollten nicht auf die lange Bank geschoben werden, wenn der Patient nicht den Scheidungsanwalt statt des Therapeuten konsultieren soll.

Eine zentrale diagnostische Entscheidung gilt der Wahl der therapeutischen Strategie: Welche Behandlung ist bei der Persönlichkeit des Patienten, seiner besonderen Konfliktlage, seiner Motivation gegenüber der Psychotherapie und seiner Bereitschaft und Fähigkeit zur Mitarbeit am günstigsten? Zur Auswahl stehen im Prinzip die Techniken aller psychotherapeutischen Methoden, deren Wirksamkeit wissenschaftlich abgesichert oder zumindest praktisch erprobt ist. Diese Techniken werden im Rahmen des mehrstufigen differenzierungsanalytischen Vorgehens angewandt.

Der Aufwand und die Möglichkeiten einer Psychotherapie im speziellen Fall werden gegeneinander abgewogen. Nicht bei jedem Patienten ist der massive Einsatz einer über Jahre hin dauernden Psychotherapie angebracht; andere Patienten brauchen dagegen eine zeitlich ausgedehnte Unterstützung durch den Therapeuten. Oft erweist sich auch eine relativ kurze Therapie, ja sogar der therapeutische Anstoß, der im Erstinterview enthalten ist, als hinreichend.

Prognostische Überlegungen sind anzustellen, um den Behandlungsaufwand wenigstens annähernd in Relation zu dem erreichbaren Behandlungsziel zu setzen. Behandlungsziel kann eine Heilung sein, also vollständige Remission der Symptome und Stabilität gegenüber neuen Konfliktsituationen; es kann sich aber auch auf eine soziale Remission beschränken, die es beispielsweise dem Patienten ermöglicht, weitgehend ungestört in seiner sozialen Umgebung zu leben. Behandlungsziel kann auch die Verminderung des Leidensdruckes des Patienten sein, ja sogar die Versöhnung des Patienten mit seinem nach dem Stand der heutigen Wissenschaft unabänderlichen Schicksal. So kann selbst bei schwerkranken Patienten sinnvoll Psychotherapie eingesetzt werden.

Mit anderen Worten: Die Diagnose ist nicht Selbstzweck, Mittel, wissenschaftliche Selbstgefälligkeit zur Schau zu stellen, oder der Versuch, dort Exaktheit vorzugaukeln, wo nur näherungsweise Vermutungen angestellt werden können. Wir sehen die Aufgabe der Diagnose vielmehr darin, primär Aufschluß über das nachfolgende optimale Verfahren zu geben.

Zusammenfassender Zwischenbericht des Therapeuten

In der Erziehungssituation der Patientin herrschte eine Doppelbindungssituation vor, in der sie die Sozialisationsnormen über das Erziehungsmittel der Androhung von Liebesentzug und über tatsächlichen Liebesentzug gelernt hat. Dies traf vor allem für die ›*Pünktlichkeit*‹ zu, die für die Eltern als Zeichen für Gehorsam galt. Die Patientin entwickelte eine Betonung der ›Pünktlichkeit‹, die sie in ihr Persönlichkeitskonzept aufnahm. Das Vorbild der Mutter, ihr Mangel an ›Geduld‹ und ihr aggressives Verhalten gegenüber der ›Pünktlichkeit‹ prägten die Patientin. ›Pünktlichkeit‹ war in ihrem Erleben zu einem dauernden Konfliktpotential geworden, das vor allem durch das Verhalten des Ehemannes aktualisiert wurde. Diese Aktualisierung bedeutete eine innere und äußere Konfliktsituation, der sie mit einer ausgeprägten Angstreaktion begegnete. Dabei ist im Zusammenhang mit dem Tod des Vaters eine abnorme Trauerreaktion zu vermuten. Offensichtlich bezog sich ihre Angst im Umfeld von ›Pünktlichkeitssituationen‹ (Warten auf den Ehemann) auf die Bereiche Treue (Angst davor, hintergangen zu werden, den Partner zu verlieren, einer anderen Konkurrentin unterlegen zu sein) und Vertrauen (Gefährdung der emotionalen Sicherheit). ›Pünktlichkeit‹ diente als Wertmaßstab des Selbstwertgefühls.

Durch Probleme im Zusammenhang mit der Unpünktlichkeit des Ehemannes kam es zu Hemmungen und Selbstwertproblemen. Der Konflikt wurde auf die Sexualität übertragen, die zu einem wesentlichen Teil als Austragungort diente. Die als bedrückend und beängstigend erfahrene Unpünktlichkeit des Ehemannes scheint die Einstellung der Patientin zum ›Kontakt‹ beeinflußt zu haben. Kontakt wird nahezu ausschließlich mit dem ›Du‹ des Partners und der Kinder gesucht. Außer zu der Familie bestehen nach dem bisherigen Befund keine festeren Bindungen zu anderen Gruppen. Auch die Beziehungen zur eigenen Familie und der Familie des Ehemannes sind in ambivalenter Weise eingeschränkt. Es hat den Anschein, als gäbe die Patientin ihr ›Ich‹ zugunsten ihres Mannes und ihres Kindes auf. Diese Ausprägung der Medien der Liebesfähigkeit ist angesichts des Vorbildes der Eltern nachfühlbar und verständlich.

Die Einschränkung sozialer Beziehungen verweist auf die verstärkte Betonung der ›Pünktlichkeit‹: Die Patientin kann, zumindest in Situationen, in denen ihr Mann unpünktlich ist, ihre Zeit nicht einteilen und alternative Interessen verfolgen. Sie bleibt damit auf die Unpünktlichkeit fixiert. Unterstützt wurde die Entwicklung durch stark betonte ›Höflichkeit‹ im Sinne einer Aggressionshemmung, die ein Austragen des Konfliktes (Ehrlichkeit) erschwert. Umgekehrt ist die direkte Art des Ehemannes, seine Offenheit, für die Patientin nicht ohne weiteres akzeptabel; sie erlebt sie als Aggression und verbotene »Unbescheidenheit«. Die vom Ehemann geforderte ›Ordnung‹ wird von der Patientin als unangenehm, bedrohlich und als ungerechtfertigte Einmischung in ihren Zuständigkeitsbereich empfunden. Hier treffen zwei unterschiedliche Ordnungskonzepte aufeinander. Es kam zu einem Widerspruch, den die beiden Partner von sich aus nicht auflösen konnten. Dabei mag eine Rolle gespielt haben, daß ›Ordnung‹ von der Patientin als Bereich erlebt wurde, auf dem sie ihre Auseinandersetzungen mit ihrer Schwiegermutter und ihrer Mutter austrug und auf dem sie Einmischungen von außen her abwehren zu müssen glaubte.

Der Reaktions- und Problemlösungstyp der Patientin läßt einen Doppelbindungstyp mit der Tendenz zu naiv-primären Reaktionen erkennen. Die Medien Sinne, Vernunft und Tradition erscheinen als indifferent bewertet. Bevorzugtes Instrument der Konfliktbewältigung ist nach unserer Erhebung die ›Intuition‹. Sie ist für die Patientin zum einen eine Art Selbstheilungsversuch, mit dem die in der Realität nicht vorhandene Zuwendung und Bestätigung mit Hilfe der Phantasie ersetzt werden soll; zugleich ist sie jedoch Ansatzpunkt für Konflikte, zumal sie bestimmte Reaktionsformen (sich in Angst hineinsteigern) und Fluchtmechanismen (Flucht in die Scheinwelt) nach sich zieht.

Um dieses Konzept zu verdeutlichen, soll auf die Beurteilung der Medien der Erkenntnisfähigkeit durch den Ehemann näher eingegangen werden; sie wurde allerdings nicht im Erstinterview, sondern in einem der nachfolgenden Behandlungsabschnitte erhoben: Sein bevorzugtes Medium war der ›Verstand‹, übereinstimmend erkennbar in der Selbstbeurteilung und der Fremdbeurteilung durch seine Frau. Als Therapeut hatte ich den Eindruck, daß der Ehemann zu Rationalisierungen neigte und versuchte, auftretende Schwierigkeiten in logische Zusammenhänge zu bringen, um ihnen nicht ausgeliefert zu sein und sie besser kontrollieren zu können. Komplementär dazu steht er der Intuition skeptisch gegenüber, der er offenkundig mißtraut.

»Ich sage meiner Frau, daß Träume nur Schäume sind. Irgendwie habe ich das Gefühl, meine Frau hat zuviel Freizeit und hält ihre Gedanken nicht richtig im Zaum.«

Konzepte der Patientin: »Pünktlichkeit ist für mich gleichzeitig Zuverlässigkeit, Ordnung und Vertrauen!« »Wenn mein Mann zu spät kommt, kann etwas passiert sein (Wer weiß, wo er ist; Assoziationen: bei einer anderen Frau, im Krankenhaus, tot?).« »Mein ganzer Plan ist durcheinander.« »Wenn mein Plan durcheinandergebracht ist, ist diese Zeit für mich verloren.« »Obwohl ich weiß, daß es Unsinn ist, kommen dann mit Sicherheit meine Angstvorstellungen.« (Intuition stärker als Verstand)

Konzepte des Ehemannes: »Träume sind Schäume.« Diese Konzepte sind

als konfliktbeteiligte Faktoren aus der Unzahl vorhandener Konzepte herausgegriffen. Sie können eine Bedingung für die Störung darstellen, als Rationalisierung die bereits vorhandene Störung verstärken oder angesichts bestehender kritischer Situationen eine gewisse Konsonanz herstellen, welche die bestehenden Ungereimtheiten ertragen hilft.
Mißverständnisse: Im sozialen Umfeld der Patientin bestehen allem Anschein nach eine Reihe von Mißverständnissen:
Relativität der Werte: Patientin und Ehemann haben unterschiedliche Auffassungen vor allem über Pünktlichkeit, Ordnung und Kontakt.
Dimension der Zeit: Das Erleben der Patientin erfordert eine stark gegliederte Zeit. Eine Störung dieser Ordnung erscheint vor dem lebensgeschichtlichen Hintergrund als Bedrohung.
Bestimmtes und bedingtes Schicksal: »Es hat sowieso alles keinen Zweck. Ich bin vollkommen verkorkst. Mir kann keiner helfen.« Demgegenüber wird an den Therapeuten der Anspruch gestellt: »Ich habe soviel Vertrauen zu Ihnen und zur Psychotherapie. Sie werden mir doch helfen können.«

Überlegungen zum therapeutischen Einstieg und dem Behandlungsplan

In dem beschriebenen Fall war mit der starken Betonung der ›Intuition‹ auch der therapeutische Einstieg vorgegeben. Bei der Patientin mußte zunächst die Intuition angesprochen werden; sie brauchte Empathie, also Einfühlungsvermögen des Therapeuten, und das Bewußtsein, auch in den Bereichen verstanden zu werden, denen gegenüber der Ehemann sich verschlossen hatte. Daher bot sich für eine nachfolgende Therapie auch das Gespräch über Träume und Wachträume an, welche die Patientin sehr zu beschäftigen schienen.
Ziel des Vorgehens war vor allem, eine Plattform für die spezifischere Therapie des Konfliktes und der Symptomatik zu erreichen. Beim Ehemann, der im Rahmen einer Partnertherapie einbezogen werden sollte, war der ›Verstand‹ im Verhältnis zur ›Intuition‹ überbetont. Ein traumdeutendes Vorgehen hätte bei ihm eher das Gegenteil erreicht und zusätzliche Widerstände hervorgerufen, wenigstens zu Beginn der therapeutischen Kommunikation. Bei ihm erschien, wenigstens für den Einstieg, ein Beratungsgespräch günstiger.
Nach meinen Erfahrungen kann man allgemein feststellen, daß Patienten, welche die Medien der Intuition und der Sinne bevorzugen, unspezifische, auf Vertrauen und Verstehen gerichtete Vorgehensweisen brauchen. Ihnen kommt häufig eine Behandlungsform entgegen, in der sie beispielsweise auf der Couch liegend frei assoziieren und ihren regressi-

ven Tendenzen folgen können. Dagegen ist der sachliche ›Verstandestyp‹, der in der Mehrzahl auch einen starken Willen besitzt, eher spezifischeren Methoden wie z. B. der Verhaltenstherapie und verbalisierenden Verfahren zugänglich. Hier kann der Patient sitzen, stehen, ja gegebenenfalls sogar im Behandlungszimmer hin und her laufen. Allerdings darf sich der Therapeut nicht täuschen lassen von Patienten, die nach außen hin einen rationalisierenden Stil zeigen, unausgesprochen aber Ansprüche auf Verbundenheit stellen.

Patienten, die rigide auf das Medium der Tradition festgelegt sind, sprechen in der Initialphase der Behandlung recht gut auf psychotherapeutische Gruppen an, die ihnen zunächst ersatzweise die Geborgenheit bieten, die sie bislang im Festhalten an Tradition ihrer Familie oder übergeordneter Traditionsgruppen erfahren haben. Diese Maßnahmen werden gezielt in jenem Abschnitt der Psychotherapie eingesetzt, in dem der Patient Kontakt mit der für ihn neuen psychotherapeutischen Situation aufnimmt und in dem er das Gefühl braucht, in seiner Individualität, d. h. auch von seinen Bedürfnissen her, vom Therapeuten akzeptiert zu werden. Die Psychotherapie bietet ungeachtet dieses Entgegenkommens noch genügend Frustrationsmöglichkeiten, die ihrerseits therapeutisch genutzt werden können. Aus diesem Grunde geht es hier primär darum, den Patienten für die Psychotherapie zu motivieren und gewissermaßen Passagen seiner Erwartungen zu akzeptieren. Dies bedeutet mithin, daß beispielsweise bei einem Patienten, der zu Beginn der psychotherapeutischen Prozedur auf der Couch lag, später ein Arrangement getroffen werden kann, in dem er dem Therapeuten in emanzipierter Position gegenübersitzt oder die bipersonale therapeutische Situation zugunsten einer mehrfachen Übertragungssituation in der Gruppe aufgibt. Der Flexibilität des Einstiegs in die Psychotherapie muß konsequenterweise eine flexible Haltung hinsichtlich des weiteren Therapieverlaufes folgen, gewissermaßen eine fortlaufende Annäherung an die persönliche und situative Einzigartigkeit des Patienten. Der differenzierungsanalytische Befund orientiert sich an folgenden Themen:

Aktualfähigkeiten (DAI): Hier werden die konfliktbesetzten Inhalte des Aktual- und Grundkonfliktes erfaßt.

Medien der Liebesfähigkeit, welche die Beziehungsmöglichkeiten des Patienten und deren Geschichte umfaßt.

Medien der Erkenntnisfähigkeit, die den kognitiven Stil und die bevorzugten Interpretationen der Wirklichkeit abbilden.

Reaktionstyp, die bevorzugte Form, auf Konflikte zu reagieren: naiv-primär, sekundär, Doppelbindung.

Konzepte, insofern sie den Konflikt betreffen, als Konfliktbedingung, Form der Konfliktverarbeitung und Rationalisierung.

Mißverständnisse: Sie beziehen sich auf Dissonanzen innerhalb des individuellen Konzeptsystems und auf zwischenmenschliche Mißverständnisse.
Diagnose: Im Fall der 32jährigen Patientin Frau Ute S. ergaben sich folgender zusammengefaßter Befund und folgende Diagnose:
Symptomorientierung: Ängste, Schlafstörungen, Herzbeschwerden und Kontaktarmut.
Zunahme der Beschwerden: Vor zweieinhalb Jahren. Äußere Konfliktsituation beim Ausbruch der Symptomatik: Verlust des Vaters, Ehemann wurde in den Außendienst versetzt. Es handelt sich um eine vorwiegend psychoreaktive seelische Störung von aktuellem Krankheitswert mit psychosomatischer Beteiligung. Allgemein liegt ein teils chronifiziertes, teils aktuell bestimmtes Zustandsbild vor. Der Konflikt zentriert sich um die Verhaltensnormen ›Pünktlichkeit‹, ›Ordnung‹, ›Kontakt‹ und ›Sexualität‹. Kumulativ wirken folgende Faktoren:
Ehekonflikt; emotionale Überforderung, Probleme mit den Kindern; Konflikte mit der Mutter und der Schwiegermutter; Tod des Vaters (abnorme Trauerreaktion)
Die aktuelle Konfliktsituation entwickelt sich auf der Basis eines Doppelbindungstyps, bei dem der naiv-primäre Anteil vorwiegt.
Neurosenstruktur: Depressive Neurosenstruktur.
Behandlungsmöglichkeiten: Nach dem Befund ist ein psychotherapeutisches Vorgehen anderen Therapieformen (wie medikamentöse Behandlung, Kur etc.) unbedingt vorzuziehen. Als gezieltes und dosiertes Vorgehen wird die fünfstufige differenzierungsanalytische Psychotherapie gewählt.

Übersetzung der Diagnose für den Patienten

In der Medizin, aber auch in der Psychotherapie – soweit sie es überhaupt wagt, sich auf das Risiko einer Diagnose einzulassen –, gilt als Regel, die Diagnose oder den Befund Sache des Arztes sein zu lassen. Der Patient wird auf diese Weise unausgesprochen für unmündig erklärt, mit dem Vorwand, er könne »die Zusammenhänge sowieso nicht verstehen«. Diese Ansicht geht in zweierlei Weise an der Wirklichkeit vorbei.
Der Patient macht sich auch unabhängig vom Therapeuten Gedanken über seine Erkrankung. Schon die Wahl eines bestimmten Arztes, einer bestimmten therapeutischen Fachrichtung setzt eine Diagnose voraus, die der Patient oder seine Bezugspersonen gewissermaßen als vortherapeutische Institutionen gestellt haben. Das Menschenbild des Patienten oder seiner Bezugspersonen, ihre Auffassung über Krankheit und Gesundheit

sowie ihr Konzept der Therapie gehen als maßgebende Faktoren in die eigentliche therapeutische Situation ein. Solche Vorstellungen bestimmen zu einem wesentlichen Teil die Motivation des Patienten und damit seine Bereitschaft, sich auf die weiteren, vom Therapeuten für erforderlich gehaltenen Maßnahmen einzulassen.

Wenn der Therapeut mit seinem Befund nicht herausrücken möchte, kann dies therapeutische Gründe haben. Hat ein Patient beispielsweise in einem Intelligenztest recht schlecht abgeschnitten, wird er aufgrund seines Krankheitskonzeptes vielleicht dazu neigen, das Ergebnis als Beweis für sein generelles Versagen oder als Entschuldigung heranzuziehen. Die subtilen Überlegungen des Therapeuten, daß das relativ schlechte Testergebnis mit großer Wahrscheinlichkeit auf eine momentan bestehende neurotische Intelligenzhemmung zurückgeht, werden dem Patienten von dem abstrakten Testergebnis her nicht ohne weiteres verständlich sein. Informationen über den ermittelten Befund führen somit tatsächlich zu einer Unsicherheit; sie werden in das vorgegebene Konzept des Patienten eingegliedert und können Fehlinterpretationen mit entsprechenden Konsequenzen für das Selbstverständnis des Patienten, seine Hoffnung und sein Vertrauen zur Folge haben. Daher muß auch das Krankheitskonzept des Patienten bei der Erklärung des Befundes berücksichtigt werden. Wir sind daher der Auffassung, daß eine sachgerechte, der Situation des Patienten angemessene Übersetzung des Befundes und der Diagnose erfolgen sollte. Der Patient wird damit in den Entscheidungsprozeß über die weitere Behandlungsweise einbezogen. Der 32jährigen Patientin wurde die Diagnose in folgender Weise übersetzt:

Patientin: »Was meinen Sie? Geben Sie mir noch Chancen?«
Therapeut: »Um Ihre Frage konkret zu beantworten, ja. Aber ich möchte versuchen, Ihnen zu erklären, warum. Zunächst möchte ich Sie aber fragen: Ist Ihnen in unserem Gespräch etwas klargeworden? Hat unser Gespräch Ihrer Ansicht nach Ihre Probleme angesprochen?«
P.: »Ich habe das Gefühl, daß schon unser Gespräch mir manche Dinge ganz anders und viel klarer vor Augen geführt hat, als ich sie bisher gesehen habe . . .«
T.: »Können Sie das ein bißchen näher beschreiben?«
P.: »Meine Probleme hängen sehr stark von meinem Verhältnis zu meinem Mann ab. (. . .) Es kommt immer wieder zwischen uns zu Streit, der mich vollkommen fertigmacht. Ich weiß nicht genau, ob ich es richtig sehe, aber ich habe das Gefühl, daß dieser Streit sich immer wieder um die gleichen Dinge dreht. Vorhin haben Sie mich gefragt, welche Probleme für mich am bedeutsamsten seien. Ich bin fest davon überzeugt, daß die Dinge mit der ›Pünktlichkeit‹ und mit der ›Ordnung‹ mich am meisten nerven (. . .) Eigentlich bin ich sogar etwas überrascht. In der letzten Zeit hatte ich eine vollkommene Abneigung gegenüber meinem Mann. Durch Ihre Fragen hatte ich den Eindruck, daß mein Mann gar nicht ein solches Scheusal ist, das ich immer in ihm gesehen habe.«
T.: »Ja, auch ich habe den Eindruck, daß einzelne Mißverständnisse vorliegen.«
P.: »Wenn ich mir das so richtig überlege, bestehen da wirklich eine Reihe von

Mißverständnissen. Zuerst haben wir irgendwie eine andere Auffassung, wenn es darum geht, rechtzeitig etwas zu machen, oder wenn es um das Aufräumen geht. Aber ich glaube, bei mir und meinem Mann sitzen diese Unterschiede sehr, sehr tief. Ich glaube, unsere Erziehung ist daran schuld . . .«
T.: »In der Psychotherapie sind wir nicht vor Gericht, vor dem eine Schuldfrage geklärt werden muß (. . .) Ich habe den Eindruck, daß die Durchführung einer Psychotherapie in Ihrem Fall erfolgversprechend ist.«
P.: »Ja deswegen bin ich zu Ihnen gekommen. Wenn mir niemand hilft, weiß ich nicht, wie es weitergehen soll.«
T.: »Was würden Sie machen, wenn Sie keine Probleme mehr hätten?«
P.: (Die Patientin schweigt überrascht) »Daran habe ich eigentlich noch nicht gedacht. Phantasiert habe ich da schon viel. Aber das wäre zu schön, um wahr zu sein. Ja, was würde ich tun? Mit der Arbeitszeit meines Mannes komme ich einfach nicht mehr zurecht, ich kann mich auch gewaltsam nicht an die langen Abende gewöhnen. Wenn er mich doch bloß nicht so lange warten lassen würde. Was ich bestimmt nicht kann: Meinen Mann einmal warten lassen, daß er auch merkt, wie brutal Wartenmüssen sein kann. Wenn ich mich bloß nicht so unsicher im Gespräch und Umgang mit anderen Menschen, ja sogar mit meinem Mann fühlen würde. Zur Zeit traue ich mich noch nicht einmal aus der Wohnung heraus, obwohl ich wirklich den Wunsch habe, meine alten Bekannten wieder zu besuchen. Und dann hätte ich auf jeden Fall Lust, in eine neue Wohnung zu ziehen. Mit der Nachbarin komme ich hier nicht aus, wegen der Kinder. Ich habe jetzt schon Angst vor ihr, wenn sich eines der Kinder nur zu laut hinsetzt (. . .) Ich würde auch ganz gern in Urlaub fahren, aber dann nur mit meinem Mann und mit unseren Kindern. (Patientin schweigt eine längere Zeit.) Wenn ich doch bloß keine Schuldgefühle gegenüber meiner Mutter hätte. Meine Mutter ist nach Vaters Tod und nach dem Umzug so unglücklich (. . .) Ich brauchte auch eine angenehmere Schwiegermutter. Ich möchte dieser Frau bloß einmal richtig die Meinung sagen können, ohne gleich zwei lange Gesichter zu sehen. Ich glaube, das sind die Wünsche, die mich zur Zeit am meisten bewegen.«
T.: »Wenn wir mit der Therapie beginnen, werden wir für einige Zeit zusammenarbeiten müssen. Dies bedeutet, daß Sie auch etwas schreiben werden, daß vielleicht einzelne Probleme durch die Therapie erst richtig akut werden. Dies bedeutet auch, daß wir eventuell Ihre Familie einbeziehen werden. Sollten Sie aber Fragen haben, wie finanzielle Fragen oder sonstige Schwierigkeiten, teilen Sie mir diese unbedingt mit. Damit sie nicht verlorengehen, schreiben Sie sie bitte auf. Die Therapie wird um so wirksamer, je offener und ehrlicher wir zusammenarbeiten.«
P.: »Wie wird das praktisch jetzt weitergehen?«
T.: »Die Behandlung wird in fünf Stufen stattfinden. Zunächst kommt es darauf an, daß Sie möglichst genau und differenziert Ihren Ärger beschreiben. Wir nennen diesen Abschnitt daher die Stufe der Beobachtung und Distanzierung. Sie sollten bitte bis zur nächsten Sitzung (Die nächste Sitzung wird im allgemeinen nach ein bis zwei Wochen stattfinden.) diese Probleme, die zur Zeit zwischen Ihnen und Ihrem Ehemann eine Rolle spielen, aufschreiben. Wir haben festgestellt, daß die Probleme vor allem in vier Bereichen auftreten: im Bereich der ›Pünktlichkeit‹, im Bereich der ›Ordnung‹, im Bereich der ›Sexualität‹ und des ›Kontaktes‹. Bis dahin sollten Sie versuchen, Ihren Mann möglichst wenig zu kritisieren und Ihre Beobachtungen, Ihre Empfindungen und Gefühle aufzuschreiben (. . .) Haben Sie noch irgendwelche Fragen?«

Die Patientin möchte noch einige Rückversicherungen, wie das Beobachten und Notieren praktisch durchgeführt werden soll. Die Sitzung wird damit abgeschlossen.

Fazit: Die Übersetzung des Befundes der Diagnose und der therapeutischen Möglichkeiten in die Sprache des Patienten darf keine einfache Belehrung sein, da der Patient aller Erfahrung nach durch die Vielzahl der auf ihm einströmenden Informationen überfordert wird. Aus diesem Grunde erscheint die Übersetzung in Frage und Antwort als die geeignetste Form, da sie dem Therapeuten auch Hinweise auf das Krankheitskonzept des Patienten bietet.

Modifikation des Erstinterviews

Das dargestellte Erstinterview gibt über die wesentlichen Grundzüge des differenzierungsanalytischen Vorgehens Auskunft. Doch wir deuteten bereits eine Reihe von Modifikationen an, welche die therapeutische Flexibilität fördern sollten. Es hat wenig Sinn, im Rahmen einer einmaligen Beratung einen Patienten diagnostisch vollkommen »auszuziehen« und dann einfach laufenzulassen. Da die verwendeten Modelle (DAI, Medien der Erkenntnis- und Liebesfähigkeit, Reaktionstypen, Konzepte und Mißverständnisse) voneinander nicht völlig unabhängig sind, können nach einem orientierenden Überblick jeweils einzelne dieser Modelle herangezogen werden.
Wir können demnach nur vom DAI ausgehen, die Medien in den Hintergrund stellen oder Konzepte und Mißverständnisse herauskristallisieren. Allerdings müssen wir uns dabei immer bewußt sein, daß wir, aus welchen Gründen auch immer, einzelnen diagnostischen Aspekten den Vorrang einräumen und andere Bereiche der Persönlichkeit aussparen. Wird die umfassendere Vorgehensweise gewählt, kann das Erstinterview fraktioniert werden, um den Patienten und sich selbst nicht zu überfordern. Dies kann in der Art geschehen, daß an verschiedenen Sitzungstagen die einzelnen Abschnitte des Erstinterviews thematisiert werden, oder auch dadurch, daß im Verlauf der Therapie die übrigen dargestellten Gesichtspunkte berücksichtigt werden. Gegebenenfalls können testpsychologische Untersuchungen zu Rate gezogen werden. Auch ist es günstig, internistische, gynäkologische und neurologische Befunde in die diagnostischen Erwägungen einzubeziehen.
Fazit: Der Unterschied zwischen dem Erstinterview mit seiner vorrangig diagnostischen Funktion und der nachfolgenden Psychotherapie ist nicht prinzipieller Natur; es bestehen vielmehr fließende Übergänge.

Das Verhältnis von Erstinterview und Psychotherapie

Ein Alltagsbeispiel aus der ärztlichen Praxis

Ein Patient kommt in die Praxis. Er macht einen erschöpften Eindruck, wirkt unruhig und nervös und sitzt auf dem Behandlungsstuhl zusammengekauert wie ein Häufchen Unglück. Nur mühsam beschreibt er seine Beschwerden. Er habe starke Schmerzen im linken Arm, sein Herz würde rasen und ihm fast aus dem Hals herausschlagen. Liegt er abends im Bett, überkommen ihn die Herzschmerzen wie ein Anfall. Es wird ihm übel, und seine Gedanken kreisen ständig um die Vorstellung, daß ihn im nächsten Augenblick ein Herzinfarkt ereile. Der Arzt hört geduldig zu und formuliert in seinem Gehirn die mögliche Diagnose. Ganz im Hintergrund schwelt aufgrund seiner Erfahrung die Vorstellung, daß es sich um funktionelle Herzbeschwerden handeln könne. Nach einer eingehenden körperlichen Untersuchung war für den Arzt der diagnostische Würfel gefallen: funktionelle Herzbeschwerden. Als erfahrener Arzt begann er zu fragen: Seit wann haben die Beschwerden zugenommen? Fühlen Sie sich beruflich oder familiär überlastet? Der Patient nickte zustimmend. Der Arzt hatte das, was bedrückte, getroffen. Wie ein Wasserfall sprudelte es hervor: Vertretung für Kollegen, neuen Arbeitsbereich übernommen, fühle mich unsicher, bekomme immer Aufgaben aufgebürdet, kann nicht nein sagen. Frau hat wenig Verständnis für meine Situation, sie sieht in mir einen Versager, kann mich auch nicht um meinen Sohn kümmern, bleibt wahrscheinlich in diesem Jahr sitzen.

Der Arzt hört sich die Klagen an und schreibt währenddessen beruhigende und kreislaufstabilisierende Medikamente auf. Beim Abschied drückt er die Hand des Patienten, faßt ihn an der Schulter und gibt ihm den Rat: »Regen Sie sich nicht so sehr auf, treten Sie etwas langsamer, und vor allem tun Sie etwas gegen den Streß.« Draußen, vor der Tür der Arztpraxis, murmelt der Patient: »Aber wie?«

Ein Dilemma der üblichen psychotherapeutischen Praxis scheint darin zu bestehen, daß man einerseits das lediglich diagnostischen Zwecken dienende Erstinterview mit Therapie verwechselt. Der diagnostische Aufwand verleitet zu dem Gedanken, damit sei bereits Therapie durchgeführt: »Sie wissen jetzt, worauf es ankommt.« Andererseits spielt man psychotherapeutisch Blindekuh. Aus Angst vor Vorurteilen verzichtet man auf ein diagnostisches Urteil, das bei kritischer Diagnostik ohnehin nie endgültig ist. Allein aufgrund der Tatsache, daß der Patient zur Psychotherapie kommt, glaubt man, ihn auch durch die große psychotherapeutische Mühle drehen zu müssen, ohne daß zuvor gründlich geklärt worden wäre, ob eine Therapie angezeigt ist, welche Therapie in Frage kommt und was zumindest vorläufig als Therapieziel ins Auge gefaßt werden kann. Solche Entscheidungen sind die Hauptaufgabe der Diagnostik, nicht aber Etikettierung.

Die Differenzierungsanalyse verfügt über einen mehrstufigen Behandlungsplan, der als Leitlinie differenzierungsanalytischer Psychotherapie anzusehen ist. Sie wird grundsätzlich als Interaktion aufgefaßt: zwischen Therapeut, Patient, den bewußt und unbewußt von beiden vertretenen psychosozialen Normen, den tatsächlichen und imaginären Vorbildern,

welche der Bezugsgruppe entnommen sind oder hinter denen bestimmte Bezugspersonen stehen.
Des weiteren sind die vom Patienten gelernten Interaktionsmuster wie auch seine momentanen sozialen Beziehungen außerhalb der therapeutischen Situation von Bedeutung. Als Hintergrund sind die gesellschaftlichen Strukturen zu berücksichtigen, die einerseits den *common sense,* d. h. die konventionell anerkannten Normen produzieren, als auch die Rollenverteilung festlegen, welche sich auch in der Therapeut-Patient-Beziehung widerspiegeln.
Fazit: Die differenzierungsanalytische Psychotherapie beschränkt sich daher nicht allein auf die unmittelbare therapeutische Situation, sondern greift über diese hinaus in die außertherapeutischen sozialen Bezüge des Patienten ein. Der Patient übernimmt nicht nur die ihm zugestandene Patientenrolle, sondern er wird selbst zum Therapeuten seiner unmittelbaren Bezugsgruppen, vor allem der jeweiligen Konfliktpartner. Diese Doppelrolle des Patienten – als Patient und Therapeut zugleich – ist ein wesentliches Kennzeichen der differenzierungsanalytischen Psychotherapie. So läßt sich das differenzierungsanalytische Vorgehen in zwei Abschnitte unterteilen:
Der erste Abschnitt der differenzierungsanalytischen Psychotherapie gilt der Beobachtung des Patientverhaltens und dessen differenzierender Analyse, aus der sich Diagnose und Prognosestellung seitens des Therapeuten ergeben.
Der zweite Abschnitt umfaßt die eigentliche Psychotherapie und geht mehr auf die Aktivitäten des Patienten ein. Was der Patient in der differenzierungsanalytischen Sitzung in Zusammenarbeit mit dem Therapeuten erarbeitet, wird der Realitätsprüfung unterzogen, d. h., die Psychotherapie setzt eine parallel verlaufende Selbsthilfeaktion in Gang, die durch die Therapie kontrolliert wird. Mit anderen Worten: Die Ausstrahlung, die von jeder Psychotherapie auf die psychosoziale Situation des Patienten ausgeht, wird hier gezielt eingesetzt. Entscheidend ist, daß sich die Psychotherapie nicht nur auf die Konfliktdynamik beschränkt, sondern auch die Konfliktinhalte miteinbezieht. Diese Inhalte, die Aktualfähigkeiten, gestatten dem Patienten, bei minimaler Konfliktgeneralisierung ein realistisches Verhältnis zu seinen Problemen zu finden.

Verbundenheit, Unterscheidung und Ablösung in der Psychotherapie

Der Verlauf der gesamten Psychotherapie, wie auch jede psychotherapeutische Begegnung, läßt strukturelle Merkmale erkennen, die das Wechselspiel der Bedürfnisse von Patient und Therapeut widerspiegeln.

Es handelt sich dabei um die Stadien der Interaktion: Verbundenheit-Unterscheidung-Ablösung.
Zu Beginn der Psychotherapie werden in der Regel Bedürfnisse nach Verbundenheit und emotionaler Wärme im Vordergrund stehen. Dies bedeutet: Der Patient hat das Bedürfnis, zu sprechen, möchte den Therapeuten als jemanden erleben, der sich für seine Probleme interessiert, der ihm zuhört und ihn akzeptiert. Diese Haltung zieht sich durch die gesamte Psychotherapie hindurch; sie ist gewissermaßen die Grundstimmung, in der das psychotherapeutische Geschehen ausgetragen wird. Verschiedene Untersuchungen heben die Bedeutung solcher Wertschätzungen hervor; es zeigte sich, daß Patienten, die sich von ihrem Therapeuten verstanden, akzeptiert und ermutigt fühlten, signifikant häufiger gebessert waren als andere, deren Therapie in einer emotional sterilen Atmosphäre ablief.
Verbundenheit manifestiert sich nicht nur als eine globale Gefühlshaltung, womöglich im Sinne eines ›Seid-umschlungen-Millionen-Gefühls‹, sie resultiert vielmehr aus einer Anzahl von meist wenig beachteten Verhaltensweisen, an denen sich das Gefühl des Vertrauens und des Akzeptiertwerdens festmacht. Ein Therapeut, der in der therapeutischen Situation fortwährend Telefongespräche empfängt, nervös mit einem Bleistift herumspielt, vielleicht die Augen schließt (um sich zu entspannen oder zu konzentrieren), den Patienten unterbricht, ohne die Unterbrechung zu begründen, vorzeitig Ratschläge erteilt, die womöglich an der Situation des Patienten vorbeizielen, sich für den Patienten kaum Zeit nimmt oder ungeduldig ist, wird trotz seines guten Willens und seines Einfühlungsvermögens dem Patienten schwerlich das Gefühl der Verbundenheit geben können:

»Es war schrecklich bei diesem Arzt. Ich konnte kaum sagen, worum es bei mir ging. Immer wieder unterbrach mich das Telefon. Ich hatte das Gefühl, der Therapeut war gar nicht richtig bei der Sache« (33jähriger Patient, Schlafstörungen und Angstzustände).

Im Verlauf der Behandlung kann das Bedürfnis nach Verbundenheit zeitweilig im Mittelpunkt stehen. Jedoch ist Verbundenheit nicht das einzige wichtige Moment psychotherapeutischen Vorgehens, so wenig wie sie es in der Erziehung sein kann:

»Seit zwei Jahren gehe ich regelmäßig zu meinem Psychotherapeuten. Ich erzähle ihm meine Träume, er hört mir mit einer Geduld zu, die eines Kamels würdig wäre. Er hat aber noch nie zu meinen Problemen tatsächlich Stellung genommen. Wenn die Sprache darauf kommt, sagt er nur ›hm-hm‹« (34jährige Patientin, Eheschwierigkeiten).

Neben dem Bedürfnis nach Verbundenheit zeigen die Patienten ein mehr oder weniger ausgeprägtes Bedürfnis nach Unterscheidung, nach Informationen. Diesem Bedürfnis stehen viele Psychotherapeuten kritisch, ja unbeholfen gegenüber. Informationen seitens des Therapeuten stehen im Verdacht, Manipulation zu sein und moralisierend zu wirken. Diese Auffassung erscheint nur zu berechtigt, denn die Möglichkeiten der Manipulation innerhalb der Psychotherapie sind vielfältig. Dennoch ist das Bedürfnis des Patienten nach Unterscheidung genauso eine Realität wie die Tatsache, daß der Therapeut oft gegen seinen Willen Informationen gibt, Wertungen andeutet und Unterscheidungen nahelegt. Diese Verhaltensweisen werden nicht dadurch kontrolliert, daß man die Augen vor ihnen verschließt, weil nicht sein kann, was nicht sein darf. Vielmehr ist die Stufe der Unterscheidung ausdrücklich und bewußt in die Therapie hineinzunehmen.

Wenn wir davon ausgehen, daß psychosoziale Konflikte auf mangelnder Unterscheidung beruhen, sind wir darauf angewiesen, den Bereich mangelnder Unterscheidung herauszufinden und Hilfen für eine wirklichkeitsangemessene Unterscheidung zu geben. Die Unterscheidung erfolgt jedoch nicht dadurch, daß Ratschläge gegeben werden: »An Ihrer Stelle würde ich . . .«, sondern dadurch, daß der Patient für konfliktbesetzte Aktualfähigkeiten und Mißverständnisse sensibilisiert wird und daß er lernt, seine neurotischen Verallgemeinerungen differenzierter zu betrachten.

Ein weiterer psychotherapeutischer Abschnitt ist die Ablösung. Psychotherapie ohne Ablösung wäre ewige, unendliche Psychotherapie. Der Patient wäre zeitlebens auf die Zuwendung eines Psychotherapeuten sowie auf seine Differenzierungen und Entscheidungshilfen angewiesen:

»Ich weiß nicht, wie es mir ohne meinen Therapeuten gehen würde. Er ist mein zweites Ich. Ich bin auf ihn angewiesen« (28jähriger Student, Ablösungsproblematik).

Allerdings sollte diese Ablösung nicht aufgrund der Ungeduld des Therapeuten erfolgen. Abgesehen von der Einzigartigkeit des Patienten und der Tatsache, daß jeder Patient seinen eigenen Zeitaufwand fordert, geht es hier um die Frage, auf welches Ziel hin die Psychotherapie gerichtet ist. Das Therapieziel ist ein Kompromiß zwischen idealem Behandlungsziel, vollständiger Freiheit von neurotischen Einschränkungen und den tatsächlichen Nöten und Problemen des Patienten, die vom Therapeuten zweckmäßiges Vorgehen fordern.

Ablösung im psychotherapeutischen Rahmen bedeutet nicht, daß der Patient einfach ins Wasser geworfen wird, wo er dann das Schwimmen lernen müßte.

Fazit: Die drei Stufen Verbundenheit-Unterscheidung-Ablösung sind somit als Einheit zu sehen. Sie sind aber an den jeweiligen Behandlungsabschnitten in unterschiedlichem Ausmaß beteiligt. Jede einzelne psychotherapeutische Sitzung enthält in irgendeiner Form die drei Stufen: Der

Patient versucht, sich der Verbundenheit des Therapeuten zu versichern, stellt seine Situation und sein Erleben dar und konfrontiert sie folglich mit der psychotherapeutischen Unterscheidung; schließlich löst sich der Patient aus der engeren Therapeut-Patient-Beziehung und lebt bis zur nächsten Sitzung sein eigenes Leben. Es ist für die Heilung also weniger wichtig, daß 50 Minuten in der Gegenwart eines Psychotherapeuten verbracht werden, sondern es ist vielmehr wichtig, wie diese Zeit gestaltet wird und was in ihr geschieht.

Der Psychotherapeut kann nicht in gleicher Weise unreflektiert Forderungen stellen wie der Patient. Täte er dies, würde die Psychotherapie in erster Linie zu einer Therapie des Therapeuten, die den Patienten als Austragungsort benutzte. Dennoch ist der Psychotherapeut keine Maschine, sondern hat auch eigene Bedürfnisse: daß der Patient ihn anerkennt, ihm gegenüber offen ist, die Regeln der Therapie befolgt und ihn zur geeigneten Zeit in Ruhe läßt. Die bewußte und sensible Berücksichtigung dieser Bedürfnisse ist eine wesentliche Voraussetzung der kontrollierten Psychotherapie.

Während der Patient in der Psychotherapie seine Bedürfnisse äußern kann und soll, nimmt der Therapeut Abstand von seinen eigenen Bedürfnissen und reagiert gezielt auf den Appell des Patienten. Dabei hat er zwei Reaktionsmöglichkeiten: (a) er akzeptiert das Bedürfnis des Patienten und befriedigt es, soweit es in seiner Kompetenz steht; (b) er frustriert die Bedürfnisse des Patienten. Je nach Verlauf der Behandlung kann der Therapeut auf die einzelnen Bedürfnisaspekte frustrierend oder gewährend eingehen. Kriterium sollte sein, in welcher Behandlungsstufe sich der Patient befindet, welcher Grad an Abhängigkeit oder Freiheit ihm zugetraut oder zugemutet werden kann. Im Extrem bedeutet konsequente Bedürfnisbefriedigung, daß sich der Therapeut zum Instrument des Patienten macht und daß letztlich kaum mit einem therapeutischen Fortschritt zu rechnen ist; konsequente Frustration der Bedürfnisse würde zu einer Vertrauenskrise führen. Der Therapeut erhielte elterliche Allmacht und würde zum Gegner des Patienten.

»Ich hatte bald das Gefühl, alles, was ich mache, mache ich falsch. Mein Psychotherapeut begründete sein ablehnendes Verhalten damit, daß ich mich an das Realitätsprinzip gewöhnen müsse. Aber damals war das wirklich zuviel für mich.« (32jährige Sekretärin, abnorme Trauerreaktion, Schlafstörungen und Schwindelzustände).

Frustrierende oder gewährende Vorgehensweisen sind im allgemeinen ungünstig, wenn nicht deutlich gemacht wird, welches Bedürfnis mit Befriedigung oder Versagung bedacht werden soll. Für den Therapeuten ist es daher eine wichtige Orientierungshilfe, zu wissen oder abzuschätzen, in welchem Stadium sich ein Patient im Ablauf der Gesamttherapie befindet und wie die Stadien in den jeweiligen Sitzungen erlebt wurden.

Sechstes Kapitel: Die fünf Stufen der Differenzierungsanalytischen Behandlung

Vom Mut, eine Probe zu wagen

Ein König stellte für einen wichtigen Posten den Hofstaat auf die Probe. Kräftige und weise Männer umstanden ihn in Scharen. »Ihr weisen Männer«, sprach der König, »ich habe ein Problem und ich möchte sehen, wer von euch in der Lage ist, dieses Problem zu bewältigen.« Er führte die Anwesenden zu einem riesengroßen Türschloß, das so groß war, wie es keiner je gesehen hatte. Der König erklärte: »Hier seht ihr das größte und schwerste Schloß, das je in meinem Reiche war. Das Öffnen dieses Schlosses erfordert eine gewisse Kunst. Wer von euch ist in der Lage, das Schloß zu öffnen?« Ein Teil des Hofstaates schüttelte nur verneinend den Kopf. Einige, die zu den Weisen zählten, schauten sich das Schloß näher an, gaben aber zu, sie könnten es nicht schaffen. Als die Weisen dies gesagt hatten, schüttelte auch der Rest des Hofstaates verneinend den Kopf und gab zu, daß dieses Problem zu schwer sei, als daß sie es lösen könnten. Nur ein Wesir ging an das Schloß heran. Er untersuchte es mit seinen Blicken und mit seinen Fingern, versuchte es in der verschiedensten Weise zu bewegen und zog schließlich mit einem Ruck daran und siehe, das Schloß öffnete sich. Das Schloß war nämlich, wie der König wußte, nur angelehnt, und es bedurfte nichts weiter als des Mutes und der Bereitschaft, dies zu begreifen und beherzt anzufassen. Der König sprach: »Du wirst die Stelle am Hof erhalten, denn du verläßt dich nicht nur auf das, was du siehst oder was du hörst, sondern setzt selber deine eigenen Kräfte ein und wagst eine Probe« (persische Geschichte).

Psychotherapie – Selbsthilfe:
Patient als Therapeut

Im Rahmen der Psychotherapie und Selbsthilfe benutzt die Differenzierungsanalyse ein fünfstufiges Verfahren. Dieses Verfahren stützt sich auf die beschriebenen Aktualfähigkeiten; es gliedert sich in die Stufen der Distanzierung/Beobachtung, Inventarisierung, situativen Ermutigung, Verbalisierung und Zielerweiterung.
1. Stufe. Beobachtung/Distanzierung: Der Patient legt möglichst schriftlich Rechenschaft ab, über was oder wen und wann er sich ärgert und welche Anlässe ihm angenehm sind. Auf dieser Stufe beginnt ein Prozeß des Unterscheidenlernens. Man beginnt den Konflikt einzukreisen und inhaltlich zu beschreiben.
2. Stufe. Inventarisierung: Anhand eines Inventars der Aktualfähigkeiten (DAI) stellen wir fest, in welchen Verhaltensbereichen man selbst und der Partner positive, in welchen man negative Eigenschaften hat.
3. Stufe. Situative Ermutigung: Um ein Vertrauensverhältnis aufzubauen, lernt der Patient einzelne positiv ausgeprägte Eigenschaften seines Partners zu verstärken und auf die damit korrespondierenden eigenen kritisch ausgeprägten Eigenschaften zu achten.
4. Stufe. Verbalisierung: Um aus der Sprachlosigkeit oder der Sprachverzerrung des Konfliktes herauszukommen, wird schrittweise die Kommunikation mit dem Partner nach festgelegten Regeln trainiert. Man spricht sowohl über die positiven als auch über die negativen Eigenschaften und Erlebnisse.
5. Stufe. Zielerweiterung: Die neurotische Einengung des Gesichtsfeldes wird gezielt abgebaut. Man lernt, den Konflikt nicht auf andere Verhaltensbereiche zu übertragen, sondern neue und bisher noch nicht erlebte Ziele anzusteuern.

Die 5stufige Behandlungsstrategie der Differenzierungsanalyse (positive Psychotherapie)

1. Stufe der Beobachtung/Distanzierung } Erstinterview
2. Stufe der Inventarisierung }
3. Stufe der situativen Ermutigung
4. Stufe der Verbalisierung
5. Stufe der Zielerweiterung

Das fünfstufige Schema hält sich an eine Modellvorstellung des Konfliktprozesses. Dieses läßt sich an einem Beispiel veranschaulichen:
Wenn wir uns über jemanden, beispielsweise über seine Unhöflichkeit, ärgern, liegt es nahe, daß wir uns innerlich beunruhigt fühlen, offen über ihn schimpfen oder mit anderen über ihn und seine Schwächen sprechen. Weiterhin werden wir ihn plötzlich nicht mehr als Menschen mit seinen vielfältigen Fähigkeiten sehen, sondern nur noch als den Unhöflichen, Flegelhaften, der uns durch seine Unhöflichkeit herabgesetzt hat. Man ist nicht mehr in der Lage, sich mit seinen positiven Eigenschaften zu beschäftigen, da die negativen Erlebnisse wie ein Schatten auf die Beziehung zu diesem Menschen gefallen sind. Die Folge wird sein, daß man wenig bereit ist, sich mit ihm auseinanderzusetzen und jede Auseinandersetzung letztlich zu einem Machtkampf oder einem Affektausbruch ausartet. Die Kommunikation ist behindert. Schließlich kommt es so weit, daß man selbst die eigenen Ziele einschränkt.
Die Stufen in diesem Modell eines Konfliktprozesses wie auch in dem Behandlungsmodell der Differenzierungsanalytischen Psychotherapie entsprechen den Möglichkeiten, welche dem Menschen zur Lösung von Konflikten und Problemen zur Verfügung stehen. Damit soll das hypothetische Modell des Konfliktprozesses nicht nur rekapituliert werden. Vielmehr zielen wir auf die in jedem Fall individuell bestehenden Konflikte ab, die ihre besonderen Lösungsmöglichkeiten erfordern. Diese Lösungsmöglichkeiten bestehen jedoch nicht isoliert nebeneinander, sondern sind innerhalb des therapeutischen Prozesses aufeinander bezogen, da eine Stufe als Vorbereitung und Weiterentwicklung der anderen gelten kann. Dies bedeutet praktisch, daß zwar bei jedem Patienten die fünfstufige Strategie angewandt wird, doch der Raum, den die einzelnen Stufen einnehmen, wie auch die speziell verwendeten Verfahren den Bedürfnissen des jeweiligen Falles entsprechen müssen.
Bereits das Erstinterview umfaßt zwei Stufen des differenzierungsanalytischen Vorgehens: Beobachtung/Distanzierung und Inventarisierung. Doch diese Stufen beziehen sich primär auf den Therapeuten: sie vermitteln ihm einen Überblick über die konfliktrelevante Situation des Patienten. Den Prozeß, den der Therapeut hier eingeht, durchläuft dann auch der Patient. Er lernt durch Beobachtung/Distanzierung die konkreten Bedingungen seines Konfliktes erkennen und ferner durch die Inventarisierung einen Einblick in die konfliktärmeren Persönlichkeitsbereiche gewinnen.
Die differenzierungsanalytische Vorgehensweise unterscheidet sich grundlegend von den althergebrachten Verfahren der Psychotherapie: Der Behandlungsplan gilt nicht nur für die psychotherapeutischen Sitzungen, sondern umfaßt auch den außertherapeutischen Bereich, also die

Zeit zwischen zwei Sitzungen. Bewußtmachende, kognitive, einstellungsändernde Elemente, die in der psychotherapeutischen Sitzung Vorrang haben, werden durch Elemente der Verhaltensänderung ergänzt, die sowohl in der psychotherapeutischen Sitzung als auch im außertherapeutischen Bereich wirksam werden. Der Patient ist also nicht nur Patient, sondern wird selbst zum Therapeuten.

Da die Konflikte auch auf Beziehungen zu anderen Menschen beruhen, kann eine Therapie sich nicht darauf beschränken, den Patienten anzupassen, sondern muß die pathogenen Faktoren der sozialen Umgebung abklären. Diese Aufgabe fällt dem Patienten zu. Er trägt die in der Psychotherapie gewonnenen Unterscheidungen in seine soziale Umgebung, prüft sie auf ihre Praktizierbarkeit hin und leistet an seinem Konfliktpartner psychotherapeutische Arbeit. Richtlinie für das therapeutische Vorgehen des Patienten ist der fünfstufige Behandlungsplan der Differenzierungsanalyse.

Der Psychotherapeut seinerseits übernimmt im wesentlichen steuernde und kontrollierende Funktionen. Er stellt fest, in welcher Stufe der Behandlung der Patient sich befindet und welche Schwierigkeiten innerhalb einer Stufe dem Patienten zu schaffen machen, und ist Vertrauensperson für den Patienten, wenn dieser seine Erfahrung mit seinem Konfliktpartner mitteilt. Es entsteht somit ein Regelkreis zwischen Therapeut und Patient, der auch auf die Umwelt des Patienten einwirkt.

Während andere Psychotherapien ausgesprochen oder unausgesprochen den Psychotherapeuten als die wichtigste Figur des psychotherapeutischen Geschehens betrachten, übernimmt in der Differenzierungsanalyse der Patient eine aktive und zentrale Rolle. Erst durch die Interaktion zwischen Patient, Therapeut und Umwelt wird eine maximale Ausnutzung psychotherapeutischer Möglichkeiten erreicht. Dies bedeutet andererseits, daß der Psychotherapeut, als Schlüssel- und Schaltstelle der psychotherapeutischen Konfliktlösung, nicht darauf verzichtet, beteiligte Konfliktpartner in die Psychotherapie einzubeziehen: Eine Kinderpsychotherapie ist unter diesem Aspekt Psychotherapie der Eltern; psychische Konflikte, die auf partnerschaftliche Schwierigkeiten zurückgehen, können nicht befriedigend gelöst werden, wenn nicht auch der beteiligte Partner die Gelegenheit erhält, an der Psychotherapie teilzunehmen. Es kommt zu einer multimensionalen therapeutischen Beziehung, in der Therapeut, Patient und Umwelt als gleichrangige Partner der Psychotherapie – eigentlich einer Psychosoziotherapie – berücksichtigt werden:

1. Die eigentliche psychotherapeutische Situation beruht auf dem unmittelbaren Therapeut-Patient-Verhältnis.

2. Der Patient wird in einer gelenkten Selbsthilfe als Psychotherapeut seiner Umwelt, speziell der beteiligten Konfliktpartner, tätig.

3. Die Konfliktpartner können ihrerseits therapeutisch eingesetzt werden, z. B. im Sinne einer Familien- bzw. Milieutherapie.
Die fünfstufige Psychotherapie läßt sich auf diese drei therapeutischen Bereiche (psychotherapeutische Situation, Patient als Psychotherapeut und Milieutherapie) anwenden.

1. Stufe: Beobachtung/Distanzierung

Mit der Beendigung des Erstinterviews setzt für den Fall einer Behandlung die patientenzentrierte Stufe der Beobachtung/Distanzierung ein. Ziel der Beobachtung ist eine Situationsanalyse des Patienten. Sie soll ihm helfen, von einer abstrakten zu einer konkreten Beschreibungsebene zu gelangen. Generalisierungen sollen aufgefangen werden. Der Patient erhält die Möglichkeit, Distanz zur eigenen Situation zu erlangen (Distanzierung).
Einen Menschen, für den man sich verantwortlich fühlt, sieht man unwillkürlich mit anderen Augen als andere Menschen. Man überträgt auf ihn zumeist ohne bewußte Absicht die eigenen Wünsche und erwartet, daß er so handelt, wie man selbst es sich wünscht. Diese starke emotionale Beteiligung bewirkt, daß man die Angelegenheiten des anderen für die eigenen hält und sich einmischt.
Der andere wird unter solchen Bedingungen nicht mehr objektiv, »gleich-gültig«, sondern subjektiv bei verstärktem Engagement der Gefühle gesehen. Diese Beteiligung nimmt zu, je näher der Betreffende uns steht: die eigenen Kinder, die Enkelkinder, der Ehepartner, Freunde, Kollegen und Eltern. Ihre Nähe vermittelt ein intensives Wissen über ihre Person. Paradoxerweise führt dieses Wissen jedoch nicht zu einer objektiveren Personenwahrnehmung, sondern einzelne Persönlichkeitszüge drängen sich in den Vordergrund der Aufmerksamkeit. Es entsteht ein einseitiges Persönlichkeitsbild, Voraussetzung nahezu aller psychosozialen Konflikte, psychischer und psychosomatischer Störungen.

Frau Ute S. klagt: »Die ganze Situation ist verfahren. Ich komme mir so dumm und minderwertig vor, daß ich es Ihnen kaum sagen kann. Ich weiß nicht, wen ich mehr hassen soll, mich oder meinen Mann. Er bringt mich vollkommen durcheinander. Ich bin total niedergeschlagen . . .«

Für eine objektivere, angemessenere Sicht des Partners ist es notwendig, sich von gewohnten Klischees zu lösen. Die Vorgehensweise ist ähnlich wie bei der Operation eines Gehirntumors: man entfernt nicht das gesamte Gehirn, sondern versucht, das erkrankte Gewebe des Tumors so weit wie möglich einzukreisen. Eine Generalisierung wäre gleichbedeutend mit einer Totaloperation, bei der man sich nicht scheut, wegen des Tumors die Schädelhöhle auszuräumen. Um den anderen – annähernd – so zu sehen, wie er ist, und konfliktträchtige Verhaltensweisen abzubauen, sind auf der Stufe der Distanzierung drei Schritte notwendig: Beobachten und Aufschreiben, Unterlassen von Kritik, Verzicht auf Einbeziehung unbeteiligter dritter Personen.

Beobachten und Aufschreiben: Wenn Bezugspersonen darüber Aufschluß geben sollen, was sie an ihrem Partner stört, weichen sie oft in verallgemeinernde Aussagen aus, wie: »Er stört mich einfach; wir passen eben nicht zusammen; ich ärgere mich über ihn; sie ist unausstehlich; es hat mit ihm keinen Sinn; immer dasselbe; wir kommen nicht miteinander aus.« Zum Vorschein kommt oft ein erhebliches Unbehagen, das jedoch einem fliegenden Teppich gleicht: es fehlt der Bezug zu konkreten Verhaltensweisen, zu den Situationen, in denen sie auftreten. Statt dessen herrscht eine negativ besetzte gefühlsmäßige Tönung vor. Dem wirkt das distanzierte Beobachten entgegen.

Der Patient beobachtet, unter welchen Umständen es zu Auseinandersetzungen und Streitigkeiten kommt und welche Folgen sie haben. Diese Beobachtungen werden schriftlich niedergelegt. Die Notizen können gewissermaßen als Spiegel dienen. Das vage Unbehagen wird in eine faßbare Gestalt gebracht, die es ermöglicht, neue Aspekte zu gewinnen und von daher einen Umlernprozeß in der Partnerbeziehung einzuleiten. Das Aufschreiben hat zudem Ventilfunktion: der Patient beschäftigt sich mit seinem Konflikt, verstärkt damit jedoch nicht die äußere Konfliktsituation.

Vielen Patienten ist der Partner zu nahe, als daß sie ihn wenigstens vorübergehend so akzeptieren könnten, wie er ist, und ihre gewohnten Kommunikationsformen sind ihnen so teuer, daß sie sie nicht missen wollen.

Frau Ute S. beklagte sich bereits in der ersten psychotherapeutischen Sitzung, daß ihr das Beobachten überhaupt nicht gelungen sei: »Ich kann das einfach nicht. Ich bin dazu unfähig . . .«

Therapeut: »Aus Ihrer Situation heraus ist diese Schwierigkeit durchaus verständlich. Stellen Sie sich vor, Sie stehen vor einem großen Bild. Sehen Sie das Bild besser, wenn Sie ganz nahe davor stehen oder wenn Sie etwas Abstand nehmen?«

Frau Ute S.: »Wenn ich etwas Abstand nehme. Wenn ich ganz nahe davor stehe, sehe ich nur einen Ausschnitt . . . Sie meinen doch nicht etwa, daß ich viel zu nahe bei meinem Mann stehe, als daß ich ihn richtig sehen könnte . . . Doch, ich glaube, das ist so. Ich stehe so nahe vor dem Bild, daß ich es mit meiner Nase berühre.«

Kritik unterlassen: Kritik ist der Inbegriff der auf die Aktualfähigkeiten bezogenen Erziehungsmittel. Sie umfaßt die sprachlichen ebenso wie die averbalen Praktiken, Belohnung und Bestrafung, Lob und Tadel. Durch Kritik in diesem weiten Sinne lernt man, was erwünscht und was unerwünscht ist. Sie kann auf verschiedenem Wege erfolgen: Konstruktive Kritik verhilft zur besseren Selbst- und Fremdeinschätzung und ermöglicht eine Erweiterung und Verfeinerung der Unterscheidungsfähigkeit. Ständige einseitige Kritik und Nörgelei hingegen haben zur Folge, daß Selbstbild und Selbstwertgefühl eines Menschen in Frage gestellt werden. Nörgelei richtet eine Barriere zwischen Menschen auf. Diese wollen und können nicht nur hören, wie schlecht sie sind, sie benötigen auch positive Bestätigung.

An die Stelle der Kritik, des Urteils, tritt die Beobachtung des Ehepartners, der sich nicht genügend Zeit nimmt, unordentlich oder unsauber ist; des Jungen, dessen Unsauberkeit und Trotz die Eltern zur Verzweiflung bringen; des Mädchens, wegen dessen Unhöflichkeit Nachbarn auf die Barrikaden gehen; des Jugendlichen, der zu spät nach Hause kommt: der Schwiegermutter, die sich in jede Angelegenheit einmischt; des Freundes, der unpünktlich ist; des Kollegen, der so arrogant erscheint usw.

Schon die Beobachtung, der Versuch, nicht zu kritisieren und den Rahmen des Konfliktes zu beschränken, können eine Wirkung haben. Das Gegenüber wird mitunter schon jetzt aus einer anderen Sicht wahrgenommen. Ein anderer Effekt, der in seiner Bedeutung richtig eingeschätzt werden muß, ist der, daß der Partner seine Bezugsperson auf der Stufe der Beobachtung/Distanzierung oft kaum mehr wiederzuerkennen glaubt. Die Erwartungshaltung, die durch das ständige Kritisieren aufgebaut wurde, wird plötzlich enttäuscht. Es entstehen Argwohn und Mißtrauen: »Was hat denn meine Frau plötzlich?« »Was bezwecken meine Eltern damit?« Das Kind, das Kritik und Nörgelei gewohnt ist, empfindet das veränderte Verhalten der Eltern als »verdächtig«. Es traut dem Frieden nicht.

Frau Ute S.: »Ich kritisiere eigentlich meinen Mann nie, auch wenn mir etwas überhaupt nicht paßt, sage ich es ihm nie.«
Therapeut: »Zeigen Sie es ihm vielleicht auf anderem Wege?«
Frau Ute S.: »Zeigen tue ich ihm eigentlich nichts. Aber ich ziehe mich zurück. Das merkt er, und manchmal reagiert er darauf ganz betroffen ...«

Das Problem mit dem Partner ausmachen: Viele Dinge werden erst zu einem großen Problem, wenn sie vor anderen Menschen statt von den unmittelbar Beteiligten ausgetragen werden. Die anderen nehmen Partei, geben Ratschläge, die sich teils widersprechen, oder hetzen die Beteiligten gegeneinander auf. Der Konflikt kommt dann oftmals nicht zur Ruhe, nicht weil die Beteiligten ihn nicht überwunden hätten, sondern weil die Mitmenschen ihn nicht vergessen können.

Frau Ute S.: »An sich habe ich niemanden, mit dem ich über meine Sorgen sprechen kann. Manchmal meine Mutter. Mit ihr bin ich nach Vaters Tod öfter zusammen. Sie kann sowieso meinen Mann nicht leiden und hat sehr viel Verständnis für mich . . .«

Bereits in der zweiten psychotherapeutischen Sitzung brachte Frau S. eine Beschreibung ihrer Beobachtungen mit, die nach dem Wochenablauf gegliedert war.

Frau Ute S.: »Mein Mann wirft meinen ganzen Plan um.«
Sonntag nachmittag, 15 Uhr: Wir machen einen Spaziergang, und es ist mir ganz komisch, schwindelig, so dunkel und unheimlich, und ich habe wieder diese Angstgefühle. Ich möchte am liebsten sterben.
Sonntag abend: Ich mache die Kinder fertig fürs Bett, meine Mutter ist da und hantiert mir laufend dazwischen, es macht mich so nervös, daß ich zittere. Kurze Zeit später klingelt wieder das Telefon, natürlich ist niemand dran.
Montag morgen: Meine Tochter ist aufgestanden und kommt in die Küche. Als ich ihr mißmutiges Gesicht sah, begann es in mir zu kochen. Ich hätte ihr am liebsten eine runtergehauen. Ich könnte verrückt werden.
Es ist Dienstag abend, 21 Uhr: Ich warte auf meinen Mann, er wird bestimmt vor 22 Uhr nicht nach Hause kommen. Dieses Warten ist unerträglich, ich versuche zu lesen, aber ich kann mich nicht konzentrieren, bei jedem Auto, das ich höre, springe ich ans Fenster. Draußen ist es dunkel, und ringsum sind jetzt schon fast alle Lichter aus. Ich könnte weinen, ich fühle mich so einsam.
Es ist 23 Uhr. Er kommt nach Hause. Todmüde. Ich habe alles aufgespeichert, was ich ihm sagen wollte, aber er hat keine Lust mehr, sich zu unterhalten, er will schlafen. Ich kann es ja verstehen, aber ich fühle mich auch elend und unverstanden und genauso einsam wie zuvor.
Es ist Mittwoch morgen: Der Kleine nörgelt unentwegt, ich bin fix und fertig. Mittwoch abend kommt eine Bekannte zu Besuch, ich bin so aufgeregt, als ginge ich auf einen Ball.
Meine Mutter fährt für vier Wochen in Urlaub, obwohl ich mich freue, muß ich trotzdem weinen.
Es ist Freitag mittag: Mein Mann ist abgespannt und schlecht gelaunt und sagt ein paar unschöne Dinge zu mir, ich bin gleich innerlich so gekränkt, daß ich ihm davonlaufen möchte.
Freitag abend: Ich bin, wie fast immer, allein, ich bin nervös und unruhig, trotz meiner Pille, ich versuche zu lesen und fernzusehen, aber ich lausche auf die Autos und warte, es zermürbt mich. Ich wünsche mir, ich könnte einfach ins Bett gehen und schlafen, aber ich weiß, daß ich das nicht kann. Warum kann ich mich nur nicht damit abfinden.
Es ist Samstag morgen: Gestern nacht kam mein Mann erst um halbdrei Uhr heim, ich bin sofort wach geworden, habe aber krampfhaft versucht zu vermeiden, daß ich weine oder zuviel schimpfe, weil ich grausame Angst habe, ich könnte wieder so einen Anfall bekommen wie damals, als ich die ganze Nacht herumschrie. Wenn ich keine Kinder hätte, würde ich ihm fortlaufen, aber so bin ich auf ihn angewiesen, ich leide unsagbar, kann mich aber nicht revanchieren.
Sonntag abend: Es müßte so schön sein, es ist so, wie ich es mir immer vorstelle, die Kinder liegen im Bett, keine Schwiegermutter usw., wir sind ganz allein, sitzen am Tisch und essen. Mein Mann unterhält sich angeregt mit mir und schaut mich natürlich ab und zu an. Ich fühle, wie mich das Denken plötzlich anstrengt, wie mir unwohler wird, und schließlich spüre ich, wie diese heiße Welle mich überflutet, ich stelle mir vor,

es ist wie in den Wechseljahren. Ich stürze in die Küche unter einem Vorwand, damit er es nicht merkt. Noch zwei Stunden bin ich so befangen ihm gegenüber, ich ärgere mich so darüber, jetzt könnte es schön sein. Es ist schrecklich. Ich kann niemandem mehr länger in die Augen sehen, früher konnte ich das stundenlang.
Montag morgen: Ich habe diese Nacht sehr schlecht geschlafen. Heute Morgen bin ich so aufgeregt, weil ich zur Psychotherapie gehe.

Der Ist-Wert und der Soll-Wert

Der Umlernprozeß auf der Stufe der Beobachtung/Distanzierung ist meist dadurch erschwert, daß der Patient nur seinen Konflikt und nichts anderes sieht. Seine Reaktion auf seinen Konflikt hat für ihn den Charakter eines Schicksals. Er hat das Gefühl, er könne nicht anders, als sich über seinen Partner zu ärgern, sich zurückzuziehen oder Zuflucht in der Krankheit zu finden.
Ziel ist es nun, alternative Einstellungen und Verhaltensweisen zu bahnen. Allerdings hat der Therapeut keine Ideallösung in der Tasche. Verhaltensalternativen zu finden ist Aufgabe des Patienten. Als Technik bieten sich der Ist- und der Soll-Wert an, die eine therapeutisch lenkbare Methode der Selbstkontrolle darstellt: In der ersten Spalte (Situation) wird eine aufgetretene Konfliktsituation kurz dargestellt: Worüber man sich, wann, wo, wem gegenüber und unter welchen Bedingungen ärgerte oder unwohl fühlte. In der zweiten Spalte (Ist-Wert) wird beschrieben, wie man in der geschilderten Situation reagierte: Wie hat man sich gefühlt, wie gehandelt, was hat man gesagt, was gedacht? In dieser Spalte wird auch versucht, die Frage zu beantworten: Warum reagiere ich in dieser Situation gerade so und nicht anders? Wer von meinen Bezugspersonen (Eltern, Geschwister, Lehrer, Chef) hätte ähnlich gehandelt? Schließlich stellt sich die Frage: Welche Konsequenzen hat meine Reaktion für mich und für die anderen? In der dritten Spalte (Soll-Wert) wird dargestellt, wie man seiner Ansicht nach hätte besser reagieren können. Auch hier soll versucht werden, so zu spezifizieren: Wozu würde diese alternative Handlungsweise führen?
Der Ist-Wert enthält also Konzepte des Patienten, die zu den auftretenden Konfliktsituationen in Beziehung stehen. Der Soll-Wert umfaßt demgegenüber das Gegenkonzept, das dem Patienten als gangbare Alternative erscheint.

Situation	Ist-Wert	Soll-Wert
Worüber habe ich mich wann, wo, wem gegenüber und unter welchen Bedingungen geärgert?	Wie habe ich mich gefühlt, wie gehandelt, was habe ich gesagt, was gedacht? Warum reagiere ich in dieser Situation gerade so und nicht anders? Wer von meinen Bezugspersonen hätte ähnlich gehandelt? Welche Konsequenzen hat meine Reaktion für mich und für die anderen?	Wie hätte ich anders (besser) reagieren können? Wozu würde diese andere Reaktion führen?

Schema für die Durchführung des Ist-Wertes und des Soll-Wertes

Diese Situationskontrolle führt der Patient in der behandlungsfreien Zeit durch. Als Orientierungshilfe kann – sofern sich der Patient durch die Vielzahl der auf ihn einstürzenden Probleme irritiert fühlt – auf die hauptsächlich konfliktbesetzten Aktualfähigkeiten hingewiesen werden. Frau Ute S. brachte in der dritten Sitzung folgende Beschreibungen des Ist-Wertes und des Soll-Wertes mit. Sie wurden in der psychotherapeutischen Sitzung durchgesprochen und die ihnen zugrunde liegenden Konzepte herausgearbeitet.

Situation
»Am Sonntagnachmittag habe ich die Wohnung kurz aufgeräumt und den Kaffeetisch vorbereitet. Da kam mein Mann herein, räumte alle Kaffeesachen ab und legte die Tischdecke so wieder auf, daß der Knick darin diagonal zum Zimmer lag. Er glaubt, damit eine Vergrößerung des Zimmers zu erreichen.«

Ist-Wert
»Ich konnte einfach nicht mehr an mich halten und schrie ihn an: Du bist wie deine Mutter. Du gehst mir auf die Nerven, laß mir meine Ruhe. Dann rannte ich ins Schlafzimmer und war total verzweifelt. Mein Mann ist einfach weggegangen und kam erst spätabends wieder. Ich hatte gar keinen Appetit mehr und machte nur eine Kleinigkeit für die Kinder.«
Konzept: »Meine Schwiegermutter mischt sich in alles ein.«

Soll-Wert
»Zum Soll-Wert fällt mir hier eigentlich nichts ein. Seine Pedanterie bringt mich halb um. Wenn ich es mir recht überlege, wollte mein Mann unser Zimmer so gestalten, wie er es versteht. Im Prinzip ist die diagonale Falte gar nicht so schlimm. Warum soll er nicht sein Vergnügen haben? Was mich allerdings etwas ärgert, ist sein Mißtrauen

gegen meine Ordnung. Die Sache mit der Schwiegermutter ist vielleicht ein anderes Problem. Ich hoffe, daß wir in der Psychotherapie darauf zu sprechen kommen.«
Gegenkonzept: »Jeder hat seine eigene Ordnung. Die Pedanterie meines Mannes hat nicht unbedingt etwas mit meiner Schwiegermutter zu tun.«

Situation
»Am Freitag hatten wir Hochzeitstag, wir hatten uns furchtbar gestritten, nur weil er wieder zu spät kam. Er konnte wirklich nichts dafür, das Auto war in der Werkstatt, und es war zu der verabredeten Zeit noch nicht fertig.«

Ist-Wert
»Ich stand abmarschbereit mit den Kindern vor der Haustür, weil er sagte, in einer halben Stunde würden wir fortfahren, aber es wurden zwei Stunden. Für mich und die Kinder war das Warten schrecklich. Wir standen vor der Haustür. Die Kinder wurden unruhig, daß ich sie dauernd ermahnen mußte, und die Nachbarn schauten schon neugierig zum Fenster raus. Mir war das ausgesprochen peinlich.«
Konzept: »Ich arbeite nach der Uhr. Bei Verabredungen muß ich schon mindestens eine halbe Stunde früher fertig sein.«

Soll-Wert
»Ich weiß nicht, ob ich es schaffen kann, aber ich hätte mich auch anders verhalten können: Mit den Kindern wieder hoch in die Wohnung gehen und mit ihnen zusammen spielen, bis mein Mann kommt und uns abholt. Ich glaube, bis ich das kann, muß ich erst über meinen eigenen Schatten springen.«
Gegenkonzept: »Sich nicht nur nach der Uhr, sondern auch nach der Situation richten.«

Situation
»Heute morgen um 8.30 Uhr verließ mein Mann das Haus. Er sagte mir, er würde bis 16 Uhr zurück sein, weil ich um diese Zeit zur Therapie muß und niemand anders da war, der auf die Kinder aufpassen konnte. Er sagte: ›Spätestens um 2 oder 3 bin ich zu Hause, hebe mir nur mein Essen auf, ich komme wirklich nicht zu spät, bis du fort mußt, bin ich längst wieder da.‹ Ich verließ mich trotzdem nicht darauf, weil er mich bisher jedesmal enttäuscht hatte. Obwohl ich im Innern wußte, daß er bestimmt da sein würde, war ich den ganzen Mittag unruhig und hoffte. Nach der Therapie raste ich nach Hause, jetzt ist er bestimmt da, er war nicht da.«

Ist-Wert
»Ich versuchte zu Hause, etwas zu arbeiten, aber ich konnte mich nicht konzentrieren, und das Warten wurde immer unerträglicher. Als ich die Kinder endlich im Bett hatte, sank meine Hoffnung immer mehr, ich wurde traurig und apathisch. Ich fühlte mich so unendlich einsam, ich kann dieses Gefühl gar nicht beschreiben. Ich fühlte mich so ungerecht vom Schicksal behandelt, ausgerechnet ich, wo ich doch alles für meinen Mann tue. Um 22 Uhr klingelte das Telefon. Es war wirklich mein Mann. Er rief von auswärts an, damit ich mir keine Sorgen machen sollte. Er hätte bis jetzt gearbeitet und würde jetzt nach Hause fahren. Ich fragte ihn, ob er mittags nicht hätte anrufen können. Er sagte, er hätte keine Gelegenheit gehabt. Dann fragte er mich, warum meine Stimme so deprimiert klingen würde, was zu Hause los sei. Ich sagte ihm, ob er sich das nicht denken könnte, ich hätte schließlich wieder den ganzen Tag auf ihn gewartet. Er sagte: Also auch wieder wegen mir, komm hör schon auf, ich kann doch

nichts dafür, ich bin ja bald zu Hause. Jetzt ist es schon 23 Uhr. Meine Mutter war zwischenzeitlich noch einmal bei mir, sie war ganz erstaunt, daß ich noch allein bin, und schimpfte auf meinen Mann. Aber das macht es nur noch schlimmer, denn dann bekomme ich auch noch jedesmal mit ihr Streit . . .«

Soll-Wert

Die Patientin hatte den Soll-Wert freigelassen. Etwa mit der Gestik: »Das kann ich nicht mehr allein, zeig du, was du kannst.« Sie zeigte eine betonte Erwartungshaltung, als wolle sie die gesamte Therapie von einer für sie befriedigenden Antwort abhängig machen. Ich verzichtete darauf, eine Lösung zu unterbreiten, die zum damaligen Zeitpunkt der Patientin nur schwer akzeptierbar gewesen wäre. Statt dessen wies ich auf ihre passive Erwartungshaltung und ihren unbedingten Anspruch sowie den darin enthaltenen Widerspruch hin und erzählte ihr die *Geschichte vom Turban*:

Ein Mann war vierzig Jahre lang ohne Kopfbedeckung durch die Wüsten und Städte des Landes gezogen. Fast ebenso lange quälten ihn Kopfschmerzen, die sich insbesondere in den Abendstunden und am frühen Morgen, wenn die Temperatur absank oder ihren Tiefstand erreicht hatte, einstellten. Ein Freund sprach ihn einmal darauf an: »Es ist kein Wunder, daß du Kopfschmerzen hast, denn nie schützt du deinen Kopf gegen die Schwankungen des Wetters und den kalten nächtlichen Wüstenwind. Guter Freund, komm mit mir, wir gehen gemeinsam Stoff für einen Turban kaufen.« Sofort war der Mann von diesem Vorschlag begeistert. Er rannte so schnell, daß ihm der Freund kaum noch folgen konnte, in den Tuchbasar, wartete gar nicht ab, bis er an der Reihe war, sondern riß schnell den ersten besten Tuchballen herunter und wickelte sich den ganzen Stoff um den Kopf, wobei er schrie: »Schnell, schnell, mein Kopf friert, und ich kann die Kälte nicht mehr ertragen.« Darauf sprach sein Freund: »Vierzig Jahre lang gingst du ohne Turban, und jetzt reichen nicht einmal zwei Minuten aus, um den richtigen Stoff für einen Turban auszusuchen und die Kopfbedeckung fachgemäß zu wickeln« (nach Abdul-Baha).

Frau Ute S.: »Sie können es sich denken, daß ich lieber heute als morgen meine ganzen Probleme vom Tisch hätte. Auf der anderen Seite sind bei mir und bei meinem Mann so verschiedene Sachen zu tief verwurzelt.«
Therapeut: »Ein Problem, das sich über 32 Jahre lang entwickelt hat, läßt sich nicht immer in wenigen Stunden beheben.«

Nach diesem Gespräch konnten wir einzelne Aspekte der dargestellten Situation differenziert durcharbeiten.

Therapeutische Aspekte auf der Stufe der Beobachtung

Der Entwicklungsstand des Patienten, seine Einsichtsfähigkeit und seine Bedürfnisse bestimmen, mit welcher Intensität, wie lange und mit welchem Aufwand er auf der Stufe der Beobachtung/Distanzierung bleibt. Nach meinen Erfahrungen erfordert diese Stufe zwei bis vier Sitzungen, kann aber auch innerhalb einer Sitzung abgeschlossen werden oder sechs Wochen dauern. Bei Ehepartnern, die unter hartnäckigen Eheproblemen leiden und bei denen die Sexualität mitbetroffen ist, hat sich als Unterstützung der Distanzierung ein Koitusverbot bewährt, das gegebenenfalls die Stufe der Beobachtung/Distanzierung überdauern kann (durchschnittliche Dauer des Koitusverbotes: drei bis sechs Wochen).

Auf der Stufe der Beobachtung/Distanzierung steht von der Behandlungsstruktur her das Stadium der *Verbundenheit* im Vordergrund. Der Therapeut akzeptiert den Patienten so, wie er ist, nimmt sich Zeit für ihn und ist auch dann geduldig, wenn der Patient eine Denkpause benötigt und sich umständlich ausdrückt. Grundsituation ist, daß der Patient berichtet, der Therapeut zuhört und sich bereit hält, Zusammenhänge zu erkennen.

Vorrangige Aufgabe der *Differenzierung* ist es, die angesprochenen Konfliktsituationen einzukreisen und zu spezifizieren. Nicht mehr ein allgemeines Gefühl wie »Ich habe Angst« ist vorherrschend, sondern Situationen, in denen die Angst auftritt, und die Aktualfähigkeiten, die mit ihr verknüpft sind.

Daneben werden die an den Konflikten beteiligten Konzepte und die sich aus ihnen entwickelnden Mißverständnisse thematisiert. Selbst wenn davon zunächst keine strukturelle Veränderung der Einstellungen und Verhaltensweisen zu erwarten ist, schafft die Bearbeitung aktueller Mißverständnisse an dieser Stelle die Voraussetzung für den nachfolgenden therapeutischen Prozeß. Frau Ute S. sprach gut auf das Mißverständnis Relativität der Werte an. Zu diesem Thema brachte Frau Ute S. immer wieder spontan und freiwillig Situationen aus ihrer Beziehung zu ihrem Partner und ihrer Schwiegermutter in die Psychotherapie ein. Dieses Vorgehen kann mit Geschichten und Fabeln unterstützt werden, die durch die karikaturistische Überzeichnung das Erkennen des typischen Mißverständnisses erleichtern.

Der *Ablösungs*-Aspekt wird gekoppelt mit der Aufgabe, kritikfrei zu beobachten und den Ist-Wert und den Soll-Wert vorzuhalten. Der Patient hat damit eine Aufgabe für sein Leben außerhalb der Psychotherapie. Dabei auftretende Schwierigkeiten können Symptomwert besitzen und sind von dem Therapeuten zu berücksichtigen.

Auf dieser Stufe beginnt ein Prozeß der Unterscheidung, der sich aus der

Beobachtung des eigenen Verhaltens und Erlebens und des Verhaltens des Partners in Konfliktsituationen herleitet und damit vorwiegend die Funktion der Mittel der Sinne in den Vordergrund stellt. Der Patient beginnt den Konflikt einzukreisen und inhaltlich zu beschreiben. Damit wird der Tendenz zur Generalisierung entgegengewirkt. Für viele Patienten ist diese Konfrontation mit sich selber samt der dafür erforderlichen Zeit und Geduld eine Primärerfahrung.

Selbsthilfe in der Stufe der Beobachtung/Distanzierung
Beobachten Sie das Verhalten Ihres Partners. Schreiben Sie auf, worüber Sie sich ärgern. Beschreiben Sie die Situation genau, in der Sie sich ärgern. Während Sie den Partner beobachten, kritisieren Sie nicht. Geben Sie in dieser Zeit keine noch so wohlmeinenden Ratschläge. Probleme sind Privatsache; sprechen Sie nicht mit unbeteiligten Personen darüber. Bei Angstzuständen mit niemandem, auch nicht mit dem Partner, über die Ängste sprechen. Dafür ist der Therapeut zuständig. Statt über Ängste zu sprechen, die Situationen, in denen sie auftreten, notieren. Bei Sexualstörungen bzw. bei hartnäckigen Ehekonflikten hat sich ein vorübergehendes, etwa drei Wochen dauerndes ›Koitusverbot‹ (Geschlechtsverkehr soll in dieser Zeit nicht durchgeführt werden) bewährt. An die Stelle des Geschlechtsverkehrs treten Zärtlichkeiten und Anerkennungen. Diese durch den Therapeuten kontrollierte Maßnahme soll zur Distanzierung gegenüber der Konfliktsphäre verhelfen. Kreisen Sie Ihre Konflikte mit Hilfe des Ist-Wertes und des Soll-Wertes ein. Bahnen Sie Verhaltensalternativen an.
Zentrale Aktualfähigkeiten und Medien: Geduld, Zeit, Gerechtigkeit, Höflichkeit, Ehrlichkeit, Mittel der Sinne.
Beachte Mißverständnisse: Relativität der Werte, Gerechtigkeit – Liebe, Generalisierung, Identifikation – Projektion.
Mythologien und Konzepte: ›Der richtige Abstand zum Betrachten eines Bildes‹, (S. 278), ›Der Kaufmann und der Papagei‹ (S. 200), ›Teure Sparsamkeit‹ (S. 197), ›Zeit als Widerstand‹ (S. 198).

2. Stufe: Inventarisierung

Die Stufe der Inventarisierung ist patientenzentriert. Während das Differenzierungsanalytische Inventar (DAI) dem Therapeuten im Erstinterview vor allem einen Übersichtsbefund über die Belastbarkeit des Patienten und die aktuellen Belastungen vermittelte und damit diagnostische Funktion besaß, wird das DAI jetzt therapeutisch eingesetzt. Der Patient bekommt die Aufgabe, das DAI für sich und seinen Konfliktpartner durchzuführen, und zwar im Rahmen des Selbsthilfeprogramms zwischen zwei Sitzungen. Dieses Inventar ermöglicht eine systematische Beschreibung von Eigenschaften, Verhaltensweisen und Fähigkeiten. Erst diese Beschreibung gestattet, ein hinreichend umfassendes Bild von uns selber und unserem Partner zusammenzustellen und später eine gezielte Ermutigung einzuleiten.
Mit dem Differenzierungsanalytischen Inventar liefert der Patient konkrete Angaben darüber, welche der Aktualfähigkeiten positiv (+) oder negativ (−) ausgeprägt sind. Graduelle Abstufungen werden durch mehrere (+) oder (−) dargestellt. Ferner werden Situationen schriftlich festgehalten, in denen sichtbar wird, wem gegenüber, wann und wie oft welche Verhaltensweisen wirksam werden. Hier dient das DAI als Hilfe zur systematischen Beobachtung. Wichtig ist, daß sich der Patient anhand des DAI mit seinen eigenen Qualitäten und denen seines Partners auseinandersetzt.
Frau Ute S. stellte ein eigenes DAI für sich und ihren Ehemann auf. Dabei entsprach die Darstellung der Patientin in weiten Zügen der bereits im Erstinterview gegebenen Darstellung. Spontanaussagen stimmten weitgehend mit denen im Erstinterview überein. Frau Ute S. sagte später, daß sie im Erstinterview hätte freier sprechen können, beim Ausfüllen des DAI habe sie jedes Wort auf die Goldwaage gelegt und sei nicht so spontan gewesen:

Differenzierungsanalytisches Inventar (DAI, Kurzform); ausgefüllt von einer 32jährigen Patientin (Frau Ute S.) mit Depressionen, Ängsten und Ehekonflikten

Aktualfähigkeiten	Ich	Partner	Spontane Aussagen Wer – Wo – Wann – Häufigkeit
Pünktlichkeit	+++	− − −	Ich lege großen Wert auf Pünktlichkeit. Mein Mann ist nicht pünktlich und legt keinen großen Wert darauf.

Sauberkeit	++	++	Wir haben keine Probleme damit und achten auf Sauberkeit, besonders die der Kleidung und des Körpers.
Ordnung	+	+++	Ich bin ordentlich, aber mein Mann ist geradezu pedantisch.
Gehorsam	++	+	Bei Absprachen rebelliere ich zwar manchmal, gebe aber dann wieder nach ...
Höflichkeit	+++	+	Ich nehme eigentlich immer Rücksicht auf die anderen, es sei denn, bei mir reißt der Geduldsfaden. Mein Mann kann gut mit Menschen umgehen, ist aber nicht so rücksichtsvoll.
Ehrlichkeit/ Offenheit	+	++	Ich meine, daß man ehrlich sein soll, allerdings fällt es mir oft schwer, meine Meinung offen zu sagen. Mein Mann ist da das Gegenteil.
Treue	+	+	Es wäre schrecklich für mich, wenn ich hören müßte, daß mein Mann eine andere Frau hat.
Gerechtigkeit	++	+−	Für mich ist Gerechtigkeit sehr wichtig. Über Ungerechtigkeiten kann ich mich sehr aufregen und manchmal habe ich das Gefühl, daß mein Mann mir und meinem Ältesten gegenüber ungerecht ist.
Fleiß/ Leistung	++	++	Mein Mann müßte vor allem seinen Beruf ändern, damit endlich ein geregeltes Leben eintritt ...
Sparsamkeit	+	+	Wir geben kein unnötiges Geld aus. Nur am Essen sparen wir nicht, da sind wir sehr großzügig.
Zuverlässigkeit	++	+−	Im Beruf ist er sehr zuverlässig, nur seiner Familie gegenüber kann er seine Termine nicht einhalten.
Geduld	−	+	Mein Mann ist viel geduldiger als ich ...
Zeit	+−	−	Mein Mann kann seine Zeit nicht richtig einteilen. Immer kommt etwas dazwischen. Ich plane meine Zeit ganz genau, und wenn etwas dazwischenkommt, ist mein ganzer Plan durcheinander.
Vertrauen/ Hoffnung	−−	+	Ich habe einfach zuwenig Vertrauen zu mir selbst und zu den anderen Menschen.
Kontakt	−−	++	Mein Mann ist viel kontaktreicher als ich ...
Sex-Sexualität	+−	++	Mein Mann ist in sexueller Beziehung etwas freier. Ich liebe meinen Mann sehr und stelle mir oft vor, wie ich zu ihm sein werde, wenn er kommt, aber wenn es so weit ist, bin ich unbeholfen, verklemmt, kühl und voller Hemmungen.
Glaube/ Religion	−	−	Die Religion ist für uns egal.

Bei einer intensiven Bearbeitung und bei Patienten mit Intelligenzhemmung ist es möglich, das DAI schrittweise, fraktioniert, durchführen zu lassen: Zunächst wird eine Selbstbeurteilung angeregt, dann eine Fremdbeurteilung des Partners etc. Damit ist die Möglichkeit gegeben, sich selbst und den Partner nicht nur eingeschränkt auf einige wenige negative Bereiche zu sehen, sondern die Vielfalt seiner Fähigkeiten zu erkennen. Auf diese Weise wird eine Erfahrung eingeleitet, die für manche Menschen ungewöhnlich ist: »Mein Partner ist ja gar nicht so schlecht, wie ich es mir dachte. Er hat sogar eine Reihe von positiven Fähigkeiten, die ich bis jetzt noch nicht richtig wahrgenommen habe.« Diese Unterscheidung erleichtert es, seinem Partner mehr Gerechtigkeit zu beweisen und legt die Basis für gegenseitiges Vertrauen.

»Endlich sieht mein Partner nicht nur meine Fehler.« »Ich bin gar nicht so eine Niete, wie ich es immer gedacht habe« (24jähriger Student, der stark unter Hemmungen litt).

In der folgenden psychotherapeutischen Sitzung wird das DAI des Patienten durchgesprochen: Im Vordergrund stehen zunächst die vom Patienten gewählten Konfliktthemen, die am stärksten emotional besetzt sind und sich therapeutisch am leichtesten angehen lassen. Die mangelnden Unterscheidungen, die der Therapeut im Erstinterview erkannte, werden jetzt dem Patienten vermittelt. Im therapeutischen Gespräch werden auf der Grundlage des vom Patienten durchgeführten DAI die Einstellungen zum Konfliktpartner bzw. zur Konfliktsituation unter dem Aspekt der Aktualfähigkeiten differenziert. Dabei werden mit dem Therapeuten – der auch das DAI des Erstinterviews einbeziehen kann – die Beschreibungen des Patienten ergänzt und durch seine Assoziationen weiter umschrieben. Als grundlegende Unterscheidung, die weitgehend die Dimension Sympathie-Antipathie widerspiegelt, wird herausgearbeitet, welche Bereiche, welche Fähigkeiten positiv bzw. negativ beurteilt werden. Auch dieses Vorgehen steht unter dem Aspekt des Abbaus konfliktträchtiger Generalisierungen und der Erweiterung des neurotisch eingeschränkten Gesichtsfeldes.
Kennzeichen einer Erlebnis- und Verhaltensstörung ist vor allem die einseitige Überbetonung einzelner Aktualfähigkeiten. Eine Aktualfähigkeit oder eine Gruppe von ihnen wird unverhältnismäßig stark in den Mittelpunkt gerückt, während andere Fähigkeiten nur randständig beachtet oder vollkommen vernachlässigt werden. Die deutlichsten Beispiele fanden sich bei Typologien, in denen die primären oder sekundären Fähigkeiten bzw. beide Fähigkeitsgruppen abwechselnd das Grundkonzept eines Menschen bestimmten. Das DAI hilft dabei, zwischen den Aktualfähigkeiten zu unterscheiden, d. h. auch die Fähigkeiten zu sehen, die sonst außerhalb jeder Aufmerksamkeit standen.

Die mangelnde Unterscheidung als Merkmal von psychosozialen Konflikten betrifft nicht nur das Verhältnis der Aktualfähigkeiten zueinander, sondern vielmehr die Ausprägungsform der einzelnen Aktualfähigkeiten. Unterschieden wird damit die jeweilige Konfliktsituation:

Eine Mutter kommt nach Hause, sieht, daß im Korridor trotz wiederholter Aufforderung der Schulranzen und die Schuhe noch nicht weggeräumt sind. Sie schimpft ihre Tochter aus: »Du bist ein Faulenzer.« Damit spielt sie allgemein auf die Aktualfähigkeit ›Fleiß/Leistung‹ an, wird jedoch dem Kind und der Situation nicht ganz gerecht. Die Tochter war den ganzen Vormittag in der Schule, war gleich nach der Schule für die Mutter einkaufen gegangen und hatte bereits in ihrem Zimmer ›Ordnung‹ gemacht. Sie war somit fleißig und darüber hinaus ordentlich. Ausgespart war lediglich eine Ecke im Korridor, in der die Schulmappe und Schuhe (ausgezogen, um nicht den neuen Teppich zu beschmutzen) lagen.

Diese Spezifizierung bedeutet etwas qualitativ anderes als das Urteil »Faulenzer«. Sie ist sachbezogen und beinhaltet ein positives Verhältnis gegenüber dem Partner, der aufgrund eines einmaligen oder wiederholten Verstoßes gegenüber den Normen, die von anderen beachtet werden, nicht fürchten muß, verstoßen zu werden. Die Aussage: »Du bist ein ›Faulenzer‹, mit Faulenzern will ich nichts zu tun haben«, wird ersetzt durch: »Trotz deines Fleißes ist genau in diesem Bereich noch die Unordnung geblieben. Du (wir) kannst (können) diese Unordnung beseitigen«.

»Es ist alles meine Schuld«

Eine 27jährige Patientin war in die psychotherapeutische Behandlung gekommen, nachdem ihr Freund sie verlassen hatte. Sie fühlte sich schuldig deswegen und machte sich Vorwürfe, nicht genügend auf ihren Freund eingegangen zu sein. Sie idealisierte ihn und versuchte, nur seine positiven Seiten zu sehen, was ihr wiederum die Trennung als unerträglich erscheinen ließ. Diese Patientin führte das DAI durch. Dabei fiel auf, daß nur positive Bewertungen gegeben wurden. Dort, wo negative Bewertungen gestanden hätten, drückte sich die Patientin, indem sie keine Bewertung notierte. Diese Idealisierung des Freundes verteidigte sie, so gut sie konnte. Selbst auf die Frage, warum sie zu einzelnen Aktualfähigkeiten keine Bewertung geschrieben habe, reagierte sie aggressiv: »Es ist alles meine Schuld.«

Die Schuldgefühle frontal aufzuarbeiten hätte den ohnehin starken Widerstand verstärkt und eine sehr lange Behandlungsdauer erfordert. Statt dessen erzählte ich der Patientin die Geschichte von den *»geteilten Geboten«*:

Ein Kaufmann feierte Richtfest. Die Anwesenden wurden köstlich bewirtet. Auf einer langen Tafel standen Schüsseln mit dampfendem Reis, Kabab, Auberginen, Khoresch, in der große Fleischstücke schwammen, zarte, weiße Hühnerbrüste. Zudem waren Trauben, Melonen, Gurken und Orangen aufgetischt. Karaffen voll Saft sollten den Durst der Gäste stillen. Alles tat sich an den Herrlichkeiten gütlich. Vor allem ein Mullah. Der stopfte sich in den Mund, was er erlangen konnte, und half, wo es so trocken nicht mehr ging, mit Saft nach. Er füllte, soviel er konnte, in seine Backentaschen, daß schließlich sein Gesicht die Form einer Melone annahm. »Oh Mullah«, rief ihm da ein anderer Gast zu, »willst du dir das Leben nehmen, was hast du vor, daß du soviel und so schnell ißt?« Mit vollem Munde und in eine saftige Melonenscheibe beißend, entgegnete dieser: »Was hat der Prophet uns gesagt? Er hat gesagt: Trinkt und eßt! Ich tue nur, was der Prophet befiehlt.« »Gott und seine Propheten haben aber auch gesagt: Nicht übertreiben, maßhalten!« erwiderte der Gast. Darauf meinte der Mullah: »Ich bin nicht der einzige Gläubige, auch ihr seid Gläubige. Die eine Hälfte des Gebotes: ›Eßt und trinkt‹ befolge ich. Die andere Hälfte des Gebotes: ›Nicht übertreiben, maßhalten‹ solltet ihr beherzigen.« Dies sprach der Mullah und steckte noch einige Trauben in seinen Mund (orientalische Geschichte).

Hier wurden weder die Schuldgefühle noch die Idealisierung, noch die negativen Eigenschaften des Freundes angesprochen. Was die Geschichte für die Patientin aussagte, war lediglich: Um etwas wirklich beurteilen zu können, ist es notwendig, es ganz zu sehen. In der darauffolgenden Sitzung brachte die Patientin ein vollständig ausgefülltes DAI mit und übergab es mit der Bemerkung: »Jetzt habe ich auch die andere Hälfte meines ehemaligen Freundes.«

Grundkonflikt des Patienten

Das therapeutische Vorgehen, das sich bisher im wesentlichen auf die aktuellen Konflikte konzentriert hatte, wird nun auf den Grundkonflikt ausgedehnt. Auf diese Weise wird die Vorgeschichte der Aktualfähigkeiten, d. h. hier der konfliktbesetzten Einstellungen und Verhaltensweisen erhellt: Wie war das Verhältnis der Eltern zur ›Pünktlichkeit‹, ›Ordnung‹ usw.? Gab es im Zusammenhang mit der Pünktlichkeit Probleme und Schwierigkeiten? Welche Erinnerungen und Assoziationen aus der Kindheit, der Jugend und auch später stellen sich im Zusammenhang mit dieser Aktualfähigkeit ein?
Der Grundkonflikt wird damit nicht als Grundkonflikt der Gesamtpersönlichkeit betrachtet, sondern als Konflikt des Patienten im Umfeld einer kritischen Aktualfähigkeit oder eines Mediums der Grundfähigkeit. So beugen wir von vornherein einem weitverbreiteten Irrtum vor, man könne den Grundkonflikt der Persönlichkeit dingfest machen. Die Persönlichkeit ist dazu viel zu komplex; selbst wenn man glaubt, auf den

Grundkonflikt der Persönlichkeit eingegangen zu sein, hat man nur einige, in der Regel pathologische Strukturen herausgegriffen, die als Grundkonflikt, als konflikthaft besetzte neurotische Persönlichkeitsstruktur angesehen werden. Wir tasten den Grundkonflikt im Zusammenhang mit einzelnen inhaltlichen Faktoren ab, die sich in bezug auf die Konfliktsituation des Patienten als relevant erwiesen haben. Damit wird erreicht, daß der Patient sich der Hintergründe seiner Einstellungen, Erwartungen und Verhaltenskonzepte bewußt wird, sie aus dem Zusammenhang seiner individuellen Lebensgeschichte begreifen lernt und sie als historisch erworbene Werthaltungen eher zur Diskussion zu stellen vermag, als er dies mit nur persönlichkeitsgebundenen Qualitäten tun könnte.

Die Erfahrungen der Vergangenheit verdichten sich zusammen mit kollektiven Überlieferungen zum individuellen Grundkonzept. Es kann einmal allgemeine Einstellung, gewissermaßen die Leitlinie des Lebens sein oder sich auf bestimmte Verhaltensbereiche beschränken. Beispiel für eine solche Mythologie ist die Aussage: »Ordnung ist das halbe Leben«, die von einem zwangskranken, überbetont ordentlichen Menschen geäußert wurde. Im Grundkonzept laufen viele Fäden auch anderer Einstellungen und Verhaltensdispositionen zusammen. Hat man daher den zutreffenden gemeinsamen Faktor erkannt, kann der therapeutische Prozeß um einiges gezielter vonstatten gehen. Das Grundkonzept stellt das dar, was ein Mensch als Quintessenz seiner Lebenserfahrungen in die Gegenwart hinein gerettet hat; es ist für ihn Leitlinie und impliziter Wertmaßstab. Solche Grundkonzepte können entweder unmittelbar oder auch über bevorzugte Schriftsteller, Dichter oder Kunstrichtungen erkundet werden.

Der Therapeut orientiert sich an dem Bereich, der für den Patienten die größte Ich-Nähe besitzt. Zumeist ist es der Bereich, zu dem dem Patienten am meisten einfällt, dem er selber die größte Bedeutung beimißt. Damit ist seine tatsächliche Relevanz für die bestehende Konfliktsituation nicht von vornherein festgelegt. Vielmehr kann er als Einstieg in andere Zusammenhänge dienen, die zwar weniger im Erleben des Patienten, doch um so mehr in der Dynamik des Konfliktes eine Rolle spiclen.

Im Fall der Frau Ute S. gingen wir zunächst von Konflikten im Zusammenhang mit ›Pünktlichkeit‹ und ›Ordnung‹ aus und gelangten dann zu den Konfliktpotentialen ›Höflichkeit‹, ›Ehrlichkeit‹, ›Zeit‹, ›Kontakt‹ und ›Vertrauen‹. Frau Ute S. fiel im Zusammenhang mit ihrer aktuellen Schilderung der Pünktlichkeitsproblematik eine Reihe von Ereignissen ein, von denen einige im folgenden wiedergegeben werden.

Pünktlichkeitssituationen bei Frau Ute S.

»Pünktlichkeit ist für mich gleichzeitig Zuverlässigkeit und Ordnung. Früher als Kind herrschte bei uns immer Pünktlichkeit. Wenn meine Mutter einkaufen ging oder etwas erledigte, sagte sie, wann sie zurück sei, und ich konnte mich immer darauf verlassen. Ebenso war es umgekehrt. Meine Mutter konnte sich auch auf mich verlassen. Einmal, als ich schon etwas älter war und einen heimlichen Freund hatte, kam ich nicht pünktlich nach Hause. Es war schon dunkel, und meine Mutter machte sich Sorgen, und auch mein Großvater, und sie riefen die Polizei an. Als ich zurückkam, war alles in großer Aufregung, und ich war völlig fertig, besonders darüber, daß sie die Polizei verständigt hatten. Es ist mir noch lange Zeit nicht aus meinem Gedächtnis gegangen. In der Schule war ich auch immer pünktlich, eher zu früh, niemals zu spät. Bei meinen Verabredungen war ich immer zu früh. Ich war dann sehr enttäuscht, wenn die- oder derjenige zu spät kamen. Ich war mit meinem jetzigen Mann schon sehr früh befreundet, und er ist immer zu spät gekommen. Er wußte ja, daß ich zu Hause sitze und auf ihn warte.

Später als ich arbeitete, war ich schon so früh unterwegs, daß ich meinen Mann auf dem Wege abholen konnte. Ich war immer ganz entsetzt, weil er meistens gerade erst aufgestanden war. Er nahm sich immer viel Zeit und schaute nicht auf die Uhr, ich mußte laufend auf die Uhr schauen. Abends ging ich immer schon zeitig ins Bett, damit ich am nächsten Morgen wach wurde. Ich stand um 6 Uhr auf, aber meistens brauchte ich gar nicht auf das Läuten des Weckers zu warten, ich wurde auch so wach. Und dann hetzte ich mich ab, unnötigerweise, denn ich hatte viel zuviel Zeit. Auch in der Mittagspause, wir hatten eine halbe Stunde, raste ich in die Kantine, und während ich mein Essen herunterschlang, schaute ich zwischendurch immer wieder auf die Uhr. Es machte mich so nervös, auch die vielen Leute, ich dachte immer, sie würden mich alle anschauen, so daß ich später schnell rüber in die Anlagen ging und dort auf einer einsamen Bank mit den Enten mein Brot teilte.

Als ich mit meiner Lehre fertig war, legte ich mir einen Tagesplan zu. Um 4 Uhr mußte ich fertig sein mit meiner Arbeit, nahm ich mir jeden Tag vor. Aber es war vielleicht fünfmal im Monat, daß ich es schaffte, die übrige Zeit mußte ich die unerledigte Post zurücklassen. Es machte mich ganz krank, daß ich mit der Zeit nicht auskam. Heute ist es noch genauso mit der Pünktlichkeit, ich arbeite immer nach der Uhr. Ich setze mir selbst eine bestimmte Zeit, bis zu der ich eine gewisse Arbeit erledigt haben will, und bin unglücklich, wenn ich es nicht schaffe. Auch wenn sich Besuch ansagt, bin ich mit den Vorbereitungen viel früher als nötig fertig. Oder wenn jemand eines meiner Kinder zum Ausfahren abholen will, eile ich mich so, daß ich auch zu der verabredeten Zeit das Kind fix und fertig habe. Wenn wir jemand besuchen wollen und haben uns z. B. um 4 Uhr angesagt, beeile ich mich wie verrückt, dabei werde ich so nervös, nur damit wir keine Sekunde zu spät kommen.

Ich würde alles dafür geben, wenn mein Mann Tag für Tag um die gleiche Zeit heimkäme, ich würde gern auf etwas Geld verzichten. Auch wenn er z. B. sagt, wir gehen heute in die Stadt, sei um 3 Uhr fertig, dann stehe ich um halb drei schon fix und fertig da und warte. Wenn er sagt, ich muß heute schon um 12 Uhr essen, ist es bestimmt schon um viertel vor 12 Uhr fertig, und wenn ich mich abhetze, daß ich zittere, aber ich muß einfach pünktlich sein. Es gibt für mich nichts Schlimmeres, als zu warten. Jeden Abend muß ich warten, weil er nie genau sagen kann, wann er kommt, es macht mich krank, jede Sekunde wird zur Ewigkeit, und ich werde so traurig und fühle mich so unsagbar einsam (. . .). Ich lasse meine Wut an den Kindern aus, wenn mein Mann mich warten läßt. Ich finde das bei mir ganz unmöglich, aber ich kann einfach nichts dagegen tun.«

Ergänzend zur oder anstelle von ›Pünktlichkeit‹ können andere konfliktbeteiligte Inhalte thematisiert werden. Therapeutisch hat dieses Vorgehen wesentliche Vorteile:
Durch die Thematisierung eines Bereiches können wir eine gesteuerte Regression bezüglich einzelner Inhalte provozieren. Auf diese Weise wird der generellen Regression der Persönlichkeit vorgebeugt, die besonders bei labilen Patienten Gefahren in sich birgt.
Zugleich wird damit die Übertragungsproblematik entschärft. Bei dem inhaltlich orientierten und stufenweisen Vorgehen wird die Übertragung gewissermaßen fraktioniert angeregt, so daß die Problematik Patient und Therapeut nicht wie Wassermassen aus einem geborstenen Damm überschwemmt.
Als Grundkonflikt gilt dabei nicht nur das Geschehen in einer kritischen Phase der frühen Kindheit, sondern vielmehr alle Ereignisse, die zum Hintergrund des aktuellen Konfliktes beigetragen haben. Der Patient erfährt, daß sein problematisches Verhalten auf einer Kette von Lernprozessen beruht, also seine eigene Tradition hat. Indem die Entwicklungsgeschichte seines Konfliktes eingekreist wird, erlebt der Patient ihn nicht mehr in gleichem Maße als bedrohend und fremd.
Verbunden mit dieser Differenzierung ist eine emotionale Entlastung: Das Problem kann sachlich angegangen werden. Im Vordergrund stehen die individuelle Tradition als Tradition der Aktualfähigkeiten und Medien, der Konzepte und Mißverständnisse, wie auch die Tradition der Persönlichkeit in ihrer geschichtlich-gesellschaftlichen Situation. Damit wird der Zusammenhang zwischen der aktuellen Konfliktsituation und den Entstehungsbedingungen transparent, soweit sie der Erinnerung des Patienten zugänglich sind.
Durch das fraktionierte Vorgehen werden Assoziationen hervorgerufen und Erinnerungen freigelegt, die vorher im Erleben des Patienten als randständig erschienen, der Verdrängung unterlagen und die ihm nicht mehr unmittelbar zugänglich waren. Es vollzieht sich somit eine Art Umstrukturierung, bei der auch die Ereignisse, Einstellungen und Bewertungen ins Licht des Bewußtseins gerückt werden, die aufgrund der einseitigen neurotischen Orientierung des Patienten lange Zeit im Schatten lagen. Der Patient lernt, mit seiner Vergangenheit umzugehen und diese seine einzigartige Vergangenheit als Spiegel seiner Gegenwart und Zukunft zu begreifen.

Grundkonflikt des Partners

Neben dem Grundkonflikt des Patienten kann auch ein spezieller Grundkonflikt seines Konfliktpartners mitherangezogen werden. Das Verhalten des Partners wird nicht nur als faktische Gegebenheit gesehen, sondern auf seine Hintergründe hin befragt. Wir suchen nach plausiblen Erklärungen für sein Verhalten. So werden bestehende Mißverständnisse relativiert, die auf Fehlinterpretationen im Sinne von Identifikation, Projektion oder Generalisierung beruhen:
Warum verhält sich mein Partner so? Um mir zu zeigen, daß ich nichts mehr wert bin? Daß er mich nicht mehr liebt? Daß er einen anderen Partner hat, dem ich unterlegen bin? Will er mich loswerden? Dokumentiert er bloß seine eigene Liebesunfähigkeit? Seine Ungebildetheit? Sein mangelhaftes Einfühlungsvermögen? etc.
Frau Ute S. stellte sich als Begründung für das unpünktliche Verhalten ihres Mannes vor: »Er will mich loswerden, er will mich verrückt machen.« Aufgrund dieser Vorstellung hatte ein behandelnder Kollege den Verdacht auf »Verfolgungswahn« geäußert.
Der Ehemann der Patientin wurde in der siebten Sitzung in die Psychotherapie miteinbezogen. Die Patientin war bei dieser Sitzung nicht anwesend. Der Ehemann betrat das Behandlungszimmer betont aggressiv und wehrte gleich von Anfang an mögliche therapeutische Versuche ab.

Ehemann: »Ich weiß nicht, was ich hier soll. Ich habe meinen Beruf. Was habe ich hier mit den Depressionen meiner Frau zu tun? Ich halte alles für Unsinn. Wenn sich meine Frau ein bißchen zusammenreißen würde, ginge es auch so.«
Therapeut: »Sind Sie der Ansicht, daß Sie mit den Depressionen Ihrer Frau überhaupt nichts zu tun haben?«
Ehemann: »Aber sicher!«
Therapeut: »Ich möchte Ihnen eine kleine Geschichte erzählen:

Die geteilten Pflichten

»Ich halte es nicht mehr aus. Die Pflichten sind wie Berge, die ich nicht mehr von der Stelle rücken kann. Am frühen Morgen muß ich dich wecken, den Haushalt ordnen, die Teppiche säubern, die Kinder beaufsichtigen, auf dem Basar einkaufen, dir abends deine geliebte Reisspeise kochen und dich schließlich nachts noch verwöhnen.« So sprach eine Frau zu ihrem Mann. An einem Hühnerschenkel kauend, meinte dieser bloß: »Was ist schon dabei. Alle Frauen machen das gleiche wie du. Da hast du es doch gut. Während ich die Verantwortung trage, sitzt du doch zu Hause herum.« »Ach«, jammerte die Frau, »wenn du mir doch ein bißchen helfen könntest.« In einem Anfall von Großmut stimmte der Mann schließlich dem folgenden Vorschlag zu: Während die Frau für alles, was im Hause geschehe, zuständig sein sollte, wollte er die Aufgaben außerhalb des Hauses übernehmen.

Diese Teilung der Pflichten ließ das Ehepaar über längere Zeit hinweg zufrieden zusammen leben. Eines Tages saß der Ehemann nach getätigtem Einkauf mit Freunden in einer Kaffeestube und rauchte zufrieden die Wasserpfeife. Ein Nachbar stürmte plötzlich herein und rief aufgeregt: »Komm schnell, dein Haus brennt.« Der Mann zog genüßlich an dem Mundstück der Wasserpfeife und meinte dann mit wunderbarem Gleichmut: »Sei so nett und sag es meiner Frau, denn schließlich ist sie für alles, was im Haus geschieht verantwortlich. Ich bin nur für den Außendienst zuständig« (persische Geschichte).

Ehemann: »Lustig, lustig. Märchen habe ich schon lange nicht mehr gehört. Ich sage Ihnen was: Ich habe so viel um die Ohren und muß so viel schaffen, daß ich für kaum etwas anderes mehr Zeit habe. In Kaffeehäusern sitze ich auf keinen Fall rum. Aber in einer Sache haben Sie recht. Bei uns brennt tatsächlich das Haus. Mich macht es jedenfalls fertig, wenn ich nach Hause komme und meine Frau hängt nur herum wie ein Trauerkloß.«

Damit war das Eis gebrochen. Er, der stahlharte Leistungstyp hatte zugegeben, daß ihm die Krankheit seiner Frau ebenfalls Schwierigkeiten bereitete. Dies legte die Gesprächsbasis für eine weitere Zusammenarbeit, in der er immer mehr die Patientenrolle übernehmen sollte und für sich selbst Krankheitseinsicht gewann.

Der Ehemann assoziierte, nachdem er allgemein über seine Sicht der Probleme gesprochen hatte, zu den Bereichen ›Pünktlichkeit‹ und ›Ordnung‹. Er betonte immer wieder, daß er eigentlich gar nicht zu spät kommen wolle. Es sei für ihn zu einem echten Problem geworden, daß er nie genau wisse, wann er nach Hause kommen kann:

»Mir geht es in der Zwischenzeit schon so, daß ich meiner Frau sage, ich würde schon früher kommen, um bloß nicht ihre Enttäuschung zu sehen, daß ich voraussichtlich wieder so lange beschäftigt bin. Ich stehe richtig unter einem Leistungsdruck. Meine Frau fragt mich fortwährend, wann kommst du? Und um sie nicht zu enttäuschen, gebe ich einen Zeitpunkt an, den ich nur dann einhalten könnte, wenn nichts dazwischenkommt.«

Auf den Grundkonflikt angesprochen berichtete er: »Ich bewundere meine Mutter, wie perfekt sie ihren Haushalt führt. Sicher, das ist mir manchmal ganz schön auf die Nerven gegangen. Als wir klein waren, wurden wir alle mit Staublappen bewaffnet, und unsere Mutter ist gekommen und hat noch geprüft, ob wir ordentlich Staub gewischt haben. Aber selbst wenn ich mich dagegen manchmal aufgelehnt habe, muß ich gestehen, daß sie recht hatte: Staub ist etwas Schreckliches, und wenn es in der Wohnung ausschaut wie Kraut und Rüben, kann man sich da einfach nicht wohl fühlen (. . .) Diesen Pünktlichkeitsfanatismus meiner Frau kann ich manchmal nicht verstehen. Sicherlich, Pünktlichkeit ist wichtig, aber man muß sich für besondere Sachen mehr Zeit nehmen (. . .) Meine Mutter war eigentlich chronisch unpünktlich. Immer fand sie irgend etwas anderes, was sie im Haushalt tun konnte, daß sie bestenfalls noch im letzten Augenblick zu irgendwelchen Veranstaltungen kam. Manchmal war das direkt peinlich, weil wir zu spät kamen und zum Beispiel ins Theater nicht eingelassen wurden. Dies hatte zur Folge, daß wir auch wenig gemeinsam planten.

Mein Vater hatte sich damit eigentlich ganz gut abgefunden. In der Schule kam ich auf die letzte Minute und war sehr stolz darauf. Eine Minute zu früh ist schließlich genauso unpünktlich wie eine Minute zu spät. Was ich nicht mag, ist, auf andere zu warten, zum Beispiel eine halbe Stunde im Kino, bevor es anfängt, oder meinetwegen auf dem Bahnhof, bis der Zug endlich kommt. Weil ich das nicht ausstehen konnte, bin ich immer in der letzten Minute gekommen, und nicht selten habe ich dann vom Zug nur noch die Schlußlichter gesehen. Ich kann es auch nicht ausstehen, wenn meine Frau schon stundenlang vorher fertig ist. Ich habe schon versucht, ihr den Pünktlichkeitsfimmel abzugewöhnen und bin deswegen manchmal absichtlich zu spät gekommen und habe sie warten lassen. Aber das hatte auch keinen Zweck gehabt (. . .) Manchmal habe ich wirklich einen echten Zorn auf sie. Ich finde das so einengend, wenn ich auf die Minute da sein muß und schließlich noch Vorwürfe kassiere dafür, daß ich durch meine Arbeit den Lebenstandard meiner Familie steigern möchte . . .«

Diese Aussagen sind nur Bruchstücke aus den Ausführungen des Ehemannes. Aus ihnen geht hervor, daß er eine Reihe von Konzepten besaß, die bei den Konzepten der Patientin mit an Sicherheit grenzender Wahrscheinlichkeit zu Mißverständnissen und Konflikten führen mußten und die zum Gegenstand der nachfolgenden Therapie werden konnten. Diese Erhebung beim Konfliktpartner soll mehr noch als die persönlichen Konfliktdispositionen die tatsächlichen Mißverständnisse und Interaktionsschwierigkeiten aufhellen. Das Verständnis der Motive des Partners wird im Gespräch mit dem Patienten durchgearbeitet. Ziel ist, die oft für eindeutig gehaltenen Zusammenhänge zwischen Verhalten und Motiv im Erleben des Patienten auf ihren Realitätsbezug hin zu befragen und Fixierungen abzubauen.

Therapeutische Aspekte auf der Stufe der Inventarisierung

Der Akzent liegt hier stärker auf der Stufe der Unterscheidung, wobei sich der Patient jederzeit der Verbundenheit mit dem Therapeuten bewußt sein muß. Der Patient wird in die Handhabung des DAI eingewiesen und erhebt es wahlweise für sich, seinen Konfliktpartner, Bezugspersonen seiner Kindheit und für seine eigene Vergangenheit. In der therapeutischen Sitzung besteht die Aufgabe vor allem darin, die Lernvergangenheit hinsichtlich der einzelnen Aktualfähigkeiten und Medien abzuklären sowie dem Patienten Hintergründe der Konzepte und Mißverständnisse durchschaubar zu machen. Mit der Abklärung des DAI des Partners und dessen Bedingungen können Mißverständnisse (Identifikation, Projektion, Generalisierung), die symptomatischen Charakter haben, abgefangen werden. Es geht hier vor allem um die konfliktbeteiligten Einstellungen.

Die Einstellungen, die für den Patienten in der Regel unveränderbar und persönlichkeitsgebunden erscheinen, werden auf ihre lebensgeschichtlichen Voraussetzungen hin relativiert. Neben dem Prozeß der Bewußtma-

chung, des Auffüllens von Erinnerungslücken und des Wiedererlebens der eigenen Entwicklungsgeschichte wird ein weiterer Prozeß eingeleitet: Indem die konfliktträchtigen, leidensdruckerzeugenden Einstellungen und Verhaltensweisen auf ihre Voraussetzungen hin befragt werden, kann der Patient zunehmend über sie verfügen; er lernt, daß sein Konflikt beeinflußbar ist, genauso wie er im Verlauf der Lebensgeschichte gebildet worden war. Diese Stufe ist somit eine wesentliche Voraussetzung für die weitere Therapie, die das Lernziel verfolgt, konfliktbesetzte Verhaltensbereiche (Aktualkonflikt: Gegenwart) als lebensgeschichtlich bedingt (Grundkonflikt: Vergangenheit) und veränderbar (Zukunft) zu begreifen. Die Erforschung der Vergangenheit ist also nicht Selbstzweck. Sie orientiert sich vielmehr an der aktuellen Konfliktsituation.
Mit der Inventarisierung werden die im Erleben des Patienten bzw. seines Partners als positiv und negativ bewerteten Eigenschaften erfaßt. Die Differenzierung, die der Therapeut im Erstinterview vor allem aus diagnostischen Gründen erarbeitet hat, wird vom Patienten nachvollzogen und im therapeutischen Gespräch unter Einbeziehung des spezifischen Grundkonfliktes vertieft. Schwerpunkt der Behandlung ist auf dieser Stufe die Erweiterung der Unterscheidungsfähigkeit (kognitiv) und die Herstellung einer hinreichenden emotionalen Resonanz dieser Unterscheidungen (emotional).

Selbsthilfe in der Stufe der Inventarisierung

Übertragen Sie Ihre Beobachtungen in das Differenzierungsanalytische Inventar (DAI). Signieren Sie die positiv ausgeprägten Fähigkeiten mit (+) und die negativen mit (−). Das Inventar wird für Sie erst dann richtig verständlich, wenn Sie zu jeder einzelnen Aktualfähigkeit kurze Angaben darüber machen, wo, wann, wie oft und wem gegenüber das Verhalten auftritt. Füllen Sie wie für den Partner auch ein DAI für sich selber aus: Bewerten Sie Ihre eigenen Aktualfähigkeiten! Finden Sie die konflikthaft ausgeprägten Aktualfähigkeiten heraus; einmal für den Partner, zum anderen für sich selber und schließlich für den Vergleich der beiden Profile der Aktualfähigkeiten.
Zentrale Aktualfähigkeiten und Medien: Gerechtigkeit, Vertrauen – Zutrauen, die konfliktbeteiligten Aktualfähigkeiten, Verstand, Tradition, Phantasie.
Beachte Mißverständnisse: Projektion, Identifikation, Generalisierung, Relativität der Werte, Gerechtigkeit – Liebe.
Mythologien und Konzepte: ›Geteilte Gebote‹ (S. 290); »Schatten auf der Sonnenuhr« (S. 48); »Die geteilten Pflichten« (S. 295).

3. Stufe: Situative Ermutigung

Auf der Stufe der situativen Ermutigung wird der Patient unmittelbar als Therapeut seiner Umgebung, speziell seines Konfliktpartners, eingesetzt. Somit ist auch hier das Vorgehen patientenzentriert. Die psychotherapeutische Situation erhält von daher ihre besonderen Aufgaben. Sie bestehen zunächst darin, zusammen mit dem Patienten die Grundläge für die *situative Ermutigung* zu erarbeiten und das *aktuelle Fähigkeitenpaar* herauszufinden. Die Inhalte der situativen Ermutigung beziehen sich auf die Aktualfähigkeiten wie auch auf die Medien der Grundfähigkeiten. Jeder Mensch verfügt über eine Anzahl positiver Eigenschaften, die oft deshalb nicht bestätigt werden, weil sie für selbstverständlich angesehen werden oder weil man fürchtet, daß die Bestätigung hinsichtlich dieser Eigenschaften das Machtverhältnis verrücken könnte, den anderen zum Übermut verleiten und einem selber Schaden zufügen könnte.
Wir können jetzt damit beginnen, den anderen, statt ihn zu kritisieren, zu ermutigen, wenn er unserer Ansicht nach etwas gut und richtig gemacht hat. Es reicht nicht, allgemein festzustellen: »Du bist ein netter Mensch« oder »Ich liebe dich«, »Du hast schöne Augen«. Solche Feststellungen haben zumeist keinen konkreten Bezug. Es kommt vielmehr darauf an, konkretes Verhalten zu verstärken. Die Ermutigung sollte unmittelbar auf die jeweilige Situation bezogen (a) inhaltlich, (b) sofort und (c) kurz nach dem positiven Verhalten erfolgen.

Frau Ute S. klagte: »Mein Mann traut sich nicht, was Gutes zu sagen. Wenn er es endlich einmal über die Lippen bekommt, dann erst einige Tage später. Und dann kann ich mit dem Lob nichts mehr anfangen, weil ich ja gar nicht weiß, worum es sich damals gehandelt hat.«

In der ersten Zeit wird Ermutigung bei jedem Auftreten der gewählten positiven Verhaltensweisen als »Verstärkung« gegeben, später nur noch nach jedem zweiten, dritten, vierten Male, schließlich unregelmäßig. Sie kann verbal, also über das Mittel der Sprache oder nonverbal über den Ausdruck, die Mimik und die nichtsprachliche Zuwendung erfolgen. Ein Beispiel für verbale Ermutigung: »Ich finde es ausgezeichnet, daß Sie es geschafft haben, trotz Ihrer Arbeit pünktlich zu kommen.«
Die nonverbale Ermutigung spricht den Partner von einer anderen Seite an: Man nickt ihm zu, lächelt ihn an, drückt ihm die Hand, legt den Arm auf seine Schulter, umarmt ihn. Alle diese Verhaltensweisen können einen sehr intensiven Ausdruck von Ermutigung enthalten. Auch hier ist zu entscheiden, welche Form der Ermutigung wem gegenüber gewählt werden soll. Solche Entscheidungen können nicht generell gefällt werden. So ist es zwar in der Regel in den westlichen Kulturkreisen nicht üblich,

von der Pubertät an seine Eltern zu umarmen. Dennoch kann diese Geste wie ein Wundermittel wirken. Als Leitlinie kann abgeklärt werden, auf welche Medien der Erkenntnisfähigkeit der Partner am besten anspricht. Die Formen der verbalen oder nonverbalen Ermutigung werden in der therapeutischen Situation durchgesprochen und können in ihren Grundzügen eingeübt werden.

Der Prozeß der »Ermutigung« gerät nicht selten in Gefahr, diffus, unübersichtlich und damit im weiteren Verlauf ineffizient zu werden. Ein Ermutigungsplan kann diese Entwicklung vermeiden helfen. Die im DAI protokollierten Beobachtungen dienen dabei als Unterlage. Wir zeigen das konkrete Vorgehen am Beispiel der Frau Ute S.

Zusammenstellung der Extrembeurteilungen

Zur selektiven Ermutigung schreibt der Patient sich die drei besonders extrem positiv und negativ bewerteten Fähigkeiten des eigenen DAI, geordnet nach dem Grad ihrer Ausprägung, heraus und stellt sie gegenüber:

Positiv (+)	Negativ (−)
1. Pünktlichkeit	1. Kontakt
2. Höflichkeit	2. Vertrauen/Hoffnung
3. Gerechtigkeit	3. Geduld/Zeit

Extrembeurteilung aus dem DAI der Patientin

Eine entsprechende Gegenüberstellung erfolgt für das DAI des Konfliktpartners:

Positiv (+)	Negativ (−)
1. Ordnung	1. Pünktlichkeit
2. Fleiß/Leistung	2. Gerechtigkeit
3. Kontakt	3. Zeit

Extrembeurteilung aus dem DAI des Ehemannes

Das aktuelle Fähigkeitenpaar

Es hat sich als ungünstig erwiesen, gleichzeitig auf alle extrem beurteilten positiven und negativen Verhaltensweisen einzugehen. Durch eine solche Methode würde die Bezugsperson unsicher und der Lerneffekt beim Partner erschwert. Daher empfiehlt es sich bei einer situativen Ermutigung des Partners, aus den sechs Extrembeurteilungen seines DAI das

Paar von positiv und negativ ausgeprägten Fähigkeiten herauszugreifen, das aufgrund seiner aktuellen Bedeutung als am wichtigsten erscheint. Für Frau S. war das zum damaligen Zeitpunkt das Paar: ›Ordnung‹ (+), ›Pünktlichkeit‹ (−).

Die korrespondierende Fähigkeit

Dem Konfliktpotential, das der Partner erzeugt hat, entspricht ein korrespondierendes Potential bei dem Patienten. Der Ehemann von Frau Ute S. war unpünktlich. Dieser Eindruck entstand vor dem Hintergrund der betonten Pünktlichkeitsforderung von Frau S., ihrer Schwierigkeit, verplante Zeit neu einzuteilen, geduldig zu warten und als Alternative zum Warten selbst soziale Kontakte zu pflegen. Frau S. erschien die Zeiteinteilung als der Bereich, welcher der Unpünktlichkeit des Ehemannes am nächsten stand:

»Wenn ich bloß etwas mit der Zeit anfangen könnte, die mein Mann mich warten läßt. Ich denke dann an nichts anderes als an das Warten.«

Die Aktualfähigkeit ›Zeit‹ wurde daher als korrespondierende Fähigkeit ausgewählt. Die Patientin sollte zusammen mit der situativen Ermutigung versuchen, Alternativen zu ihrer Zeiteinteilung zu finden. Es ergab sich folgende Darstellung, welche die Patientin auf einer Karte festhielt:

Partner Aktuelles Fähigkeitenpaar:	Ordnung (+++)/Pünktlichkeit (−−−)
Patientin Korrespondierende Fähigkeit:	Zeit (+−)

Unter Umständen braucht der Weg über die korrespondierende Fähigkeit, auf die der Patient sensibilisiert ist, nicht eingeschlagen zu werden. In diesem Fall kommt es darauf an, daß die als positiv bewerteten Verhaltensweisen unmittelbar verstärkt werden.
Im Gegensatz zur Verhaltenstherapie liegt hierbei der Schwerpunkt nicht auf der Löschung des kritischen Verhaltens, sondern vielmehr auf der Änderung eingefahrener Kommunikationsmuster, der Förderung des Vertrauens zwischen den Partnern und der Einstellungsänderung auf seiten des Patienten. Als Leitsatz gilt: Das Positive wird sofort und unmittelbar bestätigt; über das Negative wird in diesem Abschnitt nicht gesprochen (statt dessen wird es aufgeschrieben). In ähnlicher Weise können nacheinander andere Fähigkeiten thematisiert und durchgearbeitet werden.

Praxis der situativen Ermutigung

In einem Zeitabschnitt von wenigstens drei Tagen bis höchstens einer Woche wird das positive Verhalten des Partners ermutigt, das er im Hinblick auf das aktuelle Fähigkeitenpaar zeigt. Das in den Augen des Patienten negative Verhalten des Partners wird nicht kritisiert, sondern dem Partner gegenüber vorerst ignoriert. Dieses Vorgehen bezweckt mehr als die gezielte Ausprägung eines neuen Verhaltens. Es zielt auch auf eine Einstellungsänderung seitens des Patienten und seines Partners, der sich plötzlich in einem Bereich akzeptiert fühlen kann, der zuvor fast wie selbstverständlich hingenommen wurde. Dieses Vorgehen widerspricht dem konventionellen Vorgehen. Üblich ist es, die Bereiche zu ermutigen, in denen sich ein Partner bereits kritischer verhält. So ermutigt man den Partner, über den man sich früher wegen seiner Unordnung ärgerte, weil er darangegangen ist, auf seinem Schreibtisch Ordnung zu machen. Durch dieses Lob wird der Partner darauf aufmerksam, daß es auch angenehm sein kann, wenn er Ordnung macht: Er wird ermutigt und verbindet schließlich sein Ordnungsverhalten – zunächst nur als Ordnung auf dem Schreibtisch – mit einer positiven Gefühlsqualität. Diese Form der Ermutigung hat sich, wie die Lerntheorie zeigt, als sehr wirksam erwiesen.
Von der Vielzahl der Fähigkeiten eines Menschen werden jedoch nur relativ wenige »kritisch«. Aus diesem Grunde hätte man nur wenige Möglichkeiten zu ermutigen. Darunter jedoch leidet das Verhältnis zum Partner, das u. a. auf solche Ermutigungen angewiesen ist. Zudem tun wir dem Partner in solchen Fällen unrecht: Wir halten seine positiven Eigenschaften für selbstverständlich und häufig für keiner Erwähnung wert. Jedoch: Was für uns nichtig ist, ist für den Partner wichtig. Aus diesem Grunde bezieht sich die situative Ermutigung nicht nur auf das kritische Verhalten, sondern auch positiv auf das selbstverständliche Verhalten.
Es erscheint zunächst paradox, einen Menschen, mit dem man Probleme hat, zu ermutigen. Frau Ute S. drückte dies sehr klar aus:

»Ich muß ja verrückt sein, wenn ich meinen Mann auch noch ermutige. Erstens sehe ich ihn kaum, und zweitens geschieht es ihm recht, wenn ich ihm seine Fehler unter die Nase reibe.«

Die Patientin weigerte sich in dieser Phase der Therapie einfach, die positiven Eigenschaften ihres Ehemannes überhaupt zu sehen, geschweige denn, ihn zu ermutigen. Ich wies die Patientin auf die folgende Geschichte hin:

Die Krähe und der Pfau

Im Park des Palastes ließ sich eine schwarze Krähe auf den Ästen eines Orangenbaumes nieder. Auf dem gepflegten Rasen stolzierte ein Pfau. Die Krähe krächzte: »Wie kann man überhaupt einem solch merkwürdigen Vogel gestatten, diesen Park zu betreten. Er schreitet so arrogant, als wäre er der Sultan persönlich, und dabei hat er doch ausgesprochen häßliche Füße. Und sein Gefieder, in was für einem häßlichen Blau! Eine solche Farbe würde ich nie tragen. Seinen Schweif zieht er hinter sich her, als wäre er ein Fuchs.« Die Krähe hielt inne und schwieg abwartend. Der Pfau sagte eine Zeitlang gar nichts, dann begann er wehmütig lächelnd: »Ich glaube, deine Aussagen entsprechen nicht der Wirklichkeit. Was du an Schlechtem über mich sagst, beruht auf Mißverständnissen. Du sagst, ich bin arrogant, weil ich meinen Kopf aufrecht trage, so daß meine Schulterfedern sich sträuben und ein Doppelkinn meinen Hals verunziert. In Wirklichkeit bin ich alles andere als arrogant. Ich kenne meine Häßlichkeiten, und ich weiß, daß meine Füße ledern und faltig sind. Gerade dies macht mir soviel Kummer, daß ich meinen Kopf hoch trage, um meine häßlichen Füße nicht zu sehen. Du mißdeutest das als Arroganz. Du siehst auch nur meine Häßlichkeiten. Vor meinen Vorzügen und meiner Schönheit verschließt du die Augen. Ist dir das nicht schon aufgefallen? Was du häßlich nennst, bewundern die Menschen an mir« (nach P. Etessami).

In der achten Stunde berichtete die Patientin, es falle ihr schwer, ihren Mann zu ermutigen oder zu loben, obwohl sie es gern wolle:

»Es fällt mir so schwer!«
»Irgendwie stolpere ich über meine eigenen Worte. Ich habe mich beobachtet, daß es mir relativ schwerfällt, zu ermutigen und zu loben; besonders, wenn ich es mir vornehme, habe ich ungeheure Hemmungen. Ich habe Ermutigungsversuche bei meinem Mann vorgenommen. Er ist sehr fleißig und ordentlich. In der letzten Woche habe ich es geschafft, ein paar Belobigungen über meine Lippen zu bringen. Ich muß feststellen, daß ich eher dazu neige, Negatives hervorzuheben und mit Ermutigungen zu sparen.«

Zum Abbau dieses Widerstandes wurde der Grundkonflikt unter dem Aspekt von Lob und Tadel thematisiert:

»Ich bin auf Lob angewiesen!«
»Als Kind wurde ich von meiner Mutter eigentlich selten gelobt. Fremden gegenüber schwärmte sie zwar für mich; sie erzählte, wie tüchtig ich in der Schule sei und was ich sonst noch alles könne. Mir gegenüber hob sie jedoch fast immer nur Negatives hervor. Einmal sagte sie sogar: ›Ich möchte dich nicht geschenkt, und wenn du mit Gold behangen wärst. Aber du bekommst sicher auch deine Strafe.‹ Das hat mich tief gekränkt. Sie gab mir immer meine Freundinnen als Vorbild (sie seien aufgeschlossener, freundlicher, ordentlicher usw. als ich). Es klang immer wieder durch, daß ich allein gar nicht mit diesem Leben und der Welt fertig würde. Eine Parallele dazu finde ich bei der Beurteilung meines Mannes. Anderen gegenüber erwähne ich immer die

positiven Seiten, ihm gegenüber spare ich mit Lob, erwähne nur mal etwas Negatives. Da ich als Kind wenig gelobt wurde, war ich sehr darauf angewiesen, Anerkennungs- und Liebesbeweise zu erhalten. Ich fiel auch immer (gerade als junger Mensch) schnell auf nach außen hin nette Menschen herein.«

In den folgenden zwei Sitzungen berichtete die Patientin, daß ihr das Lob positiver Verhaltensweisen immer leichter falle.

»Ich kann feststellen, daß in der letzten Zeit mein Selbstbewußtsein gewachsen ist und ich nicht mehr so stark wie früher von der Meinung und Zuneigung anderer abhängig bin. Ich habe die Erfahrungen gemacht, wenn ich zu mir selbst und zu anderen Menschen nett bin, kommt die Zuneigung automatisch zurück.«

Hier wird deutlich, daß die Stufe der situativen Ermutigung die beiden anderen Stufen, der Beobachtung/Distanzierung und der Inventarisierung, zur Voraussetzung hat. Der Patient kann erst in dem Augenblick sinngemäß und ihm selbst annehmbar ermutigen, wenn er weiß, daß sein Partner über positive Fähigkeiten verfügt und welches diese positiven Fähigkeiten sind, die er anerkennen kann. Ob wir einen Partner ermutigen können, ist nicht immer unserer freien Entscheidung anheimgestellt. Vielmehr verbergen sich hinter der Art und Weise, wie wir auf das Verhalten unseres Partners eingehen, Erfahrungen darüber, wie wir selber mit Ermutigungen und Entmutigungen umzugehen gelernt haben. In diesem Zusammenhang findet sich immer wieder eine besondere Familientradition, welche dem Optimismus oder dem Pessimismus bzw. der Ermutigung oder Entmutigung einen eigenen Stellenwert zuordnet.

Positives Programm

Es ist fast typisch für viele Menschen, einseitige Konzepte in der Wahrnehmung und Beurteilung ihrer Umgebung zu verwenden. Sie gehen vom Negativen aus und setzen allenfalls stillschweigend die positive Version voraus. Im Erleben ist diese Haltung begleitet durch das Gefühl, das pessimistische Konzept gäbe die Wirklichkeit exakt wieder. Dementsprechend vertreten sie dieses Konzept mit dem Gefühl der Gewißheit, während sie optimistischeren Sichtweisen der gleichen Angelegenheit skeptisch gegenüberstehen, mit der Begründung, sie seien doch nur Selbstbetrug und Lebenslüge. Dabei dient vor allem die negative Einstellung als Schutz vor Enttäuschungen und Mißerfolgen, denen man deshalb nicht mehr bedingungslos ausgeliefert sei, weil man sie ja vorausgesehen habe. Es setzt somit eine Strategie der Mißerfolgsmeidung durch Pessimismus und Zweifel ein, die etwa vergleichbar ist mit der Taktik, aus Angst vor dem Tode, Selbstmord zu begehen.
Auf der Stufe der situativen Ermutigung versuchen wir, das negative Konzept des Patienten zu überschreiten und ihm alternative Interpreta-

tionen seines Konflikts an die Hand zu geben. Er probiert aus, ob sie für ihn gangbar und akzeptabel sind oder nicht. Therapeutisch wird damit einer negativistischen Verallgemeinerung entgegengewirkt, die alles in einen Topf wirft und damit alles ungenießbar macht. Die positive Interpretation eines Verhaltens wird, ebenso wie die negative, einzelnen mehr oder minder im Vordergrund stehenden Aspekten der Wirklichkeit gerecht. So in der folgenden Geschichte:

Mullah in der fremden Stadt

Mullah, ein Prediger im alten Orient, war tagelang durch eine Sandwüste gezogen und kam schließlich vollkommen erschöpft und hungrig wie ein Löwe in den Basar einer fremden Stadt. Er stürzte sich in den Laden eines Zuckerbäckers und begann, sich einen Honigkuchen nach dem anderen in den Rachen zu schieben. Der Bäcker, der befürchtete, der Mullah werde ihm seinen ganzen Laden leer essen, verlangte Geld. Der Mullah gab ihm zu verstehen, daß er keinen »Schahi« mehr besitze, und aß unverdrossen weiter. Solche Frechheit konnte sich der Bäcker nicht gefallen lassen. Er nahm sich einen Besen und drosch mit dessen Stiel auf den Rücken des Mullah. Der ließ sich jedoch nicht stören, steckte sich weiter einen Honigkuchen nach dem anderen in den Mund und sagte mit vollen Backen: »Die Menschen in dieser Stadt sind sehr hilfsbereit und höflich. Sie zwingen einen durch Schläge, ihre Herrlichkeiten zu essen« (orientalische Geschichte).

Dieses Vorgehen entspricht in seinen Grundzügen der situativen Ermutigung: die bestehenden negativen Interpretationen durch andere, positive, zu ergänzen.

Psychoserum: Mit der Inventarisierung leiteten wir einen Bewußtmachungsprozeß ein. Der Patient gewinnt Einsicht in seine meist für selbstverständlich gehaltenen Verhaltensketten. Zumindest von seiner Einsicht her hätte er die Möglichkeit, sich von den konflikthaften Einstellungen und Verhaltensmustern zu distanzieren und Abstand zu gewinnen. Mithin muß die Bedeutung der reinen, intellektuellen Einsicht mit Vorsicht beurteilt werden.

Luria (1974) z. B. stellte fest, daß Einsicht allein noch keine hinreichende Bedingung für eine Verhaltensänderung sei, durchaus im Sinne des Wortes: »Der Geist ist willig, aber das Fleisch ist schwach.« Dieser Satz gilt besonders in der Psychotherapie, wo es darum geht, sich von seinen Gewohnheiten zu verabschieden.

Luria fand in seiner Untersuchung, daß seine Versuchspersonen nur dann Konsequenzen von Einsicht zeigten, wenn diese Einsicht mit einem inneren Befehl verbunden war. Diesen Sachverhalt können wir in der Stufe der situativen Ermutigung therapeutisch nutzen. Hilfreich erweisen

sich hier suggestive Verfahren. Zur Erklärung möchte ich auf eine allgemeine Erfahrung zurückgreifen: Wenn wir vor einer schwierigen Aufgabe stehen, ist es uns nicht gleichgültig, wie die anderen reagieren. Wenn uns jemand in dieser Situation vollkommen überzeugt und nicht nur oberflächlich sagt: »Du wirst deine Aufgabe schaffen, ich weiß es bestimmt«, dann dürfte dies anders wirken, als wenn dieselbe Person sagt: »Du kannst dir soviel Mühe geben, wie du magst, daß du die Aufgabe lösen kannst, wage ich zu bezweifeln.«
Wir sehen also, daß diese Aussagen einmal motivierend und unter anderen Bedingungen dysmotivierend wirken können. Entsprechendes machen wir uns mit Suggestion und Hypnose zunutze. Im Rahmen dieser Vorgehensweisen können gewisse Inhalte dem emotionalen Erleben des Patienten nähergebracht werden. Es geht dabei vor allem um Alternativen zu dem konflikthaft gewordenen Grundkonzept, welches sich auf das gesamte Verhalten oder auf einzelne Aktualfähigkeiten beziehen mag. Ein solches Alternativkonzept nennen wir *Psychoserum.* Das Psychoserum ist eine formelhafte Verkürzung von Ziel- und Sinnvorstellungen, die darauf abgestimmt sind, dem Patienten eine Korrektur der konflikthaft besetzten Verhaltensweisen zu ermöglichen und einen Willensimpuls zu vermitteln, der eine Verhaltensänderung erleichtert.
Während das Autogene Training (nach J. H. Schultz) oder die gestufte Aktivhypnose (nach Kretschmer und Langen) eine Anzahl allgemeiner Aussagen wie »Mut, Zuversicht und Selbstvertrauen« als Vorsatzformel verwendet, kann anhand des Differenzierungsanalytischen Inventars eine individuell angemessene Auswahl konfliktspezifischer Inhalte – ausgedrückt in Aktualfähigkeiten – getroffen werden. Der Patient, der im Verlauf der bisherigen Therapie auf mangelnde Unterscheidungen hin sensibilisiert und für den der individuelle Bedeutungsgehalt der einzelnen Fähigkeiten aufgeschlossen wurde, kann hier auf spezifische Weise angesprochen werden. Die Aktualfähigkeiten eignen sich als Inhalte des Psychoserums vor allem dadurch, daß sie als »Reizwörter« vorgeprägt und allgemein verständlich sind. Was sie in dem besonderen Fall zu bedeuten haben, wird vorher mit dem Patienten durchgearbeitet.

Frau S. erwartete, daß ihr Ehemann sofort, wenn möglich noch vor dem vereinbarten Termin kommen müsse, und begab sich mit dieser Erwartung in eine starke emotionale Abhängigkeit. Mehrere Tage ohne den Ehemann zu sein oder allein ohne Familie in den Urlaub zu fahren, hätte einen zu großen Spannungsbogen bedeutet und die Patientin überfordert. Sie wagte nicht, über größere Zeiträume zu hoffen.

Das Psychoserum lautete daher:

Psychoserum:	Lerne zu unterscheiden zwischen Erwartung und Hoffnung

Weitere Beispiele für Psychoseren:
»Lerne zu unterscheiden zwischen Ordnung und Geduld« (bei Erziehungsschwierigkeiten, die sich an der Unordnung des Kindes und den betonten Ordnungsvorschriften der Mutter entzünden).
»Lerne zu unterscheiden zwischen Vertrauen und Zutrauen« (bei Erziehungs-, Partnerschafts- und sozialen Schwierigkeiten).
»Lerne zu unterscheiden zwischen Liebe und Gerechtigkeit« (bei einem Patienten, der sich für die Untreue seiner Frau revanchieren möchte).
»Lerne zu unterscheiden zwischen angeboren und erworben« (Ehefrau, welche die Hoffnung aufgegeben hat, daß sich die »angeborene Unpünktlichkeit« ihres Mannes jemals bessern wird).
»Lerne zu unterscheiden zwischen bedingtem und bestimmtem Schicksal« (Patientin, die über den Tod ihres Kindes nicht hinwegkam).
Neben diesen Unterscheidungspsychoseren gibt es Integrationspsychoseren:
»Lerne zu integrieren Vergangenheit, Gegenwart und Zukunft« (bei einer 56jährigen Patientin, die bei depressiver Grundstimmung verkrampft versuchte, ihre Jugenderlebnisse wiederzubeleben).
Als Verhaltensintention legt das Psychoserum eine Modifikation des eigenen Konzeptes nahe und unterstützt die Bahnung des Alternativverhaltens. Als suggestive Vorsatzformel wird das Psychoserum im Anschluß an suggestive Verfahren dargeboten. Bewährt haben sich das Autogene Training und die aus der Verhaltenstherapie bekannte ›progressive Entspannung‹. Das Psychoserum fungiert hier als Suggestion im Anschluß an die autosuggestiven Verfahren. Das Psychoserum ist kein wesensfremder Befehl, sondern Verstärkung bereits bestehender Motivationen, die auf ein alternatives Verhaltens- und Einstellungskonzept im Rahmen der Psychotherapie gerichtet ist. Die Technik des Autogenen Trainings wird ausführlich beschrieben bei J. H. Schultz (1964); die Vorgehensweise der ›progressiven Entspannung‹ bei Jacobson (1938) und Wolpe (1972).

Entspannungstraining

Für die Differenzierungsanalyse hat sich eine modifizierte Form des autosuggestiven Entspannungstrainings bewährt, bei der die ursprünglich getrennten Stufen Ruhe–Schwere–Wärme des autogenen Trainings zusammengefaßt sind.
»Sie liegen jetzt ganz bequem auf einer Couch. Ihre Arme liegen ganz ruhig und leicht angewinkelt neben Ihnen. Ihre Füße sind entspannt, und die Zehen liegen nach außen. In diesem entspannten Zustand konzentrieren Sie sich auf das, was ich zu Ihnen spreche. Das Wort hat die Macht

und die Kraft, sich zu verwirklichen. Ihre Arme und Beine werden ganz ruhig und schwer (6mal). Das Gefühl der Schwere wird immer intensiver und geht auf den ganzen Körper über. Ihr ganzer Körper wird ständig vom Kopf bis zu den Füßen, bis in die feinsten Zellen der Haut immer besser durchblutet und mit Nährstoffen versorgt. Durch die bessere Durchblutung erholt sich Ihr ganzer Körper. Die Verkrampfungen im Körper lösen sich immer mehr. Ihr Körper ist jetzt ruhig, schwer und angenehm warm, eine Wärme, die Ihr ganzes Wesen durchflutet und von jeder Zelle Ihres Körpers Besitz ergreift. Ruhe – Schwere – Wärme. Aller Druck und alle Spannungen verschwinden langsam und langsam. Sie sind ruhig und entspannt. Achten Sie auf das Gefühl der Entspannung, und versuchen Sie zu erreichen, daß das Gefühl der Entspannung sich auf den ganzen Körper überträgt. In diesem entspannten Zustand lenken Sie Ihre Aufmerksamkeit auf den Satz: *Lerne zu unterscheiden zwischen Höflichkeit und Ehrlichkeit.* Sie denken an Ihre Höflichkeit und Ihre Ehrlichkeit. (Der Patient bleibt etwa zehn Minuten in diesem entspannten Zustand.)

Sie hören mir jetzt zu, was ich wieder zu Ihnen spreche. Wir wollen das Training zurücknehmen. Wenn ich bis sechs zähle, sind Sie dann ganz frisch und wach: bei eins Kraft in die Beine, bitte leicht bewegen. Bei zwei Kraft in die Arme, bitte leicht bewegen. Bei drei Kraft in die Arme und Beine. Bei vier Ihren rechten Arm hoch, Ihren linken Arm hoch. Beide Arme und Beine 3mal fest anziehen. Bei fünf tief einatmen, ausatmen. Bei sechs die Augen auf, frisch und wach . . .«

Bei Patienten, die sich nicht so gut entspannen können, empfiehlt es sich jedoch im Sinne des autogenen Trainings nach J. H. Schultz mit der Ruhe-Übung, bezogen auf Arme oder Beine, zu beginnen.

Das Entspannungstraining kann durch atemtherapeutische Maßnahmen vorbereitet werden (z. B. 6mal einatmen, Luft anhalten, ausatmen). Zur Unterstützung der suggestiven Wirkung können einzelne Sätze wiederholt werden (langsam und betont). Das Psychoserum wird nicht nur in der Psychotherapie angewandt – in der der Patient allerdings zunächst einmal das Jacobson-Training oder das autogene Training sowie die Anwendung des Psychoserums lernt –, sondern der Patient bedient sich seiner auch in der Zeit zwischen den therapeutischen Sitzungen.

Sehr gute Erfahrungen habe ich damit gemacht, daß ich für Patienten das Entspannungstraining auf ein Tonband gesprochen habe, das der Patient bei sich zu Hause abspielen konnte. Die Untermalung durch Hintergrundmusik kann bei manchen Patienten die Entspannung fördern. Die Anwendung des Psychoserums sollte zeitlich beschränkt sein, um einerseits Übertreibungen, zum anderen aber einer vorzeitigen Sättigung vorzubeugen.

Ergänzende und alternative Maßnahmen

a) Konflikt-Visualisierung: Der Patient soll sich eine ihn beunruhigende Konfliktsituation hinsichtlich kritischer Aktualfähigkeiten vorstellen. Anschließend an diese Vorstellung, die angsterregend wirkt, wird das Psychoserum flüsternd gesprochen. Nach mehrfacher Wiederholung ist zumeist eine deutliche Angstreduktion feststellbar. Als besonders günstig hat es sich erwiesen, bei diesem Verfahren eine Angsthierarchie unter Berücksichtigung der konfliktbesetzten Aktualfähigkeit aufzubauen. Die durch die inhaltlich orientierte Konflikt-Visualisierung hervorgerufenen Ängste können auch im Sinne der systematischen Desensibilisierung mit Hilfe der ›progressiven Entspannung‹ abgebaut werden (vgl.: Differenzierungsanalyse und Verhaltenstherapie). Dieses Training hat sich vor allem bei depressiven und gehemmten Patienten bewährt.

b) Modifizierte paradoxe Intention: Der Patient soll sich einen Konflikt hinsichtlich der fokalen Aktualfähigkeiten vorstellen: »Hoffentlich läßt mein Mann mich heute wieder warten«; Ich freue mich auf die Unpünktlichkeit meines Mannes«; »Ich wünsche mir, daß meine Schwiegermutter sich in meine Ordnung einmischt«.

In der therapeutischen Situation (Gruppen- und Einzeltherapie) wird dieser Wunsch zunächst in der »Innensprache«, sodann flüsternd, dann in der normalen Lautstärke und schließlich schreiend geäußert. Damit wird neben einer möglichen Aggressionsabfuhr eine verstärkte inhaltsgebundene, affektive Beteiligung erreicht. Diese Methode empfiehlt sich vor allem zur Bearbeitung von ich-ferneren Rationalisierungen.

c) Die Memo-Karte: Das Psychoserum wird dem Patienten als Memo-Karte mitgegeben. Diese soll immer dann herausgezogen werden, wenn eine der konfliktbesetzten Verhaltensweisen angesprochen wird. Wenn der Patient beispielsweise auf jemanden warten muß, hinsichtlich der passiven Pünktlichkeit aber sehr empfindlich reagiert, nimmt er die Karte hervor und reaktualisiert das Psychoserum. Dabei wird die psychotherapeutische Situation visualisiert, was eine Angstreduktion und einen assoziativen Lerneffekt zur Folge hat: Der Patient lernt, die therapeutische Situation als Modellsituation zu begreifen und sie auf andere Bereiche der Wirklichkeit zu übertragen.

d) Positive Verhaltensprogrammierung: Anhand der dominierenden bzw. korrespondierenden Fähigkeit wird eine Vorsatzformel entwickelt, die nach folgendem Prinzip aufgebaut ist: Der Patient äußert seine Entschlossenheit:

»Ich habe mich entschlossen, ein freier Mensch zu sein. Das ist mein felsenfester Entschluß. Niemand kann mich von diesem Ziel abhalten. Ich werde jeden Tag daran arbeiten, bis ich mein Ziel voll und ganz erreicht habe. Was heißt für mich Freiheit?«

Hier schließt sich die individuelle Vorsatzformel an, die sich auf eine korrespondierende Fähigkeit bezieht:
»Ich werde lernen, in der Zeit, in der ich sonst auf meinen Mann warte, aktiv etwas zu machen. Ich werde mich der Unpünktlichkeit meines Mannes positiv gegenüberstellen.«
Die Lautstärke, in der das Verhaltensprogramm geäußert wird, wird zunehmend intensiviert, bis zu einer starken emotionellen Beteiligung.
Aktivierung emotionaler Beteiligung ist ein sehr altes Verfahren der Psychotherapie. So bei Rhazes (Rasi, 865–925 n. Chr.), dem bekannten persischen Arzt, dem u.a. zugeschrieben wird, daß er als erster das Wort »Psychotherapeusis« gebraucht habe. Er berichtete von einem Heilerfolg, den er bei einem Kalifen erzielt hatte:

Der »Urschrei« des Kalifen

Eine schwere Krankheit hatte den König von Khorasán, Amir Mansurebue Nuh, befallen. Alle Behandlungsversuche schlugen fehl. Der große und bekannte Arzt Rasi wurde schließlich zu Rate gezogen. Er versuchte zu Beginn alle überlieferten Behandlungsformen, doch ohne Erfolg. Schließlich bat Rasi den König, ihn die Behandlung so durchführen zu lassen, wie er es für richtig finde. In seiner Hoffnungslosigkeit stimmte der König zu. Rasi bat den König, ihm zwei Pferde zur Verfügung zu stellen. Die schnellsten und besten Tazipferde wurden herbeigeschafft. Am frühen Morgen des folgenden Tages befahl Rasi, den König in das bekannte Bad »Jouze Mulian« in Buchara zu bringen. Da sich der König nicht bewegen konnte, trug man ihn auf einer Sänfte. Im Bad angekommen, hieß Rasi den König sich zu entkleiden, und befahl, daß alle Diener des Königs sich so weit wie möglich vom Bad entfernen sollten. Die Diener zögerten, zogen sich aber zurück, als der König ihnen zu verstehen gab, daß sie so handeln sollten, wie der Hakim ihnen es befahl.
Die Pferde ließ Rasi vor dem Eingang des Bades festbinden. Zusammen mit einem seiner Schüler legte er den König in eine Wanne und übergoß ihn in schneller Folge mit heißem Wasser. Zugleich flößte er ihm heißen Sirup ein, der die Temperatur des Kranken erhöhte. Nachdem dies geschehen war, zogen sich Rasi und sein Schüler an. Rasi stellte sich vor den König und begann plötzlich, diesen auf die übelste Weise zu beschimpfen und zu beleidigen. Der König war schockiert und regte sich in seiner Hilflosigkeit fürchterlich über diese Unhöflichkeit und ungerechte Beschuldigung auf. In seiner ungeheueren Erregung bewegte sich der König. Als Rasi dies sah, zog er sein Messer, trat nahe an den König heran und drohte, ihn umzubringen. In seiner Angst versuchte sich der König zu retten, bis ihm seine Furcht plötzlich die Kraft gab, aufzustehen und zu fliehen. In diesem Augen-

blick verließ Rasi schnellstens den Raum und floh zusammen mit seinem Schüler auf dem Rücken der Pferde aus den Mauern der Stadt.
Der König brach erschöpft zusammen. Als er von seiner Ohnmacht wieder erwachte, fühlte er sich freier und konnte sich bewegen. Noch vom Zorn beladen, schrie er nach seinem Diener, ließ sich ankleiden und ritt zu seinem Palast zurück. Die versammelten Menschen jubelten, als sie ihren König frei von seinen Gebrechen sahen. Acht Tage später erreichte den König ein Brief des Arztes, in dem er seine Vorgehensweise erklärte:
»Ich habe zunächst alles gemacht, was ich als Arzt gelernt hatte. Als dies keine Früchte brachte, erhitzte ich deinen Körper künstlich und gab dir über deinen Zorn die Kraft, deine Glieder zu bewegen. Als ich sah, daß deine Heilung begonnen hatte, verließ ich die Stadt, um deinem strafenden Arm zu entfliehen. Ich bitte dich, mich nicht zu dir zu holen, da ich mir der ungerechten und gemeinen Beleidigungen bewußt bin, die ich dir in deiner Hilflosigkeit zugefügt habe und für die ich mich abgrundtief schäme.«
Als der König dies vernahm, erfüllte tiefe Dankbarkeit sein Herz, und er bat den Arzt, zu ihm zu kommen, damit er ihm seine dankbaren Gefühle beweisen könne.

Therapeutische Aspekte

Entmutigung wie auch einseitige Ermutigung, die, als Unterstützung gedacht, beim Betroffenen in Enttäuschung umschlagen kann, zeigen typische Folgen:

a) Die Vermeidungshaltung:

»Mich kriegt keiner mehr hinter das Steuer. Was war ich glücklich, als ich meinen Führerschein gemacht hatte. Ich wollte meinen Mann gleich ausfahren. Hätte ich das bloß nicht gemacht. Dauernd hat er an mir herumgemeckert, als würde ich keine Verkehrsregeln kennen und auch keinen Fußgänger sehen. Das hat mich so genervt, daß ich beim Einfahren in die Garage den Rasenmäher streifte und im Lack ein Kratzer war. Da hätten Sie meinen Mann sehen sollen. Als hätte ich sein schönstes Spielzeug kaputtgemacht. Gleich kamen die Vorwürfe, wer im Haus eigentlich das Geld verdienen würde. Seitdem kann passieren, was will, ich fahre nie mehr mit dem Wagen meines Mannes« (55jährige Hausfrau, Depressionen).

Die Vermeidung, die hier durch Entmutigung erzielt wurde, kann auch umgekehrt auf eine gezielte Ermutigung eintreten. Als die Frau des letzten Beispiels in der psychotherapeutischen Gruppe dieses Erlebnis erzählt hatte, ergänzte eine andere Frau:
»Bei mir ist es zu diesem Problem noch nie gekommen, weil ich mich einfach nicht für Autos interessiere; mein Mann ist stolz, selbst Auto zu fahren, und sagt immer, was für eine gute Beifahrerin ich bin.«

b) Flucht: Der Partner einer Patientin, die wegen Sexualstörungen in psychotherapeutischer Behandlung war, berichtete über seine eigenen sexuellen Probleme:

»Es ging alles ganz gut, bis sich meine Frau immer mehr von mir zurückzog. Zärtlichkeit wollte sie noch, bloß keinen sexuellen Kontakt. Ich kann aber ohne Sex nicht leben. Selbstbefriedigung oder so was kommt für mich überhaupt nicht in Frage, da müßte ich die Achtung vor mir verlieren. So ist es halt gekommen, daß ich öfter mal Seitensprünge gemacht habe.«

»Wo bleibt das Zusammenleben?«
»Meine Eltern haben mir immer vorgepredigt, daß Arbeit das Leben süß macht. Und gelobt haben sie mich immer, wenn ich Erfolge nach Hause bringen konnte. Und ich konnte schließlich immer mehr Erfolge vorweisen. In der Zwischenzeit habe ich aber das Gefühl, daß ich die einfachsten Dinge verlernt habe, z. B. wie man mit einer Frau zusammenlebt.«

c) Trotz: Trotz ist gekennzeichnet durch das »Dennoch«, das hinter einer Reaktion steht:

»Du wirst es nie schaffen!«
»Mein Lehrer hat mir gesagt, daß ich das Abitur nie schaffen werde, ich sei unfähig. Das hat mich so geärgert, daß ich es ihm gezeigt habe. Das Abitur habe ich jetzt in der Tasche« (22jähriger Student).

»Ich kann das nicht mehr hören«
»Täglich liegt mir meine Mutter in den Ohren, daß ich mir warme Unterwäsche anziehen soll. Das kann ich nicht mehr hören. Sicher ist es manchmal schrecklich kalt, aber es kommt gar nicht in die Tüte, daß ich nachgebe und wenn ich mir eine Lungenentzündung hole« (17jährige Schülerin).

d) Verschiebung:

»Meine Frau kann viel aushalten«
Ein Kaufmann, der wenig Zeit für seine Familie hatte, berichtete: »Meine Frau hat ihre Depressionen schon ziemlich lange. Was mir dabei auffällt, ist folgendes: Wenn sie sich über mich ärgert, weil ich ein falsches Wort gesagt habe, höre ich aus ihrem Mund keine Kritik. Dafür steht sie bis in die tiefe Nacht hinein in der Küche und bügelt, näht, wäscht und zeigt mir so, wie sehr sie leidet« (47jähriger Kaufmann).

Die therapeutische Arbeit, welche die Stufe der situativen Ermutigung begleitet, geht damit auf die individuelle Ermutigungs- oder Entmutigungstradition ein. Häufig stellt sich diese Tradition vor die Fähigkeit des Patienten, in angemessener Weise ermutigend auf seinen Partner zu wirken, und blockiert sie. Dabei spielt nicht nur die Ermutigung des Partners eine Rolle, sondern auch die Ermutigung, die jemand sich selber zu geben wagt. Die Stufe der selektiven Ermutigung wirkt in dieser Hinsicht auf mehrfache Weise: Indem der Patient lernt, seinen Partner zu ermutigen, lernt er gleichzeitig, auch seinen eigenen Verhaltensweisen gegenüber positiv Stellung zu nehmen, und zwar ähnlich differenziert wie gegenüber dem Verhalten des Partners.

Der zweite Effekt ist sozialpsychologischer Natur. Jemand, der in der Lage ist, »Streicheleinheiten«, also Ermutigungen und Zuwendungen, an andere abzugeben, verbessert seine eigene Gruppenposition; er wird von den Mitgliedern seiner Gruppe in stärkerem Maße anerkannt und erhält darüber hinaus von seinem Partner die Ermutigung zurück, die er zuvor »investiert« hatte:

»OptimistischesKonzept«
Eine 18jährige Schülerin, die unter schweren Depressionen und Selbstmordabsichten litt, beklagte sich wiederholt darüber, daß sie in ihrer Clique, einer Gruppe von zwölf Gleichaltrigen, bloß als Partnerin ihres Freundes geduldet werde. Sie hatte gegenüber allen weiblichen Gruppenmitgliedern das Gefühl einer starken Rivalität und ließ auch keine Möglichkeit aus, ihnen dies zu zeigen. Sie versuchte, die anderen weiblichen Gruppenmitglieder zu entmutigen. Dies hatte zur Folge, daß die anderen ihr nicht die Ermutigung und Zuwendung geben konnten, die sie eigentlich für sich erhofft hatte. Der informelle Führer der Gruppe dagegen war ein 19jähriger Student, der anderen Gruppenmitgliedern Ermutigungen gab und ein optimistisches Konzept vertrat.

Ermutigungen haben einen Spiegeleffekt: sie werden reflektiert. Gerade depressive Patienten tun sich häufig sehr schwer darin, Ermutigungen auszuteilen. Es hat den Anschein, als geizten sie deshalb damit, weil sie nicht soviel Ermutigung bekommen, wie sie sich wünschen.

Eine 48jährige Patientin begehrte auf: »Wenn ich die anderen ermutige, wer ermutigt mich? Woher soll ich überhaupt soviel Kraft aufbringen, dem anderen Mut zuzusprechen, wo ich doch selber Zuspruch nötig habe? Wer ermutigt mich?«

Damit ist das Mißverständnis »Gerechtigkeit-Liebe« angesprochen, das in einen Teufelskreis mündet. Der Patient erwartet für sich selbst Unterstützung und empfindet es als Ungerechtigkeit, als Zurückweisung und Liebesverlust, wenn seine Bezugspersonen ihm diese Zuwendung versagen oder nicht in der Art und Weise erteilen, wie er es erwartet hat. Umgekehrt ist er selbst außerstande, den Partner zu ermutigen und ihm Liebe, d. h. Zuwendung, zu geben. Als Folge kommt es zu einer sozialpsychologisch verständlichen Einschränkung der Rollenfunktion des Patienten – er ist nur noch Patient – und zur Isolierung: Der Partner erhält hier nicht mehr die Bestätigung, die ihm die Partnerschaft noch lohnenswert erscheinen läßt. Er zieht sich aus der belastenden Partnerschaft zurück und stürzt damit den Patienten in noch tiefere Konflikte.

»Wie konnte er bloß ...«
Eine Patientin beklagte sich, nachdem sie einen Selbstmordversuch überstanden hatte, »wie konnte mich mein Mann in meinen Depressionen allein lassen, gerade wo ich seine Hilfe so nötig hatte«. Der im Rahmen der Ehetherapie einbezogene Ehemann kommentierte seinerseits: »Früher war alles einigermaßen in Ordnung. Ich habe meine Frau auch sehr geliebt. Sie ist selbst jetzt noch attraktiv. Aber es hat mich fertiggemacht. Immer mußte ich nur für sie da sein, mich mit ihr beschäftigen, ihr zuhören und ihr Mut zusprechen, weil sie ja die Depressionen hatte. Das habe ich auch gern gemacht. Aber bald konnte ich es nicht mehr durchhalten. Immer mußte ich sie

ermutigen. Ermutigungen von ihrer Seite hörte ich nie. Nur wenn ich was falsch gemacht hatte, bekam ich eine Resonanz, da wurden die Depressionen stärker. Ich traute mich bald gar nichts mehr.«

Energiereserven: Woher die Kraft zum Ermutigen nehmen?

Manche Patienten fallen gerade dadurch auf, daß sie sich auf sich selbst zurückziehen und auf die Zuwendung und das Mitgefühl der anderen warten. Sie spielen die Rolle des Nehmenden, ohne daß sie selbst in der Lage wären, zu geben. Hinter dieser Erschöpfung verbirgt sich eine nicht unerhebliche Selbstheilungstendenz: Vermeidung äußerer Anforderungen und damit vorübergehende Stabilisierung des inneren Zustandes. Auf den ersten Blick erscheint der Patient tatsächlich »energiearm«. Häufig fehlt es ihm, dem Anschein nach, selbst an der Kraft, seine täglichen Belange zu ordnen. Andererseits fordert die psychische Störung einen relativ großen Energieaufwand. Zeichen dafür sind die Zeit, die ein Patient aufbringt, um über sein Problem nachzugrübeln, mit anderen über seine Krankheit zu sprechen, und die Verbissenheit, mit der er Schuldgefühle, festgefahrene Haltungen und Überzeugungen verteidigt. Im Rahmen der situativen Ermutigung kann auf dieses Potential zurückgegriffen werden.

Inhaltliche Ermutigung: Weniger ist manchmal mehr

Ermutigung ist für manche Menschen ein hoffnungsloses Unterfangen, vor allem dann, wenn sie soziale Bestätigungen wie aus der Gießkanne über ihre Mitmenschen ausschütten und ihre Umgebung durch Güte einnebeln. Die Folge ist, daß Ermutigungen in solchen Fällen häufig nicht mehr ernst genommen und für Unehrlichkeiten und übertriebene Höflichkeiten gehalten werden. Nach einem solchen Energieaufwand in Sachen Ermutigung ziehen sich solche Menschen häufig enttäuscht zurück. Ein wesentlicher Grund für diese Entwicklung ist die undifferenzierte Verabreichung von »Streicheleinheiten«.
Der Patient verläßt auf der Stufe der situativen Ermutigung seine Patientenrolle, in der er den alleinigen Mittelpunkt bildete und die ihn als Duldenden und Leidenden festlegte. Statt dessen übt er therapeutische Funktionen auf seine unmittelbare Umgebung aus und kehrt damit den sozialen Charakter seiner Krankheit um: Seine Umgebung hat dazu beigetragen, daß er krank wurde, jetzt trägt er dazu bei, daß seine Umgebung gesund wird. Diese Form der Patientenaktivität erscheint ihm mitunter unheimlich, bildet aber eines der wichtigsten Ziele der positiven Psychotherapie.

Fazit: *Selbsthilfe in der Stufe der situativen Ermutigung:* Jeder Mensch besitzt positive und negative Eigenschaften. Was Sie als negativ ansehen, braucht ihr Partner nicht als negativ zu empfinden. Das Verhalten Ihres Partners ist nicht an sich negativ, sondern wird es erst durch die Brille Ihrer Erwartungen. Fragen Sie sich, welche Ihrer Erwartungen und Einstellungen dem kritischen Verhalten Ihres Partners entsprechen. Welche positiven und negativen Eigenschaften Ihr Partner hat, entnehmen Sie am besten dem DAI. Schreiben Sie das aktuelle Fähigkeitenpaar und ihre korrespondierende Fähigkeit auf eine Karte. Kritisieren Sie Ihren Partner nicht. Ermutigen Sie Ihren Partner in seinem positiven Verhalten ein bis zwei Wochen lang (inhaltlich, kurz und sofort). Dadurch entwikkeln Sie eine neue Vertrauensbasis in Ihrer Partnerschaft. Sie haben damit die Vertrauensbasis für die nächste Stufe geschaffen.
Beteiligte Aktualfähigkeiten und Medien: Vertrauen-Zutrauen, Glaube, Hoffnung, Tradition, Verstand, Intuition, Beziehung zum Du.
Beachte Mißverständnisse: Gerechtigkeit-Liebe, Urteil-Vorurteil, Generalisierung, Identitätskrise.
Mythologien und Konzepte: »Die Krähe und der Pfau« (S. 303), »Schatten auf der Sonnenuhr« (S. 48).
Statt: Du kannst nicht –: Du kannst *noch* nicht.

4. Stufe: Verbalisierung

Bereits die systematische Beobachtung anhand des DAI konnte der Bezugsperson Hinweise darüber geben, in welchem Verhältnis das eigene Verhalten und das des Konfliktpartners zueinander stehen. Das Stadium der Verbalisierung ist gekennzeichnet durch den Versuch der Konfliktpartner, die bestehenden Mißverständnisse aufzulösen.
Wesentliches Kennzeichen zwischenmenschlicher Störungen ist eine Verzerrung der Kommunikation, die darin besteht, daß Sprache als Werkzeug der Verständigung dazu benutzt wird, Mißverständnisse zu erzeugen. Diese Sprachverzerrung realisiert sich auf zweierlei Weise.
a) Formal durch die Entwicklung typischer Sprachstile, wie Telegrammstil oder das Monologisieren. Die Sprachverzerrung zeigt sich in fixierten Verteilungen der verbalen und nonverbalen Kommunikation, die sich nicht in allen Fällen decken, sondern unterschiedliche, ja sogar gegensätzliche Konzepte der gleichen Person zum Ausdruck bringen können. So selbstverständlich die sprachliche Kommunikation scheint, so charakteristisch ist ihre Störung bei zwischenmenschlichen Konflikten. Die Kommunikationsstruktur der undifferenzierten Kritik hat zumeist eine

typische Form. Man beschränkt sich auf kurze Aussagen und Befehle, die sich immer häufiger wiederholen. Man spricht im Telegrammstil, die Kommunikation ist dabei vorwiegend einseitig:
»Hast du deine Schulaufgaben gemacht?« »Warum bist du noch nicht fertig?« »Deine Unpünktlichkeit geht mir auf die Nerven!« »Siehst du das nicht ein?« »Du kannst es gleich sein lassen!« »Du bist unausstehlich!«
Auf der Seite des Partners finden sich genauso wenige differenzierte sprachliche Äußerungen, dafür aber telegrammstilartige Entgegnungen wie: »Nein«, »Ja«, »Vielleicht«, »Laß mich doch«. Sie werden aufgrund ihres defensiven Charakters meistens für Trotz gehalten und können wieder Anlaß zur Kritik werden, und der Teufelskreis ist geschlossen. Wir nennen diese Form eingeschränkte Kommunikation, da eine tatsächliche Auseinandersetzung typischerweise fehlt.
Kritik, verbunden mit unzureichender Verbalisierung, weist auf gefühlsbetonte, aggressionsbesetzte Haltungen hin. Das Gegenteil davon ist eine Kommunikationsstörung, die wir als »Monologisieren« bezeichnen. Hier spricht einer der Bezugspartner beinahe ununterbrochen und läßt dem anderen keine Chance, wirklich zu antworten.
b) Inhaltlich, indem die Partner die Aktualfähigkeiten und Medien unterschiedlich bewerten, aber nicht in der Lage sind, diese unterschiedliche Bewertung zum Gegenstand der Kommunikation zu machen. Neben den Aktualfähigkeiten und den Medien spielen hier die individuellen und kollektiven Konzepte und Mythologien eine Rolle, die übergeordnete Bewertungssysteme liefern, die sich einer Relativierung weitgehend entziehen. Das psychotherapeutische Vorgehen auf der Stufe der Verbalisierung, welches den Selbsthilfeteil einleitet und begleitet, orientiert sich an folgender Leitlinie:

Höflichkeit und Ehrlichkeit als Schlüsselkonflikt

Das Verhältnis von Höflichkeit und Ehrlichkeit ist der Schlüsselkonflikt auf der Stufe der Verbalisierung. Höflichkeit bedeutet hier Anerkennung der konventionellen Formen der zwischenmenschlichen Beziehungen, Vernachlässigung eigener Bedürfnisse und Interessen gegenüber den Bedürfnissen und Interessen der anderen und schließlich sozialbezogene Aggressionshemmung:
»Ich habe Angst, meine Meinung offen zu sagen, weil ich die freundlichen Blicke der anderen nicht verlieren möchte.«
Ehrlichkeit dagegen bedeutet, sich für eigene Interessen und Bedürfnisse einzusetzen, auch gegen die Interessen anderer:

»Ich sage immer meine Meinung, gleichgültig, ob es den anderen paßt oder nicht.«
Um die Konfliktlage des Patienten und seine Kommunikationsmöglichkeiten zu erfassen, werden seine Erfahrungen und seine Einstellungen gegenüber Höflichkeit-Ehrlichkeit abgetastet und durch konkrete Situationen belegt. Es zeigen sich in diesem Zusammenhang drei typische Reaktionsformen, die im wesentlichen mit den drei Reaktionstypen übereinstimmen.

Der Höfliche: Er hält aus Rücksicht auf andere mit seiner Meinung hinter dem Berg: »Das kann ich doch nicht sagen.« Auf der anderen Seite hegt er die Erwartung, daß die anderen ihm seine Wünsche von den Augen ablesen: »Das können die sich doch denken.« Die enttäuschten Erwartungen sammeln sich hinter der Maske der Höflichkeit und äußern sich darin, daß der Höfliche sich zurückzieht oder psychosomatische Beschwerden entwickelt.
»Die hätten sich doch denken können, daß ich mich dafür interessiere. Statt dessen denken sie nur an sich; mit solch egoistischen Menschen kann ich nicht zusammenleben.«

Der Ehrliche: Er sagt seine Meinung gerade heraus, sagt, was er denkt, gleichgültig, ob er seinen Partnern damit auf die Füße tritt oder nicht: »Ich habe ihm meine Meinung gesagt. Wenn er das nicht verträgt, kann er mir gestohlen bleiben.« Er drückt seine Interessen durch und gilt daher als Egoist und ichhaft. Von seiner Umgebung wird seine Ehrlichkeit unter Umständen sogar geschätzt. Häufiger ist jedoch das Unverständnis der anderen, die sich durch den »Egoismus« brüskiert fühlen. Folge davon können Schuldgefühle sein. In letzter Konsequenz kommt es zu ehrlichem Stolz: »Ich denke gar nicht daran, ein O zu einem U zu machen. Was wahr ist, muß wahr bleiben.«

Der Wankelmütige: Er pendelt zwischen Höflichkeit und Ehrlichkeit, zwischen Aggression und Schuldgefühlen: »Es tut mir leid, daß ich so schonungslos mit ihm umgegangen bin. Ich weiß nicht, wie ich es wiedergutmachen kann.« »Die längste Zeit habe ich nichts gesagt und alles in mich hineingeschluckt. Jetzt ist mir aber der Geduldsfaden gerissen, und ich habe ihm Wort für Wort gesagt, was ich von ihm denke.«
Die Ambivalenz kann sich auf verschiedene Aktualfähigkeiten verteilen: »Wenn meine Frau zu spät kommt, blase ich ihr sofort den Marsch. Aber als ich jetzt gehört habe, daß sie einen Freund hat, brachte ich kein Wort heraus.«
Dieses Verhältnis kann sich in der Beziehung zu verschiedenen Personen unterschiedlich gestalten: »Vor seinem Chef duckt er, aber Sie sollten ihn mal zu Hause sehen.«
Die erste Aufgabe des Therapeuten auf dieser Stufe ist, den Höflichkeits-

/Ehrlichkeitstyp des Patienten auszumachen und sein Höflichkeits-/Ehrlichkeitsverhalten mit ihm zusammen möglichst detailliert und situationsgemäß zu beobachten und darzustellen.
Damit werden *kommunikative Fähigkeiten* entwickelt, die beispielsweise darin bestehen, daß man sich traut zu sagen, was einem gefällt oder nicht gefällt, was man möchte oder ablehnt, daß man dies so tut, daß sich die anderen akzeptiert fühlen und daß sie verstehen können, was man meint. Außerdem werden *metakommunikative Fähigkeiten* angesprochen, die darin bestehen, daß man in der Lage ist, Kommunikationsstörungen zu erkennen, ihre Bedingungen und Ursachen zu erfassen, die beteiligten Mißverständnisse und Konzepte wahrzunehmen und womöglich die Störungen zu beheben.

Grundkonflikt

Wie verhielten sich die Eltern des Patienten? Welche Ziele verfolgten sie mit der Erziehung im Zusammenhang mit den Bereichen Höflichkeit-Ehrlichkeit? Inwieweit fungierten sie hier für den Patienten als positives oder als abschreckendes Vorbild? Welche Erfahrungen, Erfolge und Mißerfolge hat der Patient selbst gemacht?

Frau Ute S. berichtete: »Meiner Mutter kam es hauptsächlich darauf an, was die Leute sagten. Ob wir selbst dabei glücklich waren, das hat sie weniger interessiert. Hauptsache die Leute sagten . . . Später ärgerte mich die Höflichkeit meiner Mutter oft, denn ich sah etwas Falsches darin. Wenn ich mich darüber beschwerte, daß meine Mutter so wenig Zeit für mich hatte, wurde sie ganz ungeduldig und fertigte mich kurz ab. Überhaupt legte sie größten Wert auf Höflicheit und Gehorsam, daß ich bald darauf verzichtete, aufzumucken, um mir und meiner Mutter Ärger zu ersparen. Sie konnte sich so aufregen, daß mir angst und bange wurde . . . Vaters ehrliche, aber etwas grobe Art hat mich als Kind eigentlich etwas beängstigt. Ich hatte eine Freundin, die ist mit ihren Eltern umgesprungen, wie ich es nie wagen würde. Sie sagte ihrer Mutter einfach: ›Heute kannst du nicht kommen, es paßt mir nicht. Ich habe was anderes vor.‹ So was würde ich mich kaum trauen. Wenn ich mir so was bloß vorstelle, sehe ich das Theater vor Augen, das mir meine Mutter daraufhin machen würde . . .«

Die Fähigkeit zu verbalisieren unterliegt selbst einer starken Modellierung, die sich während des Grundkonfliktes vollzieht. So werden die Einstellungen zum Sprechen und das tatsächliche Sprachverhalten bereits durch die Erziehungssituation vorgeformt:

»Wenn man was sagen will, muß man sich ganz klar ausdrücken, oder man soll es bleiben lassen.« »Immer wenn ich anfing zu sprechen, sagte meine Lieblingstante: ›Schatz, du hast ein so süßes Gesicht, aber einen schrecklichen Dialekt. Wenn ich dir etwas raten darf, schau alle Leute mit deinen blauen Augen ganz lieb an, halt aber bloß deinen Mund.‹« (28jährige Hausfrau; Hemmungen).

Umgekehrt kann das sprachliche Verhalten sehr gefördert werden:

»Ich habe schon als Kind geplappert, und das haben meine Eltern so richtig schön gefunden. Meine Freundinnen hören mir mit Begeisterung zu. Ich bin immer ihr Sprecher. Mein Mann sagte zu mir, ich könnte einem Eskimo einen Kühlschrank verkaufen« (32jährige Geschäftsleiterin).

Hier spielen transkulturelle Faktoren hinein. Im Orient gilt es als normal, wenn man laut ist, vor allem, wenn Kinder laut sind. Es wird weniger Rücksicht auf Nachbarn genommen, die sich zumeist auch weniger an dem Lärm der Kinder stören. Die gesamten verbalen Betätigungen erscheinen weitaus lustbesetzter und weniger durch Regeln und Normen eingeschränkt. So kann man im Iran singenderweise die Straße entlang gehen, ohne daß andere Passanten etwas Besonderes dabei fänden, was in Europa wohl weniger gut möglich ist.

Bereits im DAI hatte Frau Ute S. kommentiert: »Beim Essen durften nur die Eltern sprechen, und überhaupt hieß es, daß wir nur sprechen durften, wenn wir gefragt sind . . .«

Das Durcharbeiten von Höflichkeit-Ehrlichkeit in der Psychotherapie heißt vor allem, die möglichen Folgen bestimmter Verhaltensansätze durchzusprechen. Damit werden über die rein kognitive Arbeit hinaus die Konsequenzen eines Verhaltens vorweggenommen, was wiederum die Wahl der Verhaltensalternativen beeinflußt. Wir behandeln auf der Stufe der Verbalisierung nicht nur den Schlüsselkonflikt Höflichkeit-Ehrlichkeit, sondern auch die Grundkonflikte im Zusammenhang mit den anderen beteiligten Aktualfähigkeiten und Medien.
Frau Ute S. wehrte – obwohl sie immer wieder ihre positive Einstellung zur Ehrlichkeit bekundete – alle Gedanken ab, die eine offene Auseinandersetzung mit dem Ehemann nahegelegt hätten. Statt ihre Meinung zu sagen, zog sie sich lieber zurück, ließ den Partner im Glauben, sie sei mit ihm einverstanden, oder gab ihm das Gefühl, daß irgend etwas falsch gelaufen sei. Gelegentlich kam es bei aktuellen Konflikten zu einem Gefühlsausbruch, der beide, Patientin wie ihren Ehemann, verschreckte. Frau S. ließ hinter ihren Aussagen durchblicken, daß sie Ehrlichkeit im Sinne des Eintretens für eigene Interessen als Aggression ansehe und daß es besser sei, die eigenen Bedürfnisse zurückzustellen. Die folgende orientalische Geschichte gab ihr zu denken:

Ein Grund, dankbar zu sein

»Ich brauche Geld, kannst du mir hundert Tuman (Geldwährung im Iran) borgen?« fragte ein Mann seinen Freund. »Ich habe das Geld, aber ich gebe es dir nicht. Sei mir dankbar!« Ärgerlich fuhr der Freund auf: »Daß du das

Geld hast und es mir nicht geben willst, kann ich zur Not noch verstehen. Aber daß ich dir dafür noch dankbar sein soll, ist nicht nur unverständlich, sondern eine Unverschämtheit.« »Lieber Freund«, antwortete der andere, »du hast mich um Geld gebeten. Ich hätte sagen können, komm morgen. Morgen hätte ich sagen können, das tut mir aber leid, ich kann es dir heute noch nicht geben, komm doch übermorgen. Wenn du dann zu mir gekommen wärest, hätte ich gesagt, komm doch am Ende der Woche. So hätte ich dich hinhalten können, bis ans Ende der Tage, oder wenigstens so lange, bis dir irgendein anderer das Geld gegeben hätte. Aber den hättest du gar nicht gefunden, da du immer damit beschäftigt gewesen wärest, zu mir zu kommen, und du immer auf mein Geld gerechnet hättest. So sage ich dir aber ehrlich, daß ich dir das Geld nicht gebe. Du kannst es also irgendwo anders versuchen und dort dein Glück machen. Sei mir also dankbar!«

Später berichtete die Patientin dazu: »Ich hatte immer gemeint, eigene Wünsche und Interessen durchzusetzen, ist Egoismus. Und Egoismus, so hatte ich immer gelernt, sei schlecht. Daß man einem anderen dadurch noch mehr helfen kann, wenn man seine eigenen Interessen artikuliert war für mich neu.«

Konzept – Grundkonzept: In diesem Zusammenhang wird die Bedeutung der individuellen Mythologien deutlich. Sie sind Inbegriff der Einstellung zur Höflichkeit-Ehrlichkeit und dienen als Rationalisierung und als Entschuldigung. Familientraditionen, die oft genug mit der sozialen Schicht des Patienten zusammenhängen, lassen sich daran verfolgen:

»Paß dich in die Welt hinein. Denn dein Kopf ist viel zu klein, daß die Welt sich paßt hinein!« »Diplomatie ist ein anderes Wort für Lüge.« »Erst muß man schlucken, dann kann man ausspucken.«

Das aus der Kindheit übernommene mythologische Konzept wird in der Regel für universell gültig gehalten. Andere Konzepte als das eigene gelten als schlechthin unrealistisch, falsch oder unmoralisch. Besonders Mythologien, die das verbale Verhalten betreffen, führen zu Verzerrungen und Störungen der Kommunikation; sie werden als Teil des Selbstkonzeptes häufig mit Nachdruck verteidigt. Dieses Konzept kann dadurch relativiert und therapeutisch durchlässig gemacht werden, daß der Therapeut den Patienten mit einem geeigneten Gegenkonzept konfrontiert. Diese Konfrontation ist lediglich eine Konfrontation der Konzepte: Der Therapeut identifiziert sich nicht mit dem von ihm vorgetragenen Konzept, sondern bietet es gewissermaßen als Relativierungshilfe und Neutralisierungseffekt an.

Konzept: »Ich rede, wie mir der Schnabel gewachsen ist.«

Gegenkonzept: »Der Mensch hat zwei Ohren und eine Zunge.«

Konzept: »Man soll über alle Probleme sprechen!«
Gegenkonzept: »Was zu Hause gekocht wird, wird zu Hause gegessen.«
Das Gegenkonzept ist folglich nicht unangreifbare Weisheit, sondern wird in der Therapie funktional eingesetzt. So kann es vorkommen, daß das Konzept des Patienten zum Gegenkonzept für einen anderen wird.
In Ergänzung zu den Mythologien sind Situationen wichtig, die der Patient assoziiert.

Frau S.: »Ich kann mich erinnern, daß ich mit meiner Mutter zu angesehenen Bekannten eingeladen war. Ich mußte die ganze Zeit brav am Tisch sitzen. Als ich anfing zu meutern, sagte mir meine Mutter gleich, sei still, was sollen die Leute von dir denken.«

Techniken auf der Stufe der Verbalisierung

Wie beginnt man ein Gespräch? Erst nach einer Vorbereitung (Distanzierung, Inventarisierung und selektive Ermutigung) führt ein Gespräch im Sinne der Verbalisierung zu offener – hier: nicht durch Mißverständnisse blockierter – Auseinandersetzung. Sobald auf dieser Grundlage eine Vertrauensbasis hergestellt oder wiederhergestellt ist, können die konfliktträchtigen Verhaltensweisen angegangen werden. Mancher fällt dabei mit der Tür ins Haus. Günstiger erscheint folgendes Vorgehen: Das Gespräch wird mit einer Ermutigung (Kontaktadresse) begonnen, eine positive Verhaltensweise wird erwähnt, ein Erfolg des Partners hervorgehoben. Dann erst können die kritischen Themen (Inhalt) angeschnitten und deren Folgen (Symptom) aufgezeigt werden.
Dieses Vorgehen hat zwei Vorteile: Einmal wird die Bezugsperson an die positiven Fähigkeiten des Partners erinnert; zum anderen wird eine Vertrauensbasis hergestellt. Er merkt, daß er akzeptiert wird, und kann somit die Kritik besser annehmen. In der Praxis könnte dies so aussehen:
»Ich freue mich, daß du mir offen das sagst, was du denkst. Nur bin ich manchmal traurig darüber, wie du es mir sagst. Wie meinst du, können wir dieses Problem lösen?«
Spielregeln für ein Gespräch: Es werden von beiden Seiten Lösungsmöglichkeiten genannt, die aufgeschrieben werden. Wenn die Mutter die Unordnung ihrer Tochter kritisiert und von ihr verlangt, sofort nach dem Spielen alles an seinen Platz zurückzulegen, kann die Tochter den Gegenvorschlag bringen, dann Ordnung zu machen, wenn das Spielen tatsächlich abgeschlossen ist: am Nachmittag oder kurz vor dem Schlafengehen. Sofern der Vorschlag des Kindes mit den äußeren Umständen (Größe der

Wohnung, Geschwister usw.) vereinbar ist, wird er von beiden akzeptiert. Andernfalls kann nach weiteren Lösungen gesucht werden. Eventuell einigt man sich, das Gespräch auf einen anderen Tag zu verschieben. Jeden Abend sollte das Gespräch gesucht und über den Erfolg und Mißerfolg beim Durchführen des Beschlusses gesprochen werden. Dann wird über Vorschlag und Zustimmung entschieden. Besonders günstig erscheint die Zeit vor dem Schlafengehen. Sind die Beziehungen jedoch bereits sehr festgefahren, muß mit Trotzreaktionen gerechnet werden.
Wann sprechen? Wie bei der Selbsthilfe ausgeführt, wird die Verbalisierung zu vorgegebenen Zeiten gesucht, meistens abends, und dauert in der Regel zwischen 15 und 20 Minuten. Damit wird die Konfliktdurcharbeitung dosiert gehandhabt, entgegen der gängigen Praxis in der Laienpsychotherapie, einmal eine ganze Nacht hindurch zu diskutieren und dann wiederum für mehrere Wochen auf jede konfliktzentrierte Kommunikation zu verzichten. Noch ein weiteres Ziel wird mit der Maßnahme verfolgt, daß sich nämlich die Verbalisierung, als Inbegriff der Kritik, auf eine bestimmte Zeit und eine festgelegte Zeitdauer beschränkt. In unserem Kulturbereich ist es gang und gäbe, auf ein negatives Verhalten spontan einen Konfliktautomatismus folgen zu lassen (Kind reißt sich von der Mutter los, fällt hin und beschmutzt sich die Hose. Die Mutter reißt das Kind hoch, schimpft es aus und gibt ihm einen Klaps auf den Hintern). Bei der Verbalisierung dagegen ist die Sofortmaßnahme (Beseitigung des Gefahrenherdes) vor der Kritik (Lerneffekt innerhalb der Institution der Verbalisierung) getrennt (Kind reißt sich von der Mutter los, fällt hin und beschmutzt sich die Hose. Die Mutter hilft dem Kind, wenn nötig, beim Aufstehen und spricht mit ihm abends noch einmal darüber, welche Gefahren das Sichlosreißen hat).
Dieses Vorgehen steht im Gegensatz zu einem engeren Verständnis lerntheoretischen Vorgehens, bei dem ein unerwünschtes Verhalten dadurch gelöscht wird, daß sofort eine Bestrafung erfolgt. Im beschriebenen Fall sind die Folgen seines Verhaltens für das Kind bereits eine Bestrafung; auch wirkte das Ignorieren durch die Mutter als Verhaltenslöscher. Wichtiger als die Strafe, die auf dem Fuß folgt, ist das Unterbrechen der gewohnten Konfliktautomatismen und Reaktionsketten und die Aufrechterhaltung des Vertrauensverhältnisses zwischen den Partnern.
Die Bezugsperson – in unserem Fall der therapeutisch tätige Patient – baut ihrerseits konfliktbesetzte Gewohnheiten ab und parallel dazu Geduld und Vorbild gegenüber dem Partner auf. Diese Form des Vorgehens eignet sich vor allem für den Beginn der Verbalisierung. In dem Maße, in dem sich der Patient von seinen festgefahrenen Verhaltensmechanismen getrennt hat und die Konfliktautomatik nicht mehr unkontrolliert abläuft, kann der Patient wieder spontanere Antworten auf das

Verhalten des Partners zeigen, die sich allerdings wesentlich von den ursprünglichen Reaktionen unterscheiden.

In welcher Situation sprechen? Der Ehemann kommt abgespannt nach Hause, fragt seine Frau: »Wie geht es?« Sie fängt gleich an: »Nicht gut, die Kinder haben mich die ganze Zeit über geärgert, das geht nicht so weiter. Du mußt dich viel mehr um sie kümmern«, usw. usw.

Damit ist jede Möglichkeit einer guten Stimmung dahin, zumindest für diesen Abend. Negative Erlebnisqualitäten werden mit einer bislang neutralen Situation gekoppelt. Wenn der Partner zu einem Gespräch aufgefordert wird, kommt es im wesentlichen darauf an, in welcher Situation das geschieht. So hat es wenig Sinn, beispielsweise ein Kind mitten aus seinem Spiel zu rufen, bloß um mit ihm über seine Unordnung zu sprechen. Hier ist offenkundig die Zeit falsch gewählt. Auch ist es unangebracht, dieses Gespräch in Gegenwart von Verwandten, Bekannten und Freunden zu eröffnen. Ein solches Verfahren würde vom Partner sofort richtig als Diffamierung und Herausforderung erkannt: es provoziert seinen Widerstand.

Ebenso problematisch für das Bemühen um Verbalisierung ist der Monolog. Will die Bezugsperson bloß dozieren und belehren, wird das Gespräch, das keines ist, für den Partner uninteressant. Eine 30jährige Angestellte berichtete:

»Ich wurde immer in die unterlegene Rolle gedrängt. Ich hatte kein Recht auf eigene Meinung, mußte immer zuhören und mir Vorträge gefallen lassen. Wollte ich einmal meine Position verteidigen, gab es gleich Streit und Wutanfälle. Was blieb mir dann anderes übrig, als mich gegen die Übermacht zu schützen, indem ich mir immerfort eine Rolle aufzwingen ließ, die ich gar nicht spielen wollte.«

Diese ›Vergiftung der Atmosphäre‹ wird durch räumliche und zeitliche Einschränkung der Verbalisierung aufgefangen.

Sachliche Kritik: Die Bezugsperson spricht konkret über die aufgetretenen Schwierigkeiten. Sie erklärt, worüber sie sich ärgert, und fügt Beispiele hinzu. So begnügt sie sich nicht damit, allgemein festzustellen: »Du hast mich angelogen«, sondern nennt den konkreten Fall, der ihren Unwillen heraufbeschworen hat. Um dem Partner das Verständnis zu erleichtern, können mehrere Beispiele dafür genannt werden. Nicht selten klagen Eltern:

»Wir haben schon oft versucht, ein kritisches Gespräch mit unseren Kindern zu beginnen, weil wir uns über etwas geärgert haben. Doch als wir das Gespräch begannen, hatten wir längst vergessen, worüber wir uns geärgert hatten. Dann warfen wir halt unseren Kindern die alten Gemeinplätze vor, wie: ›Du warst frech‹ oder ›Du kannst dich nicht benehmen.‹«

Hier hilft ein einfaches Mittel: Das Aufschreiben von entsprechenden Ereignissen unterstützt das Gedächtnis. Werden die zur Diskussion ste-

henden Ereignisse in ihren wesentlichen Details dargestellt, weiß jeder, worum es geht. Verständnisschwierigkeiten, die auf zu allgemeine und zu wenig präzise Aussagen zurückgehen, können gemindert werden.
Auch wenn sich eine Bezugsperson um sachliche Kritik bemüht und neben den kritisierten auch die positiven Eigenschaften des Partners hervorhebt, kann sie mitunter nicht damit rechnen, daß der Partner seinerseits Sachlichkeit und Distanz aufbringt. Obwohl die Bezugsperson um die dynamischen Prozesse der Auseinandersetzung in der Partnerschaft weiß, fällt es ihr manchmal doch schwer, sich ruhig und gerecht zu verhalten. Um wieviel weniger ist dies von dem Partner zu erwarten, der die Möglichkeit erhält, ehrlich zu seinen Problemen Stellung zu nehmen.
Rat unerwünscht: Während die Bezugsperson in der ersten Phase des Gesprächs die aktivere Rolle übernommen hatte, ist es jetzt nötig, einfach zuzuhören. Dies bedeutet: den Partner nicht unterbrechen, keine Kommentare geben, nicht mit wohlgemeinten Ratschlägen beginnen und nicht versuchen, sich dem Partner gegenüber zu rechtfertigen. Wir sollten uns bewußt sein, daß wir es mit einer Auseinandersetzung zu tun haben und bei den beiden Parteien nicht die gleichen Meinungen zu erwarten sind. Im Gegenteil: eine Meinungsverschiedenheit kann ein Zeichen für Offenheit und Ehrlichkeit des Gesprächs und für Vertrauen sein.
Nicht bedrängen: Häufig brennt den randständig beteiligten Partnern ein Problem viel mehr unter den Nägeln als der Hauptperson dieses Problems. Sie wird bedrängt, Klarheit zu schaffen, sich gewisser Dinge bewußt zu werden, Entscheidungen zu fällen etc. Damit wird der Partner in die Defensive gedrängt und in seinen Möglichkeiten der Verbalisierung eingeschränkt. Das Kind kommt aus der Schule; noch bevor es den Ranzen abgelegt hat, wird es von der Mutter examiniert: »Hast du endlich die Deutscharbeit zurückbekommen? Was war in der Schule los? Hast du dich auch genügend gemeldet?«
Der Partner fühlt sich überfallen und zieht sein Vertrauen von der Bezugsperson ab. In einer Familie ohne auffällige Kommunikationsstörungen hat jedes Familienmitglied den Wunsch, sich irgendwann einmal mitzuteilen. Diese positive Zuwendung erscheint günstiger als das erpreßte Geständnis.
Recht haben und Recht sagen: Ehrlichkeit und Offenheit, wie sie für die partnerschaftliche Kommunikation gefordert werden, werden häufig zu einem Frontalangriff auf Biegen und Brechen eingesetzt. Frei nach dem Motto: Willst du nicht mein Bruder sein, so schlag ich dir den Schädel ein. So verstandene Verbalisierung ist Kampf, in der Partnerschaft häufig Machtkampf. Man glaubt, recht zu haben, und schließt die Möglichkeit aus, daß der Partner mit seiner Ansicht auch recht haben könnte.

›Recht haben‹ ist Ehrlichkeit ohne Höflichkeit, Offenheit ohne Rücksichtnahme, Selbstbehauptung ohne Einfühlung. Der Anspruch, daß man recht hat, steht über der Bereitschaft, sich verbal mit dem Partner auseinanderzusetzen, sich zu fragen, warum man das Recht für sich beansprucht und warum es der Partner für sich fordert. Das Gegenteil davon ist ›recht sagen‹, d. h. Höflichkeit, verbunden mit Ehrlichkeit. Im Vordergrund steht das klärende Gespräch, bei dem es zunächst weniger wichtig ist, bedingungslos seine Meinung durchzusetzen, sondern Verständigung mit dem Partner zu erzielen. So hat das ›Rechtsagen‹ die Mißverständnisse zum Inhalt, die sich zwischen die Partner geschoben haben.

Für den Patienten ist diese Vorgehensweise nicht immer einfach. Wie man selbst mit einem oder mehreren Konzepten, die als Wertsysteme dienen, gegen den Partner antritt, so setzt auch dieser selbst sein eigenes System von Konzepten ein. Wir drücken dies ganz einfach aus: »Er hat andere Vorstellungen, eine andere Meinung, eine andere Überzeugung, eine andere Einstellung, er glaubt an irgend etwas anderes und schließlich: Wir sind ganz andere Typen.« Diese Konzepte haben steuernden und programmierenden Einfluß auf Handlungen und Erwartungen. So versucht der Partner mit der direkten Vorgehensweise des Rechthabens, all das auf einmal durchzusetzen, was sich über längere Zeit hinweg bei ihm als Einstellung herauskristallisiert hat. Manchmal zeigt diese Art von Vergewaltigung einen überraschenden Erfolg. Häufiger aber wird aufgrund von verschiedenen Auffassungen und Bewertungen die Partnerschaft stark gefährdet, geht in die Brüche: »Mit solchen langen Haaren brauchst du dich bei uns nicht mehr sehen zu lassen. Ein Gammler paßt nicht zu uns.«

Auch wenn man selber der Überzeugung ist, daß man eigentlich recht hat, ist doch die Meinung des anderen nicht vollends unberechtigt, und vor allem : er braucht Zeit, um sein Konzept zu erweitern – ebenso wie wir selbst Zeit dazu benötigen. Insofern übernimmt der Patient auch hier eine Therapeutenrolle. Er prüft, inwieweit sein Partner in der Lage ist, das zu verstehen, was man meint. So ist ein Verhalten notwendig, das im Zusammenhang mit der Beobachtung/Distanzierung gelernt worden ist: sich vorübergehend vom Partner zu distanzieren und ihm Zeit und damit Verständnis und Vertrauen zu gewähren, das er braucht.

Statt der offenen Konfrontation: »Hier hast du meine Meinung, friß, Vogel, oder stirb«, versucht man eine Form zu finden, die es dem Partner erleichtert, auch die andere Meinung zu verstehen. Einen Weg dazu bietet das Gegenkonzept, bei dem der Partner mit einer anderen Denkform vertraut gemacht wird, ohne daß er diese Denkform allerdings gleich übernehmen müßte. Er kann sich damit auseinandersetzen und zum gegebenen Zeitpunkt selbst das Gespräch über die angeschnittene Frage suchen. Ihm ist trotz unterschiedlicher Ansichten zur Ordnung, zur Pünktlichkeit, zum Glauben, zur Politik usw. die Tür der Kommunikation nicht vor der Nase zugeschlagen. Damit wird das besprochene Problem von der persönlichen partnerschaftlichen Beziehung abgesondert.

Aussagenanalyse: Die Äußerungen, die mit dem Konfliktbereich zu tun haben, sind oft genug bruchstückhaft. Von dem, was eigentlich gesagt werden soll, bleiben nur Andeutungen übrig, und selbst die schwadronierenden Versuche, das Unbehagen in Worte zu kleiden, gehen gleichsam um den heißen Brei herum und verschleiern mehr, als sie aufdecken. In Andeutungen, verbal und nonverbal, wird vom Partner erwartet, daß er einen eigentlich verstehen sollte. Von der gesamten Aussage bleiben im wesentlichen nur die Kontaktadresse und das Symptom übrig. Vom Inhalt bleibt allenfalls ein Vorwurf, mit dem der Partner oft nur wenig anfangen kann, denn er verfügt nicht immer über das Bezugskonzept, das ihm ermöglichen würde, diese verstümmelte Information richtig zu entschlüsseln.

Verbalisierung hat somit zum Ziel, erstens zu vollständigen Aussagen, die Kontaktadresse, Inhalt und Symptom umfassen, anzuregen und zweitens den Inhalt der Aussagen so zu differenzieren, daß er auch einem Partner verständlich wird, der über ein anderes Konzept verfügt.

In der Konfliktsituation von Frau Ute S. zeigen beide Partner das Symptom einer verzerrten Kommunikation. Bei Frau S. liegt das Schwergewicht ihrer Äußerungen zu dem bestehenden Konflikt auf dem Symptom. Sie zeigt und sagt, wie schlecht es ihr geht, Kontaktadresse und Inhalt reduzieren sich zum Vorwurf. Beim Ehemann liegt im wesentlichen eine unzureichende Unterscheidung des Inhaltes vor. Wenn er sagt: »Ich bin um 17 Uhr zu Hause«, gibt er eine doppelte Information: »Ich bin wirklich um 17 Uhr zu Hause. Du kannst mir vertrauen« und »Du weißt, ich nehme es nicht so genau mit der Pünktlichkeit, ich kann auch später kommen.« Die zweite Information hat er dadurch gegeben, daß er vorher häufig zu spät gekommen ist. Seine Frau weiß nicht, welche der beiden Möglichkeiten er meint. In dieser Situation kann er lernen, genau zu artikulieren, worauf er hinaus möchte.

Kommunikationskonzept

Kontaktadresse	Inhalt	Symptom
Ich muß jetzt wegfahren.	Ich werde zwischen 20 und 21 Uhr da sein. Sollte ich um diese Zeit nicht kommen können, werde ich dich vorher anrufen.	Mach Dir keine Gedanken, du weißt, daß ich beruflich viel zu tun habe. Ich freue mich, mit dir heute abend zusammenzusein.

Auf ähnliche Weise wurden die Kommunikationseinschränkungen bei Frau Ute S. durchgearbeitet.

Kontrollierte Kommunikation: Wenn bei der Verbalisierung konflikthafte Themen durchgesprochen werden, verselbständigt sich häufig das Temperament. Leute, die man Choleriker nennt, platzen sozusagen bereits, bevor es zu einer echten Auseinandersetzung kommt: »Wenn ich aus mir herausgehe, kann ich mich nicht kontrollieren. Ich verliere dann die Herrschaft über mich, und hinterher sitze ich da mit meinen Schuldgefühlen und habe einen Freund weniger.« Das andere Extrem sind die Menschen, die sich zurückziehen und sich nach außen hin keine Aggression erlauben.

Schlüsselproblem ist in solchen Fällen weniger die Aggressionsfähigkeit, denn beiden Charaktertypen kann man ein großes Maß an Agressionen zutrauen. Das Problem liegt vielmehr in der Aggressionskontrolle: »Wenn ich Widerstand merke, kommt der Zorn über mich. Ich muß den anderen meine Meinung sagen. Und was ich mache, das mache ich richtig.« Auf der anderen Seite: »Was nutzt es, wenn ich herumtobe, mich so verhalte, wie ich es sonst nicht kenne, und hinterher aufgrund meiner Schuldgefühle um so mehr gehemmt bin.«

Aggression als Austragungsort von Ehrlichkeit ist kontrollierbar. Der Weg zur cholerischen Explosion oder zur Flucht ins Schneckenhäuschen kann unterbrochen werden, und nach jeder dieser Unterbrechungen kann man sich entscheiden: Wie gehe ich weiter vor? Mit anderen Worten, an die Stelle der explosiven oder versichernden Ehrlichkeit setzen wir eine sukzessive, fraktionierte, gestufte Ehrlichkeit.

In der 12. Sitzung arbeiteten wir in der Therapie von Frau S. das Problem Höflichkeit-Ehrlichkeit durch und trainierten Höflichkeits- und Ehrlichkeitssituationen. Dabei wurde Frau S. mit der Technik der kontrollierten Kommunikation vertraut gemacht. Zwei Sitzungen später, in der 14. Sitzung, präsentierte Frau Ute S. stolz ein Erfolgserlebnis, das sie, wie sie sagte, nie erwartet hätte. In einer Auseinandersetzung mit dem Ehemann hatte sie die führende Rolle übernommen und zugleich auf eine für sie und ihren Mann akzeptable Weise ihre Interessen dargestellt. In der psychotherapeutischen Sitzung rekonstruierte die Patientin die Auseinandersetzung:

Ehefrau »Warum nimmst du dir keine Zeit für die Kinder?« (1. Stufe).
Ehemann »Wenn ich nach Hause komme, dann brauche ich meine Ruhe. Schließlich bist du dafür da.«
Ehefrau (könnte sich jetzt zurückziehen oder anfangen zu schreien, sagt aber): »Ich bin nur die Mutter. Die Kinder brauchen aber beide, den Vater und die Mutter.«
Ehemann (schreit): »Jetzt reichts mir aber. Du unterstellst mir, daß ich meine Kinder vernachlässige. Was denkst du dir dabei? Ist dir noch nie der Gedanke gekommen, für wen ich arbeite? Aber dafür bist du zu dumm.«

Ehefrau (möchte zornig werden, kontrolliert sich aber): »Wir schätzen deine Aufgabe sehr wohl. Das habe ich dir aber schon öfter gesagt. Und wenn es nicht klar war, möchte ich es gern nachholen. Ich habe das Gefühl, du wirfst zwei Dinge durcheinander« (2. Stufe).
Ehemann (brüllt wieder): »Jetzt hört es aber ganz auf.«
Ehefrau (wird laut): »Wenn du schreien kannst, kann ich auch schreien (wird noch lauter und schreit): Ich habe auch eine laute Stimme (wird plötzlich aber wieder ruhig). Wir sind beide vernünftige Menschen und haben es nicht nötig, uns anzuschreien« (3. Stufe).
Ehemann (verdreht die Tatsachen und behauptet): »Ich habe gar nicht angefangen zu schreien.«
Ehefrau »Wenn du mich aussprechen lassen würdest, würdest du verstehen, was ich gemeint habe.«
Ehemann »Aha, jetzt verstehe ich meine liebe Gattin auf einmal nicht mehr. Ich soll dir wohl alle Wünsche von den Augen ablesen. Ich kann dir aber sagen, was ich will: ich will meine Ruhe haben.«
Ehefrau (betont ruhig und fürsorglich): »Die hast du dir auch verdient. Wir sind die letzten, die sie dir nicht gönnen« (4. Stufe).
Ehemann »Das ist unwahrscheinlich lieb von euch. Dem Pferd, das dauernd arbeiten muß, dem gibt man ja auch hin und wieder ein Stückchen Zucker.«
Ehefrau (lächelt): »Wenn du schon keinen Zucker magst, ich mag ihn von Zeit zu Zeit ganz gerne« (5. Stufe).
Ehemann (muß selber lächeln): »Denk aber an deine Kalorien. Du hast schon recht, ich bin zur Zeit ein bißchen nervös. Laß mich etwas ausruhen, dann können wir darüber sprechen. Außerdem muß ich sagen, daß es für mich ungewohnt ist, daß du mich in die Erziehung einbeziehst. Ich hatte schon den Eindruck, daß ich überflüssig bin und dann alles ohne mich geht.«

Hier kontrolliert die Ehefrau die Auseinandersetzung. Sie verleugnet dabei nicht ihre eigenen Bedürfnisse, gibt ihrem Partner zugleich Gelegenheit, wieder Kontrolle über sich zu gewinnen. Dabei erwies sich das Lächeln als erfolgreich; der Ehemann konnte eine kleine Aggression loswerden (Hinweis auf die Kalorien). Eine gemeinsame Gesprächsbasis ist gefunden. Das Gespräch hätte so verlaufen können:

Ehefrau »Warum nimmst du dir keine Zeit für die Kinder?« (1. Stufe).
Ehemann »Wenn ich nach Hause komme, brauche ich meine Ruhe. Schließlich bist du dafür da.«
Ehefrau »Du meinst, du könntest den Pascha spielen, da bist du ganz schön auf dem Holzweg. Als ob eine Hausfrau nichts machen würde. Mit dir kann man nicht sprechen« (läuft aus dem Zimmer und schlägt die Tür zu).

Konflikt – Konzept – Gegenkonzept

Das Aufeinandertreffen verschiedener Konzepte ist für viele Patienten mit großen Schwierigkeiten verbunden. Sie haben nur gelernt, sich im Bezugsrahmen des gleichen Konzeptes auseinanderzusetzen. Kommt ein Konfliktpartner mit einem anderen Konzept, ergeht es ihnen wie einem

Schachspieler, dessen Partner nicht mehr nach den Regeln des Schachs, sondern nach denen des Damespiels vorgeht. Die Verbalisierung der Konzepte erfolgt über Konzept und Gegenkonzept und kann über den Ist-Wert und den Soll-Wert geprobt werden.

Eine 38jährige Frau hatte nach zwei Scheidungen ihre Kinder in ein Internat gegeben, nachdem sie selber nicht mehr mit den Kindern fertig werden konnte. Die Patientin hatte während ihrer Kindheit nicht weniger als vier mütterliche Bezugspersonen gehabt. Bereits in den ersten Sitzungen der Psychotherapie war sie hoch erregt, den Tränen nahe und sagte, daß sie in den letzten Nächten überhaupt nicht schlafen konnte. Auslösend war eine Situation, die im Rahmen des Ist-Werts und des Soll-Werts durchgearbeitet wurde.

Situation	Ist-Wert	Soll-Wert
Eine Bekannte der Patientin fragte nach den Kindern und erwähnte beiläufig »Wie können Sie bloß Ihre Kinder weggeben?« (Dazugehöriges Konzept: Eine Mutter, die sich von ihren Kindern trennt, ist eine Rabenmutter.)	Die Patientin fühlte sich angegriffen: »Ich war fix und fertig. Ich wollte niemanden mehr sehen. Hinterher habe ich mich fürchterlich aufgeregt.« (Konzept der Patientin: »Niemand versteht mich.«)	»Wenn jeder alles von anderen wüßte, es würde jeder gern und leicht vergeben« (Gegenkonzept). Die Aussage des Angreifers wird relativiert, das Konzept der Patientin wird einbezogen: »Wenn du wüßtest, warum ich es getan habe, würdest du mich nicht Rabenmutter nennen.« Der Partner (die Freundin) konnte nicht verstehen und damit verzeihen, weil sie die Motive der Patientin nicht kannte.

Der Patientin gab das Gegenkonzept die Möglichkeit, den Konflikt anders zu sehen, als sie ihn zuvor interpretiert hatte. Aufgrund ihrer latenten Schuldgefühle hatte sie zuvor die Aussage ihrer Bekannten lediglich als ungerechte Aggression empfunden und spontan darauf reagiert. Das Gegenkonzept gab ihr dagegen die Möglichkeit, das Verhalten ihres Konfliktpartners als Mißverständnis und damit wenig auf sich bezogen zu verstehen.

Zu der 14. Sitzung kam Frau Ute S. ziemlich erregt und äußerte das Bedürfnis, einen Vorfall zu besprechen, der sie beunruhigt habe:

Therapeut–Patient: Konzept–Gegenkonzept

Situation	Ist-Wert	Soll-Wert
»Meine Mutter besuchte mich vorgestern abend und war wieder in einer sehr traurigen Stimmung. Das Gespräch kam auf die Mutter von Kennedy, die jetzt schon die meisten Kinder verloren hat.«	»Weil ich wußte, daß meine Mutter wieder an meinen verstorbenen Vater dachte, wollte ich sie trösten und sagte: Was die arme Frau gelitten hat, sie hat von ihren acht Kindern fünf verloren. Meine Mutter wurde daraufhin sehr böse, ging aus dem Zimmer und warf die Tür zu.«	Als Gegenkonzept arbeiteten wir eine Modifizierung der alten Aussage heraus: »Mutti, du kannst am ehesten verstehen, wie Frau Kennedy gelitten hat.«

Die Aussagen von Frau S. beinhalten etwa: Hab dich nicht so mit deiner Trauer, was haben die anderen dagegen gelitten. Diese Interpretation war in dem verbalen Verhalten der Patientin eingebaut. Ihre zweifellos vorhandene Aggression gegenüber der Mutter gewann Überhand und drängte die positiven emotionalen Beziehungen zur Seite. Hier treten von der Patientin willentlich nicht kontrolliert zwei sich widersprechende Konzepte gegeneinander auf. Ihre Aussage hatte somit ihren Zeitzünder bereits eingebaut und war in ähnlichen Situationen mit Erfolg ausprobiert worden. Das Gegenkonzept beinhaltet die positive Beziehung, die von der Patientin ursprünglich gemeint war. Das zweite Konzept: »Laß mich mit deiner Jammerei endlich zufrieden«, wurde damit aus dem Verhalten herausgegliedert und im Sinne der Ehrlichkeit getrennt davon ausgetragen.

Therapeutische Aspekte der Verbalisierung

Die Verbalisierung übernimmt im Rahmen der fünfstufigen Psychotherapie eine dreifache Funktion:
Mit ihr wird die Hauptarbeit der Bewußtmachung geleistet. Vor allem werden Inhalte und Ereignisse angesprochen, die dem verdrängenden Höflichkeitsmechanismus zum Opfer gefallen sind, die aber gleichwohl im Hintergrund der eigenen Einstellungen und Motivationen stehen. Schlüsselkonflikt ist das Verhältnis von Höflichkeit und Ehrlichkeit. Dem Patienten kann der Verzicht auf bisher bewährte Verdrängungs- und Höflichkeitsmechanismen dadurch erleichtert werden, daß ihm die Folgen dieses Verzichtes aufgezeigt werden.
Die Verbalisierung ist nicht nur Mittel zum Zweck, sondern Therapieziel:

mit dem Instrument ›Sprache‹ Konflikte und ihre Bedingungen zu erfassen und Problemlösungen zu suchen. Im therapeutischen Gespräch spricht der Patient über seine Probleme, und der Therapeut liefert ihm neue Begriffe und Bedeutungen, mit denen er seine Konflikte besser erfassen kann. Außerdem werden über die Geschichten die Mittel der Intuition angesprochen. Durch all das wird das sprachliche Repertoire des Patienten erweitert.

Der dritte Aspekt bezieht sich auf das soziale Verhalten des Patienten und auf seine Kommunikationstechniken. In der Therapie werden der Hintergrund, die Formen und die Folgen des Kommunikationsstils des Patienten durchgearbeitet und alternative Kommunikationsformen aufgebaut. Es geht jedoch hier weniger um das Training formaler Interaktionen, sondern um ein inhaltlich bezogenes Differenzierungs- und Übungsprogramm, das sich um den Schlüsselkonflikt Höflichkeit-Ehrlichkeit zentriert. Dies heißt, es werden nicht soziale Hemmungen oder asoziales Verhalten lediglich durch neue bewährte Techniken ersetzt, sondern es werden die an den Störungen beteiligten Inhalte, Aktualfähigkeiten und Medien aufgehellt. Wir fragen konkret: Wem gegenüber und wie oft treten Höflichkeits-/Ehrlichkeitskonflikte auf? Wie und wann äußern sie sich? Und auf welche Aktualfähigkeiten beziehen sie sich?

Das differenzierungsanalytische Kommunikationstraining kann in der Zweierbeziehung Patient–Therapeut oder in therapeutischen Gruppen angewandt werden, in denen bei erweiterter sozialer Situation das Höflichkeits-/Ehrlichkeitsverhalten geprobt werden kann. Zur Selbstkontrolle können diese Übungen dem Patienten im Rollentausch oder durch Videorecorder vorgeführt werden. Er lernt so, seine Gefühle und sein Verhalten durch Beobachtung zu kontrollieren. Als besonders günstig hat es sich erwiesen, den Konfliktpartner in dieses Training einzubeziehen, entweder im Rahmen der Familientherapie in Anwesenheit des Therapeuten oder als Selbsterfahrung des Patienten.

Selbsthilfe in der Stufe der Verbalisierung

Sprechen Sie in dieser Stufe über die auftretenden Konflikte und Probleme mit Ihrem Partner. Beginnen Sie das Gespräch, um eine Vertrauensbasis herzustellen, mit gerechtfertigten Ermutigungen. Der Partner nennt seine Beschwerden: Hören Sie zu (seien Sie höflich). Konkretisieren Sie Ihrem Partner gegenüber Ihre eigenen Probleme (seien Sie ehrlich). Für die auftretenden Probleme werden gemeinsame Lösungsmöglichkeiten gesucht (vgl.: Familien- und Partnergruppe). Für die Beteiligten gilt hinsichtlich des Gesprächs Schweigepflicht. Achten Sie auf die Spielregeln für ein Gespräch. Vergessen Sie nicht, daß falsche Rücksichtnahme Ihnen und Ihrem Partner mehr schadet als ein offenes Gespräch zur rechten Zeit, in dem Sie Ihre Meinung zum Ausdruck bringen.

Beteiligte Aktualfähigkeiten und Medien: Höflichkeit, Ehrlichkeit, Kontakt, Geduld, Zeit; Mittel des Verstandes und der Intuition, Beziehung zum Ich, Du und Wir.

Beachte Mißverständnisse: Gerechtigkeit – Liebe, Relativität der Werte, Projektion und Identifikation, Vorurteile.

Beteiligte Mythologien und Konzepte: »Ein Grund, dankbar zu sein« (S. 319).

5. Stufe: Zielerweiterung

Auf der Stufe der Zielerweiterung stehen wiederum inhaltlich Aspekte im Vordergrund, die jedoch die Fähigkeit der Verbalisierung als Voraussetzung erfordern.

Die Kommunikationsstörungen in der Partnersituation bringen zumeist eine weitgehende Einschränkung des Kontaktes mit sich. Der Partner wird dadurch bestraft, daß man ihm etwas verbietet bzw. sich von ihm zurückzieht. Diese Bestrafung, die ursprünglich als Erziehungsmittel benutzt worden war, verselbständigt sich häufig und stellt dann einen festen Bestandteil der Partnerbeziehung dar. »Wegen deiner Unordnung und Lügerei fällt der Ausflug am Sonntag flach.«

Daraus kann sich eine generelle Einschränkung der gemeinsamen Unternehmungen ergeben, was jedoch nicht als Bestrafung verstanden wird, sondern als Abkühlung und Verflachung der gegenseitigen Beziehungen. Diesen Prozeß nennen wir Zieleinschränkung; er kann sich gegen den Partner wie auch gegen andere Bezugspersonen richten. So kann eine Mutter, nachdem sie sich den Tag lang wegen der Unordnung und der Schulschwierigkeiten der Kinder geärgert hat, ihre innere Erregung unter Umständen auf den Mann übertragen, wodurch die sexuellen Beziehungen betroffen werden können. Die Frau schweigt mit dem Körper. Die Ursachen sind ihr nicht unbedingt bewußt. Eine derartige Reaktion wird nicht nur durch die Kinder hervorgerufen; mögliche andere Auslöser sind die Schwiegereltern, Nachbarn, Eltern, Ärger im Beruf und nicht zuletzt der Ehemann.

Die Einschränkung beruht auf einer mangelnden Unterscheidung: man verwechselt Gerechtigkeit und Liebe. Kriterien für Belohnung oder Bestrafung sind die gültigen Verhaltensnormen der Aktualfähigkeiten.

Eine Mutter sagt zu ihrer Tochter: »Deinetwegen habe ich den ganzen Nachmittag geweint, wegen deiner Faulheit in der Schule. Jetzt erwarte bitte nicht, daß ich mit dir in die Stadt gehe, dazu bin ich viel zu fertig . . .«

Hier verzichtet die Mutter auf etwas, was sie gern getan hätte, nur um die Tochter zu bestrafen. Sie schränkt ihre eigenen Möglichkeiten und Zielsetzungen ein. Diese Form der Bestrafung ist ein nonverbales Erziehungsmittel, das die tatsächlichen Probleme unausgesprochen läßt. Man bestraft, indem man den Partner zum Verzicht zwingt bzw. durch den eigenen demonstrativen Verzicht auf die Schuldgefühle des Partners spekuliert. Es ist ein Kennzeichen für Zieleinschränkung, daß nur das derzeitige Problem und nichts sonst gesehen wird. Zieleinschränkung ist folglich Einengung des Wertgesichtsfeldes.

Grundprinzip der Zielerweiterung ist die Lernerfahrung, daß die Beziehung zum Partner nicht nur unter dem ungünstigen Stern des augenblicklichen Konflikts steht, sondern daß dieses Problem nur eines von vielen anderen ist. Es besteht immer eine Reihe anderer Beziehungen zum Partner als die zur Zeit konfliktbesetzten. Die für psychische Fehlhaltungen charakteristischen Zieleinschränkungen werden zum Gegenstand der Zielerweiterung.

Wenn durch die bisherigen Maßnahmen eine Vertrauensbasis geschaffen und die Bereitschaft und Fähigkeit zu verbalisieren wiederhergestellt sind, läßt sich die Zieleinschränkung durchaus aufheben. Es hat wenig Sinn, dem Partner vorzuschreiben, was er tun soll. Vielmehr sollte man seine Initiative anregen und gemeinsam weiterentwickeln. Die Zielerweiterung betrifft die drei Bereiche der menschlichen Persönlichkeit: Körper, Umwelt und Zeit. Man sitzt nicht nur hinter dem Schreibtisch, sondern geht spazieren oder treibt Sport; man opfert sich nicht nur für den Haushalt auf, sondern liest ein Buch oder besucht ein Konzert; man schränkt seine sozialen Beziehungen nicht ein, sondern lädt Freunde, und wenn es sein muß, auch mit deren Kindern zu sich ein; man läßt ein Kind nicht nur Hausaufgaben machen, sondern spielt mit ihm, wenn möglich, nicht immer dasselbe Spiel. Voraussetzung ist, daß man selbst oder der Partner gelernt hat, eigene Wünsche zu denken und auch auszusprechen.

Zielerweiterung wird nicht nur von einem Beteiligten beschlossen. Sofern sie eine Gruppe von Menschen betrifft, hat jeder das Recht, ein Wörtchen mitzureden. Zur Zielerweiterung eignet sich eine Einrichtung, die eigentlich selbstverständlich sein müßte, nämlich die Partner- oder Familiengruppe.

Bereiche der Zieleinschränkung: Wie Störungen können auch unterdrückte Verhaltensbereiche mit Hilfe der Aktualfähigkeiten und Medien erfaßt werden. Aspekte der Zielerweiterung kamen bereits auf den anderen Stufen der Behandlung zur Geltung. So im Zusammenhang mit dem Ist- und den Soll-Wert, den Verhaltensalternativen und – bei den individuellen Mythologien – dem Gegenkonzept, das eigentlich besser Ergänzungskonzept heißen könnte. Aufgabe war es, Verhaltensbereiche, Einstellungen und Denkformen in das Blickfeld des Patienten zu rücken und ihm die Möglichkeit zu geben, sich weitgehend frei für die eine oder andere Alternative zu entscheiden. So wird zunächst der Bereich der Aktualfähigkeiten zum Gegenstand der Zielerweiterung. Sie wurde bereits in der bisherigen Therapie angestrebt, indem der Patient beispielsweise lernte, nicht bloß auf die Pünktlichkeit seines Partners zu achten, sondern auch auf dessen Ehrlichkeit, Fleiß, Ordnung und Kontaktfähigkeit.

Zielerweiterung ist Inbegriff der Therapie, während Zieleinschränkung das Wesen der Störung ausmacht. Auf der Stufe der Zielerweiterung werden die Medien der Erkenntnisfähigkeit, also das Instrumentarium, mit dem man Wirklichkeit bewältigt, sowie die Medien der Liebesfähigkeit, also Dimensionen der psychosozialen Beziehungen, mit in die Therapie einbezogen.

Beispiele für Zieleinschränkung und Zielerweiterung

Bereich	Zieleinschränkung	Zielerweiterung
Mittel der Sinne, Mittel der Intuition, Beziehung zum Du, Zeit, Kontakt und Sparsamkeit	»Wenn ich mich mit meinem Freund treffe, ist es schon klar, was wir machen: Wir gehen in ein gutes Restaurant essen. Es macht mir Spaß, die Spezialitätenrestaurants durchzuprobieren« (38jährige Patientin; Übergewicht, Depressionen; beteiligte Mittel: Du, Mittel der Sinne).	»In der letzten Zeit sind wir kaum mehr in ein Restaurant gegangen. Dafür haben wir uns einige interessante Filme angeschaut und hinterher stundenlang diskutiert. Ich habe manchmal das Gefühl, meinen Partner als einen ganz anderen Menschen kennenzulernen. Außerdem ist das um einiges billiger« (Du, Mittel der Intuition und des Verstandes).
Kontakt, Beziehung zum Wir (Familiengruppe, erweiterte Gruppe), Tradition, Kontakt anstelle von Genauigkeit und Perfektionismus	»Wir haben früher den größten Wert darauf gelegt, nur für unsere Kinder da zu sein. Dabei haben wir uns sozial völlig isoliert. Wir hatten zum Schluß kaum noch Freunde, und als die Kinder von zu Hause weggin-	»Wir haben zunächst unsere Verwandten eingeladen, die wir jahrelang nicht gesehen hatten. Als wir merkten, daß unsere Kinder kaum mehr zu uns kamen, haben wir sie dann auch zu zwanglosen Festlichkeiten eingeladen. Aber irgendwie

	gen, bekam meine Frau plötzlich Angstanfälle, wegen denen sie in die Psychotherapie gekommen war« (53jähriger Angestellter; beteiligte Mittel: Du, beschränkt auf die engere Familie)	kamen wir uns noch gehemmt vor. Im Sommer sind wir jetzt zum ersten Mal seit langer Zeit in Urlaub gefahren und haben dort sehr nette Leute kennengelernt, von denen wir jetzt eingeladen worden sind.«
Fleiß/Leistung, Kontakt, Zeit, Glaube, Verstand, Sexualität, Beziehung zum Du	»Früher gab es für mich nur eines, und das war die Arbeit. Selbst meine Frau und die Kinder kamen erst an zweiter Stelle« (44jähriger Betriebsleiter mit Magen-Darm-Beschwerden; beteiligte Mittel: Wir, bezogen auf den Beruf, eingeschränktes Verhältnis zum Du).	»Mir ist jetzt aufgegangen, daß ich doch mehr Zeit habe, als ich ursprünglich glauben wollte. So nehme ich mir jetzt die Zeit, um einmal ein Buch zu lesen oder mit meiner Familie etwas Gemeinsames zu unternehmen. Eine Zeitlang war die Sexualität bei mir total nebensächlich; meine Frau war ziemlich sauer darüber. Heute klappt selbst die Sexualität wieder« (Erweiterte Beziehung zum Du der Ehefrau und der Kinder).

Grundkonzept und Zielerweiterung: Das Grundkonzept läßt in der Regel die Bevorzugung einzelner Medien der Erkenntnis- und Liebesfähigkeit erkennen, während andere Medien als falsch oder schlechthin undenkbar vorgestellt werden. So akzeptiert der Asket zwar die geistige Betätigung (Verstand und Intuition), unterdrückt jedoch die Mittel der Sinne. Umgekehrt können die Mittel des Verstandes so sehr in den Vordergrund rücken, daß man auf die Befriedigung der Mittel der Sinne verzichtet, von Tradition nichts und Phantasie für baren Unsinn hält.
In vergleichbarer Weise können sich die sozialen Beziehungen einengen auf das Verhältnis zu einem bestimmten Partner oder zu einer Clique, in der man sich geborgen fühlt. Man kann sich nach dem Robinson-Konzept oder frei nach Wilhelm Tell »Der Starke ist am mächtigsten allein« auf sich selber beschränken oder das Heil in der Gesellschaft oder der Menschheit suchen, ohne das Unheil in der eigenen Familie zu sehen. Gegen eine Spezialisierung ist im Prinzip nichts einzuwenden, ja wir sind sogar darauf angewiesen, wenigstens zeitweilig nur an eine Sache zu glauben. Wir sind jedoch vielseitig angelegt. Würden wir alle unsere Energie nur auf einen Bereich oder eine psychosoziale Dimension richten, wären wir in höchstem Maße störanfällig.

Energieplan

Sicherlich, wir wissen nicht, wieviel Energie einem Menschen tatsächlich zur Verfügung steht. Mitunter kann man erleben, daß man mit seiner Energie plötzlich am Ende ist oder ungeahnte Energiereserven mobilisieren kann. Wenn wir hier von Energieplan sprechen, haben wir folgende Situation vor Augen: Frau Ute S. klagte: »Ich habe keine Kraft mehr. Wie soll ich das schaffen?« Von ihrer Situation her hatte sie mit ihrer Frage recht: Sie hatte zu dem Zeitpunkt tatsächlich kaum noch freie Energiereserven. Die Beschreibung des Tagesablaufes und das Gespräch darüber zeigte: Abends, meist über zwei Stunden lang, lag die Patientin auf ihrer Couch, hörte sich nostalgische Musik an oder ging unruhig hin und her und machte sich Gedanken über alles, was sie falsch gemacht hatte, wie ausweglos ihre Situation sei und wie schön es wäre, wenn ihr Mann einen anderen Beruf hätte und er rechtzeitig zu Hause sein könnte. Es handelt sich dabei zweifelsfrei um einen Energieaufwand ohne Zielsetzung. Mit anderen Worten: Die Patientin hätte Zeit und Energie genug, wenn sie in der Lage wäre, den Energieaufwand ohne Ziel in einen Energieaufwand mit Ziel umzuwandeln. Der Energieplan kann eine derartige Umwandlung einleiten: Der Patient gibt an, wieviel seiner Energie und Zeit in Prozenten er für einzelne Bereiche aufwendet. Folgende Bereiche sind zu berücksichtigen:

Energie und Zeit, die man aufwendet für sich (Körperpflege, eigene Interessen, Sport, Schlaf, Bücherlesen etc.); für seinen Partner (gemeinsames Gespräch, Kritik am Partner, gemeinsame Unternehmungen, Zärtlichkeit, Sex-Sexualität-Liebe, gemeinsame Interessen); für die Mitmenschen (für den Beruf, berufliche Kontakte, Geselligkeit, Beziehung zu Verwandten und Bekannten, Weiterbildung etc.); für das Ur-Wir (Gedanken an die Zukunft, Beschäftigung mit weltanschaulichen religiösen Inhalten, mit dem Sinn des Lebens etc.).

Die Anteile werden in folgender Weise dargestellt:

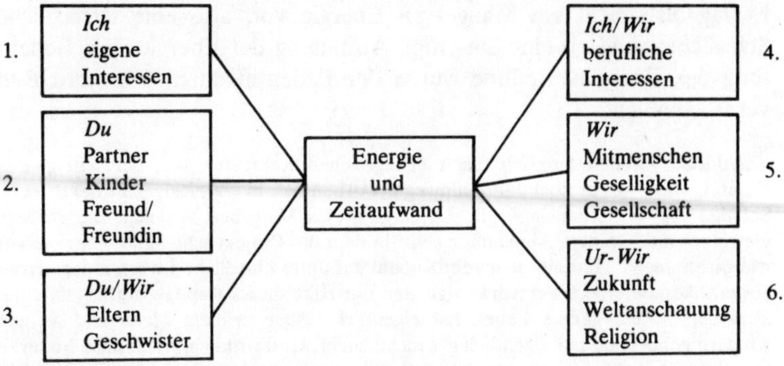

Energieplan

Zu diesen Bereichen schätzt der Patient sein Engagement, den aufgebrachten Energie- und Zeitaufwand. Der Gesamtenergieaufwand beträgt 100%.

Frau Ute S. schätzt ihren Energieplan so ein: »Fast alles, was ich tue, bezieht sich auf meinen Mann oder meine Kinder. Rein gefühlsmäßig würde ich sagen, 60 Prozent meiner Energie richten sich auf sie. Beruflich bin ich eigentlich nur noch im Haushalt tätig. Das beansprucht etwa 20 Prozent meiner Energie. Für meine Mutter muß ich jetzt noch mehr da sein als vor dem Tod meines Vaters; da geht viel Energie drauf, ich glaube etwa 10 Prozent. Ich habe zwar einige Freundinnen und Bekannte, aber nur recht wenig Kontakt mit ihnen, also etwa 5 Prozent. Mit Religion habe ich eigentlich überhaupt nichts im Sinn. Politik und Weltanschauung interessiert mich eigentlich recht wenig (1 Prozent). Für mich bleiben dann noch, lassen Sie mich kurz rechnen, 4 Prozent übrig. Ich glaube, das stimmt so etwa.«

Da die hausfrauliche Tätigkeit wiederum zum wesentlichen Teil mit der Familie der Patientin zu tun hat, könnte dieser Prozentanteil dem Du zugerechnet werden, das damit 80 Prozent der geschätzten Gesamtenergie erforderte.

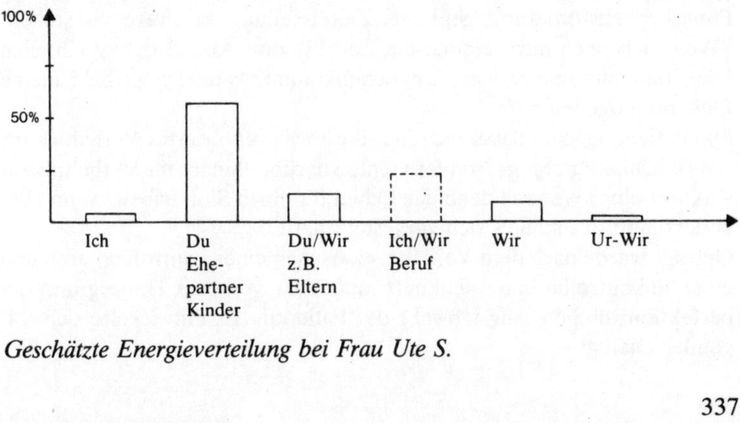

Geschätzte Energieverteilung bei Frau Ute S.

Es lag also nicht ein Mangel an Energie vor, also eine tatsächliche Schwäche, sondern eine einseitige Aufteilung der Energie. Die Bedeutung der Energieverteilung wurde der Patientin durch folgendes Bild veranschaulicht:

Therapeut: »Stellen Sie sich einen erfolgreichen Kaufmann vor, der sein ganzes Kapital, alles, was er über Jahre hinweg erworben hat, in ein einziges Projekt steckt. Solange die Wirtschaftslage gut ist, birgt dieses Vorgehen vielleicht die größere Gewinnchance. In dem Augenblick aber, in dem das Projekt schiefläuft, hat er so gut wie nichts mehr. Hätte er aber sein Kapital auf unterschiedliche Investitionsbereiche verteilt, könnte er sich bei Schwierigkeiten mit Hilfe dieses Kapitals auffangen.«
Patientin: »Mein ganzes Leben hat eigentlich bisher meinem Mann und meinen Kindern gehört und mir eigentlich gar nichts mehr. Und wirklich, wenn mein Mann zu spät kommt, habe ich das Gefühl, daß mir alle Felle davonschwimmen (Patientin lächelt). Dann kann ich wirklich den Offenbarungseid leisten . . .«

Diese Unterhaltung deutet bereits einen merklichen Fortschritt der Patientin an; sie ist nun in der Lage, differenziert zu ihrer Problematik Stellung zu nehmen, und hat bereits begonnen, Alternativkonzepte in ihren Verhaltensplan einzuführen.

Geplante Zukunft

Das Verhältnis zur Zukunft, das einen wesentlichen Teil der Zielerweiterung ausmacht, bereitet vielen Menschen Schwierigkeiten. Die Konzepte der Zukunft reichen von: »Was nutzt es, wenn ich plane, es kommt ja doch anders« (19jähriger gehemmter Student) bis hin zu: »Ich werde alles, was auf mich zukommen kann, einkalkulieren. Ich muß einfach die Situation beherrschen, oder ich fühle mich unwohl« (43jähriger Geschäftsmann mit zwanghaften Zügen).
Zu Beginn der Zielerweiterung fing Frau Ute S. an, ihre durch ihre Pünktlichkeitsforderung geprägte Zeiteinteilung in Frage zu stellen: »Wenn ich noch nicht einmal die Zeit bis zum Abend richtig einteilen kann und mir immer was dazwischenkommt, kann ich ja bald meine Planerei aufgeben.«
Die Patientin stellte dabei nicht nur ihr hochstrukturiertes Verhältnis zur ›Pünktlichkeit‹ in Frage, sondern schloß darüber hinaus ihr Verhältnis zur Zukunft ein: »Was soll denn das Leben für einen Sinn haben, wenn alles anders läuft, als man es sich vorgestellt hatte.«
Gefragt wurde nach dem Verhältnis zwischen einer kontrollierbaren und einer unkontrollierbaren Zukunft, und zwar vor dem Hintergrund der perfektionistischen Angstabwehr der Patientin. Es entwickelte sich folgender Dialog:

Therapeut: »Was Sie früher erlebt haben, ist für Sie eine lebensgeschichtliche Tatsache (Vergangenheit). Was Sie jetzt tun und erleben, haben Sie unmittelbar vor sich und können es auch gut kontrollieren (Gegenwart). Nur mit der Zukunft, dem, was im nächsten Augenblick oder in den nächsten zwanzig Jahren geschieht, ist es anders.«
Patientin: »Ja, ich glaube, das trifft das, was ich meine.«
Therapeut: »Versuchen wir uns das einmal an einem einfachen Beispiel zu überlegen. Nehmen wir einmal an. Sie wollen mit Ihrem Auto von Wiesbaden nach Frankfurt fahren. In Frankfurt wollen Sie einen Vortrag besuchen. Sie wissen, was Sie erwartet und was Sie brauchen. Sie nehmen Ihre Wagenpapiere mit, Schreibzeug für den Vortrag, weil Ihnen Ihre Erfahrung sagt, daß es sich lohnt, manches aufzuschreiben. Sie kontrollieren, wieviel Benzin im Tank ist, und überlegen sich, ob dieses Benzin in Anbetracht dessen, was das Auto an Benzin braucht, für die Hin- und Rückfahrt ausreicht. Sie tun alles, was ein guter Autofahrer tut, bevor er losfährt. Für alle Fälle nehmen Sie sich auch etwas Geld mit. Wenn Sie um 20 Uhr in Frankfurt sein müssen, werden Sie auch rechtzeitig losfahren. Obwohl Sie alles menschenmögliche getan haben, kann es doch passieren, daß etwas dazwischenkommt, womit Sie nicht gerechnet haben.«
P.: »Der Reifen kann platzen, ich kann in einen Stau kommen, es kann auch ein Unfall passieren, und wenn bis dahin alles gutgegangen ist, kann vor dem Vortragssaal ein Schild stehen: Wegen Erkrankung des Referenten fällt der Vortrag aus. Und das hasse ich gerade so.«
T.: »Obwohl das alles eintreten kann und alle Ihre Vorkehrungen zunichte gemacht werden können, würden Sie dann aber darauf verzichten, Ihren Tank aufzufüllen oder Ihre Papiere mitzunehmen?«
P.: »Eigentlich nicht. Dann würde mein Plan noch viel störanfälliger werden. Und ich würde ja mit meinem Wagen wegen Benzinmangels auf der Autobahn stehenbleiben.«
T.: »So ähnlich verhält es sich auch mit der Zukunft. Einen Teil davon können Sie aufgrund Ihrer früheren Erfahrungen und Ihrer augenblicklichen Situation recht gut planen. Und das ist auch wichtig. Nur so können Sie die Gefahr und vermeidbare Störungen so klein wie möglich halten. Dann gibt es aber auch einen Teil der Zukunft, den können Sie nicht von der Gegenwart aus bewältigen. Den müssen Sie erst auf sich zukommen lassen. Sie können nicht planen, was der Vortragende sagen wird. Das müssen Sie ihm überlassen. Sie wissen auch nicht, ob Sie vielleicht von anderen Teilnehmern angesprochen werden und wie Sie deren Fragen beantworten. Das können Sie erst dann erfahren, wenn die Situation auf Sie zugekommen ist. Welche Erfahrungen Sie dann damit machen, ist nicht mehr Zukunft, sondern bereits Vergangenheit, die Sie wieder für neue Situationen heranziehen können.«
P.: »Wissen Sie, ich habe mir immer gedacht, wenn ich etwas ganz genau plane, dann muß auch alles klappen. Wenn was dazwischenkam, und ich zum Beispiel lange warten mußte, war das für mich schrecklich. Wenn ich mir das aber so richtig überlege, ist doch gerade die ungeplante Zukunft das eigentlich Interessante . . .«

Die Beziehungen zwischen Menschen sind geprägt von einer ganzen Anzahl solcher Momente ungeplanter Zukunft. Wir wissen nicht, wie unser Partner reagiert, haben dennoch bestimmte, in der Vergangenheit geformte Erwartungen. Je weniger wir einen Menschen kennen, um so größer ist das Wagnis der ungeplanten Zukunft, ein Grund für viele, auf den Kontakt mit anderen Menschen außer den vertrauten Partnern zu verzichten. Die subjektive Vorstellung von der Zukunft ist nicht abstrakt, sondern hängt sich an konkreten Inhalten auf. Bei der Patientin, Frau S., war dies vor allem die Pünktlichkeit, deren Enttäuschung die Hoffnung auf eine gute Zukunft zunichte zu machen schien.

Tagesplan

Die Zeitgestaltung beeinflußt unmittelbar eine Reihe von Konfliktbereichen. Warum bin ich immer unpünktlich? Warum macht mich das Warten auf meinen Partner fertig? Warum beschäftige ich mich mit mir oder meiner Familie zuwenig? in diesem Zusammenhang: Warum habe ich Schwierigkeiten mit meinen Kindern? Warum fühlt sich meine Frau vernachlässigt? Wie der Ist-Wert meist recht eingefahrene Problemlösungsschemata beschreibt, gibt der beschreibende Zeitplan die Verhaltensmuster hinsichtlich der Zeit wieder.
Drei Typen der Zeitgestaltung lassen sich unterscheiden: Bei dem sekundär-orientierten Typ die überstrukturierte Zeit, in der fast jede Minute mit Aufgaben und Pflichten ausgefüllt ist; bei dem naiv-primären Typ die unstrukturierte Zeit, weite Felder von Leerlauf und Zeit, mit der man nichts anfangen kann; die unstrukturierte Zeit wird im Erleben depressiver Patienten als gestaltlose, unlustbesetzte, erdrückende Masse beschrieben, in der sich Verpflichtungen, Belastungen und unangenehme Ereignisse zusammenballen. Der Doppel-Bindungstyp zeigt einen Wechsel von Über- und Unterstrukturierung seiner Zeiteinteilung. Mal lebt er in den Tag hinein, mal überlastet er sich mit Terminen und Aufgaben.
Eine beschreibende Darstellung des Tagesablaufs gibt den Ist-Wert wieder, dem Soll-Wert entspricht folgender Zeitplan: Man überläßt es nicht dem Zufall oder von außen herangetragenen Aufgaben, was man im Verlaufe eines Tages oder einer Woche tun möchte, sondern gibt sich selber Aufgaben und teilt sich selber seine Zeit ein.
Für einzelne Punkte des Tagesplanes werden Alternativprogramme aufgestellt. Auch die Kontrolle des Tagesplanes erfolgt in einer Art Selbstkontrolle. Man vergleicht das, was man tun und erreichen wollte, mit dem, was man tun und erreichen konnte. Diese Rückkoppelung ermöglicht eine Korrektur des Planes bzw. eine Korrektur des Verhaltens. Schwierigkeiten, die sich im Rahmen dieser Rückkoppelung nicht auflösen lassen, werden in die psychotherapeutische Situation hineingetragen und mit dem Psychotherapeuten durchgesprochen.
Der im folgenden dargestellte, von Frau Ute S. konzipierte Tagesplan ist Resultat eines solchen Vorgehens. Es zeigen sich deutliche Hinweise auf zielerweiternde Aspekte der Planung, die auch auf den ursprünglich symptomatischen Bereich übergreifen.

Tagesplan von Frau Ute S., aufgestellt vor der 18. Sitzung

6.30	Aufstehen.
6.30– 6.45	Toilette, Dusche, Zähne putzen.
6.45– 7.00	Intervalltraining oder Gymnastik mit Musik, anziehen.
7.00– 7.30	Frühstück vorbereiten, gemeinsam mit meinem Mann frühstücken; mit ihm den kommenden Tag durchsprechen.
7.30	Mein Mann geht zur Arbeit.
7.35– 8.45	Die Kinder fertig machen, mit ihnen durchsprechen, was sie vorhaben; Nicole muß 8.45 Uhr in die Schule.
8.45– 9.15	Aufwaschen, Betten machen.
9.15–11.00	Einkaufen gehen, Martin (der Jüngere) begleitet mich.
11.00–13.15	Haushalt, Essen vorbereiten.
13.15–13.45	Nicole kommt aus der Schule, wir essen.
13.45–14.00	Abwaschen (die Kinder helfen mir dabei)
14.00–15.00	Ich habe Mittagsruhe für mich eingeführt. Wenn ich nicht schlafen kann, lese ich Zeitung oder ein Buch.
15.00–16.30	Bügeln, waschen, was im Haus anfällt.
16.30–17.15	Abendessen vorbereiten.
17.15–17.30	Hausaufgaben kontrollieren.
17.30–18.00	zu Abend essen. (Wenn mein Mann später kommt, ist das Essen für ihn im Rohr).
18.00–20.00	Englisch-Kursus. Ich möchte meine Kenntnisse auffrischen. Eine Bekannte holt mich ab. Nicole paßt auf sich und Martin auf, wenn mein Mann noch nicht da sein sollte.
20.00–21.00	Kinder zu Bett bringen. Mit ihnen über ihre Probleme sprechen.
21.00–22.30	Da gibt es mehrere Möglichkeiten: mich mit meinem Mann zusammensetzen, mit ihm sprechen, mit ihm spazierengehen, Fernseh gucken, mein Buch weiterlesen.
gegen 22.30	Schlafen gehen.

Anmerkung: Morgen, Samstag, ist ein Theaterbesuch mit einem befreundeten Ehepaar geplant. Diesmal paßt meine Schwiegermutter auf die Kinder auf.

Wie der Tagesplan, so kann auch der Wochenplan aufgestellt werden; er ist in der Regel großzügiger gestaltet als der Tagesplan und sieht für die einzelnen Tage die Aufgaben und Beschäftigungsbereiche vor, die von uns gefordert werden bzw. die wir selber gerne durchführen wollen. Im

Prinzip dienten der Tages- und der Wochenplan dazu, auch die bisher vernachlässigten Bereiche zeitlich zu berücksichtigen sowie Wirklichkeit und eigene Bedürfnisse möglichst optimal aufeinander abzustimmen.

Zielerweiterung im Bereich Kontakt

Im westlichen Kulturkreis bedeutet Zielerweiterung im wesentlichen Zielerweiterung im Bereich ›Kontakt‹. Während im Orient die Familie, vor allem die Großfamilie, die Bezugsgruppe bildet und ihre Mitglieder im besten Sinn durch Freud und Leid hindurch begleitet, löst sich der Europäer viel leichter von seiner Familie, ohne allerdings in der Regel eine funktionsfähige Ersatzgruppe zu finden. Dementsprechend finden sich folgende Reaktionsformen: Cliquenbildung (Flucht in die Gruppe) und Verzicht auf soziale Kontakte (Flucht in die Einsamkeit).
Der Kontaktverzicht ist freilich nicht total. Immer finden sich Reste sozialer Beziehungen, die sich als sehr konstant erweisen, wie beispielsweise die Zweierbeziehung. Die soziale Selbstbeschränkung ist kein primäres Bedürfnis. Hinter der Kontaktaskese verbirgt sich ein beachtliches, ungestilltes Bedürfnis nach sozialer Anerkennung, zwischenmenschlichen Beziehungen und einem befriedigenden Kontakt innerhalb personenzentrierter und weniger leistungszentrierter Gruppen.
Während sich die Zielerweiterung also im Orient eher darauf richten würde, daß der Patient erst einmal eine Beziehung zu sich selber gewinnt und Interesse für Aktivitäten entwickelt, die außerhalb der Gruppe stattfinden, verläuft der Prozeß im Abendland nahezu umgekehrt. Zielerweiterung bedeutet hier zumeist Aufbau sozialer Kontakte, Einrichtung personenzentrierter Gruppen, in denen ein Mitglied nicht nur wegen seiner Leistung akzeptiert ist, Hinwendung zur Geselligkeit und Verlagerung der Interessen auf Aktivitäten innerhalb einer Gruppe. Man verzichtet auf soziale Beziehungen weniger deshalb, weil man von der Wichtigkeit einsamer Meditationen überzeugt ist, sondern weil man fürchtet, soziale Betätigung könnte Verpflichtungen nach sich ziehen. In diesem Sinn sind verschiedene Aktualfähigkeiten mit Kontakt verknüpft: ›Kontakt‹ und ›Sparsamkeit‹ (Gäste kosten zuviel); ›Kontakt‹, ›Ordnung‹ und ›Sauberkeit‹ (Gäste bringen meine Ordnung durcheinander); ›Kontakt‹ und ›Pünktlichkeit‹ (es hat sowieso keinen Zweck, irgendwohin zu gehen. Wenn man ein bißchen zu spät kommt, sieht man sofort die vorwurfsvollen Gesichter); ›Kontakt‹ und ›Leistung‹ (die können wir nicht einladen, die sind doch etwas viel Besseres gewöhnt).
So verengen sich die zwischenmenschlichen Beziehungen; und die Folge sind Isolation, Einsamkeit und Kontakthemmung. Vor diesem Hinter-

grund soll nicht nur das Verhältnis zum Kontakt erweitert werden, sondern zusammen damit das Verhältnis zu den anderen, mit dem Kontakt verbundenen Aktualfähigkeiten.

Familiengruppe–Elterngruppe–Partnergruppe

Die Familiengruppe: Grundform und zugleich Modellfall für alle weiteren sozialen Gruppen ist die sogenannte primäre Gruppe, zumeist die Familie. Sie umfaßt Vater, Mutter, Kinder, und weitere Personen, die in enger Verbindung zu dieser Lebensgemeinschaft stehen.

Die Familie ist der Ort der ersten und unter Umständen grundlegenden sozialen Erfahrungen. Man hat gemeinsame Interessen, und es bestehen Beziehungen und Interaktionen zwischen den einzelnen Mitgliedern der Familie. Jedes Mitglied der Gruppe nimmt eine bestimmte Rolle ein und steht vor dem Anspruch, die eigenen und die Gruppeninteressen abzuwägen, d. h., zu unterscheiden und gegenseitig Verzichte zu leisten.

Die Funktionsfähigkeit der Gruppe hängt zudem wesentlich von den Kommunikationsmöglichkeiten zwischen ihren Mitgliedern ab. Ist die Kommunikation gestört, kann die Gruppe, als dynamisches und offenes System, nicht funktionieren. An die Stelle von Dynamik und Flexibilität treten starre Verhaltensmuster (»Du hast zu gehorchen, solange du zu Hause bist«), feste Rollenverteilungen (»Ich bin der Herr im Haus«) und Zieleinschränkungen (»Jeder von uns hat seine eigenen Interessen«). Umgekehrt bietet eine funktionsfähige Familie die Möglichkeit vielschichtiger Entwicklung. Es läßt sich tatsächlich feststellen, daß konflikthaft belastete Beziehungen zu den Eltern oder Geschwistern ein nahezu typisches Kennzeichen der meisten Störungen sind.

Die Interessen, Wünsche und auch Probleme eines Familienmitgliedes, die im Zusammenhang mit der Zielerweiterung geäußert werden, betreffen einen größeren sozialen Bereich als nur die Ein-Personen-Situation oder die Zwei-Menschen-Beziehung. Die Einbeziehung der gesamten Familie läßt sich durch die Familiengruppe erreichen.

Wie arbeitet eine Familiengruppe? Alle Familienmitglieder treffen sich regelmäßig zur vereinbarten Zeit. Dies kann wöchentlich einmal geschehen. Es können aber auch Sitzungen zu ganz besonderen Anlässen einberufen werden. Kann man durch unvorhergesehene Umstände an einem Termin nicht teilnehmen, sollten die übrigen Gruppenmitglieder rechtzeitig davon unterrichtet und gemeinsam ein neuer Zeitpunkt festgelegt werden. Die Dauer einer Familiengruppensitzung beträgt zwischen 45 und 60 Minuten. Manchmal ergibt sich die Gelegenheit zur Familiengruppe von selbst, z. B. nach dem Essen, wenn alle Familienmitglieder noch zusammensitzen. Das Wort Familiengruppe oder Familienkonferenz braucht dabei noch nicht einmal zu fallen. Die informelle Aufforderung zu einem Gespräch (Was haltet ihr davon, wenn wir uns jetzt einmal darüber unterhalten ...) leitet häufig sehr kreative und dynamische Familiengruppensitzungen ein.

Gleichberechtigung der Gruppenmitglieder. Jedes Mitglied wird als gleichwertiger Partner akzeptiert. Zur Durchführung der Familiengruppe brauchen die Eltern keine akademische oder besondere Ausbildung. Selbst wenn die Kinder nicht Wort für Wort verstehen können, was die anderen Gruppenmitglieder verhandeln, bemerken sie doch, was geschieht, wie man miteinander spricht und welche Möglichkeiten zur Verfügung stehen, ein Problem zu lösen. Das Kind sieht die Familie in der Zusammenarbeit, und nicht nur beim Essen, Spazierengehen oder Fernsehen.

Der Gruppenassistent. Da es in der Familiengruppe, ebenso wie in anderen Gruppen, teilweise recht heftig zugeht, ist ein Gruppenassistent zu wählen, der dafür sorgt, daß jedes Gruppenmitglied zu Wort kommt, daß keiner, auch nicht der Familienvater, das Wort an sich reißt. Jede Woche wird der Reihe nach ein Gruppenassistent bestimmt. Die Reihenfolge wird schriftlich festgelegt.

Das Gruppenheft. Jedes Mitglied notiert in seinem eigenen Heft die Themen, die es vorbringen möchte, sowie die Abmachungen und Beschlüsse der Gruppe. Gruppenmitglieder sollten ihre Probleme aufschreiben; wenn ein Kind dies noch nicht kann, mag es seine Probleme zeichnen und erklären. Das Heft hilft dem Gruppenmitglied, Pünktlichkeit, Ordnung, Sauberkeit und Genauigkeit besser zu lernen und zugleich eine differenzierte Einstellung gegenüber den alltäglichen Dingen zu gewinnen. *Kritisiert wird erst in der Familiengruppe. Beobachtungen werden bis dahin in das Gruppenheft eingetragen.*

Vorgehen einer Familiengruppe. Die Familiengruppe trifft sich pünktlich zur festgelegten Zeit und nimmt, wenn möglich, im Kreis um einen Tisch Platz. Dabei ist darauf zu achten, daß die einzelnen Gruppenmitglieder aufgrund der Sitzordnung nicht zu weit entfernt voneinander sitzen. Fernsehen, Radio und andere störende Einflüsse werden am besten ausgeschaltet. Man wartet, bis sich alle Teilnehmer versammelt haben. Der Gruppenassistent fragt: »Wer möchte heute etwas sagen? Wer hat ein besonderes Problem?« Die geäußerten Probleme werden gesammelt und nacheinander durchgearbeitet. Der Gruppenassistent fragt alle Gruppenmitglieder nach ihrer Meinung zu den Problemen. Dabei haben sich folgende Fragen bewährt: Was ist das Problem? Welches sind die Ursachen, Hintergründe, Ziele und Interessen, die sich hinter dem Problem verbergen? Welche Lösungsmöglichkeiten bestehen?

Das Thema, welches die größte Bedeutung in dieser Gruppensitzung hat, wird zum Motto der Woche erhoben. Es gibt so die ›Woche der Höflichkeit‹, die ›Woche der Ordnung‹, die ›Woche der Ehrlichkeit‹, die ›Woche der Pünktlichkeit‹ usw.

Die Memokarte. Im Gegensatz zu den Stufen der Beobachtung, Inventarisierung, Ermutigung und Verbalisierung, in denen die Interaktionen zunächst die Zwei-Menschen-Beziehung betrafen, z. B. Ordnung des Kindes, Geduld der Mutter, hat in der Familiengruppe das Motto der Woche für alle Gruppenmitglieder Gültigkeit. Um das Wochenmotto besser im Gedächtnis zu behalten und das Lernen zu intensivieren, erhalten alle Gruppenmitglieder ein Kärtchen, auf dem das Motto der Woche steht: Woche der Höflichkeit (Memokarte).
Die Eltern haben in Übereinstimmung damit die Aufgabe, sich über die Geschichte, Theorie und Praxis des entsprechenden Themas zu informieren. Die Auseinandersetzung mit den Bedingungen und Ursachen der Probleme kann dazu führen, daß man diese nicht nur punktuell behandelt, sondern Zusammenhänge wie die korrespondierende Fähigkeit thematisiert und in der nächsten Woche als ergänzendes Problem vorstellt. Erst durch die aktuelle Thematisierung in der Familiengruppe hat man die Möglichkeit, eine Aktualfähigkeit oder einen problematischen Verhaltensbereich herauszuarbeiten. Beispielsweise besteht erst dann, wenn ein Kind im Omnibus schwarzgefahren ist, ein Gesprächsanlaß, der Gewähr für eine hinreichende innere Beteiligung an der Behandlung des Problems Ehrlichkeit bietet.
Über Geduld, Zeit und deren korrespondierende Fähigkeiten kann gesprochen werden, wenn ein Kind sich darüber beschwert, daß die Eltern zuwenig Geduld hätten oder sich zuwenig Zeit nähmen.
Funktionsverteilung und Rollentausch. Funktionsverteilung kann als ein Grundprinzip in der Familiengruppe gelten. Erst wenn ein Partner an den Problemen der anderen teilhaben kann, wird es ihm möglich sein, diese besser zu verstehen. Die starre Rollenverteilung in der Familie verstellt den Eltern häufig die Einsicht in die Probleme der Kinder und umgekehrt. Der Rollentausch ist die direkteste Methode, um die Struktur der Familie dynamisch zu gestalten. Ein Gruppenmitglied übernimmt für eine begrenzte Zeit Aufgaben und Rollenmerkmale, die bis dahin einem anderen Gruppenmitglied zukamen. So betätigt sich der Vater beispielsweise als Hausfrau, die Mutter übernimmt Planungsaufgaben, die sonst dem »Familienoberhaupt« zukommen, die Kinder übernehmen ihrerseits Aufgaben und Funktionen, die im Zuständigkeitsbereich der Eltern lagen, z. B. Haushalt, Planung und Beratung.

Bericht über die zwölfte Familiensitzung. Am Freitagabend um 18 Uhr haben wir uns zusammengesetzt, mein Mann, die beiden Kinder und ich. Meine Tochter unternahm gleich den ersten Vorstoß. Sie wollte mit uns allen schwimmen gehen. Unser Sohn war sofort begeistert, ich auch. Nur mein Mann stellte sich dagegen, weil er keine Zeit hätte. Ich sagte ihm, daß ich mich sehr darüber freuen würde, wenn er mitkäme, aber er meinte bloß, daß wir ihn nicht verstünden, daß alle gegen ihn zusammenhielten. Da sagte meine Tochter etwas, was mir wirklich aus dem Herzen sprach: »Du, Vati, das verstehe ich nicht. Ich möchte gerade mit euch allen was machen, weil ich euch gern habe. Wie kannst du dann sagen, daß wir etwas gegen dich haben. Mutti sehe ich den ganzen Tag, aber dich überhaupt nicht.« Mein Mann war etwas schockiert. Er gab sich aber Mühe, uns zu erklären, warum er am Sonntagmorgen nicht mit uns schwimmen gehen könne, und schlug dafür den Sonntagnachmittag vor. Wir waren alle damit einverstanden. Damit ich am Sonntagmorgen durch das Kochen nicht zu überlastet bin, habe ich den Vorschlag gemacht, daß alle drei mir in der Küche helfen. Meine Tochter machte zwar ein langes Gesicht und fand das schrecklich blöd, aber dafür, daß ihr Vati mit uns allen wegging, war sie doch bereit zu helfen . . .

Bedeutung der Familiengruppe. Nicht nur die anfallenden Probleme werden in der Familiengruppe diskutiert, sondern es werden auch künftige Unternehmungen – Wochenendausflüge, Einkäufe, Reisen, Gäste einladen, Feste, Geschenke – in der Gruppe geplant. Damit lernt jedes Familienmitglied, aktiv in der Familie mitzuarbeiten, und erhält das Bewußtsein, daß die Familiengruppe keine formale Angelegenheit oder nur der Austragungsort von Problemen ist, sondern daß es in der Familiengruppe Einfluß auf Entscheidungen nehmen kann.
Gruppenarbeit hat eine weitere gruppendynamische Konsequenz. In der Familie, die gewissermaßen unreflektiert, d. h. ohne bewußte Kontrolle, funktioniert, kommt es meistens zu unbewußten Rollenverteilungen, zu festgefahrenen Abneigungen oder besonderen Bevorzugungen: z. B. Mutter-Sohn-Bindung oder Vater-Sohn-Konflikt. Da eine Familiengruppe simultan funktioniert, d. h. alle Gruppenmitglieder zugleich anwesend sind und aktiv an der Gruppe teilnehmen, werden vielseitig und vielschichtig Übertragungen und emotionale Beteiligungen gefördert, mit deren Hilfe derartige Bindungen und Konflikte besser kontrolliert werden können.
Fazit: Die Gedanken, Ansichten und Entschlüsse, die aus einer solchen Gruppe resultieren, sind nicht das Eigentum der einzelnen Mitglieder, sondern das Ergebnis der Gruppenarbeit.
So wie der Gesamtgeschmack eines Eintopfs nicht auf das eine oder andere Gemüse zurückgeführt werden kann, so können auch die Einstellungen, Verhaltensweisen und Entscheidungen einer Gruppe nicht ausschließlich auf den Beitrag eines einzelnen oder mehrerer einzelner Mitglieder zurückgeführt werden, sondern nur auf die Arbeit der Gruppe.

Die Elterngruppe
Die Probleme der Eltern können die Kinder betreffen, die engere und weitere Umgebung, sie können persönliche Probleme der einzelnen Elternteile sein oder sich spezifisch auf das Verhältnis der Eltern untereinander beziehen. Solche Probleme brauchen nicht vor den Kindern ausgetragen zu werden, es sei denn, sie werden in der Familiengruppe

direkt angesprochen. Hinsichtlich der Probleme, welche die Kinder betreffen, sollten sich die Eltern vor der Familiengruppe – zumindest im Prinzip – einigen. Ansonsten liegt es nahe, daß sich die Eltern, um die auftretenden Konflikte rechtzeitig aufzufangen und die Kinder nicht unnötig in ein Konfliktfeld einzubeziehen, zu einem bestimmten Zeitpunkt, beispielsweise abends, damit auseinanderzusetzen.
Eine solche Elterngruppen-Sitzung sollte nicht länger als 15 bis 30 Minuten dauern. Es ist besser, möglichst jeden Abend einmal 15 Minuten zusammen zu sprechen als einmal im Monat drei Stunden bis Mitternacht. Als Hilfsmittel für die Elterngruppe kann auch das Differenzierungsanalytische Inventar verwandt werden. In ihrer Struktur und Technik lehnt sich die Elterngruppe an die Partnergruppe an.
Fazit: *Merksätze für die Elterngruppe.* Nicht *die* Ehe ist gut, in der es keine Probleme und Konflikte gibt, sondern *die* Ehe, in der die Bereitschaft besteht, offen, ehrlich und sachlich über die Probleme zu sprechen und sie zu verarbeiten. Die Ehe ist keine Versicherungsanstalt. Sie ist vielmehr ein Balanceakt zwischen Liebe und Gerechtigkeit.
Ehepaare können lernen, Probleme aus den verschiedensten Lebensbereichen (wie Kindererziehung, berufliche Probleme, größere Planungen und Ausgaben, sexuelle Probleme, Konflikte mit Schwiegereltern und Bekannten) miteinander zu besprechen. Es gibt niemanden, der, wenn er dazu bereit ist, für solche Besprechungen keine Zeit hätte.
Hat man das Gefühl, allein mit den ehelichen Schwierigkeiten nicht fertig zu werden, empfiehlt es sich, einen Fachmann zu Rate zu ziehen.
Scheidung ist eine Frage der Verantwortung: gegenüber dem Partner, gegenüber sich selber, gegenüber den Kindern.

Die Partnergruppe
Konflikte haben die Neigung, wie bösartige Geschwüre zu wuchern und in Bereiche einzudringen, die zunächst gar nicht davon betroffen sind. Die Partnergruppe kann dieser Tendenz entgegenwirken. Konflikte werden, zeitlich und örtlich begrenzt, zwischen den beteiligten Partnern behandelt. Die Vorgehensweise der Partnergruppe entspricht in ihren Grundzügen der Methodik, die wir in der Familiengruppe bereits kennengelernt haben. Sie stellt ihre Mitglieder vor eine sicherlich schwierige Aufgabe, die manchem so vorkommen wird, als müßte er dauernd versuchen, über den eigenen Schatten zu springen. Schließlich ist es nicht leicht, mit einem Partner, den man durch Schweigen strafte, plötzlich Gespräche zu führen und von gewohnten Umgangsformen Abstand zu nehmen. Oft genug bringt nämlich eine solche Umstellung einen Statusverlust mit sich: man soll nunmehr jemanden, von dem man meint, daß man ihn gut beherrscht, als Partner akzeptieren. Dadurch gerät die

Rollenverteilung in der partnerschaftlichen Beziehung ins Wanken. Um diesen Schwierigkeiten entgegenzuwirken, bieten sich die Selbsthilfestufen der Beobachtung/Distanzierung, der Inventarisierung, der situativen Ermutigung, der Verbalisierung und der Zielerweiterung an. Des weiteren wirkt der partnerschaftliche Rollentausch häufig Wunder.
Der Rollentausch. Er unterstützt das gegenseitige Verständnis und Einfühlungsvermögen. Die Technik ist einfach. Für jeweils eine Woche übernimmt ein Partner einige Tätigkeiten aus den Rollenaufgaben des anderen: Der männliche Partner geht einkaufen, der weibliche Partner übernimmt die Aufgaben, Gäste einzuladen. Auch im sexuellen Bereich ergreifen die Partner wechselseitig die Initiative. Die Frau lernt, nicht nur passiv empfangender Teil zu sein, und der Mann lernt, sich von der Sexualleistung und dem Eroberungszwang zu distanzieren. Wie dieser Rollentausch gehandhabt werden soll, wird vorweg in der Partnergruppe beschlossen. Dies bedeutet nicht den Verlust von Spontaneität und Romantik, sondern den oft abenteuerlichen Versuch, neue Verhaltensbereiche und Formen der partnerschaftlichen Beziehung zu erschließen.
Gedächtnishilfen. Ausgeschriebene Konflikte können mit dem Partner viel objektiver durchgesprochen werden; dadurch wird ein sachlicheres Verhältnis ermöglicht.
Noch viel schwächer als für Erlebnisse scheint das Gedächtnis für gute Vorsätze zu sein. Hier bietet sich als Hilfe die Memokarte an, die wir bereits in der Familiengruppe kennengelernt haben. So verhindert oft allein der Griff nach der Memokarte ›Höflichkeit‹ die Beleidigung oder Kränkung des Partners; die Memokarte ›Ordnung‹ erinnert einen, daß man durch sorgfältigeres Verhalten Ärger vermeiden kann.
In der Partnergruppe (und anderen Formen der Selbsthilfegruppen) werden nicht nur Ängste und Aggressionen ausgetragen. Vielmehr geht es in diesen Gruppen darum, hinter den Ängsten, Aggressionen und Schuldgefühlen die mangelnden Unterscheidungen hinsichtlich der Aktualfähigkeiten zu erkennen. Das Gruppenmitglied wird in die Lage versetzt, seine anderen Partner zu verstehen, die Konflikte nach ihrer situativen Bedeutung zu bewerten und die konfliktbesetzten Aktualfähigkeiten angemessen zu integrieren.
Fragen, die jeder Partner sich bei einer partnerschaftlichen Konfliktsituation stellen sollte: Ist das Problem zu ändern? Will ich überhaupt das Problem ändern? Kann mein Partner meinen Erwartungen entsprechen? Will er eine Lösung des Problems? Habe ich schon Versuche in Richtung einer Problemlösung unternommen? Sehe ich unsere Situation ehrlich und offen? Bringe ich meine Meinung ehrlich zum Ausdruck? Bin ich bereit, auch meinem Partner zuzuhören? Bin ich überhaupt bereit, meinem Partner Zeit zu geben und mir selber Zeit zu nehmen, oder erwarte

ich, daß eine Änderung von einem Augenblick auf den anderen erfolgen soll? Wenn wir allein nicht mit unseren Problemen fertig werden, wollen wir nicht einen Fachmann zu Rate ziehen? Erwarte ich, daß der andere sich ändert, und bin ich selber zur Änderung bereit? Gebe ich mir und meinem Partner noch eine Chance; bin ich auch während eines großen Konfliktes meinem Partner treu?

Fazit: Merksätze für die Partnergruppe. Jeder Mensch besitzt seinem Wesen nach die Fähigkeit zur Partnerschaft. Nicht jeder Mensch aber kann ohne Vorbereitung eine Partnerschaft eingehen.

Es ist grundsätzlich zwischen Sex – Sexualität und Liebe zu unterscheiden, die im Leben eines jeden Menschen eine Einheit darstellen.

Erziehung und Vorbereitung zur Partnerschaft geschehen von der frühen Kindheit an.

Wir sollten uns hüten, unsere eigenen Vorstellungen von Partnerschaft oder von der Scheidung auf andere zu übertragen. Wie jeder Mensch Einzigartigkeit besitzt, ist auch jede Partnerschaft einzigartig. Nicht wenige Partnerschaften werden gerade durch die wohlwollenden Einmischungen von Freunden und Verwandten zerstört.

Trennung bietet eine Chance. Sie gewährt Lernerfahrungen. Diese Erfahrungen können wir nützen, wenn die Trennung rückgängig gemacht wird, oder auch gegenüber einem neuen Partner.

Therapeutische Aspekte der Zielerweiterung

Zielerweiterung im Anschluß an die Verbalisierung ist als letzte Stufe der Behandlung vor allem die Ablösung von der psychotherapeutischen Beziehung. Thema der Ablösung ist jedoch erst in zweiter Linie »Trauerarbeit«, die im Zusammenhang mit der Trennung von Therapeut und Patient geleistet wird. Selbst wenn dieser Aspekt bei einzelnen Krankheitsformen (abnorme Trauerreaktion, Depression) noch besondere Beachtung erfordert, beschäftigt sich die therapeutische Aktivität auf dieser Stufe jedoch mehr mit der Frage, *wohin* sich der Patient ablöst. Das ist ein wichtiger Unterschied. Ablösung wird nicht als notwendig schmerzhaft und verletzend angesehen, sie ist vielmehr eine therapeutische Chance, die letztlich darüber entscheidet, ob ein Behandlungserfolg erzielt wird oder nicht. Der Patient wird nicht als Wesen betrachtet, das im Zustand kindlicher Hilflosigkeit verharrt, wenn der Therapeut seine schützende Hand von ihm nimmt. Dies wäre vielleicht auf den früheren Stufen der Fall gewesen, bei denen auf der Seite des Patienten das Bedürfnis nach Verbundenheit überwog. Nunmehr steht das Stadium der Ablösung im Vordergrund, das bereits in jeder einzelnen Sitzung akut war. Entsprechend sind auf dieser Stufe die Ziele gesetzt.

Der Patient gewinnt die Fähigkeit, selber Aktivitäten zu entwickeln und Freude an diesen Aktivitäten zu haben. Dabei handelt es sich um Fähigkeiten, die als Folge von Störungen eingeschränkt waren. Der Patient wird während der gesamten Behandlung nicht in einer quasi-infantilen Abhängigkeit gehalten, sondern bereits von den ersten Stadien der Behandlung an schrittweise auf seine Ablösung vorbereitet. Er ist alles andere als hilflos. Gegenüber seinen Partnern und sich selber kann er in vieler Hinsicht eine Rolle übernehmen, die der des Therapeuten ähnelt, allerdings nicht nur auf dem Weg über die Identifikation mit dem Vaterbild des Therapeuten, sondern aufgrund seiner Verfügung über Konfliktlösungsmodelle.
Der Patient kann somit, »besser ausgerüstet«, den therapeutischen Bereich verlassen und sich lebensbegleitender Selbsthilfe zuwenden. Dementsprechend fällt dem Therapeuten, der in den Stadien Verbundenheit und Differenzierung als eine Art Elternersatz diente, immer mehr die Rolle eines beratenden Partners zu.
Die Zielerweiterung orientiert sich an den neurotischen Einengungen des Wertgesichtsfeldes, an den vielschichtigen Störungen der zwischenmenschlichen Beziehungen, die sich zumeist nur auf wenige Fähigkeitsbereiche konzentrieren, an der Einschränkung der Zielsetzung und der Blockierung der Spontaneität. Es geht darum, das Wertgesichtsfeld des Patienten zu erweitern. Der Patient lernt, sein Leben neu zu gestalten und Ziele ins Auge zu fassen, die er vor seiner neurotischen Einschränkung verfolgte und die in den Hintergrund gedrängt worden waren. Der persönlichen Initiative des Patienten wird besondere Aufmerksamkeit gewidmet. Der Patient lernt, durchaus im Sinne der Ablösung, selbständig zu handeln und seine Entwicklung selbst zu gestalten. Mittel dazu sind die Familien-, Partner- und Elterngruppe sowie die Technik des Rollentausches (vgl. dort).
Die zu erreichenden Ziele werden eingeteilt in Mikroziele (Planung der nächsten Zeit) und Makroziele (auf die weitere Zukunft gerichtete Planung); hier werden Fragen akut wie die nach dem Sinn von Tätigkeiten, dem Sinn des Lebens etc. Der Patient erweitert sein Freizeitkonzept u. a. dadurch, daß die Freizeitkonzepte anderer probeweise als Vorbild eingesetzt werden. (Was tun Sie bitte am Wochenende?) Er kann darüber hinaus auch sein Kontaktkonzept ergänzen, in dem er beispielsweise die Beziehung zu einem Partner (Du) intensiviert und/oder neue Beziehungen zu Wir-Institutionen, wie Freizeit- und Sportgemeinschaften, Vereinen, Parteien, religiösen Gemeinden etc., knüpfen lernt.

Selbsthilfe auf der Stufe der Zielerweiterung

Zwischenmenschliche Konflikte sind durch Zieleinengungen gekennzeichnet (man zieht sich zurück, reagiert einseitig).
Bei der Zieleinengung werden einzelne Aktualfähigkeiten zur Waffe (man sieht nur die Unordnung, die Unpünktlichkeit etc.).
Erweitern Sie Ihre Ziele im Bereich der Aktualfähigkeiten (welche Aktualfähigkeiten haben Sie bisher stiefmütterlich behandelt?), im Bereich der Medien der Erkenntnisfähigkeit (welches Medium der Erkenntnisfähigkeit ist bei Ihnen bisher zu kurz gekommen?) und im Bereich der Liebesfähigkeit (welche Beziehungen haben Sie bisher vernachlässigt?)
Versuchen Sie in der Zielerweiterung die Einseitigkeiten zu überwinden, indem Sie neue Aspekte gewinnen und Ziele für sich und Ihren Partner suchen.
Richten Sie eine Familien-, Eltern- oder Partnergruppe ein, die eine systematische Auseinandersetzung mit den Wünschen und Zielvorstellungen der anderen Familienmitglieder ermöglicht.
Was tun Sie, wenn Ihr Partner nicht mitmacht? Erinnern Sie sich daran, daß Sie auch eigene Interessen haben. Sie leben nicht nur für andere, sondern für sich selbst. Häufig braucht der Partner seinerseits eine gewisse Zeit, bis er Ihr Vorbild akzeptieren kann. Fragen Sie: Warum möchte mein Partner nicht mitmachen? Dabei finden sich mitunter Hinweise auf Mißverständnisse, die weniger prinzipieller Art sind, z. B.: »Will mein Partner deshalb nicht mitmachen, weil er sich überrumpelt fühlt?« Nehmen Sie aus diesem Grund Ihre Planung rechtzeitig vor, und machen Sie sich selber und Ihrem Partner Ihre Ziele klar.
Was tun Sie, wenn ein Programmpunkt Ihrer Zielerweiterung nicht verwirklicht werden kann? Sie können sich enttäuscht zurückziehen und die aufgetretenen Schwierigkeiten als eigenes Versagen deuten. Sie können aber auch versuchen, die freigewordene Zeit auf andere Weise zu nutzen, z. B. für Interessen, denen Sie weniger Raum eingeräumt hatten. (Der eingeladene Besuch ist nicht gekommen. Statt dessen geht man allein oder mit seinem Partner weg usw.)
Sie können nicht warten, bis Ihre Ziele erweitert werden oder sich von selbst erweitern. Den ersten Schritt sollten Sie tun.
Beteiligte Aktualfähigkeiten und Medien: Vertrauen, Hoffnung, Glaube, Zweifel und Einheit, Medien der Erkenntnisfähigkeit (Sinne, Verstand, Tradition und Intuition), Medien der Liebesfähigkeit (Beziehung zum Ich, Du, Wir und Ur-Wir).
Beteiligte Mißverständnisse: Erziehungsziel – Erziehungsinhalt, Gesundheit – Krankheit, bestimmtes – bedingtes Schicksal, Tier – Mensch, Dimension der Zeit.

Beteiligte Mythologien: »Der kluge Kaufmann« (S. 338), »Eine Geschichte auf den Weg« (S. 191), »Schatten auf der Sonnenuhr« (S. 48).

Epikrise – Therapieverlauf – Katamnese

Nach 22 Sitzungen innerhalb von sieben Monaten im Sinne der dargestellten Behandlungsstrategie war die Patientin Frau S. subjektiv beschwerdefrei. Eine nachfolgende internistische Untersuchung ergab keinen krankhaften Befund. Mit dem Ehemann wurden als flankierende milieutherapeutische Maßnahme in etwa dem gleichen Zeitraum neun Sitzungen durchgeführt. Dreimal kam der Ehemann allein, sechsmal mit seiner Frau. In vierteljährlichem Abstand kam die Patientin nach Abschluß der Therapie insgesamt viermal innerhalb eines Jahres zu mir. Zwei Jahre nach Behandlungsabschluß wurde die erste Kontrolluntersuchung für die Epikrise durchgeführt, weitere zwei Jahre später die zweite. Mit Ausnahme des Erstinterviews, das ca. 100 Minuten dauerte, betrug die durchschnittliche Sitzungsdauer 50 bis 60 Minuten. Der Aufwand für die einzelnen Stufen betrug:

Stufe der Beobachtung/Distanzierung:	4 Sitzungen
Stufe der Inventarisierung:	4 Sitzungen
Stufe der situativen Ermutigung:	3 Sitzungen
Stufe der Verbalisierung:	4 Sitzungen
Stufe der Zielerweiterung:	7 Sitzungen.

Nach Ende der Behandlung wurden in immer größer werdenden Abständen (monatlich, vierteljährlich und schließlich jährlich) Kontrollsitzungen durchgeführt.

Diese Gegenüberstellung läßt die Schwerpunkte im Therapieverlauf erkennen. Eine fast kontinuierliche Entwicklung von *Verbundenheit* zur *Ablösung* war unverkennbar. In der Stufe der situativen Ermutigung hatte die Patientin zunächst Schwierigkeiten und zeigte das Bedürfnis, aus dem Stadium der *Unterscheidung* wieder in das Stadium der Verbundenheit zurückzukehren. Eine ähnliche Tendenz war in der Stufe der Zielerweiterung zu beobachten, als im Anschluß an die zweite Sitzung dieser Stufe die Familiengruppe eingerichtet werden sollte. In solchen Situationen gingen wir kurzfristig auf die jeweils vorhergehende Stufe zurück.

Die Frage, auf welcher Stufe und in welchem Interaktionsstadium sich die Patientin in der Psychotherapie befand, ließ sich von mehreren Faktoren her beantworten: vom Ansprechen der Patientin auf die für eine Stufe

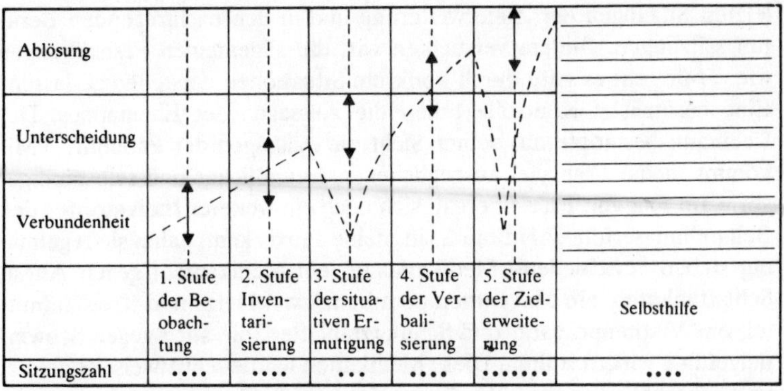

Beurteilung des Therapieverlaufes bei Frau Ute S.
Schwerpunkte des Therapieverlaufes in der Differenzierungsanalytischen Psychotherapie

typischen Verfahren, von der Selbsteinschätzung der Patientin und dem Gesamteindruck des Therapeuten.
Ursprüngliche Symptomatik waren: vor allem auf Pünktlichkeitssituationen bezogene Ängste, innere Unruhe, Hemmungen, Depressionen, Kreislaufstörungen, Schwindelgefühle, Herz- und Magenbeschwerden sowie Selbstmordtendenzen. Vor der Psychotherapie war die Patientin von ihrem Hausarzt, von Internisten und einem Facharzt für Neurologie und Psychiatrie vorwiegend medikamentös, allerdings ohne nennenswerten oder dauerhaften Erfolg behandelt worden. Aufgrund der geäußerten Vorstellungsinhalte (»Mein Mann war ein riesiges Untier. Selbst der Staubsauger flößte mir Angst ein. Mein Mann will mich loswerden«) und der Affektausbrüche wurde die Patientin von einer Nervenärztin mit der Verdachtdiagnose einer »Affektpsychose« für vier Wochen an eine psychiatrische Klinik überwiesen.
Zum Abschluß der psychotherapeutischen Behandlung fühlte sich die Patientin beschwerdefrei. Die funktionellen Magen- und Herzbeschwerden waren zu diesem Zeitpunkt bereits seit zwei Monaten nicht mehr aufgetreten. Lediglich von Zeit zu Zeit trat das Gefühl eines Unbehagens oder einer inneren Unruhe auf, vor allem in ungewohnten Kontaktsituationen und gelegentlich im Zusammenhang mit Warten.
Allerdings können die Aussagen über den Therapieerfolg nicht selten Kunstprodukte der therapeutischen Suggestion und der Höflichkeit des Patienten sein, der seinen Therapeuten nicht enttäuschen und sich selber nicht als Therapieversager sehen möchte. Aus diesen Gründen wurde der abschließende Befund nicht nur in einer Sitzung erhoben, sondern in den

letzten Sitzungen der Zielerweiterung und in den nachfolgenden Beratungssitzungen. Zudem versuchten wir, die allgemeinen Feststellungen wie: »Mir geht es gut« durch konkrete Situationen darstellen zu lassen. Eine zusätzliche Kontrolle boten die Aussagen des Ehemannes. Der Ehemann bestätigte aus seiner Sicht die Aussagen der Patientin: »Mir kommt meine Frau viel ausgeglichener, freundlicher und selbständiger vor.« Im Fall von Frau S. ergab sich noch ein weiterer Indikator für den Behandlungserfolg. Als Frau S. in meine Praxis kam, nahm sie regelmäßig sieben verschiedene Medikamente: ein Medikament gegen Angst, Schlaftabletten, ein Magentherapeutikum, zwei Herz- und Kreislaufmittel, ein Vitaminpräparat und Schmerztabletten, die auch gegen Schwindelgefühle wirken sollten. Diese Medikation wurde schrittweise abgesetzt und innerhalb von drei Wochen auf zwei Medikamente reduziert, die nach zwei Monaten ebenfalls abgesetzt werden konnten. Nach Beendigung der Behandlung nahm die Patientin keinerlei Medikamente mehr. In der vierten Beratungssitzung nach Beendigung der Therapie berichtete die Patientin:

»Sexualität und Pünktlichkeit«

»Vor etwa einem halben Jahr hatte ich ein Erlebnis, das für mich sehr wichtig war. Wir waren an einem Sonntag bei Bekannten eingeladen und wollten um 19 Uhr dort sein. Unsere Kinder waren weg. Ich hatte mich gebadet und wollte mich gerade anziehen, da kam mein Mann, war sehr zärtlich und wollte unbedingt mit mir schlafen. Ich fand das zwar ganz gut, aber ich habe sofort daran gedacht, daß die Zeit nicht reicht. Während des ganzen Geschlechtsverkehrs mußte ich daran denken, daß wir eigentlich gleich losfahren müssen, und ich fand das Verhalten meines Mannes sehr bedrängend. Ich war innerlich unruhig und mit meinem Gedanken woanders. Immer wieder dachte ich: Werden wir pünktlich zur Verabredung kommen? Später bat ich meinen Mann, daß wir am darauffolgenden Abend eine Partnergruppe einrichten sollten. In der Partnergruppe habe ich meinem Mann erzählt, wie es mir ergangen ist. Am Anfang war er sehr betroffen, aber er hat für meine Situation sehr viel Verständnis entwickelt. Dabei erzählte er, daß er selber ähnliche Gedanken während des Geschlechtsverkehrs gehabt hatte, doch er habe das Gefühl gehabt, er müsse das, was er angefangen hat auch zu Ende bringen, um mich nicht zu enttäuschen. Das Gespräch hat mir selber sehr viel Vertrauen zu meinem Mann gegeben. Ich weiß nicht, woher es kommt, aber nach dieser Aussprache fühlte ich mich viel wohler und hatte seit dieser Zeit nahezu regelmäßig den sexuellen Höhepunkt, den ich die Jahre davor nicht erreichen konnte . . .«

Die Patientin, die mit Abschluß der Behandlung so weit war, daß sie die Selbsthilfe in die eigenen Hände nehmen und sich in größeren Zeitabständen mit mir beraten konnte, war in der Lage, sich und ihrem Partner unabhängig vom Therapeuten zu helfen. In der Kontrollsitzung zwei Jahre nach Beendigung der Behandlung erklärte die Patientin:

»Endlich habe ich mich sachlich durchgesetzt«

»Sie können sich daran erinnern, daß für mich Pünktlichkeit ein und alles war, und ich muß sagen, bis heute bin ich noch immer kein unpünktlicher Mensch. Aber ich glaube, da hat sich bei mir einiges wesentlich geändert. Ich kann Ihnen das nicht so ohne weiteres sagen. Am besten ist es, ich erkläre es Ihnen an einem Beispiel. Meine Schwiegermutter ist mindestens ebenso unpünktlich wie früher mein Mann. Ich kann mich daran erinnern, wie oft wir mit dem Mittagessen bis zu zwei Stunden auf sie warten mußten. Einmal hatten wir sie wieder eingeladen. Ich hatte mit meinem Mann vorher darüber gesprochen, wie unangenehm es für eine Hausfrau ist, mit dem Essen so lange zu warten. Als meine Schwiegermutter nach einer halben Stunde noch nicht kam und die Kinder bereits vor Hunger ungeduldig wurden, schlug ich vor, auch ohne meine Schwiegermutter zu essen. Als sie eineinhalb Stunden später immer noch nicht da war, schlug ich vor, unseren geplanten Sonntagsspaziergang nicht ausfallen zu lassen oder zu verschieben, bis es dunkel wird. Es war schönes Wetter, und die Kinder waren sofort Feuer und Flamme. Nur mein Mann mußte etwas schlucken. Wir haben uns sofort fertig gemacht und hinterließen bei unserer Nachbarin die Nachricht, daß wir etwa in drei Stunden zurück wären. Als wir zurückkamen, stand meine Schwiegermutter bereits vor der Tür und machte ein vorwurfsvolles Gesicht. Ohne viel herzumachen, haben wir ihr gesagt, daß wir sie um 13 Uhr erwartet hatten und dann nicht mehr rechneten, daß sie kommen würde. Aber wir würden uns freuen, daß sie uns jetzt zum Abendessen besuchte. Ich muß sagen, daß ich mir dabei nicht mehr so abhängig und kindlich vorkam wie früher. Der Abend verlief eigentlich unerwartet entspannt. Mein Mann hat nur so gestaunt. Ich habe mir das alles nochmals überlegt und auch das, worüber wir in der Therapie gesprochen hatten. Wenn wir jetzt Termine mit meiner Schwiegermutter ausmachen, sage ich gleich, daß wir nur bis zu einer bestimmten Zeit zu erreichen sind oder sie zwischen dieser und jener Zeit erwarten. Das hat meiner Schwiegermutter, wie ich meine, sehr geholfen. Bei solchen Erlebnissen kam es manchmal vor, daß ich Schuldgefühle wie früher hatte. Mir war das manchmal nicht so recht geheuer. Dabei half mir der Gedanke an die eine Geschichte, bei der einer dankbar für die Ehrlichkeit des anderen sein sollte« (Frau S. meint die Geschichte »Ein Grund, dankbar zu sein«, S. 319).

In der zweiten Sitzung für die Epikrise (nach weiteren zwei Jahren) machte die Patientin einen sehr gelösten und ausgeglichenen Eindruck. Sie brachte ihre beiden Kinder mit und erzählte von den Unternehmungen ihrer Familie, von ihren eigenen Aktivitäten – sie hatte in der Zwischenzeit einen Dolmetscherkursus bestanden – und von den gemeinsamen Unternehmungen mit ihrer Familie.

Modifikation der fünfstufigen differenzierungsanalytischen Psychotherapie

Die fünf Stufen der differenzierungsanalytischen Psychotherapie sind kein starres Behandlungsschema, durch das jeder Patient ungeachtet seiner Besonderheiten hindurchgejagt würde. Sie lassen sich im Prinzip bei allen psychischen und psychosomatischen Störungen anwenden. Dies nicht, weil sie für sich beanspruchen, Allheilmittel zu sein, sondern weil ihr Vorgehen eine ganze Palette von Möglichkeiten umfaßt, welche die Besonderheiten des einzelnen Patienten und seiner Krankheit berücksichtigt. So können außer Ängsten und Depressionen, auch Zwangskrankheiten, Verhaltensauffälligkeiten, Generationsprobleme, transkulturelle Schwierigkeiten, Schizophrenien sowie die Gruppe der psychosomatischen Krankheiten, wie Magen-Darmgeschwüre, Asthma, Rheumatismus, Herzfunktionsstörungen, Sexualstörungen, Schlafstörungen, Kopfschmerzen etc., mit Hilfe der fünfstufigen differenzierungsanalytischen Psychotherapie behandelt werden. Dabei kommt es darauf an, die jeweiligen Bedingungen zu berücksichtigen. So können anstelle von Pünktlichkeit und Höflichkeit Ehrlichkeit als Schlüsselkonflikt, im Falle Ute S., Gerechtigkeit, Sauberkeit, Ordnung, Zuverlässigkeit, Kontakt, Sparsamkeit, Glauben, Vertrauen etc. zu den zentralen Konfliktbereichen werden, an dem sich das differenzierungsanalytische Vorgehen orientiert.

Als konfliktzentrierte Kurztherapie haben wir die Differenzierungsanalyse bereits bei folgenden Krankheitsbildern durchgeführt:

Sexualstörungen (Sexualangst der Frau, Frigidität, Hypersexualität, Potenzstörung beim Mann, Ejaculatio praecox, Erektionsschwäche, Sexualangst, Onaniezwang und als krankhaft empfundene Homosexualität). Zur Zeit liegen die Daten von 80 Patienten (52 weiblich, 28 männlich) vor. Diagnostisch handelte es sich bei den Patientinnen überwiegend um Sexualangst und allgemeine und selektive Frigidität. Die männlichen Patienten litten in der Mehrzahl unter Ejaculatio praecox, Erektionsschwäche und Sexualangst. In allen Fällen konnte eine erhebliche Besserung erzielt werden. In 74% der Fälle wurde eine überdauernde Heilung (Kontrollabstand etwa ein Jahr) erreicht. Die durchschnittliche Therapiedauer variierte bezüglich der einzelnen Diagnosen zwischen 12 und 21 Sitzungen.

Vegetativ-funktionelle Störungen mit gesicherter psychischer Ätiologie und Organneurosen (Schlafstörungen, Cephalgien, Asthma, Colitis, Ulcus duodeni und ventriculi, rheumatische Beschwerden, Herzneurosen, Prostatitis, Anorexia nervosa, Fettsucht, Neuro-Dermatitis, vegetative Dystonien, Stottern und Bettnässen);

Psychoreaktiv-seelische Störungen (Phobien, Depressionen, Verhaltensstörungen, Zwänge, Lernstörungen, Alkoholismus, Drogenabhängigkeit und abnorme Trauerreaktionen). Bei Psychosen und Psychopathien wurde verschiedentlich die Differenzierungsanalyse durchgeführt. Es zeigten sich hier zum Teil erfolgversprechende Ergebnisse.

Die fünf Stufen sind Leitlinie und Orientierungshilfe, die dem Therapeuten für bestimmte Behandlungsabschnitte bewährte Verfahren anbieten. Modifikationen sind möglich:

Innerhalb der Stufen. Grundsätzlich lassen sich die Stufen nach den Bedürfnissen der therapeutischen Situation weitgehend frei miteinander kombinieren. Die Art der Kombination hängt außer von situativen und an die Einzigartigkeit der Persönlichkeit gebundenen Faktoren vor allem von dem Symptombild und der beabsichtigten Dauer der Behandlung ab.
Im Hinblick auf die beteiligten Verfahren. Die Differenzierungsanalyse ist kein ausschließendes Dogma, sondern stellt ein mehrdimensionales System dar, innerhalb dessen unterschiedliche Ansätze und Methoden zur Geltung kommen können. So ist es möglich, psychoanalytische Verfahren, verhaltenstherapeutische Techniken, Methoden der Tiefenpsychologie sowie hypnotherapeutische Verfahren einzubeziehen. Umgekehrt lassen sich auch differenzierungsanalytische Aspekte in das Modell anderer Psychotherapien eingliedern.

Die Differenzierungsanalyse als Einzel- oder Gruppenpsychotherapie

In unserer Darstellung der fünf Stufen gingen wir aus Gründen der Übersichtlichkeit von der Situation der Einzelbehandlung aus, in der sich Therapeut und Patient gegenübersitzen. Als Alternative und Ergänzung der Einzelbehandlung kann die Differenzierungsanalyse auch als Gruppenpsychotherapie durchgeführt werden. Diese Gruppen sind zum Teil thematisch orientiert und werden anhand der Leitlinie der fünf Stufen kontrolliert. Für die Gruppenbehandlung ist überdies die Kontrolle in den Stadien Verbundenheit – Differenzierung – Ablösung von Bedeutung. Die Kombination der Selbsthilfegruppen (Eltern-, Familien- und Partnergruppe) mit der psychotherapeutischen Gruppe erleichtert die Übertragung des in der therapeutischen Gruppe gewonnenen Modellverhaltens und die Realitätskontrolle des gruppentherapeutischen Geschehens.

Differenzierungsanalytische Gruppenpsychotherapie

Die Sorgen der anderen

Eine Frau war mit ihrem Schicksal unzufrieden; sie war ärmer als alle anderen. Das Brot reichte nie für ihre sieben Kinder. Ihr Mann war schon früh gestorben. Eines Nachts, nach verzweifeltem Gebet, erschien ihr ein Engel, der ihr einen Sack gab und befahl, alle ihre Sorgen und Nöte in ihn hineinzuwerfen. Der Sack war kaum groß genug, um so viel Kummer, Sorgen und Ängste zu fassen. Der Engel aber nahm sie bei der Hand und führte sie, die, stöhnend und vor sich hinschimpfend, den Sack trug, in den

Himmel. Oben angekommen, staunte die Frau. Sie hatte sich den Himmel anders vorgestellt. Die Wolken waren alle Sorgensäcke. Und auf dem größten der Säcke saß ein alter, sehr ehrwürdiger Herr, der ihr aus der Kindheit von Bildern her noch bekannt war. Der Allwissende wußte auch um ihre Sorgen – hatte er doch ihre Gebete und Flüche tagtäglich gehört. Er gebot ihr, den Sack abzustellen, und sagte, sie dürfe alle anderen Säcke öffnen und in sie hineinschauen. Für einen aber müsse sie sich entscheiden und ihn in ihr Erdenleben zurücknehmen. Sie öffnete einen Sack nach dem anderen und fand Ärger, Probleme, bedrängende Konflikte, Langeweile und ähnliches mehr. Viele dieser Dinge kamen ihr fremd vor, andere bekannt, und von wiederum anderen wußte sie nicht recht, ob sie sie schon einmal gesehen hatte oder nicht. Mühsam arbeitete sie sich durch die Wolken hindurch, bis sie endlich zu dem letzten Sack kam. Diesen öffnete sie, breitete den Inhalt aus, gliederte ihn und erkannte, daß es ihrer war. Als sie den Sack hob, kam er ihr viel leichter vor, mehr noch: ihre Sorgen quälten sie nicht mehr, ihre Schmerzen schmerzten sie nicht mehr. Statt dessen sah sie reale Mißstände und lohnende Ziele (orientalische Geschichte).

Der Mensch als soziales Wesen ist auf andere Menschen angewiesen. Das Zusammenleben der Menschen vollzieht sich im ständigen Wechselspiel von Geben und Nehmen. Dabei bietet uns die soziale Gruppe viele Vorteile, die zum Teil lebenswichtig für uns sind. In anderen Fällen wird sie als Bedrohung erlebt: Zahlreiche Menschen können nur schwer an einer Gruppe teilnehmen und sich in ihr wohl fühlen. Sie sind verlegen, schüchtern und fühlen sich von der Gruppe abgelehnt. Oft reagieren sie, indem sie sich von der Gruppe zurückziehen (Verschüchterung, Resignation) oder eine übertriebene Lebhaftigkeit zeigen, um andere Mitglieder der Gruppe zu beherrschen (Störenfried). Sie können aber auch weder stören noch mitarbeiten, sondern passive Toleranz und Gleichgültigkeit zeigen. Die Haltung eines Menschen seiner sozialen Umgebung gegenüber ist nicht zufällig, sondern hat sich im Laufe der Zeit durch Erlebnisse und Lernerfahrungen entwickelt.
Bekanntlich neigen wir dazu, solche Menschen als Freunde zu gewinnen, die in der gleichen Weise denken wie wir, die gleichen Ansichten über bestimmte Dinge haben und die gleichen Geschmacksrichtungen und Liebhabereien verfolgen. In einer dermaßen gleichartigen Gruppe kann die persönliche Entfaltung leicht gehemmt werden. Es wird ein festes Repertoire von Antworten auf alle Fragen entwickelt, und es besteht kein Anreiz, neue Antworten zu finden. Man hat sich nach einiger Zeit nichts Neues mehr zu sagen und gefällt sich darin, das gleiche immer zu wiederholen, weil es bequem ist.
Mit dem Eintritt in eine Gruppe werden wir mit bisher unbekannten

Menschen konfrontiert. Der neue Teilnehmer einer therapeutischen Gruppe stellt bald fest, daß die anderen aus anderen Erziehungszusammenhängen stammen, in denen oft Normen und Maßstäbe gelten, die sich erheblich von den eigenen unterscheiden. Während der eine gelernt hat, seinen Intellekt zu gebrauchen, argumentiert der andere eher gefühlsmäßig und intuitiv. Der eine hält gern an traditionellen Normen fest, ist an eine bestimmte Ordnung und Höflichkeit gewöhnt; ein anderer versucht, neue Formen der Kommunikation zu finden, und stellt mitunter gebräuchliche Normen des Denkens und des Urteilens in Frage.
Jedes Gruppenmitglied bringt in die psychotherapeutische Gruppe seine eigenen Einstellungen und Verhaltensmuster ein, die zum Teil Gegenstand der Psychotherapie sind. In der Gruppensituation werden Stichproben, Symptome und Symbole dieser konfliktbesetzten Verhaltensbereiche geäußert; sie können von den Gruppenmitgliedern aufgegriffen werden, die selbst ihre eigenen Normen, Wertvorstellungen und Eigenarten des Verhaltens haben. Mit anderen Worten: das einzelne Gruppenmitglied findet sich innerhalb der Gruppe mit seinen Einstellungen und Verhaltensweisen vielfach und in oft unterschiedlicher Weise gespiegelt. Gegenstand dieses Prozesses sind die Aktualfähigkeiten oder ihre maskierten Erscheinungsformen.

Herr A: »Ich finde, die Gruppe bringt nichts!«
Frau B: »Ich bin auch der Meinung.«
Herr F zu A: »Gerade du hast das letzte Mal gesagt, daß es dir in der Gruppe sehr gut gefiele. Außerdem paßt mir dein Ton nicht.«
Fr. K: »Ich finde es schrecklich, wenn ihr euch streitet. Ich muß hier immer wieder an meine Eltern denken, wie sie sich gestritten haben.«

Ausgehend von einer Auseinandersetzung, die sich um die Aktualfähigkeiten Höflichkeit-Ehrlichkeit zentriert, leitet das Gespräch über zu der Problematik dieser Aktualfähigkeiten im Erleben und im Grundkonflikt einer Patientin. Auch andere Aktualfähigkeiten tauchen auf: Die Gruppe hatte bereits begonnen, Frl. H. kam 15 Minuten später und setzte sich betont unauffällig auf ihren Platz.
Ein Patient, der gerade dabei war, etwas zu sagen, unterbricht seine Rede und ist irritiert. Alle Gruppenmitglieder schauen auf den Neuankömmling.

Herr L: »Du weißt, daß die Gruppe um halb sieben beginnt. Das ist nicht das erste Mal, daß du zu spät kommst.«
Frl. H. wird rot. Frau F. kommt ihr zu Hilfe: »Vielleicht hast du einen Grund, weshalb du zu spät kommst. Mir fällt es auch manchmal schwer, pünktlich da zu sein.«

Die Gruppe schweigt daraufhin über längere Zeit. Die Stimmung ist bedrückend und gespannt. Plötzlich beginnt Frl. H. zu weinen: »Ich bin ja nicht nur hier unpünktlich. Mein Chef hat mir mit Entlassung gedroht, weil ich manchmal bis zu zwei Stunden zu spät kam (sie schluchzt). Ich will gar nicht zu spät kommen, aber frühmorgens komme ich nicht aus dem Bett, und niemand kümmert sich um mich. Hinterher bekomme ich nur Schelte.«

Auch hier wird eine Schlüsselsituation beschrieben. Beteiligte Aktualfähigkeit ist Ehrlichkeit auf seiten von Herrn L. Er vertritt die Gruppennormen und identifiziert sich mit einem strafend väterlichen Therapeutentyp. Thematische Aktualfähigkeit ist die ›Pünktlichkeit‹. Von der Pünktlichkeit in der Gruppe erweitert sich plötzlich das Konfliktfeld auf die Pünktlichkeit im Beruf, auf die Kontaktschwierigkeiten, die sich daraus ergeben, und auf das Gefühl der Patientin, bezüglich der von ihr geforderten Leistungen eine Versagerin zu sein. Damit spielen die primären Fähigkeiten wie Vertrauen, Zutrauen, Kontakt, Hoffnung und Zweifel mit hinein. Auch die Zeit im Sinne einer mangelnden Zeiteinteilung wird zentrale Thematik.

Der Zusammenhang zwischen Pünktlichkeit und dem Gefühl des Leistungsversagens stellte sich in diesem Fall automatisch her: Die Patientin kam zu spät ins Büro, empfand die Umgebung im Büro als feindlich und konnte sich die erste Zeit nicht richtig konzentrieren. Sie blieb damit hinter ihrem Arbeitspensum zurück, erlebte dies als Mißerfolg ihrerseits, was sich negativ auf das Arbeitspensum auswirkte. Bis zum Feierabend hatte die Patientin ihr Pensum nicht erfüllt und mußte daher einen Überhang an Arbeit auf den nächsten Tag verlegen. Mit diesem Arbeitsüberhang stellte sich zugleich eine Mißerfolgserwartung ein, die ihr den Beruf und damit das Aufstehen aus dem Bett noch schrecklicher erscheinen ließ. Dieses Beispiel zeigt, wie stark *Konfliktprozeß* und *Konfliktinhalt* sowohl auf der dynamischen Ebene als auch auf der Ebene der *Deutung* und des *Verstehens* zusammenhängen.

In jeder Gruppe, vor allem aber in der psychotherapeutischen Gruppe, die sich weniger mit Sachproblemen als mit persönlichen Schwierigkeiten beschäftigt, treffen die verschiedenen Konzepte der Gruppenmitglieder aufeinander. Die Interaktion im gruppentherapeutischen Geschehen ließe sich daher als Interaktion von Konzepten und Mythologien verstehen, die miteinander konfrontiert ausgetragen werden.

Im Prinzip leistet die Gruppe damit das, was wir als die Funktion des Gegenkonzeptes beschrieben haben. Das Gruppenmitglied lernt, andere Konzepte zu erkennen, sich mit diesen vertraut zu machen und auf diese Weise sein eigenes Konzept zu erweitern. Voraussetzung ist allerdings, daß die Gruppe ihre Flexibilität erhalten kann und nicht uniformiert, zu einer »Masse im Kleinen« wird, in der die Gruppenmitglieder ihre Einzigartigkeit zugunsten einer undifferenzierten Kollektivität aufgegeben haben.

Die vielfältige und vielseitige Übertragung stellt sich – über die emotionalen Beziehungen hinaus – als Übertragung von Konzepten auf der Basis der Aktualfähigkeiten und Medien dar. Die hypothetische Übernahme von Ergänzungskonzepten wird durch psychodramatische Darstellungsformen unterstützt. Hier spielen Gruppenmitglieder ihre Konzepte und die damit zusammenhängenden Konflikte, wiederholen sie dramatisch und agieren sich aus. Die Patienten, die sich gegenseitig kennengelernt haben, tauschen ihre Konzepte und einzelnen Rollenaspekte aus und versetzen sich in die Position des jeweils anderen Spielpartners. Sie identifizieren sich dabei, zunächst spielerisch, mit fremden Konzepten, lernen, mit ihnen umzugehen, und erfahren sie gewissermaßen am eigenen Leibe. Andererseits müssen sie sich gegen ihr eigenes Konzept durchsetzen, das jetzt von dem Spielpartner übernommen wurde. Es gibt eine Reihe von Möglichkeiten, Konzepte in einer Gruppensituation dramatisch zu bearbeiten:

Monolog: Ein Patient spielt allein und spricht seine Gedanken, Vorstellungen, Absichten und Gefühle aus.

Rollentausch: Der Hauptspieler und ein Mitspieler oder zwei Mitspieler tauschen untereinander die Rollen. Diese Technik ist auch in der psychotherapeutischen Kleingruppe anwendbar, an der außer dem Therapeuten die Konfliktpartner teilnehmen.

Spiegelbild: Der Hauptspieler wird Zuschauer, seine Rolle wird durch einen anderen dargestellt.

Doppelgänger: Eine Person wird durch zwei Patienten gespielt, zum Beispiel um zwei Wesensseiten oder gegensätzliche Konzepte einer Person gleichzeitig darzustellen oder die den Schwierigkeiten zugrunde liegenden Konzepte durch einen zweiten Darsteller zu verbalisieren.

Konträreffekt: Die Erinnerung des Hauptspielers an eine bestimmte Begebenheit seiner Lebensgeschichte wird mit der im Spiel von Mitpatienten dargestellten Version konfrontiert. Nach der Darstellung durch den Mitspieler wird der Hauptspieler üblicherweise gefragt: »War es so?« Fast immer verneint er und sieht sich veranlaßt, die Begebenheit »richtig« darzustellen.

Initialkontakt: Der Patient begrüßt alle anderen Gruppenmitglieder, so wie er es spontan in vorgegebenen Situationen täte (Gäste kommen, man betritt das Chefzimmer, man begrüßt Mitarbeiter, möchte mit einer fremden Person Kontakt knüpfen oder begrüßt seinen Partner). Die Szenen werden in der Gruppe durchgesprochen, nachgespielt, unter Berücksichtigung möglicher Mißverständnisse und beteiligter Aktualfähigkeiten durchgesprochen, durch Videorecorder kontrolliert und Verhaltensregulative abgeleitet.

Leerer Stuhl: Ein leerer Stuhl wird stellvertretend für den Hauptspieler von allen Gruppenmitgliedern beurteilt. Auf dem Stuhl sitzt nicht der Patient selber, sondern als etwas Imaginäres das von ihm losgelöste Konzept.

Behind-back-Technik: Der Hauptspieler sitzt mit dem Rücken zu den anderen und hört zu, wie die Gruppenmitglieder seine Verhaltensweise während des Spiels interpretieren.

Punching-ball-Technik: Der Hauptspieler wird von allen Gruppenmitgliedern ins Kreuzverhör genommen.

Die differenzierungsanalytische Gruppe ist themenorientiert. Orientiert an dem fünfstufigen Modell, werden spezifische Konfliktsituationen und Fragestellungen der Patienten zum Gruppenthema. Das Vorgehen bleibt gruppenzentriert; der Leiter hat vor allem kontrollierende, informative Funktion und leistet die notwendigen Hilfestellungen. Das Thema kann sich sowohl auf Vorgänge innerhalb der Gruppe beziehen als auch auf Vorgänge, die von den Gruppenmitgliedern in die Gruppe hineingetragen und von den anderen Teilnehmern als Problem akzeptiert werden. Themen in diesem Sinn sind Konzepte, die auf Aktualfähigkeiten, Medien der Grundfähigkeiten und Mißverständnissen beruhen.

Diese Vorgehensweise besitzt den Vorteil, daß sie die Problematik der Gruppenmitglieder dosiert anspricht. Die Fähigkeit zur Aggression ist durch ein solches Vorgehen steuerbar und dosierbar; ihr Abgleiten ist destruktive Aggressivität und kann verhindert werden. Vor allem deshalb, weil die Aggressionen nicht mehr unmittelbar zwischen den Gruppenmitgliedern ausgetragen oder gegen andere Gruppen gerichtet werden. Vielmehr steht das Thema, ein Konzept, als Medium zwischen den Gruppenmitgliedern und übernimmt somit eine Schutzfunktion. Damit kann man gefährlichen Entwicklungen einer unkontrollierten Gruppe, wie etwa der Selbstzerstörung im Anschluß an besonders agitiert ausgetragene Gruppensitzungen, entgegensteuern.

Durch die Zwischenschaltung von Konzepten, Modellsituationen und Mythologien werden die regressiven Tendenzen des Patienten aufgefangen. Zwar kann er sie artikulieren und in der Gruppe austragen; jedoch wirkt die Themenzentrierung der Tendenz der Gruppen entgegen, zur »großen Mutter« (R. Battegay, 1971) zu entarten. Die Gruppe bietet so Raum für alle drei Interaktionsstadien: Verbundenheit, Differenzierung und Ablösung.

Die differenzierungsanalytische Gruppe gibt sich mit sich selbst nicht zufrieden. Sie versteht sich gewissermaßen als Modellsituation für jene Gruppen, in denen die einzelnen Mitglieder leben. Dem wird insofern Rechnung getragen, als der Patient einerseits seine Probleme aus dem täglichen Leben in der Gruppe zur Diskussion stellen kann, zum anderen

in der Gruppe Differenzierungen getroffen und Verhaltensalternativen entwickelt werden, die wiederum im täglichen Leben auf die Probe gestellt werden.
Nachdem der Patient gelernt hat, aktiv in den Gruppenprozeß einzugreifen, werden seine Leistungen durch die anderen Mitglieder der Gruppe und auch durch den Therapeuten honoriert. Die Gruppe wird damit eine Art Familienersatz, in dem erwünschte Verhaltensweisen bestätigt, unerwünschte Verhaltensweisen durch die ablehnende Reaktion der anderen Gruppenmitglieder gelöscht werden. Sie greift über sich hinaus und wird zu einer großen Gruppe: Der Patient trägt das Vertrauensverhältnis, das er als Gruppenmitglied erworben hat, in seine eigene Primärgruppe hinein. Von diesem Zeitpunkt an pflanzt sich die therapeutische Gruppe durch eine Art Zellteilung in Selbsthilfegruppen fort. Damit bietet sich die Lösung eines fundamentalen Problemes an, nämlich die Frage, wie man die in der Gruppe gelernten neuen Verhaltensweisen, Einstellungen und Formen der Konfliktverarbeitung auch im alltäglichen Leben realisieren kann. So entfaltet sich die für die Differenzierungsanalyse allgemein kennzeichnende fortwährende Wechselwirkung zwischen innertherapeutischem und außertherapeutischem Bereich.
Wann Einzeltherapie, wann Gruppentherapie angewandt werden soll und in welchem Fall eine kombinierte Therapie in Frage kommt, muß von Fall zu Fall entschieden werden. Bei einer kombinierten Psychotherapie, bei der sowohl Einzel- als auch Gruppenbehandlung eingesetzt werden, hat sich eine Gewichtung zugunsten der einen oder anderen Behandlung bewährt.

Fazit: Am deutlichsten läßt sich die differentielle Indikation der Gruppenpsychotherapie im transkulturellen Bereich erkennen. In meiner psychotherapeutischen Tätigkeit begegnete ich zwei kulturspezifischen Formen, von denen eine für den abendländischen und die andere für den orientalischen »way of life« typisch ist. Deutsche werden häufiger aufgrund von Kontaktmangel oder sozialer Isolation depressiv. Im Iran werden Menschen eher deswegen depressiv, weil sie die fortwährende Beeinflussung durch ihre Großfamilie nicht mehr ertragen können, die sie als umfassende ›böse Mutter‹ erleben, der sie sich nur durch Flucht in die Depression entziehen können.
Die therapeutischen Möglichkeiten ergeben sich jeweils auch aus den sozialen Gegebenheiten. In Deutschland hat die Gruppenpsychotherapie eine große Chance, weil sie die fehlenden sozialen Bezüge wenigstens modellhaft herstellt und in ihr die Formen des sozialen Kontakts trainiert werden können. Gruppenpsychotherapie in Persien hieße dagegen Eulen nach Athen tragen, denn dort erweisen sich gerade die hypertrophierten

sozialen Bezüge als konflikthaft. Gruppenpsychotherapie hätte dort andere Funktion: durch den Rückbezug auf die therapeutische Gruppe die Position eines Patienten gegenüber der Familiengruppe zu stärken.

Siebtes Kapitel: Differenzierungsanalyse und andere Psychotherapien

Kritik und Kooperationsmöglichkeiten

Das Marionettenspiel

Im Zelt eines Marionettenspielers stand dicht gedrängt eine Menschenmenge, die lauthals lachend dem Spiel der Marionetten folgte. Ganz hinten stand ein Vater mit seinem Sohn. Während der Vater auf den Zehenspitzen stehend die Szene gerade noch sehen konnte, reichte der Sohn mit seinem Kopf nur bis zur Hüftschärpe der Umstehenden. Er reckte sich den Hals aus und weinte schließlich, bis ihn der Vater auf die Schultern nahm. War das ein Vergnügen! Hoch oben über alle Turbane hinweg sah nun der Junge das lustige Spiel der Puppen. Er weinte nicht mehr, sondern jauchzte, hüpfte auf den Schultern des Vaters, als wäre er ein Reiter, und der Vater das Pferd. Begeistert trommelte er mit seinen Fäusten auf den Kopf des Vaters, trampelte mit seinen Füßen gegen dessen Brust und vergaß völlig, daß er auf seinem Vater saß. Plötzlich merkte er eine Hand auf seiner Schulter. Erschreckt drehte er sich um und sah einen weißbärtigen, gütig blickenden Derwisch. »Mein Sohn«, sprach dieser, »du amüsierst dich sehr gut, du siehst das Marionettentheater besser als viele andere im Zelt. Doch denke daran, wenn dein Vater sich nicht die Mühe gemacht hätte, dich auf seine Schultern zu laden, stündest du noch unten, im Schatten der anderen. Vergiß also nicht, auf wessen Schultern du sitzt. Du solltest dich freuen und glücklich sein. Du solltest aber auch die anderen, auf deren Schultern du glücklich bist, nicht vergessen« (orientalische Geschichte).

Das heutige Mißtrauen gegen die Psychotherapie erscheint angesichts ihrer bunten Vielfalt und der Willkür ihrer Orientierungen und Maßstäbe durchaus berechtigt. In der Chirurgie gibt es für Magenoperationen bewährte Methoden wie ›Bilroth I‹ und ›Bilroth II‹. Diese Methoden sind in der Medizin anerkannt, haben dort ihren festen Stellenwert und werden in Frankfurt am Main genauso durchgeführt wie in Sydney oder Miami. Lediglich die Schnittführung und der Umfang des Schnittes

variieren. Ein Patient, der am Magen operiert werden soll, kann sich damit trösten, daß er nach bestimmten, festgelegten und bewährten Prinzipien operiert wird.
Jemandem, der unter Angst, Depressionen und Hemmungen leidet, fehlt zumeist diese Gewißheit. Ihm bieten sich über 300 verschiedene Schulen, Richtungen und psychotherapeutische Überzeugungen an, die sich noch dadurch potenzieren, daß nahezu jeder Psychotherapeut seine eigene Psychotherapie kultiviert. Dieses Bild wird weiter dadurch verkompliziert, daß man in der Psychotherapie allem Anschein nach einen Kampf jeder gegen jeden führt. Ein trauriges, wenngleich prägnantes Beispiel dafür bietet das bereits historisch gewordene Duell zwischen der Psychoanalyse und der Verhaltenstherapie.
Für den Lerntheoretiker Eysenck steht die Psychoanalyse im Abseits der spekulativen Methodengruppen, »die empirisch nicht gestützt und in keiner Weise aus dem Theoriengebäude der Psychologie abgeleitet werden« könnten (Eysenck 1960; Rachman, 1963; Eysenck und Rachman, 1967, S. 14). Der Psychoanalytiker A. Mitscherlich attackiert von der anderen Seite: »Nun hat sich das Interesse für spektakuläre Heilerfolge in der Tat von der Psychoanalyse etwas auf die Verhaltenstherapie verschoben, die sich mit einer der Hypnose-Therapie vergleichbaren Primitivpsychologie begnügt« (1970, S. 126). Nahezu jede der bestehenden psychotherapeutischen Richtungen erhebt für sich eine Art Absolutheitsanspruch. Viele stellen diesen Anspruch stillschweigend, manche formulieren ihn nachdrücklich. So Janov (1976): »Die Primärtherapie erhebt den Anspruch, psychische Krankheiten zu *heilen.* Mehr noch, sie behauptet, die *einzige* Heilmethode zu sein. Das impliziert, daß damit alle anderen psychologischen Theorien widerlegt sind und als überholt zu gelten haben. Es bedeutet, daß es nur eine einzige gültige Methode zur Behandlung von Neurosen und Psychosen geben kann« (S. 12).
Dieses Zitat von Janov ist nahezu symptomatisch für die Situation der Psychotherapie, in der das krampfhafte Bemühen um Ausschließlichkeit beinahe den Charakter von Glaubenskriegen annimmt. Wenn wir davon ausgehen, daß jede dieser psychotherapeutischen Richtungen zumindest eine partielle Wahrheit enthält und sich bei bestimmten Gruppen von Erkrankungen praktisch bewährt hat, wird die Lage für den potentiellen Patienten undurchschaubar. Ob er mit seinem besonderen Krankheitsbild an den Therapeuten gerät, der eine für diese Problematik geeignete therapeutische Richtung vertritt, ist reine Glückssache. Der psychotherapeutische Glaubenskrieg spielt sich letztlich auf dem Rücken der Patienten ab. Zwischen den Psychotherapeuten herrscht, sofern sie nicht der gleichen Richtung, besser noch ein und derselben therapeutischen Schule angehören, meist ein gespanntes Verhältnis, in das Mißtrauen und Miß-

verständnisse hineinspielen. Man spricht andere Sprachen und setzt andere Schwerpunkte.

Die psychotherapeutischen Richtungen befleißigen sich der Einseitigkeit, wenn es darum geht, die fokalen Konfliktbereiche zu bestimmen. Die Psychoanalyse stellt die Sexualität ins Zentrum und betrachtet die anderen Konfliktbereiche lediglich als Epiphänomene. Die Individualpsychologie (A. Adler, R. Dreikurs) betont die Rivalität, den Konkurrenzkampf und legt folglich den Akzent auf den leistungsbetonten (Berufs-)Bereich.

Die analytische Psychologie C. G. Jungs strebt nach Selbstverwirklichung als Therapieziel, während existentialanalytische Richtungen, wie die Logotherapie V. Frankls, als Ursache von Neurosen die unbefriedigend beantwortete Sinnfrage hinstellen. »Für die Psychoanalyse war der Mensch letztlich ein Wesen, das beherrscht ist vom sogenannten Lustprinzip – also von einem Willen zur Lust; und für die Individualpsychologie war er ein Wesen, das bestimmt ist vom sogenannten Geltungsstreben, also vom Willen zur Macht. In Wahrheit ist der Mensch zutiefst durchwaltet von einem Willen zum Sinn« (V. Frankl, 1955, S. 14).

Wenn alle diese Bereiche bei der Entwicklung des Menschen und bei Konflikten eine Rolle spielen, so ist nicht einzusehen, weshalb wir uns von vornherein dogmatisch für nur einen dieser Bereiche als mögliches Schlachtfeld psychischer und psychosozialer Auseinandersetzungen entscheiden sollen. Ist es nicht vielmehr so, daß diese Entscheidung bei einer patient-orientierten Betrachtung primär vom individuellen Fall abhängig ist und erst sekundär von der theoretischen Ausrichtung des Therapeuten?

Selten betrifft ein isolierter Konflikt nur einen einzigen der genannten Bereiche. Vielmehr stehen Konflikte in einem Bereich Mißverständnissen und Einseitigkeiten in den anderen Bereichen gegenüber. Die Frage, welcher Bereich als Konfliktsphäre angesehen wird, bezieht sich auf die *thematische Orientierung*. Daneben gewinnt zur Zeit die *topographische Dimension* an Bedeutung.

Den an den körperlichen Funktionen orientierten Richtungen, z. B. Psychiatrie und Neurologie, stehen die psychologischen Richtungen entgegen, von denen der einzelne Mensch, sein Erleben und Verhalten als die allein zugrunde liegende Einheit gesehen wird (Psychoanalyse, Tiefenpsychologie, Verhaltenstherapie). Dem wiederum widerspricht der soziologische Ansatz, der dem sozialen Zusammenleben und den gesellschaftspolitischen Strukturen und Funktionen den Vorrang einräumt. Alle drei Betrachtungsweisen haben sich in der Psychotherapie Geltung verschafft und ihre eigenen therapeutischen Ansätze entwickelt. Ihre Entstehung ist geschichtlich begründet, doch sie führte schließlich zu einem Kuriosum: Alle drei Ansätze, die sozusagen mit einer Dame ohne Unterleib operieren, gehen von dem Konstrukt aus, daß der Mensch hauptsächlich im körperlichen oder psychischen oder soziologischen Bereich existiere, ignorieren oder bagatellisieren aber die jeweils anderen Funktionsbereiche.

Durch die grobe Dreiteilung in Medizin, Psychologie und Soziologie schneidet man die Wirklichkeit des Menschen in drei Teile. Diese arbeitsteilige Spaltung produziert sekundär Probleme, die in der Realität des Menschen nicht vorkommen. Neuerdings hat man sich abgewöhnt, Theorien so extrem zu formulieren. Man billigt den anderen Bereichen eine gewisse Bedeutung zu, erhebt sie aber ins Allgemeine und Unverbindliche und spricht davon, daß neben diesem oder jenem Hauptbereich noch andere beteiligt seien; das ist letztlich eine Kompromißformel, auf deren Grundlage sich allerdings ein Minimum an Kommunikation zwischen den einzelnen Orientierungen herstellen läßt.

Die Differenzierungsanalyse verwendet die Begriffe *Körper-Umwelt-Zeit,* die nicht deckungsgleich mit körperlich, psychisch und sozial sind. Körper umfaßt den somatischen, Umwelt den psychosozialen und Zeit den integralen Aspekt, der Körper und Umwelt zu einem einheitlichen, dynamischen und offenen System zusammenschließt.

Die heutigen psychotherapeutischen Richtungen unterscheiden sich des weiteren in der *methodologischen Dimension.* Da zwischenmenschliche Beziehungen allgemein unter dem Aspekt von *Verbundenheit, Unterscheidung* und *Ablösung* stehen, gilt dies auch für jenen Sonderfall, den wir Psychotherapie nennen. Einzelne therapeutische Richtungen legen das Schwergewicht augenscheinlich auf einzelne Stadien der Interaktion.

Die Psychoanalyse stellt mit unterschiedlichem Akzent die beiden Interaktionsstadien Verbundenheit und Ablösung in den Vordergrund. Was wir Übertragungsproblematik nennen, die als persönliche Beziehung zwischen Therapeut und Patient den Therapieverlauf nachhaltig beeinflußt, ist letztlich ein Balanceakt aus gegenseitigem Vertrauen, aufkeimender und überschießender emotionaler Beziehung und Opfer an das psychoanalytische Realitätsprinzip, das solche emotionalen Beziehungen nur in einem begrenzten Rahmen und für eine beschränkte Zeit zuläßt und das Verbundenheitsbestreben durch die Ablösung aufhebt. Hinter den Widerständen gegenüber der Psychotherapie verbergen sich gleichfalls ambivalente Ablösungstendenzen, wie überhaupt der Begriff der Ambivalenz auf das Spannungsfeld zwischen Verbundenheit und Ablösung verweist.

Die Verhaltenstherapie mit ihrer lerntheoretischen Orientierung setzt wiederum andere Akzente. Zumindest ihre Klassiker räumten der Verbundenheit allenfalls eine nebensächliche Bedeutung zu. So schrieben Eysenck und Rachman (1967): »Persönliche Beziehungen sind für die Heilung neurotischer Störungen nicht wesentlich, obgleich sie unter Umständen nützlich sein können« (S. 21). Viele Patienten empfinden den Mangel an Verbundenheit als Ablehnung. Die therapeutische Beziehung reduziert sich hier auf eine rein technische Beziehung zwischen Patient und Therapeut unter Berücksichtigung lerntheoretischer Gesetzmäßigkeiten. Die Verfahren der Verhaltenstherapie nehmen auf kindliche Anklammerungswünsche wenig Rücksicht. Verhaltenstherapie in diesem Sinne ist lediglich Umlernprozeß und Selbständigkeitsübung.

Jede der genannten Orientierungen geht auf therapeutisch relevante Faktoren ein und entspricht bestimmten Gruppen von Patienten und Symptombildern. Doch es nutzt einem Patienten, der auf einen langdauernden Prozeß der Vertrauensbildung angewiesen ist, nur wenig, wenn er abrupt mit Informationen und Unterscheidungen konfrontiert wird, genauso wenig wie einem Patienten, der diese Unterscheidungen und Lernerfahrungen benötigt, eine ausschließliche Betätigung im Rahmen Verbundenheit-Ablösung helfen kann. Einen Patienten zu früh mit Ablösungsforderungen zu konfrontieren bedeutet, ihn ins Wasser zu werfen, ehe er schwimmen kann. Einen Patienten dagegen in emotionaler Abhängigkeit vom Therapeuten zu belassen wiederholt eigentlich nur die ambivalente Situation aus der Eltern-Kind-Beziehung. B. Fittkau und F. Schulz v. Thun (1976) unterscheiden – analog der Verbundenheit-Unterscheidung-Ablösung – drei Straßen des Lernens: Selbsterfahrung, Informationsvermittlung und Verhaltenstraining, die ihre Entsprechung in den Bereichen der Persönlichkeit haben, im kognitiven, emotionalen und aktionalen Bereich. Sie kommen zu dem Schluß: »Ein Lernangebot, das den ganzen Menschen (nicht nur z. B. seine oberste Hirnrinde) anspricht, muß entsprechend vielfältig sein, sonst besteht nämlich die Gefahr, die einseitige Ausbildung eines Persönlichkeitsbereiches und die Desintegration und Inkongruenz zwischen den drei Bereichen noch zu verfestigen« (1976, S. 62 f.).

Grundsätzlich müssen daher zumindest die drei Dimensionen, die thematische, die topographische und die methodologische Dimension, geprüft werden, ehe die Entscheidung darüber fallen kann, welche Maßnahmen der Vorbeugung, Behandlung und Nachsorge getroffen werden sollen. *Einen Gehirntumor psychotherapeutisch heilen zu wollen ist ebenso unsinnig, wie ein Eheproblem mit Beruhigungspillen aus der Welt schaffen zu wollen.* Berufliche Probleme lediglich auf Sexualität oder auf eine unbeantwortete Sinnfrage zurückzuführen oder einem Patienten Unterscheidung zu vermitteln, wo er Verbundenheit braucht, läuft auf das gleiche hinaus.

Dies sind natürlich nur Beispiele für Fehlermöglichkeiten aufgrund einseitiger Gewichtung der thematischen, topographischen und methodologischen Dimension.

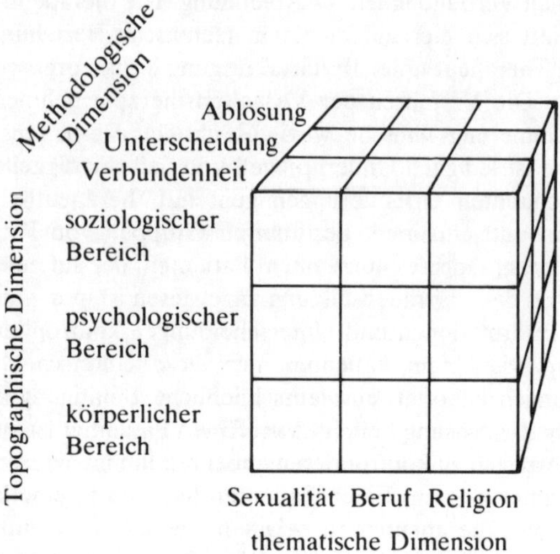

Dimensionen der psychotherapeutischen Orientierung

Neben diesen drei Dimensionen sind weitere Faktoren zu berücksichtigen, vor allem die therapeutische Bedeutung von Vergangenheit, Gegenwart und Zukunft, die Medien der Grundfähigkeiten und die Aktualfähigkeiten. Obwohl die Medien der Grundfähigkeiten in kaum einer psychotherapeutischen Theorie ausdrücklich hervorgehoben werden, lassen sie sich bei allen charakteristischen Vorlieben oder Ablehnungen erkennen, die damit Einseitigkeiten wiederholen, die wir als bezeichnend für neurotisches Erleben und Verhalten beschrieben haben. *Die einseitig orientierten psychotherapeutischen Richtungen wiederholen die neurotischen Konzepte der Individuen:* Die orthodoxe Psychoanalyse hält sich an ein Konzept, das dem des Sexualneurotikers ähnelt; die dogmatische Verhaltenstherapie geht von einem weitgehend zwanghaften Konzept aus, während die Existentialanalyse und die ihr entsprechenden tiefenpsychologischen Richtungen ein noogen-neurotisches Konzept reproduzieren.

Aus der plausiblen Erkenntnis, daß psychische Störungen sich auf dem Boden der Vergangenheit entwickeln, rücken Psychoanalytiker und Tiefenpsychologe die Lebensgeschichte ins Zentrum der Behandlung. Der Psychoanalytiker beispielsweise versucht mit Hilfe seiner Methode, bestimmte kritische Abschnitte der frühen Kindheit zu klären. Die Verhaltenstherapie kümmert sich hingegen nur oberflächlich um die Vergangenheit. »Jede Behandlung neurotischer Störungen hat es mit in der Gegenwart vorhandenen Gewohnheiten zu tun. Die lebensgeschichtliche Entwicklung ist größtenteils irrelevant« (Eysenck und Rachman, 1967, S. 21). Ihr Aktionsfeld ist die Gegenwart, genauso wie sich die non-direktive Psychotherapie (Rogers) und die Gestalttherapie (Perls) von ihren Konzepten her eher auf die Gegenwart verlegen. Tiefenpsychologische Richtungen im Sinne der Existentialanalyse sehen weitgehend von Vergangenheit und Gegenwart ab und gehen bei ihrer Therapie vom Verhältnis zur Zukunft aus.

Bei einer Reihe von Patienten kann die therapeutische Aufgabe dann gelöst werden, wenn sie Zugang zu ihrer Vergangenheit gewinnen. So werden vor allem Einstellungsänderungen erzielt, die in erster Linie das Selbstkonzept betreffen. Bei anderen Patienten steht das Bedürfnis nach Abbau von Gewohnheiten und Aufbau von Verhaltensalternativen, also Funktionen, die sich auf die Gegenwart beziehen, im Vordergrund. Angestrebt werden hier Verhaltensänderungen, die sich in der sozialen Praxis des Patienten bewähren. Vielen Patienten ist die Zukunft fragwürdig. Man kann dieses Problem zwar als Scheinproblem oder Rationalisierung abtun, doch für viele Patienten ist es ein echtes Problem, das vom Therapeuten nicht ignoriert oder als infantile Haltung verniedlicht werden sollte.

Eine weitere Unterscheidungsdimension bilden die Medien: Einzelne Medien werden favorisiert und als therapeutische Instrumente bzw. Kriterien des Therapieziels eingesetzt. So messen die verschiedenen therapeutischen Richtungen den Medien der Erkenntnisfähigkeit, den Mitteln der Sinne, des Verstandes, der Tradition und Intuition unterschiedliche Bedeutung zu oder operationalisieren in unterschiedlicher Weise. In der Psychoanalyse erscheint die Intuition/Phantasie im Zusammenhang mit der therapietragenden freien Assoziation, in der Verhaltenstherapie als Vorstellungsfähigkeit im Zusammenhang mit der Visualisierung von Konfliktsituationen bei der systematischen Desensibilisierung. Die Medien der Liebesfähigkeit Ich, Du, Wir und Ur-Wir werden vor dem Hintergrund der grundsätzlichen Frage nach dem Wesen der Neurose angesprochen. Gebsattel vertritt die Anschauung, daß das Achsensyndrom jeder Neurose eine Störung des Sich-zu-sich-selber-Verhaltens, des Sich-Verhaltens zum eigenen Werden ist. Die Bevorzugung einzelner Medien beeinflußt überdies das therapeutische Vorgehen, entscheidet über die Frage, ob Einzeltherapie oder Gruppentherapie durchgeführt

werden soll und welches Behandlungsziel anzustreben ist: die »konfliktfreie Ichsphäre«, »die Fähigkeit, zum Du zu finden«, »gruppenfähig oder gesellschaftsfähig zu werden«, »eine befriedigende Antwort nach dem Sinn oder zumindest der Aufgabe des Lebens zu finden«.
Eine andere Dimension, in der sich die verschiedenen Formen der Psychotherapie unterscheiden, deutet sich in ihrer meistens stillschweigenden Berücksichtigung der Aktualfähigkeiten an. Die Abklärung der Aktualfähigkeiten kann rein zufällig geschehen und dennoch eine Einstellungs- und Verhaltensänderung einleiten. Dies ist bei den klassischen Formen der Psychotherapie der Fall, wenn im Zusammenhang von Deutungen, Assoziationen oder Spontanäußerungen die entsprechenden Fähigkeiten thematisiert werden.
Ferner kann das therapeutische Konzept einzelne Aktualfähigkeiten berücksichtigen und ihre Durcharbeitung anstreben. In der Psychoanalyse werden beispielsweise die frühkindliche Reinlichkeitserziehung oder die sexuelle Entwicklung bearbeitet, ferner Sparsamkeitsverhalten oder ›Pünktlichkeit‹, insofern sie das Verhältnis des Patienten gegenüber der Therapie betreffen. Die Individualpsychologie, um ein weiteres Beispiel zu nennen, stellt mit dem Thema »Gemeinschaftsgefühl« die Aktualfähigkeit ›Kontakt‹, mit dem Thema »Rivalität« die Aktualfähigkeiten ›Gerechtigkeit‹, ›Vorbild‹ und ›Leistung‹ in den Vordergrund. Mit anderen Worten: Einzelne Aktualfähigkeiten sind aufgrund des therapeutischen Konzepts vorgegeben und können für den jeweiligen Fall von Bedeutung sein oder nicht. Auch wenn im therapeutischen Gespräch andere Aktualfähigkeiten anklingen, so sind doch nur ausgewählte Aktualfähigkeiten theoretisch berücksichtigt und können innerhalb des vorgegebenen Theoriensystems durchgearbeitet werden, z. B. die ›Sparsamkeit‹ des Patienten im Zusammenhang mit der analen Phase (Reinlichkeitserziehung) in der Psychoanalyse.
Man geht auf die Aktualfähigkeiten auch entsprechend der jeweiligen Symptomatik ein. Bei einem Patienten, der sozial gehemmt ist und sich nicht durchsetzen kann, wird in der Verhaltenstherapie mit Hilfe des Selbstbehauptungstrainings das Thema ›Höflichkeit-Ehrlichkeit‹ bearbeitet. Im Prinzip können alle Aktualfähigkeiten erfaßt werden, allerdings nur, wenn sie bereits Symptomcharakter besitzen und damit negativ besetzt sind. *Die positiven Eigenschaften des Patienten, die in der Differenzierungsanalyse den Ausgangspunkt einer Behandlung bilden, bleiben außerhalb des Blickfeldes.*
Die Differenzierungsanalyse versteht sich nicht als eine Methode neben anderen. Vielmehr bietet sie ein Instrumentarium, nach dem abgetastet werden kann, welche methodischen Ansätze in welchem besonderen Fall angezeigt sind und wie diese Methoden einander abwechseln können. *Die*

Differenzierungsanalyse ist also eine Metatheorie der Psychotherapien. Dabei verstehen wir Psychotherapie nicht nur als festgelegte Methode, die auf bestimmte Symptombilder angewandt wird, sondern zugleich als Reaktion auf bestehende gesellschaftliche, transkulturelle und soziale Bedingungen.

Differenzierungsanalytische Kurztherapie

Die heutige Situation erfordert die Entwicklung von Methoden, die ebenso ökonomisch wie wirksam sind. Außer der technischen Frage der psychotherapeutischen Prozedur ist dabei die inhaltliche Frage wichtig sowie die Frage, nach welchen Kriterien der bestehende Konflikt beschrieben und durchgearbeitet wird.

Die Forderung nach einer Kurztherapie gewinnt wachsende Bedeutung. Allerdings erscheint die hemdsärmelige Auffassung, auch in der Psychotherapie liege die Würze in der Kürze, nicht unproblematisch. Dahinter verbirgt sich, wie schon Freud nicht zu Unrecht vermutete, eine Art therapeutische Ungeduld, welche die Richtlinien der Therapie den gesellschaftlichen Leistungsprinzipien unterordnet (S. Freud, »Die endliche und unendliche Analyse«, 1937). Als Vision steht dahinter wohl das Schreckensbild von Psychotherapie als Fließbandbetrieb. Freilich verlangt nicht nur die Orientierung der Gesellschaft, sondern auch das vitale Bedürfnis des Patienten nach einer Therapie, die sich nicht im Unendlichen verliert. Wenn S. Freud schrieb: »Ich fange an zu verstehen, daß die scheinbare Endlosigkeit der Kur etwas Gesetzmäßiges ist und an der Übertragung hängt und einen asymptotischen Abschluß der Kur trägt«, und wenn er einem asymptotischen Abschluß der Kur mit gemischten Gefühlen entgegensieht, dann wird damit die Forderung nach einer Art therapeutischen Perfektionismus erhoben. Es offenbart sich hier eine Idealisierung von »Gesundheit«, nach deren strengem Maßstab eigentlich kein Mensch gesund sein kann.

An die Stelle des Gesundheitsideals tritt in der Differenzierungsanalyse die Befähigung zur Bewältigung auftretender innerer und äußerer Probleme und Konflikte. *Nicht der ist gesund, der keine Probleme hat, sondern der, der in der Lage ist, mit ihnen umzugehen.* Damit ist Psychotherapie nicht das einzige Instrument der Behandlung. Sie ist im differenzierungsanalytischen Sinn vielmehr Schlüsselstelle zur Behebung aufgetretener Konflikte, zur Vermittlung von spezifischen und universellen Problemlösungsmöglichkeiten und zur Befähigung in wirksamer Selbsthilfe. Ein Mensch, der nicht zu Ängsten, Trauer, Depressionen oder gelegentlichen Zwängen fähig ist, ist kein Idealmensch, sondern ein hinsichtlich dieser Entfaltungsmöglichkeiten verkümmerter Mensch. Wenn S. Freud in seiner Arbeit zur endlichen und unendlichen Analyse hinter den Bemühungen, die Dauer der Analysen zu verkürzen, einen »Rest jener ungeduldigen Geringschätzung, mit der eine frühere Periode der Medizin die Neurosen betrachtet hatte« (1937, S. 375), vermutet, so ist seine Auffassung doch höchst problematisch und fragwürdig. Für den Therapeuten kann die Therapie durchaus ein Ritual sein, dem er unendlich viel Geduld zu opfern bereit ist, doch nur in seltenen Fällen ist es dies auch für den Patienten, welcher gegen die Reinheit des Rituals sein Recht auf Gesundheit fordert.

Die differenzierungsanalytische Behandlung ist von ihrem Aufbau her eine Kurztherapie, die konfliktzentriert, thematisch und inhaltlich orientiert vorgeht. Gerade diese inhaltliche Orientierung – im Gegensatz zu der mitunter recht unspezifischen dynamischen Vorgehensweise – ermöglicht ein gezieltes Aufarbeiten der zugrunde liegenden Konflikte und der entwickelten Symptomatik, wie wir dies am Fall Frau Ute S. darstellen konnten. *Die differenzierungsanalytische Kurztherapie ist universell deshalb,* weil sie auf die spezifischen Besonderheiten des Einzelfalles eingehen und innerhalb des differenzierungsanalytischen Rahmens spezielle Verfahren gezielt einsetzen kann. *So kann die differenzierungsanalytische Methode ein relativ großes Spektrum psychosozialer Auffälligkeiten und Störungen wirksam behandeln.*

Durch das zweidimensionale Vorgehen – dynamisch und inhaltlich – ist die Differenzierungsanalyse in der Lage, transkulturelle Probleme zu beschreiben, die durch die Maschen eines bloß dynamisch orientierten Modells durchfielen. Strukturelle Merkmale, wie die Regelhaftigkeiten des Lernens und der Psychodynamik, werden durch Muster kulturgruppen- und individualspezifischer Bewertungen von soziokulturellen Normen ergänzt. Die transkulturelle Problematik im allgemeinen spiegelt sich innerhalb einer einzigen Gesellschaft im Verhältnis der sozialen Schichten und Klassen wider. Indem sie einzelne Bewertungen, die im wesentlichen den Ansprüchen einer herrschenden sozialen Schicht entsprechen, nicht bevorzugt behandelt, *ist die Differenzierungsanalyse in der Lage, alle Patienten unabhängig von ihrer sozialen Schicht zu therapieren.* Der in der Differenzierungsanalyse verwendete Begriffsapparat, vor allem die Aktualfähigkeiten, kommen den unterschiedlichen Sprachstilen und Sprachgewohnheiten der verschiedenen sozialen Schichten entgegen. Jeder, gleichgültig, ob er die Sprache der Unterschicht oder Mittelschicht spricht, weiß, was *Pünktlichkeit* ist. Was sie in dem besonderen Fall bedeutet, müssen Therapeut und Patient gemeinsam abklären. Die differenzierungsanalytische Psychotherapie ist jedoch nicht nur eine Kurztherapie, vergleichbar etwa der Anwendung von Penicillin während einer Infektion. Sie hat vielmehr auch etwas von der unendlichen Analyse Freuds, allerdings nicht im Sinne einer unendlichen Aufarbeitung einer endlichen Vergangenheit, sondern in einem etwas modifizierten Sinn: Der Patient, angeregt, gesteuert und kontrolliert durch die differenzierungsanalytische Psychotherapie, nimmt für sich selbst und seine Umgebung bewußt die ihm gebotenen Möglichkeiten der Selbsthilfe wahr und verlängert somit die Psychotherapie gewissermaßen ins Unendliche. *Diese Expansion der Psychotherapie ist ein erster Schritt hin zum Ziel, Psychotherapie überflüssig zu machen.*

Differenzierungsanalyse und andere Theorien

Im folgenden sollen uns einzelne Aspekte der Beziehung zwischen Differenzierungsanalyse und anderen psychotherapeutischen Richtungen beschäftigen. Aus der Unzahl der psychotherapeutischen Richtungen greifen wir einige heraus, die zur Zeit das Bild der Psychotherapie, zumindest in den deutschsprachigen Ländern prägen. Um einen Überblick zu ermöglichen, haben wir einige wesentliche Grundzüge dieser psychotherapeutischen Richtungen zusammengefaßt, die hier vor allem als Orientierungshilfe dienen sollen. Dabei kommt es uns weniger darauf an, die Differenzen zwischen Differenzierungsanalyse und den anderen Theorien und Behandlungsformen hervorzuheben. Wenn wir Unterschiede aufzeigen, so in der Absicht, die Richtung einer möglichen konstruktiven Zusammenarbeit anzugeben. Diese Zusammenarbeit kann sich auf zweierlei Weise vollziehen: indem günstige therapeutische Ansätze in den differenzierungsanalytischen Behandlungsplan übernommen und indem differenzierungsanalytische Ansätze im Rahmen anderer psychotherapeutischer Methoden angewendet werden. Allerdings setzt dies eine gewisse Distanzierung vom psychotherapeutischen Dogmatismus voraus.

1. Differenzierungsanalyse und Psychoanalyse

Theorie der Psychoanalyse

S. Freud, der Begründer der Psychoanalyse, ging davon aus, daß die frühen Erfahrungen im Leben weitgehend die Bildung der Persönlichkeit bestimmen und daß das, was ein Mensch nach seiner Kindheit erlebt, die Struktur seiner Persönlichkeit kaum noch ändert. Spätere Erlebnisse können aber frühere Konflikte wiederaufleben lassen. Jeder Handlung liegt das Bestreben zugrunde, Lust zu gewinnen und Unlust zu vermeiden. Zu Beginn seines Lebens strebt der Mensch nach Lustgewinn, ohne Rücksicht auf die Folgen. Er wird durch das Lustprinzip bestimmt, dem das Es entspricht, die Quelle aller triebhaften Wünsche, die prinzipiell sexueller Natur sind. Mit der Zeit orientiert er sich immer mehr an den Gegebenheiten der Wirklichkeit, die sich abstrakt im Realitätsprinzip zusammenfassen lassen. Die Aufgabe der Anpassung an die Realität, des Planens und Kontrollierens, fällt dem Ich zu. Das Verhalten des älteren Kindes und des Erwachsenen wird geformt durch moralische Wertvorstellungen, durch das Über-Ich, das im Laufe der kindlichen Anpassung an die vorgegebenen Verhaltensmuster erworben wird.

Der psychoanalytischen Theorie zufolge ist der Ursprung einer Neurose überindividuell. Freud meinte, Kern aller Neurosen sei der Ödipuskomplex, der aus dem Sexualwunsch nach dem andersgeschlechtlichen Elternteil und der Angst vor Bestrafung (Kastrationsangst) entsteht. »Der Ödipuskomplex bildet sowohl den normalen Höhepunkt der kindlichen Sexualentwicklung als auch die Grundlage aller Neurosen« (O. Fenichel, 1945, S. 108). Die psychoanalytische Therapie erstrebt die Bewußtmachung unbewußter verdrängter Inhalte. Ihre Methode ist die freie Assoziation; der Patient wird aufgefordert, dem Analytiker alles mitzuteilen, was ihm durch den Kopf geht. Im weiteren Verlauf analysiert und deutet der Analytiker das Material, bis ihm und dem Patienten die psychologische Beziehung zwischen den Ereignissen aus der Vergangenheit und der gegenwärtigen Problematik des Patienten klar wird.

Übersetzungsmöglichkeiten

Das psychoanalytische Begriffssystem läßt sich in Begriffe der Differenzierungsanalyse übersetzen und umgekehrt. Auch wenn bei diesen Übersetzungen ein Rest bleibt, der nur durch das entsprechende theoretische System erklärt werden kann, hilft doch eine derartige Übersetzung, bekannte Phänomene neu zu sehen. Wir wollen uns auf einige prägnante Beispiele beschränken und damit den Transfer auf andere Begriffe anregen.

Über-Ich

Psychoanalyse: Das Über-Ich entspricht generell dem, was man als Gewissen bezeichnet. Doch im Gegensatz zum Gewissen ist das Über-Ich oft weitgehend oder vollständig unbewußt. Es besteht ursprünglich aus den verinnerlichten Bildern der moralischen Aspekte der Eltern in der frühen Kindheit (nach Brenner, 1967).

Differenzierungsanalyse: Das Über-Ich als Ort der psychischen Repräsentanz psychosozialer Normen bezieht sich inhaltlich auf das Muster von Aktualfähigkeiten, das unser Verhalten und Erleben beeinflußt. Wir sprechen also nicht mehr allgemein vom Über-Ich, sondern davon, worauf sich das Über-Ich bezieht: auf Ordnung, Pünktlichkeit, Ehrlichkeit, Treue, Fleiß, Sparsamkeit etc.

Identifizierung

Psychoanalyse: »Verschiebung triebbedingter psychischer Vorgänge (libidinöser und aggressiver Energien) auf nicht primär triebbezogene Ziele und Objekte (so etwa bei künstlerischer Tätigkeit und während schöpferischer intellektueller Aktivität)« (S. Goeppert, 1976, S. 229).

Differenzierungsanalyse: Übernommen werden bestimmte Rollen und Verhaltensaspekte, die sich durch die Aktualfähigkeiten beschreiben lassen. Man identifiziert sich beispielsweise mit der Ordnung der Mutter, lehnt aber ihre Vorstellung von Pünktlichkeit ab.

Sublimierung

Psychoanalyse: Überführung primärprozeßhafter Triebregungen in sozial höher bewertete Verhaltensäußerungen (nach S. Freud, 1941).

Differenzierungsanalyse: Der Begriff der Sublimierung beinhaltet einen Maßstab dafür, welches Verhalten kulturell geringer, welches höher bewertet wird. Dieser Maßstab ist nicht absolut, sondern von dem kulturellen Bezugssystem abhängig. Im Prinzip bedeutet Sublimierung eine zunehmende Differenzierung der Grund- und Aktualfähigkeiten.

Regression

Psychoanalyse: Das Zurückfallen von einer genetisch späteren auf eine genetisch frühere Entwicklungsstufe als Folge einer schweren Frustration (nach F. Fanai, 1972).

Differenzierungsanalyse: Das charakteristische Verhalten in einem erreichten Entwicklungsstand ist ebenso wie die davon ausgehende Regression innerhalb des psychosozialen Wertsystems zu beschreiben. Der Rückfall in autoerotische Sexualität kann in diesem Sinn als positive Ausprägung der Sexualität, der Mittel der Sinne und der Beziehung zum Ich aufgefaßt werden, während hinsichtlich des Kontaktes und der Beziehung zum Du ein Defizit besteht.

Sexualität

Psychoanalyse: Für die Psychoanalyse ist die Sexualität (Libido) ein Basisphänomen und als Trieb eine der wesentlichen Quellen der menschlichen Energie.

Differenzierungsanalyse: Die Sexualität ist eine der Aktualfähigkeiten. Sie kann Basisphänomen aber auch Epiphanomen sein; ihre Störungen können in die-

Störungen der Libidoabfuhr manifestieren sich in der Vielfalt der psychischen und psychosomatischen Symptome. Sexualität bezieht sich dabei nicht nur auf die Geschlechtsorgane, sondern auf die Zonen, die in der jeweiligen Entwicklungsstufe im Zentrum der Lustempfindung und Befriedigung stehen.

sem Sinn sowohl als Ursache von Konflikten als auch als Folge anderer Konflikte betrachtet werden. Sexualität ist somit nicht nur Trieb, sondern in ihrer Ausprägung erlerntes Verhalten. Wenn wir uns fragen, welche Faktoren die Sexualität modellieren, berühren wir den Bereich des sozialen Lernens, der Aktualfähigkeiten und der Medien der Grundfähigkeiten, z. B. Sexualstörung aufgrund überhöhter Pünktlichkeitsforderung oder im Zusammenhang mit einer betonten Leistungsmotivation. Differenzierungsanalytisch unterscheiden wir zwischen: Sex-Sexualität und Liebe.

Penisneid

Psychoanalyse: Das der Kastrationsangst beim Jungen entsprechende Gefühl ist das Gefühl der Demütigung beim Mädchen, weil ihm der Penis fehlt. Infolge dieser Erkenntnis entwickeln sich intensive Gefühle der Scham, der Inferiorität und der Eifersucht sowie Zorn gegen die Mutter, die zugelassen hat, daß sie ohne Penis geboren wurde (nach Brenner, 1967).

Differenzierungsanalyse: In dem, was als Penisneid beschrieben wird, spielen zwei Schlüsselkonflikte eine Rolle: Das Mißverständnis Mann-Frau, da nicht unbedingt anzunehmen ist, daß aus sich heraus und ohne kulturell bedingte Bewertung der Besitz eines Penis einen Vorteil darstellt. Zum anderen zeigt sich hier eine Gerechtigkeitsproblematik, bei der die Geschlechtsrolle in Verbindung mit einer erlebten Ungerechtigkeit steht und das Verhältnis zur individuellen Einzigartigkeit blockiert.

Masochismus-Sadismus

Psychoanalyse: Sexueller Lustgewinn durch Zufügen oder Erdulden von Schmerzen und Demütigungen (nach Freud).

Differenzierungsanalyse: Beziehen sich nicht nur auf die Sexualität, sondern können in Verbindung mit einzelnen Aktualfähigkeiten auftreten. Beispiel: Neigung, unpünktlich zu sein und aus der Bestrafung für Unpünktlichkeit Bestätigung zu beziehen.

Fehlleistungen

Psychoanalyse: Eine Absicht, etwas zu erinnern, zu tun, zu sagen, wird durch eine meist unbewußte Gegenabsicht gestört. Beispiel: »Es sind doch besondere Menschen, sie haben alle Geiz – ich wollte sagen Geist« (nach S. Freud, 1941).

Differenzierungsanalyse: Inhaltlich finden sich mehrere Ursachen für Fehlleistungen. Eine davon ist das Verhältnis von Höflichkeit und Ehrlichkeit: das höfliche Konzept wird durch einen aggressiven, ehrlichen Impuls gestört.

Kritik und Zusammenarbeit:
Auf einige kritische Ansätze gegenüber der Psychoanalyse sind wir früher bereits eingegangen. Dazu gehört vor allem die Kritik am psychoanalytischen Menschenbild, das den Menschen biologistisch mit dem Tier gleichstellt und die Unterdrückung gefährdender Triebansprüche fordert. Die Psychoanalyse vertritt die Hypothese, daß der Erwachsene grundsätzlich durch seine soziale Umwelt nicht mehr nennenswert beeinflußbar sei: »Nur in der Kindheits- und Jugendphase, solange die psychische Organisation und insbesondere die Ich-Struktur noch nicht ausdifferenziert und verfestigt seien, wirke sich der Austausch mit der äußeren Wirklichkeit mehr oder minder erheblich auf die Verfassung des Individuums aus« (H. E. Richter, 1975).

Demgegenüber vertritt die Differenzierungsanalyse die Auffassung, daß sich die Umwelteinflüsse fortwährend auf das Individuum auswirken und im Sinne von Mikrotraumen die vorhergehenden Erlebnisse den Bezugsrahmen für nachfolgende Erlebnisse bilden, wobei nicht nur die frühe Kindheit, sondern jeder Entwicklungsabschnitt psychologische Auswirkungen hat. Verständlich wird diese Annahme erst durch den inhaltlichen Aspekt, den die Psychoanalyse nur am Rande berücksichtigt.

Das »Es« der Psychoanalyse erscheint innerhalb der Differenzierungsanalyse in den Kategorien der Körper und Mittel der Sinne, wobei hier nicht nur der triebdynamische Gesichtspunkt berücksichtigt wird, sondern auch die körperlichen Funktionen und der Körper als organische Grundlage des Verhaltens.

Das »Über-Ich« wird durch die psychosozialen Normen und ›Aktualfähigkeiten‹ inhaltlich beschrieben. Die Aktualfähigkeiten nehmen dabei mehrere Bedeutungen an: einmal sind sie gesellschaftliche Verhaltensregeln, zum anderen die in primären Gruppen wirksamen Normen, die vom Individuum internalisierten Wertmaßstäbe und Zielvorstellungen und schließlich die den Menschen innewohnenden Fähigkeiten.

Das »Ich« hat in der Differenzierungsanalyse dementsprechend eine doppelte Aufgabe: es vermittelt nicht nur zwischen den unterdrückenden gesellschaftlichen Anforderungen und den individuellen Triebregungen, sondern wird gleichzeitig zum Ort der sich manifestierenden Fähigkeiten. Die Funktion der Realitätsprüfung hängt eng mit der spezifisch menschlichen Fähigkeit zusammen, die Kategorien der Dimension Vergangenheit, Gegenwart und Zukunft im Erleben und Verhalten aufeinander abzustimmen und zu integrieren.

Die Auseinandersetzung zwischen den eigenen Bedürfnissen und den Anforderungen der Umwelt geschieht im Rahmen psychosozialer Normen (die Aktualfähigkeiten), die innerhalb der psychischen Organisation eines Menschen ihre eigene Geschichte entfalten. Damit greift die Differenzierungsanalyse unmittelbar Konzepte sozialen Verhaltens auf. Für die differenzierungsanalytische Psychotherapie folgt daraus: Im Gegensatz zu klassischen psychoanalytischen Richtungen, die versuchen, in der Therapeut-Patient-Beziehung die kindliche Situation der Eltern-Kind-Beziehung wiederaufleben zu lassen und die übrigen Umweltbezüge eher als störende Variablen betrachten, berücksichtigt das differenzierungsanalytische Vorgehen besonders die soziale Wirklichkeit des Patienten. *Von daher wird das dreiteilige differenzierungsanalytische Vorgehen verständlich: Erziehung-Selbsthilfe-Psychotherapie.*

In der Differenzierungsanalyse sind eindeutige analytische Elemente enthalten, vor allem auf der zweiten Stufe, der Inventarisierung, die den Grundkonflikt berücksichtigt, und auf der vierten Stufe, der Verbalisierung, die auch technisch die freie Assoziation und die interpretierende Deutung durch den Therapeuten erlaubt. Umgekehrt lassen sich differenzierungsanalytische Aspekte in die Psychoanalyse integrieren. Vor allem eignet sich dazu das inhaltliche, an den Aktualfähigkeiten orientierte Vorgehen. Das fokale, durch die Aktualfähigkeiten geleitete Vorgehen erleichtert eine Steuerung der für das psychoanalytische Vorgehen wesentlichen dynamischen Faktoren, wie der Übertragungsmechanismen, der Regression und der Widerstände.

Als Beispiel für differenzierungsanalytische Aspekte in der Psychoanalyse haben wir einen Fall der neofreudianischen Psychoanalytikerin Karen Horney ausgewählt, der in weiten Bereichen dem Fall Ute S. entspricht. Die Patientin Clare führte unter Leitung Horneys eine Selbstanalyse durch:

»Nach mehreren Monaten nicht sehr ergiebiger Bemühungen um Selbstanalyse erwacht Clare eines Sonntagmorgens mit einem heftigen Ärger auf einen Autor, der sein Versprechen, einen Artikel für die von ihr herausgegebene Zeitschrift zu schicken, nicht gehalten hatte. Es war unerträglich, daß Menschen so unzuverlässig sein mußten. Bald danach fiel ihr auf, daß ihr Ärger unverhältnismäßig war. Die ganze Angelegenheit besaß kaum genügend Bedeutung, um sie um fünf Uhr früh aufzuwecken. Die bloße Erkenntnis einer Diskrepanz zwischen Ärger und angeblichem Anlaß ließ sie die wahre Ursache für den Ärger erkennen. Die eigentliche Ursache betraf ebenfalls Unzuverlässigkeit, aber in einer Sache, die ihr mehr am Herzen lag. Ihr Freund Peter, der geschäftlich verreist gewesen war, war zum Wochenende nicht, wie er versprochen hatte, zurückgekommen. Genaugenommen hatte er kein festes Versprechen gegeben, aber gesagt, daß er wahrscheinlich am Sonnabend zurück sein werde. Er war nie präzise und eindeutig bei irgend etwas, sagte sie sich; immer erweckte er Hoffnungen in ihr und enttäuschte sie dann. Die Müdigkeit, die sie in der letzten Nacht verspürt und auf zuviel Arbeit zurückgeführt hatte, mußte eine Reaktion auf ihre Enttäuschung gewesen sein. Sie hatte eine Einladung zum Dinner abgesagt, weil sie auf einen Abend mit Peter gehofft hatte, und war dann, als er nicht erschien, statt dessen in ein Kino gegangen. Sie konnte nie irgendwelche Verabredungen treffen, weil Peter es haßte, sich terminlich im voraus festzulegen. Die Folge war, daß sie sich so viele Abende freihielt, wie sie irgend konnte, und sich immer mit dem Gedanken quälte, ob er mit ihr zusammen sein würde oder nicht« (Karen Horney, Selbstanalyse, 1974, S. 144–154).

Die Analyse zielte auf die Trennungsängste der Patientin bei drohendem Objektverlust, auf ihr infantiles Schutzbedürfnis und ihre emotionale Abhängigkeit ab. Diese Themen wurden in einer vierjährigen Behandlung mit Hilfe von Träumen und Assoziationen bearbeitet.
Allein in dem hier zitierten Text finden sich eine Reihe von Hinweisen auf konfliktbesetzte Aktualfähigkeiten, wie Zuverlässigkeit, Pünktlichkeit, Vertrauen, Hoffnung, Kontakt und Zeit. An die Stelle der Trennungsangst treten in der Differenzierungsanalyse Aktualfähigkeiten, in denen sich eben diese Trennungsangst realisiert. In diesem Fall handelte es sich vor allem um die passive Erwartungshaltung der Patientin gegenüber Zuverlässigkeit und Pünktlichkeit. Schon die Übersetzung der Trennungsangst in Aktualfähigkeiten eröffnet neue therapeutische Möglichkeiten, die, wie wir am Fall von Frau Ute S. skizziert haben, aus dem Karussell des Konfliktes herausführen können.

2. Differenzierungsanalyse und Verhaltenstherapie

Theorie der Verhaltenstherapie

Die Verhaltenstherapie basiert auf der Lerntheorie, nach der das Verhalten im Sinne eines Reiz(S)-Reaktions(R)-Modells gelernt wird. Diese Theorie konnte in einer Reihe wissenschaftlicher Experimente überprüft und bestätigt werden. Die Verhaltenstherapie sieht die Symptome als unangepaßte Reaktionen an und betrachtet sie als Beweis für falsches Lernen. Die Heilung wird durch die Behandlung des Symptoms erreicht, d. h. durch Löschung unangepaßter und Aufbau erwünschter bedingter Reaktionen. Die Behandlung der Symptome führt nach Eysenck (Eysenck und Rachman, 1967) zu anhaltenden Besserungen, vorausgesetzt daß sowohl vegetative, als auch bedingte Reflexe des Bewegungsapparates gelöscht werden.
Die Lerntheorie unterstellt den Neurosen keinerlei »unbewußte« Ursachen, sondern betrachtet neurotische Symptome einfach als erlernte Gewohnheiten. »Es gibt keine Neurose, die dem Symptom zugrunde liegt, sondern nur das Symptom selbst. Man beseitige das Symptom, und man hat die Neurose zum Verschwinden gebracht« (S. 20). Die Entwicklung sozial erwünschter Verhaltensweisen wird auf einen Prozeß der Bildung bedingter Reflexe zurückgeführt (Mowrer, 1950). Danach werden unerwünschte Verhaltensweisen sofort bestraft und bedingte Reaktionen hergestellt. »Auf diese Weise entwickelt sich durch die bedingten Reaktionen beim heranwachsenden Kinde ein ganzes moralisches System, das schließlich die Form eines ›Gewissens‹ annehmen kann« (Eysenck und Rachmann, 1967).

Erwünschtes und unerwünschtes Verhalten

Verhaltenstherapie: Was sozial erwünschtes oder unerwünschtes Verhalten heißt, setzt die Verhaltenstherapie voraus. Leidensdruck, gesellschaftlicher Konsens, Ansichten der Eltern oder Lehrer sind die Kriterien, nach denen dann unerwünschtes Verhalten gelöscht und erwünschtes Verhalten aufgebaut wird.

Differenzierungsanalyse: Schwierigkeiten der Interaktion werden nicht im Formalen belassen (»unerwünschte Verhaltensweisen«), sie werden in Form der sekundären und primären Fähigkeiten inhaltlich konkretisiert und im Differenzierungsanalytischen Inventar systematisiert« (H. Deidenbach, 1975).

Bestrafung

Verhaltenstherapie: Bestrafung ist eine Methode der Verhaltenskontrolle. Sie ist die Prozedur, bei der ein aversiver Stimulus kontingent auf eine Reaktion dargeboten wird (nach Christoph-Lemke, 1974).

Differenzierungsanalyse: Grundstruktur von Bestrafung und Belohnung ist das Verhältnis von Gerechtigkeit und Liebe. Bestrafung, Belohnung erfolgt nach bestehenden gesellschaftlichen Gruppen- und individuellen Normen hinsichtlich erbrachter Leistungen, die sich durch die Aktualfähigkeiten beschreiben lassen. Beispiel: »Als ich einmal Geld wegnahm, hat mich mein Vater drei Tage lang zu Hause eingesperrt.«

Extraversion – Intraversion

Verhaltenstherapie: Extraversion-Introversion beschreibt nach Eysenck neben dem Neurotizismus eine wesentliche Dimension der Persönlichkeit. Der typisch Extravertierte ist sozial aufgeschlossen, liebt Geselligkeit, hat viele Freunde etc. Der typisch Introvertierte ist ruhig, zieht sich zurück, neigt zu Selbstbeobachtung und liebt Bücher mehr als Menschen.

Differenzierungsanalyse: Im Umfeld des extravertierten Typs finden wir eine verstärkte Bewertung des Wir und der Ehrlichkeit. Der Introvertierte scheint dagegen mehr die Bereiche Fleiß/Leistung zu betonen, die Beziehung zu einem sachlichen Du und Höflichkeit.

Selbstbehauptungstraining

Verhaltenstherapie: Das 1950 von Salter entwickelte Selbstbehauptungstraining geht davon aus, daß alle neurotischen Beschwerden auf eine übermäßige Hemmung zurückzuführen seien. Ziel der Therapie muß daher sein, das Erregungsniveau des Patienten zu erhöhen. Als Beleg dafür führt Salter gehemmte, alkoholkranke Patienten an, die sich selbst als schüchtern einschätzen, empfindlich auf Kritik reagieren und sich über demütigende Erlebnisse ärgern.

Differenzierungsanalyse: Selbstbehauptung betrifft das Verhältnis von Höflichkeit und Ehrlichkeit. Höflichkeit bedeutet hier gehemmtes, vor allem aggressionsgehemmtes Verhalten, das einer ehrlichen Selbstbehauptung im Wege steht, also überbetonte Rücksichtnahme, Zurückstellung der eigenen Interessen und Bescheidenheit. Während beim Selbstbehauptungstraining der Ehrlichkeit der Vorrang eingeräumt wird, lernt der Patient beim Höflichkeit-Ehrlich-

Für sie eignet sich die Selbstbehauptung (nach Eysenck, 1967).

keits-Training, beide Aktualfähigkeiten in einer für ihn befriedigenden Weise zu integrieren. Als Schlüsselkonflikt bezieht sich Höflichkeit-Ehrlichkeit wieder auf andere Aktualfähigkeiten: »Ich habe mich nicht getraut, ihm zu sagen, daß ich es nicht gut finde, wenn er von meinem Telefon Ferngespräche führt« (Höflichkeit, Ehrlichkeit, Sparsamkeit).

Kritik und Zusammenarbeit:
Man kann beobachten, daß die günstigsten Erfolge der Verhaltenstherapie vor allem bei Patienten mit weitgehend isolierten Symptomen, beispielsweise einzelnen Ängsten, zu verzeichnen sind. Dieser Ansatz, der darin besteht, die therapeutische Methode unmittelbar auf das Symptom anzuwenden, gewährt zwar eine einigermaßen exakte Kontrolle des Therapieerfolges, doch es kommt notwendigerweise zu Schwierigkeiten, wenn eine komplexe mehrfache Symptomatik besteht, wenn die Symptome so eng miteinander verzahnt sind, daß die Ausgliederung der singulären Symptombilder schwerlich möglich ist, und wenn das Symptombild diffus und undifferenziert erscheint, so daß es allem Anschein nach keine Ansatzmöglichkeiten für gezielte Verhaltensänderungen bietet (Gelder und Marks, 1966, 1969; Lazarus, 1963; Meyer und Chesser, 1971). Derartige Bilder finden sich beispielsweise bei komplexen Ängsten depressiver und psychosomatisch erkrankter Patienten. Für die situative Frigidität, die als Reaktionsmangel bei einem bestimmten Mann, nur zu oft beim Ehemann anzusehen ist, hat die Verhaltenstherapie keine systematischen Behandlungsmöglichkeiten. Wolpe (1972) drückt diese Schwierigkeit in erfreulich ehrlicher Weise aus: »In einem solchen Fall«, schreibt er, »weiß ich nicht, was zu tun ist.« Ein solcher Fall wäre dagegen ein »Paradefall« für die Differenzierungsanalyse. Die neueren Entwicklungen der Verhaltenstherapie beziehen angesichts dieser Schwierigkeiten immer mehr kognitive Techniken ein.
Der verhaltenstherapeutische Ansatz erweist sich als relativ schmal, zumal er weitgehend darauf verzichtet, solche Dimensionen der menschlichen Persönlichkeit zu berücksichtigen, die sich einer Objektivierung und Operationalisierung zu entziehen scheinen.
Verhaltenstherapeutische Elemente finden sich vor allem auf der dritten Stufe des differenzierungsanalytischen Behandlungsplans, der situativen Ermutigung. Hier werden neben einstellungsändernden Funktionen lerntheoretische Prozesse in Gang gesetzt. Ähnliche Momente lassen sich auch in den Methoden des Ist-Werts und des Soll-Werts, des Tagesplans und der einzelnen angstreduzierenden Verfahren erkennen.
Andererseits läßt sich die Differenzierungsanalyse auch unter verhal-

tenstherapeutischen Gesichtspunkten anwenden. »Vor allem bei der Behandlung von Partnerkonflikten wird eine Verständigung mit Verhaltenstherapie gut möglich sein« (L. Süllwold, 1975). Zwei Möglichkeiten bieten sich an: Die stärkere Betonung der unspezifischen, auf die Verbundenheit zwischen Therapeut und Patient abzielenden Prozesse und die Berücksichtigung von Verhaltenskategorien, die auch komplexere Situationen erfassen können und sich dazu eignen, ein größeres Verhaltensspektrum diagnostisch abzutasten. Hilfe dabei kann das DAI sein, durch das auch komplexere Krankheitsbilder aufgeschlüsselt werden können. Voraussetzung ist allerdings, daß die Verhaltenstherapic nicht bloß am symptomatischen singulären Verhalten festhält, sondern bereit ist, hypothetische Konstrukte auf einem mittleren Abstraktionsniveau, wie sie die Aktualfähigkeiten darstellen, zu akzeptieren.

Im Fall der Frau Ute S. kam hinsichtlich der Angstsymptomatik, die einen Teilbereich eines umfassenderen Symptomkomplexes darstellte, ein spezielles verhaltenstherapeutisches Verfahren zur Anwendung, das jedoch auf die differenzierungsanalytische Theorie hin modifiziert wurde: die Technik der systematischen Desensibilisierung. Sie zielt darauf ab, in der Therapiesituation Bedingungen herzustellen, unter denen der Patient mit bestimmten, von ihm als angstauslösende Reize wahrgenommenen Ereignissen konfrontiert werden kann, ohne daß bei ihm nennenswerte Angstreaktionen auftreten (Wengele, 1974). Man versucht das von zwei Seiten her zu erreichen, und zwar durch eine sorgfältig abgestufte Auswahl der angstauslösenden Reize, der sogenannten Angsthierarchie. Gleichzeitig wird die Angstreduktionsbereitschaft des Patienten durch Entspannungsverfahren gefördert. Dies geschieht so, daß der Patient mit einer angstauslösenden Situation – real oder vorgestellt – konfrontiert wird und im Anschluß daran die aufgetretene Erregung durch die progressive Entspannung nach Jakobson (1938) wieder gedämpft wird. Damit wird die Angstbereitschaft schrittweise abgebaut. Voraussetzung ist, daß der Patient stufenweise mit den angsterregenden Situationen einer Angstursache zusammengebracht wird.

Die Differenzierungsanalyse stellt keine allgemeine Angsthierarchie auf, sondern eine der jeweiligen Konfliktsituation entsprechende Hierarchie, die wir dann ›Pünktlichkeitshierarchie‹, ›Sparsamkeitshierarchie‹, ›Höflichkeitshierarchie‹ etc. nennen. Der bestehende Konfliktzusammenhang wird durch eine funktionale Analyse nach Reiz (S) und Reaktion (R) aufgeschlüsselt. Konditionierter Reiz (CS) und konditionierte Reaktion (CR) bedeuten gelernte Reize und Reaktionen. So ergibt sich für das Unpünktlichkeitsverhalten des Ehemannes und der Pünktlichkeitserwartung von Frau Ute S. folgendes Bild:

Ausschnitt aus der funktionalen Analyse (generalisierte Verhaltenskette)

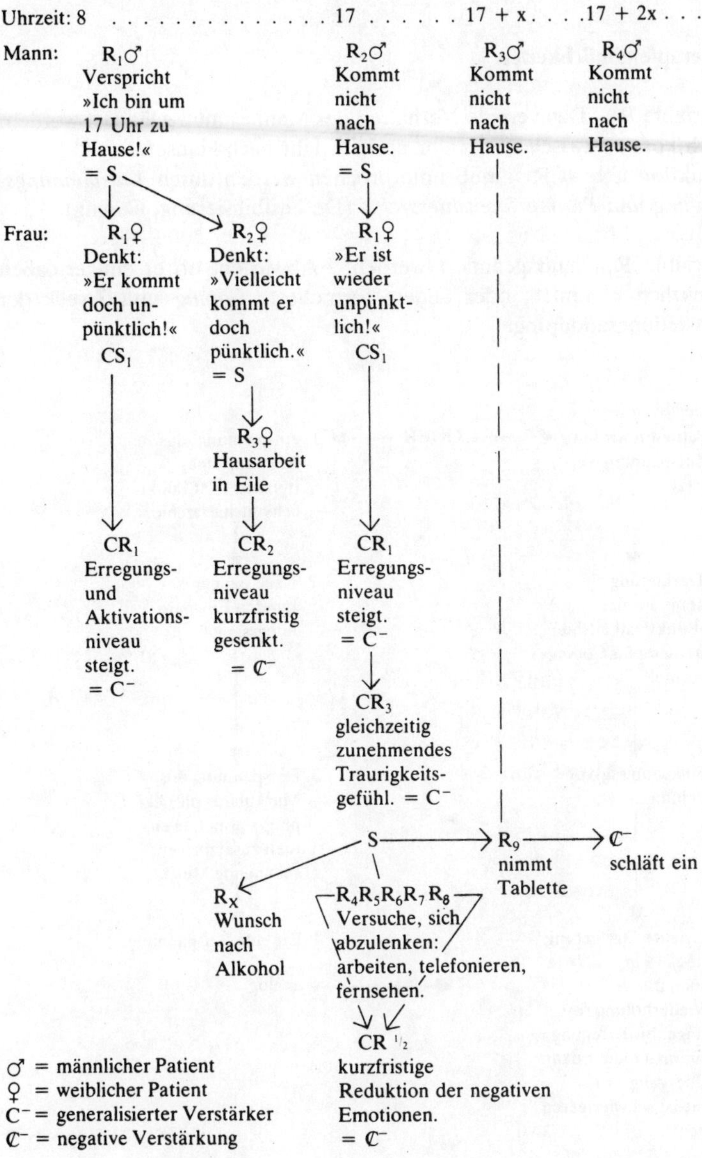

Daraus ergeben sich folgende verhaltenstherapeutische Ansätze:

Therapiemöglichkeiten

Variable $R_{1♂}$ Das verbale Verhalten des Mannes muß geändert werden: »Ich komme zwischen ... Uhr und ... Uhr nach Hause!«
Funktion $CS_1 \rightarrow CR_{1/2}$ muß unterbrochen werden durch *Entspannungstraining und Pünktlichkeitshierarchie* (Desensibilisierung, Coping).

Variable $R_{1♀}$ muß geändert werden: »Abwarten, ob er einigermaßen pünktlich kommt!«; oder anders formuliert: *Coping* zum Zweck der Einstellungsänderung.

Vorgang:

1. Patientin wird in Entspannung versetzt.	← ODER →	1. Anspannung plus Nennung eines Items aus der Pünktlichkeitshierarchie.
↓		↓
2. Darbietung eines Items aus der »Pünktlichkeitshierarchie« plus Coping-Formel!		2. Nach einigen Sekunden Entspannungssignal.
↓		↓
3. Entspannungsvorstellung.		3. Entspannung der Muskulatur plus Coping-Formel; eventuell zusätzlich entspannende Musik.
↓		↓
4. Erneute Darbietung eines Items ... (wie oben 2.) Wiederholung solange, bis Erregung minimal bleibt; dann Übergang zum nächst schwierigeren Item.	← analog	4. Erneute Anspannung.
Desensibilisierung + Coping		*Eine Form der Aversion-Relief-Technik*

Als »Pünktlichkeitshierarchie« ergaben sich folgende Situationen, die nach ihrer angstauslösenden Wirkung gestuft sind.

Pünktlichkeitshierarchie:

1. Noch 3 Stunden, dann will er zurückkommen! Wahrscheinlich verspätet er sich doch wieder!
2. Noch 2 Stunden, dann will er zurückkommen! Wahrscheinlich verspätet er sich doch wieder!
3. Noch 1 Stunde, dann will er zurückkommen! Wahrscheinlich verspätet er sich doch wieder!
4. Jetzt müßte er eigentlich jeden Augenblick kommen!
5. Schon ½ Stunde zu spät! Wann wird er wohl kommen?
6. Schon 1 Stunde zu spät! Wann wird er wohl kommen?
7. Schon 2 Stunden zu spät! Wann wird er wohl kommen?
8. Schon 3 Stunden zu spät! Wann wird er wohl kommen?
9. Schon 4 Stunden zu spät! Wann wird er wohl kommen?

. .
. .
. .
. .

Coping-Formel:
Er wird sicher noch zu tun haben. Ich freue mich, wenn er kommt (Hoffnung).
Beim Coping handelt es sich um eine Angstbewältigungstechnik, bei der der Proband den Angstreizen aktiv problemlösend begegnet (kognitive Neuinterpretation der bisher angstauslösenden Reize).

3. Differenzierungsanalyse und Individualpsychologie

Theorie der Individualpsychologie
Die von Alfred Adler (1920) entwickelte Individualpsychologie stellt drei große Themen der Persönlichkeitsentwicklung in den Vordergrund: das Streben nach Überlegenheit, seine Steuerung, den Minderwertigkeitskomplex, seine Bekämpfung und schließlich das Gemeinschaftsgefühl und die Hindernisse seiner Ausbildung (1930). Seiner Ansicht nach läßt sich bei jedem Menschen, auch wenn das oberflächliche Verhalten noch so widersprüchlich erscheint, eine durchgehende Linie, der »Lebensstil«, feststellen. Der Begriff umfaßt die Gesamtheit der Gewohnheiten, Einstellungen und Erwartungen eines Menschen. Der Lebensstil ist das Ergebnis eines Formungsprozesses, bei dem die biologischen Neigungen

des Individuums durch seine Erfahrungen mit Familie und Gesellschaft geprägt werden.

Übersetzungsmöglichkeiten

Minderwertigkeitskomplex

Individualpsychologie: In der Individualpsychologie spricht man von einem Gefühl, das sich auf eine tatsächliche organische Minderwertigkeit gründet. In dem Minderwertigkeitskomplex versucht das Individuum auf eine mehr oder weniger glückliche Weise seine Minderwertigkeit zu kompensieren.

Differenzierungsanalyse: Wenn A. Adler von Selbstwertproblematik und Minderwertigkeitsgefühlen spricht, stellt sich uns die Frage: Auf welche Bereiche des Verhaltens bezieht sich dieses Gefühl? Ist es ein Gefühl, das der Persönlichkeit als ganzer zukommt, oder orientiert es sich an der Bewertung einzelner Eigenschaften, die später generalisiert wurden? Minderwertigkeit ist keine biologische, sondern eine psychosoziale Größe, die von psychosozialen Normen und den gemachten Erfahrungen abhängig ist. Sie manifestiert sich im Vergleich mit den bestehenden Maßstäben und anderen Individuen einer Gruppe und bezieht sich auf einzelne Aktualfähigkeiten wie Fleiß/Leistung, Prestige, Sparsamkeit, Kontakt, Sexualität etc.

Streben nach Überlegenheit

Individualpsychologie: Das Streben nach Überlegenheit steht in unmittelbarer Beziehung zum Minderwertigkeitsgefühl, durch das erst das Verlangen entsteht, sich über die Lage, in der man sich befindet, hinauszuheben. Der Mensch ist seiner Natur nach so angelegt, daß sich ein Streben nach Überlegenheit in ihm entwickeln kann (nach A. Adler, 1930).

Differenzierungsanalyse: Wir fragen danach, in welchem Bereich sich der Wunsch nach Überlegenheit entwickelt hat: Möchte man größer oder schöner sein als die anderen (Sex)? Möchte man mehr leisten (Fleiß/Leistung)? Möchte man mehr Geld haben (Sparsamkeit)? Das Streben nach Überlegenheit braucht nicht generell zu sein, sondern kann sich auf einzelne Bereiche und Personen beschränken: mehr verdienen als der Schwager, Rivalität gegenüber gleichgeschlechtlichen Gruppenmitgliedern, Bedürfnis nach Überlegenheit gegenüber bestimmten Geschwistern etc. Hier spielt das Mißverständnis: Gerechtigkeit-Liebe hinein.

Gemeinschaftsgefühl

Individualpsychologie: Gegensatz zum Überlegenheitsstreben, die Tendenz sich mit anderen Menschenwesen zu verbin-

Differenzierungsanalyse: Das Gemeinschaftsgefühl betrifft die Aktualfähigkeit ›Kontakt‹. Sie wird modifiziert durch

den, Aufgaben in Zusammenarbeit mit anderen zu erfüllen und sich vom sozialen Standpunkt aus ganz allgemein nützlich zu machen (nach A. Adler, 1930).

eine Reihe anderer Faktoren, wie die Wertschätzung von Sparsamkeit, Ordnung, Höflichkeit usw. Kontakt umfaßt dabei nicht allein das Verhältnis zu einem Gruppen-Wir, sondern auch die übrigen Beziehungen der Liebesfähigkeit, zum Ich, zum Du, zum Wir und zum Ur-Wir.

Kritik und Zusammenarbeit:
Die Einbeziehung sozialer Faktoren und die besondere Betonung der Erziehung (R. Dreikurs und E. Blumenthal, 1974) bringt die Individualpsychologie in die Nähe der Differenzierungsanalyse. In seinen Fallbesprechungen (1930) nennt A. Adler eine Reihe von Aktualfähigkeiten, ohne allerdings ihren systematischen Charakter zu erkennen. Sein therapeutisches Konzept läuft vor allem auf Ermutigung hinaus, die auf der dritten Stufe (situative Ermutigung) der differenzierungsanalytischen Psychotherapie berücksichtigt wird. Adlers Unterscheidungen der Erziehungsstile als Verwöhnen, Härte etc. werden in der Differenzierungsanalyse weiter spezifiziert: Auf welche Aktualfähigkeiten oder Medien beziehen sich Verwöhnen oder Härte, und in welchen Formen der Interaktionsstadien äußern sie sich? (z. B. Härte: Unterscheidung oder Ablösung?)

4. Differenzierungsanalyse und analytische Psychologie

Theorie der analytischen Psychologie nach C. G. Jung
C. G. Jung (1921) geht von einer allgemein psychischen Energie aus. Die seelische Dynamik ist durch Gegensätzlichkeiten wie Bewußtes und Unbewußtes, Denken, Fühlen, Empfinden, Intuieren gekennzeichnet. Jedes der Gegensatzpaare kann extra- oder introvertiert sein. Die »Persona« umfaßt die Haltung gegenüber der Außenwelt. Das Unbewußte wird von C. G. Jung als kollektives Unbewußtes konzipiert, in dem sich geistig-religiöse Tendenzen zeigen. Seine Inhalte sind die Archetypen, Symbole aus den unbewußten tiefen Schichten, die auch in Mythen, Träumen und Märchen ihren Niederschlag finden. Das therapeutische Vorgehen strebt eine Erweiterung der Persönlichkeit bis hin zur Selbstwerdung (Individuation) an.

Das kollektive Unbewußte

Analytische Psychologie: Das kollektive Unbewußte hat nicht nur eine negative, bedrohende Bedeutung, sondern ist die Quelle der schöpferischen Kraft und Gestaltung. In ihm sind alle vergangenen Erfahrungen und Konflikte, die die Menschen im Laufe ihrer Entwicklungsgeschichte durchgemacht haben, ihre Sehnsüchte und Weisheiten enthalten.

Differenzierungsanalyse: Dem kollektiven Unbewußten entspricht in der Differenzierungsanalyse die Annahme, daß jeder Mensch über die beiden Grundfähigkeiten, die Liebes- und Erkenntnisfähigkeit, verfügt, die zu seinem Wesen gehören. Der geschichtlich erworbene Aspekt des kollektiven Unbewußten wird durch die Tradition und die kollektiven Mythologien abgedeckt.

Archetypen

Analytische Psychologie: Die Archetypen sind genetisch angelegt und werden im Bewußtsein des Menschen durch universale Symbole repräsentiert, die sich in Träumen, Mythen, religiösen, mystischen und philosophischen Inhalten äußern. Zu ihnen gehören der Schatten, Animus, Anima, große Mutter, alter Weiser etc.

Differenzierungsanalyse: Den Archetypen entsprechen im weitesten Sinn die kollektiven Mythologien und Konzepte, die über die Tradition zu kulturspezifischen Bezugssystemen und Orientierungspunkten wurden. Sie beinhalten bestimmte Konzepte gegenüber den Medien der Liebes- und Erkenntnisfähigkeit sowie charakteristische Werthaltungen gegenüber den Aktualfähigkeiten und können in Symbolfiguren aus Mythologien und Märchen repräsentiert sein.

Individuation

Analytische Psychologie: Die Individuation oder Selbstverwirklichung ist Behandlungsziel: alle unvereinbaren und gegensätzlichen Kräfte des Individuums zu einer so starken Einheit zu verschmelzen, daß alle Aspekte in Harmonie miteinander existieren können. Die Wiedervereinigung der Persönlichkeit erfordert, daß der Analytiker zusammen mit dem Patienten die prägenden Ereignisse in dessen Leben noch einmal durchlebt und mit ihm zusammen die Kämpfe der Menschheitsentwicklung rekonstruiert.

Differenzierungsanalyse: Die Individuation in der Differenzierungsanalyse ist weiter gefaßt: Wir verstehen darunter nicht bloß Selbstverwirklichung, also Verschmelzung der gegensätzlichen Kräfte eines Individuums zu einer Einheit, sondern setzen überindividuelle, soziale und kollektive Faktoren in dieser Einheit voraus. C. G. Jung hatte vor allem das vor Augen, was wir unter den Medien der Erkenntnisfähigkeit zusammenfassen. Darüber hinaus spielen für uns die Medien der Liebesfähigkeit, die Aktualfähigkeiten und die Interaktionsstadien eine Rolle. Individuation ist zugleich Sozialisation.

Kritik und Zusammenarbeit:
C. G. Jungs analytische Psychologie betont Tradition und Intuition und stellt einzelne Aktualfähigkeiten, wie Glaube, Religion, Hoffnung, in den Vordergrund. Ansätze der analytischen Psychologie finden sich auf der vierten Stufe, der Verbalisierung, in der die individuellen und kollektiven Konzepte aufgearbeitet werden, sowie in den integrativen Tendenzen der Zielerweiterung. Die einzelnen Konzepte des Patienten können auf ihren individuellen und kollektiven Anteil hin befragt und in ihrer Verbindung mit einzelnen Aktualfähigkeiten verstanden werden. Angesichts der besonderen Betonung von Tradition und des partnerschaftlichen, demokratischen Behandlungsstils eignen sich die Vorgehensweisen der analytischen Psychologie vor allem für ältere Patienten.

5. Differenzierungsanalyse und Logotherapie

Theorie der Logotherapie
Die Logotherapie legt das Schwergewicht auf den Willen zum Sinn. V. Frankl (1959) spricht in diesem Zusammenhang von der existentiellen Frustration, die einen Menschen am Sinn seines Lebens zweifeln läßt, und sieht darin eine typisch menschliche Problematik. Im Gegensatz zu S. Freud (Briefe 1873–1939, 1960): »Im Moment, da man nach Sinn und Wert des Lebens fragt, ist man krank . . .«, betont V. Frankl: »Wer um einen Sinn seines Lebens weiß, dem verhilft dieses Bewußtsein mehr als alles andere dazu, äußere Schwierigkeiten und innere Beschwerden zu überwinden« (1955, S. 13). Trotz der grundsätzlichen Unterscheidung zwischen Therapie und Religion sieht er einen wesentlichen psychotherapeutischen Erfolg darin, daß »ein Patient im Laufe der Psychotherapie zu längst verschüttet gewesenen Quellen einer ursprünglichen, unbewußten, verdrängten Gläubigkeit zurückfindet«.
Das therapeutische Grundprinzip besteht darin, hinter den Erlebnissen, Verhaltensweisen und Störungen den Sinn, Logos, zu finden. Eine wesentliche Technik ist die paradoxe Intention.

Übersetzungsmöglichkeiten

Wille zum Sinn

Logotherapie: »Tatsächlich geht menschliches Dasein immer schon über sich hinaus, weist es immer schon auf einen Sinn hin. In diesem Sinne ist es

Differenzierungsanalyse: Mit der Sinnfrage greift V. Frankl einen Aspekt aus der Zeitdimension der menschlichen Wirklichkeit heraus, die Zukunft.

dem Menschen in seinem Dasein nicht um Lust oder um Macht, auch nicht um Selbstverwirklichung vielmehr um Sinnerfüllung zu tun. In der Logotherapie sprechen wir von einem Willen zum Sinn« (V. Frankl).

Der Sinn ist nicht etwas Allgemeines, sondern in der psychosozialen Realität des Menschen an einzelne inhaltliche Aspekte gebunden. So kann der Sinn des Lebens in Frage gestellt werden, wenn Mißerfolge, Ungerechtigkeiten oder materielle Verluste erlebt werden. Wir fragen daher: Auf welche Bereiche der Aktualfähigkeiten richtet sich der Sinn; auf Pünktlichkeit, Ordnung, Treue, Leistung, Sparsamkeit, Hoffnung, Glaube, Rcligion/Weltanschauung, Sex, Sexualität, Liebe?

Paradoxe Intention

Logotherapie: Sich etwas wünschen, statt sich davor zu fürchten. Beispiel: Ich wünsche mir die Angst.

Differenzierungsanalyse: Hier wird spezifiziert, was man sich wünscht. Beispiel: Ich wünsche mir die Unpünktlichkeit meines Mannes.

Kritik und Zusammenarbeit.
Innerhalb der Differenzierungsanalyse haben wir logotherapeutische Elemente auf der dritten Stufe (situative Ermutigung), der vierten Stufe (Verbalisierung) und der fünften Stufe (Zielerweiterung). Als Aktualfähigkeiten stellt die Logotherapie vor allem Glaube–Religion–Weltanschauung in den Vordergrund. Betont werden einzelne primäre Fähigkeiten. In den augenblicklichen kollektiven und individuellen Schwierigkeiten sieht V. Frankl in erster Linie eine religiöse Schwäche, ein Konzept, das im Sinne der Differenzierungsanalyse erweitert werden kann: Es liegt keine religiöse Schwäche, sondern vielmehr ein Mißverständnis zugrunde, das sich aus der mangelnden Unterscheidung zwischen Glaube–Religion–Kirche gebildet hat.
Das logotherapeutische Vorgehen, gekennzeichnet durch die Suche nach Sinn, entspricht in weiten Bereichen dem Vorgehen nach Konzept und Gegenkonzept: Der Patient erhält durch das Alternativkonzept die Möglichkeit, seine Situation unter neuen Aspekten, unter einem neuen Sinn zu beurteilen.

6. Differenzierungsanalyse und Gesprächstherapie

Theorie der Gesprächstherapie

Die von C. R. Rogers (1942) begründete Gesprächstherapie versteht sich selbst als ein warmes, permissives, sicheres, aber begrenztes soziales Beziehungsverhältnis, innerhalb dessen Therapeut und Patient das affektive Verhalten des Patienten diskutieren, einschließlich der Wege, die mit der Bewältigung emotional getönter Situationen im Zusammenhang stehen (nach Shoben, 1953).

Andere Namen für die Gesprächstherapie sind: *Client-centered Psychotherapy* und *Non-directive Psychotherapy*. Nach Tausch (1974) ist sie insbesondere für Personen geeignet, deren Beeinträchtigungen mit dem Selbstwertkonzept und entsprechenden Erfahrungen zusammenhängen. Von Psychotherapeuten werden folgende Verhaltensmerkmale gefordert: Verbalisierung der vom Klienten geäußerten emotionalen Erlebnisinhalte; Wertschätzung–Achtung–Zuwendung–Wärme des Psychotherapeuten zum Klienten; aktives, suchendes Bemühen des Psychotherapeuten; Echtheit, Kongruenz sowie Selbstöffnung. Als wünschenswert gilt, daß der Psychotherapeut dem Klienten ein günstiges Beobachtungsmodell für günstige seelische Funktionsweisen ist. Es wurde versucht, die Variablen des gesprächspsychotherapeutischen Vorgehens zu operationalisieren und empirisch zu überprüfen.

Übersetzungsmöglichkeiten

Wertschätzung–Achtung–Zuwendung–Wärme

Gesprächstherapie: Humane Qualitäten des sozialen Verhaltens vom Psychotherapeuten den Klienten gegenüber, die eng mit konstruktiven Änderungen zusammenhängen sollen. Sie bedeuten, einen Menschen als Persönlichkeit, unabhängig von seinem augenblicklichen Verhalten, zu akzeptieren. Der Therapeut bemüht sich um den Patienten, als einer Person mit Fähigkeiten in einer nicht besitzergreifenden Weise. Die Achtung gegenüber der Persönlichkeit soll bedingungslos sein (nach Rogers, 1962, S. 420 f.).

Differenzierungsanalyse: Hier sprechen wir nahezu die gleiche Sprache. Eine positive Wertschätzung und emotionale Wärme, ausgedrückt in den primären Fähigkeiten, und die Anerkennung der Einzigartigkeit des Patienten, sind wesentliche Kriterien des Therapeutenverhaltens. Allerdings sind sie nicht nur das Produkt des guten Willens und des Therapeutentrainings. Sie gehen vielmehr auf die sekundären Fähigkeiten zurück, die zu Bezugsgrößen der Sympathie und Antipathie werden und vom Therapeuten differenziert und kontrolliert werden können (z. B. einen Patienten trotz seines Körpergeruchs akzeptieren). Andernfalls besteht die Gefahr, mit den Kriterien der ›Echtheit‹ und ›Kongruenz‹ in Konflikte zu geraten.

Echtheit-Kongruenz

Gesprächstherapie: Ein Verhaltensmerkmal des Psychotherapeuten, das den konstruktiven psychotherapeutischen Prozeß und das Therapieergebnis positiv beeinflußt: Der Therapeut ist, was er ist; er verhält sich ursprünglich und zeigt gegenüber dem Patienten keine Front oder Fassade.

Differenzierungsanalyse: Die Ausprägung der Aktualfähigkeiten ›Höflichkeit–Ehrlichkeit‹ im Therapeutenverhalten: Der Therapeut reagiert offen auf das Verhalten des Patienten, jedoch auf eine Weise, die für diesen erträglich ist. Darüber hinaus stellen ›Höflichkeit–Ehrlichkeit‹ zentrale Inhalte innerhalb der Stufe der Verbalisierung dar.

Selbstkonzept

Gesprächstherapie: Das Selbstbild und die Einschätzung der eigenen Persönlichkeit, die einen mehr oder weniger großen Abstand zum Idealkonzept (wie man gern sein wollte) aufweisen. Selbst- und Idealkonzept werden mit Hilfe von psychodiagnostischen Verfahren (Q-Sort) erfaßt.

Differenzierungsanalyse: Eine Auffassung darüber, wer, was, wieviel wert man selbst ist. Neben diesem Selbstkonzept (Grundkonzept) bestehen Aktualkonzepte als Verhaltensregeln, die das momentane Verhalten kontrollieren. Die Grund- und Aktualkonzepte orientieren sich an den Grund- und Aktualfähigkeiten und werden mit Hilfe des Differenzierungsanalytischen Inventars und der Einschätzungen zu den Medien erfaßt. Wir gehen dabei weniger von einem einheitlichen Selbstkonzept aus, sondern von den Konzepten, die sich auf die einzelnen Aktualfähigkeiten beziehen und von hier aus den Verhaltensstil eines Menschen beeinflussen. Das DAI erlaubt auch die Einschätzung des Idealkonzeptes.

Kritik und Zusammenarbeit:

Die für die Gesprächstherapie charakteristische Verbalisierung emotionaler Erlebnisinhalte durch den Therapeuten, wobei dieser versucht, die gefühlsmäßige Meinung des Patienten von dessen innerem Bezugspunkt (Konzept) wahrzunehmen, findet sich in der Stufe der Beobachtung und in den Stadien der Verbundenheit, allerdings nicht als durchgehendes Prinzip. Um die ›neurotischen Sackgassen‹, bei denen der Therapeut lediglich das neurotische Konzept des Patienten verstärkt, zu vermeiden, betont die Differenzierungsanalyse ein mehr direktives Vorgehen. Ihm zufolge können Fragen, Erwartungs- und Gegenkonzepte und verhaltensregulative Maßnahmen Anwendung finden. Die Differenzierungsanalyse berücksichtigt somit ausdrücklich neben dem kognitiven und emotionalen Anteil auch den Verhaltensanteil einer Störung. In der differenzierungsanalytischen Stufe der Verbalisierung übernimmt der Patient selber gesprächspsychotherapeutische Aufgaben. Gegenüber der

Gesprächspsychotherapie ist die Differenzierungsanalyse stärker strukturiert, inhaltlich orientiert und kann gezielt auf die dem Patienten akzeptablen oder konflikthaft gewordenen Bereiche eingehen.

7. Differenzierungsanalyse und Gestalttherapie

Theorie der Gestalttherapie

Die von F. S. Perls (1951) entwickelte Gestalttherapie versucht, die Entwicklung der Persönlichkeit von zwei Seiten her zu erreichen. Einmal soll sie dadurch geschehen, daß sich der Mensch von psychopathologischen unerledigten Situationen befreit. Zugrunde liegt die Beobachtung der Gestaltpsychologie (W. Köhler, 1929), daß auch über längere Zeit hinweg die Tendenz besteht, einmal angefangene Tätigkeiten zu Ende zu führen (Gestaltschließungstendenz). Die Fixierung daran und das einseitige Festhalten an Vergangenheit und Zukunft werden als wesentliche Ursachen von Störungen gesehen. Die Therapie erfolgt aus der Gegenwart heraus: »Was früher zurückgedrängt, in die Vergangenheit eingeschlossen war, wird jetzt durch gegenwärtig vorhandene motorische und sensorische Realitäten wiedergeboren« (E. und M. Polster, 1975, S. 22). Die therapeutische Erfahrung, ob nun individuell oder in Gruppen gewonnen, »ist eine Übung im eingeschränkten Leben, im Jetzt« (S. 25). Zum anderen dienen die unerledigten Situationen als Katalysator des noch unentwickelten und noch nicht bewußt gewordenen menschlichen Potentials (M. M. Berger, 1975).

Übersetzungsmöglichkeiten

Unerledigte Situationen

Gestalttherapie: »Jede Erfahrung bleibt unvollständig, bis man mit ihr fertig ist. Die meisten Menschen verfügen über eine große Belastbarkeit hinsichtlich unerledigter Situationen. Obwohl man eine ganze Menge unerledigter Erfahrungen vertragen kann, so suchen doch diese unvollständigen Entwicklungen ihre Vervollständigung; und wenn sie stark genug werden, wird der Betreffende von Zerstreutheit, zwanghaftem Verhalten, übermäßiger Vorsicht, bedrückender Energie und einer sinnlosen Geschäftigkeit befallen« (Polster, S. 46 f.).	*Differenzierungsanalyse:* Die unerledigten Situationen betreffen nicht nur einzelne Aufgaben, sondern mehr noch die Fähigkeiten, die zwar vorhanden, aber noch undifferenziert im Hintergrund stehen. Es sind aber nicht die einzelnen unerledigten Geschäfte, die sich anhäufen und zu Symptombildung führen, sondern ihr Bezug zu den jeweiligen zugrunde liegenden Verhaltensregeln, sprich Aktualfähigkeiten. Als Mikrotraumen sammeln sie sich im Verlauf der Lebensgeschichte und sensibilisieren einen Menschen in bezug auf bestimmte Aktualfähigkeiten.

Das Hier-und-Jetzt-Prinzip

Gestalttherapie: Der Schwerpunkt der Gestalttherapie liegt in der einfachen Gegenwart. Da das Leben des Neurotikers grundsätzlich anachronistisch ist, bedeutet jede Rückkehr zum gegenwärtigen Erlebnis in sich selbst schon einen Angriff auf die Neurose (nach Polster).	*Differenzierungsanalyse:* Es betrifft die Dimension der Zeit und die Beziehung zwischen Vergangenheit, Gegenwart und Zukunft im Erleben jedes einzelnen Menschen. Entsprechend zeigen sich als neurotische Reaktionen neben der Flucht in die Vergangenheit und Zukunft die Flucht in den Aktionismus der Gegenwart. Therapeutisch angewandt heißt dies: In jeder Störung sind, allerdings in unterschiedlichem Ausmaß, Vergangenheit, Gegenwart und Zukunft beteiligt und müssen dementsprechend berücksichtigt werden.

Kritik und Zusammenarbeit:
Der therapeutische Ansatz, die Erledigung unerledigter Geschäfte in der Gegenwart führe zur Beseitigung einer Neurose, ist fragwürdig. In Frage steht, ob sich noch unerledigte Geschäfte abschließen lassen oder jede Gestaltschließung – zumindest im Bereich der Konfliktverarbeitung – wieder neue ungeschlossene Gestalten produziert: Wenn ein Kind geboren wird, ist damit genausowenig das Geschäft abgeschlossen, als wenn ein Buchmanuskript gedruckt oder ein lange verdrängter Wunsch einmal frei ausgesprochen wurde. Die eigentliche Arbeit kommt meistens hinterher. Und gerade dies gilt es beispielsweise zwanghaften Patienten zu vermitteln, die lieber heute als morgen alles perfekt und vollkommen abschließen wollen und noch offene Situationen als beängstigend empfinden. Die Therapie hat demnach eine dreifache Aufgabe: Dem Patienten seine Geschäfte (Aktualfähigkeiten) bewußt zu machen, anstehende Konflikte zu lösen und den Patienten zu befähigen, derzeit unlösbare Probleme aufzuheben und zu ertragen. Gerade die unerledigten Geschäfte sind nicht irgendwelche allgemeinen Prinzipien, sondern beziehen sich konkret auf die Aktualfähigkeiten und die Erlebnisse, die ein Mensch in ihrem Umfeld machen konnte. So reichen beispielsweise schlechte Erfahrungen mit der Ehrlichkeit anderer Menschen in die Gegenwart und darüber hinaus in die Zukunft eines Menschen hinein.

8. Differenzierungsanalyse und Primärtherapie

Theorie der Primärtherapie
Die Primärtherapie nach A. Janov (1973–1976) geht davon aus, daß »Primärszenen«, also Frustrationen während der Kindheit, zu einem Fundus an Urschmerzen führen. Diese Urschmerzen sind die »Grund-

wahrheit« im Patienten (1975). Sie entwickeln sich über einzelne Erlebnisse, etwa wenn ein Kind nicht auf den Arm genommen wird, obwohl es das Bedürfnis danach hat, wenn ihm der Mund verboten, es ausgelacht, nicht beachtet oder überfordert wird« (1973, S. 20) – ein zunehmender Fundus an Verletzungen, der das Kind irreal und neurotisch macht. Die soziale Umwelt ist für Janov hauptsächlich ein Störfaktor für das »reale Selbst«: »Neurose ist keine Frage zwischenmenschlicher Beziehungen; sie ist ein innerer Zustand« (1975). Als Therapie wird der »Urschrei« eingesetzt, das Wiedererleben des Urschmerzes. Die eigentliche therapeutische Wirkung geht vom Urschmerz aus, dessen Ausdruck der Schrei ist; sie wird durch die postprimäre Gruppe (zuständig für die Behandlung nach dem »Primärerlebnis« des »Urschreis«) ergänzt.

Kritik und Zusammenarbeit:
Janov erklärt, daß die Primärtherapie nicht in andere Methoden integriert und eklektisch angewandt werden könne. Die vermeintliche Jungfräulichkeit der Methode ist allerdings deshalb eine Illusion, weil auch die Primärtherapie trotz ihres originellen Ansatzes im Rahmen der Psychotherapiegeschichte steht und daher mit anderen Methoden vergleichbar ist. Die Seinsweise, die durch die Primärtherapie erreicht werden soll, ist »ein spannungsloses, abwehrfreies Leben, bei dem man ganz und gar man selber ist und tiefstes Gefühl und innere Maßstäbe kennenlernt« (Janov, 1973, S. 15). Welches diese inneren Maßstäbe sind, bleibt unerwähnt. »Abwehrmechanismen sind im großen und ganzen das, was die Eltern vom Kind verlangen« (1973, S. 56).
Janov bezieht sich damit im wesentlichen auf den emotionalen Bereich, den wir als primäre Fähigkeiten kennengelernt haben, und betont die unbewußten Bedürfnisse, geliebt und geachtet zu werden. Die Leistungsanforderungen, die sekundären Fähigkeiten, werden als Bedrohung des realen Selbst angesehen. Man könnte daher formulieren, daß das reale Selbst Janovs das irreale Selbst ist, das eine naiv-primäre Erwartungshaltung reproduziert und damit durchaus für eine Reihe potentieller Patienten geeignet erscheint. In dem, was Janov als Situationen des Urschmerzes bezeichnet, finden wir deutliche Hinweise auf Aktualfähigkeiten, vor allem sekundäre Fähigkeiten, die aber bei Janov nicht als Fähigkeiten, sondern als Teile des Abwehrsystems erscheinen: »Nehmen wir den Menschen, der aus der Haut fährt, nur weil man ihn ein wenig warten läßt. Vielleicht hatten ihn seine Eltern als Kind dauernd warten lassen. Bei dem Erwachsenen wird dann alles, was der früheren Unachtsamkeit der Eltern ähnelt, vielleicht einen Ärger auslösen, der in keinem Verhältnis zu der Situation steht« (1973, S. 67).
Hier lassen sich Verbindungen zu den differenzierungsanalytischen Mi-

krotraumen herstellen. Allerdings zeigt das Zitat »einen Ärger, der in keinem Verhältnis zur Situation steht«, daß Janov entgegen seinem Anspruch, nicht normativ vorzugehen, stillschweigend Normen übernimmt, die er den individuellen normativen Vorstellungen entgegensetzt. Dem Patienten schreibt er Einzigartigkeit zu; nur ein Mensch, der ein Urerlebnis habe, könne sagen, wodurch eine spezielle Neurose hervorgerufen worden sei. Es muß auffallen, daß die Primärtherapie ein relativ undifferenziertes Instrument ist, ein Kamm, über den mehr oder weniger alle Patienten geschoren werden. Seine Therapie orientiert sich an den menschlichen Gefühlen als Bezugsgröße und legt den Schwerpunkt auf die Verbundenheit, die der als traumatisierend interpretierten Unterscheidung und Ablösung gegenübergestellt wird. Das in der Urschrei-Technik enthaltene kathartische Element findet sich auf der Stufe der differenzierungsanalytischen Verbalisierung, in der zur Steigerung der emotionalen Beteiligung das Lauterwerden und Aus-sich-Herausschreien eingesetzt werden kann, eine Methode, die unspezifisch schon in der Volkspsychotherapie verwendet wurde: »Schrei das Teufelchen aus dir heraus« (vgl. Dämonen-Modell).
Die Methodik Janovs ist in hohem Maße kulturspezifisch: Sie kann vor allem dort ihre Wirksamkeit entfalten, wo das verbale Verhalten gehemmt ist, wie in Mitteleuropa und bei den Weißen der Vereinigten Staaten. Es ist anzunehmen, daß die Methode im Orient, etwa bei einem heulenden Derwisch, der es gewohnt ist, lustbesetzt zu singen und zu schreien, ihre Wirkung verfehlen wird.
Auf den Urschrei läßt sich die Kritik Freuds anwenden, die er 1937 gegenüber O. Rank formuliert hat. Rank hatte als Ursache der Neurose das Trauma der Geburt angenommen, das dazu führen könne, daß die nicht überwundene Urfixierung an die Mutter als Urverdrängung fortbesteht. Durch nachträgliche Erledigung des Urtraumas – bei Janov ›Urschmerz‹ – hoffte Rank, die ganze Neurose zu beseitigen. Seine Antwort darauf, was diese Methode leisten könne, gab S. Freud in einem Beispiel: »Wahrscheinlich nicht mehr als die Feuerwehr leisten würde, wenn sie im Falle eines Hausbrandes durch eine umgestürzte Petroleumlampe sich damit begnügte, die Lampe aus dem Zimmer zu entfernen, in dem der Brand entstanden war« (1937, S. 209).

9. Differenzierungsanalyse und Transaktionsanalyse

Theorie der Transaktionsanalyse

Schlüsselbegriff der von E. Berne (1964) und T. A. Harris (1975) begründeten Transaktionsanalyse ist die Transaktion. Transaktions-Ana-

lyse: Was heißt das? Zur vorläufigen Verständigung über diesen Begriff mag folgende Erklärung genügen:
Eine »Transaktion« im speziellen psychologischen Sinne ist gewissermaßen ein seelischer Geschäftsabschluß zwischen zwei Menschen. Der eine bietet »etwas« (ein Verhalten) an, der andere steigt in das Geschäft ein und nimmt das Angebot an, indem er in entsprechender Währung zurückzahlt. Zwischen »Sender« und »Empfänger« spielt sich ein komplizierter Prozeß des Gebens und Nehmens ab. Die Rollen des Senders und des Empfängers können dabei blitzschnell und wiederholt ausgetauscht werden. Immer aber übt ein bestimmter Ich-Zustand des Senders auf den Empfänger einen Reiz aus, der seinerseits mit verbalen oder nichtverbalen Verhaltenssignalen seines jeweils angesprochenen Ich-Zustandes darauf reagiert (A. Harris, 1975, S. 12).
Als Ich-Zustand gelten das Eltern-Ich (eine Sammlung von Aufzeichnungen im Gehirn, ungeprüft hingenommene oder aufgezwungene äußere Ereignisse, die ein Mensch in seiner frühen Kindheit wahrgenommen hat), das Kindheits-Ich, die Reaktionen des kleinen Menschen auf das, was er sieht und hört, und das Erwachsenen-Ich, das hauptsächlich damit beschäftigt ist, »Reize in Informationen umzuwandeln und diese Informationen auf der Grundlage früherer Erfahrungen zu verarbeiten und zu speichern« (Berne, 1964). Die Transaktionsanalyse geschieht in einer therapeutischen Gruppe, in der die Patienten lernen, Eltern-Ich, Erwachsenen-Ich und Kindheits-Ich zu erkennen.

Kritik und Zusammenarbeit:
Transaktionistische Elemente erkennen wir in der Differenzierungsanalyse im Zusammenhang mit der Gruppentherapie, der Zielerweiterung und den Interaktionsstadien. Die Transaktionsanalyse beschäftigt sich mit den Transaktionen in einer Gruppe und den ihnen zugrunde liegenden psychischen Instanzen. Dabei erweist sie sich als äußerst flexible und verständliche Form der Psychotherapie. Sie operiert allerdings, ohne zu berücksichtigen, womit sie dies tut. Die Inhalte der Transaktionen und die damit verbundenen subjektiven und funktionellen Bedeutungen werden ausgespart. Doch wir finden genügend Beispiele, in denen Aktualfähigkeiten auftreten. Beachtet werden diese Inhalte jedoch nicht. Eltern-Ich, Kindheits-Ich und Erwachsenen-Ich sind hier nur formal bestimmt: »Im Eltern-Ich sind alle Ermahnungen und Regeln, alle Gebote und Verbote aufgezeichnet, die ein Kind von seinen Eltern zu hören bekommen hat oder von ihrer eigenen Lebensführung ablesen konnte. Diese Unmenge von Einzelinformationen wird ein für allemal verinnerlicht, denn das Individuum ist darauf angewiesen, will es innerhalb einer Gruppe überleben und sich behaupten« (Harris, 1975, S. 34 f.). Die

Differenzierungsanalyse schlüsselt diese »Unmenge von Einzelinformationen« in die Aktualfähigkeiten und ihre besonderen Bedingungen auf, die dann nicht mehr als »ein für allemal verinnerlicht« erscheinen. Der von der Transaktionsanalyse hervorgehobene dynamische Aspekt erfordert notwendig eine Ergänzung durch Berücksichtigung des inhaltlichen Aspektes.

Die Zusammenhänge, die wir zwischen Differenzierungsanalyse und einzelnen psychotherapeutischen Schulen herstellen konnten, und wechselseitige Anwendungsmöglichkeiten lassen sich auch für andere psychotherapeutische und allgemein-therapeutische Methoden aufzeigen. Selbst das psychiatrische Vorgehen im engeren Sinne zeigt eine Reihe von Aspekten und Inhalten, die durch das differenzierungsanalytische System spezifiziert werden können.
Die Differenzierungsanalyse selber versteht sich nicht als ausschließliches System, sondern ordnet entsprechend dem vorliegenden Modell verschiedenen psychotherapeutischen Methoden einen jeweils besonderen Stellenwert zu. Daher werden psychoanalytische, tiefenpsychologische, verhaltenstherapeutische, gruppentherapeutische, hypnotherapeutische, medikamentöse und physiotherapeutische Behandlungsformen berücksichtigt.
Die Differenzierungsanalyse stellt somit eine integrale Methode im Sinne einer mehrdimensionalen Therapie dar.

Positive Psychotherapie

Übersetzung konventioneller Krankheitsbegriffe

Medizinische, psychologische und psychiatrische Begriffe werden nicht voraussetzungslos gebraucht. Sie stehen in Bezug zu den Theorien und wissenschaftlichen Konzepten, von denen sie geprägt wurden, und haben Anteil an deren Geschichte. So erhält ein Begriff im Zusammenhang mit seiner Theorie eine Bedeutung, die sowohl die theoretischen Voraussetzungen, die diagnostischen Möglichkeiten und therapeutischen Folgen vorwegnimmt. Zum Verständnis des Wortes Über-Ich ist eine Kenntnis wenigstens der Grundzüge der psychoanalytischen Theorie notwendig. Wer wissen will, was Verstärkung in der Psychotherapie heißt, braucht Informationen über die Lerntheorie und deren Anwendung in der Verhaltenstherapie.
Daneben gibt es Begriffe – sie sind wohl in der Überzahl –, die zwar nicht spezifisch für eine Theorie sind, die aber in Abhängigkeit von dem

jeweiligen therapeutischen Konzept eine andere Bedeutung erfahren. Ein Beispiel dafür ist der Begriff Angst. Genauso wie ein grüner Apfel für jemanden, der farbenblind und empfindlich gegenüber Säure ist, eine andere Bedeutung hat als für jemanden, der farbtüchtig ist und die Fruchtsäure als erfrischend empfindet, hat auch das Wort Angst je nach den theoretischen Konzepten eine andere Bedeutung.

In der Inneren Medizin ist Angst zumeist lediglich das Begleitsymptom anderer schwerwiegender Erkrankungen wie der Angina pectoris. Für einen Chirurgen ist sie ein Faktor, der beispielsweise vor einer Operation zu berücksichtigen ist und der durch Tabletten oder Spritzen beseitigt wird. In der Psychiatrie geht man bereits differenzierter auf die Angst ein, sieht Angst als Reaktion auf eine angsterregende Situation, als frei schwebende Angst oder als Begleitsymptom einer Depression und verfügt über spezielle angstlösende Medikamente, die gezielt eingesetzt werden können. In der Psychoanalyse ist Angst die Folge eines Konfliktes zwischen verdrängten Inhalten, Triebansprüchen, internalisierten Forderungen und steuernden Ichfunktionen. Für die Verhaltenstherapie ist Angst eine gelernte Reaktion mit vegetativer Beteiligung, die über bestimmte lerntherapeutische Verfahren abgebaut werden kann. Obwohl alle Bedeutungen letztlich das gleiche meinen, unterlegen sie dem Begriff verschiedene Sinngehalte und ziehen damit unterschiedliche therapeutische Methoden nach sich.

Die positive Psychotherapie, die auf der Differenzierungsanalyse beruht, besitzt ebenfalls eine eigene Auffassung von Krankheiten und Störungen und ein Konzept, das sich in vieler Hinsicht von den bekannten Ansätzen unterscheidet und ein Umdenken in neue Begriffe und andere Bedeutungsinhalte von bekannten Begriffen erfordert. Dieses Umdenken rückt bekannte Phänomene in ein neues Licht und läßt damit andere Lösungsmöglichkeiten finden. Dabei denken wir zunächst ganz praktisch an Konsequenzen für das therapeutische Vorgehen, den Umgang mit den Patienten, das Abstecken der Therapiemöglichkeiten und psychohygienische Maßnahmen.

Damit sprechen wir zugleich eine Problematik der Medizin an, die dazu neigt, das Symptom einer Erkrankung und diese selbst als etwas Negatives zu nehmen, das der Patient mit sich bringt und das durch den Gesundheitsbringer Arzt beseitigt werden müsse: *Jeder Patient trägt jedoch beides, das Krankhafte und das Gesunde, in sich, was für den Therapeuten letzthin bedeutet, daß es nicht ausreicht, nur das Krankhafte zu beseitigen, sondern daß er darüber hinaus und in einzelnen Fällen sogar vorrangig das Gesunde ansprechen und stabilisieren muß.*

Beschäftigt sich die Psychotherapie ausschließlich mit der dem Patienten sehr vertrauten negativen Haltung, indem Patient und Therapeut ausgie-

big und lange darüber sprechen bzw. der Therapeut den Patienten sprechen läßt, bringt das nicht notwendig dem erstrebten Ziel, der Bewußtmachung näher. Vielmehr treten dann Störfaktoren auf, die nachhaltigen Einfluß auf das weitere therapeutische Geschehen nehmen können. *Die ausschließliche Beschäftigung mit den negativ betonten und pessimistisch gesehenen Erlebnisinhalten wiederholt zunächst das neurotische Konzept des Patienten. Bezogen auf die kognitive Ebene, bedeutet dies, daß der Patient letztlich in den Kategorien und Bahnen weiterdenkt, die symptomatisch für seine gestörte Konfliktverarbeitung sind.*
Weiterhin läßt eine ausschließliche Beschäftigung der Therapie mit dramatischen negativen Inhalten dem Patienten sein pessimistisches Konzept noch wertvoller erscheinen. *Er wird damit in einem Bereich, der zu seinem Symptom gehört, verstärkt.* Außerdem nimmt ein solches Vorgehen Einfluß auf die Kommunikationsformen des Patienten, so daß er sich beispielsweise verpflichtet fühlt, sich lediglich durch die Schilderung unangenehmer Erlebnisse in den Vordergrund zu spielen bzw. positive Verstärkungen bei sich und anderen abzulehnen, weil dies ja »selbstverständlich« sei, lediglich ein Akt von Höflichkeit und frommen Selbst- und Fremdbetrugs. Die positive Psychotherapie versucht nicht, alles mit einem positiven Vorzeichen zu versehen, sondern bemüht sich um eine Differenzierung des kritischen Verhaltens. *Diese erst erlaubt es, konfliktarme oder positive Verhaltensanteile von dem eigentlichen Symptom zu trennen, und bereitet für den Patienten und seine Umgebung die Basis dafür, mit seinem Problem besser umgehen zu können.*

»Mein Sohn ein Sexualverbrecher?«
Die Mutter eines zehnjährigen Jungen kam völlig aufgelöst in meine psychotherapeutische Praxis. Sie machte einen vollkommen verstörten Eindruck und erzählte weinend: »Es ist unvorstellbar, was passiert ist. Was soll ich bloß mit meinem Sohn machen! Heute morgen hat mich der Direktor seiner Schule angerufen, ich müßte sofort in die Schule kommen. Ich dachte, Stefan wäre etwas passiert, oder daß sogar die Schule zusammengestürzt wäre. Der Direktor sagte mir, daß Stefan sich in der Klasse ausgezogen hätte. Er sagte mir, daß das später dazu führen könnte, daß Stefan ein Exhibitionist und Sittenstrolch wird, und ich müßte dringend mit ihm zum Psychiater gehen, andernfalls müßte man mit einem Schulverweis rechnen.«
Im Sinne der positiven Psychotherapie differenzierte ich: Sichausziehen ist an sich nicht schlecht. Jeder von uns muß sich täglich mindestens einmal ausziehen. Es kommt allerdings darauf an, wo, wann und wem gegenüber das geschieht. Damit war das symptomatische Verhalten in zwei getrennte Teilverhalten unterschieden: Das Ausziehen einerseits, andererseits die soziale Situation, in der es geschieht und durch die es erst zu Auffälligkeiten wird. Die Mutter war sichtlich erleichtert: »Ich dachte schon, mein Sohn wird ein Sexualverbrecher.«

In der darauffolgenden Behandlung, an der sowohl die Mutter als auch der Junge teilnahmen, wurden die Motive durchgearbeitet, warum er sich in der Klasse vor anderen ausgezogen hatte. Es stellte sich dabei heraus,

daß sexuelle Motive in dem Fall weniger bedeutsam waren als ein zu dieser Zeit modernes »Vorbild«, die Blitzer, die ihren ›Mut‹ beweisen, indem sie nackt über offene Plätze laufen.
In dem Abschnitt »Differenzierungsanalyse und andere Psychotherapien« haben wir bereits versucht, einzelne Begriffe aus anderen Theoriegebäuden in die differenzierungsanalytische Auffassung zu übersetzen oder Rückübersetzungen in die Sprache der anderen Theorien vorgeschlagen. Im folgenden werden wir versuchen, allgemeine Begriffe aus dem Bereich der Medizin, der Psychotherapie und der Psychiatrie differenzierungsanalytisch zu beschreiben, die neuen Denkformen auch auf der Grundlage dieser Begriffe verständlich zu machen und damit Anregungen für Neuorientierungen bezüglich der Therapie zu geben. Es geht dabei zunächst darum, die Krankheit in ihrer Bedeutung umzuwerten und ihre positiven Aspekte zu berücksichtigen. Zum anderen werden Hinweise gegeben (Ausbaufähigkeit), die sich in der Behandlung von Patienten mit entsprechenden Krankheitsbildern als günstig erwiesen haben und die zunächst eine konventionelle Therapie unter psychohygienischen Gesichtspunkten leiten bzw. als Orientierungspunkte für eine psychotherapeutische Behandlung dienen können.
Wir versuchen, die Krankheit nicht abstrakt zu sehen, sondern stets inhaltlich im Zusammenhang mit den betroffenen und korrespondierenden Aktualfähigkeiten und Medien.

Krankheitsbilder	Differenzierungsanalytische Übersetzungen
Adipositas (Fettsucht)	Positive Beziehung zum Ich, Betonung der Mittel der Sinne, vor allem Geschmack, Ästhetik der Speisen, Großzügigkeit in bezug auf Nahrungsmittel, Festhalten an bestehenden Eßtraditionen (wer fett ist, ist schön). *Ausbaufähig:* Beziehung zu den anderen Sinnesorganen, zum Verstand, Beziehung zum Du und Wir, Ehrlichkeit, Kontakt, Sexualität.
Alkoholismus und Drogenmißbrauch	Selbstheilungsversuch (Battegay, 1976), der Versuch, mit Hilfe des Alkohols Probleme zu bewältigen, Höflichkeit, Nachahmung, Mittel der Sinne. *Ausbaufähig:* Ehrlichkeit, Unterscheiden, welche Bereiche (Familie, Partnerschaft, Beruf, Sinn des Lebens) konflikthaft besetzt sind, statt passiver Kontakterwartung aktiv gestaltete Beziehungen.

Angst vor Einsamkeit	Ausgeprägtes Bedürfnis nach einer Beziehung (zum Du und zum Wir). *Ausbaufähig:* Beziehung zum Ich, Beziehung zu einzelnen Aktualfähigkeiten (eigene Interessen), Ehrlichkeit (zu den eigenen Interessen stehen).
Angst vor der Gruppe	Betonung der Beziehung zum Ich oder zu bestehenden Partnern. *Ausbaufähig:* Kontakt, Beziehung zum Wir, Höflichkeit, Ehrlichkeit, Verbalisierung und Zielerweiterung.
Anorexia nervosa (Pubertätsmagersucht)	Durch körperliche Askese auf Konflikte reagieren, oft wird heimlich etwas gegessen. *Ausbaufähig:* Konflikt verbalisieren, Ehrlichkeit.
Asthma bronichale	Intensive Beziehung zum eigenen Körper, zu einer Bezugsperson; die Fähigkeit, durch das Symptom (Röcheln, Husten, nach Luft schnappen, blau anlaufen) nachhaltig auf sich aufmerksam zu machen. *Ausbaufähig:* Konflikte verbalisieren (Verstand), Verbundenheit – Ablösung, Ehrlichkeit, Zutrauen, Vertrauen und Hoffnung.
Bettnässen (tritt nach einer Phase der Sauberkeit erneut auf)	Zeichen für das Bedürfnis nach Verbundenheit. *Ausbaufähig:* Beziehung zu den Mitteln der Sinne, Vertrauen, Sauberkeit, Zeit, Pünktlichkeit (das Kind kann lernen, wann und wo es Wasser lassen kann).
Colitis mucosa-ulcerosa (Dickdarmgeschwür)	Positive Beziehung zum Du (Eltern, Partner), Organsprache, Vergangenheit, Zutrauen. *Ausbaufähig:* Unterscheidung, Ablösung, Zeit und Vertrauen.
Depressionen (das Gefühl des Niedergedrücktseins bei vorwiegend passiver Haltung)	Die Fähigkeit, mit tiefer Emotionalität zu reagieren. *Ausbaufähig:* Beziehung zum Du, zum Wir, zum Ur-Wir, Zeit, Zutrauen und Hoffnung.
Eifersuchtswahn	Positive Beziehung zum Ich, zum Partner und zur Treue, ausgeprägte Phantasie. *Ausbaufähig:* Beziehung zum Wir, Zeit, Vertrauen, Zutrauen, Hoffnung und Kontakt.

Ejaculatio praecox (vorzeitiger Samenerguß)	Positive Beziehung zum Du, betonte Ausprägung von Fleiß/Leistung, Zeit. *Ausbaufähig:* Zeit, Geduld, Pünktlichkeit, Vertrauen.
Frigidität	Die Fähigkeit, durch den Körper nein zu sagen. *Ausbaufähig:* Beziehungen zum eigenen Körper, zum Du, Fähigkeit, auch verbal nein zu sagen, Höflichkeit, Ehrlichkeit, Sexualität, Kontakt.
Erregbarkeit	Die Fähigkeit, auf bestimmte Aktualfähigkeiten spontan motorisch oder negativ zu reagieren. *Ausbaufähig:* Auf welche Aktualfähigkeiten bezieht sich die Erregbarkeit, Vertrauen, Zutrauen, Geduld und Zeit?
Exhibitionismus (sexuelle Befriedigung durch öffentliche Zurschaustellung des Geschlechtsteils)	Positive Beziehung zu den eigenen körperlichen Besonderheiten, eine Form, Kontakt aufzunehmen. *Ausbaufähig:* Wann, wo und wem gegenüber der eigene Körper oder Geschlechtsteile gezeigt werden; Höflichkeit. Das Sichausziehen führt allein nicht zu Konflikten; erst damit, an welchem Ort, wem gegenüber und wann man es tut, kann es zu Konflikten kommen.
Existenzangst	Betonte Orientierung an der Zukunft, bevorzugte Aktualfähigkeiten Hoffnung, Glaube, Zweifel; Fragen der Sparsamkeit, Fleiß/Leistung, Gerechtigkeit etc. spielen hinein. *Ausbaufähig:* differenziertes Verhältnis zur Zukunft, Operationalisierung der beteiligten sekundären Fähigkeiten. Mißverständnis: Bildung und Ausbildung, Menschenbild.
Faulenzen	Die Fähigkeit, Leistungsanforderungen aus dem Weg zu gehen. *Ausbaufähig:* Zeit (wann und wo man faul ist), Differenzierung und Bewußtwerdung der eigenen Fähigkeiten.
Fetischismus (sexuelle Erregung und Befriedigung mit Gegenständen wie Damenwäsche, Schuhe, Pelze, die oft zur Masturbation gestohlen werden).	Positive Beziehung zum Ich, zum Du (Dinge), Betonung der Sexualität, Lernerfahrungen aus der Lebensgeschichte (individuelle und kollektive Tradition), Phantasie. *Ausbaufähig:* Beziehungen zum partnerschaftlichen Du, Ehrlichkeit.

Geschwisterrivalität (eifersüchtig gespanntes Verhältnis unter den Geschwistern)	Die Möglichkeit, partnerschaftliche Umgangsformen zu lernen, eigene Interessen durchzusetzen. *Ausbaufähig:* Gerechtigkeit und Liebe, Einzigartigkeit, Kontakt, Höflichkeit, Ehrlichkeit.
Herzinfarkt	Zu einem wesentlichen Teil Antwort des Körpers auf Belastung durch Risikofaktoren, die durch die Aktualfähigkeiten spezifiziert werden können. *Ausbaufähig:* Korrektur des Leistungskonzepts des Patienten, Änderung der Eßgewohnheiten (Mittel der Sinne), richtige Ernährung (Mittel des Verstandes) und Ausbau der Beziehung zum Ich, zum eigenen Körper, durch geeignete Bewegungsformen. Abgreifen der bestehenden Belastungen und kompensatorischen Möglichkeiten durch das DAI.
Homosexualität (Liebe zu Personen des eigenen Geschlechts)	Positive Beziehung zum Ich, zum Du des eigenen Geschlechts, Mittel der Sinne. *Ausbaufähig:* Beziehungen zum Du des anderen Geschlechts, Ehrlichkeit, Kontakt.
Essentielle Hypertonie (Blutdrucksteigerung)	Betonung von Fleiß/Leistung, Reaktionsbereitschaft gegenüber Konflikten. *Ausbaufähig:* Höflichkeit, Ehrlichkeit, Geduld, Zeit, Vertrauen, Verbundenheit.
Hypochondrie (Selbstbeobachtung in bezug auf Krankheiten)	Die Fähigkeit, auf die eigenen Körperfunktionen zu achten, intensive Beziehung zum Ich, Mittel der Sinne, Phantasie. *Ausbaufähig:* Verstand, Unterscheidungsfähigkeit, Beziehung zu den einzelnen Aktualfähigkeiten, Beziehung zum Du und zum Wir, Verbundenheit, Unterscheidung-Ablösung.
Hysterische Reaktion (Spielen einer Rolle, durch die der Kranke von seiner Umgebung etwas Bestimmtes wie Mitleid, Bewunderung etc. erreichen will).	Die Fähigkeit, auf sich aufmerksam zu machen und auf Bedürfnisse hinzuweisen, Betonung der Phantasie. *Ausbaufähig:* Verbalisierung, Ehrlichkeit (die Bedürfnisse verbalisieren und nicht körperlich als hysterische Erkankungen formulieren), Mittel des Verstandes, Verbundenheit-Ablösung.

Kleptomanie (Stehlsucht; der Akt des Stehlens ist mit Erregung, oft sexueller Natur, verbunden)	Wenigstens vorübergehende positive Beziehung zu Dingen, Ausgleich für Mangelzustände anderer Art. *Ausbaufähig:* Beziehung zu Dingen, Beziehung zum Du, Ehrlichkeit, Stufe der Unterscheidung.
Kriminalität	Die positive Beziehung zum Ich, zu einem bestimmten Du oder einem begrenzten Wir. Die Fähigkeit, sich über Verhaltensregeln hinwegzusetzen, Fleiß/Leistung, Pünktlichkeit, Gewissenhaftigkeit, Genauigkeit für ein gesetzwidriges Ziel einsetzen. *Ausbaufähig:* Beziehung zum Wir, Ur-Wir, Sparsamkeit, Gerechtigkeit, Liebe, Ehrlichkeit, differenzierte Beziehung zur nahen und ferneren Zukunft; die Folgen berücksichtigen.
Magenulcus (Magengeschwür).	Ausgeprägtes Verhalten zu Fleiß/Leistung, Zutrauen und Zweifel gegenüber einzelnen Aktualfähigkeiten. *Ausbaufähig:* Ordnung, Pünktlichkeit, Zeit (regelmäßiges Essen, langsam essen), Höflichkeit, Ehrlichkeit, Vertrauen, Kontakt.
Manie (euphorisch gehobene Grundstimmung, allgemeine Enthemmung und Antriebsvermehrung, Ideenflucht und Rededrang).	Stark ausgeprägtes Kontaktbedürfnis, finanzielle Großzügigkeit, hemmungsfreie Phantasie, Mittel der Sinne, Vertrauen und Zutrauen. *Ausbaufähig:* Sparsamkeit, die Beziehung zum Ich, Du, Wir, Ehrlichkeit, Genauigkeit und Zuverlässigkeit.
Masturbation (sexuelle Selbstbefriedigung).	Positive Beziehung zum Ich, zum eigenen Körper. Es besteht die Fähigkeit, zu den eigenen Geschlechtsorganen Beziehung aufzunehmen. *Ausbaufähig:* Die Beziehung zum Du, zur partnerschaftlichen Sexualität, Ehrlichkeit und Sauberkeit.
Narzißmus (Form der Verliebtheit in das eigene Ich).	Positive Beziehung zum Ich, bezogen auf körperliche Eigenschaften und Aktualfähigkeiten. Zeigt ehrlich, was er hat, unterdrückt nicht seine Fähigkeiten durch Bescheidenheit. *Ausbaufähig:* Beziehung zum Du und zum Wir, Höflichkeit, Vertrauen und Kontakt.

Paranoia (systematisierter Wahn bei Klarheit des übrigen Denkens, Wollens und Handelns).	Eine ausgeprägte Beziehung zu isolierten Aktualfähigkeiten, wie Gerechtigkeit, Ehrlichkeit etc. Betonung des Verstandes, »isolierte Phantasie«. *Ausbaufähig:* Beziehung zu den übrigen Aktualfähigkeiten, Phantasie, Verstand, Mittel der Sinne, Höflichkeit, Ehrlichkeit, Vertrauen und Hoffnung.
Phobien (Angst vor bestimmten Objekten, wie Mäusen, Hunden, Spinnen etc., oder vor Situationen, z. B. Angst vor weiten Plätzen, geschlossenen Räumen oder Angst vor Erröten).	Die Fähigkeit, als bedrohlich erlebten Situationen und Objekten auszuweichen. *Ausbaufähig:* Das Verhältnis zu diesen Situationen und Objekten, Kontakt, Bezug zum Ich, Du, Wir, Ur-Wir, Zutrauen zu den jeweilig beteiligten Aktualfähigkeiten.
Rheumatismus (Weichteilrheumatismus).	Spannungen und Konflikte werden motorisch verarbeitet (Sinne und Körper); Bedeutung für die Erhaltung der Persönlichkeitsökonomie unter den gegebenen Umständen. Höflichkeit. *Ausbaufähig:* Höflichkeit – Ehrlichkeit, Welche Bereiche führen zu den bestehenden Spannungen (z. B. Ordnung, Sauberkeit, Treue, Beziehungen zum Partner, Ablösung von Kindern etc.)? Auch bei rheumatischen Erkrankungen einen erfahrenen Psychotherapeuten um Rat fragen.
Streß (Streß ist ein akuter Spannungszustand des Organismus, in dem dieser gezwungen ist, seine Abwehrkräfte zu mobilisieren, um einer bedrohlichen Situation zu begegnen; nach Selye).	Jede Anpassung des Organismus an neue Situationen kann in diesem Sinn als Streß wirken. Vieles spricht sogar dafür, daß der Mensch ein Mindestmaß an Spannung, Streß braucht. Streß ist nicht für jeden gleich. Für den einen wirken Leistungsanforderungen, für den anderen die Konfrontation mit Unordnung, Unhöflichkeit, Untreue oder betonter Pünktlichkeitsforderung als Streß. *Ausbaufähig:* Es erhebt sich die Frage, auf welche Bereiche bezieht sich der Streß? Diese Vorgehensweise bietet die Möglichkeit, nicht nur allgemein von Überforderungen abzuraten, sondern gezielt auf die jeweiligen Streßsituationen einzugehen.
Schizophrenie (endogene Psychose, deren Genese unaufgeklärt ist; Pschyrembel, 1972. Kennzeichen sind z. B. Zer-	Bei der paranoischen Form: Betonung der Phantasie und Tradition (z. B. Gerechtigkeitswahn, religiöser Wahn,

fahrenheit; Spaltung zwischen Gedankeninhalten; schlechter Kontakt; Spaltung zwischen Kranken und Außenwelt; nach Spoerri, 1966).	Treue-Wahn, Höflichkeitswahn etc.). Bei hebephrenen Formen: Fähigkeit sich aus dem Feld der Leistungsanforderungen (Aktualfähigkeiten) zurückzuziehen und sie in Frage zu stellen. Bei Katatonen: sich motorisch zurückzuziehen bzw. umgekehrt Erregung durch unkoordinierte Bewegungen auszutragen. *Ausbaufähig:* Auf welche Inhalte bezieht sich der Wahn? Welche Aktualfähigkeiten sind noch relativ stabil (DAI)? Auf welche Medien bezieht sich die Symptomatik? Bevor man das Urteil ›angeboren‹, ›endogen‹ fällt, sollte man sich fragen, was wurde bis jetzt mit dem Kranken gemacht. Familie und das soziale Milieu als Therapeuten einsetzen. Die zum Teil nur als Bewahranstalten fungierenden psychiatrischen Krankenhäuser sollen in Beratungsstellen, Therapiezentren und Tageskliniken umgewandelt werden, in denen die Angehörigen der Patienten auf ihre therapeutische Funktion und die Patienten selber auf ihre Mitarbeit vorbereitet werden.
Schulschwierigkeiten	Die Reaktion des Kindes oder Jugendlichen auf emotionale oder Leistungsüberforderungen. *Ausbaufähig:* Differenzierung, worauf sich die Schwierigkeiten beziehen: auf das Leistungsvermögen, die Institution der Schule, familiäre Schwierigkeiten oder Kontaktprobleme mit Gleichaltrigen? Schulversagen: Lehrer, Klasse, Schule oder Institution wechseln.
Schwindel (Gefühl des gestörten Gleichgewichts, als ob der Boden schwanke oder die Umgebung sich drehe, oft begleitet von unlustbetonten Gemütszuständen und vegetativen Störungen; Pschyrembel, 1972. G. Maaß, 1976, leitet den psychosomatischen Schwindel von seiner ursprünglichen Wortbedeutung ab [schwinden], wobei er die Folge der Angst vor einem Objektverlust sein kann).	Die Signalfunktion der psychosomatischen Störung »Schwindel« weist auf einen zugrunde liegenden Konflikt hin, den der Patient oft nicht in angemessener Weise artikulieren kann. Die Ableitung des Schwindels von schwinden ist rein etymologisch; andere Zusammenhänge sind möglich: Schwindeln (Konflikt im Bereich: Höflichkeit – Ehrlichkeit). Berücksichtigt man die psychologische Bedeutung des Objektverlustes, erhebt sich die Frage, auf welche Aktualfähigkeiten er sich bezieht.

(weiter:) Schwindel	*Ausbaufähig:* Höflichkeit-Ehrlichkeit, Pünktlichkeit, Zeit, Verbundenheit-Ablösung. Mißverständnis: bedingtes und bestimmtes Schicksal.
Ungehorsam, Trotz	Die Fähigkeit, nein zu sagen. *Ausbaufähigkeit:* Zeit (wann nein zu sagen), Vertrauen, Verstand (lernen, warum man etwas tun soll, bzw. erklären, warum man nein sagt).
Verhaltensauffälligkeiten bei Kindern und Jugendlichen (Fingernägelkauen, Einnässen, Verwahrlosung, Schulschwierigkeiten, Aggressionen etc.).	Die Fähigkeit des Kindes und Jugendlichen, auf bestimmte Situationen und Konflikte zu reagieren und die symptomatischen Verhaltensauffälligkeiten als Signale für eine Störung zu entwickeln. *Ausbaufähig:* Höflichkeit-Ehrlichkeit, die Sensibilität und das Einfühlungsvermögen der Bezugspersonen, die Fähigkeit, Konflikte zu verbalisieren; Eltern als Therapeuten einsetzen; die Kinder nicht ohne ihre Eltern behandeln.
Verwahrlosung (äußere Verwahrlosung – der Kleider, Manieren – ist von der inneren, sittlich-moralischen Verwahrlosung zu trennen).	Die Fähigkeit, verbindliche Normen (Ausprägung der Aktualfähigkeiten) zu ignorieren oder ihnen zuwiderzuhandeln. *Ausbaufähig:* Beziehungen Ich zum Du, zum Wir, die einzelnen Aktualfähigkeiten (Ordnung, Ehrlichkeit, Höflichkeit, Sauberkeit, Sparsamkeit, Pünktlichkeit etc.). Achten auf die Entwicklung von Zutrauen und Hoffnung, Verbundenheit-Unterscheidung und Ablösung.
Wechseljahre	Stufe der menschlichen Reifung, die »dritte Trotzphase«, Chance, sich zu Schwierigkeiten und Beschwerden zu bekennen, die in den Jahren davor unter dem Zwang, sich zusammenzunehmen, verdeckt waren. *Ausbaufähig:* Zielerweiterung, Stadium der Ablösung, Zeit, Hoffnung, Integration von Vergangenheit, Gegenwart und Zukunft, bestimmtes und bedingtes Schicksal. Mißverständnis Mann und Frau. Es gilt zu unterscheiden zwischen Wechseljahren als physiologisches Geschehen, bei dem eine Umstellung der Ovarialfunktion erfolgt, und Wechseljahren als Folge einer Umorientierung bezüglich der Geschlechtsrolle (Sexualität), der Familienrolle (Ablösung der

	Kinder), der Leistungsfunktion (Rentenalter). Wechseljahre sind keine klinische Diagnose. Es ist vielmehr zu fragen, welche Faktoren für die Beschwerden verantwortlich sind.
Zwangsneurose (z. B. wiederholtes Nachsehen, ob Türen geschlossen sind, Waschzwang, Zwangszeremonien, der Zwang, den Tageslauf in Gedanken immer wieder sinnlich zu repetieren).	Verstärkt ausgeprägt ist das Bedürfnis nach Ordnung, Zuverlässigkeit, Genauigkeit, Gewissenhaftigkeit. *Ausbaufähig:* Gewißheit, Zeit, Zutrauen und Kontakt, Hoffnung, Zukunft, die Fähigkeit, sich überraschen zu lassen.

Fazit: Diese Übersetzungen sind nur Beispiele und Modelle für alle anderen möglichen Übersetzungen von Krankheiten und Störungen. Das Vorgehen ist zweifelsohne für die meisten ungewohnt, für die Krankheiten und Störungen fast notwendig mit einem negativen oder pessimistischen Konzept verbunden sind. Ein solches Konzept ist kein Garant für eine realistischere Sicht der Dinge, sondern Ursache dafür, daß die Realität des Gesundheitswesens und der psychiatrisch-psychotherapeutischen Versorgung genügend Anlaß zum Pessimismus bietet. Wenn man die positiven Aspekte einer Krankheit außer acht läßt, braucht man sich über die Konsequenzen nicht zu wundern:
daß die Eltern ihre Kinder frühzeitig von zu Hause vertreiben; daß Jugendliche mit ihren Eltern und den Erwachsenen nichts mehr zu tun haben wollen; daß Partner sich trennen oder scheiden lassen; daß sehr viele Menschen frühzeitig aus ihrem Beruf ausscheiden; daß immer mehr Menschen die Lösung ihrer Probleme im Alkohol und in Drogen suchen; daß man versucht, den anderen zu helfen, ohne daß ihnen – wie das Beispiel Entwicklungshilfe zeigt – effektiv geholfen wäre; daß Menschen und Gruppen sich gegenseitig hassen, nebeneinander herleben, statt zusammen für ein besseres Leben aller zu sorgen; daß psychosomatisch Kranke als Simulanten verkannt oder ausschließlich mit Medikamenten behandelt werden; daß psychisch kranke Menschen ins Abseits des Abnormen gedrängt werden; daß psychiatrische Patienten in Kliniken statt einer psychotherapeutischen Behandlung nur Verwahrung erfahren müssen.

Wir haben in diesem Buch versucht, auf Probleme hinzuweisen, bekannte Phänomene in neuem Licht zu sehen, auf dringliche Fragen Antworten zu geben und neue Fragen anzuregen. Wir haben versucht, Lösungsmöglichkeiten aufzuzeigen, praktikable Modelle der Psychotherapie und der Selbsthilfe vorzulegen.

Darin liegt auch der grundsätzliche Anspruch der Differenzierungsanalyse als positiver Psychotherapie, nämlich den Menschen zu dem zu befähigen, was er seinem Wesen nach besitzt, und ihn an seine Chance und Fähigkeit zu erinnern, die ihm innewohnenden therapeutischen Möglichkeiten zu nutzen und seine Unterscheidungsfähigkeit zu verfeinern.

Dieses Buch führt den Leser zur Quelle,
doch trinken muß er selbst.

Anhang

Die einzelnen Aktualfähigkeiten

Die Aktualfähigkeiten spielen in unserem Berufsleben eine hervorragende Rolle. Unsere heutige Zivilisation basiert auf typischen Erscheinungsformen. Bemerkenswert ist, daß nahezu jeder mit den Aktualfähigkeiten umgeht, ohne daß ihm in allen Fällen bewußt wäre, was sie bedeuten. Selbst in den bekanntesten Wörterbüchern und Enzyklopädien werden sie nur stiefmütterlich behandelt.
Da die Aktualfähigkeiten in ihrer psychosozialen Bedeutung meist nur randständig berücksichtigt werden, haben wir sie unter dem psychotherapeutischen Gesichtspunkt zusammengestellt. Um die Aktualfähigkeiten operationalisieren, das heißt aus ihrer abstrakten Begrifflichkeit in konkrete Fragestellungen und Situationen überführen zu können, geben wir nach Definition und kurzer Skizze wesentlicher Entwicklungsmerkmale Beispiele, wie man nach den jeweiligen Aktualfähigkeiten fragt.
Bei diesen Fragen berücksichtigten wir vor allem das praktische Vorgehen in einem gelockerten Interview. Sie sind gewissermaßen Beispiele und Schlüsselfragen, an die sich andere, spezifischere Fragen anschließen können.
Die Synonyme und Störungen sollten es dem Leser erleichtern, sich unter den Aktualfähigkeiten die entsprechenden Situationen aus dem täglichen Leben vorzustellen und eine Übertragung auf entsprechende, jedoch hier nicht ausgeführte Situationen ermöglichen. Die Verhaltensregulative fassen Konfliktlösungsstrategien stichwortartig zusammen – nicht als Kochrezept, sondern als Anstoß für weitere eigene Überlegungen.
Auf den pädagogischen Gesichtspunkt der Aktualfähigkeiten wurde bereits in meinem Buch *Psychotherapie des Alltagslebens,* (Fischer Taschenbuch Nr. 1855) ausführlich eingegangen.

Pünktlichkeit
Definition und Entwicklung: Die Fähigkeit, eine erwartete oder vereinbarte Zeiteinteilung einzuhalten. Formen: passive Pünktlichkeit (Anpassung an vorgegebene Zeiteinteilung, erwarten, daß sich die anderen pünktlich verhalten); aktive Pünktlichkeit (selber Zeit planen und sich im Sinne von Pünktlichkeit verhalten). Während in der Psychoanalyse Sauberkeit als erste Kulturleistung gilt, ist es in der Differenzierungsanalyse Pünktlichkeit. Die Fütterungs-, Säuberungs- und Schlaf-Wach-Rhythmen bestimmen die erste Zeiteinteilung des Säuglings. Im Verlauf der Entwicklung werden die Pünktlichkeitserwartung und das Pünktlichkeitsverhalten durch weitere spezifische Lernerfahrungen (z. B. zu spät in die Schule kommen etc.) modifiziert.
Wie fragt man danach: Wer von Ihnen (Sie oder Ihr Partner) legt mehr Wert auf Pünktlichkeit? Haben oder hatten Sie Schwierigkeiten wegen Unpünktlichkeit (mit

wem)? Wie reagieren Sie, wenn jemand nicht zur vereinbarten Zeit kommt? Nehmen Sie oder Ihr Partner immer alles auf die Minute genau? Wer von Ihren Eltern (Großeltern) legte mehr Wert auf Pünktlichkeit und genaue Zeitplanung?
Synonyme und Störungen: Promptheit, Rechtzeitigkeit, Präzision, Verspätung, Aufschub, Manjana, akademisches Viertel, 5 Minuten vor 12. – Erwartungsangst, Zeitdruck, ständige Furcht vor dem Nicht-fertig-Werden, Unzuverlässigkeit, Streß, innere Unruhe.
Verhaltensregulative: keine Termine geben, ohne Terminkalender; jemandem ehrlich zu sagen, daß man keine Zeit hat, ist oft besser, als ihn warten zu lassen. Wenn jemand zu spät kommt, ist das mitunter noch besser, als wenn er gar nicht gekommen wäre. Motto: Schön, daß du trotzdem gekommen bist.

Sauberkeit
Definition und Entwicklung: Die Fähigkeit einer auf den Körper, die Kleidung, die Gegenstände des täglichen Gebrauchs, die Räumlichkeit und die Umwelt sowie im übertragenen Sinn auf den Charakter bezogenen Reinlichkeit. Es ist anzunehmen, daß die frühkindliche Reinlichkeitsdressur Einfluß auf die spätere Persönlichkeitsentwicklung, zumindest auf die Einstellung zur Sauberkeit, nimmt.
Wie fragt man danach: Wer von Ihnen legt mehr Wert auf Sauberkeit? Haben oder hatten Sie Schwierigkeiten wegen Sauberkeit (mit wem)? Wie fühlen Sie sich, wenn Sie in einer unsauberen Umgebung sind? Achten Sie auf Körperpflege, Sauberkeit der Kleidung, der Wohnung, der Umwelt? Wer von Ihren Eltern legte mehr Wert auf Sauberkeit und Reinlichkeit?
Synonyme und Störungen: Putzen, waschen, reinigen, Schweinerei, Schlamperei, Dreck, bleib sauber. – Ritualisierte Sauberkeit, Waschzwang, Unsauberkeit, Kontaktstörungen, Sexualstörungen, Einnässen, Einkoten, Ekzeme, Allergien.
Verhaltensregulative: Gemeinsam mit dem Kind vor dem Essen die Hände waschen, spart viele Worte. Wenn man weiß, warum man sich die Hände waschen soll, fällt es leichter.

Ordnung
Definition und Entwicklung: Die Fähigkeit, seine Wahrnehmungen und seine Umgebung zu organisieren und zu gliedern. Sie orientiert sich an verschiedenen Bezugssystemen: verstandesgemäße, sachliche Ordnung, traditionelle Ordnung, intuitive, phantasievolle, romantische Ordnung, äußere und innere Ordnung. Auch das unordentliche Kind hat seine Ordnung und seinen Ordnungssinn. Die Ordnung wird über das Vorbild der Eltern, der näheren Umgebung und über Belohnung und Bestrafung gelernt. Die scheinbare Unordnung eines Kindes ist eine Stufe in seinem Versuch, seine Welt zu organisieren. Grundfunktion der Ordnung ist das Differenzieren. Man gewinnt über sie eine bestimmte Beziehung und Vertrauen zu den Dingen.
Wie fragt man danach: Wer von Ihnen legt mehr Wert auf Ordnung? Haben oder hatten Sie Schwierigkeiten wegen Unordnung (mit wem)? Achten Sie darauf, daß Ihre Wohnung (Schlafzimmer, Wohnzimmer, Garage, Garten), Ihr Arbeitsplatz immer tipptopp aufgeräumt ist? Fühlen Sie sich in einer unordentlichen Umgebung unbehaglich oder finden Sie, daß ein bißchen Unordnung dazugehört (Situationen)? Wer von Ihren Eltern achtete mehr auf Ordnung? Was geschah, wenn Sie als Kind nicht aufgeräumt hatten?
Synonyme und Störungen: Aufräumen, kreuz und quer, chaotisch, verschlampen, unübersichtlich. – Pedanterie, Kontrollzwänge, innere Unruhe, Verwahrlosung, Ag-

gressionen, Generationskonflikte, berufliche Störungen, Herz-, Magen- und Darmbeschwerden.
Verhaltensregulative: Grobe Einteilungen (Makroordnung) schaffen oft erst den notwendigen Überblick. Eine Kiste für die Dinge, die man zur Zeit nicht braucht, verhindert das Chaos im Zimmer. Alles an seinen Platz. Man findet die Dinge dort, wo man sie hingelegt hat (Mikroordnung). Das Kind braucht seine eigene Ordnung, vor allem im Spiel. Wenn Sie Ihrem Partner etwas wegnehmen, sagen Sie es ihm. Sie sparen sich und ihm Zeit und Ärger.

Gehorsam
Definition und Entwicklung: Die Fähigkeit, Bitten, Anordnungen, Befehle einer äußeren Autorität zu befolgen. Gehorsam wird vor allem bezüglich inhaltlich umschriebener Bereiche wie Ordnung, Pünktlichkeit, Fleiß/Leistung etc. gefordert und geleistet. Gehorsam wird entweder durch Strafe, bzw. Strafandrohung oder durch Belohnung ausgeführter Anordnungen, sowie durch das Vorbild der Bezugsperson entwickelt.
Wie fragt man danach: Wer von Ihnen legt mehr Wert auf Gehorsam, Disziplin? Wer von Ihnen neigt mehr dazu, Befehle zu geben? Mögen Sie es, wenn Ihnen die anderen (Partner, Kollegen, Vorgesetzte, Eltern) sagen, was Sie zu tun haben? Haben oder hatten Sie Probleme wegen Gehorsam oder Ungehorsam? Wer von Ihren Eltern legte mehr Wert auf Gehorsam? Wie reagierten Ihre Eltern auf Ungehorsam?
Synonyme und Störungen: Befolgen, sich verleugnen, kuschen, klein beigeben, aufmucken, rebellieren, trotzen. – Autoritätsgläubkeit, Befehlsautonomie, Autoritätskrise, Angst, Aggression, Trotz, Nägelkauen, Bettnässen, Anpassungsschwierigkeiten.
Verhaltensregulative: Schreien und Unhöflichkeit garantieren noch lange nicht Gehorsam und eine freundliche Atmosphäre. Motto: Versuchen Sie es mit Höflichkeit. Wenn man weiß, warum man etwas tun soll, tut es sich leichter. Auch der andere kann recht haben.

Höflichkeit
Definition und Entwicklung: Die Fähigkeit, die zwischenmenschlichen Beziehungen zu gestalten. Ihre Erscheinungsformen sind Benehmen, in dem gesellschaftliche Verhaltensregeln anerkannt werden, Rücksicht, Achtung vor dem Partner und sich selber sowie Bescheidenheit. Höflichkeit als Hintanstellung der eigenen Interessen und Bedürfnisse ist eine sozial begründete Aggressionshemmung. Für den Erwerb von Höflichkeit spielen das Lernen am Modell (zumeist am Modell der Eltern) und das Lernen am Erfolg (der eigenen Verhaltensweisen) eine Rolle. Die Reaktion der Eltern auf scheinbar unhöfliches Verhalten der Kinder wiegt schwer. Die Art der zu erlernenden Höflichkeit wird zu einem wesentlichen Teil von der Kultur und den Normen der sozialen Schicht bestimmt.
Wie fragt man danach: Wer von Ihnen legt mehr Wert auf Höflichkeit (Rücksicht, gutes Benehmen)? Was empfinden Sie, wenn Ihr Partner nicht die erwartete Höflichkeit (Rücksichtnahme) zeigt (Situation)? Sind Sie mehr höflich oder ehrlich? Achten Sie sehr darauf, was die anderen über Sie sagen? Schlucken Sie lieber den Ärger in sich hinein, als gute Beziehungen aufs Spiel zu setzen? Wer von Ihren Eltern legte mehr Wert auf gutes Benehmen?
Synonyme und Störungen: Sich anständig benehmen, wissen, was sich schickt, auf Manieren und Umgangsformen achten, die gute Kinderstube. – Heuchelei, ritualisierte Höflichkeit, Unfähigkeit, nein zu sagen, Egoismus, soziale Unsicherheit, Angst, man-

gelndes Durchsetzungsvermögen, Alkoholismus, Muskelverkrampfungen, rheumatische Beschwerden, Kopfschmerzen, Herzschmerzen, Magen-Darm-Beschwerden.
Verhaltensregulative: Höflichkeit formt nicht selten die Möglichkeit des Kontaktes. Statt »Los, gib her« besser: »Würdest du bitte ...?« Was würden Sie sagen, wenn Ihr Partner Sie in gleicher Weise behandeln würde, wie Sie es mit ihm tun? In bezug auf welche Bereiche (Sparsamkeit, Treue, Sexualität, Ordnung) und wem gegenüber sind Sie besonders höflich? Es lohnt sich, sich auf seine Höflichkeitslücken hin zu kontrollieren.

Ehrlichkeit/Offenheit
Definition und Entwicklung: Die Fähigkeit, offen seine Meinung zu äußern, seine Bedürfnisse oder Interessen mitzuteilen und Informationen zu geben. Wahrhaftigkeit und Redlichkeit zählen zur Ehrlichkeit. Ehrlichkeit in einer partnerschaftlichen Beziehung gilt als Treue, in der sozialen Kommunikation als Offenheit und Aufrichtigkeit. In dem Alter, in dem das Kind zu sprechen beginnt, kann es noch nicht klar zwischen Vorstellung und Wirklichkeit unterscheiden. Versteht der Erwachsene die Erlebnislogik des Kindes nicht und bestraft sie als Lüge, kann bereits hier eine Erziehung zur Unehrlichkeit erfolgen.
Wie fragt man danach: Wer von Ihnen kann seine Meinung offener sagen? Haben oder hatten Sie Probleme mit sich oder Ihrem Partner wegen Unehrlichkeit (Situationen)? Wie reagieren Sie, wenn jemand Sie belügt (nennen Sie Situationen)? Sind Sie mit der Wahrheit großzügig oder eher übergenau, gebrauchen Sie ab und zu Notlügen? Erzählen Sie den anderen viel oder wenig von sich selber (Offenheit)?
Synonyme und Störungen: Frank und frei von der Leber weg, kein Blatt vor den Mund nehmen, reinen Wein einschenken, reden, wie einem der Schnabel gewachsen ist, alles herunterschlucken, mit seiner Meinung hinter dem Berg halten. – Schimpfen, üble Nachrede, Über- und Untertreiben, Geltungsdrang, Ichhaftigkeit, zwischenmenschliche Konflikte, Aggressionen, Schweißausbrüche, Bluthochdruck, Kopfschmerzen.
Verhaltensregulative: Das sagen, was man für richtig hält, aber es so sagen, daß es den Partner nicht verletzt. Manche Menschen, die Ihnen jetzt Ihre Offenheit übelnehmen, werden Ihnen später dafür dankbar sein. Auch wenn es Ihnen vielleicht nicht schwerfällt, in der Partnerschaft ehrlich zu sein, ist es Ihnen im Beruf, wenn es um Geld geht, nicht mehr so leicht. Man wendet zumeist nicht in allen Lebensbereichen die gleichen Maßstäbe der Ehrlichkeit an. Motto: Beobachten Sie, bei welchen Aktualfähigkeiten und in welchen Situationen und wem gegenüber Ihnen Ehrlichkeit schwerfällt.

Treue
Definition und Entwicklung: Die Fähigkeit, eine feste Beziehung einzugehen und über längere Zeit hinweg aufrechtzuerhalten, sich vertrauenswürdig zu verhalten. Treue im engeren Sinn bezieht sich in unserem Kulturkreis besonders auf Sexualität. Die konventionelle Ehe basiert auf Treue. Treue findet sich aber auch gegenüber Institutionen, Leitbildern oder Prinzipien, z. B. Verfassungstreue und Treue gegenüber sich selber. Ein labiles Verhältnis zur Treue hat ebenso lebensgeschichtliche Hintergründe wie eine bedingungslose, naive Fixierung an einen Partner.
Wie fragt man danach: Haben Sie in der Partnerschaft Probleme mit der Treue (Situation?) Was verstehen Sie unter Untreue? Haben Sie oder hatten Sie Schwierigkeiten, weil Sie Ihrem Partner untreu waren? Wie würden Sie reagieren, wenn Ihr Partner »fremd«gehen würde? (Bzw.: Wie haben Sie in einer solchen Situation reagiert?) Spielen Sie mit dem Gedanken, einen anderen Partner zu haben? Halten Sie

es für möglich, daß Ihr Partner in Ihrer Abwesenheit untreu würde? Halten Sie ein bißchen Untreue für ganz reizvoll? Waren Ihre Eltern einander treu?
Synonyme und Störungen: Trauen, Vertrauen, loyal, anhänglich, konservativ, sich binden, versprechen, Mißtrauen, Untreue, treulose Tomate, auf Treu und Glauben, Nibelungentreue. – Fixierte Treue, Eifersucht, Eifersuchtswahn, Treulosigkeit, Vertrauensbruch, Verrat, Hoffnungslosigkeit, Angst, Aggression, Depression, Sexualstörungen.
Verhaltensregulative: Treue beginnt nicht mit der Eheschließung. Bereits die Partnerwahl hat mit Treue oder Untreue zu tun. Motto: Wählen Sie Ihren Partner so, daß Sie ihm treu sein wollen (Sex-Sexualität-Liebe). Sich für einen Partner entscheiden bringt meist weniger Probleme, als unentschieden zwischen zwei Partnern hin und her zu schwanken, denen man beiden nicht weh tun möchte. Wenn Sie feststellen, daß Ihr Partner nicht zu Ihnen paßt, trennen Sie sich erst, bevor Sie einen neuen Partner suchen. Dies ist ehrlicher dem Partner und Ihnen selbst gegenüber.

Gerechtigkeit
Definition und Entwicklung: Die Fähigkeit, im Verhältnis zu sich selbst und anderen gegenüber Interessen abzuwägen. Als ungerecht empfindet man dabei eine Behandlung, die von persönlicher Zu- und Abneigung oder Parteinahme statt von sachlichen Überlegungen diktiert wird. Der gesellschaftliche Aspekt dieser Aktualfähigkeit ist die soziale Gerechtigkeit. Jeder Mensch besitzt einen Gerechtigkeitssinn. Die Art, wie Bezugspersonen ein Kind behandeln, wie gerecht sie zu ihm, zu seinen Geschwistern und zueinander sind, prägt das individuelle Bezugssystem für die Gerechtigkeit.
Wie fragt man danach: Wer von Ihnen legt mehr Wert auf Gerechtigkeit? (Gerechtigkeit oder Ungerechtigkeit in welchen Situationen und wem gegenüber)? Halten Sie Ihren Partner für gerecht (den Kindern, den Schwiegereltern, den Mitmenschen, Ihnen selbst gegenüber?) Wie reagieren Sie, wenn Sie ungerecht behandelt werden (im Beruf, in der Familie etc.)? Haben Sie oder hatten Sie Probleme mit Ungerechtigkeiten? (Wurde bei Ihnen jemand bevorzugt?) Wer von Ihren Eltern achtete Ihnen oder Ihren Geschwistern gegenüber mehr auf Gerechtigkeit (Situation)?
Synonyme und Störungen: Angemessen, wohlverdient, sachlich, unbefangen, unannehmbar, unberechtigt, im Vergleich zu . . ., sich benachteiligt fühlen. – ›Gerechtigkeitstic‹, Selbstgerechtigkeit, Überempfindlichkeit, Rivalität, Machtkampf, Gefühl der Schwäche, Ungerechtigkeit, Vergeltung, individuelle und kollektive Aggression, Depressionen, Rentenneurosen.
Verhaltensregulative: Gerechtigkeit ohne Liebe sieht nur die Leistung und den Vergleich; Liebe ohne Gerechtigkeit verliert die Kontrolle über die Wirklichkeit. Lerne zu vereinigen: Gerechtigkeit und Liebe. Zwei Menschen gleich zu behandeln heißt, einen ungerecht behandeln.

Fleiß/Leistung
Definition und Entwicklung: Die Fähigkeit und Bereitschaft, eine meist anstrengende und ermüdende Verhaltensweise über einen längeren Zeitraum hinweg beizubehalten, um ein bestimmtes Ziel zu erreichen. Fleiß und Leistung sind Kriterien gesellschaftlichen Erfolges, der durch Prestige und Ansehen honoriert wird. Das Spiel stellt in der Entwicklung eines Kindes eine Vorstufe für Fleiß und Leistung dar. In der Schule wird Fleiß mit einem ernsthaften Anspruch gefordert. Er geht dann mit einem Verzicht auf andere, evtl. leichtere Triebbefriedigung einher. Es fällt daher um so leichter, fleißig zu sein, je mehr man die Beschäftigung mit einer Aufgabe selbst als lohnend empfinden kann.

Wie fragt man danach: Wer von Ihnen legt mehr Wert auf Fleiß und Leistung? Haben Sie oder hatten Sie berufliche Probleme? Sind Sie mit Ihrem Beruf unzufrieden oder mit den Menschen, die mit Ihnen arbeiten? Worin engagieren Sie sich mehr: im Beruf oder in der Familie? Fühlen Sie sich wohl, wenn Sie einmal nichts zu tun haben? Sind Sie mit den schulischen oder beruflichen Erfolgen Ihrer Kinder zufrieden? Wie sind Sie zu Ihrem Beruf gekommen? Wer von Ihren Eltern legte mehr Wert auf Fleiß und Leistung?
Synonyme und Störungen: Aktiv sein, sich beschäftigen, schaffen, tätig sein, die Zeit ausnutzen, sich vor etwas drücken, die Arbeit nicht erfunden haben, sich kein Bein ausreißen. – Flucht in die Arbeit, Strebertum, Leistungszwang, Streß, Überforderung, Zivilisationsmüdigkeit, Konkurrenzkampf, Neid, Aggressionen, Ängste, Faulheit, Flucht in die Einsamkeit, Magenbeschwerden, Schlafstörungen, Kopfschmerzen, Alkoholismus und Drogenabhängigkeit.
Verhaltensregulative: Ein Mensch benötigt nicht nur Informationen im Sinne der Ausbildung. Er benötigt auch eine emotionale Basis, um dieser Ausbildung Herr zu werden. Lerne zu unterscheiden: zwischen Bildung und Ausbildung. Wenn Sie sich über Ihren Beruf ärgern, lohnt es sich zu unterscheiden: Ärgern Sie sich tatsächlich über Ihre berufliche Tätigkeit oder über die unerfreulichen Begleitumstände (Ungerechtigkeit der Vorgesetzten, Rivalität der Kollegen etc.) Wenn ›Leistung‹ zum Konfliktherd wird, ist es nicht unbedingt das Ziel, die Leistung zu verringern, sondern die anderen Bereiche, wie den Kontakt oder die Beziehung zu sich selbst zu fördern.

Sparsamkeit
Definition und Entwicklung: Die Fähigkeit, ökonomisch mit Geld, Sachwerten, Fähigkeiten und Energien umzugehen. Ihre Extreme sind Verschwendung und Geiz. Im engeren Sinn sprechen wir von Sparsamkeit erst ab dem Zeitpunkt, ab dem ein Kind mit Spielsachen und mit Geld umgehen kann. Das Kind lernt den Wert des Geldes über seinen Gegenwert, zum anderen über den notwendigen Aufwand an Fleiß und Leistung kennen.
Wie fragt man danach: Wer von Ihnen legt mehr Wert auf Sparsamkeit? Haben oder hatten Sie finanzielle Probleme? Was würden Sie machen, wenn Sie mehr Geld hätten? Wofür geben Sie eher Geld aus, wofür würden Sie kaum Geld ausgeben? Wer von Ihren Eltern war sparsamer? Bekamen Sie als Kind oder als Jugendlicher Taschengeld?
Synonyme und Störungen: Sich einschränken, haushalten, auf den Preis achten, vergeuden, verschwenden, auf großem Fuß leben, Großzügigkeit. – Geiz, Geld als Machtmittel, Verschwendung, Geltungssucht, Glücksspieler, Hochstapelei, passive Erwartungshaltung, naiver Optimismus, Verantwortungslosigkeit, Lebensangst, Depressionen, Selbstwertprobleme, innere Unruhe, Schlaflosigkeit, Selbstmordabsichten.
Verhaltensregulative: Geld nur auf ein Projekt zu setzen heißt va banque spielen. Geld ausgeben kann verschiedene Ziele haben: für sich Geld ausgeben, für die Familie, für die Mitmenschen, für soziale Einrichtungen und für die Zukunft. Erst dann Geld ausgeben, wenn man die Einnahmen kennt; die Pläne mit der Familie besprechen. Jedem Familienmitglied Taschengeld gewähren. Man lernt: Ausgeben und Sparen.

Zuverlässigkeit, Genauigkeit, Gewissenhaftigkeit
Definition und Entwicklung: Von Zuverlässigkeit sprechen wir, wenn wir uns auf einen Menschen verlassen können. Er wird auch in unserer Abwesenheit eine Aufgabe in der vereinbarten Art erfüllen und unsere Erwartungen nicht enttäuschen. Genauigkeit bedeutet, daß eine Aufgabe wie vorgeschrieben, erledigt wird. Je größer die Genauig-

keit, um so geringer die Wahrscheinlichkeit von Fehlern. Gewissenhaftigkeit setzt einen inneren Maßstab für Genauigkeit, Sorgfalt und Korrektheit voraus. Man spricht von Gewissenhaftigkeit, wenn eine Leistung diesem inneren Maßstab entspricht, also mit dem Gewissen vereinbar ist.
Wie fragt man danach: Wer von Ihnen legt mehr Wert auf Zuverlässigkeit? Neigen Sie oder Ihr Partner dazu, alles fehlerlos und perfekt machen zu müssen? Haben oder hatten Sie Probleme im Zusammenhang mit Zuverlässigkeit, Genauigkeit und Gewissenhaftigkeit? Führen Sie Ihre Arbeiten genauso gut aus, wenn Ihr Chef nicht da ist, wie wenn er anwesend ist? Wie fühlen Sie sich, wenn Ihr Partner Ihnen gegenüber unzuverlässig war? Können Sie Beispiele nennen? Wer von Ihren Eltern legte mehr Wert auf Zuverlässigkeit und Genauigkeit? Wie reagierten Ihre Eltern, wenn Sie einmal eine Arbeit nicht so genau ausführten?
Synonyme und Störungen: Akkuratesse, Pedanterie, Exaktheit, sich auf ihn verlassen heißt verlassen sein, Gründlichkeit, Perfektionismus. – Umständlichkeit, mangelnde Flexibilität, Oberflächlichkeit, Vertrauensbruch, Angst vor dem Versagen, soziale und berufliche Konflikte, Zwangsvorstellungen, Zwangshandlungen, Enttäuschungen, Überforderung, Depressionen, Schuldgefühle, Schlaflosigkeit, Grübelei.
Verhaltensregulative: Zuverlässigkeit und selbständige Arbeit wurden nicht in ausreichendem Maße gelernt (Minussymptomatik): große Aufgaben stellen eine Überforderung dar, deshalb kleine Aufgaben geben, häufigere Kontrollschritte. Man hat es gelernt, bestimmte Tätigkeiten zu perfektionieren, andere Bereiche werden dabei vernachlässigt (Plussymptomatik): Langsam neue Bereiche, vor allem aus den primären Fähigkeiten erschließen. Zuverlässigkeit und Genauigkeit treten nur vorübergehend auf (inkonsequente Haltung); Kontaktbestrebungen werden mit einem Absolutheitsanspruch vertreten, um bald wieder aufgegeben zu werden; z. B.: Ein Patient ruft an, möchte sofort einen Termin haben, kommt aber dann trotzdem nicht oder unpünktlich. Das Termindiktat nicht übernehmen, sondern einen eigenen Termin geben.

Liebe

Definition und Entwicklung: Die Fähigkeit zu einer positiven emotionalen Beziehung, die sich auf eine Reihe von Objekten in unterschiedlicher Gradabstufung richten kann. Liebe beinhaltet kein einheitliches Verhalten: Man hat die Fähigkeit, einen anderen zu lieben, und die Fähigkeit, sich so zu verhalten, um geliebt zu werden. Die allgemeine Empfehlung »gebt dem Kind mehr Liebe« hilft recht wenig, wenn zugleich der Aufschluß darüber fehlt, in welchem Bereich ein Liebesdefizit vorliegt und welcher Art der emotionalen Beziehung daher besonderer Wert beizumessen ist. Die vordringlichsten Äußerungsformen von Liebe in der Erziehung sind: Vorbild, Geduld, Zeit.
Wie fragt man danach: Akzeptieren Sie sich selbst (Ihren eigenen Körper?) Wer von Ihnen ist mehr geneigt, den anderen Partner zu akzeptieren? Wollen Sie Ihren Partner am liebsten nur für sich allein haben? Fühlen Sie sich in einer größeren Gruppe geborgen oder bedrängt? Was bewegt Sie dazu, anderen Menschen etwas Gutes zu tun? Wurden Sie als Kind und später als Jugendlicher von Ihren Eltern akzeptiert? War man bei Ihnen zu Hause großzügig oder sparsam mit Zärtlichkeiten, Zuwendungen oder Liebesbeweisen?
Synonyme und Störungen: Sich finden, an jemandem hängen, jemanden gern haben, mögen, gut zu ihm sein, für ihn etwas übrig haben. – Angst vor Liebe, bzw. Liebesentzug, Unsicherheit, Mißtrauen, Eifersucht, übertriebene Erwartungen, Launen, gefühlsmäßige Enge, Sexualstörungen, Kontaktarmut, emotionale Versandung.
Verhaltensregulative: Wenn Sie Ihren Partner lieben, verhalten Sie sich auch so, um

geliebt zu werden? Wenn Sie sich so verhalten, um geliebt zu werden, sind Sie auch in der Lage, Liebe und Zärtlichkeit zu geben? Welche Aktualfähigkeiten sind für Sie Kriterien dafür, ob Sie Ihren Partner akzeptieren und lieben können?

Vorbild

Definition und Entwicklung: Die Fähigkeit, andere nachzuahmen bzw. selber das Modell für Nachahmungen zu bieten. Nachgeahmt werden nicht nur Verhaltensweisen, die vom Vorbild zur Nachahmung freigegeben sind, sondern auch Haltungen, Einstellungen und Gefühlsqualitäten, die vom Vorbild als Privatsache betrachtet werden. Nachahmung ist eine der wesentlichen Lernfunktionen. Das Kind ahmt seine Eltern nach, weil es die Nachahmung als solche als belohnend empfindet. Die Nachahmung erfolgt, weil sie belohnt wird. Die Nachahmung erfolgt oder unterbleibt, weil das Vorbild belohnt oder bestraft wurde.

Wie fragt man danach: Wer von Ihnen ist mehr das Vorbild? Welche Person, Figur, welcher Autor, welches Motto ist Ihr Leitbild? Möchten Sie gerne wie die anderen sein? Wer von Ihren Eltern war Ihr Vorbild? Finden Sie bei sich (Ihrem Partner) Eigenschaften und Verhaltensweisen, die Sie an eine frühere Bezugsperson erinnern?

Synonyme und Störungen: Abgucken, imitieren, kopieren, nachahmen, nachäffen, nacheifern, sich nach jemandem richten, in die Fußstapfen eines anderen treten, sich mit fremden Federn schmücken. – Nachahmungstendenzen, Einschränkung der eigenen Urteilsfähigkeit, affektive Ablehnung des Vorbildes, Schwanken zwischen Liebe und Haß, Hemmungen, Idealisierung, überhöhte Erwartungen, Enttäuschungen, Selbstwertprobleme, finanzielle Schwierigkeiten.

Verhaltensregulative: Jede unserer Handlungen und auch Gedanken kann ein Vorbild für andere sein: Verhalten Sie sich in dem Bewußtsein, daß Sie Vorbild sind. Auch das, was wir vom besten Vorbild übernommen haben, bedarf der Nachprüfung: Mit eigenen Augen sehen, mit eigenen Ohren hören, mit der eigenen Vernunft urteilen.

Geduld

Definition und Entwicklung: Die Fähigkeit, sich selbst, einen Menschen, eine Situation so zu nehmen, wie er (sie) ist. Geduld ist gleichbedeutend mit der Fähigkeit zu warten, die eigenen Wege des Partners trotz der bestehenden Zweifel und Erwartungen zu dulden, Teilbefriedigungen aufzuschieben und den anderen Zeit zu lassen. Die Entwicklung der Geduld hängt von den jeweiligen Wertschätzungen der beteiligten Aktualfähigkeiten ab. Einen prinzipiell Ungeduldigen gibt es kaum. Er ist vielleicht ungeduldig in bezug auf Pünktlichkeit, Ordnung, Sparsamkeit, Treue oder Fleiß/Leistung etc.

Wie fragt man danach: Wer von Ihnen ist geduldiger bzw. wer regt sich leichter auf? In welchen Situationen und wem gegenüber werden Sie und Ihr Partner ungeduldig? Was empfinden Sie dabei, wenn Ihr Partner ungeduldig wird? Können Sie warten? Verlieren Sie schnell Ihre Beherrschung? Wer von Ihren Eltern brachte mehr Geduld auf? Wie reagierten Ihre Eltern, wenn Sie einmal ungeduldig wurden?

Synonyme und Störungen: Auf den Tisch schlagen, mir platzt der Kragen, überkochen, sauer reagieren, aus der Haut fahren, sich abfinden, in Kauf nehmen, aushalten, dulden, beherrschen, ertragen, etwas hinnehmen, ruhig Blut bewahren, sich in der Hand behalten, gelassen bleiben. – Ungeduld, Geduld aus Angst, Inkonsequenz, Überempfindlichkeit; überhöhte Erwartungen, Ehrgeiz, nicht zuhören können, Rücksichtslosigkeit, Arroganz, Kopfschmerzen, Schlafstörungen, innere Unruhe.

Verhaltensregulative: Ungeduld braucht man nicht in sich hineinzufressen. Man kann darüber sprechen: Aufschreiben, was Sie in Ungeduld versetzte, und womit Sie Ihren Partner ungeduldig gemacht haben; mit dem Partner zu einer geeigneten Zeit darüber sprechen. Wenn Sie mit Ihrem Partner ein Problem besprochen haben, lassen Sie ihm die Zeit, die er braucht, um sich mit Ihren Konzepten auseinanderzusetzen und die eigenen Konzepte zu revidieren. Geben Sie sich nicht mit der Behauptung zufrieden, daß Sie ein ungeduldiger Mensch sind. Achten Sie einmal darauf, in welchen Situationen, wem gegenüber und in welchem Ausmaß Sie Ihre Geduld verläßt. Wenn man schon ungeduldig geworden ist, ist es manchmal angenehmer, sich zu entschuldigen, als die Schuldgefühle für sein aufbrausendes Verhalten mit sich herumzutragen.

Zeit

Definition und Entwicklung: Die Fähigkeit, den Zeitablauf zu gestalten und Beziehung zur Vergangenheit, Gegenwart und Zukunft aufzunehmen. Dies kann passiv geschehen, indem Zeiteinteilungen und Zeitgestaltungen übernommen werden, und aktiv durch die Gliederung der Zeit nach einem persönlichen Konzept. Bereits von der frühen Kindheit an lernt das Kind, ob es selber etwas mit der Zeit anfangen, wie es sie gestalten kann, oder ob es passiv allem Geschehen ausgesetzt ist.
Wie fragt man danach: Wer von Ihnen hat für sich und für den Partner mehr Zeit? Wie fühlen Sie sich, wenn Ihr Partner für Sie wenig Zeit hat (Situationen)? Kommen Sie mit Ihrer Zeit aus oder empfinden Sie Langeweile oder Hetze? Haben Sie genug Zeit für sich selber und können Sie mit dieser Zeit etwas anfangen? Was würden Sie tun, wenn Sie eine Woche lang freie Zeit zu Ihrer Verfügung hätten? Haben Sie (Ihr Partner) eine geregelte Arbeitszeit? Welche Zukunftspläne haben Sie? Denken Sie oft darüber nach, was Sie in der Vergangenheit richtig oder falsch gemacht haben? Wer von Ihren Eltern hatte mehr Zeit für Sie?
Synonyme und Störungen: Langeweile, dauerhaft, beständig, vergänglich, utopistisch, Hetze, Freizeit, die guten alten Zeiten, Zeit verschwenden, Zeit ist Geld, kommt Zeit kommt Rat, nütze die Zeit, denn sie eilt. – Überforderung, Unterforderung, Vernachlässigung, Angst, Grübelei, Eigenbrötelei, Streßerscheinungen, Fixierung an die Vergangenheit, einseitige Realitätsbezogenheit, Utopismus, Magenbeschwerden, Herzbeschwerden, Sexualstörungen.
Verhaltensregulative: Sich vorher überlegen, was man mit seiner Zeit anfangen möchte; mit dem Partner oder der Familie darüber sprechen. Durch Planung können Sie Störungen vermindern. Mit den Überraschungen, die trotzdem auftreten, müssen wir fertig werden. Feststellen, was dringlich und weniger dringlich ist; nacheinander aufarbeiten. Wofür Zeit nehmen: Für sich, für den Partner, die Familie, sozialen Kontakt, Beruf, Weltanschauung/Religion.

Kontakt

Definition und Entwicklung: Die Fähigkeit, soziale Beziehungen aufzunehmen und zu pflegen. Der soziale Kontakt ist eine Erscheinungsform der Kontaktfähigkeit, die sich auch auf Tiere, Pflanzen oder Dinge richten kann. Als Auswahlkriterien für den Kontakt fungieren die anderen Aktualfähigkeiten: Man erwartet von einem anderen Höflichkeit, Pünktlichkeit und Ordnung, Beschäftigung mit bestimmten Interessensgebieten etc. und sucht sich Partner, die diesen Kriterien entsprechen.
Wie fragt man danach: Wer von Ihnen ist kontaktfreudiger? Wer von Ihnen möchte lieber Gäste im Hause haben? Wie fühlen Sie sich, wenn Sie in einer Gesellschaft unter vielen Menschen sind? Fällt es Ihnen schwer, zu anderen Menschen Kontakt aufzuneh-

men? Wie fühlen Sie sich, wenn Sie viele Gäste haben? Wer von Ihren Eltern war kontaktfreudiger? Hatten Sie als Kind viele Freunde, oder waren Sie eher isoliert? Wenn Ihre Eltern Gäste hatten, durften Sie dabeisein und mitsprechen?
Synonyme und Störungen: Unterhaltend, umgänglich, begegnen, treffen, näherbringen, Gedankenaustausch, Beratung, Annäherung, Tuchfühlung, Berührung. – Hemmungen, Unsicherheit, Mißtrauen, Überempfindlichkeit, Kontaktarmut, überhöhte Erwartungen, Isolation, Einsamkeit, Flucht in die Geselligkeit, finanzielle Schwierigkeiten, Massenbildung, Depressionen, Generationsprobleme, transkulturelle Schwierigkeiten.
Verhaltensregulative: Es reicht nicht, das schönste Kontaktbedürfnis zu haben, wenn Sie nichts in Richtung Kontakt, Besuch, Gäste, Briefe schreiben, telefonieren, ausgehen etc. unternehmen. Kontakt knüpfen und soziale Beziehungen pflegen kann gelernt werden. Kontakttraining allein nutzt wenig, wenn die Kontaktstörungen auf andere Aktualfähigkeiten zurückgehen: Einschränkungen des Kontaktes können aus Gründen der Sparsamkeit, der Ordnung, der Sauberkeit, der Höflichkeit, der Pünktlichkeit etc. geschehen.

Sexualität
Definition und Entwicklung: Die Fähigkeit, zu sich oder zu einem Partner (Du) eine geschlechtliche oder geschlechtlich motivierte Beziehung aufzunehmen. Wir unterscheiden zwischen Sex, Sexualität und Liebe. Sex bezieht sich auf körperliche Eigenschaften und Funktionen. Sexualität betrifft die Eigenschaften und Eigenarten, die zu Kriterien der Zu- oder Abneigung werden. Liebe bezieht den Träger dieser Eigenschaften, den man liebt, mit ein. Nicht, was er hat, sondern er selber wird geliebt. In die Entwicklung der Sexualität fließt das unmittelbare Vorbild der Eltern ein, wie sie den Zärtlichkeitsbedürfnissen des Kindes entgegenkamen und in welcher Weise die Sexualität auf andere Aktualfähigkeiten, wie Sauberkeit, Höflichkeit, Ehrlichkeit, Treue und Pünktlichkeit, bezogen ist.
Wie fragt man danach: Wer von Ihnen ist sexuell aktiver? Haben Sie im Bereich der Sexualität Probleme? Gefällt Ihnen Ihr Partner körperlich? Welche Eigenschaften Ihres Partners mögen Sie, welche nicht? Hatten Sie bereits mit einem anderen Partner sexuelle Beziehungen, vermissen Sie ihn? Wann hatten Sie erstmals sexuelle Beziehungen? Wann haben Sie damit begonnen, sich selbst zu befriedigen? Was halten Sie davon? Welche Formen der Sexualität bevorzugen Sie? Wer hat Sie aufgeklärt? Wie war das Verhältnis Ihrer Eltern zur Sexualität?
Synonyme und Störungen: Verliebt, beliebt, vernarrt, zärtlich, zugetan, erotisch, leidenschaftlich, hinreißend, reizend, locken, verführen, Anziehungskraft, Zuneigung, Hingabe, Lust, Leidenschaft. – Sex als Lebensziel, Hypersexualität, Selbstbefriedigung als Sucht, sexuelle Verwahrlosung, Perversionen, Sadismus, Masochismus, sexueller Leistungszwang, Sexualangst, Enttäuschung, Selbstwertprobleme, Eheschwierigkeiten, Sexualabwehr, Anklammerungstendenzen.
Verhaltensregulative: Lerne zu unterscheiden zwischen Sex–Sexualität und Liebe. Worüber aufklären? Über die sexuellen Funktionen, die zwischenmenschlichen Beziehungen, Ursachen und Folgen für eine Partnerschaft? Entwicklungsgemäß aufklären. Auch über sexuelle Probleme und Wünsche sprechen.

Vertrauen – Zutrauen

Definition und Entwicklung. Vertrauen: Die Fähigkeit, sich auf jemanden verlassen zu können und sich bei ihm geborgen zu fühlen. *Zutrauen:* Die Fähigkeit, sich auf bestimmte Leistungen und Eigenschaften verlassen zu können und diese zu erwarten. Das Vertrauen entsteht zunächst auf dem Boden der primären Fähigkeiten und der Liebesfähigkeit und bezieht die ganze Person, mitunter die gesamte Umwelt in ein Vertrauensverhältnis ein. Andererseits kontrolliert sich das Vertrauen an einzelnen Erfahrungen, die man hinsichtlich der Aktualfähigkeiten machte, also durch das Zutrauen.

Wie fragt man danach: Haben Sie zu sich und zu Ihrem Partner Vertrauen? Sind Sie in Ihrem Vertrauen enttäuscht worden (Situationen)? Haben Sie das Vertrauen anderer enttäuscht (Situationen)? Können Sie fremden Menschen Vertrauen schenken, oder sind Sie eher vorsichtig? Welche Fähigkeiten und Möglichkeiten trauen Sie Ihrem Partner zu (Treue, Ehrlichkeit, Fleiß/Leistung, Zuverlässigkeit, Pünktlichkeit)? Trauen Sie sich (Ihrem Partner) zu, daß Sie (er) einzelne Verhaltensweisen ändern können (z. B. pünktlich nach Hause kommen etc.)? Zu wem von Ihren Eltern hatten Sie mehr Vertrauen, bei wem fühlten Sie sich als Kind mehr geborgen? Hat man Ihnen selbständiges Verhalten zugetraut, oder hat man Sie dauernd kontrolliert?

Synonyme und Störungen: Vertrauensvoll, vertrauenerweckend, vertrauenswürdig, vertrauensselig, jemandem etwas Schlechtes zutrauen, die Hand für jemanden ins Feuer legen, so sicher wie das Amen in der Kirche, auf Treu und Glauben. – Vertrauensbruch, Mißtrauen, blindes Vertrauen, Enttäuschung, Eifersucht, Haß, Neid, Ablehnung, überhöhte Erwartung, Mißerfolgserwartung, Minderwertigkeitsgefühle, Resignation, Ängste, Depressionen.

Verhaltensregulative: »Glaube an Gott und binde dein Kamel fest!« Statt Mißtrauen, mehr Genauigkeit und Ehrlichkeit. Auf welche Eigenschaften, welche Personen und welche Gruppen bezieht sich das Vertrauen, Zutrauen oder Mißtrauen? Wie entstand das Mißtrauen, durch Enttäuschung oder Nachahmung?

Hoffnung

Definition und Entwicklung: Die Fähigkeit, über den gegenwärtigen Moment hinaus positive Beziehungen zu den eigenen Fähigkeiten, zu denen des Partners und der Gruppe zu entwickeln. Wir hoffen in diesem Sinn, daß morgen, im nächsten Jahr oder zu unbestimmter Zeit etwas geschieht, was uns einzelne Handlungen oder unser ganzes Leben sinnvoll erscheinen läßt. Positives Konzept von Hoffnung ist Optimismus, das negative Pessimismus. In ihrer Entwicklung hängt die Hoffnung von den Erfahrungen und Erlebnissen ab, die ein Mensch hatte, und von den Möglichkeiten, die ihm durch seine Umwelt in Aussicht gestellt wurden. Hoffnung als Beziehung zur Zukunft wird kontrolliert durch positive Erfahrungen und Enttäuschungen, die sich konkret auf einzelne Aktualfähigkeiten beziehen.

Wie fragt man danach: Wer von Ihnen ist optimistischer? Welche Pläne haben Sie für Ihr privates und berufliches Leben? Wie reagieren Sie (Ihr Partner), wenn Sie enttäuscht werden (Situationen)? In welchen Bereichen sind Sie besonders anfällig für Enttäuschungen (Situationen)? Haben Sie die Hoffnung, daß sich bei Ihnen oder Ihrem Partner alles zum Guten ändert (Begründung)? Wer von Ihren Eltern war optimistischer oder pessimistischer? Wie hat sich das geäußert?

Synonyme und Störungen: Hoffen, auf etwas rechnen, sich etwas versprechen, verheißungsvoll, erwarten, in Aussicht stellen, sich an einen Strohhalm klammern, alles rosarot sehen, schwarzsehen, sinnlos, aussichtslos, unerreichbar, unlösbar, unmöglich. – Hoffnungslosigkeit, Unzufriedenheit, Pessimismus, Resignation, Flucht in die Phan-

tasie, passive Erwartungshaltung, naiver Optimismus, Lebensangst, Todesangst, Blokkierung der Handlungsfähigkeit, Selbstmordabsichten.
Verhaltensregulative: »Jede dunkle Nacht hat ein helles Ende.« Statt: »Sie können doch nicht«, »Sie können noch nicht«. Unterscheiden zwischen dem, was man ändern kann, und dem, was man ertragen lernen muß (Geburt, Tod, Vergangenheit). Erwarte ich bloß, daß meine Hoffnung in Erfüllung geht, oder tue ich etwas dafür? Auch die schwärzeste Hoffnungslosigkeit hat ihre Ursachen, zumeist in den Erfahrungen mit einzelnen Aktualfähigkeiten. Motto: Welche sind die realen Wurzeln der Hoffnungslosigkeit? Trotz Hoffnung und genauester Planung bleibt ein unkalkulierbarer Rest. Motto: Ich freue mich auf die erhoffte Zukunft, ich freue mich aber auch auf die Überraschungen.

Glaube/Religion
Definition und Entwicklung: Die Fähigkeit, eine Beziehung zum Unbekannten und Unerkennbaren aufzunehmen und sich ihm schrittweise zu nähern, bis ein Teil dieses Unbekannten bekannt wird. Der Glaube kann sich auf die eigenen Fähigkeiten, die der Mitmenschen richten, auf das noch Unbekannte und Erforschbare der Wissenschaften und das Unerkennbare der Religionen. Das Kind verfügt zunächst über einen absoluten Glauben. Später differenzieren sich die Glaubensinhalte; das Kind glaubt an die Zuwendung oder die Gerechtigkeit der Eltern. Über das Vorbild der Eltern lernt es eine Beziehung zum Unbekannten und Unerkennbaren aufzubauen und übernimmt die geschichtlich geprägten Formen des religiösen oder weltanschaulichen Glaubens.
Wie fragt man danach: Gibt es in Ihrer Partnerschaft Probleme wegen der Religion oder Weltanschauung? Wer von Ihnen ist religiöser? Glauben Sie an ein höheres Wesen? Glauben Sie an ein Leben nach dem Tod? Was halten Sie von den Religionen? Welcher religiösen Gemeinschaft gehören Sie an? Wie stehen Sie zur Kirche? Wer von Ihren Eltern war religiöser? Wie wurde die Religion zu Hause praktiziert (Gebet, Meditation, Riten)? Glauben Sie, daß Sie (Ihr Partner) sich noch weiter entwickeln und noch weitere Reserven erschließen können (kann)? Haben Sie für Ihre beruflichen und privaten Tätigkeiten feste Ziele?
Synonyme und Störungen: Annehmen, erachten, meinen, vermuten, voraussetzen, sich verlassen auf, vertrauen, Weltanschauung, Ideologie, Theorie, Hypothese. – Aberglaube, Bigotterie, Glaubenskrise, Unglauben, Angst, Aggressionen, Nachahmungen, Resignation, Überforderung, Unsicherheit, Stimmungsschwankungen, Lebensangst, kollektiver Haß, Vorurteile, Fanatismus, religiöser Wahn etc.
Verhaltensregulative: Jeder Mensch, ohne Ausnahme, hat die Fähigkeit zu glauben. Lerne zu unterscheiden zwischen Glaube, Religion und Kirche. An sich selber glauben, an seine Fähigkeiten, einen Partner, eine Gruppe, ein Idol, eine Idee, eine Theorie, eine Weltanschauung, einen Gott.

Zweifel
Definition und Entwicklung: Die Fähigkeit, einen Glauben in Frage zu stellen, Unterscheidungen zu treffen und Inhalte gegeneinander abzuwägen. Die Funktion des Zweifels, die sich auf einzelne Aktualfähigkeiten und weniger auf die gesamte Persönlichkeit bezieht, wird im Umgang mit den Bezugspersonen gelernt.
Wie fragt man danach: Worauf richtet sich Ihr Zweifel? Zweifeln Sie an Ihren eigenen Fähigkeiten? Haben Sie manchmal das Gefühl, nicht die richtige Frau (den richtigen Mann) zu haben? Haben Sie den Eindruck, nicht den richtigen Beruf ergriffen zu haben? Wäre es Ihnen lieber, in eine andere Zeit, eine andere Umwelt und Gesell-

schaft hineingeboren zu sein? Kommt es vor, daß Sie an Ihrer Religion und Weltanschauung zweifeln? Wer von Ihren Eltern war der größere Zweifler?
Synonyme und Störungen: Innerer Zwiespalt, schwanken, zögern, unschlüssig sein, mit sich selbst kämpfen, weder ja noch nein sagen, auf dem Wege zum Entschluß. – Unsicherheit, Angst, Ambivalenz, Stimmungsschwankungen, Launen, Ungeduld, Ungewißheit, Entscheidungsschwäche, Ratlosigkeit, Selbstwertprobleme, Negativismus.
Verhaltensregulative: Zweifel ist nicht bloß als Schwäche zu werten, sondern ist eine wesentliche Funktion einer zeitgemäßen Realitätskontrolle. Zweifelt man an sich, dem Partner, an der Welt oder an einzelnen Eigenschaften, die mit unserem Anspruch nicht mehr verträglich sind?

Gewißheit
Definition und Entwicklung: Die Fähigkeit, nach einem Zustand des Zweifelns Entscheidungen zu treffen, die keine Schuldgefühle mehr auslösen. Der Mensch ist imstande, klar ja oder nein zu sagen und sich mit dieser Entscheidung zu identifizieren. Gewißheit meint darüber hinaus eine Qualität oder eine Intensität des Glaubens. Auch beim Kind finden sich Situationen des Zweifelns. Wenn es nach Nahrung schreit, weiß es nicht, ob jemand kommt, es zu füttern. Indem die Mutter sich ihm immer wieder zuwendet, entwickelt sich die Gewißheit: »Auch wenn meine Bedürfnisse nicht gleich erfüllt werden, werden sie doch bald befriedigt.«
Wie fragt man danach: Haben Sie (Ihr Partner) bei Entscheidungen das Gefühl, daß das, was Sie tun, richtig ist? Wie sicher fühlen Sie sich, wenn Sie (beruflich oder privat) eine Entscheidung treffen müssen? Wer von Ihren Eltern vermittelte eher das Gefühl von Sicherheit, Gelassenheit und Gewißheit? Wie verhielten sich Ihre Eltern, wenn Sie eine eigenständige Entscheidung trafen?
Synonyme und Störungen: Sicherheit, feste Überzeugung, zweifelsohne, absolut, definitiv, endgültig, fraglos, selbstverständlich, auf alle Fälle, Standhaftigkeit. – Starrheit, Dogmatismus, Fixierung, Fanatismus, Abwehr, Ambivalenz, Schuldgefühle, Ungewißheit, Ängste, Mißtrauen, Hoffnungslosigkeit, Überforderung.
Verhaltensregulative: Die Kontrolle der Gewißheit, der Zweifel, ist eine menschliche Fähigkeit der Wirklichkeitsprüfung. In bezug auf welchen Inhalt empfinden Sie die Gewißheit: auf Treue, Ehrlichkeit, Gerechtigkeit, religiöse oder weltanschauliche Inhalte? Seine Gewißheit mit den Gewißheiten anderer konfrontieren (Kontakt, Sprechen, Konflikte erkennen und lösen, gegenseitiges Verständnis und Respekt, Relativität der Werte).

Einheit
Definition und Entwicklung: Die Fähigkeit, die Ausprägungen der Aktualfähigkeiten, die Grundfähigkeiten, die Wertsysteme und Erlebnisse zu integrieren. Dieser psychischen Einheit ist die Einheit der Persönlichkeit zur Seite zu stellen, welche die Fähigkeit meint, die Funktionen, Eigenschaften und Bedürfnisse des Körpers, der Umwelt und der Zeit als Einheit zu integrieren. Übergeordnet ist dem die ›universelle Einheit‹, die die Fähigkeit meint, mit anderen Menschen, Gruppen, Lebewesen, Dingen und Kräften Beziehungen aufzunehmen und bestehende Zusammenhänge zu begreifen. Die Einheit der Persönlichkeit, die auch die Selbstwahrnehmung umfaßt, hängt von der Entwicklung der Aktual- und Grundfähigkeiten und den Erlebnissen mit ihnen ab.
Wie fragt man danach: Sind Sie mit Ihrem körperlichen Aussehen, Ihrem Gesundheits-

zustand, Ihrer körperlichen Leistungsfähigkeit zufrieden? Sind Sie mit sich, mit Ihren Eigenschaften und Fähigkeiten zufrieden? Worauf beziehen Sie den Sinn Ihres Lebens: auf das eigene Wohlergehen, auf die Familie, auf besondere z. B. nationale Gruppen, auf die gesamte Menschheit, auf eine bessere Zukunft? Haben Sie das Gefühl, mit sich selbst eins zu sein? Haben Sie das Gefühl, mit Ihrer Umwelt eine Einheit zu bilden oder ihr gegenüberzustehen? Hatten Sie das Gefühl, von Ihren Eltern in allen Persönlichkeitsbereichen akzeptiert zu werden, wenn nicht, welche Bereiche und Inhalte wurden betont oder vernachlässigt?

Synonyme und Störungen: Zusammenarbeit, Integration, Identität, einheitlich, Einigkeit, Zusammenhänge, System, universal, Einförmigkeit, Totalität, Synthese, Struktur, Polarität. – Einheitsverlust, Desintegration, Ichstörung, Depersonalisation, Einseitigkeiten, hypochondrische Beobachtung des Körpers, Beruf als Lebensspiel, Flucht in die Phantasie, in die Zukunft, Vorurteile, Identitätskrisen, Totalitarismus, Götzendienerei (Idolatrie), Uniformität, Sektierertum, Eklektizismus.

Verhaltensregulative: Alles, was wir tun, hängt mit allem anderen zusammen, was um uns herum ist, auch wenn wir dies nicht wahrnehmen wollen. Es besteht eine Vielzahl von Bezugsgrößen, die uns in einer Situation als Einheit gelten können. Therapie ist nicht nur Beseitigung der Störung, sondern Wiederherstellung der Einheit. Eine Krankheit, ein Leid, eine Krise ist keine universelle Störung, sondern eine Störung einzelner Bereiche. Lerne zu unterscheiden zwischen Störungen und Fähigkeiten.

Statistische Untersuchungen zur Differenzierungsanalyse

Im folgenden versuchten wir die Frage statistisch zu überprüfen, welche Aktualfähigkeiten (primäre und sekundäre Fähigkeiten), bezogen auf partnerschaftliche und berufliche Konflikte sowie auf Verhaltensauffälligkeiten, bei Kindern gehäuft genannt werden. Unsere Daten wurden nach der Methode des gelenkten Interviews von Patienten erfragt (Selbst- und Fremdbeurteilung) und durch den Interviewer nach der von ihm eingeschätzten subjektiven Bedeutsamkeit signiert. Die folgenden »Ergebnisse« können also einen Trend widerspiegeln.

Partnerschaftliche Konflikte (Sexualstörungen) und Aktualfähigkeiten

Aus den Akten über Patienten mit Sexualstörungen (Orgasmusschwierigkeiten, Ejaculatio praecox, Impotenz, Frigidität, Onaniezwang) wurde nach dem Zufallsprinzip eine Stichprobe von 50 Patienten (16 männlich, 34 weiblich) gezogen. Jede(r) Patient(in) war auf mögliche Konfliktstoffe in Beziehung zum Partner (Ehepartner, Freund, Freundin) befragt worden. Als Konfliktfaktoren wurden die Aktualfähigkeiten berücksichtigt, die im differenzierungsanalytischen Inventar (Kurzform) enthalten sind.
Am häufigsten (48mal, das ist in 96% der Fälle) wird der Bereich ›Ordnung‹ als ein sehr wichtiger Konfliktfaktor in der Beziehung zwischen den Partnern genannt. Zieht man jedoch ›Höflichkeit‹, ›Ehrlichkeit/Treue‹ als komplementäre Größen zusammen, so erweisen sich diese mit 50 Nennungen (100%) als häufigstes Störmaterial.
34 Patienten (68%) hielten die Aktualfähigkeit ›Pünktlichkeit‹ für einen der bedeutendsten Konfliktinhalte in der Partnerbeziehung. Für 31 Patienten war die Sauberkeit ein vorrangiger Konfliktstoff (62%). 27 Patienten (54%) betonten die Bedeutung von Fleiß/Leistung, 24 (48%) die Wichtigkeit der Sparsamkeit für ihre Konfliktsituation. Die übrigen sekundären Fähigkeiten wurden im Zusammenhang mit den Sexualstörungen weniger häufig genannt.
Von den primären Fähigkeiten wurde der Mangel an ›Geduld‹ (34 Nennungen, 86%), ›Kontakt‹ (30 Nennungen, 60%) und ›Zeit‹ (16 Nennungen, 32%) als Konfliktfaktoren bevorzugt hervorgehoben.
Mit Hilfe des χ^2-Tests für Variablen mit mehr als zwei qualitativen Klassen (Mittenekker, 1968, S. 45) wurde geprüft, ob die unterschiedlichen Häufigkeiten auf Zufall beruhen können. Das χ^2 ergibt hier einen Wert, der auf dem 5%-Niveau signifikant ist: Die Wahrscheinlichkeit, daß die unterschiedlichen Häufigkeiten auf Zufall beruhen, beträgt weniger als 5%.

Berufliche Konflikte und Aktualfähigkeiten

Dieser Untersuchung liegt eine Stichprobe von 34 Patienten (16 männliche, 18 weibliche) zugrunde, die mit Schwierigkeiten im Beruf oder in der Berufsausbildung (Lehrer, Schule, Studium) und damit zusammenhängend genannten vegetativ-funktionellen und organneurotischen Störungen zu uns kamen. 18 Patienten nannten Angst und Aggression als symptomatisch. Dabei erscheint interessant, daß nur drei Männer (gegenüber 8 Frauen) Angst und phobische Symptome nannten, während 6 Männer (gegenüber einer Frau) über aggressive Einstellungen und/oder Verhaltensweisen klagten. 13 Patienten nannten Nervosität, innere Unruhe und Konzentrationsstörungen. Dabei wurden Konzentrationsstörungen bei männlichen Patienten erheblich häufiger genannt als bei weiblichen. Umgekehrt verhält es sich bei der Nervosität und inneren Unruhe, wo das Schwergewicht allem Anschein nach bei den weiblichen Patienten liegt. 9 Patienten klagten über Magen-Darm-Beschwerden, sowie über Ulcus ventriculi und duodeni. Bei dem letzteren Krankheitsbild dominierten 6 männliche Patienten gegenüber einer Patientin. Ebenfalls 9 Patienten klagten über Hemmungen.

In dieser Gruppe zeigte sich folgende Einschätzung der Konfliktpotentiale: Bei den sekundären Fähigkeiten stand mangelnde ›Ehrlichkeit/Offenheit‹ der Patienten (privater und beruflicher Bereich) im Vordergrund. 15 Patienten nannten ›Ehrlichkeit/Offenheit‹ als Konfliktpotential, 11 Patienten gaben die Aktualfähigkeit ›Höflichkeit‹ an. Oft genannt wird auch die Trilogie ›Pünktlichkeit‹, ›Sauberkeit‹, ›Ordnung‹. Diese Gruppe erschien 28mal. Mehr als 10 Nennungen fanden sich bei den Aktualfähigkeiten ›Fleiß/Leistung‹, ›Sparsamkeit‹, ›Genauigkeit/Zuverlässigkeit‹. Signifikante geschlechtsspezifische Unterschiede konnten nicht festgestellt werden.

Innerhalb der primären Fähigkeiten wurden die Aktualfähigkeiten ›Sexualität‹ (17 Nennungen), ›Geduld‹ (16) und ›Kontakt‹ (15) als gestört angegeben, während religiöse Einstellungen (5) relativ wenig genannt wurden. Die mangelnde ›Geduld‹ der Eltern zu ihren Kindern, den jetzigen erwachsenen Patienten(innen) und das Verhältnis der Eltern untereinander wurde in 16 bzw. 15 Fällen als gestört angegeben, während das Verhältnis der Eltern zur Außenwelt (›Kontakt‹) und zur ›Religion‹ weniger als konfliktträchtig empfunden wurde. Mindestens 12 der 34 Patienten schätzten ihr Verhältnis zu den Eltern als (konflikthafte) Eltern-Bindung ein, wobei die Mutter-Bindung bei weitem überwiegt (Mutter-Bindung 10 Nennungen, Vater-Bindung 2 Nennungen).

Verhaltensauffälligkeiten bei Kindern und Jugendlichen unter Berücksichtigung der Aktualfähigkeiten

Der Untersuchung liegt eine Stichprobe von 48 Kindern (32 Jungen, 16 Mädchen, 3–16 Jahre) zugrunde, die wegen verschiedener psychoreaktiver, vegetativ-funktioneller und organneurotischer Störungen vorgestellt wurden. Die meisten Kinder zeigten mehrere Symptome. Relativ häufig kamen die Kinder wegen Hemmungen und Kontaktstörungen, Schulschwierigkeiten, Lern- und Konzentrationsstörungen, Angst oder aggressivem Verhalten und Innerer Unruhe/Nervosität zu uns.

Die Eltern (Bezugspersonen) wurden befragt, welche sekundären Fähigkeiten in ihren Augen bei ihren Kindern als »störend« in Erscheinung treten. Ferner wurden sie nach ihren Beziehungen zu dem betreffenden Kind, nach den Beziehungen der Eltern untereinander, zur Außenwelt und zur Religion befragt (Grundkonflikt).

Aus den sekundären Fähigkeiten ragen – statistisch sehr signifikant – ›Fleiß/Leistung‹ und ›Ordnung‹ hervor: diese beiden Verhaltensweisen stellen offenbar in den häufigsten Fällen Konfliktpotentiale dar.

Weiter sind – wenn auch nicht statistisch signifikant, so doch wegen der relativen Häufigkeit ihres Auftretens – ›Sauberkeit‹, ›Höflichkeit‹, ›Ehrlichkeit‹, ›Gehorsam‹ und ›Pünktlichkeit von Bedeutung.

Kaum ins Gewicht fallen bei unserer Untersuchung ›Gerechtigkeit‹, ›Genauigkeit/Zuverlässigkeit‹ und ›Sparsamkeit‹.

Statistisch signifikant liegt bei den primären Fähigkeiten mangelnde ›Geduld‹ (39 von 48 Fällen) der Eltern gegenüber dem Kind an der Spitze, gefolgt von mangelnder ›Zeit‹ (31 von 48). Die Beziehungen der Eltern untereinander waren in 32 Fällen gestört (10 Ehen sind geschieden), die Beziehungen zur Außenwelt (Kontaktstörungen der Eltern) in 21 Fällen. Religiöse Einstellungen und Verhaltensweisen erschienen nur selten als Konfliktpotential.

Die hier dargestellten Ergebnisse weisen auf die Zusammenhänge zwischen konflikthaft ausgeprägten Aktualfähigkeiten und manifesten Symptombildern hin. Einschränkend müssen wir allerdings bemerken, daß diese statistischen Untersuchungen zunächst nur den Charakter von Voruntersuchungen haben und lediglich auf Trends hinweisen können. Ein differenzierungsanalytisches Inventar, das den Erfordernissen der Fragebogenkonstruktion genügt und damit »härtere« Daten liefern kann, ist in Vorbereitung. Eine Reihe wissenschaftlicher Untersuchungen zur Differenzierungsanalyse ist Gegenstand eines Forschungsvorhabens am Psychologischen Institut der Universität Mainz (Prof. Benesch).

Literaturverzeichnis

Abdúl-Bahá: *Beantwortete Fragen,* Bahá'i-Verlag, Frankfurt am Main (1962)

Adler, A.: *Kindererziehung,* Fischer Taschenbuch Nr. 6311 (dt. Übers. von *The Education of Children,* 1930)

Adler, A.: »Individualpsychologische Behandlung der Neurosen«, in: *Praxis und Theorie der Individualpsychologie,* Fischer Taschenbuch Nr. 6236

Ammon, G.: *Dynamische Psychiatrie,* Luchterhand, Darmstadt (1973)

Ammon, G.: *Psychoanalyse und Psychosomatik,* Piper Verlag, München (1974)

Argelander, H.: *Das Erstinterview in der Psychotherapie,* Wissenschaftl. Buchges., Darmstadt (1970)

Bach, G., Deutsch, H.: *Pairing,* Diedrichs, Düsseldorf (1972)

Bachmann, C. H. (Hrsg.): *Psychoanalyse und Verhaltenstherapie,* Fischer Taschenbuch Nr. 6171

Bahá'u'lláh: *Ährenlese,* Bahá'i-Verlag, Frankfurt am Main (1961)

Balint, M.: *Therapeutische Aspekte der Regression,* Rowohlt, Hamburg (1973)

Balint, M.: *Angstlust und Regression – Beitrag zur psychologischen Typenlehre* (1974)

Battegay, R.: *Der Mensch in der Gruppe,* 3 Bde., Hans Huber, Bern (1973)

Battegay, R.: *Psychoanalytische Neurosenlehre; Eine Einführung,* Hans Huber, Bern (1971)

Battegay, R., Mühlemann, R., Zehnder, R., Dillinger, A.: »Konsumverhalten einer repräsentativen Stichprobe von 4082 gesunden 20jährigen Schweizer Männern in bezug auf Alkohol, Drogen und Rauchwaren«, in: Schweiz. med. Wschr. 105, 180–187 (1975)

Beck, D. (Hrsg.): *Psychosomatische Schmerzsyndrome des Bewegungsapparates,* Schwabe & Co., Basel/Stuttgart (1975)

Benedetti, G.: »Die Welt des Schizophrenen und deren psychotherapeutische Zugänglichkeit«, in: Schweiz. med. Wschr., 84, 1029 (1954)

Berger, M. M.: Vorwort zu *Gestalttherapie* (Polster, E. u. M.), Kindler, München (1975)

Berne, E.: *Spiele der Erwachsenen,* Rowohlt, Hamburg (1967)

Bitter, W.: *Psychotherapie und religiöse Erfahrung,* Klett, Stuttgart (1965)

Bollnow, O. F. *Wesen und Wandel der Tugenden,* Ullstein, Berlin (1938)

Bräutigam, W.: *Reaktionen, Neurosen, Psychopathien,* Thieme, Stuttgart, (1968)

Brenner, Ch.: *Grundzüge der Psychoanalyse,* S. Fischer Verlag, Frankfurt am Main (1967)

Bühler, Ch.: *Psychologie im Leben unserer Zeit,* Droemer/Knaur, München/Zürich (1962)

Clauser, G.: *Die moderne Elternschule,* Herder, Freiburg/Br. (1972)
Cremerius, J.: *Psychoanalyse und Erziehungspraxis,* Fischer Taschenbuch Nr. 6076
Christoph-Lemke, Ch.: »Bestrafung«, in: *Handbuch der Verhaltenstherapie,* hrsg. v. Kraiker, 33–84 (1974)

Deidenbach, H.: Rezension zu *Schatten auf der Sonnenuhr* (N. Peseschkian), Medical Tribune, Wiesbaden (1975)
Depner, R.: *Ärztliche Ethik und Gesellschaftsbild,* Enke, Stuttgart (1974)
Dreikurs, R., Soltz, V.: *Kinder fordern uns heraus,* Klett, Stuttgart (1967)
Dreikurs, R.: Überwindung falscher gesellschaftlicher Normen«, in: *Die Wirklichkeit und das Böse,* hrsg. v. U. Derbolowski, Christians, Hamburg (1970)
Dreikurs, R., Blumenthal E.: *Eltern und Kinder, Freunde oder Feind,* Klett, Stuttgart, (1973)

Erikson, E. H.: *Einsichten und Verantwortung,* Fischer Taschenbuch (1971)
Erikson, E. H.: *Kindheit und Gesellschaft,* Klett, Stuttgart (1971)
Erikson, E. H.: *Identität und Lebenszyklus,* Suhrkamp, Frankfurt/M. (1966)
Esslemont, J. E.: *Bahá'U'lláh und das neue Zeitalter,* Bahá'i-Verlag, Frankfurt am Main, 4. Auflage (1963)
Etessami, Parvin: *Diwan Ekssami,* erschienen in persischer Sprache beim Madjless Verlag, Teheran (1954)
Ey, H.: *Études psychiatriques. Historique, méthodologie, psychopathologie générale,* Paris (1948)
Eysenck, H. J.: *Handbook of abnormal Psychology,* Basic Books (1960)
Eysenck, H. J., Rachmann, S.: *Neurosen: Ursachen und Heilmethoden,* VEB Deutscher Verlag der Wissenschaften, Berlin (1967)

Fahrenberg, J., Selg, H.: *Freiburger Persönlichkeitsinventar (FPI),* Hogrefe, Göttingen (1970)
Fanai, A.: *Systematische Einführung in die moderne Psychoanalyse,* dipa-Verlag, Frankfurt am Main (1972)
Fenichel, O.: *The Psychoanalytic Theory of Neurosis,* W. W. Norton, New York (1945)
Festinger, L.: *A Theory of Cognitive Dissonance,* Stanford, Calif. (1957).
Fittkau, B., Schulz von Thun, F.: »Ein paar Worte über Kommunikationstrainings«, in: Psychologie heute, 3. Jg., Heft 2 (1976)
Frankl, V.: »Grundriß der Existenzanalyse und Logotherapie«, in: *Handbuch der Neurosenlehre und Psychotherapie,* Bd. 3, Urban u. Schwarzenberg (1959)
Frankl, V.: *Ärztliche Seelsorge; Grundlagen der Logotherapie und Existenzanalyse,* Deuticke, Wien (1966)
Freud, A.: *Wege und Irrwege der Kinderentwicklung,* Huber/Klett, Bern/Stuttgart (1968)
Freud, S.: *Zur Psychopathologie des Alltagslebens,* Fischer Taschenbücher Nr. 6079
Freud, S.: »Psychische Behandlung (Seelenbehandlung)«, G. W., Bd. 5, 289–315.
Freud, S.: »Die endliche und die unendliche Analyse«, G. W., Bd. 16, 59–99
Fromm, E.: *Revolution der Hoffnung,* Klett, Stuttgart (1971)

Goeppert, S.: *Grundkurs Psychoanalyse,* Rowohlt Taschenbuchverlag, Reinbek 1976.
Guilford, J. P.: *Persönlichkeit,* Beltz, Weinheim (1964)

Harris, Th. A.: *Ich bin O. K. Du bist O. K.,* Rowohlt, Hamburg (1975)
Horney, K.: *Selbstanalyse,* Kindler Taschenbücher (1974)

Jacobson, E.: *Progressive Relaxation,* Chicago (1938)
Janov, A.: *Revolution der Psyche,* S. Fischer, Frankfurt am Main 1976
Janov, A.: *Der Urschrei; Ein neuer Weg der Psychotherapie,* S. Fischer, Frankfurt am Main (erw. Ausg. 1974)
Jordan, D. C.: *Durchbruch zur Selbstverwirklichung,* Bahá'i-Briefe, Heft 37 (1969)
Jordan, D. C. u. Streets D. T.: *Guiding the Process of Becoming,* World Order (1973)
Jung, C. G.: *Psychologische Typen,* Rascher, Zürich (1921)
Jung, C. G.: *Psychologie und Religion,* Rascher, Zürich (1940)

Katz, D. u. Stotland, E.: »A Preliminary Statement to a Theory of Attitude Structure and Change«, in: S. Koch (Hg.), *Psychology:* Study of a Science, Bd. 3, New York, 423–475 (1959)
Köhler, W.: *Gestalt Psychology,* Liveright, New York (1929)
Kraiker, Ch.: »Bemerkungen über die empirischen und theoretischen Grundlagen der Verhandlungstherapie«, in: *Handbuch der Verhaltenstherapie,* hrsg. v. Kraiker, 11–32 (1974)
Kranz, H.: »Abgrenzung der Neurose gegenüber Psychopathie und Psychose«, in: *Handbuch der Neurosenlehre und Psychotherapie,* Bd. 1, hrsg. v. Gebsattel-Schultz, Urban und Schwarzenberg (1957)
Kretschmer, E.: *Körperbau und Charakter,* 24. Aufl., Springer, Berlin (1961)
Künkel, F.: *Ringen um Reife; Eine Untersuchung über Psychologie, Religion und Selbsterziehung,* Friedrich Bahn, Konstanz (1962)

Langen, D.: *Psychotherapie: Kompendium für Studenten und Ärzte,* Thieme, Stuttgart (1973)
Lazarus, A. A.: »The Results of Behavier Therapy in 126 Cases of Severe Neurosis«, in: Behav. Res. Ther. 1:69 (1963)
Loch, W.: *Die Krankheitslehre der Psychoanalyse,* S. Hirzel, Stuttgart (1971)
Luria: *Das Leben, das unvollendete Experiment,* Piper, München (1974)

Maass, G.: »Schwindel als psychosomatisches Symptom«, in: *Diagnostik,* 10, Jg. 9 (1976)
Maeder, A.: *Selbsterhaltung und Selbstheilung,* Kindler Taschenbücher Nr. 2062/63
Mann, L.: *Sozialpsychologie,* Beltz, Weinheim und Basel (1972)
Meyer, H. H. (Hrsg.): *Seelische Störungen,* Umschau-Verlag, Frankfurt am Main (1969)
Meyer, V., Chesser, E. S.: *Verhaltenstherapie,* Thieme, Stuttgart (1971)
Mitscherlich, A.: *Krankheit als Konflikt; Studien zur psychosomatischen Medizin,* II, Suhrkamp, Frankfurt am Main (1967)
Mitscherlich, A.: *Versuch, die Welt besser zu bestehen; Fünf Plädoyers in Sachen Psychoanalyse,* Suhrkamp, Frankfurt am Main (1970)
Mittenecker E.: *Planung und statistische Auswertung von Experimenten,* Franz Deutikke, Wien (1968)
Murray, H. A.: *Thematic Apperception Test,* Harvard (1943)

Pawlow, J. P.: *Vorlesungen über die Arbeit der Großhirnhemisphären,* Sämtliche Werke, Bd. IV, Akademie-Verlag, Berlin (1953)
Perls, F. S., Hefferline, R., Goodman, P.: *Gestalt Therapy,* New York (1951)
Peseschkian, N.: »Lerne zu differenzieren, eine wichtige Aufgabe und Voraussetzung für die Gruppenpsychotherapie«, in: *Die Wirklichkeit und das Böse,* hrsg. v. U. Derbolowsky, Christians, Hamburg (1970)

Peseschkian, N.: »Leistungsmotivation unter psychotherapeutischem Aspekt«, in: *Gesundheit heute und morgen,* hrsg. v. H. Karl, Wiesbaden, 10. Jg. H. 3/4 (1974)
Peseschkian, N.: »Neue Behandlungsmöglichkeiten autonomer Fehlsteuerung, dargestellt an einem Fall von Ulcus duodeni«, in: *Fehlsteuerungen des autonomen Nervensystems,* hrsg. v. D. Gross, D. Langen, Hippokrates, Stuttgart (1976)
Peseschkian, N.: »Zum Beispiel Höflichkeit«, in: Sexualmedizin, 3, 506–510 (1974)
Peseschkian, N.: »Kopfschmerzen in Abhängigkeit von sozialen Normen und Konflikten. Was hat Pünktlichkeit mit Kopfschmerzen zu tun?« in: *Kopfschmerz – Headache?,* hrsg. v. Barolin, G. S., Saurugg, D., Hemmer, W. (1975)
Peseschkian, N.: »Herzrhythmusstörungen unter psychosomatischem Aspekt«, in: Verhandlungen der Deutschen Gesellschaft für innere Medizin, 81. Bd., J. F. Bergmann, München (1975)
Peseschkian, N.: »Karikaturen der Liebe«, in: Sexualmedizin, 5, 199–203 (1976)
Peseschkian, N.: »Differenzierungsanalytische Aspekte zum Weichteilrheumatismus« in: Verhandlungen der Deutschen Gesellschaft für innere Medizin, 82. Bd., J. F. Bergmann, München (1970)
Peseschkian, N.: »Kosmetische Chirurgie – und dann?«, in: Medical Tribune, 42, 37 (1973)
Peseschkian, N.: *Psychotherapie des Alltagslebens,* Fischer Taschenbuch Bd. 1855
Peseschkian, N.: »Differenzierungsanalyse innerhalb der Gruppe«, Vortrag auf der Arbeitstagung des Deutschen Arbeitskreises für Gruppenpsychotherapie und Gruppendynamik (ADGG), Göttingen (1971)
Polster, E. u. M.: *Gestalttherapie; Theorie und Praxis der integrativen Gestalttherapie,* Kindler, München (1975)
Pschyrembel, W.: *Klinisches Wörterbuch,* 251. Auflage, de Gruyter, Berlin (1972)
Puntsch, E.: *Zitatenhandbuch,* 5. erw. Aufl., Moderne Verlags GmbH., München (1971)

Rachman, S.: Critical Essays on Psychoanalysis, Pergamon Press, Oxford (1963)
Rank, O.: *Das Trauma der Geburt* (1924)
Richter, H. E.: *Eltern, Kind und Neurose,* Klett, Stuttgart (1963)
Richter, H. E., Strotzka, H., u. Willi, J.: *Familie und seelische Krankheit,* Rowohlt, Hamburg (1976)
Rogers, C. R.: *Counseling and Psychotherapy* (1942)
Rogers, C. R.: »The Necessary and Sufficient Conditions of Therapeutic Personality Change«, in: J. Consult Psychal, 21, 95–103 (1957)
Rogers, C. R.: The Interpersonal Relationsship: The Core of Guidance«, in: Harward Educ. Review, 416–429 (1962)
Rosenberg, M. J.: »A Structural Theory of a Attitude Dynamics«, in: Publ. Opin. Quart., 24, 319–340 (1960)
Rumi (genannt Mowlana): *Massnavi,* erschien in persischer Sprache, in: Islàimie-Verlag, Teheran

Saadi: *Diwan Saadi,* erschienen in persischer Sprache beim Marefat Verlag
Selye, H.: *Stress beherrscht unser Leben,* Econ, Düsseldorf (1957)
Schulte, W., Tölle R.: *Psychiatrie,* Springer, Berlin (1971)
Schultz-Hencke, H.: *Lehrbuch der analytischen Psychotherapie,* Thieme, Stuttgart (1951)
Schultz, J. H.: *Das autogene Training,* 13. Aufl., Thieme, Stuttgart (1970)
Shoben, E. J.: »Some Observations on Psychotherapy and the Learning Process«, in: O. H. Mawrer, *Psychotherapy, Theory and Research,* New York (1953)

Spiegelberg, U.: *Colitis ulcerosa,* Enke, Stuttgart (1965)
Spoerri, Th.: *Kompendium der Psychiatrie,* Akademische Verlagsgesellschaft, Frankfurt am Main (1963)
Süllwold, L.: »Der pädagogische Impetus des Buches ist dessen Stärke«, Rezension zu *Schatten auf der Sonnenuhr* (N. Peseschkian), Medical Tribune, Wiesbaden (1975)
Stern, W.: *Theorie und Wirklichkeit als metaphysisches Problem,* Carl Winter, Heidelberg (1923)
Stern, W.: *Person und Sache,* Gesammelte Werke, Bd. 1 (1923)

Tausch, R.: *Gesprächspsychotherapie,* Holgrefe, Göttingen, 6. Aufl. (1974)
Thibant, J. W., Kelley, H. H.: *The Social Psychology of Groups,* New York (1959)

Weil, A. P.: »Der psychische Urkern«, in: *Psyche,* 5 (1976)
Wengle, E. M.: »Die systematische Desensibilisierung«, in: *Handbuch der Verhaltenstherapie,* hrsg. v. Kraiker (1974)
Wolpe, J.: *Praxis der Verhaltenstherapie,* Huber, Bern (1972)

Namen- und Sachregister

Zusammengestellt von Bernadette Eckert

Verzeichnis der Fallbeispiele

Verzeichnis der Geschichten
(Mythologien – Konzepte – Gegenkonzepte)

Fischer Taschenbuch Verlag

Eric Berne

Was sagen Sie, nachdem Sie »Guten Tag« gesagt haben?

Psychologie des menschlichen Verhaltens

Band 42192

»Dieses Buch ist in erster Linie als eine Art Lehrbuch für Fortgeschrittene im Bereich der Psychotherapie gedacht. Den Vertretern dieser Berufsgruppe, die häufig eine unterschiedliche Ausbildung genossen haben, wird es nicht schwerfallen, die Berichte über die Transaktions-Analyse auf ihre eigenen Begriffssysteme zu übertragen. Zweifellos werden auch Laien dieses Buch lesen, und aus diesem Grund habe ich es so abgefaßt, daß auch sie es verstehen können.

In der konventionellen Psychotherapie wendet man in der Regel drei verschiedene Ebenen der Fachsprache an: die der Therapeuten unter sich, die zwischen Therapeut und Patient, und die der Patienten untereinander. Sie unterscheiden sich voneinander etwa wie das Altgriechische vom Neugriechischen. Eliminiert man die Unterschiede so weit wie irgend möglich zugunsten einer Volkssprache, dann erhöht das erfahrungsgemäß die ›Kommunikationsmöglichkeit‹, die viele Therapeuten herbeisehnen, deren Zustandekommen sie aber gerade durch ihr Verhalten behindern, wenn nicht gar verhindern. Deshalb habe ich zu vermeiden versucht, Ungewißheit durch Überladenheit und Weitschweifigkeit zu verschleiern.« *Eric Berne*

Fischer Taschenbuch Verlag

fi 42192 / 1

Michael Titze/Christof T. Eschenröder

Therapeutischer Humor

Grundlagen und Anwendungen

Band 12650

Lachen ist gesund, weiß der Volksmund. Auch die Wissenschaft hat sich in den letzten zwanzig Jahren verstärkt mit der These beschäftigt, daß Humor und Lachen bei der Behandlung von psychischen und organischen Krankheiten für den Prozeß der Heilung förderlich sein können. Wie das Phänomen Humor wissenschaftlich erklärt werden kann und warum Lachen eine heilende Wirkung hat, darüber geben Michael Titze und Christof T. Eschenröder umfassend Auskunft.
Die Anwendungsgebiete für humorbezogene Techniken sind vielfältig. Psychotherapeuten, Psychologen und Ärzte erhalten Anregungen, wie sie Klienten und Patienten mit humoristischen Methoden helfen können, einseitige negative Einstellungen in Frage zu stellen und neue Verhaltensweisen auszuprobieren. Anhand von vielen Fallbeispielen wird humoristisches Vorgehen erläutert.

Fischer Taschenbuch Verlag

fi 2153 / 2

Stavros Mentzos

Neurotische Konfliktverarbeitung

Einführung in die psychoanalytische Neurosenlehre unter Berücksichtigung neuer Perspektiven

Band 42239

Die Psychoanalyse befindet sich im Wandel. Stavros Mentzos hofft, daß der Leser während der Lektüre zunehmend die Überzeugung gewinnt, daß die pathologischen Verarbeitungsmodi des Konflikts, also die neurotischen Symptome, Charaktere, Abwehrmechanismen, Arrangements, zwar leidvolle und letztlich mißglückte »Lösungen« sind, daß sie aber oft bewundernswerte Ich-Leistungen unter extrem schwierigen Bedingungen darstellen, die keineswegs leichtfertig als »eben nur pathologisch« abgetan werden sollten. Gerade in einer Zeit, in der die längst fällige, endlich offene und freie Diskussion über fundamentale theoretische und praktische Fragen und Probleme der Psychoanalyse in Gang gekommen ist, erscheint es sinnvoll, eine vorläufige Synthese in Form einer Systematik neurotischer Störungen einem breiteren Publikum zugänglich machen

Fischer Taschenbuch Verlag

fi 2157 / 1

Piet C. Kuiper

Seelenfinsternis

Die Depression eines Psychiaters

Aus dem Niederländischen von Marlies Menges

Band 12764

In diesem vielbesprochenen Buch schildert der niederländische Psychiater Piet C. Kuiper auf beklemmende Weise eine schwere Depression, die ihn in eine tiefe Lebenskrise stürzte und seine Einweisung in eine Klinik notwendig machte. All sein Wissen über seelische Störungen versagte vor seiner eigenen Erkrankung. Nach seiner Genesung schrieb er dieses einmalige Dokument nieder, das zu einem Bestseller geworden ist.

»Seine größte Intensität gewinnt Kuipers Bericht bei der Schilderung jener Schuldhölle, in der er während seiner Krankheit unterzugehen drohte. Das Zentralkapitel ›Im tiefen Abgrund‹ ist eine auch schriftstellerisch unerhörte Innenansicht der Hölle aus der Sicht der Depression.« *Ludger Lütkehaus*

Fischer Taschenbuch Verlag

fi 778 / 7

Martin Dornes

Der kompetente Säugling

Die präverbale Entwicklung des Menschen

Band 11263

In den letzten Jahren hat sich in der Säuglingsforschung eine geradezu revolutionäre Umwälzung vollzogen. Mit neuartigen Methoden und Fragestellungen sind Psychoanalytiker, Psychologen und Kinderpsychiater bei ihren Untersuchungen von Säuglingen zu erstaunlichen Ergebnissen gekommen. Wurde der Säugling früher als ein Wesen angesehen, das seinen körperlichen Bedürfnissen passiv ausgeliefert ist und die Welt und sich selbst nur unscharf wahrnimmt, so scheint heute klar, dass seine Fähigkeiten weit unterschätzt wurden. In den verschiedenen Kapiteln des Buches beschreibt der Autor die neueren Erkenntnisse über die Kompetenz von Säuglingen: Sie sehen, hören, riechen, fühlen und interagieren von Geburt an sehr viel mehr und sehr viel differenzierter, als bisher angenommen wurde. Die Bedeutung dieser Befunde für die psychoanalytische Theorie und Therapie wird ausführlich diskutiert. Der Autor plädiert für eine Intensivierung des interdisziplinären Dialogs zwischen der Psychoanalyse und den Nachbarsdisziplinen.

Fischer Taschenbuch Verlag

fi 11263 / 1

Martin Dornes

Die frühe Kindheit

Entwicklungspsychologie der ersten Lebensjahre

Band 13548

Die Bedeutung der Kindheit für die weitere Persönlichkeitsentwicklung ist eines der großen Themen der Psychologie des 20. Jahrhunderts. Freuds Behauptung, das Kind sei der Vater des Mannes, ist sowohl auf Zustimmung als auch auf Widerspruch gestoßen. Heute kann kaum noch ein Zweifel daran bestehen, daß Erfahrungen in der Kindheit ganz erheblich die späteren Denk- und Gefühlsgewohnheiten beeinflussen. Allerdings haben sich inzwischen die Akzente verlagert: Nicht mehr die psychosexuelle Entwicklung steht, wie zu Freuds Zeiten, im Zentrum des Interesses, sondern die Schicksale von Aggression und Bindungsfähigkeit. Martin Dornes beschreibt die Eigenarten der Denk- und Gefühlsprozesse kleiner Kinder. Außerdem befaßt er sich mit der Entstehung und Entwicklung von Aggression, den Ursachen und Folgen der Kindesmißhandlung, der Angst im Säuglingsalter sowie der Frage, ob schon Säuglinge *unbewußt* denken und fühlen.

Fischer Taschenbuch Verlag

fi 1298 / 5

Nossrat Peseschkian

Psychotherapie des Alltagslebens
Training zu Partnerschaftserziehung und Selbsthilfe
Band 1855

Der Kaufmann und der Papagei
Orientalische Geschichten als Medien in der Psychotherapie
Band 3300

Positive Familientherapie
Eine Behandlungsmethode der Zukunft
Band 6761

Positive Psychotherapie
Band 6783

Psychosomatik und Positive Psychotherapie
Transkultureller und interdisziplinärer Ansatz
Band 11713

Auf der Suche nach Sinn
Psychotherapie der kleinen Schritte
Band 6770

33 und eine Form der Partnerschaft
Band 6792

Das Geheimnis des Samenkorns
Positive Streßbewältigung
Band 14569

Fischer Taschenbuch Verlag

fi 407 / 10